个案全过程新论

——以集中审理为中心

章武生／主编

内附11场中外庭审录像

复旦大学出版社

主　编　章武生

撰稿人　章武生　席建林　范　一　何　云　卢薇薇
　　　　约翰·格洛克纳(Jochen Glöckner)
　　　　乌尔丽克·霍菲尔德(Ulrike Hohlfeld)
　　　　朱光仁　吴泽勇　尹学新　胡震远　金绍奇
　　　　龚立琼　成　谦　邵　烨　金殿军　陆　淳
　　　　杨严炎　黄　鹂　冯佳楠　丁朋超

自　　序

进入新世纪以来,国家教育部门对实务课程的教学越来越重视,2008年以后,根据国务院学位办[2006]39号文件转发的《法律硕士专业学位研究生指导性培养方案》增加实践必修课的要求,法学院为法律硕士增设了模拟法庭训练课、法律谈判课,加上本科生传统上开设的法律实务课,2000年本科生新增设的法律诊所课,法学院的法律实务类课程越来越多。作为复旦大学法学院诉讼法学科负责人和这些课程的主要任课教师之一,我日益感到法律实务类课程在法学教学中的重要地位和我国在该领域教学的落后状况以及自身法律实务经验的不足。鉴于此,自2010年起,我重新注册了中断18年的兼职律师执业证,陆续担任了上海仲裁委员会、中国国际经济贸易仲裁委员会的仲裁员,我也由原来主要从事理论研究开始将部分精力转向实务工作,并开始思考和研究实务课教学方法和教材编撰。从2015年开始,我尝试在仲裁和诉讼案件中运用新型庭审理论和方式,次年就在仲裁和诉讼案件的审理中取得了超出预期的效果。[①]

在复旦大学法学院与多个法院领导和法官以及众多法学理论和实务界(包括境外)专家的大力支持下,经过多年的努力,最终成果《个案全过程新论——以集中审理为中心》一书终于完成了。尽管这些年遇到了很多的困难,但是我觉得自己还是非常幸运的,在恰当的时间和地点完成了这一难度和意义均比较大的课题。所谓恰当的时间,是国家将法治建设提到了前所未有的高度,教育部门对实务课教学的重视,法院对庭审改革的重视,我自己在此期间又与法院工作联系密切。所谓恰当的地点,是上海有数量众多的优秀法官

---

① 例如,在一起建设工程合同纠纷诉讼案件中,按照传统审理方式,法官在没有确定争点的情况下,将双方当事人提供的两百多个证据全部一一当庭质证,仅这一审查证据的过程就花了五天时间。而合议庭改用先确定争点,然后围绕争点举证、质证和辩论的新型庭审方式,这一过程仅用了半个小时,而且效果更好。在我本人担任首席仲裁员的一起建设工程案件的仲裁中,在收到被申请人答辩材料即开庭的情况下,运用新型庭审方式,仅用一个半小时即一庭审结该案。由于争点确定准确,释明和心证公开充分的新型庭审方式能够大幅提升庭审的针对性、效率和质量,减少无效劳动,在仲裁案件中向双方当事人主动公开心证已经成为我的一种习惯。听取双方对案件处理的意见不仅能增强内心确信,还能有效避免自己可能出现的偏差和遗漏,当事人也更容易达成调解或接受裁决。

和律师,地理位置便于与境外法律专家进行交流。

这十年的工作大致又可以分为两个阶段和两个中心。第一阶段主要是围绕书名的前半部分以"个案全过程教学"为中心展开;第二阶段主要是围绕书名的后半部分以"集中审理"为中心展开。后一阶段的工作在庭审改革的同时还优化了我们的个案全过程教学。因为集中审理不仅仅是正式庭审的一庭终结,它还涵盖了案件开始阶段的诉答状、此前从未运用过的准备书状以及很少使用的法院指令等一系列诉讼活动,包含着一整套的方法和规则。试想,如果没有诉讼前阶段科学的准备,原来需要多次开庭的案件怎么可能几十分钟内一庭终结?实际上,集中审理与传统庭审的个案全过程内容已经发生了很大的变化,其包含了系统的庭审理论和技术,带来了从诉答状、准备书状到庭审方式和判决书的整个诉讼过程、理念、方法的根本性变化,这也是书名"个案全过程"后面加上"新论"两字的原因所在。前一阶段工作的完成仅用了三年的时间,该阶段的工作整体上看与自己过去从事的研究工作差别不大,主要是自己和团队成员对教学法的研究,与外界联系不多。后一阶段的工作用了七年多的时间。在完成前面的工作时,完全没有意识到还有后一阶段更为艰巨的任务和漫长的征程在等待着我们。因为这一阶段的工作需要与法院等实务部门合作,如果没有法院的支持,我们对集中审理的探索就只能停留在纸上谈兵阶段。而与法院合作就需要与法院的工作进度结合起来,需要法院主要领导对该项改革的认可,愿意承担这份辛苦和风险。下面对这两个阶段分别做一简要介绍。

一、个案全过程教学法的创建和推广

在法学的实践性教学中,当今世界影响最大的案例教学模式主要是以美国为代表的"判例教学法"和以德国为代表的"实例研习",以及起源于美国并风靡全球的"法律诊所教育"。

美国案例教学的主要模式"判例教学法"(Case method)是由著名法学家、哈佛法学院前院长朗代尔教授于 1870 年创立的。虽然从朗代尔时期开始,"判例教学法"就不断地遭受来自批评者的攻击,但它却很快成为美国法律院校的主要教学方法,并影响到整个英美法系国家或地区,一直沿用至今,这说明其还是具有巨大的生命力。

"判例教学法"主要的优点在于学生是从真实司法中学习法律和法学理论。在英美法国家,专业课教师要挑选本专业的经典判例经过裁剪后进行教学,例如,合同法主要是从经典的合同判例中学习,侵权法主要是从经典的侵权判例中学习,而不是纸上谈兵。"判例教学法"的主要缺陷在于将教学的重心集中在上诉审案件的做法,忽略了律师在初审阶段许多基本技能的训练。为了弥补"判例教学法"的不足,上个世纪70年代法律诊所教育(Clinical Legal Education)、Trial Advocacy 等教学方式在美国兴起和蓬勃发展,并在上世纪末用了比较短的时间推向了全球。

我国也是从上世纪末开始诊所教育,并在多个院校教师的努力下取得了长足发展,成为我国高校法学案例教学的一种主要形式,对提升学生的法律实务能力发挥了重要作用。但是,法律诊所的缺陷主要是教学成本高,在法学专业师资力量比较强的院校可能发展得比较好,在不少普通院校的发展就不尽如人意。且学生在法律诊所日常接待中接触的案件,涉及的法律知识有限,还不能满足学生对律师执业技能的学习和训练,需要其他的案例教学方式配合。所以,我国目前各个院校的案例教学形式可以说是五花八门,极不统一。

与以培养律师为目标的美国法学教育模式不同,德国的法学教育一直是以法官为职业导向的。培养方式是法学本科的法律素质教育由法学院承担,法律职业培训由法院、检察院、律师事务所等职业机构承担。学生在大学教育结束时必须通过"第一次国家考试"。然后,所有毕业生都在大学外继续他们第二阶段的实务训练,并在两年的训练结束后,参加"第二次国家考试"。唯有如此,他们才能获得成为法官、律师或者从事其他法律职业工作的资格。

德国第二次司法考试主要是测试学生的实务能力。以我们了解到的德国第二次国家司法考试的民法、民事诉讼法的司考题为例,题目大多是通过诉答状和原告对被告答辩状的反驳来介绍案情和证据,其与本教材第二章案例中的诉答状格式基本相同;然后,要求考生起草一份判决书。判决书通常会涉及管辖、法律关系的分析、证据的分析、事实的认定、法律的适用以及判决的主要理由。考试是闭卷考试,但考生可以携带法律条文。如果考生能写出一份好的判决书,说明其已经具有了从事实务工作的能力。在这种考试能力与从事实务工作的能力密切联系的情况下,考生在大学学习期间特别是两年职业培训期间认真研读大量案例和判决书是必不可少的。

批评者认为,德国案例教学的缺陷是对事实以及律师视角和思维的"实战"培训不够。德国学生在分析案例的时候都被要求从中立的法官视角来思考,以公平正义为价值导向。但是大部分的法科毕业生都是从事律师职业,这就导致了学非所用。

在深入研究上述案例教学方法优点和缺陷的基础上,结合我国的国情,我们创建了同时能够培养律师技能和法官技能且对学生诉讼各个阶段能力都可以培养的"个案全过程教学法"。为此,笔者前期已出版了作为"个案全过程教学法"载体的《模拟法律诊所实验教程》,①并发表了系列论文。②

《模拟法律诊所实验教程》中所介绍的个案全过程绝大部分是真实案件的全过程,诉讼案例仅对当事人、法院等名字做了替换,案件的真实度超过了美国判例教学法和德国的实例研习。2013年初,中国台湾大学王泽鉴、中国人民大学张新宝、清华大学王晨光、德国康茨坦茨大学Dr. Astrid Stadler四位著名教授在核心期刊《法学》上发表专题文章,他们将个案全过程教学法与世界上法学三大案例教学法进行了比较,并给予了比较高的评价。例如,王泽鉴教授认为:通过模拟法律诊所课程中案例类型和案例选择范围的变换,使参加模拟法律诊所课程学习的学生能够获得更高层次的律师实务技能训练和理论上的收获。学生日常接待中接受的案件,有相当部分并不适合学生律师技能的学习和训练。而《模拟法律诊所实验教程》中的案例是作者在大量的复杂案例中精心遴选的,每个案例的选择不仅要考虑案件的难易程度,而且更重要的是案件应当包含较多的有价值的问题点,更能够体现法律知识之间的关联性、融贯性与综合性。个案全过程教学法训练的案件比法律诊所中学生接受的案件更能全面地训练学生的律师技能,提升学生的理论水平。

2013年12月,复旦大学司法研究中心成功举办了"首届个案全过程教学法暨案例教学研讨会"。来自清华大学、北京大学、中国人民大学、中国政法大学等全国33所高等院校的48位专家学者和多位资深法官出席了本次会议。在研讨会上,与会代表普遍认为新的教学方法让他们"耳目一新",同时也为这种教学方法的完善和推广提出了很多建议。

二、以集中审理为中心的新型庭审改革

本次庭审改革的起因是我们在创建"个案全过程教学法"中,发现我国复

---

① 除了直接接触当事人的法律诊所外,教学成本较低的模拟法律诊所在美国也比较流行。这类诊所根据真实法律诊所的实践和程序,从中挑选出合适的问题,重新组织教学活动。目前,美国几乎所有开展诊所式法律教育的法学院都开设有这类模拟法律诊所课。当时该书的名称就是借鉴了美国的模拟法律诊所。

② 例如,(1)《我国法学教学中应增设"模拟法律诊所"课程研究》,《法学杂志》2011年第6期;(2)《"个案全过程教学法"之提倡:以功能比较为视角》,《法学》2013年第4期;(3)《"个案全过程教学法"的价值与功能》,《法学评论》2013年第5期;(4)《"个案全过程教学法"初探》,《中国律师》2013年第1期;(5)《"个案全过程教学法"在法官培训中的应用》,《人民法院报》2013年5月24日等。

杂案件的庭审存在的问题超出想象。经考证,发现我国的庭审与我们自认为主要借鉴的德日等国差别巨大,我国现行庭审核心的法庭调查和法庭辩论两阶段划分主要来自前苏联。但由于我们是部分借鉴,与前苏联的庭审亦有较大区别,且缺乏与前苏联庭审程序联系方面的研究资料,这么重要的一项制度究竟来自何方都不清楚,被我们糊里糊涂运用了几十年。

2013年10月,我在《人民法院报》发表了《我国开庭审理程序与方式存在的问题及改革方向》一文。这篇文章在法院系统产生了较大的影响,并引起了不少人的共鸣。文章发表后许多省市的法院和法官学院邀请我前去授课,这也说明法院领导对庭审改革的关注和重视。在这篇文章基础上,我又在《中国法学》2015年第3期上发表了《我国民事案件开庭审理程序与方式之检讨与重塑》一文。文章指出,我国民事案件庭审中存在的突出问题主要是法庭调查和法庭辩论两阶段的不当划分,许多复杂案件的审理没有确定争点或争点确定不当,直接导致了法官在争点模糊的情况下审查了大量没有必要审查的证据。同时,我国法官普遍不愿意行使释明义务,即使司法解释明确要求法官行使的释明义务,实践中法官也往往不予释明,突袭裁判现象严重,排除和查清案件疑点的手段欠缺。改革落后的庭审方式,用现代诉讼理念和先进的庭审方式重塑我国的庭审制度,是我国庭审理论与实务界面临的一项重大而紧迫的课题。

2014年党的十八届四中全会明确提出"以庭审为中心的诉讼制度改革"和"构建开放、透明、便民的阳光司法机制"。乘此东风,2015年5月上海市浦东新区人民法院与复旦大学司法研究中心"庭审方式改革"合作项目启动暨"庭审理论的比较研究与实践应用"研讨会召开,一起参加项目启动的还有上海市虹口法院、南京市中级法院、江苏省江阴市法院。自2016年开始,上海第二中级法院,浙江南湖区法院,广东中山市第一法院,上海闵行法院、杨浦法院等单位陆续加入。

我在与法院合作庭审改革的第一讲中,就明确指出了此次庭审改革针对的现实问题,即我国有世界上最多的法官、非常辛苦的法官,非常低的诉讼效率(指人均办案数量)和数量庞大的错案,高昂的诉讼成本——判决生效后申诉、上访当事人规模庞大。原因主要在于:法学教育落后且与司法实践严重脱节,落后的法学教育不仅影响法科毕业生从事实务工作的能力,更为严重的是,不能为现代司法提供应有的智能支持,导致对司法公正起决定性作用的庭审存在严重的缺陷和问题,并直接影响到我国的司法公正和司法公信力乃至法治社会的形成。庭审改革主要从解决以上问题展开。

经过两年多在法院内外的学习和研讨，2017年新型庭审开始试点，在与多家法院领导和法官讨论的基础上，我们制作了新型庭审一审流程和须知，供试点案件的法官和律师参照执行。经过几个月的实践，庭审改革试点取得了阶段性成果，对优秀的案例在复旦大学和上海高院合作举办的研讨会上进行了展示，并开始在复旦大学法学院的实务课程教学中试用。在试用中，庭审的创新实践通过优质摄像进入了课堂，实现了课堂教学手段和呈现形态的创新，学生能够从真实、鲜活的司法中学习法学理论和实务，并能对庭审中程序、实体以及法官和律师的表现进行全方位的评论。

在阶段性成果的基础上，2018年之后，我们工作的重点是进一步深化庭审的理论研究和对我国影响比较大的德国、日本、美国庭审方式的研究，与德国、日本理论和实务界的交流合作也在不断扩大和深化。我们分别举办了中德、中日案例教学和庭审方式改革比较论坛。在此基础上，我们策划了本书第十四章同一案件中、德三种不同的审判方式比较。在该案件中，德国法官根据我们翻译的案件材料，按照德国法律对该案进行了模拟庭审。这样，就便于与我们的传统庭审、模拟庭审进行更直观的比较。紧接着，德国康斯坦茨州法院副院长 Dr. Ulrike Hohlfeld 法官前后花了半年多的时间，亲自策划和作为审判长主持了模拟庭的案例改编和拍摄，即本书第十一章德国民事诉讼全过程训练。这两个模拟庭审，对我们创建适合我国国情的庭审发挥了重要作用。

2017年我们获得了日本法务省研究所拍摄的用于法官培训的模拟庭审案例录像。2019年7月，应日本一桥大学山本和彦教授的邀请到日本访问。我们一行四人在东京地方法院旁听了多个案件的庭审，分别与日本民事诉讼法学界、东京地方法院和日本最高法院司法研修所交流，我们拍摄的新型庭审录像播放后，受到了日本学者和法官的较高评价。东京高等法院前副院长、日本中央大学加藤新太郎教授在研讨会上说："章武生教授团队与法院合作，通过真实庭审录像或模拟庭审录像，把中国、德国、美国等国家的庭审可视化地展现出来的做法，解决了各个国家和地区庭审实践难以互相借鉴的难题，具有划时代的意义，对日本今后的改革具有极强的借鉴和启发意义。"

两大法系大多数国家，包括德国和日本的真实庭审是不允许录像的，美国自1991年以来，陆续授权部分法院民庭内设置电子录像仪，对庭审进行录像。利用该机会，经过与美国联邦法院沟通和挑选，我们选择了一个庭审时间将近一天的侵权案件——这在美国属于比较短的庭审，即本书第十二章美国民事诉讼全过程训练。透过该案件，我们不仅可以了解美国从起诉到判决的个案诉讼全过程，看到真实案件的交叉询问，而且还可以将美国与我国台湾地区一个具有较高相似度的损害赔偿案件的审理进行比较,从而完整地展示出两大法系民事诉讼案件庭审各自的方式和特点,为我们的批判和借鉴提供了可靠和坚实的依据。

在经过了一年多时间比较研究和授课的基础上,2019年4月,我们开始了第二阶段示范庭拍摄,此次庭审改革主要集中在上海闵行、浦东、杨浦和二中等四家法院。本阶段新型庭审的探索和示范庭的拍摄条件明显优于前一个阶段,主要表现在:我们课题组和试点法官更多地学习和了解了境外的庭审,这就便于我们更好的借鉴;参与该阶段示范庭拍摄的不少是第一阶段涌现出来的优秀法官,如二中院何云、卢薇薇等法官,他们已经对新型庭审理论和示范庭的要求相当明确,并在日常审判工作中开始运用。其中最突出的当数浦东法院的范一法官,他自2015年开始学习现代庭审理论,并将其运用于审判实践,积极参与庭审改革。2017年的研讨会上,他作为上海基层法院的唯一普通法官代表在研讨会上展示了他运用新型庭审方式审理的一起建设工程案件。在那之后,他积极运用新型庭审方法,在一年多时间内,逐步实现了90%以上的案件在一个小时以内一庭审结。由于注重庭审中的释明和心证公开,庭审的透明度和当事人对裁判的接受度也大幅提升。范一法官在集中审理方面取得的成绩,不仅为其他法官树立了榜样,证明了新型庭审的价值,而且,他也能够从繁忙的审判工作中解脱出来,抽出较多的时间参与到新型庭审的研究和教材的撰写和修改工作中,使我多了一个好帮手,我们的庭审方式改革也能够更加适应我国的审判实践,避免纸上谈兵。从2019年下半年开始,教材每一章内容,除主笔人之外,至少会经过我和范一法官、成谦律师(我的博士生,最早参与庭审改革的律师)三个人之手。实际上,我们庭审方式改革的每一个重要步骤,都是与合作法院的领导和法官经过充分沟通探讨之后实施的。

第二个阶段在进一步优化庭审程序及相关规则的同时,重点研究书状先行。书状先行是德国复杂案件争点确定的主要方式,这种庭前的诉讼活动使双方有充足的时间和条件来为攻击防御做好准备,使得庭审能够在一个更为公平、透明的环境下进行,避免诉讼突袭。诉讼的效率、质量、透明度和当事人对案件的接受度均大幅提升。借鉴境外的经验,经过一段时间的试点后,我们初步掌握了这种争点确定方式的要领,并在试点案件中进行了运用,取得了意想不到的效果。教材选用的一审运用书状先行的三个案件,庭审后当事人全部达成了调解协议。为了使正式庭审前诉讼三方的对话和书状先行变得更直观和更容易推广,我们在书状先行书面示范的基础上,拍摄了"集中审理书状先行程序示范"录像,清晰地展示了正式庭审前诉讼三方的对话和书状先行不

7

断发现争点、解决争点并最终确定争点的过程和方式,为推广该诉讼方式创造了条件。

教材出版后,面临着在司法实践中如何推广的问题,这恐怕是一个比新型庭审创建更复杂和更漫长的过程。从大陆法系国家和地区集中审理新型庭审的制度建构和推广来看,新型庭审的推广远比立法上新型庭审的确立和制度建构所花费的时间和精力多得多。从推广的重点看,毫无疑问是法院。法官新型庭审运用的情况,对其他法律实务人员特别是从事诉讼业务的律师和高校法科教师和学生的教学和学习具有明显导向作用。

法官要改变长期以来所形成的审判习惯,是一个难度很大的问题。西方法治发达的国家和地区,由于法官的独立性比较强,推广的速度往往低于预期。我国集中审理的推广有很多有利条件,由于法官员额制的确立和案件数量的不断增加,案多人少的矛盾越来越突出,传统审判方式难以继续下去,法院领导和大部分法官有提高效率的动力和积极性,我们的各级法院有更大的号召力,"中国速度"是世界上公认的。此外,我们这本教材不仅系统地多角度地论证了现代庭审理论及其应用,对多个国家和地区的庭审进行了比较研究,而且有多个从诉答状到准备书状以及法院指令等范本和录像,这就给法官、律师学习和运用新型庭审的方法和技术提供了极大的便利。更重要的是,新型庭审对证据多的案件的效率和质量的巨大提升,某种意义上是我国审判领域的一场技术革命,新审判方式代替落后的审判方式是必然的趋势。此外,我们还会通过举办不同形式的高校教师、法官和律师的研讨班、培训班来推广新型庭审。通过研讨和推广,会有数量更多、更优秀和来源更广泛的示范庭和可供采集的数据样本,对个案的理论分析也会上一个台阶。运用上述成果,除了更新、丰富和重新布局集中审理教材外,还可以根据需要出版分类更细的示范庭录像专辑,以满足研究和推广集中审理的需要。

我们深知,我们的庭审方式改革本身还有很多不足和欠缺,还有很多尚未解决的问题。例如,如何使人证的审查上升到我国庭审的核心位置,复杂疑难案件通过准备庭确定争点的实践,等等。我们还有许多西方法治发达国家没有的影响新型庭审推广的不利条件,新型庭审推广的困难绝不能低估。我们选入教材的庭审是发达地区法院优秀法官试点的案件。我国地域辽阔,各地法院法官的自身素质和面临的问题差别很大,推广中遇到的问题会很多。我国的集中审理要向更高层次发展,更符合中国的国情和在更大范围内推广,还有很多的工作要做,需要我国法学理论与实务界的共同努力。

本书各章撰稿人如下(以撰写章节先后为序):吴泽勇,导论;章武生,第一章、第三章、第四章、第十六章、第十七章;范一,第二章、第七章;席建林、陆淳,第五章;尹学新,第六章;龚立琼,第八章;何云,第九章;卢薇薇,第十章;Dr. Ulrike Hohlfeld,第十一章;黄鹂、冯佳楠,第十二章(翻译兼部分撰稿);朱光仁,第十三章;Jochen Glöckner、胡震远、成谦、邵烨,第十四章;杨严炎,第十五章;金绍奇,第十六章;金殿军,第十七章;成谦、丁朋超,第十八章。

  由于涉及范围广泛,又缺乏先例可循,本教材无疑会存在许多缺陷和不足。我们愿意与每一位关心以集中审理为中心的个案全过程教学和实施的人沟通、交流,我们欢迎听到不同的声音,愿意接受读者对本书的任何批评或商榷,我们更欢迎理论与实务界的同仁对集中审理的新型诉讼方式提出建设性的意见,以便能够更好地促进个案全过程教学和庭审方式的协同发展,提升我国法学教育和司法的水平。

章武生
2020年2月6日

致　　谢

本书是笔者和团队成员于 2012 年创建的第一个打破学科界限与真实案例接轨的个案全过程教学法的最终成果。此次对个案全过程教学法特别是其核心"集中审理"的研究和实践可以说是全方位的,既有对庭审的核心现代庭审理论的全面研究、比较研究并将其系统运用于新型庭审中,同时又将一庭终结的集中审理包括从起诉、书状先行直到正式庭审全过程拍成录像,使我们的法科教师、学生和法律实务人员能够更直观地从真实或以真实案件为背景的模拟诉讼中学习法律,为新型庭审的推广奠定了基础。集中审理的庭审改革能做到如此程度,是众多人努力的结果,当然,需要感谢的个人和单位也会特别的多。

一是要感谢江浙沪粤合作法院领导和法官的大力支持,他们的支持对完成该成果起到了关键作用。正是由于他们的支持,一庭终结的集中审理才能从理想变为现实。在法院领导中,特别需要感谢的是张斌、席建林、顾伟强三位院长和范一、何云、卢薇薇等参与新型庭审试点的法官,他们对此次庭审改革均做出了重要贡献。院校合作庭审改革的大幕是在张斌院长所在的浦东法院拉开的,合作法院举办庭审改革研讨会、围绕庭审改革集中授课都是在浦东法院率先开展;席建林院长不仅是参与第一批启动院校合作庭审改革的法院院长,而且直接参与了合作庭审改革的系列活动。例如,他作为庭审改革课题组的核心成员,多次到复旦大学参加庭审改革的各种研讨会和境外专家的授课,并撰写了庭审改革的多篇论文,其担任审判长所拍的示范庭也分别入选了 2017 年研讨会和本教材;顾伟强院长所在的上海市第二中级法院启动合作庭审改革的时间虽然晚了将近一年,但其参与合作庭审改革后,在总结前面几个法院探索庭审改革经验和教训的基础上,采取了一系列力度更大的举措。如在法院举办了规模比较大的系列庭审改革讲座和经验交流会,选派优秀法官参与新型庭审试点并最早开始了新型庭审的拍摄工作。在对庭审改革取得经验后,二中院又将成熟的做法通过院党组讨论后上升为规则在全院予以推进。

二是要感谢上海高院领导和最高法院相关部门领导对庭审改革的支持。

上海新型庭审探索做得好,与上海高院领导的支持是分不开的。前后两任院长对庭审改革均给予了很大的支持。前任崔亚东院长在高院研究室关于庭审改革情况报告上专门对新型庭审的推广做出了批示。刘晓云院长专门邀请我到他办公室就庭审改革进行了交流,并就如何试点和推广的步骤提出了具体的建议。前后两任常务副院长具体参与了庭审改革的许多重要活动。盛勇强副院长出席了在浦东法院合作庭审改革的启动仪式、各种研讨会和讲座,也参与了二中院、闵行法院庭审改革的活动。在其积极支持下,2017 年 12 月成功举办了复旦大学和上海高院"贴近审判的司法人才培养与庭审改革研讨会";茆荣华副院长接手后,正是最终成果即将完成之时。茆院长对教材的质量非常重视,不仅指示高院研究室相关人员研读了书稿,召开了参与庭审改革人员的座谈会,在此基础上对书稿的修改提出了具体的建议。而且,在茆院长和研究室顾全主任的支持下,专门召开了别具特色的以上海三级法院的院领导、庭长和法官为主的"走向中国特色集中审理"汇报研讨会,本次会议对集中审理的新型庭审进一步完善和推广均起到了重要的作用。

新型庭审改革也受到了最高法院多位院领导和中层领导的关注和支持,特别是最高法院司改办和《人民法院报》的领导。从 2013 年召开的新型庭审改革首次研讨会到 2019 年年底召开的汇报研讨会,司改办前后两任主任贺小荣、胡仕浩均给我们提出了不少有价值的建议,出席了我们组织的绝大多数重要活动,贺小荣主任还专门为庭审改革的启动写了专题文章。《人民法院报》多次整版报道了我们庭审改革的重要活动,还发表了我们课题组十多篇专题文章。可以说,院校合作庭审改革和新型庭审在全国法院能够产生广泛影响,《人民法院报》领导和全程参与六年报道的《人民法院报》法律文化版、理论版张国香主编功不可没。

三是要感谢复旦大学、研究生院、法学院领导对庭审改革的大力支持。自 2013 年 9 月庭审改革会议第一次召开至今,庭审改革的各种重要会议,学校领导多次出席。在学校研究生院的支持下,我们申请的庭审改革的重要课程"现代庭审理论与应用"连续五年顺利获批。法学院前后两届院长和书记及同事对个案全过程教学法的推广和庭审改革均给予了人力、物力和智力等多方面的支持,庭审改革的重要会议,院长、书记无一缺席。特别是王志强教授,除了从院长的角度对该课题的参与和支持外,更多的是从合作者的角度参与相关研究。由于他深厚的学术功底,特别是比较法研究方面的功底,从个案全过程教学法的创建到一庭终结集中审理庭审方式的研究和策划,从最终成果表现形式的书名到本教材篇章结构的确定和具体章节的展开,可以说他都提出了很多有价值的建议。此外,杜宇、熊浩、班天可等多位老师对成果的完成也做出了重要贡献。

四是要感谢境外专家学者在新型庭审探索中做出的重要贡献。2015年与法院合作庭审方式改革的同时,连续五年开设了"现代庭审理论与应用"课程。其间主要邀请了对我国大陆法律发展影响较大的德国、日本和我国台湾、香港地区的教授(有法官经历的居多数)、法官和律师前来授课和交流。主要有德国康茨坦茨大学的Jochen Glöckner教授(兼职法官),日本一桥大学的山本和彦教授和日本中央大学的加藤新太郎教授,我国台湾大学的邱联恭教授、沈冠伶教授,台湾政治大学的姜世明教授,台湾高等法院陈心弘法官,台湾高等法院前法官朱光仁律师,香港郭吴陈律师事务所的吴文坚律师等。通过课上课下与他们的交流,我们对境外现代庭审理论和集中审理的应用情况及其效果有了较为充分的了解。在这里特别需要感谢的是康茨坦茨大学的Jochen Glöckner教授和康斯坦茨州法院副院长Dr. Ulrike Hohlfeld法官。Jochen Glöckner教授作为知识产权法院的兼职法官,专门做了知识产权案件书面的模拟庭审;Dr. Ulrike Hohlfeld法官专门带领一个团队为我们拍摄了模拟庭。这两个庭审对我们的集中审理有很多的启示和帮助。感谢德国康斯坦茨大学对模拟庭的拍摄、处理和制作。要感谢在日本诉讼理论与实务界均有很大影响力的山本和彦教授和加藤新太郎教授。他们不仅来到复旦授课、交流,而且在了解我们试点案件一庭终结的情况后,主动邀请我们带着我们拍摄的新型庭审资料到日本与东京民事诉讼法学界的教授、东京地方法院与日本最高法院司法研修所的法官和教官交流。日本虽然没有实现德国式的一庭终结的集中审理,但日本争点的确定、疑点的排除方式和对话式诉讼对我们做好集中审理准备程序还是发挥了重要作用。还要感谢台湾大学的邱联恭教授和台北高等法院前法官朱光仁律师。邱联恭教授是我们请来授课的第一位教师、台湾集中审理入"法"的主要推动者,其在"现代庭审理论与应用"课程的开设上做了许多开创性工作。朱光仁律师曾在台湾地方法院和高等法院做过多年法官,然后又从事律师职业,长期在司法第一线工作。他多次来上海授课,并参与了本书的撰写和庭审改革咨询工作。

五是要感谢参与和支持个案全过程教学法和新型庭审改革的同仁和学生。首先要感谢民事诉讼法学研究会同仁的支持。在2013年"首届个案全过程教学法暨案例教学研讨会"上,民事诉讼法学研究会的会长、副会长和常务理事等多人参加了此次研讨会,对个案全过程教学法给予高度评价并提出了很多有价值的建议。会后,他们很多人撰写了相关文章,并将该教学法在教学中予以推广。2015年浦东法院举行合作庭审改革启动仪式和研讨会,会长张卫平教授和上海、南京的多位教授出席了研讨会。在与法院合作庭审改革的五年中,许多同仁以不同的方式参与和支持该项工作。本书出版后,首先要接受各位同仁的审查。他们中有许多庭审理论研究方面的专家,集中审理要向更高层次发展,要进入我国的立法,需要各位同仁在深化研究和推广方面大显身手。

其次,要感谢郑成良、沈国明、朱苏力、王晨光、熊秋红、吴英姿等教授对新型庭审的参与和支持。他们都参加了2017年复旦与上海高院合作召开的研讨会,两天的研讨会不仅从头至尾参加,而且在研讨会上都发表了自己的独到见解,受到了众多与会代表的好评和参与试点法官的赞许。由于他们的影响力,《人民法院报》报道后,在理论界和实务界都产生了比较大的影响,也增强了法院的领导和法官对新型庭审的信心。在随后我们举办的各种活动中,不断有法官引用他们的话。实际上,他们中的大多数参与了课题研究的许多活动。

最后,还要感谢课题研究中承担翻译工作的人。在整个课题研究中,有大量的英语、德语、日语庭审资料和交往活动需要翻译,这些工作主要由我们专业的在读和已经毕业的研究生和博士生承担。其中,黄鹂、廖海清、冯佳楠、邓英杰、刘宁宁、王峥、刘杨等同学表现突出。此外,中国政法大学的史明洲老师,我的同事班天可老师承担了与日本专家交流的全部口头和书面翻译工作,在交流活动中表现出色,在此一并致谢!

六是要特别感谢浙江财经大学中国金融研究院院长、上海市锦天城律师事务所高级合伙人章晓洪律师。他在偶然机会了解到我们的课题后,主动约我就庭审改革进行交流,并明确表示,我们的工作对司法公正和推动我国法治进程极有价值,他要给予经济上的资助并付诸了实施,为课题的顺利完成提供了宝贵支持。

正是由于上述要感谢的方方面面的人的支持和限于篇幅没有提到的更多人的支持,才使该成果能以今天的面貌呈现在读者面前。

章武生

2020年2月6日

目　　录

导论 ·· 1

第一编　现代庭审理论与应用概述

本编导读 ·· 8
第一章　现代庭审理论概述 ·· 10
第二章　现代庭审理论在审判实践中的模拟运用 ······································ 26
　　　　训练素材——中原阳光置业有限公司诉中原兴旺贸易有限公司
　　　　房屋租赁合同纠纷案 ··· 26
第三章　我国集中审理的制度建构设想和实现路径 ···································· 59
第四章　我国现行庭审方式与集中审理庭审方式的比较 ···························· 68

第二编　以示范庭录像为中心的
　　　　个案诉讼全过程教学

本编导读 ·· 84
第五章　联营合同背景下的企业借贷纠纷案件诉讼全过程训练 ··············· 86
　　　　训练素材——上海丽仁行房地产经纪股份有限公司诉上海临连
　　　　实业有限公司等三被告借贷合同纠纷案 ······································ 86
第六章　房屋租赁合同纠纷案件诉讼全过程训练 ··································· 109
　　　　训练素材——上海永晔商业投资管理有限公司诉上海八达酒业
　　　　营销有限公司房屋租赁合同纠纷案 ··· 109
第七章　装饰装修合同纠纷案件诉讼全过程训练 ··································· 126
　　　　训练素材——驰鹄建筑装饰工程有限公司诉坚欢成文化传播
　　　　有限公司装饰装修合同纠纷案 ··· 126
第八章　排除妨害纠纷案件诉讼全过程训练 ······································· 142

　　　　　训练素材——上海杨浦科技创业中心有限公司诉上海立昌环境
　　　　　技术股份有限公司排除妨害纠纷案…………………………… 142
第九章　投资合同纠纷案件诉讼全过程训练　166
　　　　　训练素材——上诉人上海濮瑞文化创意有限公司诉被上诉人
　　　　　赵计成投资合同纠纷案……………………………………… 166
第十章　建设工程合同纠纷案件诉讼全过程训练 ………………… 188
　　　　　训练素材——上诉人上海羿富建设集团有限公司诉被上诉人
　　　　　北京力生石业有限公司装饰装修合同纠纷案…………………… 188

第三编　以境外庭审为中心的个案诉讼全过程教学

本编导读 …………………………………………………………………… 206
第十一章　德国民事诉讼全过程训练（含模拟庭审录像）………… 208
　　　　　训练素材——Erich Schießle 诉 Hauser 承揽合同报酬
　　　　　纠纷案 ……………………………………………………… 208
第十二章　美国民事诉讼全过程训练（含真实庭审录像）………… 220
　　　　　训练素材——威廉姆斯诉谢尔比县海军便利店人身损害
　　　　　赔偿纠纷案…………………………………………………… 220
第十三章　中国台湾地区民事诉讼全过程训练 …………………… 303
　　　　　训练素材——李大正诉天下股份有限公司人身损害赔偿
　　　　　纠纷案 ……………………………………………………… 303
第十四章　同一案件中、德不同的审判方式比较（含模拟庭审录像）…… 345
　　　　　训练素材——南京追剧网络科技有限公司诉上海大爱科技
　　　　　有限公司不正当竞争纠纷案 ………………………………… 345
第十五章　不同法系、不同国家或地区庭审方式的比较及我国的选择
　　　　　 …………………………………………………………… 395

第四编　新型诉讼理念与中国司法实践的结合

本编导读 …………………………………………………………………… 414
第十六章　不当得利纠纷案件诉讼全过程训练 …………………… 416

　　　　训练素材——王飞、王小莉诉张文斌不当得利纠纷案 ……… 416
第十七章　第三人撤销之诉与执行异议之诉等系列案件全过程训练 …… 464
　　　　训练素材——郑龙等诉张亮房屋买卖合同纠纷系列案 ……… 464
第十八章　民事诉讼特别程序实现担保物权纠纷诉讼全过程训练 ……… 497
　　　　训练素材——东方公司诉新发公司实现担保物权纠纷案 …… 497

导　论

读者拿到本书，很容易产生一些疑问。这是一本什么书？它是写给谁看的？翻看目录和内文，会发现大量的庭审案例，有模拟的，也有真实的。有境内的，也有境外的。不仅有书面的庭审材料，还有大量的庭审录像。除了这类实践教学素材，书中还有大量关于现代庭审理论与应用的研究。每编开头，读者会看到一篇导读，每章中间则附有训练作业。没错，这就是本书作者想要在"个案全过程新论——以集中审理为中心"这样一个标题下分享给读者的。在目前市面上的出版物当中，这样的标题和内容构成都显得陌生。为什么要写这样一本书？它有什么特殊之处？"导论"就此做一点解释。

一、打破学科界限的个案全过程教学法

基于法学的应用性特点，西方各国法学院的教学设计中向来高度重视案例教学。在英美法系，除了常规的判例教学，还有在世界范围内广受推崇的诊所式教学。大陆法系则会在各学科的基础课之外，另外开设案例研习课程。判例教学扎根于判例法，在英美法系国家居于基础性地位，在其他国家却很难引进。诊所式教学的特点在于让学生在真实或者模拟的诉讼中扮演律师角色，在诉讼进程的推进中了解法律实务的特征和技巧。大陆法系的案例研习教学一般停留在法律适用层面，旨在训练学生解释、适用法律的能力。上述案例教学都深嵌于特定的法律职业养成体系当中，很难一概而论地评判孰优孰劣。[①] 相比之下，我国的法学教育长期因为重视理论教学、轻视实务训练而饱受诟病。虽然近年来案例教学在国内高校逐渐兴起，但到目前为止，发展较为充分的仍限于民法学、刑法学等实体法学科。虽然也有一些高校开设了民事诉讼法学的案例教学课程，但在目标设定、案例选取、作业设计、研讨流程等方面都还处在探索阶段，很难说已经形成了成熟、稳定的模式。更重要的是，所

---

① 参见阿什特里德·斯达德勒尔：《德国法学院的法律诊所与案例教学》，吴泽勇译，载《法学》2013年第4期。

有上述案例教学都是各自孤立的,彼此之间很少发生联系。而这显然与法律实务的场景存在重大差异。实践中的问题是不分学科的——为了妥善处理一个案件,职业法律人需要综合运用实体法和程序法的知识,需要熟悉整个诉讼流程,并对诉讼的推进具有掌控能力。

个案全过程教学法就是为了应对上述问题而提出的。这种案例教学的主要特点是:为读者提供一个涵盖民事诉讼全过程的诉讼资料,让读者像真实参加诉讼全过程一样得到案件分析、文书写作、诉讼策略设计等方面的训练。与传统的案例研习教学相比,个案全过程教学将实体法知识与诉讼法知识结合了起来,将法学原理的运用与民事诉讼流程的掌控结合了起来,将静态的案情分析与动态的诉讼策略设计结合了起来。借助这门课程的训练,法学院学生可以为其未来职业生涯进行全方位的准备;①法律实务工作者也能通过这本书了解现代庭审的理念,掌握准备、组织现代庭审的技巧。与传统诊所式教学相比,个案全过程教学法的特殊之处在于它将诉讼和庭审搬进了课本,并且在个案的选取上充分考虑了案件的类型、繁简和法学原理的分布。这就避免了传统诊所式教学成本太高,难以辐射到所有学生,以及训练素材较为随机,无法涵盖各类案件,无法给学生提供全面训练等弊端。

二、一庭终结的民商事案件集中审理

我国的民事审判方式改革经历了一个漫长而曲折的过程。从20世纪90年代初期的"一步到庭",到90年代后期对审前准备程序的强调,再到21世纪第一个十年对调解的高度重视,理论界和实务界对民事诉讼庭审的认识一直在发展。在最新一波的庭审方式改革中,越来越多的学者和法官认识到,建立全面争点整理基础上的集中审理式庭审模式,是当前我国民事庭审改革的主方向。而在各地的改革尝试中,复旦大学司法研究中心与江浙沪粤多家法院合作的现代庭审方式改革尝试,尤其引人瞩目。这种庭审方式以**争点审理**、**心证公开**、**释明**等现代庭审理论的运用为主要特征,在提高庭审效能方面取得了显著成绩。许多法官反映,运用新型庭审方式,原来需要开庭数次、耗时数天的案件,现在只需要一小时甚至更少的时间就能审结,而且审理效果更佳,当事人服判息诉率更高。

---

① 这种教学法我们在《模拟法律诊所实验教程》一书中第一次全面尝试,在许多法学院试用,取得了良好效果,引起了广泛影响。参见章武生主编:《模拟法律诊所实验教程》,法律出版社2013年版。

我们认为,作为一种理论上可以达成共识,实践中效果明显的新型庭审方式,上述尝试可以而且应该在法学院的教学中加以推广。尽管新型庭审的全面铺开需要最高司法机关的政策支持,甚至需要民事诉讼立法的跟进,但是,在目前的法律状态下,我们能够做到的还有很多。实际上,在充分尊重当事人程序选择权的前提下,我们倡导的集中审理庭审方式受到了许多试点法院的欢迎,在试点案件中也得到了绝大多数当事人和律师的支持。究其原因,是因为这种庭审方式符合民事诉讼的规律,能让当事人(包括律师)真正感受到判决结果形成的每一个环节都有自己的参与,从而获得一种心理上的满足感。某种意义上,这正是程序保障的功能所在。同时,这种庭审方式与我国民事诉讼法学教师在课堂上习惯讲授的大陆法系经典理论高度契合,对于专业知识类似于一张白纸的学生来说,接受起来未必会比一些经验丰富的老法官、老律师难。因此,将新型庭审改革的成果总结出来,通过个案全过程教学的方式传授给法学院的学生,传播给法官、律师等法律实务工作者,可以说是水到渠成。这正是本书要做的事情。

三、境内外庭审方式比较研究

需要强调的是,本书不仅仅是一本案例教学用书,同时也是一本庭审方式比较研究的学术著作。首先,本书对现代庭审理论及其实现方式进行了系统研究。这些理论长期被学界忽视,而本书在"现代庭审理论"的框架下,结合前期研究和改革试点的成果,对此进行了全面、深入的讨论。

其次,本书大量涉及域外庭审理论。不仅第一编主要运用了比较研究的方法,在第三编我们还专门整理了德国、美国等国家和地区的庭审录像和全过程诉讼资料。一直以来,我国的民事诉讼法学比较研究都停留在学术文献梳理的层面,许多研究者并不了解域外庭审的真实样态。本书第三编在这方面填补了空白,大量第一手的庭审素材,对我国未来的庭审理论研究和庭审方式改革具有重要参考价值。

最后,除了中外比较,本书多处涉及我国传统庭审方式与我们倡导的现代庭审方式的比较。在第三编,我们甚至专门设计了一个案件中德三种不同审理的案例。从这个案例中,我国的传统庭审、现代庭审与德国庭审方式三者之间的区别,可以说一目了然。所有这些比较,都让我们更加直观地认识到现代庭审方式的优势,同时也为未来的庭审方式研究奠定了理念基础。

因为上述原因,本书除了作为法学院学生的案例教学用书,也完全可以摆上法学研究者的书架,成为庭审方式比较研究领域的一部重要文献。

四、本书结构和内容

本书主体内容包括四编。

第一编"现代庭审理论与应用概述",一共四章(第一至四章)。第一章"现代庭审理论概述",对现代庭审的核心理论进行了全面、系统的介绍。这些理论包括集中审理、协同主义、争点确定、疑点排除、释明和心证公开、突袭裁判防止、真实义务、内心确信的形成。我们认为,掌握这些庭审理论和技术是有效组织现代庭审的前提,也是完成本书所有训练的前提。第二章"现代庭审理论在审判实践中的模拟运用"完整介绍了一个案例。该案例不仅按照现代庭审的要求制作了诉讼资料,而且像第二编的案例一样包含了庭审录像,还特别拍摄了"集中审理书状先行程序"的示范录像,将从立案到正式庭审前的主要诉讼活动展示出来。通过阅读诉讼资料和观看庭审录像,读者可以进一步深化对现代庭审理论的理解。第三章"我国集中审理的制度建构设想与实现路径",在比较研究的基础上提出了我国集中审理的制度构想,并对其实现路径进行了深入分析。本章与第一章相配合,旨在告诉读者,集中审理在我国不仅具有理论必要性,而且具有现实可行性。第四章"我国现行庭审方式与集中审理庭审方式的比较",对两种庭审方式进行了比较。本章进一步论证了集中审理庭审方式所具有的巨大优势,有助于读者——尤其是熟悉现行庭审方式的读者——准确理解集中审理庭审方式的特点,善用这种审理方式的优点。

第二编"以示范庭录像为中心的个案诉讼全过程教学",一共六章(第五至十章),包含了6个诉讼案件的全过程资料。构成每章基础的,是本书课题组在上海市多家法院进行集中审理庭审方式的教学推广后,由试点法院骨干法官组织开设的示范庭。6个案件类型不同,繁简程度也有不同,但是全部运用了争点整理、释明、心证公开等现代庭审技术,在效果上极大地提高了诉讼效率、质量和裁判接受度。有一半的案件,因为法官的心证开示进行得充分、及时,当事人顺利达成了调解协议。通过这6个案件的个案诉讼全过程教学,我们希望学生能够扎实掌握现代庭审的基本技术,为未来的法官或者律师生涯打好基础。当然,由于现代庭审方式对于我国法官来说是一种新事物,每个法官对其理解并不完全一致,尤其是对于释明和心证的尺度把握存在一定差别。有些法官释明和公开心证较为直接、明确,有些法官主要通过分析相关法律规定等方式向当事人暗示他的看法。但在所有这些案件中,当事人都能合理预期案件的裁判结果,从而有效避免了突袭裁判的发生。

第三编"以境外庭审为中心的个案诉讼全过程教学",一共五章(第十一至十五章)。前两章分别是一个德国案件和一个美国案件的庭审录像以及完整诉讼资料。第十三章是中国台湾地区的一个侵权案件五次开庭的诉讼资料。在第十四章中,我们在法院推选的优秀庭审案件中选择了一个知识产权案件,安排本书课题组的优秀法官和律师,按照本书倡导的集中审理庭审模式,进行了包括书状先行和开设模拟庭的诉讼全过程演示。德国法官则根据我们翻译的材料,按照德国的法律和庭审方式进行了书面审理,并制作了模拟判决书。通过三种庭审方式的比较,我们希望读者获得对不同庭审方式之差异的直观感受,并希望在此基础上启发读者的批判性思考。本编最后一章是不同国家或地区庭审方式的比较。通过这一较为理论化的讨论,希望进一步拓展读者的视野,让读者更加深入地理解本章出现的各种庭审方式。

第四编"新型诉讼理念与中国司法实践的结合",一共三章(第十六至十八章)。本编虽然只整理了三个案件的诉讼资料,但这三个案件的复杂性、涉及理论的多元性超出了本书之前的大部分案例,可能也超出了大多数读者的想象。这些案例涉及我国立法新增设或新修改的诉讼制度,如第三人撤销之诉、通过特别程序实现担保物权和新的送达制度;涉及众多民事诉讼法学原理的应用,比如不同请求权基础之上的证明责任分配、一事不再理、诉讼时效等。从三个案件中,可以发现我国民事诉讼中的许多问题。特别是前两个案件,都经过了几年的时间,引发了系列诉讼,耗费了当事人大量的人力、物力和财力,也浪费了国家有限的司法资源。这三个案例的学习和研读虽然会花去读者不少精力,但读者的收获相信会更多。

五、本书的使用方法

因为本书涵盖的内容,它的预期读者远远超出了法学院的师生。2017年,复旦大学与上海市高级人民法院合作召开了"贴近审判的司法人才培养与庭审改革的协同发展"的研讨会。研讨会上披露,自2015年以来,复旦大学司法研究中心先后与江浙沪粤8家法院合作开展庭审方式改革,通过新型庭审示范庭的拍摄,教学、科研成果得到了有效转化,庭审效率、质量和透明度得到了大幅提升。与此同时,庭审的创新实践通过优质摄像进入课堂,实现了课堂教学手段和呈现形态的创新,实现了系列真实庭审录像的直观教学;学生看到的是体现新理念、新方法的新型庭审,并能对庭审中程序、实体以及法官和律师的表现进行全方位的评析,从中学习法学理论和实务。① 可见,本书的预期读者涵盖了法学理论界和法律实务界。前者主要包括法学院的学生(主要是高年级的本科生和研究生),从事民事诉讼法、民法研究和教学的教师,以及对比较庭审制度有兴趣的其他学者。后者除了法官和律师,还包括仲裁员、检察官、公司法务、各类调解人员以及其他法律实务人员。

对于不同的读者,本书有不同的使用方式。对于大部分读者,我们建议按照本书的章节安排,逐章研读和训练,因为每一编内容都有自己独特的价值。对在校学生而言,第一编和第四编需要教师较多讲授,其他编则以学生按照教师的进度安排在课外观看录像、阅读诉讼资料,课堂进行分组讨论为主要使用方式。课堂讨论中,可以安排每组选出代表发言,由教师做最后的点评。其中,评析法官和律师庭审中的表现,提出庭审进一步改革的意见,是讨论过程中的永恒主题。对法官来说,则可以结合本书提供的素材,思考如何改进自己的庭审准备和组织。这其实是一个潜移默化的过程。一个法院一旦有几个法官开始尝试运用本书阐述的新型庭审,其他法官一定也会"见贤思齐",产生学习新型庭审技术的动力和压力。试想,您按传统方式审理开庭多次、用时超过10个小时的案件,运用新型庭审的法官只用1个小时就完成了,而且审理质量更高,这种情况下,您还能无动于衷吗? 一个常见的疑问是:让法官和学生学习同样的内容,是否有问题? 从试点情况看,没有明显的障碍。法科学生学习该书是为了从真实的司法实务中学习法律和法学理论,改变理论与实践脱节的问题,为今后的工作打下基础;而法官和律师研读、学习该书,是为了立刻在司法实践中加以应用,提高自己的工作效率,改善工作效果。就终极目的而言,二者并无差异。

至于其他对庭审理论、庭审方式改革,甚至对比较法律文化感兴趣的一般读者,我们建议您将本书摆在案头,有空的时候拿起来翻看一章就好;或者,看一个庭审录像作为消遣也行。希望本书内容能让您发出由衷的感叹,或者露出会心的一笑——对此,本书作者有足够的信心。

---

① 参见《探索庭审方式改革与司法人才培养的协同发展——"贴近审判的司法人才培养与庭审改革的协同发展"研讨会综述》,复旦大学司法研究中心网站 2018 年 1 月 6 日新闻,http://www.cjs.fudan.edu.cn/news_view.asp?id=6203。

第一编
现代庭审理论与应用概述

本编导读

本编《现代庭审理论与应用概述》,乍一看,本编与许多同类书一样,好像是全书的基础理论部分,但基础理论后面还多了"应用"两个字,又与许多同类书明显不同。这就是本编的一大特点,既有系列庭审理论,同时,这些理论又是应用性非常强的理论,"应用"在本编中仍居于重要的地位,贯穿在每一章中。本编共包括四章,第一章《现代庭审理论概述》,主要将大陆法系的主要庭审理论逐一做了简单的介绍和分析,使读者对本书的第一章所涉及的现代庭审理论有一个整体的概括的了解。当然,仅凭这一章了解这些理论是远远不够的。紧接着,本编第二章《现代庭审理论在审判实践中的模拟运用》就展示了一个以集中审理为中心的个案全过程案例。为了使读者能够更直观地了解正式庭审前诉讼各方所进行的各种诉讼活动,本章还特别将这部分内容通过录像形式呈现出来,使本编同时包括庭前诉讼活动和庭审两个录像。第三章《我国集中审理的制度建构设想与实现路径》,通过本章的学习,使读者了解什么是集中审理、我国为什么要走向集中审理、我国要建立的是一个什么样的集中审理制度、集中审理的具体实现路径,这对后三编的学习是有重要帮助的。第四章《我国现行庭审方式与集中审理庭审方式的比较》,本章除了对两种庭审方式的形成和特点比较外,还结合真实案例,重点做了两个方面的比较:一是对两种庭审方式庭审效率和质量的比较。在该部分以一个真实案件为例,来展现两种庭审方式所产生的巨大反差。按照传统审理方式,法官在未确定争点的情况下,将双方各自提交的证据一一当庭质证,仅这一过程就开庭10次,并用去5个全天的时间。而用新型庭审方式,开庭时间不足半个小时,效果比5天的庭审还要好很多。该比较还从五个方面论证了新型庭审与传统庭审相比为什么会有如此大的反差。二是两种庭审方式庭审透明度和接受度的比较。新型庭审为什么要将透明度作为一个重要指标?是因为只有透明度高,针对性才会强,大量无关紧要的证据才能够被排除,这是庭审效率和质量的保证。同时,庭审的透明度和当事人的接受度密切相关,透明度高,当事人就能够在判决作出前了解法官的真实想法,提出观点和证据,影响法官的不当心证。当事人能够合理预期判决结果,突袭裁判就会被有效遏制,判决接受度也会大大提升。本书入选的6个真实案例,有3个都是调解结案,为什么一半的案件会调解结案?这可能是庭审透明度高的一个重要价值体现。法官公开了案件处理结果的心证,受不利判决的当事人又没有有分量的证据和观点影响法官的心证,此时,调解结案对其就是最佳选择。对另一方当事人来说,胜券在握的当事人也可能不愿接受调解。但是,从境外的司法实践来看,更多的当事人可能愿意接受调解。因为调解能够迅速结案,免受讼累,还有助于维护双方当事人今后的关系。至于判决结果,只是合理预期,准确的数额还不一定那么清楚。此外,对方的上诉毕竟也会带来改判风险。

第一章 现代庭审理论概述

现代庭审理论是近几十年来在法治发达国家逐步形成，并通过实践检验有助于法院正确、适时地审理案件，体现诉讼民主、诉讼规律和程序保障的理论。这些理论主要包括集中审理、协同主义、真实义务、一次性解决纠纷原则、争点的确定、疑点的排除、突袭裁判的防止、释明义务的行使、心证的公开、法官内心确信的形成，等等。① 上述理论、方法和制度形成的时间不尽相同，有些始于民事诉讼法制定时，如德国在1877年民事诉讼法制定时，就规定了突袭裁判的防止。但当时的释明只针对事实问题，不包括法律问题。依据当时法官知法的原则，法的适用为法院之权限，法院的法律适用不受当事人法律主张的拘束；有些始于民事诉讼法修订时，如1924年德国民事诉讼法修订时，对长期以来实行的纯粹自由主义原则进行了根本性的修正，增强了法官的诉讼指挥权，限制了当事人的诉讼控制权，引入了集中审理原则；1933年德国修改民事诉讼法时，在第138条增设了"当事人必须完全且真实地就事实上的状态作出陈述"。真实义务的确立，意味着辩论主义发生了根本性的变化。

上世纪70年代德国民事诉讼法重大修改后，现代庭审理论进一步得到了发展和升华，并在司法实践中得到了广泛和系统的运用，特别是集中审理和协同主义在司法实践中正式形成后，使民事诉讼法产生了质的飞跃，民事诉讼的效率、质量、透明度和裁判接受度以及诉讼的技术含量大幅提升，并被许多大陆法系国家或地区所效仿。

迄今为止，我国绝大多数法官对这些体现诉讼民主、诉讼规律和程序保障的庭审理论还知之甚少，主动运用的就更少。这大概是目前我国庭审仍处于比较落后状态的主要原因所在。要提升我国庭审的水平，必须首先改变我国现代庭审理论与应用研究、教学和培训严重缺位的现状。只有这些理论被综合和系统运用，才可能大幅度提升我国庭审的水平和品质。

---

① "现代庭审理论与应用"既是复旦大学司法研究中心与德国、日本和中国台湾地区的教授和法官合作连续5年为研究生和法官开设的一门新的课程，又是集中审理新型庭审试点案件系统运用的理论和方法。

为解决上述问题,2015 年,我们在与法院合作庭审方式改革的同时,与境外教授和实务人士合作,首次在中国大陆开设了"现代庭审理论与应用"课程,并在上述课程基础上,2017 年与江浙沪粤多个法院合作拍摄出了庭审效率、质量和透明度大幅提升的集中审理新型庭审示范庭,这些体现新理念、新方法的新型庭审通过优质摄像进入课堂,首次实现了系列真实庭审录像的直观教学。该课程的开设对深入了解境外的法学教育和庭审发挥了重要作用,对提升我国法学教育和庭审水平意义重大。

我们明确列出的现代庭审理论就有十余个,每个理论都非常重要,在诉讼特别是庭审时会经常用到。掌握这些理论对于我们学习本书,应用这些理论均有重大帮助。鉴于此,在本章中我们将依次对这些理论及其应用做一简要介绍分析。需要说明的是,这些庭审理论涉及丰富的内容,本书主要是一本法律实务课教材,其中培养法律实务人员掌握和运用现代庭审理论是希望达到的一项重要目标,因此,第一编"现代庭审理论与应用概述"不同于通常教材中的基本理论,在其四章书稿中,理论与应用是密切相关的,应用始终都放在重要位置。在本章中,尽可能用通俗易懂的文字,附上一些具体例子,使读者能够很快了解这些理论并运用于司法实践中。在现代庭审理论中,集中审理排在首位,但由于在第三章中要专门分析,本章就不再赘述。

一、协同主义

协同主义是指民事诉讼应在法官与当事人相互合作下,通过诉讼各方对话的方式,以追求实现高效、真实为目标所进行的诉讼程序。为实现此目标,法律应对诉讼资料在当事人与法院的分担,法官的释明义务和当事人的真实义务、诉讼促进义务,以及违反该义务所应当承担的责任均做出明确的规定,从而为当事人实现武器平等、追求程序正义和实体正义提供实质性的程序保障。

在民事诉讼中,存在着辩论主义与职权主义两种对立的诉讼模式。辩论主义诉讼模式又称为当事人主义诉讼模式,其缺陷主要在于将诉讼活动的控制权主要赋予双方当事人,法官处于消极裁判者的地位,往往会导致诉讼拖延和形式上的平等、实质上的不平等等弊端。而职权主义法官过多地干预和限制当事人的诉讼行为,影响到当事人处分权的正常行驶。协同主义是处在两者中间的一种模式,其能够有效克服上述两种基本原则存在的弊端和缺陷。

协同主义是在古典辩论主义的基础上发展起来的,按照古典辩论主义的理解,构成裁判的基础资料——事实和证据的提出由当事人负责,当事人在诉讼中自认的事实,不管是否真实,法院亦受其拘束,并应直接作为裁判的根据。这样一来,在诉讼中究竟提出什么事实作为裁判的基础,不管是否真实陈述、完全陈述,以及对于对方当事人的事实主张是否予以否认,完全是当事人的事情。法官在事实、证据这一领域的作用就表现得非常消极,就可能造成应该胜诉的当事人由于能力不足而败诉等问题。

协同主义认为,古典辩论主义是自由资本主义的产物,在这个时期,西方社会主要崇尚私权和个人自由,在民事诉讼领域就形成了自由的诉讼观。自由主义的民事诉讼表现为当事人享有形式上的自由和平等,不论其经济地位是否存在差别,一律假设其机会平等和武器对等。自由资本主义发展到垄断资本主义阶段,资本主义的法律原则也逐渐从个人本位转向社会本位。在此背景下,西方学者开始批判自由诉讼观,并提出了更注重实质平等、追求法院与当事人之间协作互动的社会诉讼观,以求更好地实现程序公正和实体公正。

伴随着上述观念的变化和民事诉讼法的修改,古典辩论主义得到了全方位的修正,法官和当事人的权利义务被重新确定。法律通过扩大和强化法官的释明和心证公开义务,通过为当事人设定真实义务和诉讼促进等义务,使法官从古典辩论主义下的消极形象,发展为协同主义下的积极形象,使诉讼各方协力发现真实、促进诉讼成为可能。同时,也为诉讼能力较弱的当事人能够获得诉讼上的帮助,以保障其平等接近法院,并且能获得司法救济提供了保障。

协同主义贯穿于民事诉讼的全过程,其核心内容就是诉讼三方的协同和对话式诉讼,是法官的释明义务和当事人的诉讼促进义务。其主要表现形式是诉讼三方在民事诉讼的诉答程序、争点整理程序和正式庭审程序等各个环节上的协同,这种协同在本书特别是集中审理的全过程案件审理中有充分的体现。

二、纠纷的一次性解决

纠纷的一次性解决,是指通过一次诉讼尽可能解决与此相关的所有纠纷。纠纷一次性解决原则最早确立于1938年美国联邦民事诉讼法规则中,后被两大法系普遍接受。该原则的主要价值在于:(1)有助于案件的快速和公正处理,避免浪费当事人的劳力、时间及费用,减少当事人因诉讼产生的痛苦;(2)避免法院在同一事件或同类事件上做出互相矛盾的判决;(3)扩大诉讼制度解决纷争之功能,节约司法资源,维护司法权威,促进社会和谐。

近年来,我国案件数量增长很快,其中既有伴随着经济发展带来的真正的案件增长,亦有人为的非正常的增长,后者在有的法院甚至占了较大的比重,从而导致了案件数量增长的统计数字严重失真。由此看来,纠纷的一次性解决原则在我国的确立和实施具有更为重要的现实意义。其除了按照该原则的要求尽可能一次诉讼解决与此相关的所有纠纷外,还可以解决我国存在的与该原则相悖的许多弊端。

当前我国司法实践中,不仅许多应当合并的案件被分拆,更为突出的问题是原本一个案件被人为地分拆成两个甚至更多个案件。这些判决虽然在司法统计报表上显示完成了一件案件的审理,但在实际效果上并没有彻底解决当事人之间的纠纷,当事人不得不继续诉讼。

对此,北京市第一中级人民法院课题组孙国鸣等4位法官做了专门的调研。本次调研中,调研组收集了该院民一庭、民二庭2012年3月至2012年6月间的判决书984份,通过以"另案""另诉""另行处理"为关键字进行检索,抽取了213份判决,经过对该213份判决的逐一分析,发现其中有86件案件的处理有未达到"纠纷一次性解决"要求的情况,占案件总数的8.74%。具体而言判决又有9种情形。① 造成这种情况,既有当事人及其代理人方面的原因,也有法院方面的原因。在此次调研中,该数据仅仅通过以"另案""另诉""另行处理"为关键字进行检索。在司法实践中,没有这些关键词被人为地分拆成两个甚至更多个案件的亦占了一定的比例。这类人为的分拆案件,不仅浪费司法资源,而且,往往更容易形成错案。例如,原告甲向A法院提起一个诉讼,在案件审理过程中,原告乙又向B法院提起一个诉讼。两个案件被告是同一个,原告虽然不是同一人却是串通一起的,他们实际上用的是同一资金走向。如果两个案件在同一法院诉讼,很容易发现其中的问题。但在两个法院审理,戳穿谎言的难度就会大出许多。这种关联性比较强的案件,在法治发达国家,肯定是要移送到一个法院处理的。但在我国,要将这两个分属于不同法院的案件合并在一起,难度还是比较大的。

此外,由于大部分法官缺乏一次性解决纠纷的理念,许多案件的处理不能案结事了,引发了一个又一个诉讼。本教材最后一编前两章就是这方面的典型案例。本来一次诉讼就可能解决的纠纷,却引发了多个诉讼。第一个纠纷

---

① 参见北京市第一中级人民法院课题组孙国鸣、黄海涛、宋少源、王湘羽:《关于建立民事审判"纠纷一次性解决机制"的调研报告》,载《法律适用》2013年第1期。

先后涉及7个法院审理,第二个纠纷先后涉及10个法院审理。以第二个纠纷为例,如果审理第一个案件的法官脑子里有一次性解决纠纷这根弦,意识到自己的不当财产保全必然会影响房屋的过户和引发后续诉讼,并对自己的考核会有所影响,他就会防止此类情况的发生。即使采取财产保全,他也会采取适当的财产保全方法,不会引发后续诉讼。之后亦有多个诉讼存在上述问题,比如说买房人提起了第三人撤销之诉,如果审案法官改变了不当财产保全,买房人就不会再继续提起诉讼,后续的多个诉讼可能就不会发生。

三、争点的确定

任何纠纷的解决都应当围绕争点进行,特别是集中审理,对争点的要求更高,无论是英美法系还是大陆法系国家或地区,均将争点的整理作为集中审理的前提或基础性工作,在诉讼中有特别重要的地位。

(一)争点和争点整理的含义

关于争点,国内外理论与实务界可以说是众说纷纭,有各种各样的观点。争点整理的方法,各国也不尽相同。笔者以为,简单地说,争点就是诉讼过程中双方当事人产生争议的、对案件处理有较大影响的事项。主要包括事实上的争点、法律上的争点和证据上的争点。

关于争点整理,就是通过一定的方法,整理出当事人在正式庭审中的争执点,使法院能够围绕争点集中审理。争点的确定是法院行使审判权解决案件的逻辑前提,争点不明,诉讼就会有很大的盲目性,造成诉讼过程中的事倍功半。明确了争点,当事人才会有针对性地举证和质证,法官也更容易查清案情,才能达到事半功倍和防止突袭性裁判的效果。这一点在我国大陆与德国、日本和我国台湾的庭审比较中得到了充分的体现。

(二)争点整理的方法

集中审理起源于英美法系国家,其争点整理程序和集中审理又是与陪审制度密切相关的。一方面,由于陪审团成员从被召集到做出评议的这一过程在时间、成本等方面的特点,开庭必须采取集中审理或连续审理的方式,即一旦开庭就必须在短时间内将案件审理完毕并得到最终的结论。另一方面,英美法系国家的争点整理主要是为不熟悉法律的陪审员确定的,由于非法律专家的陪审必须在较短时间内集中地听取证据和辩论并做出判断,开庭前所作准备活动的主要内容就是必须使案情能够在开庭时以某种适合于集中审理和陪审判断的样式被呈示出来。这意味着无论多么复杂的案件,都必须被整理还原到若干相对单纯的争执焦点上,且对这些争点有可能只需做出"是"或"否"的简单判断。① 而我国的争点与大陆法系国家一样,主要是为作为法律专家的法官和律师确定的。因此,我国应当借鉴的是大陆法系的争点整理程序。

大陆法系的争点整理主要有两种方式。一种是通过法律规定的专门的争点整理程序来整理争点,这主要是复杂案件运用的方式。关于具体的争点确定程序,德国确立了早期首次言词辩论期日和书状先行两种程序。日本确立了准备性口头辩论程序、辩论准备程序和书面准备程序三种程序。我国台湾地区确定了准备性言词辩论期日程序、书状先行程序、准备程序和自律性争点整理四种程序。② 我们认为,首先应借鉴德国的书状先行程序,这是我们庭审改革主要采用的争点整理方法。该方法主要是通过针对性比较强的诉答状和准备书状、准备答辩状,以及法官的指令来发现争点,解决争点,限缩争点,最终确定庭审时的争点。其次应当借鉴的是日本的第二种准备性口头辩论的争点整理程序。日本的第二种准备性口头辩论程序与德国的早期首次言词辩论期日只是名称上略有差别,实质内容基本相同,都是通过准备庭的方式口头确定争点。争点整理的道理与书状先行比较接近,是通过口头方式发现争点,解决争点,限缩争点,最终确定正式庭审时的争点。这两种争点必要时还可以结合运用。日本的第三种辩论准备的争点整理程序,在争点整理方法上与第二种类似,区别在于前者是公开的,辩论准备程序是非公开的,目的是在融合的氛围中更有利于争点的确定。中国台湾地区的第四种自律性争点整理程序,系指起诉后由当事人两造协同自行为争点整理,而非必在法官面前由其所行争点整理程序上直接达成争点整理之结果。由当事人自发就该结果向法院提出摘要书状,成立自律性争点简化协议。③ 日本的第三种和中国台湾地区的第四种争点整理方法也是可以参考借鉴的。

第二种争点整理方式主要是针对简单的和一般的民事案件。通过诉答状或当事人口头陈述和辩论以及法官询问即可确定争点。当然,这要求诉答状针对性强,要满足事实主张具体化的要求。

以上分析的是两种大的争点整理方式。除上述方式外,在争点整理时,还需要注意运用以下几种具体的争点整理方法和技术,这些争点整理方法和技术与前边的两大类争点整理方式结合起来,才能取得更好的效果。

---

① 参见王亚新:《民事诉讼准备程序研究》,载《中外法学》2000年第2期。
② 德国的早期首次辩论期日和日本的准备性口头辩论程序以及中国台湾地区的准备性言词辩论期日名称有别,实质内容和功能基本相同。
③ 邱联恭:《争点整理方法论》,台湾三民书局2001年版,第42页。

第一,先要确定诉讼标的,再确定具体的争点。诉讼标的是最大的争点,如果诉讼标的未确定,则争点整理就可能出现方向偏差。要件事实是争点整理中主要运用的方法,侵权或合同此类诉讼标的未确定,直接确定下位争点肯定是容易出问题的。因此,对于原告提出的诉讼请求,要求其明确请求权基础,并根据请求权基础规范确定要件事实,然后要求被告有针对性地进行答辩,明确答辩所依据的事实和法律依据,从而明确本案的诉讼标的。

第二,争点确定前不得全面调查证据。中国台湾地区"民事诉讼法"第296条规定:"法院于调查证据前,应将诉讼有关之争点晓谕当事人。"该规定被台湾学界视为"争点确定前不得调查证据",这可以说是调查证据的前置程序。讲课涉及该要求时,通常会有法官提出,我不调查证据,怎么确定争点呢?有法官甚至说,通过法庭调查为法庭辩论确定争点打下基础,这种两阶段划分还是很顺畅的。实际上,我国传统庭审的做法是本末倒置,错误地理解了争点确定和调查证据的逻辑关系。首先,双方当事人在立案的时候所提供的证据并不是案件的全部证据,必须根据争点来确定最终证据的范围。例如,在一个租赁案件中,原告作为出租人起诉要求作为承租人的支付租金,承租人至少可能提出以下五种抗辩意见:(1)租金已经支付过了;(2)原告提供的房屋有安全隐患;(3)原告提供的房屋无法正常使用;(4)原告的主张已经超过诉讼时效;(5)原、被告之间不存在租赁关系。不同的抗辩理由会产生不同的争点,不同的争点需要当事人提供不同的证据。既然在争点确定前证据范围尚不确定,全面调查证据也就没有必要。其次,只有在争点确定之后,才能明确哪些事实和证据需要调查或有调查之必要。如果在争点确定前就进行证据调查,必然会调查大量不需要调查的证据。例如前述租赁案件,原告在起诉的时候可能提交了租赁合同、租赁房屋交付、催讨租金通知等一系列证据,但是如果被告的抗辩意见是对欠付租金金额无异议,原告主张超过诉讼时效,那么实际需要调查的证据仅仅是原告催讨行为有关的证据,其他证据都不需要调查了。最后,这里所说的不能调查证据并不是不能看证据和案卷材料,法官还是应当阅卷,只不过是在争点确定前不需要组织当事人进行举证、质证。当然在特定情况下,争点整理过程中对于部分证据进行必要的调查还是可以的,例如涉及身份关系的证据等需要法院依职权调查的事项。通过前面争点整理的两种方式,通过阅读针对性非常强的诉答状和证据,通过书状先行等专门的争点整理程序,确定争点会更为科学。为了防止引起不必要的误解,笔者在调查证据前加上了"全面"两个字,以避免与争点整理过程中对部分证据调查之间的冲突。

第三,通过层层过滤和事实主张具体化确定合适的争点,避免我们司法实践中争点往往确定过大的情况。例如,原告提起请求被告支付买卖货款的诉讼,而被告则提出买卖合同无效的积极抗辩,于是,许多法官将该案的争点确定为买卖合同是否成立和有效。如果法院通过进一步过滤争点和让当事人事实主张具体化,发现双方当事人对代表当事人签订合同的代理人有无代理权产生异议。在此种情况下,这一买卖合同是否有效的真正争点,就是替被告签订合同的代理人的表见代理能否成立的问题。显然,原来要审查的许多证据是不需要审查的。

第四,注意寻找可以解决案件法律和事实问题的瓶颈或者说关键争点。德国的法官非常重视以尽可能缩小调查范围的方式来调查案件。律师的主要职责就是引导法庭的注意力集中于那些特别令人信服的调查事项上来。例如,在一个合同纠纷案件里,如果法庭已掌握足够的证据来认定合同是非法的,那关于合同成立和合同条款的问题就没有调查的必要。德国的方法对于避免无效劳动,快速查清案件事实是有重要意义的,也是值得我们借鉴的。

第五,注意运用当事人简化争点的方式。我们在第三章第二部分两种庭审方式庭审效率和质量的比较中所举建筑工程的案例,法院将200多个证据一一当庭质证,双方当事人唇枪舌剑,一共花了5天的时间。原告方通过简化争点,不需要书状先行,一步到庭,半个小时即完成了法庭质证,效果更好。该案例实际上是借鉴了我国台湾地区的自律性争点整理程序和上述德国的寻找关键争点的方式。

《中华人民共和国民事诉讼法》(以下简称《民事诉讼法》)第133条第4款将证据交换作为争点整理的方式,《民诉法司法解释》第226条规定得更为全面,即"根据当事人的诉讼请求、答辩意见以及证据交换的情况,归纳争议焦点"。根据法律规定,在我国证据交换为主要的争点归纳方式,诉讼请求、答辩意见是排在第二位的争点归纳方式。如何通过证据交换归纳争点,立法和司法解释均无明文,司法实践中可以说是五花八门,但主要的方式仍是法庭调查的基础上确定争点,而这种争点归纳方法无疑违背了现代庭审理论中争点确定前不得全面调查证据的要求,审查了大量不需要审查的证据,致使宝贵的庭审时间被大量浪费在"过证据"上。至于根据当事人的诉讼请求、答辩意见归纳争点,接近大陆法系争点确定的第二种方式,具有一定的可行性,也是不少法官运用的争点确定方式。但由于我们的诉答状针对性往往不够,再加上许多被告不提交答辩状,这种方式也难以取得理想效果。在我国,相当比重的原告撰写的起诉状比较笼统,具体化程度不够。被告的答辩状,问题更多,相当比重的被告不写答辩状。即使写答辩状的,往往也比较简单,针对性达不到要求。正是由于上述两种争点整理方式在我国司法实践中的实际运行效果不佳,致使我国现阶段事实上还没有形成一套科学合理的争点整理程序和方法,在审查不必要的证据上浪费了大量的庭审时间。完善诉答状和构建适合我国国情的专门的争点整理程序是我国民事诉讼制度完善的重要内容。

四、疑点的排除

在两大法系国家,疑点排除在诉讼中居于重要地位,庭审的大部分时间都花在排除疑点上。当然,疑点排除并非仅限于庭审阶段,在准备程序的书状先行阶段,实际上也在不断地排除疑点。如果法官在审查当事人提供的案件材料时发现存在疑点,也可以发出具体指令,对一些有疑问的地方要求当事人澄清。

在庭审中,庭审询问对于排除疑点、查明案件事实具有重要意义。特别是对证人和当事人的询问(我们习惯上称为发问)。庭审中的交叉询问是英美法系国家查明案件事实的重要手段,并被许多人认为是"对抗制诉讼的精华所在"。大陆法系国家同样重视庭审中的询问,并被视为发现事实真相的关键环节之一。英美法系国家的交叉询问主要由双方当事人的律师负责;而大陆法系国家的庭审询问,双方当事人和代理律师及法官均参与其中。英美法系的交叉询问优点是询问比较充分,缺点是耗时太多,特别是律师表演存有较大的副作用。大陆法系庭审询问比英美法系所花时间要少很多,但这并不意味着大陆法系国家不重视排除疑点,实际上,他们在疑点排除上做得也是比较充分的,在笔者看来,效果并不次于英美法系。按照大陆法系的理论,法官在作出裁判前,要形成心证和内心确信。为了实现这一目标,在德国等大陆法系国家,法官的释明和发问占去了整个庭审的大部分时间,当事人和代理人的发言有很大一部分是向对方当事人、代理人发问或回答法官和对方当事人、代理人的发问,直到疑点被合理地排除。为了弥补律师诉讼缺乏直接性的缺陷,在大陆法系国家,在有些排除疑点的案件中,当事人的出庭就显得非常重要。对这类案件,当事人不出庭往往会招致严重的后果。

我国在疑点排除方面存在的问题非常突出,不少判决生效后,疑点很多,甚至自相矛盾、明显违背人们日常生活经验的案例不在少数。造成这种情况的原因是多方面的。

首先是我国法官整体上对民事案件人证在查明案情方面的重要作用认识不足。如果将证据分为人证和物证两大类的话,法官普遍认为物证具有天然的客观性,而人证的主观性强,因此,物证的可采性和证明力明显大于人证。

尤其是在我国整个社会诚信度不高的背景下,人证更易受到怀疑。司法实践中我国证人证言的可信度普遍较差,进一步为上述观念提供了支持。从整体上看,尽管物证的可采性和证明力大于人证,但是并不能由此得出物证是可靠的,人证不可靠的结论。在具体案件中,伪造的物证并不鲜见。例如,模仿当事人笔迹伪造的遗嘱、借据、签名等。有些书证的形成确实是当事人所为,但是在当事人被欺骗或重大误解等情况下形成的。特别是在近年来我国虚假诉讼案件大幅上升的情况下,由此产生的争议更多。如果对此类案件,法官简单地认为当事人既然承认书证的形成是当事人自己所为,书证可靠性比较大而据此认定案情,不去做其他查证工作,不给当事人发问机会,①就很容易造成认定事实上的错误。②

从司法实践来看,物证和人证在查清案件事实方面具有各自不同的功能和作用,二者相辅相成,忽视其中任何一个方面都可能造成错案。当然,具体到个案,不同的案件有不同的特点。有些案件可能主要依靠物证就可定案,不需要对人证进行过多审查。但有些疑点较多的案件,可能就需要加大对人证的审查力度。在环境、医疗事故、航运等专业性较强的案件审理中,专家证言通常会具有更重要的作用。

其次是现行法律对发挥人证在查清案情方面的作用规定的欠缺和实务部门对人证作用的重视度不够。发问是审查人证的主要方法,但由于法律对需要出庭的证人和当事人出庭的要求不到位,出庭率很低,当事人向证人和对方当事人的发问权实际上在许多案件的审理中是无法行使的。当事人不愿出庭的原因很多,其中最重要的原因是当事人往往缺乏律师的庭审经验和技巧,容易说出不利于自己的事情。同时,当事人出庭在回答问题上缺乏律师单独出庭对不易回答问题的那种"回旋余地"。

对于需要加大对人证的审查力度的案件,仅凭委托代理人的陈述做出判决,就会存在案件错判的隐患。这一点,许多法官是能够意识到的。为了查清案情,有些法官是会给当事人和其代理人发问权利的,但由于当事人本人不出庭,实际上多数情况下是委托代理人之间相互发问。即使如此,通过发问,使

---

① 这里读者容易产生的疑问是,刑事案件中许多错案的形成都与司法人员过分重视人证特别是犯罪嫌疑人口供有关,民事案件中错案的形成怎么又与司法人员轻视人证有关呢?这里除了案件性质所导致的人证和物证在刑事和民事案件中地位和数量的差异外,即在客观上民事案件书证数量远多于刑事案件,主要原因还在于两种截然相反的观念都可以减少司法人员的工作量和艰苦细致的工作。

② 近年来由于法官在单位时间内需要处理的案件过多,这样轻率判决的案件不在少数。笔者就曾遇到过此种情况。法官对原告提交的证据审查后,然后仅重点审查合同上签的字、盖的章是否被告所为,就自认为已经形成了心证。对被告提的疑点和理由均不再关注,也不给被告发问的机会。

对方自相矛盾之处凸显出来,对揭示案件真相还是有明显效果的。

但是,我国法官这方面的能力普遍不足,对发问、促使回应以及禁止发问等方面的尺度把握不好,影响到了发问权的行使。在司法实践中,当事人不正面回答甚至拒绝回答发问的情况大量发生。一方代理人本来能够通过发问来证明对方说谎或自相矛盾,但由于对方拒绝回答而法官又不促使其做出回应,甚至转移话题,致使庭审调查无法深入,真相无法查明。所以,整体上提高我国庭审中疑点排除水平非常重要。

在疑点排除方面我们还是做了有益的尝试,并取得了明显的效果。从拍摄的系列示范庭来看,庭审排除疑点的时间较传统庭审有了较大幅度提升。尽管许多发问是针对律师而非当事人,但庭审结束时,疑点基本上都能被合理排除,法官和旁听人员能够形成心证和内心确信。① 当然,这并非意味着德国等大陆法系国家对证人和当事人的发问没有必要。如上所述,并非每个案件都需要对证人和当事人的发问,我们拍摄示范庭的案件,通常避开了对证人和当事人必须发问的案件。

五、释明和心证公开

释明,又称阐明,是通过法院的引导使当事人对特定的事项予以说明、澄清,使其主张的事项更加明确。同时,通过法律观点释明,为当事人提供对法院的法律判断权施加影响的机会。

查明事实、分清是非、正确适用法律是民事诉讼的任务。要完成这一任务,诉讼各方的对话和沟通至关重要,法官与双方当事人、一方当事人与另一方当事人之间信息交换及意思疏通的质量决定了诉讼本身的质量。通过释明和当事人之间的沟通,当事人及其代理人会明白自己的优势和劣势,法官的想法,哪些事实会对案件裁判起决定作用,从而有针对性地攻击或防御,影响法官的不当心证,减少无效劳动。

释明贯穿在整个诉讼过程中,法院收到起诉状后,应对起诉状进行审查。主要审查原告陈述的事实和提供的证据是否能够支持其诉讼请求,两者之间是否保持了一致。如果原告陈述的事实不能支持其诉讼请求,法官应当行使释明权,要求原告补充证据。此外,起诉状的格式和内容是否符合要求也是审

① 从入选教材的庭审示范庭来看,由于受传统庭审习惯的影响,有些法官的发问还不到位。相当比重的律师即使给了充分的发问时间,也很少发问。

查的内容。

被告提交答辩状后,法官应对答辩状进行审查。答辩状中应当按法律的要求记载答辩的事实与理由,对原告的主张表明态度,包括对原告的主张承认与否。否认原告的主张应表明否认的事实与理由,并提供一份能够支持其抗辩的证明案件主要事实的证据目录,不能笼统地否定,针对性要强。

在言词辩论的准备阶段,特别是书状先行中,法官要明确当事人的举证责任,促使当事人提出支持自己主张的证据和理由。包括使不明确的事项加以明确,有疑点的地方加以澄清,使当事人的声明和陈述变得明确、充分。

在庭审中引导当事人围绕争点举证、质证和辩论,特别是通过诉讼各方的发问和法官的释明等方式排除疑点,使争点变得越来越清晰。

心证公开是指法官将其在诉讼审理中所形成的心证,在法庭上或程序进行中,向当事人及其代理人开示、披露,使其有所知悉、认识或理解,促使当事人、代理人与法官协同发现真实,形成正确的心证。

心证公开是传统自由心证向现代自由心证转型的重要标志,是对法官秘密心证和恣意心证的制约,是促进诉讼和防止突袭裁判的重要手段。

关于心证公开的方法,台湾大学邱联恭教授认为:法官在公开心证时应持接受讨论的态度,而不宜先入为主,避免采取断言的方式。同时,应说明形成心证的理由,以便当事人有针对性地回应。法院所开示者,应是该审理阶段所形成之暂时的心证而已。因为本来心证度之高低系受审理过程所呈心证形成资料之质量等因素所左右,具相当之变动可能性。法院如事后形成与其已经开示的心证不同之心证时,宜就此以适当方法(暗示、婉转、间接等类方法)赋予两造当事人再为讨论之机会。①

释明和心证公开是既有联系又有区别的两个概念。广义上的释明是包括心证公开的,在大陆法系的立法中很少直接规定心证公开,释明某种意义上也是一种心证公开。但是,狭义的心证公开,只是释明的一部分。

六、突袭裁判的防止

所谓突袭性裁判,是指法官违反释明义务,从而剥夺了受不利裁判的当事人就相关事实与法律适用表明自己意见的机会,并在此基础上做出的超出当事人合理预期的裁判。由于突袭性裁判,诉权与审判权之间的关系被扭曲,造

---

① 《聚焦庭审方式改革,探寻公正效率之策》,载《人民法院报》2015年5月29日第5版。

成诉权无法对审判权形成有效制约,程序进程与结果的不可预期性加大,司法裁判的可信赖度和接受度大为降低,司法公信力受到严重挑战。

德国从民事诉讼法诞生之际就开始关注并重点防范突袭性裁判,同时,德国法官的素质在大陆法系国家被公认是非常高的,即便如此,德国著名学者罗夫·宾德(Rolf Bender)教授仍认为,突袭性裁判是司法之癌,足见突袭性裁判防范的难度和危害的严重性。我国突袭裁判的严重程度和涉及范围远超德日等国家,但迄今为止,突袭性裁判的防止在我国尚未成为司法实践中需要解决的一个问题,我国大多数法律实务人员尚不知道"突袭裁判"一词。这种现状必须改变,突袭性裁判防止应作为我国立法中首先需要确立同时也是整个诉讼过程中特别是言词辩论主期日需要重点解决的问题。

要遏制突袭裁判的发生,必须提升庭审的透明度,将必要的释明和心证公开规定为法官的义务,①这样既可防控司法腐败,又能提升庭审的针对性和质量。当然,释明和心证公开可以根据案件的情况和法官认为比较适合自己的方式进行。② 但是,有一个要求和标准应当是统一的,这个要求和标准就是,通过法官的释明和心证公开,参与庭审和旁听案件的人能对裁判做出合理的预期,有助于促成当事人达成调解,当事人能就对自己不利的释明提出意见和证据影响法官的不当心证,从而有效防止突袭性裁判的发生。

此外,要改变落后的评价标准,为法官提供能够正确行使释明权和自愿公开心证的制度环境,使其有充分的内在动力抑制突袭裁判的发生。一方面,对正确行使释明权,积极公开心证过程与结果,判决获得当事人的信赖与接受,且取得良好法律与社会效果的法官予以褒奖。另一方面,对突袭性裁判引发的错案要坚决予以改判或发回重审,将上诉、申诉和涉诉上访率下降作为评价和考核法院和承办法官审判质量的重要指标,而不是将案件的改发率作为重要考核指标。使法官千方百计在程序的正当化方面下功夫,减少突袭裁判,从源头上减少上诉、申诉和涉诉信访案件,真正提升案件的审判质量和审判效果。

释明和心证公开曾被许多法官认为是不容易做到的难度很大的问题,但是,通过模拟庭示范和释明、心证公开方法的介绍,参与试点的法官基本上都不再认为这是一个难以做到的问题。

---

① 我们的法官受各种错误观念和周围环境的影响,绝大多数已经适应透明度低的庭审方式,要改变长期以来形成的习惯,除了通过教育、示范引导等方式逐步改变外,借鉴境外先进经验,将必需的释明作为义务规定,并让不履行义务者承担一定的责任是非常必要的。

② 有些案件在单个争点质证后法官就可以释明,有些则更适合全部争点质证后再集中释明。

本书中对话式诉讼与释明和公开心证作为入选教材庭审的一个指标,大多数参与试点的法官基本上都做到了。

七、真实义务

1933 年德国修改民事诉讼法时,法学界曾围绕真实义务能否法律化展开过激烈的论战。论战以肯定论获胜告终。1933 年德国《民事诉讼法》第 138 条规定:"当事人必须完全且真实地就事实上的状态作陈述。"真实义务的确立,意味着辩论主义发生了根本性的变化。作为一项具体的义务,而非对于当事人的道德要求,当事人的真实义务要求当事人不得主张其已知不真实或认为不真实的事实,同时对对方当事人所主张为其所知或认为真实的事实不得争执。

我国 2012 年修订后的《民事诉讼法》明确将诚实信用原则作为我国民事诉讼法的基本原则,从而为真实义务的确立提供了立法依据。2015 年最高人民法院关于适用《中华人民共和国民事诉讼法》的解释(以下简称《民诉法司法解释》)确立了当事人的真实陈述义务,该司法解释第 110 条第 1 款规定:"人民法院认为有必要的,可以要求当事人本人到庭,就案件有关事实接受询问。在询问当事人之前可以要求其签署保证书。"第 2 款规定:"保证书应当载明据实陈述、如有虚假陈述愿意接受处罚等内容。当事人应当在保证书上签名或者捺印。"第 3 款规定:"负有举证证明责任的当事人拒绝到庭、拒绝接受询问或者拒绝签署保证书,待证事实又欠缺其他证据证明的,人民法院对其主张的事实不予认定。"上述规定,包含着真实义务的具体要求和不履行义务需要承担的不利后果两部分内容,标志着我国真实义务的规则已经初步形成。真实义务直接涉及对当事人主义诉讼模式和辩论主义原则的修正,并对法律人的观念和民事诉讼法中的诸多制度会产生重大影响。然而从笔者了解的情况看,该规定生效后,当事人和法官在诉讼中从观念到行为方式较前没有多少实质性变化。如何才能够将真实义务转化为司法实践中的现实呢?

首先,真实义务涉及我国民事诉讼制度和观念的重大变化,其能够转化为司法实践中的现实需要多方面的努力。比如说,通过研究和宣传明确为什么要确立当事人的真实义务?确立真实义务的价值何在?确立真实义务后司法会产生哪些变化?从笔者了解的情况看,许多法官和律师对此都是一知半解,更不用说当事人。又比如说,落实真实义务需要哪些配套制度的完善,等等。这方面的工作做得明显不够。

其次,真实义务最核心的规定是强化当事人的出庭义务和真实陈述义务以及不履行义务的后果。我国律师代理的民事诉讼当事人不出庭的情况比较普遍,对于有些需要当事人出庭的案件,不少当事人在法院多次通知的情况下仍不出庭,其对案件审理的效率和质量均产生了较大负面影响。从两大法系当事人出庭情况来看,对于需要出庭的当事人,法律对其不出庭的后果不仅做了严格规定,而且,对当事人的询问就是庭审的一个重点。通常情况下,当事人最了解案件情况,强化当事人的出庭义务和陈述义务,对于查明案件事实、加快诉讼进程和遏制虚假诉讼均有重要意义。笔者以为,解决当事人出庭和如实陈述,对代理人特别是律师的规制具有重要作用。许多案件当事人不出庭和虚假诉讼蔓延以及做伪证与律师有很大关系,有些律师不仅策划虚假诉讼和伪证,而且冲在第一线,明目张胆地在法庭上说假话。这是严重违反律师执业纪律,应当受到严厉制裁的行为。如果司法行政部门和律协加强这方面监督,就会有明显好转。

最后,真实义务转化为司法实践中的现实,法官的观念和审案方法均应发生较大的变化。当事人真实义务的确立,给法官提出了新的要求。法官应当从辩论主义下的消极形象,发展为协同主义下的积极形象,要加大在诉讼中的释明义务,将程序公正和实体公正同时作为自己处理案件要达到的目标。要实现这一转变,法官必须改变传统诉讼中在证明案件事实上消极的观念和做法。例如,真实义务为诉讼双方当事人共同承担的义务,不受举证责任分配的限制。即使不承担举证责任的当事人,在接受法官询问时也同样承担真实陈述的义务。法官在诉讼过程中可以询问双方当事人,该规定能大幅减少真伪不明案件的数量,当然也就减少了根据举证责任决定当事人胜负的案件数量,使相当比重的案件能够实现我国民事诉讼法早已确立的查明事实、分清是非的目标。

八、法官内心确信的形成

法官的内心确信,是指法官在诉讼中通过言词辩论准备和正式庭审等一系列诉讼活动,对案件的处理在内心形成的某种确定且有充分把握的结论性意见。

传统庭审由于没有确定争点或争点确定不当,没有排除疑点或疑点未被合理排除,庭审针对性不强、透明度不够,尽管多花了几倍甚至十几倍的时间,许多应当审查的内容没有审查和质证,以至于法官在不少案件庭审结束作出裁判时,并未形成内心确信。我国判决后上诉、申诉和上访案件较多,自动履行的生效法律文书比重不够高与落后的审判方式是有很大关系的。

现代庭审理论的系统运用对法官形成内心确信具有重要价值。现代庭审理论有一整套经过长期审判实践检验的科学的理论、方法和技术,保障程序公正和实体公正的同时实现。现代庭审理论对实现实体公正的价值非常显著。按照现代庭审理论的要求,通过诉讼各方针对性比较强的诉答程序,争点确定程序和围绕争点的举证、质证和辩论,法官的释明等方式,通常就能够对所审案件达到内心确信的程度。如果通过上述方式法官仍不能形成心证,为了实现实体公正,法律赋予法官通过法律允许的多种方式寻求客观真实,实现内心确信的手段。

现代庭审理论对实现程序公正的价值也非常显著。很多实体不公源于程序不公,我国民事诉讼中由于程序保障不到位,关系案和司法腐败问题比较突出,国家和各级司法机关尽管采取了多种措施,但收效有限。而现代庭审对法官的释明提出了非常高的要求,将必要的释明作为法官的义务来规定,并对防范突袭性裁判采取了系列措施,在这种透明度比较高的阳光司法机制制约下,法官办关系案的风险很大,这是境外法治国家或地区关系案很少见到的一个重要原因所在。①

关于内心确信的形成,笔者在近几年仲裁案件和代理案件的实践中,体会特别深刻。法官和仲裁员如果能够系统地运用现代庭审理论,不仅庭审的效率和透明度能够大幅提升。而且,庭审质量也能大幅提升,并有助于法官和仲裁员形成内心确信。特别是释明和心证公开,笔者现在仲裁案件,如果不明确释明和公开对案件处理的看法,听不到双方当事人和代理人在裁决前对心证公开发表的意见,就难以形成内心确信。

---

① 境外争点的确定、释明义务的行使、心证的公开以及庭审对判决的约束等多项措施,对法官办关系案形成了有效的制约。

第二章　现代庭审理论在审判实践中的模拟运用

扫一扫　观看
书状先行录像

扫一扫
观看庭审录像

训练素材——中原阳光置业有限公司诉中原兴旺贸易有限公司房屋租赁合同纠纷案[①]

前一章介绍了现代庭审理论的主要内容，本章将通过一起房屋租赁合同纠纷案（含模拟法庭）的全过程训练来介绍现代庭审理论在我国审判实践中的运用，帮助大家进一步加深对现代庭审理论的理解。本案双方当事人是原告中原阳光置业有限公司和被告中原兴旺贸易有限公司。本章就该案的诉答状、主要证据、准备书状、法院指令、庭审、判决书进行了全方位展示。模拟庭案件素材来源于对真实案例的改编，此类案件是民事诉讼中常见的案件类型，最大程度契合了我国现阶段真实的法治环境。

一、选择本案的理由

第一，本模拟庭系新型庭审理论在我国民事诉讼实践中首次较为系统的探索。作者从诉答状、准备书状、法院指令和当事人对法院指令的回应以及庭

[①] 本案主审法官：范一，上海市高级人民法院民事审判庭审判员，四级高级法官。法官助理（书记员）：顾鼎鼎，上海市浦东新区人民法院法官助理。原告律师：成谦，上海君澜律师事务所律师、高级合伙人。

书状先行程序示范审判长：竺常赟，上海市高级人民法院金融审判庭庭长，三级高级法官。参审法官：沙洵，上海金融法院综合审判二庭副庭长，四级高级法官。被告律师：廖海清，北京市汉坤律师事务所上海分所律师。

模拟庭审判长：金绍奇，上海市第一中级人民法院民事审判庭副庭长，四级高级法官。参审法官：姜叶萌，上海市虹口区人民法院审判监督庭工作人员。被告律师：邵烨，上海市方达律师事务所律师、高级合伙人。

上海市杨浦区人民法院民事审判庭副庭长龚立琼法官参与了本章书状先行程序示范和案例拍摄的前期工作。

审方式和判决书的撰写都进行了尝试,目的是按照新型庭审的要求进行设计,同时能与我国现行的诉讼程序合理衔接,并为后续拍摄的新型庭审示范庭提供一个鲜活的可参照的样本。例如每个争点的审理以及法官释明和公开心证要达到一个什么样的程度,通过模拟庭就可以看得比较清楚。在此基础上,拍摄示范庭的法官能够根据自己审理案件的情况进一步创新和发展。

第二,本案是根据一起房屋租赁合同纠纷案改编而来,此类案件在民事案件中较为常见,通俗易懂,读者能够比较容易地熟悉案情。本案当事人在进行两轮诉答之后,争点才逐渐凸显出来,此时法院向双方发出指令,目的是要求当事人就尚未明确的事实予以澄清,使部分争议得以解决,排除影响一庭终结的因素,使得一起较为复杂的案件的争议聚焦到三个核心争点上来,充分体现了书状交换的价值以及新型庭审在解决和限缩争点方面的优势,为提高庭审的效率、质量和一庭终结奠定了坚实的基础。

二、本案训练的材料目录

(一)原告起诉状和证据

1. 民事起诉状
2. 原告证据清单
3. 房屋租赁合同
4. 原告律师函
5. 原告解除合同通知

(二)被告答辩状和证据

1. 民事答辩状
2. 被告证据清单
3. 被告发出的函件

(三)当事人书状和法院指令

1. 准备一状
2. 答辩一状
3. 法院指令(一)
4. 当事人对法院指令(一)的回复
5. 法院指令(二)
6. 当事人对法院指令(二)的回复
7. 程序性事项指令
8. 当事人对程序性事项指令的回复

(四)庭审笔录

(五)民事判决书

三、本案需要展示的法律文书和证据

(一)原告起诉状和证据

1. 民事起诉状

民事起诉状

原告:中原阳光置业有限公司,住所地:中原市高新区锦绣路28号

法定代表人:张建军,董事长

被告:中原兴旺贸易有限公司,住所地:中原市高新区繁华路66号

法定代表人:李卫国,董事长

案由:房屋租赁合同纠纷

诉讼请求:

1. 判决确认原、被告就中原市高新区锦绣路30号世贸广场8层01室房屋(下称"标的房屋")签订的租赁合同于2019年5月30日解除;

2. 判决被告将标的房屋返还给原告;

3. 判决被告给付原告欠付租金及使用费(截至2019年6月30日为15万元,自2019年7月1日起按照每月3万元的标准计算至实际归还标的房屋之日止);

4. 判决被告给付原告违约金9万元。

事实和理由:

1. 原告系标的房屋的所有权人。该房屋位于中原市高新区。根据《中华人民共和国民事诉讼法》第33条、《最高人民法院关于适用〈中华人民共和国民事诉讼法〉的解释》第28条的规定,本案由中原市高新区人民法院专属管辖。

证据1:编号201400188的《中原市房地产权证》。(证据第1—2页)

2. 2018年1月1日,原告(出租人)、被告(承租人)签署《房屋租赁合同》,约定原告将标的房屋出租给被告,用途为办公;租期8年,自2018年1月1日起至2025年12月31日止;租金每月3万元,每3个月支付一次,先付后用;如果承租人迟延支付租金超过1个月,则出租人有权解除租赁合同,承租人应当自收到解除通知后立即返还房屋,并且按照实际使用房屋期限支付房屋使用费,同时另需赔偿原告违约金9万元。

证据2:房屋租赁合同。(证据第2—6页)

3. 2019年1月起,被告开始拖欠房屋租金。至2019年6月30日,拖欠

租金的数额已经高达15万元。原告于2019年3月、4月先后向被告发函,要求被告尽快支付欠付租金,但被告未予理会。

证据3:原告于2019年3月31日、4月30日向被告发送的两份律师函及邮寄凭证。(证据第7—10页)

4. 因被告在收到原告催告函后仍未履行支付租金的义务,故原告于2019年5月28日向被告发送了解除租赁合同的书面通知。该通知于2019年5月30日送达被告。

证据4:原告发送给被告的解除合同通知及邮寄凭证。(证据第10—11页)

5. 原告认为,双方所签《房屋租赁合同》系双方真实意思表示,不违反法律法规强制性规定,合法有效,双方均应严格遵照履行自己的合同义务。依据双方签订的租赁合同第9条关于合同解除的约定、《合同法》第93条第2款约定解除的规定、第96条解除通知的规定、第97条、第98条关于解除后果的规定,因被告违约,原告有权依照法律规定和合同约定行使单方解除合同的权利,并要求被告承担相应的违约责任。请求法院判如所请。

此致
中原市高新区人民法院

原告:中原阳光置业有限公司

2019年7月2日

2. 原告证据清单

原告证据清单

序 号	证据名称	证明内容	页 码
1	中原市房地产权证(编号201400188)	原告系中原市高新区锦绣路30号世贸广场8层01室房屋(标的房屋)的所有权人	1—2
2	房屋租赁合同	原、被告于2018年1月1日签订房屋租赁合同,约定了租赁标的物、租期、租金及支付方式、解除权、违约责任等事项	3—6
3	催促支付房租律师函2份及邮寄凭证	原告委托律师分别于2019年3月31日和2019年4月30日向被告发送律师函,催促支付房租	7—10
4	解除租赁合同通知书及邮寄凭证	原告于2019年5月28日向被告发送了解除租赁合同通知,于30日送达被告	11—12

提交人:原告中原阳光置业有限公司

2019年7月2日

3. 房屋租赁合同
房屋租赁合同

出租方(甲方)：中原阳光置业有限公司

地址：中原市高新区锦绣路28号

承租方(乙方)：中原兴旺贸易有限公司

地址：中原市高新区繁华路66号

根据有关法律法规，甲乙双方经友好协商一致达成如下条款，以供遵守。

第一条　租赁物位置、面积、功能及用途

1.1　甲方将位于<u>中原市高新区锦绣路30号世贸广场8层01室房屋</u>(以下简称"出租房屋")出租给乙方使用。出租房屋的面积经甲乙双方确认为<u>400</u>平方米。

1.2　出租房屋的使用功能为办公，乙方承诺用于办公，且不得变更用途。

第二条　租赁期限

2.1　租赁期限为<u>8</u>年，即从<u>2018</u>年<u>1</u>月<u>1</u>日起，至<u>2025</u>年<u>12</u>月<u>31</u>日止。

2.2　租赁期限届满前3个月提出，经甲方同意后，甲乙双方将对有关租赁事项重新签订租赁合同。在同等承租条件下，乙方有优先权。

第三条　出租房屋的交付

3.1　经甲方同意，乙方已对出租房屋进行了装修，扣减免租期后，双方确认自<u>2018</u>年<u>1</u>月<u>1</u>日为起租日，自起租日开始计收租金。

3.2　乙方对于交付时出租房屋的状况无异议。

第四条　租赁费用

4.1　租金

租金为每月人民币<u>30 000</u>元(叁万元)，即<u>2.5</u>元/日/平方米。

4.2　租赁保证金

租赁保证金为月租金的<u>2</u>倍，即人民币<u>60 000</u>元(陆万元)。乙方在本合同签订时向甲方交付；合同终止乙方结清全部应付费用后，甲方无息返还。

第五条　租赁费用的支付

5.1　租金每3个月支付一次，先付后用。

5.2　首笔租金(<u>2018年1—3月</u>)应在签订本合同的同时支付；之后每笔租金都应在下一付款周期前付清。

第六条　装修条款

6.1　在租赁期限内如乙方须对租赁物进行装修、改建，须事先向甲方提交装修、改建方案,经甲方同意后施工。

6.2 如装修、改建方案可能对公用部分及其他相邻用户影响的,甲方可对该部分方案提出异议,乙方应予以修改。改建、装修费用由乙方承担,且不得因装修主张任何权利。

第七条 房屋维护

7.1 甲方应保证房屋的建筑结构和设备设施符合建筑、消防、治安、卫生等方面的安全条件,不得危及人身安全;承租人保证遵守国家的法律、法规规定以及房屋所在小区的物业管理规约。

7.2 租赁期内,甲乙双方应共同保障房屋及其附属物品、设备设施处于适用和安全的状态:

(1) 对于房屋及其附属物品、设备设施因自然属性或合理使用而导致的故障,乙方应及时向甲方报修,甲方在接到乙方通知后进行维修。

(2) 因乙方保管不当或不合理使用,致使房屋及其附属物品、设备设施发生损坏或故障的,甲方不承担维修责任,并有权要求乙方赔偿损失。

第八条 租赁物的转租

乙方不得将租赁物的全部或者部分面积转租。

第九条 合同解除

9.1 乙方有下列情形之一,构成根本违约的,甲方有权单方解除租赁合同:

(1) 欠付租金超过1个月;

(2) 未经甲方同意擅自进行装修破坏房屋主体结构或者改变房屋用途;

(3) 将房屋全部或者部分转租他人使用;

(4) 乙方其他构成根本违约的行为。

乙方应在收到甲方解除合同通知后立即将房屋归还给出租人,乙方已经支付的租金保证金不予退还,乙方还应当向甲方支付相当于3个月房屋租金金额的违约金。如果违约金仍不足以赔偿甲方的损失,甲方仍有权要求乙方赔偿。

9.2 租赁期间,乙方可以提前30日通知甲方解除租赁合同,但需要向甲方支付相当于3个月房屋租金金额的违约金。

第十条 违约责任

一方违约,应当按照本合同约定和《合同法》中的相关规定承担继续履行、采取补救措施、赔偿损失、支付违约金等违约责任。

第十一条 通知

(略)

第十二条　争议解决和适用法律

(略)

(签字页略)

4. 原告律师函

律师函(一)

中原兴旺贸易有限公司：

　　中原东方律师事务所接受中原阳光置业有限公司(下称"阳光公司")委托，指派本律师就贵司未能按照约定及时支付房租一事签发律师函，敦促及时履行合同义务并提示违约风险。

　　本律师了解获悉，贵司于2018年1月1日于阳光公司签订《房屋租赁合同》，承租了本市高新区锦绣路30号世贸广场8层01室房屋(下称"出租房屋")。合同约定，租期为8年，自2018年1月1日起至2025年12月31日止；租金每月3万元，每3个月支付一次，先付后用。截至本函签发之日(2019年3月31日)，阳光公司称贵司尚欠付租金15万元。

　　本律师认为，阳光公司与贵司所签《房屋租赁合同》系双方真实意思表示，合法有效，双方均应严格履行合同义务。若贵司逾期支付房租，显然构成违约，阳光公司不仅可以要求贵司支付欠付的房租本金，而且还可以另外主张逾期付款利息等权利。

　　本律师建议贵司收到本函后，及时、全面、充分地履行合同义务，避免导致阳光公司采取进一步的法律行动。

中原东方律师事务所

成谦　律师

2019年3月31日

律师函(二)

中原兴旺贸易有限公司：

　　中原东方律师事务所接受中原阳光置业有限公司(下称"阳光公司")委托，指派本律师就贵司未能按照约定及时支付房租一事签发律师函，敦促及时履行合同义务并提示违约风险。

　　本律师了解获悉，贵司于2018年1月1日于阳光公司签订《房屋租赁合同》，承租了本市高新区锦绣路30号世贸广场8层01室房屋(下称"出租房屋")。合同约定，租期为8年，自2018年1月1日起至2025年12月31日止；租金每月3万元，每3个月支付一次，先付后用。截至本函签发之日(2019年4月30日)，贵司尚欠付租金15万元。本律师曾于2019年3月31日致函贵司要求贵司履行租金支付义务,但贵司置若罔闻。

本律师认为,阳光公司与贵司所签《房屋租赁合同》系双方真实意思表示,合法有效,双方均应严格履行合同义务。若贵司逾期支付房租,显然构成违约,阳光公司不仅可以要求贵司支付欠付的房租本金,而且还可以另外主张逾期付款利息等权利。

本律师建议贵司收到本函后,及时、全面、充分地履行合同义务,避免导致阳光公司采取进一步的法律行动。

中原东方律师事务所
成谦　律师
2019 年 4 月 30 日

5. 原告解除合同通知

解除租赁合同通知

中原兴旺贸易有限公司:

我司(中原阳光置业有限公司)于 2018 年 1 月 1 日与你司签订了《房屋租赁合同》,将位于本市高新区锦绣路 30 号世贸广场 8 层 01 室房屋出租给你司办公使用。合同约定,租期为 8 年,自 2018 年 1 月 1 日起至 2025 年 12 月 31 日止;租金每月 3 万元,每 3 个月支付一次,先付后用;若欠付租金超过 1 个月,我司有权单方解除合同。

你司无理由拒付租金至今累计已经高达 15 万元,而且对我司委托律师两次发出《律师函》置之不理,已构成根本违约。

我司现依据《房屋租赁合同》第 9 条之约定,书面通知贵司解除双方的《房屋租赁合同》,贵司应当在收到本通知后立即返还出租房屋,并向我司支付违约金 9 万元。

除违约金外,我司还保留追究你司违约行为的全部权利。

中原阳光置业有限公司
2019 年 5 月 28 日

(二) 被告答辩状和证据

1. 民事答辩状

民事答辩状

被告:中原兴旺贸易有限公司,住所地:中原市高新区繁华路 66 号

法定代表人:李卫国,董事长

原告:中原阳光置业有限公司,住所地:中原市高新区锦绣路 28 号

法定代表人:张建军,董事长

答辩请求：驳回原告的全部诉讼请求

事实和理由：

1. 对原、被告签署房屋租赁合同及原告引用合同中的相关事实的陈述认可。

2. 2018年12月30日，被告按约向原告支付了2019年1—3月的租金9万元，截至2019年3月31日的房屋租金已经付清，2019年4月1日至2019年6月30日的租金9万元未支付。

证据1：2018年12月30日的银行转账凭证。（证据第1页）

3. 自2019年2月开始，系争房屋发生大面积漏水。根据双方租赁合同第7条约定，出租人负有维修义务。

证据2：房屋漏水照片。（证据第2—4页）

证据3：房屋租赁合同。（证据第5—9页）

4. 被告于2019年2月、3月多次发函要求原告维修，但原告没有维修，严重影响房屋正常使用。

证据4：原告于2019年2月20日、3月1日向被告发出的函件及邮寄凭证、送达记录。（证据第10—13页）

5. 因原告拒绝维修，被告无奈自行委托施工队于2019年3月10日至30日期间对漏水等问题进行维修，花费维修费8万元。

证据5：施工合同。（证据第14—15页）

6. 根据法律规定，出租人提供的房屋存在问题影响承租人使用的，承租人可以要求减免此期间的租金。维修完成后，被告于2019年3月30日向原告发函，要求2019年4月至6月应付租金9万元与漏水维修费用8万元相抵销，另外要求免除维修期间即2019年3月的房屋租金3万元，故不仅无须支付2019年4月至6月的房屋租金，原告实际还应当支付被告2万元维修费。该函件于2018年4月1日送达原告。

证据6：被告于2019年3月30日向被告发送的函件及邮寄凭证、送达记录。（证据第16—17页）

7. 基于以上事实，被告应付的2019年4月至6月房屋租金已经与原告应承担的维修费、应减免的租金相抵销，对此抵销应于被告函件送达原告时生效，2019年7月至9月的房租也已经支付，故此，被告不存在原告上告有关租金欠付的情状，更不存在原告指控之违约，故原告不拥有法定或者约定的解除权，其于2019年5月30日发出的解除通知不发生合同解除的后果。

证据7：银行转账凭证。（证据第18页）

8. 对于原告提交的证据1—4真实性和证明目的，被告没有异议。

9. 综上,被告与原告约定的租期长达8年,租赁房屋之后投入数十万元进行装修,均系基于长期使用房屋的考虑,被告没有恶意拖欠房租的动机。原告迫切想要解除租赁合同,真实目的系为了将房屋高价转租他人,请求驳回原告的诉讼请求。

此致
中原市高新区人民法院

被告:中原兴旺贸易有限公司
2019年7月12日

2. 被告证据清单

被告证据清单

序号	证据名称	证明内容	页码
1	银行转账凭证	被告于2018年12月30日向原告支付了2019年1至3月份租金共9万元	1
2	被告于2019年2月10日、2月15日、2月22日拍摄的案涉房屋漏水照片	2019年2月起,案涉房屋出现严重漏水情况,对被告财产以及员工正常工作、对外接待安排等均造成严重负面影响	2—4
3	房屋租赁合同	(1)双方于2018年1月1日就被告自原告承租案涉房屋签署了《房屋租赁合同》 (2)该合同第7条对原告的维修义务有明确规定	5—9
4	被告就房屋漏水情况要求原告维修的函件及其邮寄凭证、送达记录	就案涉房屋漏水情况,被告先后于2019年2月20日、3月1日向原告发出告知函件,要求原告予以处理,但原告接函后始终未予处理	10—13
5	施工合同	在原告拒绝履行维修义务的情况下,被告不得已自行聘请了第三方装修单位对现场漏水情况进行了处理和修补,维修、耗材费用共计8万元	14—15
6	被告就维修费用要求原告予以抵扣的函件及其邮寄凭证、送达记录	被告于2019年3月30日向被告发函就维修费8万元向原告告知,要求原告予以支付或在租金中予以抵扣,并免除2019年3月期间租金3万元。但原告不仅未予支付,还于次日致函被告催讨所谓"欠付租金"	16—17
7	银行转账凭证	被告于2018年6月30日向原告支付了2019年7至9月份租金共9万元	18

提交人/被告:中原兴旺贸易有限公司
2019年7月12日

3. 被告发出的函件

关于租赁房屋屋顶渗漏并请求维修的函

中原阳光置业有限公司：

2018年1月1日，中原兴旺贸易有限公司（"我司"）作为承租方与中原阳光置业有限公司（"贵司"）作为出租方，就我司自贵司承租中原市高新区锦绣路30号世贸广场8层01室房屋（"租赁房屋"）的事宜签署了《房屋租赁合同》（"租赁合同"），约定租期自2018年1月1日至2025年12月31日止，后双方一直按约履行。

自2019年2月起，我司注意到租赁房屋在阴雨天气及其后开始在顶部出现严重霉斑、脱漆、滴水等现象，且越发严重。经与我司工程人员和贵司派驻现场管理的物业公司核实，系由于屋顶渗漏导致。同时，租赁房屋同楼层其他物业以及公共走廊等，也开始出现类似情况。

上述问题已经对我司正常使用租赁房屋办公、会客等产生不利影响，也令我司人员对房屋安全和质量产生担忧，甚至滴水现象也直接对我司部分财产造成了损坏。

为避免渗漏事件对我方租赁产生更进一步影响，请贵司接函后尽快来现场实地勘察，并尽快解决渗漏问题，恢复我司对租赁房屋的正常使用。

顺颂商祺。

中原兴旺贸易有限公司
2019年2月20日

关于再次要求立即对租赁房屋屋顶渗漏予以维修的函

中原阳光置业有限公司：

自2019年2月起，租赁房屋开始在顶部出现严重霉斑、脱漆、滴水等现象，且越发严重。对此等屋顶渗漏问题，我司已多次向你司予以告知，并已于2019年2月20日向你司就此书面致函，要求你司尽快对此问题予以解决。

令人遗憾的是，截至本函寄出之日，上述渗漏问题持续近一个月，但仍然未能得到解决。

为避免渗漏事件对我方租赁产生更进一步影响，我司现再次通知你司：立即对渗漏的租赁房屋屋顶予以检测并制定切实可行的维修方案，立即对渗漏问题予以维修，并对我司因渗漏事件遭受的有关损失的赔偿和补偿与我司进行沟通。我司希望你司正视问题、端正态度、尊重契约和法律，并及时落实我司上述合理合法的要求，以避免因你司行为造成更为严重的负面影响和后果。

专此函告。

中原兴旺贸易有限公司
2019 年 3 月 1 日

关于要求对租赁房屋渗漏维修费用予以支付或确认抵扣的函

中原阳光置业有限公司：

　　自 2019 年 2 月起，租赁房屋出现严重的屋顶渗漏。就此我司已多次向你司告知，包括但不限于已于 2019 年 2 月 20 日、3 月 1 日向你司就此书面致函，要求你司尽快对此问题予以解决，恢复租赁房屋的正常状态。然而你司尽管对漏水问题从未予以否认，但也始终未拿出任何合理的检修方案。加之今年 2—3 月份中原市降水偏多，导致我司办公环境不断恶化，影响我司正常业务的开展。

　　为此，我司不得不自行聘请第三方维修机构，对于渗漏事故及其损毁的现场装饰装潢予以报价和维修。就此，我司已向维修机构支付维修和材料购置费用共计 8 万元整。

　　因此，我司特此致函你司：要求你司尽快就上述款项向我司予以支付或与我司就其与租赁房屋现有及后续租金的抵扣安排予以确认。此外，由于维修范围广、时间长，给我司办公造成了持续的负面影响，我司基于此要求贵司减免我司维修期间（即 3 月份）的月租金 3 万元。

　　专此函告。

中原兴旺贸易有限公司
2019 年 3 月 30 日

（三）当事人书状和法院指令

1. 准备一状

准 备 一 状

原告对被告《答辩状》的意见如下：

1. 对被告递交的证据 1 无异议。请求将第 3 项诉讼请求调整为：判决被告给付原告欠付租金及使用费（截至 2019 年 6 月 30 日为 9 万元，自 2019 年 7 月 1 日起按照每月 3 万元的标准计算至实际归还标的房屋之日止）。其余诉讼请求不变。

2. 被告证据 3 与原告证据 2 相同，无异议。

3. 对被告证据 2、4、5 不予认可。被告未曾向原告反映过房屋漏水问题，也不清楚被告是否对房屋进行维修。即便有维修，维修金额也明显虚高。

4. 对被告证据 6，函件确实收到，但因函件所述内容不实，故原告未予回应。

5. 对被告证据7,真实性无异议,经与公司财务核实,被告确实支付了该笔款项。

6. 综上,被告以房屋存在漏水问题提出拒付租金的抗辩不能成立,被告仍属于欠付房租,且在原告发送解除通知时欠付租金已经超过1个月,原告单方解除租赁合同符合约定解除条件,租赁合同已经自解除通知到达被告之日解除。

此致
中原市高新区人民法院

原告:中原阳光置业有限公司
2019年7月19日

2. 答辩一状

答 辩 一 状

对原告准备一状的意见:

1. 被告证据6与证据4两组证据均为被告向原告送达的通知函,收件地址、收件人相同,原告承认收到证据6,却否认收到证据4,明显不合常理。

2. 鉴于原告不认可维修的事实和费用,被告向法庭补充一组证据,证明就漏水问题确实与原告进行过多次交涉,且维修费用合理。

证据8:原告公司工作人员王某与被告工作人员李某的微信聊天记录,原告员工王某的微信账户信息页、工作名片,被告员工李某的微信账户信息页,李某在被告公司的社保记录。

此致
中原市高新区人民法院

被告:中原兴旺贸易有限公司
2019年7月24日

3. 法院指令(一)

法院指令(一)

就原告阳光公司与被告兴旺公司房屋租赁合同纠纷一案,根据双方所述诉辩意见,法庭归纳双方无争议的主要事实:

(1) 2018年1月1日,原、被告签署房屋租赁合同;(2) 2019年2月,房屋出现漏水,被告委托第三方修缮房屋;(3) 被告以修缮漏水费用相抵为由,未按约定支付2019年4月至6月房租9万元,原告2019年5月30日将解除房屋租赁合同通知送达被告,被告提出异议。

本案事实方面的主要争议：

（1）房屋漏水的原因；（2）被告自行维修是否必要，支出是否合理；（3）如果实际修复费用不足以抵销全部欠付租金，原告以被告欠付租金解除租赁合同的条件是否成就？

双方当事人（1）请对法庭归纳的主要无争议事实是否存在差错或重要遗漏发表意见；（2）请双方围绕争议焦点发表意见，并着重就下列问题补充提交说明及证据：

1. 关于维修事宜，被告需进一步证明维修方案的合理性、提供维修材料采购、维修费用支付等相关方面的证据。

2. 对于合同第9条的解释，双方需分析欠付租金的金额是否影响解除权成立。

请双方于2019年8月2日之前书面答复法庭。

中原市高新区人民法院
2019年7月26日

4. 当事人对法院指令（一）的回复

原告对法院指令（一）的回复

一、对法庭归纳的无争议事实无异议。

二、对被告补充证据的质证意见：

对被告证据8双方工作人员的微信聊天记录以及身份证明予以认可。

三、对法庭询问案件相关事实问题的回复：

1. 房屋漏水的原因？

经与单位工作人员核实确认，被告确实曾经就房屋漏水进行过报修。不过原告立即去现场进行了查看，发现漏水部位仅有一部分位于系争房屋的公共走廊，其余渗漏均位于被告租赁房屋内部，而被告租赁房屋后对房屋进行了二次装修，应该是被告装修不当或者不当使用导致。

2. 被告自行维修是否必要？支出是否合理？

原告当时已经口头告知被告，该漏水将在5月份全楼集中整修的时候一并维修，被告承租范围内的渗漏，应由被告自行维修。

根据系争房屋实际的渗漏部位和面积，即便维修，修复费用最多也就几千元，被告提出的8万元维修费用明显不合理，不予认可。

3. 如果实际修复费用不足以抵销全部欠付租金，原告以被告欠付租金解除租赁合同的条件是否成就？

如果实际修复费用不足以抵销全部欠付租金，即意味着被告欠付房租。

按照合同约定,欠付房租超过1个月,原告就可以单方解除合同。主要理由是:(1)合同中关于租金支付方式和期限的约定是明确的。(2)不论如何计算,在2019年5月30日,被告欠付租金数额已经超过1个月。原告解除合同符合约定条件。

此致
中原市高新区人民法院

原告:中原阳光置业有限公司
2019年8月1日

被告对法院指令(一)的回应

对法庭归纳的无争议事实无异议。

1. 被告对房屋的装修未涉及屋面,而房屋不仅屋内出现渗漏,公共部位也有渗漏,且渗漏情况相似,故房屋渗漏肯定是房屋本身的质量问题,与装修无关。但原告仅仅同意维修公共部位的渗漏,对于屋内的渗漏拒绝维修,显然属于拒绝履行维修义务。

证据9:被告2018年进场时与施工队签署的装饰装修合同。

2. 关于公共走廊的渗漏,但该走廊为进出公司的必经通道,渗漏水渍影响走廊外观,有损公司形象。其与被告租区内渗漏共同影响被告对房屋的正常使用。而原告经被告报修后拖延维修,被告自行维修确有必要。

3. 8万元的修复费用系被告的实际支出,金额合理。被告补充提交:

证据10:材料采购收据、转账凭证、发票。

证据11:维修费收据和转账凭证、发票。

4. 被告实际维修费用足以抵销4到6月所谓9万元"欠付租金"。原告以被告欠付租金为由解除租赁合同显然条件不成立。

此致
中原市高新区人民法院

被告:中原兴旺贸易有限公司
2019年8月1日

5. 法院指令(二)

法院指令(二)

双方围绕法庭归纳争点提交了新的诉辩意见,又有部分事实已经不再存在争议。本案的争议焦点确定为:

1. 本案租赁房屋漏水的原因,系租赁房屋本身的问题,还是被告不当装修导致?

2. 如果渗漏水系租赁房屋本身的问题,应由原告承担的因漏水造成的损失金额为多少?(包括因原告怠于维修被告自行维修的合理费用、房屋无法正常使用被告可要求减免的租金数额)

3. 如果应由原告承担的损失金额不足以与被告欠付的房屋租金金额全部抵销,原告是否有权单方解除租赁合同?

双方是否同意法庭归纳的上述争议焦点?有无补充?若同意法庭归纳的争议焦点,请明确己方对争议焦点的意见。

请双方于2019年8月9日前书面答复法庭,对于尚未发表质证意见的证据,请答复时一并发表书面质证意见。

中原市高新区人民法院
2019年8月2日

6. 当事人对法院指令(二)的回复

原告对法院指令(二)的回复

一、对法庭归纳的无争议事实、争议焦点均无异议。

二、对被告补充证据的质证意见:

原告既没有参与,也不知情,对真实性不能认可。

三、原告对法庭归纳争议焦点的辩论意见:

1. 本案租赁房屋漏水的原因,系租赁房屋本身的问题,还是被告使用不当导致?

原告认为应当系被告装修不当所致。从漏水点的分布位置来看,大部分渗漏位置在被告承租区域,这种以被告使用区域为中心的分布说明渗漏原因与被告在该区域内的活动有关。

2. 如果渗漏水系租赁房屋本身的问题,应由原告承担的因漏水造成的损失数额为多少?

从被告提交的补充证据来看,其中只有不到一半的费用收据与防水工程有关,其中涉及公共部分的渗漏修复应当不超过1万元,其余收据内容看不出与防水工程有关,有些材料如地板砖等绝对不可能用在防漏上。因此被告提出的修复费用明显不合理。对于证据11,形成时间为本案诉讼之后,不排除系为了诉讼而故意制作,真实性不予认可。据原告了解,被告并未因维修渗漏部位而停止办公,要求减免租金没有事实依据。

3. 如果应由原告承担的损失金额不足以与被告欠付的房屋租金金额全部抵销,原告是否有权单方解除租赁合同?

原告解除合同符合合同约定。被告将欠付租金超过1个月,解释为欠付全部租金超过1个月,缺乏合同和法律依据。

此致
中原市高新区人民法院

原告:中原阳光置业有限公司

2019年8月6日

被告对法院指令(二)的回复

被告同意法庭归纳的争议焦点。

对于争议焦点1,被告对房屋的装修未涉及屋顶屋面,房屋内部及走廊的漏水均系原告房屋本身的质量问题,被告对于屋顶也不存在任何不当使用。此前已就此提交了证据9,被告进场时的装饰装修合同。

对于争议焦点2,被告报修后,原告拒不承认且怠于维修,不仅影响被告对房屋的正常使用,还使得被告的装修遭受破坏,产生了巨大的损失,被告有权暂缓支付租金。对于地板砖等其他材料虽然不是用在渗漏水修复,但是是为了一并解决办公室的其他明显瑕疵,包括由于漏水造成的装修损失,且租期结束后也归于出租人享有,属于应由出租人担负的费用。被告提出的8万元修复费用完全合理。

对于争议焦点3,房屋渗漏严重影响被告对房屋的正常使用,维修花费8万元;修复期间房屋也无法正常使用,被告有权要求原告减免2019年3月(当月现场始终处于维修中)的租金3万元。因此被告可向原告主张的损失足以抵销欠付租金。

此致
中原市高新区人民法院

被告:中原兴旺贸易有限公司

2019年8月6日

7. 程序性事项指令

程序性事项指令

本案经过庭前书状交换,案件争议焦点已经明确,拟于近期安排正式开庭。请双方当事人就下列程序性事项明确陈述意见:

1. 诉讼权利义务是否清楚?
2. 是否申请回避?
3. 是否同意将法庭调查和法庭辩论合并进行?

中原市高新区人民法院

2019年8月7日

8. 当事人对程序性事项指令的回复

原告对程序性事项指令的回复

诉讼权利义务清楚。不申请回避。同意法庭调查和法庭辩论合并进行。

中原阳光置业有限公司（公章）

2019年8月9日

被告对程序性事项指令的回复

诉讼权利义务清楚。不申请回避。同意法庭调查和法庭辩论合并进行。

中原兴旺贸易有限公司（公章）

2019年8月9日

（四）庭审笔录

中原市高新区人民法院
庭审笔录

时间：2019年8月16日14时00分至14时30分

地点：第一法庭

案由：房屋租赁合同纠纷

审判人员：金绍奇（审判长）、范一（审判员）、姜叶萌（审判员）

法官助理（兼书记员）：顾鼎鼎

（当事人略）

审判长： 中原市高新区人民法院今天依法公开开庭审理原告中原阳光置业有限公司与被告中原兴旺贸易有限公司房屋租赁合同纠纷案。本案适用普通程序，由审判员金绍奇、范一、姜叶萌组成合议庭，竺常赟担任审判长，法官助理顾鼎鼎协助办案，并兼任书记员担任法庭记录。庭前已经告知了双方合议庭组成人员，当事人权利义务。双方当事人均表示已清楚权利义务、不申请回避，并且同意将法庭调查和法庭辩论合并进行。庭前已经核对了双方当事人身份和出庭人员。原告由律师成谦代理出庭，被告由律师邵烨代理出庭。庭前已经通过交换书状的方式确定了案件的无争议事实，明确了争议焦点，就证据进行了书面质证，双方也就争议焦点充分发表了书面质证和辩论意见。今天的庭审将围绕案件争议焦点进行集中审理。

审判长： 下面，首先由原告简要陈述诉讼请求以及相应的事实和理由。

原代： 诉讼请求：1. 确认租赁合同于2019年5月30日解除；2. 被告返还房屋；3. 在扣除合理维修费后被告应支付原告欠付租金及使用费；4. 被告给付违约金9万元。事实和理由：原、被告就系争房屋建立了租赁合同关系，合同约定如果承租人迟延支付租金超过1个月,则出租人有权解除租赁合同。2019年3月底前,被告未按约定支付下一季度租金。原告多次催讨未果。故原告行使合同约定解除权,双方租赁合同已于2019年5月30日解除。被告曾以房屋存在漏水等问题提出抗辩,但原告认为,应当扣除的合理维修费用金额非常有限,被告抗辩不能成立,请求法院支持原告诉请。

审判长: 下面由被告针对原告的诉讼请求以及事实理由进行答辩。

被代: 不同意原告的诉讼请求。主要理由是:2019年2月开始,租赁房屋出现严重的屋顶渗漏情况,严重影响被告正常使用,并给被告造成财产损失。被告多次要求原告履行维修义务,但原告怠于维修。被告不得已花费8万元自行维修,并要求原告减免2019年3月份的租金3万元。该等维修费和应减免的租金之和已超过本应缴纳的4—6月租金。原告没有合同解除权,不同意原告诉请。

审判长: 根据当事人陈述的诉辩意见以及庭前的书状交换,合议庭认为,原、被告就双方之间建立的租赁合同关系没有争议。在合同履行方面,虽然双方曾经就被告实际给付租金的数额、原告对系争房屋渗漏水是否知情、被告有没有报修、有没有维修的事实存在争议,但是通过书状交换已经基本达成一致意见。鉴于原告提出的诉讼请求是要求法院确认双方租赁合同已经解除,其余的诉讼请求主要是关于解除后果的结算,因此,本案的主要争议是原告发出解除合同的通知的时候有没有单方解除权。对于这一争议,鉴于原告解除合同的理由是被告欠付房租,而被告的答辩意见是漏水维修费用和减免租金能够对抗租金给付义务,因此本案最终确定了以下三个争议焦点:第一,涉案房屋渗漏水的原因。第二,如果渗漏水是租赁房屋本身的原因,应该由原告承担因漏水造成的损失金额吗?第三,如果应该由原告承担的因漏水造成的损失金额不足以与被告欠付的房屋租金完全抵销,原告还有没有单方解除租赁合同的权利?

审判员(范): 下面首先审理第一个争议焦点,也就是涉案房屋渗漏水的原因。合议庭注意到,本案房屋所涉及的渗漏部位既包括公共走廊,也包括租赁房屋内部。关于公共部位的渗漏,是房屋本身的原因,双方没有争议,双方主要是就租赁房屋内部渗漏水的成因存在争议。原告认为是被告装修不当所致。那么请问被告,你们在租赁房屋后具体装修了哪些项目?是否涉及屋顶?

被代: 被告对房屋的装修主要是重新粉刷了墙壁、铺设了地砖,还有做一些简单的隔断,添置了办公家具,并不涉及屋顶天花板。因此渗漏不可能与告方的装修有关。装修也征得了原告物业的批准同意。

审判员(范)：原告，关于装修是不是被告说的这个情况？

原代：被告说的装修情况认可，但是被告装修时在墙壁上开凿了橱柜和门，可能产生较大振动，屋内漏水应当是装修造成楼顶防水层受损导致的。

审判员(范)：关于该争议焦点，由于被告对房屋的装修不涉及天花板，装修也征得了原告物业的同意，根据现有证据以及生活常识，合议庭初步判断本案房屋渗漏水主要是房屋本身的问题。原告还有什么补充意见？

原代：补充一点，被告未经原告同意自行维修房屋，漏水时的现场已经不存在，导致漏水成因在客观上无法查明，被告应当对漏水原因无法查明承担举证不能的不利后果。

审判员(范)：被告有没有回应？

被代：渗漏是客观事实，我方也拍有照片，是原告怠于维修我方才自行维修。现原告又称我方擅自维修导致渗漏原因无法查明，明显与事实不符。

审判员(姜)：请原告注意，就本案而言，合议庭初步认为房屋渗漏水主要是房屋本身的问题导致，原告若有不同意见，应该提出自己的观点和证据，影响合议庭可能存在的不当判断和心证。你方称渗漏水系原告装修不当所致，有没有什么证据证明？

原代：目前没有证据。但是就这一问题还是希望法院考虑采纳我方的意见。

审判员(范)：下面审理第二个争议焦点，如果渗漏水是房屋本身的原因，那么应由原告承担损失的金额。合议庭注意到，被告提出的可以与租金抵销的损失，包括了维修费用和减免租金两项。首先是维修费用。考虑到原告是一家专业的房地产开发企业，判断维修费用应该不困难，对于维修费用的金额原告先发表一下意见。

原代：为节约诉讼资源，对于被告提出的漏水维修费用4万元，如果是对室内和公共走廊的漏水均进行维修的话，按照实际的工程量，修复费用4万元的金额基本与工程量相符，可以确认。但是其中仅仅是公共走廊的维修费用与原告有关，故不同意全部由原告承担。关于地砖等其他维修项目，显然与漏水的修理无关，原告不确认金额，也不同意承担。

审判员(范)：被告，关于漏水之外的地砖等维修项目，确实看不出与漏水有关，要求原告来承担的理由是什么？

被代：主要是因为原告在接到我方维修申报后一直怠于维修，漏水情况持续时间较长，从而使得房屋内的一些家具设备被雨水淋坏，也有员工因为地面湿滑摔倒。为了避免漏水导致的安全隐患，我们在维修漏水的时候将地砖更换成了防滑地砖。

审判员(范)： 原告什么意见？

原代： 被告租赁的是办公楼，里面的家具设备主要就是一些办公桌椅，渗漏仅仅是发生在年初大雨的那几天，从被告提供的照片看也就是几个漏点有水渍，不可能发生雨水大量进入屋内的情况，即便有几滴雨进来，被告也完全能够采取一些临时的应对措施，不会导致被告有什么实际的损失，所谓更换地砖的理由更是有悖常理，完全与原告无关，被告的理由原告不能接受，不予认可。

审判长： 被告，你方提交的证据主要是维修实际费用支出的证据，关于维修必要性的举证尚不充分，而且从庭审的情况看，确实难以认定被告方除漏水以外的维修具有必要性，被告对此有什么意见？

被代： 我们还是坚持我们的观点。可能由于当时没有固定证据，我们现在确实没有办法拿出漏水当时给房屋内设施设备造成损失的证据，但是依照生活常识，如果漏水的话必然会给屋内财产造成损失，我们的维修也是必要的，请法院酌情予以考虑。

审判员(范)： 关于漏水应该减免房屋租金的金额，合议庭注意到，一方面，漏水本身会影响房屋的正常使用，另一方面，维修施工也或多或少会影响房屋的正常使用。因此法庭认为，租金还是应当予以适当减免的，关于减免的金额，双方有什么具体的意见？原告。

原代： 我方不同意减免租金。如果法庭确实考虑减免租金的话，被告提出的1个月的维修期明显是不合理的，对于漏水的维修最多1个星期就能完成，最多也就减免1个星期房租。

审判员(范)： 被告什么意见？

被代： 请法庭注意，原告至今的态度都是拒绝维修。也就是说，如果被告没有自行维修的话，一直到今天，被告都不可能正常使用这个房屋。如果是这样的话，我们可以要求原告减免租金的金额就远远不止1个月了。另外，除了3月份维修期间外，2月份渗漏水期间也是受影响的，因此影响期间不止1个月，被告现在只是提出减免1个月房租，已经是作出很大让步了。

审判长： 关于减免租金的具体数额，由于被告没有提交漏水对屋内财产造成损失的证据，现在无法判定被告当时的受损情况。但是，根据渗漏水部位的照片，合议庭认为当时的渗漏部位较多，部分漏点面积较大，应该对被告正常使用房屋会造成一定影响，但原告怠于维修，导致被告受影响的时间被不当延长。不过，被告对于房屋的维修除了渗漏外，还包括其他维修项目，单纯就渗漏的维修显然也不需要1个月的时间,原告提出的1个星期的时间尚属合理。当然,除了维修期间外,维修之前因漏水影响房屋使用的期间损失也要酌情考虑。如果双方没有什么新的意见,关于减免租金的数额,法院将会在综合考虑上述因素的情况下酌情予以确定。双方是否清楚?还有没有什么补充意见?

原代:清楚,没有补充。

被代:清楚,没有补充。

审判员(范):下面审理第三个争议焦点。就本案而言,被告对漏水进行维修的维修费用只有4万元,因此即便法院最终认定渗漏水的原因都是租赁房屋本身的原因,如果被告的其他修复费用不能得到支持,那么加上原告应当减免租金的金额,也不会达到9万元,也就是说两者抵销后,被告还是欠付部分租金的。因此需要认定在这种情况下原告还有没有单方解除租赁合同的权利。从庭前双方递交的书面意见看,原告的意见是不论被告欠付租金多少,根据合同第9条约定只要超过1个月,原告即有权单方解除合同。被告则认为对于该解除条款应该整体上进行解释,不仅要考虑欠付租金的数额,还要考虑被告是否有相应的抗辩权,是不是构成实质性的根本违约。那么对于合同第9条约定的"欠付租金",双方缔约时的真实意思是欠付全部应付租金,还是说只要有欠付就属于该条的欠付?

原代:只要有欠付,就属于第9条的欠付,因为该条并没有欠付金额的约定。

被代:不同意原告的解释。该条的欠付应该指全额欠付。因为合同还同时约定,欠付必须构成根本违约,原告才有解除权。

审判员(姜):双方就该条款作出了截然不同的解释,为何当时签订合同的时候没有约定清楚?该合同是谁拟定的?

被代:该合同是原告提供的格式文本。据被告了解,整栋房屋其他租户也用的类似文本。我方当时的理解是必须构成根本违约才能解除合同。

原代:合同确实是原告起草,但签订前与被告进行了充分协商,被告也进行了修改,不同商户的合同不完全一样的,不能说是格式文本,而且我方认为该条的约定并不存在歧义。

审判长:就第三项争议焦点,合议庭认为,此项争议焦点主要是一个法律适用的问题。根据书状交换和双方庭审发表的意见,合议庭初步认为,该合同并没有写明欠付租金的程度,因此需要进行解释。对于合同的解释,在文义约定不是十分清楚的情况下,应该结合上下文,基于诚实信用原则进行解释。就本案而言，合同条款系原告拟定，而且条款本身的表述是欠付租金构成根本违约的，守约方才有解除权。因此守约方主张因对方违约而解除合同时，必须考虑违约的情节以及是否有合理的抗辩事由。本案中被告以原告怠于维修给被告造成损失作为被告给付租金义务的抗辩，具有一定的合理性。除庭前书状阐述的理由外，原告还有没有其他支持你方解除合同的理由？

原代： 坚持庭前书状中的意见，请法院考虑本案商事交易的特点，严格依照合同认定我方有解除权。

审判长： 法庭调查和法庭辩论结束。双方就本案发表最后陈述意见。在最后陈述阶段，双方可以简要阐述己方的总体论证思路，并对全案的处理综合发表意见。首先由原告作最后陈述。

原代： 本案系因被告欠付租金引起，通过庭审调查，被告未能充分证明渗漏水成因可归责于原告，也未能证明维修费用的合理性，即便漏水可归责于原告，能够支持被告要求抵销的费用也明显少于欠付租金金额。需要特别强调的是，本案的租赁合同发生在两个商事交易主体之间，合同条款经过了双方平等磋商。合同明确约定原告解除权成就条件为被告欠付租金超过一个月，按照文义，只要没有全额支付租金，即属于合同约定的欠付租金。如果将欠付租金解释为欠付全额租金，则承租方完全可以通过支付少量租金方式轻易的阻却出租方行使合同解除权，导致出租方收取租金的合同目的无法实现，此种解释存在着极大的道德风险，鼓励承租人恶意拖欠租金，不仅不符合合同当事人缔约本意，也有悖正义。纵观全案，即使原告在维修方面存在一定的瑕疵，也不影响被告欠付租金违约的定性，被告违约的事实是清楚的，应该就此承担相应的合同责任，原告行使合同解除权依据充分，请求法庭支持原告诉讼请求，维护合同的严肃性。

审判长： 被告作最后陈述。

被代： 从整个履约的过程看，原告除2019年4月至6月的租金未付外，其余租金均按期支付至今，加之被告租赁房屋后投入巨额资金进行装修，一旦违约导致合同解除，则被告的巨额投入将血本无归，被告并没有故意拖欠租金的行为和动机。本案纠纷的起因恰恰是系争房屋发生漏水后，原告完全不顾承租人正当利益，怠于维修。在这种情况下，被告仍在尽力履行本应由原告承担的维修责任，谁是守约方、谁是违约方显而易见。被告由此遭受的损失当然可以与应付租金相抵销，且已经依法通知原告抵销，因此原告不能再以被告欠付租金提出解除合同。关于被告可以向原告主张的损失与应付租金孰多孰少的问题，被告同意由法院依法认定，多退少补。合同第9条表述是欠付租金构成根本违约出租人方有解除权,其关键是是否构成根本违约而非欠付租金的数额,原告对于该条款的解释显然属于断章取义。本案真实的背景是原告试图通过解约,将被告对租赁房屋的装修占为己有和高价出租房屋的目的。请求法院充分考虑双方利益平衡和诚信问题,依法驳回原告诉讼请求。

审判长:根据法律规定,民事案件可以在法庭主持下进行调解。双方是否愿意调解?

原代:在合同解除的前提下可以调解。

被代:在合同继续履行的前提下可以就维修费用与减免租金与原告调解。

审判长:鉴于双方分歧过大,缺乏调解基础,当庭就不再主持调解。今天的庭审到此结束。当事人在闭庭后,阅看庭审笔录,如认为笔录记载有遗漏或者差错,可以请求补正,确认无误后应当在笔录上签名、署期。现在闭庭。

(五)民事判决书

中原市高新区人民法院

民事判决书

(2019)中 0101 民初 300 号

原告:中原阳光置业有限公司,住所地:中原市高新区锦绣路28号。

法定代表人:张建军,董事长。

委托诉讼代理人:成谦,中原东方律师事务所律师。

被告:中原兴旺贸易有限公司,住所地:中原市高新区繁华路66号。

法定代表人:李卫国,董事长。

委托诉讼代理人:邵烨,中原奋斗律师事务所律师。

委托诉讼代理人:廖海清,中原奋斗律师事务所律师。

原告中原阳光置业有限公司(以下简称阳光公司)与被告中原兴旺贸易有限公司(以下简称兴旺公司)房屋租赁合同纠纷一案,本院于2019年7月2日立案受理后,依法适用普通程序,公开开庭进行了审理。原告委托诉讼代理人成谦、被告委托诉讼代理人邵烨到庭参加诉讼。本案现已审理终结。

原告阳光公司向本院提出诉讼请求:1.确认原、被告就中原市高新区锦绣路30号世贸广场8层01室房屋(以下简称系争房屋)签订的租赁合同于2019年5月30日解除;2.被告将系争房屋房屋返还给原告;3.被告给付原告欠付租金及使用费,截至2019年6月30日为人民币(以下币种相同)9万元,自2019年7月1日起按照每月3万元的标准计算至实际归还系争房屋之日止;4.被告给付原告违约金9万元。事实和理由:2018年1月1日,原、被告就系争房屋签订租赁合同,被告将系争房屋出租给原告使用,租期8年,自2018年1月1日起至2025年12月31日止,租金每月3万元,每3个月为一个支付周期,先付后用,每个周期的租金都应在下一付款周期开始前付清。合同第9条约定,欠付租金超过1个月的,原告有权单方解除租赁合同,被告还需要给付原告相当于3个月租金金额的违约金。被告未按照合同约定给付2019年4月至6月的租金9万元,经原告两次催款仍未给付,故原告于2019年5月30日向被告送达了解除租赁合同的通知。依照合同法第93条第2款约定解除的规定、第96条解除通知的规定、第97条、第98条关于解除后果的规定,提出以上诉讼请求。

被告兴旺公司辩称:对于原告所称双方就系争房屋建立租赁合同关系以及租金给付的事实无异议,但不同意原告的诉讼请求,主要理由是:系争房屋位于整栋房屋的顶层,自2019年2月起屋内和公共走廊均发生大面积渗漏,影响房屋的正常使用。被告于2019年2月20日、3月1日两次发函要求原告维修,但原告怠于维修,被告无奈于2019年3月自行对房屋漏水进行了维修,花费维修费用8万元。另外,由于渗漏水以及维修期间房屋无法正常使用,要求原告减免1个月的租金3万元。上述应由原告承担的因漏水给被告造成的损失数额共计11万元,被告于2019年3月30日书面通知原告,上述款项与被告应付的2019年4月至6月房屋租金相抵销。据此,被告2019年4月至6月的租金债务已经消灭,原告无权再以被告欠付租金为由主张解除租赁合同。

当事人围绕诉讼请求递交了诉答状和证据,本院组织当事人进行了书状交换。根据书状交换情况,本院指令当事人对尚不清楚的案件事实和理由予以澄清,补充了证据,从而限缩了案件争议范围,确定了庭审的争议焦点,并征询了当事人对争议焦点的意见。对于当事人无争议的事实和证据,本院予以确认并在卷佐证。本案庭审的争议焦点在于:1. 系争房屋渗漏水原因?2. 如果渗漏水是租赁房屋本身的原因,那么应该由原告承担的因漏水给被告造成的损失金额?3. 如果应由原告承担的因漏水造成的损失金额不足以与被告欠付的房屋租金金额完全抵销,原告是否还有单方解除租赁合同的权利?庭审中,通过当事人围绕争议焦点的举证、质证和辩论,本院排除了案件可能存在的疑点,向当事人公开了本院对案件的初步心证,当事人当庭予以了回应。现围绕本案争议焦点,就本院作出最终判断的事实和理由分述如下:

一、系争房屋渗漏水原因?

经查,系争房屋位于整栋写字楼的顶层,根据双方一致确认的渗漏水部位照片,房屋内部和屋外的公共走廊均存在渗漏。本院认为,原告虽主张渗漏部位系被告装修不当所致,但被告入住房屋时对房屋的装修并不涉及屋顶天花板,而且装修方案也提前报请原告物业公司审核批准,因此依据现有证据及生活常识,可以确定系争房屋屋内及公共走廊的渗漏与被告对房屋的装修无关,应认定为系争房屋本身的问题,原告应该就此承担相应的合同责任。原告关于系争房屋渗漏系被告装修不当的意见本院不予采纳。

二、应由原告承担的因漏水给被告造成的损失金额?

被告提出的损失主要包括渗漏水修复费用和因渗漏无法正常使用房屋可以要求减免的租金两部分。

关于修复费用,被告提出的维修项目主要有两项,一项是与漏水有关的维修,金额为4万元,原告对此金额予以确认;另一项是更换地板砖等其他装修工程,原告对此不予认可。本院认为,根据《中华人民共和国合同法》第221条:"承租人在租赁物需要维修时可以要求出租人在合理期限内维修;出租人未履行维修义务的,承租人可以自行维修,维修费用由出租人负担。"被告可以要求原告负担合理的维修费用,但根据现有证据以及当事人陈述的意见,被告提出的更换地板砖等其他维修工程与漏水维修无关,该部分费用要求原告承担缺乏合同和法律依据,本院不予采纳。

关于减免租金的金额,本院认为,由于被告没有提交漏水对屋内财产造成损失的证据,目前无法认定被告漏水当时的受损情况。但是,根据渗漏水部位的照片,本院认为当时的渗漏部位较多,部分漏点面积较大,应该对被告正常使用房屋会造成一定影响,但原告怠于维修,导致被告受影响的时间被不当延长,应当减少租金。不过,被告对于房屋的维修除了渗漏外,还包括其他维修项目,单纯就渗漏的维修显然也不需要1个月的时间,原告提出的1个星期的时间尚属合理。本院综合考虑被告因漏水所受影响的期间和影响程度以及维修期间的影响,酌情确定减免租金金额为25 000元。

据此,本院确定应由原告承担的因漏水给被告造成的损失金额为65 000元。

三、应由原告承担的因漏水造成的损失金额不足以与被告欠付的房屋租金金额完全抵销,原告是否还有单方解除租赁合同的权利?

现已查明,截至原告于2019年5月30日向被告送达合同解除通知时,被告欠付租金金额为9万元,而应由原告承担的因漏水给被告造成的损失金额为65 000元,两相抵销后,被告仍然欠付租金25 000元。双方租赁合同第9.1条的约定为"乙方(被告)有下列情形之一,构成根本违约的,甲方(原告)有权单方解除租赁合同:(1)欠付租金超过1个月……",原告对该条款的解释为,只要存在欠付租金的情况且期限超过1个月,原告即具有合同解除权。被告对该条款的解释为，欠付租金必须构成根本违约原告才具有合同解除权。

本院认为，虽然该条款未明确欠付租金的数额，但其明确约定"有下列情形之一，构成根本违约的"，因此原告依据该条提出解除合同时，不仅要考虑被告欠付租金的数额，还要考虑被告的违约情节以及是否有合理的抗辩事由。考虑到本案的起因是系争房屋发生漏水后原告怠于维修，被告无奈自行维修，确实付出了成本，被告以原告怠于维修给被告造成损失作为被告给付租金义务的抗辩，具有一定的合理性，而且被告也表态同意法院对原告应承担的损失数额作出认定后与欠付租金进行结算，多退少补，因此被告欠付部分租金的行为尚不构成根本违约，原告以被告欠付租金为由提出解除租赁合同，本院不予支持。

综上所述，因原告在2019年5月30日向被告送达解除合同通知时不具有合同解除权，故对原告提出的要求确认租赁合同于该日解除、被告返还系争房屋、给付原告违约金的诉讼请求不予支持。对于原告要求被告给付房屋租金及使用费的诉讼请求，考虑到经过结算被告欠付租金金额为25 000元，2019年7月之后的房屋租金已正常给付，故被告应给付原告的租金金额为25 000元。依照《中华人民共和国合同法》第99条、第109条、第221条的规定，判决如下：

一、被告中原兴旺贸易有限公司应于本判决生效之日起七日内给付原告中原阳光置业有限公司租金25 000元；

二、驳回原告中原阳光置业有限公司的其余诉讼请求。

负有金钱给付义务的当事人如未按本判决指定的期间履行给付义务，应当依照《中华人民共和国民事诉讼法》第253条之规定，加倍支付迟延履行期间的债务利息。

案件受理费3 900元，由原告中原阳光置业有限公司负担3 475元，被告中原兴旺贸易有限公司负担425元。

如不服本判决，可在判决书送达之日起十五日内向本院递交上诉状，并按对方当事人的人数提出副本，上诉于中原市中级人民法院。

审判长　金绍奇
审判员　范　一
审判员　姜叶萌

2019年8月20日

法官助理兼书记员　顾鼎鼎

本章附录

附录一 《集中审理书状先行程序示范》主持词

在审判实践中,经常会碰到一些案情复杂、需要多次开庭的案件。在过去,如果有人说这些复杂案件只要通过书面准备就可以在较短时间内一庭审结,而且案件处理的质量更高,效果更好,很多人都不会相信。本书第二编展示的真实案件示范庭,使我们几年前的理想变成了现实。从效率来看,这些庭审的平均时间只有半个小时左右,最短的只有十几分钟,庭审时间较传统庭审大幅缩短。从质量来看,争点确定准确,疑点被有效排除。从接受度来看,当事人在庭前和庭审中就能通过法官的释明和心证公开了解法官的真实想法,并能在判决前影响法官的不当心证,有效地避免突袭裁判,当然,也必然会大幅度提升当事人对裁判的接受度。能够实现这一目标的秘诀,要归功于诉讼各方在正式庭审前针对性比较强的书面对话。为了使大家能够更直观地了解正式庭审前的书面对话和争点的确定,本录像通过一起租赁案件来向大家展示采用新型庭审方式审理案件,在正式庭审前所进行的各种诉讼活动。

以上这个短片,向大家介绍了运用新型庭审方式审理案件,在正式庭审前所进行的系列诉讼活动。虽然这种交换书状的方式也要付出劳动,但在法官、律师等相关人员熟悉这种方式后,所需时间要远远少于传统庭审,效果则会发生质的飞跃。如果将法庭比喻成没有硝烟的战场,这种庭前的诉讼活动就是让双方有充足的时间和条件来为攻击防御做好准备,并在庭前亮明底牌,使得庭审能够在一个更为公平、透明的环境下进行,避免诉讼突袭。此外,这种书面的交流让双方当事人有更多的时间思考和准备,代理律师有更多的时间与当事人沟通,所提出的意见主张更为慎重、准确,并被固定。书状交换免除了当事人来往法院的奔波,法官阅读书状也比当面听取当事人意见更为方便、快捷,有时候开半天庭才能抓住的要点,可能快速浏览双方书状10分钟就能发现。最为重要的是,通过这种方式的庭前准备,当事人辩论权能得到更为充分的行使,法官在庭前就能将大部分疑点有效排除,对案件处理能够形成初步心证,从而为高水平的一庭终结的集中审理打下坚实的基础。

附录二 新型庭审一审流程和须知

一、探索新型庭审的背景和目的

查明事实并正确适用法律,作出使当事人信服的裁判以彻底解决民事纷争,是现代民事诉讼的目标。要实现这一目标,法官与当事人必须展开对话。在现代民事诉讼中,法官与当事人之间信息交换和意思疏通的质量决定了诉讼本身的质量。通过释明和心证的公开,当事人及其律师会明白法官将如何进行案件裁判,哪些事实、证据和法律会对案件裁判起决定性作用,从而有针对性地攻击或防御,减少无效劳动。

为贯彻落实党中央提出的"构建开放、动态、透明、便民的阳光司法机制""杜绝暗箱操作""保证公正司法,提高司法公信力"的要求,大幅度提升庭审的效率、质量和裁判的接受度,促进法学教育与司法实践有机结合和教学成果转化,复旦大学法学院与复旦大学司法研究中心合作,借鉴境外(主要是大陆法系国家或地区)的有益经验,选择部分复杂案件进行庭审改革,探索适合我国国情的新型庭审方式。

大陆法系国家通常将民事案件的审理划分为言词辩论准备和言词辩论(正式开庭)两个阶段。言词辩论准备阶段的任务是通过书面质证或开准备庭的形式或两种方式的结合确定争议焦点和审判对象。争点明确以后才能进入言词辩论正式庭审阶段。在言词辩论正式庭审阶段,法官引导诉讼参与人紧紧围绕争点举证、质证和辩论;法官通过直接向当事人发问、当事人之间互相发问排除疑点、形成心证;法官适度公开自己初步形成的心证,使当事人在判决做出前能够有机会影响法官的不当心证;尽可能通过一次经充分准备的正式开庭终结诉讼,实现集中审理,在诉讼各方充分对话基础上做出公正裁决,防止突袭裁判。

新型庭审的具体要求是:争点确定合适,诉讼各方对话充分,疑点被有效排除,法官释明和心证公开适度,法官通过庭审对案件确实能形成心证和内心确信,当事人能合理预期裁判结果,庭审效率、质量、案件审理的透明度和裁判接受度比以往大幅提升,诉讼突袭和关系案基本被杜绝,上诉、申诉、上访和诉讼成本大幅度减少。

如果您收到本须知,表明您的案件已被选择作为庭审方式改革的试点案件,请在诉讼程序中配合法院做好相关工作。

对于适宜进行新型庭审方式探索和尝试的案件,可以参照以下审理流程。

二、言词辩论准备程序须知

（一）争点整理程序

原则上采取书状先行的方式进行争点整理。原告在提交起诉状之后向法院递交的书状称为准备一状、准备二状……被告在答辩状之后向法院递交的书状称为答辩一状、答辩二状……

为节约交流沟通时间，鼓励当事人和律师通过12368诉讼服务平台以电子版方式向法庭递交诉辩意见，服务平台全程留痕。（仅限于诉辩意见，请以PDF格式递交，不要以DOC、DOCX等可编辑文本格式递交；证据材料不需要递交电子版，应以纸质形式邮寄给法院）

为使法官及当事人易于掌握案情全貌，进而整理争议焦点，书状应分别具体明确载明以下内容，并逐条表述：

1. 诉请或者答辩请求所依据的事实及理由（有多项请求主张的，应逐项分开阐述，不能笼统表述）；

2. 证明事实所用的证据（如果涉及多项证据，应注明证据编号和页码）；

3. 对对方主张的事实及证据是否承认的明确意见，如不认可，须一并说明具体理由。例如，被告笼统地以合同无效为理由否定对方的主张是不符合要求的，必须事实主张具体化，说出具体的反驳理由；

4. 事实部分应分段表述，内容须具体明确，在段前以阿拉伯数字编号，以便对方当事人有针对性地回应；

5. 诉讼请求及理由，须列明具体法律条文，明确请求权基础；

6. 正式开庭时可能涉及的事实和理由，都应在书状内记载（因符合法律规定的新证据所导致的除外）。

需要说明的是，附证据的书状将开庭审理中的证据交换、质证和辩论由口头形式变为书面形式，是属于言词辩论也就是开庭审理中的内容，不同于传统意义上的诉状或答辩状，对于对方提出的请求、事实、理由、证据都应当按照上述要求作出有针对性的回应。

（二）当事人交换证据和提交书面质证意见

为消除法庭调查将大量时间耗费在审查许多无关紧要的证据上的弊端，本次审改革要求被告在递交答辩状的同时，须一并就原告证据递交书面质证意见（并按原告人数递交副本）。原告应在收到被告答辩状和证据之日起10日内，就被告证据递交书面质证意见（并按被告人数递交副本）。本院不再另行安排证据交换或者在开庭时对全部证据逐一进行质证，正式庭审时只就与争点相关的证据进行质证。

如果经过一轮书面诉答争点还不够明确,法官可以对双方当事人需要进一步质证的内容发出明确的指令,要求双方当事人提交第二轮书状。如果发现有些重要事实和证据当庭无法查清,并可能导致再次开庭,还应提前通知当事人对这类事实和证据进一步核实、明确甚至要求双方当事人进一步书面质证。

当事人可以在书状中直接针对核心问题发表书面质证意见,也可以另行附页提交。为防止庭审与书面质证的大量重复,在通过书面形式充分辩论的基础上,正式开庭时,主要是诉讼三方的对话式诉讼,在现代民事诉讼中,"不是当事人的陈述,而是法官与当事人之间进行的法律和事实方面的对话在诉讼中处于核心地位"。法官与当事人之间信息交换及意思疏通的质量决定了诉讼本身的质量。通过对话,使法庭能够排除疑点形成心证,不允许长篇大论。对于己方观点的完整论述,可以另行递交书面代理词。

(三)组织(归纳)案件争议焦点和无争议事实

法官在当事人交换证据和提交书面质证意见后既可以组织归纳争点和无争议事实,并召集双方当事人进行确认,也可以通过微信电话会议完成上述工作。对于事实清楚、争点明确、当事人已经充分发表意见的案件,当即开庭。如果发现还有重要事实和证据尚未查清,或者涉及证人、鉴定人等必须出庭作证的,在庭前充分准备的基础上,再确定开庭时间,确保大多数案件能够通过一次集中审理实现一庭终结的目标。在这个阶段,如果能够通过释明,调解结案,则效果更佳。

三、言词辩论(正式庭)须知

(一)原被告发表重要诉辩意见

各方当事人发言时间原则上应控制在 3 分钟以内,该阶段的目的是通过当事人简短的陈述使诉讼参与人和观众了解案件的核心争议。

(二)法官明确争议焦点

由于庭前法官已经就争点征求了当事人意见,证据进行了交换和质证,原则上当事人不能再提出新的争点和证据(当然,在庭审过程中出现新的争点和符合法律规定的新证据除外)。

(三)围绕争点举证、质证和辩论

为避免争点范围过大,当事人单次发言时间过长,涉及内容过多和过于庞杂,辩论的次数、深度和互相发问不够,从而导致不需要审查或重复的内容占去了过多的庭审时间等问题,本次庭审改革要求当事人在本阶段紧紧围绕争议焦点结合相关证据阐述本方辩论意见,而不是按照证据目录逐一说明证据。法官也将积极行使诉讼指挥权,通过释明权的行使、心证的适度公开、当事人互相发问、法官直接发问或进一步阐明争点中不能形成心证的部分等方式引导当事人聚焦辩论,使法官真正能够通过庭审形成心证和内心确信。

(四)排除疑点

围绕争点举证、质证和辩论后,仍有一些不合情理之处和疑点,法官可以通过引导当事人互相发问、直接发问或释明排除这些疑点。

(五)法官对判决的核心内容的释明和心证公开

对当事人尚未经过充分辩论或缺乏合理预期的核心判决内容,法官将通过适当的方式释明和公开心证,使当事人能合理预期判决的结果,在庭审结束前有发表意见影响法官不当心证的机会,防止突袭裁判。同时,心证公开有助于促成当事人达成调解协议。

四、本须知的制定依据、作用和运用

本须知根据法律和司法解释的规定和精神制定,作为法院各项诉讼须知的补充,请相关当事人和律师配合。

流程和须知是在征求多方意见的基础上形成的一个范本,各试点法院可以根据自己的需要对内容进行适当调整。同时,我们也希望试点法官在运用过程中不断总结经验,修正、丰富流程和须知,使其更加完备、科学,为将来能够在更大范围内推广新型庭审方式创造条件。

附:相关法律条文

一、《中华人民共和国民事诉讼法》

第一百三十三条 人民法院对受理的案件,分别情形,予以处理:

(一)当事人没有争议,符合督促程序规定条件的,可以转入督促程序;

(二)开庭前可以调解的,采取调解方式及时解决纠纷;

(三)根据案件情况,确定适用简易程序或者普通程序;

(四)需要开庭审理的,通过要求当事人交换证据等方式,明确争议焦点。

二、《最高人民法院关于适用〈中华人民共和国民事诉讼法〉的解释》

第二百二十五条 根据案件具体情况,庭前会议可以包括下列内容:

(一)明确原告的诉讼请求和被告的答辩意见;

(二)审查处理当事人增加、变更诉讼请求的申请和提出的反诉,以及第三人提出的与本案有关的诉讼请求;

(三)根据当事人的申请决定调查收集证据,委托鉴定,要求当事人提供

证据,进行勘验,进行证据保全;

(四)组织交换证据;

(五)归纳争议焦点;

(六)进行调解。

第二百二十六条 人民法院应当**根据当事人的诉讼请求、答辩意见以及证据交换的情况**,归纳争议焦点,并就归纳的争议焦点征求当事人的意见。

第二百二十八条 法庭审理应当**围绕当事人争议的事实、证据和法律适用**等**焦点问题**进行。

第二百三十条 人民法院根据案件具体情况并征得当事人同意,可以**将法庭调查和法庭辩论合并**进行。

第三章 我国集中审理的制度建构设想和实现路径

一、集中审理的表现形式和实践价值

集中审理起源于英美法系国家,其争点整理程序和集中审理又是与陪审制度密切相关的。一方面,由于陪审团成员从被召集到做出评议的这一过程在时间、成本等方面的特点,开庭必须采取集中审理或连续审理的方式,即一旦开庭就必须在短时间内将案件审理完毕并得到最终的结论。另一方面,由于非法律专家的陪审必须在较短时间内集中地听取证据和辩论并做出判断,开庭前所作准备活动的主要内容就是必须使案情能够在开庭时以某种适合于集中审理和陪审判断的样式被呈示出来。这意味着无论多么复杂的案件,都必须被整理还原到若干相对单纯的争执焦点上,且对这些争点有可能只需做出"是"或"否"的简单判断。① 在此背景下,诉讼程序被严格区分为审前程序和庭审程序,法院对进入庭审程序的同一案件连续审理至终结,审理期间不审理其他案件。

德、日等大陆法系国家在上世纪下半叶民事诉讼法修改前,诉讼实务中一直采取分割(并行)审理主义。所谓分割审理主义,系指就同一事件之言词辩论予以期间上间隔,而于其间分别多次期日为审理。分割审理主义与当事人于言词辩论终结前都可以提出攻击防御方法的随时提出主义密切相关,如果当事人没有准备好证据,法官只有不断更改言词辩论期日,让当事人补充提出攻击防御方法。分割审理的缺陷在于浪费时间和费用,且因同一事件审理期日间隔拉长,法官无法获得完整之心证,以至于过于依赖笔录记载的内容而为裁判,导致直接审理主义及言词审理主义空洞化,②进而影响裁判质量;为了弥补分割审理主义的上述缺失,1977 年德国民事诉讼法进行了世纪性的大改革,

---

① 参见王亚新:《民事诉讼准备程序研究》,载《中外法学》2000 年第 2 期。
② 参见许士宦:《新民事诉讼法》,北京大学出版社 2013 年版,第 199—200 页。

集中审理在司法实践中正式形成并取得了显著成效。此后,历史上曾采分割审理主义的大陆法系国家和地区,纷纷改采集中审理主义的庭审方式。

集中审理重新分配当事人及法官的责任和任务,目的是诉讼各方协同发现真实及促进诉讼,实现有计划、有效率的诉讼,促成当事人合意解决纷争或作出使当事人信服的裁判。由于集中审理的复杂性以及各国的传统和其他方面的原因,集中审理在大陆法系不同国家或地区又有较大差异。

德国在1977年《民事诉讼法》修改后,集中审理和协同主义率先得到了较好的实施。德国《民事诉讼法》第272条明确规定:"诉讼通常应当在一次经充分准备的言词辩论期日(主期日)结束。"从德国司法实践看,绝大多数案件已经在主要审理期日实现了一庭终结案件的理想目标。

日本实行集中审理之后,尽管与分割审理时期相比,开庭次数有了大幅减少,庭审的计划性和科学性有了较大提升,但日本并没有实现德国法院大多数案件以单一庭期终结案件的理想目标,而是以"争点整理"和"集中调查证据"为集中审理之核心。

我国台湾地区没有像日本一样引进美国的交叉询问,也没有像日本将书状先行限定在比较小的范围。台湾地区的民事诉讼相关规定规定了4种争点整理方式,但大部分法官仍习惯通过准备性的言词辩论期日来做争点整理工作,①其与日本言词辩论准备庭的特征一样,单次庭审时间短,庭审次数多。②由于我国台湾地区与日本一样至今尚未实现单一庭期终结案件的理想目标,所以,台湾地区在集中审理的概念界定和认定标准上与德国也不尽相同。台湾大学邱联恭教授认为,法院在案件的审理上应先行整理争点(事实上、证据上或法律上争点),然后,集中于争点(应证事实),调查证据,并使双方当事人辩论。重要的是法院应进行有计划的审理,如其审理能不偏离争点,而就同一事实上争点有关之证据为集中调查、辩论,则纵使其未集中于一次言词辩论期日就某一事件调查证据或使辩论,亦难认为违背争点集中审理之精神。③

德国集中审理之所以比日本和我国台湾实施效果好,笔者认为,最重要的

---

① 台北地方法院的黄柄缙法官认为:现行法规定了四种争点整理方式,目前多数法院所做的,大部分都是采用准备性的言词辩论期日。见黄柄缙等《争点集中审理制度在各法院之施行状况及其检讨》,载民诉法研究基金会编:《民诉法之研讨(十四)》,台湾三民书局2007年版,第302页。

② 台湾庭审次数多主要是传统庭审习惯的影响,这其中既有法官的原因,也有律师的原因。例如,许多本可以当庭回答的问题,台湾许多律师却习惯回答:"另具状",多数法官也认可这种做法。

③ 参见邱联恭在民诉法研究会第94次研讨会后补充意见,载民诉法研究基金会编:《民诉法之研讨(十四)》(2007年),第412页。关于争点集中审理主义可能发展之审理集中度,参见邱联恭:《争点整理方法论》,台湾三民书局2001年版,第64—65页。

是德国大部分案件用书状先行代替了原来的多次开庭后,庭审的基本框架与分割审理时期相比发生了巨大变化,德国法官分割审理时期多次开庭的习惯和集中审理的目标也就容易得到改变和实现。而日本和我国台湾地区由于多次开庭的争点整理方式、证据调查方式与分割审理时期还有较多的联系,庭审的基本框架变化不大,法官很难摆脱传统审判方式和习惯的影响。当然,单一庭期终结案件目标也就很难实现。

德国诉讼的成本特别低,德国法官可以将不必要的证据调查降到最低。开庭时间非常短,累计开庭时间通常在2个小时左右,而英美的集中审理连续开几天庭是常见的,庭审时间通常要高出德国很多倍。此外,德国民众对诉讼的满意度远超英美等国,德国律师同类案件收费低廉到了英美人难以置信的程度。

二、我国集中审理庭审制度建构设想

我国自上个世纪九十年代起就开始借鉴德日等国的经验进行庭审改革,但时至今日,我国与我们主要借鉴的德日等国的庭审理论、观念和制度仍存在巨大的差别。德日等国丰富的庭审核心内容在我国开庭审理程序中基本上都处于缺位状态,我国开庭审理的核心内容是法庭调查和法庭辩论,而这种两阶段划分存有不少误区。

由于我国民事诉讼法基础框架还是来自前苏联,立法时存在许多观念上的误区,很少考虑集中审理,将本应规定在庭审程序中的重要内容争点整理规定到审前会议中。德日等国主要是通过书状先行、言词辩论准备庭等一整套科学系统的方式确定争点,而我们主要是通过证据交换来确定争点,至于证据交换的方法缺乏明文,实践中可以说是五花八门,但实质性内容还是传统的耗时长、效果差的审查证据三性的法庭调查。这样一来,庭前会议的设立使人们对主审法官审查证据三性的准备庭究竟是审前程序还是开庭审理程序产生了困惑。庭审被割裂、正规性被降低。

近几十年来,我国民事诉讼立法、司法有很多的改革,但是真正取得实效的改革不多,特别是上世纪90年代开始的庭审方式改革,时间之长,规模之大,参加人数之多,在新中国都是创纪录的。尽管这波庭审方式改革对推动我国庭审理论、制度的发展都起到了重要的作用。但暴露出的问题和值得反思的地方也是非常多的,突出的问题是缺乏对境外庭审发展现状的深入了解,甚至《民事诉讼法》修改时对集中审理都知之甚少。

我国要走向协同主义、集中审理，民事诉讼法需要进行全面、系统的修改，民事诉讼的理论、观念、结构和制度均应有一个重大的变化。

首先是民事诉讼理论上的变化。在本书第一章开篇就介绍了大陆法系的现代庭审理论与应用，这些理论在大陆法系国家的立法和司法中均有明确的体现。如协同主义，在诉答状中原告要表明原因事实以特定诉讼标的，提出具体的诉讼请求和支持诉讼请求的证据。被告应在答辩状中记载答辩的事实与理由，对原告的主张表明态度，包括对原告的主张承认与否，否认原告的主张应表明否认的事实与理由，不能笼统地否定。法官的协同主要体现在法官要对原告的起诉状进行一贯性审查。原告所主张之事实（假设为真）是否能推论出其作为诉讼标的之权利。原告起诉状通过一贯性审查后，才能送达被告。然后，对被告的答辩状进行重要性审查。被告所提出抗辩事实（假设为真）是否能阻碍原告权利的行使。在争点整理和正式庭审中也要体现诉讼各方的协同。又比如法官的释明义务，德国《民事诉讼法》第139条做了系统的规定。在整个庭审过程中，法官都需要不断地履行自己的释明义务，以实现对话式诉讼和提高庭审透明度的目标。这些新型庭审理论，在我国民事诉讼的立法和司法中均应有明确的体现。

其次是民事诉讼观念上的变化。1877年德国《民事诉讼法》颁布时，主要奉行的是辩论主义（现在被称为古典辩论主义）或者说是当事人主义。古典辩论主义三原则主要是：第一，作为法院裁判依据的主要事实，以当事人主张者为限；第二，当事人一方主张的事实，另一方承认的，该方当事人无须举证，法院直接予以认定并作为裁判的依据；第三，原则上法院只能就当事人提出的证据进行调查，不允许法院依职权自行收集证据。从上述古典辩论主义三原则来看，法官在诉讼中是非常消极的。古典辩论主义发展到协同主义后，法官由原来在事实、证据领域表现得非常消极变得非常积极。按照协同主义的理解，民事诉讼应该是在法官与当事人相互合作下，以追求实现真实、透明和当事人之间有实质上平等机会的诉讼程序。当事人应履行真实义务，促进诉讼的义务，法官应履行释明义务。协同主义的理由是：国家必须保障诉讼当事人武器平等，诉讼能力较弱的当事人能够获得诉讼上的帮助，以保障其平等接近法院。如果机械地适用形式平等反而会造成司法不公。

我国2001年公布的《法官职业道德基本准则》第11条规定："法官审理案件应当保持中立。法官在宣判前，不得通过言语、表情或者行为流露自己对裁判结果的观点或者态度。"该规定在2010年修订时虽然已被取消，但其负面影响极大，难以估量。该规定与集中审理新型庭审观念是完全相悖的。在德国等大陆法系国家,法官的释明和心证公开在庭审中居于核心地位,庭审60%甚至70%以上的时间都是法官在发言,律师的发言时间被大幅压缩,我们所理解的律师滔滔不绝、侃侃而谈才是辩论充分实际上是一种误解,在德国和我国台湾地区的法官看来,这种辩论方式法官很难形成心证,诉讼各方对话才是形成心证比较好的方式。这种对话式诉讼在我们拍摄的庭审中得到了较好的体现,我们参与新型庭审试点的法官对对话式诉讼也有很高的评价。

再次是民事诉讼结构上的变化。为了实现集中审理,我们的庭审结构需要有一个大的变化,我们应借鉴大陆法系的做法,将民事诉讼法开庭审理一节的标题修改为言词辩论,言词辩论(庭审)应划分为言词辩论准备和言词辩论主期日两个阶段。在言词辩论准备阶段,要确定具体的争点整理程序。德国确立了早期首次言词辩论期日和书状先行两种具体的争点确定程序。这两种程序既可以采用其中一种程序,也可以结合进行,民事诉讼通常应在一次经充分准备的言词辩论(主期日)结束。德国的上述规定是可以借鉴的。由于德国律师强制代理案件范围的广泛和书状先行的大量运用,除涉及多个证人的案件外,德国绝大多数案件实现了在较短时间内的一庭终结。我们与德国一样,主要是采用书状先行,我们认为,不仅双方有律师代理的案件,即使双方或一方没有律师代理的案件,只要双方有较好的书面表达能力,再加上我们提供的范例和咨询,也是可以适用书状先行程序的。关于书状先行,本教材中有大量的范例,可供读者参考。

最后是诉讼制度的变革。围绕上述庭审理论、观念和结构的变化,我们的民事诉讼制度必然会产生一系列重大变化。我国《民事诉讼法》修改的规模,应当超过上世纪70年代德国民事诉讼法的重大修改。我们的开庭审理程序部分本来就非常单薄,删除法庭调查和法庭辩论的规定后,庭审的实质性内容就很少,[①]仅开庭审理部分需要充实的内容就很多,除充实言词辩论两阶段内容外,重点还需要充实以下几方面内容:将随时提出主义改为适时提出主义,强化司法解释确立的真实义务以及当事人的出庭义务和陈述义务,改变传统诉讼中在证明案件事实上法官消极的观念和做法等。除开庭审理程序外,民事诉讼法许多庭审之外的内容也面临着修改和重构的问题。例如,民事诉讼法的目的、诉讼模式、法官居中裁判、诉讼标的和既判力等都可能发生变化。

---

① 我国开庭审理一节一共16个条文(134—149),其中134—137条,全部是公开审判的范围、提前通知当事人和诉讼参与人的时间以及宣布法庭纪律等程序性规定。143—149条主要是缺席判决、延期审理、法庭笔录、公开审判和审限方面的规定。删除法庭调查和法庭辩论两部分核心内容后,开庭审理本身的实质性内容就很难找到。

三、我国集中审理新型庭审的实现路径

集中审理的新型庭审方式推广,是一个难度很大的问题,这在日本和我国台湾地区的司法实践中已经得到了充分体现。他们集中审理从"立法"到正式实施已经超过或达到了20年,其间有权力机构的大力推动,①至今尚无法达到理想的目标。我们希望在5年内初步完成这一任务,难度可想而知。

笔者以为,要在我国实现一庭终结的集中审理目标,首先需要分析与离我们比较近且比较熟悉的日本和我国台湾地区相比我们实现这一目标的基础或者说优势和劣势。

从实现集中审理的基础来看,与日本和我国台湾地区相比,我们的劣势主要表现在:(1)立法的基础有别于日本和我国台湾地区。他们是在集中审理立法先行的基础上开展的,而我们是在尚未立法的情况下希望在5年内完成集中审理的立法和推广工作。(2)我们法官的专业素质有别于日本和我国台湾地区。掌握现代庭审理论是做好集中审理的基础,日本和我国台湾在分割审理时期法官对争点的确定、疑点的排除、突袭裁判的防止运用得已经比较熟练,而我们大部分法官不仅运用这些理论的能力欠缺,而且,我们许多法官对现代庭审理论中不少概念从未听说过。比如说,"突袭裁判的防止"一词,包括发达地区法院的许多法官都不知道,更不用说运用。(3)诉讼法的基础理论掌握和运用能力差。例如,诉讼标的、既判力、预备之诉等是诉讼中经常运用的理论,特别是诉讼标的,在日本和我国台湾地区是经常运用甚至是诉状中原告必须填写的内容,法官和律师当然会比较熟悉。但是,在我国大陆,这些理论基本上还处于纸上谈兵阶段,许多法官和律师不熟悉也就不难理解。(4)我们对人证审查的重视程度、审查能力和技术比日本和我国台湾地区落后很多。日本对人证的审查引进了英美的交叉询问制度,每个证人审查的时间通常在1个小时左右,尽管审查的时间远少于英美法系,但我们感觉已经非常充分了。大陆法系其他国家和地区包括我国台湾虽然没有交叉询问,但是,对人证的审查也能够满足疑点被合理排除的要求。在我国大陆,当事人不出庭的情况比较多,庭审较少涉及对人证的审查,即使审查,往往花费时间短,规范性和技术性也比较差。而疑点不能得到合理排除,往往会对法官的心证和案件的质量

---

① 台湾地区的司法机关为了推进集中审理,专门设置了表格要求每一位法官就集中审理落实情况填表。

第三章　我国集中审理的制度建构设想和实现路径

有较大影响。

从实现集中审理的基础来看,与日本和我国台湾地区相比,我们的优势主要表现在:(1)我们在借鉴境外的先进经验和结合中国国情的基础上,理论研究人员与实务人员合作,花了5年时间为一庭终结已经打下了比较好的基础。在这本教材中,不仅有大量的40分钟内一庭终结的高清录像庭审实况,而且从诉答状到针对性极强的准备书状,包括法官的指令,法官和助理在书状先行中所做的工作,整个案件的全过程一一展示,这为其他法官的模仿和借鉴提供了很好的条件。尚未看到日本和我国台湾地区的法院推选出来的该方面案例。此外,我们还有美国、德国和日本的庭审录像,有我国台湾地区的个案诉讼全过程,这就为了解境外庭审,比较研究和更好的借鉴创造了条件。[1] (2)在集中审理新型庭审改革理论与司法实践的结合上,中国大陆更有优势。中国大陆的法学研究工作者希望自己的研究成果能够通过司法实务部门得到转化,中国司法实务部门不少领导也希望理论研究者能够贡献自己的智慧,解决司法中的一些实际问题以及案多人少的矛盾。这种合作在中国大陆并不鲜见,我们与法院的合作也属于这种情况。像本课题这种与法院签订合同、合作探索新型庭审方式改革、课题负责人给法官和法院领导上课、亲自参与庭审策划和拍摄示范庭,这种深度介入庭审方式改革的做法在其他国家和地区是不可想象的。与我们合作的日本教授认为,在日本,名气再大的教授也最多给法院提提建议和改革方案。台湾一位教授了解情况后也说,透过您与法院的深度合作,我知道中国大陆这些年发展如此之快的原因所在了。(3)我们试点的案件能够基本上实现一庭终结的目标,与传统庭审习惯和采用的方法也有很大关系。中国大陆法官和律师没有多次开庭但每次开庭时间都比较短的传统,也很少有我国台湾法院开庭时许多本可以当庭回答的问题,律师却习惯回答"另具状",从而导致多次开庭的情况。此外,我们试点的案件与德国一样主要是通过书状先行整理争点,书状先行达到一庭终结的程度才会开庭,从试点的情况看,此类方式明显有助于一庭终结。(4)党和国家以及司法机关和相关组织的高度重视和大力支持。新型庭审要代替传统庭审,在任何国家和地区都不是一件简单的事情,需要方法适当,并下大力气推进,在我国也不例外。

―――――――
[1]　庭审录像展示后,东京高等法院前常务副院长、中央大学加藤新太郎教授对试点的新型庭审给予高度评价,认为上海的集中审理改革符合大陆法系国家庭审改革的方向,并在结合中国实践的基础上进行了创新。特别是章武生教授团队与法院合作,通过真实庭审录像或模拟庭审录像,把德国、美国等国家的庭审"可视化"地展现出来的做法,解决了各个国家和地区庭审实践难以互相借鉴的难题,具有重要的意义,对日本今后的改革具有极强的借鉴和启发意义。

德国由于采取书状先行的方法适当,使分割审理的基础发生了重大变化,再加上大力推广,一庭终结的理想目标就实现了。日本和我国台湾地区由于方法不当,法官很难摆脱分割审理时间传统审判方式和习惯的影响。此外,由于日本和我国台湾地区法官独立性较强,外界影响和推动的难度也就更大。我国内地则不同,司法改革已经上升为国家战略,党和国家的推动更有权威。此外,我国各级司法机关、律师协会和相关组织也有更大的号召力和推动力,这就更有利于新型庭审的推广。

在了解我们实现集中审理目标优势和劣势的基础上,我们才能够发挥优势,有针对性地解决我们存在的问题,在集中审理新型庭审推广中继续完善相关制度。笔者认为,要实现一庭终结的集中审理的宏伟目标,我们重点需要做好以下工作。

第一,现代庭审理论的系统学习、应用与研究。现代庭审理论主要是以德国为代表的大陆法系国家经过上百年的实践逐步形成并通过实践检验有助于法院正确、适时地审理案件,体现诉讼民主、诉讼规律和程序保障的理论和方法。这些理论和方法对于提高诉讼的效率、质量、透明度,当事人的接受度和法官内心确信的形成均有重要价值,学好这些理论是做好新型庭审的前提和基础。学习的方法可以有很多种。我们法科学生在学校就要系统学习,并像德国、日本一样作为司法考试的主要内容。对在职实务人员来说,除通过在职培训等方式学习外,在具体案件审判中学习也是主要的方式。榜样的力量是无穷的,如果一个庭里面有一个法官掌握了这种庭审方法和技术,其带动效果也是不可低估的。目前,在我们庭审改革的过程中,已经开始涌现出这样的法官。当然,现代庭审理论和技术的掌握对法官的素质提出了较高的要求,一部分法官通过努力能够达标,一部分法官即使努力可能也难以达到要求,这是正常的,即使在法官整体业务水平较高的台湾地区,部分法官也适应不了这种新型庭审的要求。实际上,这种庭审方式的广泛运用,对法官的需求会大幅度减少,大量不能胜任的法官需要转岗,通过努力留下的法官会逐步走向职业化和精英化。法官职业化、精英化的实现,又为国家提高法官待遇、法院吸收优秀法律人才创造了条件。

第二,立法、司法解释与集中审理庭审方式的推广和制度的完善密切配合。改革开放以来,我国法学理论与实务界一直在借鉴大陆法系民事司法理论和制度,并有一部分内容进入立法和司法解释中,以至于在与法院合作探索的集中审理的新型庭审方式改革中,笔者发现,改革涉及的集中审理的大多数核心内容在我国修改后的《民事诉讼法》和司法解释中都有不同程度的体现,如争点的确定,围绕争点举证、质证和辩论,疑点的排除,释明权的行使,真实义务,等等。同时,党的十八届四中全会提出的"构建开放、动态、透明、便民的阳光司法机制"为庭审改革提供了政策上的依据。这就为我们与大陆法系国家和地区在实现集中审理的道路上走出截然不同的道路创造了条件。他们都是立法先行,而我们可能是在经过了大范围推广后,在集中审理的各种方式试点比较成熟的基础上再全面立法。当然,在这一过程中,急需的法律规定和比较成熟的实践成果还是要通过立法或司法解释确立下来。这种做法,可能更适合我国地域辽阔、各地经济发展不平衡的情况。

第三,发挥多方面积极性,共同完善和推进新型庭审制度的发展和实施。从其他国家和地区的经验来看,要熟练掌握和运用现代理论,提高庭审的效率、质量透明度和裁判的接受度绝不是一朝一夕的事情,这是一项庞大的系统工程,需要集聚各方面力量,通过长期、艰苦、细致的工作才能完成这一具有重要意义的事业。特别是法学理论与实务界需要密切合作,借鉴境外的先进经验,结合中国的国情,更好地完善和推广新型庭审制度,使其真正能够在中国大地开花结果。

第四章　我国现行庭审方式与集中审理庭审方式的比较

开庭审理是民事诉讼中最重要的阶段,它决定着案件审理的质量、效率和程序正义等一系列重大问题。在近年来法院案件数量激增,尤其是申请再审案件以及涉诉上访案件比重均居高不下的情况下,设置科学的开庭审理程序,消除开庭审理程序中存在的弊端,提高庭审的质量和效率就显得更为重要,也尤为迫切。特别是党的十八届四中全会提出法治国家、法治政府、法治社会一体化建设的宏伟目标后,庭审的地位和重要性就更加凸显出来。

那么,我国现行庭审方式主要存在哪些问题?与我们借鉴德国的一庭终结的集中审理的庭审方式各自存在哪些优劣,又当如何改革和推广呢?本章主要通过对两种庭审方式的形成、效率、质量、透明度和接受度五个方面的比较,使我们更好地认识两种庭审方式的优劣所在,继承传统庭审方式的优点,借鉴境外庭审方式的先进经验,为进一步完善和大范围推广集中审理的庭审方式奠定坚实的基础,使其真正能够在中国大地开花结果。

一、两种庭审方式的形成和特点比较

1982年《民事诉讼法(试行)》的颁布,标志着中华人民共和国第一部民事诉讼法典的问世。从该法典的内容来看,主要是吸取了根据地和新中国成立以来的优良诉讼传统,在借鉴了前苏联和我国台湾地区民事诉讼制度的部分内容的基础上形成的。但从庭审的核心内容来看,主要是借鉴了前苏联法庭调查和法庭辩论两阶段的划分,传统庭审的着重调解,法官包揽诉讼的强职权主义主要体现在实践层面,至于台湾地区的分割审理时期的庭审内容则少有体现。上世纪90年代,伴随着我国法院案件数量的快速增长,传统庭审的着重调解以及法官包揽诉讼的强职权主义开始弱化,两大法系辩论主义的内容开始被引进,庭审开始向当事人主义发展。但由于缺乏对现代庭审理论的关注和引介,早期民事审判方式改革很大程度变成了法院减负的工具,在程序正当性方面呈现明显缺陷。进入21世纪后,由于国家司法政策的转变,以注重调解和马锡武审判方式为代表的传统诉讼文化一度被重新倡导、大力弘扬。这种司法政策固然是对20世纪90年代遗留问题的回应,有其积极的一面,由于我国各地社会经济发展不平衡,民事案件类型复杂且地域差别较大,这些传统的诉讼文化和审判方式虽然在一定范围内有其独特的价值,并会继续发挥作用。但伴随着经济社会的不断发展,民事诉讼领域的复杂案件越来越多,专业性越来越强,对于庭审专业化的要求也越来越高。传统的庭审方式显然不能满足人民群众专业化的司法需求。近年来,伴随着民事诉讼研究力量的加强,争点的确定、疑点的排除、释明权的行使、心证公开、突袭裁判的防止等现代庭审理论的研究越来越深入,特别是2012年民事诉讼法全面修改和2015年民事诉讼法司法解释实施后,我国民事诉讼庭审理论、制度和实务有了较大的发展。比如说,征得双方当事人同意,法庭调查和法庭辩论可以结合进行,围绕争点举证、质证和辩论,等等,法庭调查和法庭辩论两阶段划分的地位开始受到动摇。但整体上看,现代庭审理论进入到立法和司法解释的内容还很少,规定得比较粗糙,取得的效果也非常有限。

　　试点的集中审理庭审方式是在借鉴大陆法系集中审理的庭审方式基础上结合中国的国情逐步形成的。大陆法系在上世纪70年代之前一直是分割审理,大陆法系的集中审理的庭审方式是现代庭审理论发展到比较成熟阶段的产物。在上世纪70年代的德国现代庭审理论的系统运用显示了巨大的生命力,在世界上受到了高度评价,并被大陆法系许多国家和地区所效仿。我们创建的集中审理的新型庭审,主要借鉴的是集中审理实施最早、效果最好的德国的庭审方法和技术,①并结合我国的国情形成的。以言词辩论主期日为例。德国如果不涉及对当事人和证人的询问,不仅能够一庭终结,而且庭审时间大多比较短,通常在1个小时以内。本书第十一章德国法官的书面庭审就是一种在德国比较常见的释明方式。一共半个小时的庭审,法官的释明和心证公开就要占到一半时间左右。主要包括法官对案件处理的看法和理由,事实和法律上的依据,还包括德国联邦最高法院的类似案件判例。然后,双方当事人和律师针对法官的释明发表意见,影响法官的心证,法官对当事人和律师所提意见和证据的回应。德国的法官释明和心证公开非常充分,当事人和律师的回应针对性也比较强。我们目前还做不到德国法官释明和心证公开的程度。我

---

① 德国一庭终结的集中审理不仅受到了英美法系的高度评价,也是大陆法系许多国家或地区效仿的榜样。

们创建的一庭终结的集中审理,主要借鉴了德国的书状先行和一庭终结的言词辩论主期日。但结合中国的国情,与德国的言词辩论主期日又有较大区别。主要包括以下阶段:

(1) 原被告发表重要诉辩意见。该阶段的任务是通过当事人简短的陈述使诉讼参与人和观众了解案件的核心争议,能够实现公开审理的目标。否则,旁听人员就无法通过公开审判对庭审进行监督。如果没有旁听人员,没有新的意见,也可以采用大陆法系的通常做法,原被告各自说见起诉状、见答辩状。

(2) 法官明确争议焦点。由于庭前法官已经就争点征求了当事人意见,当事人也对围绕争点的举证、质证和辩论做了充分准备,原则上当事人不能再提出新的争点和证据。

(3) 围绕争点举证、质证和辩论。为避免与书状先行大量重复,确保很好地开展对话式诉讼,在该阶段应尽量避免当事人单次发言时间过长,确保不是当事人的陈述,而是诉讼各方的对话处于主导地位。在该阶段,法官通过释明义务的行使、心证的公开、当事人互相发问、法官直接发问或进一步阐明争点中不能形成心证的部分等方式引导当事人聚焦在真正的争点上,使法官真正能够通过庭审形成心证和内心确信。

(4) 当事人对全案的处理综合发表意见。增加该环节主要是考虑前一个环节主要是围绕争点通过发问排除疑点,有时候案件中某些重要问题可能由于争点的分割被遗漏或没有受到应有的关注。通过双方当事人集中地对全案综合发表意见,对法官心证的形成或不当心证的纠正均可能有重要价值。此外,书状先行中重要的观点和证据毕竟是通过书面发表的,在庭审中口头表达和再一次强调既有其重要意义,又符合我国大多数律师的习惯。

(5) 法官进一步释明和公开心证,劝导当事人达成调解协议。法官进一步释明和公开心证,目的是使当事人能合理预期判决的结果,在庭审结束前有发表意见影响法官不当心证的机会,防止突袭裁判。同时,心证公开有助于促成当事人达成调解协议。

二、两种庭审方式庭审效率和质量的比较

我们采取集中审理庭审方式的试点结果表明,即使非常复杂的案件,只要不涉及对多个人证的审查,经过书状先行后,通常可以一庭终结,而且庭审时间基本上在一个小时内即可完成,审判质量也会比较高。

采用现行庭审方式,尽管也有少数疑难复杂案件审得比较好,但整体上

看,庭审效率较低,复杂疑难案件审判质量不高是比较普遍的。笔者认为,形成上述情况的原因主要有以下几个方面。

(一) 争点确定和庭审针对性的差别导致庭审效率和质量的巨大反差

我国在2015年之前,按照法律规定,一审普通程序案件法庭调查和法庭辩论是分别进行的,简易程序可以不受两阶段划分影响。但在司法实践中,不论是普通程序还是简易程序,两阶段划分都被认为是规范的审判方式,在法庭调查阶段,绝大多数法官都会将双方当事人提交的证据一一当庭质证,理由主要是法律规定"未经质证的证据不得作为定案的依据"①。尽管2015年《民诉讼司法解释》明确规定:经当事人同意,法庭调查和法庭辩论可以结合进行,②从而为改变不合理的两阶段划分提供了法律依据。但是,受传统习惯的影响,许多法官仍然坚持庭审中的两阶段划分,这种机械的审理方式,审查了许多不必审查的证据,使我国相同民事案件庭审时间往往长于大陆法系国家或地区达数倍之多。

集中审理模式,不论是书状先行还是开庭审理,针对性均非常强。新型庭审之所以庭审效率高、质量好,是因为争点整理有一整套科学的程序,通过该程序通常情况下就能够发现争点、解决争点、限缩争点和证据,最终所确定的争点通常都会比较准确。以本书第二章模拟庭审中的书状先行为例,首先,通过原被告诉答状和准备书状、答辩状,许多争点和疑点显现出来。在此基础上,法官通过对原被告发出两轮具体要求指令,许多争点被解决,部分疑点被排除,真正的争点随之凸显出来。下面我们以一个真实案件为例,来展现两种庭审方式所产生的巨大反差。

甲乙两公司因工程质量以及无法通过政府验收发生争议协商未果。2015年7月,发包方甲公司对总承包方乙公司提起诉讼,要求乙公司赔偿甲方损失;乙公司反诉要求甲公司支付工程欠款。双方仅首次向法院提供的证据就达11本,包含了200多个证据、3 000多页。

按照传统审理方式,法官在未确定争点的情况下,将双方各自提交的证据全部都一一当庭质证。仅这一个过程就开庭10次用去5个全天的时间。③ 双方当事人均聘请了具有较高专业水平和诉讼经验丰富的律师,双方代理人按

---

① 《最高人民法院关于民事诉讼证据的若干规定》(法释〔2001〕33号)规定证据应当在法庭上出示,由当事人质证。未经质证的证据,不能作为认定案件事实的依据。
② 《最高人民法院关于适用〈中华人民共和国民事诉讼法〉的解释》(法释〔2015〕5号)第230条,人民法院根据案件具体情况并征得当事人同意,可以将法庭调查和法庭辩论合并进行。
③ 法官主持庭审整体上做得也是比较好的,说话简洁,不断地制止超出范围的辩论。双方律师水平也比较高,在大部分证据上都是唇枪舌剑,滔滔不绝地质证和辩论。

照对本方有利的方法对证据材料进行收集、整理和编排;因此,尽管经过了漫长的证据调查阶段,多名旁听案件的人员表示:感觉双方律师唇枪舌剑互不相让,说的好像又都有道理,责任在哪一方并不十分明显。鉴于此,在证据调查过程中,原告代理人向法官和对方律师建议用新的庭审方式,预计一个多小时,不仅可以将按照传统庭审需要几天法庭调查的任务完成,而且还能将法庭辩论的任务完成,①并有助于达成调解,从而避免进入漫长的鉴定阶段;即使达不成调解,当过错责任被法庭(初步)认定后,纠纷解决速度会加快很多。在该问题上法官还是比较开明的,在和对方律师商量后初步同意了该方案,并专门安排了开庭时间。

在该次庭审时,原告代理人首先介绍了新的庭审方式的程序安排,指出:双方的起诉状和反诉状实际上均是围绕究竟"谁违约"这一关键争点展开,双方均指责对方严重违约。以此为争点,可以由原告先举证、质证和辩论,应在20分钟内结束,然后再由被告(同时也是反诉原告)反驳并举证和辩论,时间应控制在20分钟左右,这是第一轮答辩;第二轮、第三轮辩论中双方的发言时间应当递减,每方累计发言时间应在半个小时以内;加上法官释明和发问,一个多小时的庭审时间足够了。

对原告建议的新型庭审方式,法官和被告代理人均表示同意。

围绕究竟谁违反了合同这一关键争点,原告主要从合同约定、设计、施工、监理意见、政府主管机构意见这五个方面提出证据并发表辩论意见。原告代理人的发言内容主要如下。

1. 合同中对被告公司承担合同义务的约定

(1)《项目总承包合同书》第 2 条(证据 2)约定,乙公司承担甲公司新建工厂项目的设计、采购、施工并"确保通过调试及政府相关部门的许可,在商定期内达到正式生产状态"。

(2)第 16 条约定,"为确保达到中国建筑法认可的设计规范,承包方委托有资质的设计院进行设计"。

(3)第 36、37 条要求乙公司作为承包方遵守我国相关法令、确保具备相关资质,"因不具备本工程相关的资质,导致发包人受到损失时,承包人应付全责,并承担发包人的损失"。

---

① 按我国法律规定,法庭调查阶段主要是查明事实,不涉及法律问题。但是不涉及法律问题就可能影响到争点的正确确定,每个证据在案件中所处的位置和作用往往会比较模糊,法庭调查效果就可能受到影响。

(4) 双方所签《生产设备安装工程承包合同》第 30 条(证据 6)约定,"如果无法取得政府许可,本合同视为无效。本合同失效时,承包方需返还发包方支付的全额施工费用"。

2. 乙公司未按法律要求将工程委托设计单位进行整体设计,并经过政府相关部门审核,导致生产设备安装工程无法通过政府验收

(1) 被告仅将生产设备及管道安装工程中的压力容器管道部分委托设计院设计,其余部分施工中实际使用的是乙公司自行绘制的施工草图。甲公司提供了 400 多万元的成套设备安装设计费用,而乙公司却仅向设计单位支付 100 余万元;而且被告也没有完全按照设计院的图纸施工。该行为不仅违约、违法,而且导致严重的安全生产隐患。

(2) 2015 年 7 月 2 日,监理单位出具《监理单位工作联系单-31》(证据 73),指出"发现本项目部分设备、电气、仪表等均无有资质的设计院出具的设计文件,监理无法进行检查验收,对没有设计文件的施工内容监理不进行验收,不在验收文件上签字"。而"有监理单位等签署的质量合格文件"是《建设工程质量管理条例》第 16 条规定竣工验收所必须具备的五项法定条件之一。

(3) 在政府相关部门委托第三方专家对该项目(该项目因使用危险化学品、使用聚合工艺,属于"两重点一重大"危险化学品建设项目)进行"三查(查设计漏项、查工程质量及隐患、查未完工程量)四定"检查时,发现了明显设计漏项:"用以输送易燃易爆物质环氧乙烷管道外居然无(冷却)安全防护设施",违反安全生产基本要求,存在重大爆炸危险。而且该漏项设计已经施工完成,构成重大安全生产隐患。专家还特别指出,由于乙公司不具备规定的资质,该项目将无法通过安监部门的验收,工厂将无法投入生产(证据 76)。

3. 土建工程完工部分存在严重影响结构安全的设计、施工质量问题

(1) 2013 年 11 月至 2014 年 6 月,甲类工厂基础拆除重建,2014 年 6 月 17 日乙公司出具《关于建筑主体工程工期延迟的情况报告》(证据 33),主要原因为未能对 1F 楼板的荷载条件以及挠度标准进行正确的理解导致设计错误、施工困难等,明确承认挠度、荷载设计变更的责任在于乙仅考虑国标"没有结合业主设备的使用情况进行设计"。乙还出具了《土建工程的设计错误、施工错误发生原因、责任、费用承担相关的承诺书》(证据 34),确认土建部分的设计错误、施工错误责任均在乙。

(2) 2014 年 6 月,监理单位发现工程中主要的单体建筑——乙类厂房出现了梁开裂的不正常现象,事后两次经过第三方检测机构检测发现:甲类、乙类厂房均存在影响主体结构的不符合设计文件要求的施工质量问题,另外还

发现了设计缺陷。这真是一波未平一波又起,乙花了半年多时间刚刚完成甲类厂房基础拆除重建,在当月又发现了乙类厂房主体结构施工等严重质量问题。

2014年9月11日,双方签订了《乙类工厂2F梁混凝土强度及开裂问题协议书》(证据52),乙公司明确承认对乙类工厂混凝土强度和梁开裂问题承担全部责任;还约定乙公司应就三项质量缺陷中的每一项向甲公司至少支付300万元的保证金,需待2015年后经甲方确认没有问题方可返还。

(3)另外,仅从现场(证据83)肉眼就可见:该工程混凝土浇筑地坪大面积出现孔洞和杂质、防火涂料大面积脱落、多栋建筑墙体开裂等(这种低级错误即使在要求比较低的小工程施工中也很少见到,从这些低级错误可以看出被告方管理混乱的程度)。《建筑法》第60条规定:"建筑工程竣工时,屋顶、墙面不得留有渗漏、开裂等质量缺陷;对已发现的质量缺陷,建筑施工企业应当修复。"

4. 监理单位对被告多次下发停工整改指令,如:

(1)2014年6月24日,《监理工作通知单11》以及《质量专题会议纪要》主要内容:"甲类、乙类厂房混凝土浇筑存在严重问题应停工。"

(2)2014年6月25日,《监理工作联系单17》指出:"总包单位不服从管理,建议业主协调采取必要的经济措施,否则我方将直接向政府有关部门汇报,请求建设主管部门干预处理。"

(3)2014年8月6日,《工程暂停令003》主要内容:"乙类厂房存在严重质量问题,必须停工。"

(4)2015年5月26日,《监理中期报告》记载了乙公司在暴雨天气强行施工、对乙类厂房主体结构缺陷拒不整改等。

(5)乙公司确认了监理所指出的各项问题。以2014年6月24日乙公司出具的《承诺书》中对《监理工作联系单(011号)》所做的回应为例:乙公司在回应1中承认施工质量存在严重缺陷(冷缝、漏筋),回应2中承认存在一般缺陷(蜂窝),回应5中承认违规强行施工;该份《承诺书》足以验证监理通知单的可靠性。

5. 区质监站对施工单位多次下发停工整改指令

(1)2014年8月26日区建设管理署出具的《暂缓施工指令》(证据51),责令施工单位办理设计变更手续、对乙类厂房6 000处梁开裂质量问题进行整改。

(2)2014年10月10日区建设工程质量安全监督局《暂缓施工指令单》

(证据55),责令对甲类工厂、EOPO围堰、防水及门窗专业分包等所涉部位暂停施工。

(3) 2014年10月25日乙公司向主管部门提交了《局部暂缓施工复工申请报告》(证据56),在申请中,乙公司明确承认其(乙类厂房)6 000处梁混凝土强度不满足设计要求;尽管主管部门对该份复工申请不予批准,但乙公司违反指令,强行施工完成了主体结构,给乙类厂房工程质量留下隐患。

(4) 2015年10月9日区建设工程质量安全监督站,再次发出《暂缓施工指令单》(证据20),明确指出了乙公司超越资质等级承揽业务,责令其对于超越资质等级部分停止施工。

(5) 2015年12月16日区建委的信访回复函,再次认定了乙公司超越资质等级许可范围签署《项目总承包合同》的事实。

上述五个方面证据证明力极强,且能够相互印证。

"自认"是证明力最强的证据,甲公司提供的证据中,这类证据占了很大的比重。例如,监理单位出具的文件大多与乙公司自认文件、行政监管部门所出具指令能够相互印证,上述证据环环相扣,被告方基本上都无法反驳。其足以证明被告乙公司设计违规、管理混乱、工程存在严重质量缺陷、严重安全隐患、不具备验收条件。简言之,被告乙公司所完工工程根本就不符合合同约定,原告的合同目的无从实现。

原告总计17分钟的发言结束后,被告马上意识到对原告的环环相扣的举证和辩论意见无法反驳,索性转移话题提出反对该庭审方法,认为这不符合法律规定。原告进而举出了该庭审方式完全符合现行法律规定的依据《民诉法司法解释》第228条规定:"法庭审理应当围绕当事人争议的事实、证据和法律适用等焦点问题进行。"第230条规定:"人民法院根据案件具体情况并征得当事人同意,可以将法庭调查和法庭辩论合并进行。"由于被告的反对,该庭审方式未能进行到底,但是对法官形成心证还是有很大影响的。

案件在进行了漫长的鉴定后,没有什么明显的效果。审判人员调整后,新的合议庭采用了围绕争点举证、质证和辩论的方式,很快确定了争点并在征求双方当事人的意见后,对案件正式开庭审理。新合议庭共确定了4个争点,开庭审理总计仅两个半小时,这4个争点分别是:合同效力如何认定?工程不能通过竣工验收的责任和过错在谁?已完工程价款如何认定?当事人主张的损失范围和金额如何认定?其中第二个争点与原来的究竟"谁违约"本质是相同的,原告律师将上述17分钟发言又重述了一遍。这次,被告律师不能拒绝回答,只能就与此无关的内容发表了十多分钟的辩论意见。这就是说本次庭审就该问题仅用不足半个小时时间,比原来庭审用5天时间的效果还要好很多。

新型庭审与传统庭审相比为什么会有如此大的反差?笔者以为,原因主要有以下五个方面的内容。

第一,围绕争点举证、质证和辩论,自然会排除与影响案件裁判结果关键事实无关的大量证据。而如果没有事先确定争点,只能将所有证据一一审查,以前案为例,涉及的证据会有200多个,即便排除无争议的证据,涉及存在争议的证据也会有100多个。

第二,围绕大争点将小争点涉及的核心证据同时展现,有助于形成环环相扣的证据链,使证据更有说服力,对方更难反驳。例如,就工期延误问题,采用传统方式辩论时,由于尚未经过法庭调查的证据难以直接和全面运用,双方都是各执一词,难分上下,法官和旁听人员也都如同管中窥豹,不能看清事情的全貌,自然也就难以准确辨别是非对错。而集中审理,就能有效地减少这种局部辩论的情况。特别是第二个合议庭,法官确定了4个争点,原来用5天的庭审,被明确为一个争点,即"工程不能通过竣工验收的责任和过错在谁"。实际上第二个争点与究竟谁违约的含义基本相同。原告将原来的意见又重述了一遍。这一次,被告自然不能再以程序不符合法律规定拒绝答辩,但面对环环相扣的证据链,被告代理人尽管水平很高,但一句也回答不上来,只好顾左右而言他。

第三,围绕争点集中、快速审查证据,不仅能够使参加诉讼的人对核心证据印象深刻、清晰。而且,有助于人们对证据和证据对争点的证明力形成整体印象。法官和在场的人也更容易形成心证。实际上在庭审后,无论是法官还是旁听人员对案件的基本事实和当事人应当承担的责任都能有大体相同的初步判断。

第四,围绕争点集中、快速审查证据,减少了来自当事人和法官等多个方面的不当干扰。原告方之所以十几分钟就能完成对案件核心证据和法律的举证、质证和辩论,是因为这种方式,使其在短时间内能一气呵成,从而减少了来自当事人和法官等多个方面的不当干扰。而如果对方当事人可以插话,他会千方百计将庭审引向对自己有利的方向。而这种审理方式,实际上也就极大地限缩了双方当事人举证和辩论的范围,代理律师难以凭借着自己丰富的实务经验,采取偷换概念、避重就轻、浑水摸鱼等辩论技巧来误导法官。如果法官可以插话,他可能受当事人误导,或者想回到自己熟悉和习惯的审判方式上,或者有意帮助一方当事人,均有可能导致庭审的延长和转向。这是庭审时间短的又一个原因。

第五,围绕争点集中、快速审查证据,再加上法官的释明和心证公开,突袭裁判和关系案将会大大减少,裁判接受度也会大大提升。

(二)两种庭审方式排除疑点方面的差别对庭审质量有重大影响

两大法系国家均高度重视疑点的排除,在英美法系国家,疑点排除方面所花时间远远超出处理其他事项的庭审时间。大陆法系国家尽管疑点排除比英美法系国家要少很多时间,①但是,疑点排除在庭审中所占比重仍然是很高的,只有疑点被合理排除,法官才有可能形成可靠的心证。我们的新型庭审,疑点排除亦占有重要位置。不仅庭审的主要时间会用在疑点排除上,在书状先行时,疑点排除也始终是一条主线。从模拟庭的书状先行来看,也是不断地在排除疑点。庭审时,一半以上的时间是通过当事人之间的互相发问和法官向当事人的发问和释明以排除疑点。但对人证的审查,受条件的限制,此次庭审改革,基本上没有涉及。法官在选试点案件时,通常避开了需要审查人证的案件。②

我国现行庭审方式,对复杂案件裁判质量不高,与大量疑点未被合理排除有很大关系。少数法官甚至根本没有排除疑点的习惯,不仅自己不排除,也不给当事人通过发问排除疑点的机会。大部分法官通常会给当事人发问的机会,但对发问重视度不够的法官也大有人在。在我国司法实践中,当事人不正面回答甚至拒绝回答对方当事人所提问题的情况经常发生。一方当事人本来可以通过发问来揭示对方说谎或陈述中的自相矛盾,但由于对方拒绝回答而法官又不促使其做出回应,甚至转移话题,致使庭审调查无法深入,真相无法查明。少数法官甚至对案件中许多明显自相矛盾的地方视而不见,这是我国近年来大量明显的虚假诉讼案件能够蒙混过关,取得生效判决,并堂而皇之地进入执行程序的主要原因所在。这样的判决败诉当事人怎么会自动履行,我们许多案件的执行难度必然是非常大的。

例如,在一起欠款纠纷案件中,一审(包括发回重审)前后有三个合议庭,均是先将原告提供的全部证据审查一遍,再将被告提供的证据全部审查一遍,然后就结束了庭审。前后开庭时间达三天半,事实认定仍是错误的,庭审结束时仍有大量疑点未被排除。而二审法院开庭后一共就确定了2个争点,首先就集中审查第一个争点:原告所称支付的巨额钱款的来源以及是如何支付

---

① 日本由于二战后引进了美国的交叉询问,大量的庭审时间花在疑点排除上。
② 尽管试点法院庭审改革都是在院领导特别是院长大力支持下完成的,但阻力仍然是比较大的,需要分阶段完成。如果全面推广,一庭终结取得突破的难度更大。

的。由于争点确定得准确,法官仅用了十几分钟,一审原告代理人的陈述自相矛盾,对关键问题无法自圆其说,只好搪塞称"具体解释庭后以代理词方式提交法庭"。后经法院多次催促,并要求当事人本人出庭接受询问。结果在长达几个月的时间,一审原告既不提交书面意见,当事人也拒不出庭。二审法院遂撤销原判,将案件发回重审。①

实际上,二审主审法官无意识地运用了德国法官首先解决关键问题的裁判方法。德国法官在处理民事诉讼案件时,非常重视寻找可以解决法律和事实问题的瓶颈,以尽可能缩小调查范围的方式来调查和认定案件主要事实,而律师的主要职责就是引导法庭的注意力集中于那些特别令人信服的关键事项上来。德国法官如果意识到这是案件的关键问题,可以不受通常程序的约束,可以越过美国法官认为需要先行调查的"原告之诉",直接将整个初步调查集中到"被告之诉"甚至某个法律或事实问题上。② 德国的方法对于避免无效劳动,快速查清案件事实是有重要意义的,也是值得我们借鉴的。

三、两种庭审方式庭审透明度和接受度的比较

透明度和接受度是密切相关的两个问题,透明度低,暗箱操作就比较容易,突袭裁判或不公正的裁判就会大量发生,这样的裁判接受度低是必然的。透明度高,暗箱操作和办"关系案"就会非常困难,司法腐败的成本就会非常高,而裁判的接受度自然也会比较高。当然,裁判接受度也受到多种因素的

---

① 法官首先审查原告提供的其前后十余次借款给被告和原告帮助被告取得的证据。然后审查被告方提供的证据,被告承认原告提出的曾为自己借款的事实,但提供了大量的证据证明上述借款已经归还,原告帮助被告的真实目的和用心及其给被告造成的重大损失。被告方提供的证据审查结束后,原告承认在被告处领取了钱,但认为这些钱是自己的分红款,不是被告归还的欠款。法官花了三个半天的时间审查原被告双方提供的证据后,才开始触及争议的焦点:原告在被告处领取资金的性质,双方主要应围绕此争点提供证据和辩论。法官对之前双方提供证据的审查大部分都属于无效劳动。类似案件处理方式在我国司法实践中大量存在。

② 英美诉讼中先审查"原告之诉"然后再审查"被告之诉"的弊端在中国大陆更为普遍和突出,我们许多法官就是在没有确定争点的情况下将当事人提交的证据全面审查。具体的方式通常又是先审查原告方提供的证据,再审查被告方提供的证据。法庭调查花了很多时间,审查了许多不应该审查的证据,浪费了大量的时间。而在德国,在确定争点的言词辩论准备阶段,如果能够找到案件的核心争点和证明该争点的证据,特别是个别案件中才可能存在的决定当事人胜负的关键争点和证明该争点的关键证据(如证明合同非法、合同虚假的证据),就能够大幅度提高庭审的效率和质量。我们此次庭审改革中庭审效率能够提高十几倍、几十倍的典型案例,就是首先审查能够直接决定案件走向的核心争点和能够证明该争点的核心证据。实际上,我国司法实践中此类好的方法和案例早已有之,律师反复提示法官的此类情况更多,只是许多法官缺乏这方面意识,习惯于用传统方式审理案件,对律师的提示不仅不予回应,而且错误地认为律师太啰嗦,还想指挥法官办案。

影响。

（一）庭前书状要求的差别导致庭审透明度的巨大反差

从我国现行庭审方式的庭前书面材料来看，由于针对性差和内容的缺失和单薄，对于复杂案件很难实现确定争点、固定证据的目标。这表现在相当比重的原告在撰写起诉状时，往往比较笼统，事实主张具体化的程度远远不够；而被告的答辩状，则问题更大，甚至相当比重的被告为隐藏应诉策略，根本就不写答辩状。即使提交答辩状的，往往也比较简单，针对性远远达不到凸显争点要求。真正针对性较强、符合要求的诉答状所占比重很小。然后是复杂案件的准备书状和答辩状，这是大陆法系确定复杂案件争点的主要方式，但我国不仅在理论上缺乏研究，而且在立法和司法解释均无相关规定，处于完全缺失的状态。司法实践中也鲜有运用类似程序的。

我们试点的新型庭审，为了实现一庭终结的目标，在正式开庭前，要达到事实基本清楚，疑点基本被排除的目标。为实现该目标，我们借鉴境外的先进经验，结合我国的国情，首先对原被告的诉答状和准备书状、准备答辩状的格式和内容以及针对性提出了具体的要求，并提供了范例。① 通常，法官对原告的诉状要进行一贯性审查，符合一贯性审查要求的，才能转给被告。对被告的答辩状，要进行重要性审查，通过重要性审查的，才能转给原告。然后，原被告要按法官的要求提交准备书状和准备答辩状。通过上述两轮针对性较强的书面质证后，法官助理和法官基本上可以初步判断书状中已经显现出了哪些争点、疑点，哪些争点已被解决，哪些疑点已被排除。对于事实不清楚，证据不充分，质证不到位的，法官可以再通过书面指令对原被告分别提出具体要求。原被告按照法官的指令回应和补充质证意见后，法官通常会归纳无争议事实、确定开庭集中审理的争点并就上述问题征求双方当事人意见。如果还有不清楚的地方，可以继续向当事人提出要求。当事人也可以向法官提出具体意见和建议。通常通过这两轮指令，再加上前面的两轮书状交换，大多数案件的事实已比较清楚，证据已被固定，法官已对案件初步形成心证，当事人对案件裁判结果也会形成一定预期。这就是透明度，这种透明度对暗箱操作能够起到很大的制约作用，同时这也是在此阶段当事人有可能达成调解的原因所在。即

---

① 一贯性和重要性审查是德国的做法，并被许多国家所效仿。所谓一贯性审查，是指原告起诉状所陈述的事实假设是真实的，是否足以支持其诉讼请求。所谓重要性审查，是指被告答辩状所提出的抗辩事实，假设是真实的是否能阻碍原告权利的行使。这在某种意义上也是为了解决诉答状针对性的问题，是非常必要的。我国有些案件一审判决都做出了，原告起诉状的一贯性审查尚不能通过。这种判决的质量也就可想而知。

便当事人不能达成调解协议,但一庭终结的条件已经成熟,法官可以确定开庭的具体时间。

(二)庭审方式的差别导致庭审透明度的巨大反差

我国2015年适用民事诉讼法司法解释生效后,庭审形式较之前有了很大变化,在审前程序中增设了庭前会议,围绕争点审理、将法庭调查和法庭辩论结合进行的法官数量有较大上升,这意味着该种庭审方式审理的案件透明度相应也会提升,但多数法官仍采用一一审查证据的传统庭审方式。至于适时释明和公开心证的法官则是少之又少,与先前没有明显变化。整体上看,民事诉讼案件审理过程仍处于透明度低,暗箱操作和关系案时有发生的状况。

我们试点的集中审理庭审,主要是围绕争点、排除疑点,当事人和法官均有充分的机会发问和要求排除疑点以及自相矛盾之处。在此基础上,法官还要及时释明和公开心证。心证公开要达到当事人能够合理预期裁判结果的程度。庭审的时间短、针对性强、透明度高、一庭终结,在此情况下,大大压缩了暗箱操作的空间和机会。经过这样的庭审,案件审理的质量将大幅度提升,做关系案的难度非常之大,当事人接受度高也是必然的。法官在支持一方当事人的判决书写出后,遇到特别需要关照的当事人,再想如同以往那样从双方提交杂乱无章的证据材料中选取几份"需要"的材料,将原来支持一方轻松变成支持另一方的判决几乎是不可能的。即使在庭审前找到法官,法官也想帮忙,但在透明度如此之高的诉讼过程中想要上下其手也是非常困难的。至于不少虚假诉讼案件能够顺利地通过一审、二审和申请再审,并堂而皇之地进入执行阶段应当是很难发生的。

(三)上述庭审效率、质量和透明度差别对裁判接受度的影响

以上重点分析的是新旧庭审方式在审理效率、质量和透明度方面的差异,这些都有助于提升裁判的接受度。此外,裁判的接受度与纠错机制也有很大关系。纠错机制主要是体现在上诉和申请再审两个方面,我们分别做些论述。

新型庭审效率、质量和透明度大幅提升,突袭裁判大幅减少,一审的上诉率大幅降低,接受度大幅提升可以说是必然的。① 但是,即使如此,需要纠正的案件依然是存在的,上诉和申请再审两种纠错机制仍然是有重要价值的。只是说,如果能够像德国、日本等国家一样,一审案件审判质量高,需要通过纠错机制纠正的案件数量就会大幅度减少,当事人对二审和再审法院的裁判接受

① 庭审效率高法官就容易集中精力,疲于奔命的情况会大幅减少,这些均有助于提高庭审的质量和裁判的接受度。

度也会比较高。

我国则是另外一种情况,复杂案件一审判决存在问题的比重很高,突袭裁判的情况特别严重,这就造成了上诉案件的数量大幅上升。上诉审本来是一种正常的纠错机制,但我们目前上诉审的纠错功能无法正常发挥。其主要原因与落后的庭审方式造成过多的错案有很大关系。在我国现行庭审方式下,一审庭审中存在的上述种种影响案件审理质量和效率的问题,使得复杂案件的一审判决出现错案,特别是事实认定方面的错误几率大大增加。但是,错案比重太高,一一纠正,在中国目前的国情下还是很难做到的。于是,相当比重的错案甚至有一部分是非常明显的错案在二审这一正常纠错程序中都无法得到纠正。但是,二审法官又无法回应上诉方提出的上诉理由。于是,二审法官往往采取能回应的就写在判决书中,不能回应的上诉理由就不出现在判决书中。这种断章取义的突袭判决,当事人肯定是很难接受的。二审法官之所以这样做,关系案占比并不高。一个众所周知的问题是,我国并未完全实现上下级法院审级的独立性,审判机关内部运行的行政化仍是一个长期存在的问题。在此情况下,上诉审纠错功能的发挥非常有限。其中的原因主要是:(1)法院内部的"二审改发率"等绩效考评数据对上级法院发挥二审纠错功能产生的负面影响。(2)目前法院系统内部实行的"错案追究制"增加了上级法院依法纠错的难度。(3)二审法院对一审法院裁判"维持易而改发难"的程序规定,也对依法纠错产生了较大的影响。例如,二审合议庭维持一审的判决,合议庭可以自行决定,而改变一审判决则需要通过审判长联席会议,甚至庭长、审判委员会等才能确定。这样一来,二审法官从节约时间成本、精力等角度考虑,在没有较大风险的情况下,自然会倾向于维持一审判决。①

二审法院对相当比重的错案未能纠正,于是,大量的申请再审案件就涌入了再审这一特殊的纠正错误裁判的通道。而再审的启动率本就极低,全国范围内仅有2%左右,这就决定了相当比重的错案是难以通过再审这一纠错机制解决的。于是,纠正错案的专业法官,实际上变成了进一步维持和制造错案的法官。重复申诉、上访成了长期困扰我国但又很难解决的一大难题,而新型庭审是解决这一问题的最佳方法。新型庭审使一审案件的质量大幅提升,真正需要通过上诉和申请再审程序纠正的案件数量大幅减少,在此情况下,纠错机制随之发生改变是必然的,错误裁判得到纠正必然会使裁判的接受度发生巨

---

① 关于上诉法院功能无法正常发挥,笔者曾有过专门论述,详见章武生:《我国民事案件开庭审理程序与方式之检讨与重塑》,《中国法学》2015年第2期。

大的变化，评价裁判接受度的标准也会发生根本的变化，即由现在的改发率变更为上诉率、申诉率和生效裁判的自动履行率。长期困扰我国的重复申诉、涉诉上访和执行难都会逐渐地改善。

第二编
以示范庭录像为中心的
个案诉讼全过程教学

本编导读

理论的生命在于实践。我们在新型庭审的学习和研究中,十分注重将现代庭审理论与我国的民事审判实践相结合。在连续5年与江浙沪粤多家法院合作探索新型庭审方式和邀请德国、日本以及我国台湾、香港等地区的教授、法官和律师合作开设现代庭审理论与应用课程的基础上,我们分别在2017年和2019年两年中拍摄了新型庭审示范庭。通过持续的努力,终于形成了一批运用新型庭审方法进行审理的体现一庭终结的集中审理案例。本编选取了其中的部分案例来展示新型庭审在提高民事诉讼效率、质量、透明度和裁判接受度方面的重要作用。

本编共收入了6个案件,其中一审案件4个,二审案件2个,均为法院审理的真实民商事案件。在案例的选择和编写中,我们遵循了以下三个原则。一是入选案件类型的广泛性。我们选取的案件中既有民事案件,也有商事案件;既有一审案件,也有二审案件;既有律师代理的案件,也有当事人本人应诉的案件;既有书状先行的案件,也有没有进行书状先行的案件。我们发现虽然案件的具体情况不同,但运用新型庭审方式都取得了较好的效果,这说明新型庭审方式适用范围的广泛性。二是完整呈现原则。本编收录的每个案例都在有限的篇幅内尽可能地将起诉状、答辩状、证据、准备书状、准备答辩状、法院指令、当事人对法院指令的回应、争点的确定、庭审录像和庭审笔录、裁判文书进行全方位呈现,让读者能在一个真实的环境中学习掌握新型庭审的审理方法。其中最具特色的就是准备书状和法院的指令,这些准备书状和法院指令充分展现了书状先行在固定无争议事实、限缩案件争点方面的重要作用。此外,观看庭审的一个永恒的题目就是评析法官和律师的表现,从而吸取他们的优点和教训,从真实诉讼中学习法学理论与庭审方法和技术。三是方便阅读原则。我们在案例编写时发现部分案件当事人递交的起诉状、答辩状内容过于烦琐,阅读起来难度较大。为了便于读者尽快地熟悉和掌握案情,将重心放到新型庭审理论和方法的学习运用上,我们在不改变当事人本意的前提下,对表述过于烦琐的起诉状、答辩状进行了适当修改简化,以方便读者阅读。

本编案例的具体内容系按照案件进展的时间线进行编排,读者在阅读时可以根据自己的需求采取不同的阅读顺序。如果您是初次接触新型庭审,想通过案例迅速了解新型庭审的运作模式,建议您先阅读裁判文书或庭审笔录(录像),在基本了解案件主要争议后再阅读前面的诉答状、证据以及其他书状,这样能比较容易地观察到运用新型庭审进行审理的案件争点是如何一步步限缩以及法院是如何围绕争点进行集中审理的。如果您对新型庭审已经有一定的了解,则可以按照文章的正常顺序阅读。

　　大家在阅读本编案例时,应当着重思考下列问题:(1)对于采取书状先行的案例,是如何通过书状交换来固定无争议事实、限缩争议焦点的?书状应该包括哪些内容?如何更好地体现书状的价值?(2)法院指令应该包括哪些主要内容?如何通过法院指令来引导当事人澄清疑点、限缩争点?(3)法官在新型庭审中是如何公开心证、排除疑点的?心证公开和排除疑点可以采取哪些方式?注意哪些问题?(4)新型庭审方式与传统庭审方式相比有哪些特点?这些案例还有哪些方面可以进一步改进?希望通过对上述问题的思考,帮助大家进一步加深对新型庭审方式的理解以及实践运用。

第五章　联营合同背景下的企业借贷纠纷案件诉讼全过程训练

扫一扫
观看庭审录像

训练素材——上海丽仁行房地产经纪股份有限公司诉上海临连实业有限公司等三被告借贷合同纠纷案[①]

一、选择本案的理由

第一，本案是一起建立在联营合同背景下的企业借贷纠纷，案件的审理需要同时兼顾联营和借贷两个法律关系，涉及多方当事人，如果采取传统的庭审方式，此类案件很难做到一庭审结。本案在言词辩论的准备阶段，通过当事人交换书状和法官发布指令等方式，使得一起较为复杂案件的争议最终聚焦到两个核心争点上来。

第二，由于庭前排除了影响一庭终结的因素，过滤了案件中无关紧要的信息，再加上合议庭释明和心证公开充分，当事人形成了清晰的诉讼预期，使得该案得以调解结案，矛盾得以化解，实现了法律效果与社会效果的统一。

二、本案训练的材料目录

（一）原告起诉状和证据
1. 民事起诉状
2. 原告证据目录
3. 原告证据（部分）

---

① 本案合议庭成员：席建林，上海市闵行区人民法院院长，二级高级法官。陆淳，上海市闵行区人民法院商事审判庭庭长，四级高级法官。张文星，上海市闵行区人民法院商事审判庭审判员，三级法官。

(二) 被告答辩状和证据

1. 答辩状

2. 被告证据

3. 被告对原告证据的书面质证意见

(三) 当事人书状和法院指令

1. 准备一状

2. 答辩一状

3. 准备二状

4. 法院指令(一)

5. 当事人对法院指令(一)的回复

6. 法院指令(二)

7. 当事人对法院指令(二)的回复

(四) 庭审笔录

三、本案需要展示的法律文书和证据

(一) 原告递交的起诉状和证据

1. 起诉状

民 事 起 诉 状

原告：上海丽仁行房地产经纪股份有限公司

被告一：上海临连实业有限公司

被告二：上海际辉企业管理有限公司

被告三：谢辉

诉讼请求：

1. 请求判令被告一、被告二共同向原告返还借款人民币 570 万元。

2. 请求判令被告一、被告二共同向原告支付借款利息 209 515 元。

3. 请求判令被告三对诉讼请求一、诉讼请求二的款项承担连带担保责任。

4. 请求判令被告二向原告支付分红直至合作协议终止之日，暂计 91 万元，被告三应该对其个人账户代收的，本应缴纳给被告二的房租履行支付义务。

5. 请求判令本案诉讼费由被告一、被告一、被告三承担。

事实和理由：

2018 年 1 月 6 日，原告和被告一、被告二共同签订了《合作协议》，就三方合作管理经营上海市徐汇区小木桥路××号物业事宜达成一致意见，协议中约定原告提供借款600万元给被告二用于项目开发建设,由被告一转让其持有的40%被告二的股权给原告完成原告对项目的投资。同日,原告和被告一、被告二、被告三签订了《借款协议》,就《合作协议》中约定的原告对被告二出借600万元一事进行更为详细的约定。上述协议签订后,原告依照协议约定、项目进度和三被告的沟通确认进度分批次实际支付借款570万元。依据《合作协议》约定,原告支付第一笔借款后,被告二应当从其公司运营产生的净现金流中分配一部分给原告用于偿还借款,但被告二未进行任何分配。此后,原告与三被告多次就股权转让事宜进行沟通确认,三被告一直推脱延迟,既没有进行还款,也没有进行股权转让。2018年12月21日,被告二发函给原告,通知原告协商终止相关合作协议事宜。2018年12月25日,原告进行了回函,试图与被告一、被告二进行沟通。时至今日,三被告仍未就继续履行合同或终止合作做出任何实质行动。因此,原告认为原告与被告一和被告二签订的《合作协议》于2018年12月21日已经正式解除,被告应当归还借款(诉请1)。

依据合作协议第8.1条第(6)项约定,被告二未能按照协议约定向原告进行分配,原告可以退出。依照《合作协议》第8.2条第(1)项约定,因为被告一拖延未能给予原告合理的股权转让解决方式,原告现决定不再入股,并要求被告一、被告二依照《合作协议》第9条第(2)项的约定承担违约责任(诉请2)。

依据《合作协议》的约定,在合作期间,被告一和被告二应当将70%的营业额分配给原告。经过2018年10月31号会议,原告与被告一、被告一共同确认,被告二的经营收入(租户缴纳的房租)已经有100万元转入了被告二控制人谢辉私人账户,另有30万元转入被告二账户,共计130万元。130万元的70%为人民币91万元,被告二和被告三应该支付人民币91万元给原告,因为部分款项在被告三个人账户里,被告三对于其账户中的这部分款项也须履行支付义务(诉请4)。

在原告与三被告共同签订的《借款协议》中约定被告三作为担保方,对被告一、被告二向原告的借款及利息提供连带责任保证担保,故被告三就被告一、被告二向原告返还借款及利息承担担保义务(诉请3)。

原告与三被告在《合作协议》及《借款协议》中均约定,因为履行协议引起的纠纷,各方有权向原告所在地的法院提起诉讼。同时,原告在协议中披露的地址位于上海市闵行区,故原告依法向贵院提起诉讼。

此致

上海市闵行区人民法院

具状人:上海丽仁行房地产经纪股份有限公司

2019年1月2日

第五章 联营合同背景下的企业借贷纠纷案件诉讼全过程训练

原告证据目录

组别	序号	证据名称	证明目的
一	1	合作协议	原告与被告一、二就合作事宜达成一致,就借款、股权转让等事项达成合意
二	2	借款协议	原告与三被告达成一致,将合作协议中的借款给被告一、二用于合作经营项目改造,被告一、二为借款人,被告三为保证人
三	3	房屋租赁合同	被告一、二与出租人达成协议,小木桥路××号物业的承租人变更为被告二,符合合作协议中约定的股权转让条件
三	4	房屋租赁补充协议	
三	5	补充协议	
四	6	转账凭证	原告已按约交付570万元借款
五	7	会议纪要	被告一、二承诺于2018年11月15日前完成股权变更,被告二的房租收入有100万元转入被告三个人账户,30万元入被告二账户

2. 原告证据[①]

证据一:《合作协议》

合 作 协 议

本合作协议(下称本协议)由以下各方于2018年1月6日在上海市徐汇区订立。

甲方:上海丽仁行房地产经纪股份有限公司

乙方:上海临连实业有限公司

丙方:上海际辉企业管理有限公司

鉴于:(1)甲乙双方于2017年12月25日就上海市徐汇区小木桥路××号物业【沪房地徐字(2002)第××号】(下称物业)订立《合作谅解备忘录》;(2)甲乙双方拟通过丙方运营、管理物业,并在丙方持有股权;(3)截至本协议订立日,丙方注册资本为【640万】元;(4)甲乙方决定按以下方式出资占股:其中,甲方出资40%,实际到位4万元;【乙方】出资60%,实际到位6万元。

因此,各方经友好协商一致,订立本协议如下:

[①] 仅展示证据一、二、五,其余证据与本案争议焦点的关联性不大,未予展示。

1. 物业的基本情况

1.1 租约

物业业主(出租方)现为上海史中实业合作公司,乙方为承租人,首租期自 2017 年 11 月 1 日至 2019 年 12 月 31 日,租期届满可自动续租。租金(含物业费)基础标准为:每天每平米 1.8 元(临街门面除外),每年递增 4%。具体详情见附件一《房屋租赁合同》。本协议签订时,乙方承租 2 060 平方米面积应付月租金为 12 万元。一次性租房中介费 35 万元。

1.2 履行情况

截至本协议订立日,(1)出租方已向乙方交付面积为 2 060 平方米,剩余面积(10 001 平方米)不晚于 2018 年 10 月 31 日交付;(2)乙方已向出租方支付至 2018 年 3 月 31 日的租金共计(40 万)元,租赁押金 10 万元。

2. 甲方投资的方式

2.1 乙方、丙方与出租方将订立关于物业租赁主体变更的补充协议,由丙方取代乙方成为物业的新承租人。之后甲方将通过股权受让方式持有丙方股权,并通过丙方实现投资目的。

2.2 以丙方注册资本(640 万)元为前提,甲方将以 4 万元价格受让丙方 40% 股权,乙方将以 6 万元价格受让丙方 60% 股权。

2.3 甲方获得丙方股份的前提是出借给丙方的 600 万元借款到账,如甲方未按时打款,将按未到款金额比例减少甲方在丙方的股份比例以及甲方的分红比例。

3. 乙方的陈述、承诺与保证

乙方和丙方向甲方陈述、承诺并保证:

(1)《房屋租赁合同》真实有效。与出租房共同在物业所在地房产管理部门办理租赁备案登记;物业产权为工业,可合法用于办公、商业。

(2)在丙方取代乙方成为物业的新承租人之前,除待清退的租户外,乙方是该物业 2 060 平方米面积房屋的承租人。

(3)不存在由于可归责于乙方的事由,使得出租方有权单方面解除《房屋租赁合同》,乙方亦未单方面解除《房屋租赁合同》,以及乙方与出租方未达成提前解除《房屋租赁合同》的协议。

(4)乙方已经并将继续依照《房屋租赁合同》的约定,向出租方足额支付各期租金和费用,直至丙方取代乙方成为物业的新承租人。

(5)在甲方入股丙方前,除必要的开办费用不超过 1 万元外,丙方没有开展其他业务活动,也没有对外负有任何债务(包括担保债务)以及不存在针对丙方的任何诉讼、仲裁以及其他法律程序。

（6）不晚于2018年10月31日该物业承租面积达到实用面积3000平方米。

（7）对于甲方向丙方提供的600万元出借款，自甲方向丙方提供第一笔借款之日起，丙方产生的累计（净现金流）在850万元金额范围内，其中的70%归甲方（作为丙方归还甲方的借款，支付给甲方达600万元为止），30%归乙方，每半年结算一次；丙方还清甲方借款后，丙方在每个会计年度有可分配利润的，甲方可分取其中的30%，乙方可分取其中的70%。注：净现金流＝净利润＋非付现成本＋非付现费用。

（8）及时配合完成上述第（7）项下利润分配所需的股东会决议。

4. 甲方受让股权

尽管有《合作谅解备忘录》关于甲方投资款到位时间的约定，各方同意，在下列条件全部满足后，甲方依照本协议2.2条的约定受让丙方股权：根据《房屋租赁合同》第4-8-3条，乙方、丙方与出租方订立合法有效的关于租赁主体变更的补充协议。以此为基础，丙方取代乙方作为物业的新承租人。

甲方的借款给丙方的600万元的第三笔款项允许在以上变更协议签订后3天内入账。

5. 丙方治理结构（略）

6. 决策机制（略）

7. 各方的其他权利和义务（略）

8. 甲方退出机制

8.1　退出情形

发生下列任一情形，甲方有权要求以本协议约定的方式退出：

（1）由于不可归责于甲方的事由，《房屋租赁合同》解除。

（2）由于不可归责于甲方的事由，乙方或者丙方无法使用物业。

（3）丙方发生本协议约定以外的或者未经甲方同意的负债导致丙方无法正常经营。

（4）本协议订立日起60日内，丙方未按照本协议的要求成为物业的新承租人。

（5）就本协议第6条约定的事项，在一方或者双方动议之日起60日内未能达成一致。

（6）在丙方有可分配利润产生的财务年度终了之日起30日内（丙方未依照本协议约定的比例向甲方分配利润，由于可归责于甲方的事由导致的除外),乙方擅自将所持丙方股权全部或者部分质押,导致第三人获得丙方股权。

(7)乙方或者第三方侵犯丙方的合法权益,丙方拒不追索或者在甲方催告后仍不追索。

8.2 退出方式

(1)发生上述8.1条项下任一情形,如甲方尚未入股丙方的,甲方有权拒绝入股;如甲方已经入股丙方的,有权要求乙方回购其持有的丙方股权,同时要求丙方立即归还结欠甲方的借款本息[此时本协议第3条第(8)项约定的还款方式不再适用]。

(2)如发生上述8.1条第(1)项情形,出租方向丙方支付赔偿金的。则该赔偿金优先用于归还丙方结欠甲方的借款本息。

8.3 退出价格

如甲方根据上述8.2条的约定要求乙方回购其所持丙方股权的,回购价格为甲方实际出资额加利息,利率为同期商业银行贷款基准利率的(1)倍,计息期自甲方入股丙方之日起至乙方实际支付回购款之日。乙方向甲方付清回购款后,甲方配合乙方办理股权变更工商登记手续。

9. 违约责任

(1)乙方或者丙方违反本协议第3条第(7)项保证义务,甲方有权减少对丙方的出资额或者就已出资的金额额外占有丙方股权。甲方选择减少出资额的,减少金额由甲方决定;甲方选择额外占有丙方股权的,额外占有比例由甲乙双方另行协商。

(2)由于不可归责于甲方的事由,丙方未按照本协议约定的比例向甲方分配相关款项,甲方除有权要求依照本协议第8条的约定退出外,还有权要求丙方向甲方支付后者未获得分配的金额以及逾期分配金额的利息,利率按照同期商业银行贷款基准利率的(1)倍计算。

10. 通知与送达(略)

11. 争议解决

凡因本协议引起的或与本协议有关的任何争议,协商不成的,均有权向原告方所在地的法院提起诉讼。

12. 效力(略)

(签字页略)

证据二:《借款协议》

借 款 协 议

本借款协议(下称本协议)由以下各方于2018年1月6日在上海市徐汇

区订立。

甲方(出借方)：上海丽仁行房地产经纪股份有限公司

乙方(借入方)：上海临连实业有限公司

丙方(借入方)：上海际辉企业管理有限公司

丁方(担保方)：谢辉

一、甲方同意乙方和丙方作为共同借款人，向甲方借入600万元，用于上海市徐汇区小木桥路××号物业[沪房地徐字(2002)第××号](下称物业)的改造、运营、房租开支以及其他相关费用支出。

二、借款由甲方分三笔提供：第一笔100万元，甲方于2018年1月8日提供；第二笔200万元，支付节点为2018年1月30日；第三笔300万元，支付节点为2018年2月28日。

上述借款，在丙方取得营业执照以及完成银行开户前，由乙方收取；在丙方取得营业执照以及完成银行开户后，由丙方收取。

三、利率：同期银行贷款利率。

四、乙方只对汇入乙方账户的借款金额本息承担还款义务，在乙方将相关款项转入丙方，甲方获得丙方股份工商变更完成并且原小木桥路××号租赁协议变更为丙方后，乙方不再承担还款义务。

五、丁方同意就乙方和丙方在本协议项下的还款义务提供连带责任保证担保，担保期自乙方和丙方还款义务发生之日起，到款项转入丙方公司，甲方获得丙方股份工商变更完成并且原小木桥路××号租赁协议变更为丙方为止。

六、与本协议有关的或者本协议要求的通知和文件的送达，以本协议文首约定的各方联系方式为准。

七、凡因本协议引起的或与本协议有关的任何争议，协商不成的，均有权向原告住所地法院提起诉讼。

八、本协议一式八份，经甲乙双方授权代表签名并盖具各方公章、丙方代表人签名、丁方签名之日起成立。各方各执两份，各份具有同等效力。如丙方取得营业执照后，不认可其代表人在本协议上签名的效力的，本协议在甲方、乙方、丁方之间仍具有法律约束力。

(签字页略)

证据五：《会议纪要》

<h3 style="text-align:center">小木桥项目沟通会议纪要</h3>

参会人员：谢辉　金晓明　倪某　倪某某　黄工　黄某　吝某

会议日期：2018年10月31日14:30—16:05

会议内容：

一、总包单位工程情况沟通，后续工程安排（略）

二、后期工程收尾、运营工作（略）

三、丽仁与临连合作事宜沟通

1. 股权转让。股改前再做个备忘录（章程、分红规则、历史协议进行确认），下周股权转让资料提交进工商，11月15日前完成股权变更。

2. 小木桥项目私人账户收款问题。

对私账户双方设立共管账户，设置双密钥管理。本周五确认。

3. 目前账户款项：

1) 目前公账—开票客户；私账—不开票及其他公司开普票。目前私账有100万元，际辉账上30万元。以后按照季度，做盈利表，进行双方利润分配。

2) 丽仁投资款50万元打进际辉。

（签字页略）

（二）被告答辩状和证据及对原告证据的质证意见

1. 答辩状

答 辩 状①

上海市闵行区人民法院：

原告上海丽仁行房地产经纪股份有限公司（以下简称"丽仁行公司"）诉被告上海临连实业有限公司（以下简称"临连公司"）、上海际辉企业管理有限公司（以下简称"际辉公司"）、谢辉企业借贷纠纷一案，案号：（2019）沪0112民初4163号，已由贵院依法受理。现临连公司、际辉公司、谢辉委托上海合勤律师事务所赵亮律师发表如下答辩意见：

一、丽仁行公司无权主张被告提前一次性还本，也不应存在相应利息

《借款协议》本身未就具体的还款方式进行约定。《合作协议》第3条第7款约定的"未获分配的金额"就是用来偿还借款本金的，丽仁行公司退出，是有权要求际辉公司按照第3条第7款，以每半年结算一次的方式，按照净现金流的70%归还借款本金。故丽仁行公司无权主张被告提前一次性还本，也无权主张逾期分配金额的利息。本案中，丽仁行公司主张临连公司、际辉公司归还借款本金570万元，系要求被告提前、一次性还款，有悖于上述半年一结、

---

① 原告起诉之后，被告提出管辖异议并对一审管辖异议裁定提出上诉，至管辖异议裁定生效后，本案才进入实体审理，故被告提交答辩状的时间与原告提交诉状的时间相差几个月。

按净现金流的70%归还借款本金的约定,其再主张利息没有任何道理和法律依据。

二、丽仁行公司已与临连公司、际辉公司签订《补充协议》(证据1),免除了被告支付利息。

三、丽仁行公司主张借款本金570万元的同时又主张"未获分配的金额"91万元系重复主张。"未获分配的金额"按照合同约定,本就是以每半年结算一次的方式、按照净现金流的70%归还的借款本金。也就是"未获分配的金额"和借款本金是一体的,"未获分配的金额"只是应偿还的借款本金的另一种说法,系同一笔金额,并非两笔费用。

四、际辉公司2018年实际亏损高达60余万元,不存在净现金流,也不存在所谓的净现金流70%之分红。2018年为际辉公司经营上海市徐汇区小木桥路××号物业(以下简称"物业""租赁物业")的起始年。市场环境窘迫,际辉公司为招商、整顿和维护物业环境、人工等花费巨额成本,物业存在大量空租部分,租出去的部分也存在大量租金欠付情形。实际上,若除去成本,2018年,际辉公司非但没有盈利,其至亏损高达60余万元。丽仁行公司作为借款方,临连公司、际辉公司的合作方,本应协助、推动租赁物业的发展。然而,实际上丽仁行公司推介、指定物业相关工程的施工单位,导致实际物业相关工程质量极差、工期延误,存在大量问题。甚至因为工程公司拖欠农民工工资事件,致使农民工到际辉公司闹事,影响际辉公司正常工作,影响租赁物业的正常运营。丽仁行非但没有帮助推动租赁物业的发展,相反,其上述行为更是造成际辉公司2018年度巨额亏损的重要原因之一。

五、本案实际系丽仁行公司违约在先,未按约定足额向临连公司、际辉公司出借款项。按照《合作协议》和《借款协议》的约定,丽仁行公司应向临连公司、际辉公司出借款项600万元,且丽仁行公司向临连公司、际辉公司出借上述款项系丽仁行公司按40%入股际辉公司的前提条件。但截至今日,丽仁行公司实际仅向临连公司、际辉公司出借款项570万元,并未足额借款。

综上,被告认为,本案系原告违约,同时,原告的诉讼请求存在重复计算的情形。其要求的还款方式不符合约定,其要求支付利息、支付分红也无合同约定或法律规定。故被告恳请贵院依法驳回原告全部诉讼请求。

答辩人:上海临连实业有限公司
上海际辉企业管理有限公司
谢辉
2019年7月31日

2. 被告证据

补 充 协 议

本补充协议由以下各方于 2018 年 1 月 6 日在上海市徐汇区订立。

甲方：上海丽仁行房地产经纪股份有限公司

乙方：上海临连实业有限公司

丙方：上海际辉企业管理有限公司

鉴于：甲乙丙三方于 2018 年 1 月 6 日就上海市徐汇区小木桥路××号物业【沪房地徐字(2002)第××号】(下称物业)订立《借款协议》及《合作协议》。《借款协议》及《合作协议》中约定，甲方对丙方、乙方的借款利率按照同期银行贷款利率计算。

因此，各方经友好协商一致，订立本补充协议如下：

丙方、乙方在归还甲方 600 万元借款时，按照同期银行贷款利率计算利息并支付，但丙方可在向甲方分配的利润中将已经支付的利息直接扣除，即甲方实际免除《借款协议》及《合作协议》中借款的利息所得。

（签字页略）

3. 被告对原告证据的书面质证意见

对原告证据的质证意见

上海市闵行区人民法院：

原告上海丽仁行房地产经纪股份有限公司（以下简称"丽仁行公司"）诉被告上海临连实业有限公司（以下简称"临连公司"）、上海际辉企业管理有限公司（以下简称"际辉公司"）、谢辉企业借贷纠纷一案，案号：(2019)沪 0112 民初 4163 号，已由贵院依法受理。现临连公司、际辉公司、谢辉委托上海合勤律师事务所赵亮律师发表如下质证意见：

一、《合作协议》《借款协议》真实性认可，关联性与证明目的不予认可。证据 1《合作协议》约定的还款方式为每半年结算一次的方式，按照净现金流的 70%归还借款本金，证据 2《借款协议》未就还款方式进行约定。该组证据不能达到原告要求被告提前一次性还本，并同时要求支付利息分红等的证明目的，且上述方式明显不符合各方约定，同时于法无据。

二、《房屋租赁合同》《房屋租赁补充协议》《补充协议》真实性认可，关联性与证明目的不予认可。原告未足额出借款项，而原告足额出借款项 600 万元系原告按 40%入股际辉公司的前提条件。实际原告仅出借 570 万元，系原告违约。

三、银行转账记录真实性认可，关联性与证明目的不予认可。借款 570 万元的事实认可,但恰恰说明原告未按约定足额出借款项600万元,在《合作协议》中系原告违约。

四、会议纪要真实性认可,关联性与证明目的不予认可。被告实际收到房租130万元。但130万元并非红利或者净现金流,净现金流＝净利润＋非付现成本＋非付现费用,其中净利润是应当扣除成本的。2018年度被告实际亏损高达60余万元。

五、公函真实性认可,关联性与证明目的不予认可。际辉公司发函协商解除是因为:一来原告未足额借款;二来原告在租赁物业发展的起始年,不但未帮助推动租赁物业的发展,甚至推介、指定施工单位,中饱私囊,导致实际物业相关工程质量极差、工期延误,存在大量问题,影响租赁物业的正常运营,造成际辉公司2018年度巨额亏损。在这种忍无可忍的情况下,际辉公司方才发函要求协商解决。

上海临连实业有限公司
上海际辉企业管理有限公司
谢辉
2019年7月31日

(三) 当事人书状和法院指令

准 备 一 状

对被告答辩状的意见:

1. 认为借款期限是无固定期限,故原告有权随时向被告主张还款。原告的利息计算方式:以每次交付的金额为本金,以钱款交付的当日计算至起诉之日即2019年1月21日止,按人民银行同期贷款利率计算。利息在合作协议和借款协议中均约定,原告有权主张;

2. 针对被告所称的原告诉请有重复,坚持认为原告诉请不存在重复,故原告诉讼请求没有变化;

3. 认为被告主张的公司亏损情况应提供证据证明其主张,即提供临辉公司和项目成立之日起的账目说明。根据原告方的证据证明被告有正收益,被告三通过其妻子个人账户收取合作经营项目的房租收入;

4. 实际是被告未按合作协议向原告返还借款本金。被告在达到受让股权条件之后,一直未向原告转让际辉公司股权,至今也仍未办理,故系被告违约在先。2018年12月21日,际辉公司发函通知原告终止合作,至此导致双方签订的借款协议目的无法实现。

5. 对被告提交的《补充协议》真实性无异议,但不认可其证明目的。该证据恰恰证明双方就借款利息存在明确约定,只有当被告向原告支付利润分配时将利息扣除,而被告从未分配过利润,利息也无从扣除。

6. 原告不存在被告所指的违约行为。

此致
上海市闵行区人民法院

原告:上海丽仁行房地产经纪股份有限公司
2019年8月2日

答辩一状

对原告准备一状的意见:

1. 关于借款的还款问题,在合作协议中有明确约定,原告现在主张被告还款没有依据;即使要计算借款利息,应自原告向被告主张之日即自起诉之日起计算利息;

2. 小木桥项目的证据中已包含了谢辉账户中提及的金额,该部分钱款不属于"净现金流"。涉讼项目净现金流为负;

3. 如果原告坚持认为合作经营项目不存在亏损,原告可以申请司法鉴定,被告同意配合;

4. 原告坚持认为诉讼请求不存在重复,既主张被告一次性还款又主张利润分配,显然违悖了双方间的合同约定。

其他意见同答辩状,不再赘述。

为证明被告确实存在亏损,补充提交以下证据:

1. 利润表及转账凭证1组,证明2018年1月至2018年12月期间没有净现金流。

2. 押金表1组,证明收入中存在658 605元系押金。

此致
上海市闵行区人民法院

被告:上海临连实业有限公司
上海际辉企业管理有限公司
谢辉
2019年8月5日

准备二状

对被告答辩一状的回应:

1. 关于借款应当归还的理由除之前陈述的理由之外,鉴于合作协议已解除,借款应当归还;

2. 会议纪要中反映的存在于被告二及被告三账户中的钱款就是"净现金流";

3. 原告坚持认为合作经营项目不存在亏损,但不希望启动司法鉴定程序。从原告起诉至今已有半年时间,被告通过提出管辖异议的方式拖延诉讼,原告希望本案可以尽快结案。

对被告提交补充证据的质证意见:

对证据三性无异议,但不认可证明目的。被告提供的证据不完整,不能反映被告的全部财务状况。

现要求变更诉讼请求如下:①

1. 请求判令被告临连公司、际辉公司共同向原告返还借款570万元;

2. 请求判令被告临连公司、际辉公司共同向原告支付借款利息至实际付清日止,暂计至2019年8月20日为355 567.70元;

3. 请求判令被告谢辉对上述款项承担连带担保责任;

4. 请求判令本案诉讼费由三名被告共同负担。

此致

上海市闵行区人民法院

原告:上海丽仁行房地产经纪股份有限公司

2019年8月7日

法院指令(一)

案号:2019沪0112民初4163号

案由:企业借贷纠纷

就上海丽仁行房地产经纪股份有限公司公司与上海临连实业有限公司、谢辉、上海际辉企业管理有限公司企业借贷纠纷一案,双方已经发表两轮诉辩意见。根据双方所述诉辩意见,法庭归纳双方无争议的主要事实包括:

2018年1月6日,原告丽仁行公司(甲方)与被告临连公司(乙方)、际辉公司(丙方)签订《合作协议》,就双方合作经营中各自的权利义务、利润分配、原告退出的条件、违约责任等事项进行了约定,其中明确甲方通过受让丙方股权的方式进行投资,甲方获得丙方股份的前提是出借给丙方的600万元借款到账。

同日,原告丽仁行公司与三名被告签订了《借款协议》,就上述《合作协议》

---

① 经过电话沟通,原告认识到其诉讼请求确实存在重复主张的问题,故变更了诉讼请求,不再主张利润分配款。

中涉及的借款明确了各自的权利义务。

2018年1月至2018年7月间,原告陆续交付被告临连公司、际辉公司共计570万元。

同日,原告丽仁行公司(甲方)与被告临连公司(乙方)、际辉公司(丙方)签订《补充协议》,其中约定:丙方、乙方在归还甲方600万元借款时,按照同期银行贷款利率计算利息并支付,但丙方可在向甲方分配的利润中将已经支付的利息直接扣除,即甲方实际免除《借款协议》及《合作协议》中借款的利息所得。

法庭认为本案事实的主要争议包括:

1. 《合作协议》及《借款协议》是否已解除?应否解除?
2. 在合作经营期间合作经营的项目是否存在亏损?
3. 借款利息应否免除?

双方当事人(1)请对法庭归纳的主要无争议事实是否存在差错或重要遗漏发表意见;(2)请双方围绕争议焦点发表意见。

请当事人着重就下列问题补充提交说明及证据:

1. 《合作协议》中反映的谅解备忘录未作为证据提交,该备忘录与本案有无关联?
2. 原告诉状中谈到针对被告的解除函有过回函,但未提交回函,该回函与本案有无关联?
3. 原告是否已取得际辉公司的股权,并变更工商登记?
4. 小木桥路××号物业的承租人是否已变更为际辉公司?
5. 合作协议所指的财务年度的起止时间?
6. 涉讼物业的实际经营者是谁?

请双方于2019年8月13日之前书面答复法庭。

上海市闵行区人民法院
2019年8月9日

原告对法院指令(一)的回应

对法庭归纳的无争议事实无异议。

对法庭归纳的争议焦点均无异议。

对法庭提问的答复如下:

1. 《合作协议》中反映的谅解备忘录与本案无关。
2. 回函与本案有关,但原告将该证据给被告后没有留底故无法提交。
3. 原告未取得际辉公司的股权,也未变更工商登记。
4. 小木桥路××号物业的承租人已变更为际辉公司。

5. 合作协议所指的财务年度是按照自然年计算,即1月1日至12月31日止。

6. 涉讼物业的实际经营者是际辉公司。

此致

上海市闵行区人民法院

原告:上海丽仁行房地产经纪股份有限公司
2019年8月12日

被告对法院指令(一)的回应

对法庭归纳的无争议事实无异议。

对法庭归纳的争议焦点1,认为双方间的合作协议已解除,原告认为于2018年12月21日解除,被告当时发函是要与原告协商解除,但原告却以起诉方式要求解除,故被告认为解除的时间应是原告起诉之日2019年1月21日。对争议焦点2、3无异议。

对法庭提问的答复如下:

1. 《合作协议》中反映的谅解备忘录与本案无关。
2. 回函被告没有收到,故与本案无关。
3. 原告未取得际辉公司的股权,也未变更工商登记。
4. 小木桥路××号物业的承租人已变更为际辉公司。
5. 合作协议所指的财务年度是按照自然年计算,即1月1日至12月31日止。
6. 涉讼物业的实际经营者是际辉公司。

此致

上海市闵行区人民法院

被告:上海临连实业有限公司
上海际辉企业管理有限公司
谢辉
2019年8月12日

法院指令(二)

案号:2019沪0112民初4163号

案由:企业借贷合同纠纷

双方围绕法庭归纳争点提交了新的诉辩意见,又有部分事实已经不再存在争议,新增的无争议事实本院归纳如下:

原、被告双方确认2018年12月21日合作协议及借款协议解除。①

鉴于原、被告一致确认涉讼的《合作协议》及《借款协议》已于2018年12月21日解除,原告的诉讼请求建立在涉讼协议解除后要求被告返还借款并支付借款利息。围绕双方的诉辩意见,本案需要明确的是涉讼的《合作协议》及《借款协议》解除的原因是否因为被告的违约行为导致原告有权退出,并有权要求被告承担相应的违约责任,同时双方是否约定过免除借期内的利息。本院重新归纳焦点如下:

1. 被告账户里的钱款是否属于双方约定的应予分配的"净现金流"?
2. 依据《补充协议》,借款利息应否免除?双方是否同意法庭归纳的上述争议焦点?就争议焦点有无补充意见?

请双方于2019年8月15日前书面答复法庭。

上海市闵行区人民法院
2019年8月13日

原告对法院指令(二)的回应

对法庭归纳的无争议事实无异议。

原告同意法庭归纳的争议焦点。

此致

上海市闵行区人民法院

原告:上海丽仁行房地产经纪股份有限公司
2019年8月15日

被告对法院指令(二)的回应

对法庭归纳的无争议事实无异议。

被告同意法庭归纳的争议焦点。

此致

上海市闵行区人民法院

被告:上海临连实业有限公司
上海际辉企业管理有限公司
谢辉
2019年8月15日

---

① 收到被告对《法院指令(一)的回应》后,合议庭发现被告认为合作协议已解除,故与双方进行了电话沟通,双方均确认合作协议及借款协议已解除。因此将该节事实作为无争议事实予以固定,并调整了争议焦点。

(四)庭审笔录

上海市闵行区人民法院
庭审笔录

时间：2019年8月20日14时30分至15时22分

地点：本院第五法庭

审判人员：席建林(审判长)、陆淳(审判员)、张文星(审判员)

法官助理：夏晓燕

书记员：吴可嘉

(当事人身份信息略)

记录如下：

(书记员汇报庭审准备情况)

审判长：现在开庭。上海市闵行区人民法院今天公开开庭审理原告上海丽仁行房地产经纪股份有限公司(以下简称丽仁行公司)与被告上海临连实业有限公司(以下简称临连公司)、上海际辉企业管理有限公司(以下简称际辉公司)、谢辉企业借贷纠纷一案,本案适用普通程序,由审判员席建林、陆淳、张文星组成合议庭,由席建林担任审判长,法官助理夏晓燕辅助审判,书记员吴可嘉担任庭审记录。庭前已经告知了双方合议庭组成人员、当事人权利义务,就当事人是否申请回避、法庭调查和法庭辩论合并进行征询了当事人意见,征得了当事人同意;核对了双方当事人的身份和出庭人员,原告由代理律师马洪涛、孙梦娴出庭,被告由代理律师赵亮出庭。庭前通过交换书状的方式对原、被告各自提交的证据进行了书面质证,固定了案件的无争议事实并归纳了争议焦点,同时对固定的无争议事实及争议焦点征询了当事人意见,今天的庭审将针对案件的争议焦点进行集中审理。下面进行法庭调查,并与法庭辩论合并进行。首先由原告陈述诉讼请求及相应的事实理由。

原代：诉讼请求：

1. 请求判令被告临连公司、际辉公司共同向原告返还借款570万元;

2. 请求判令被告临连公司、际辉公司共同向原告支付借款利息至实际付清日止,按照银行同期商业贷款利率计算,暂计至2019年8月20日为355 567.70元;

3. 请求判令被告谢辉对上述款项承担连带担保责任;

4. 请求判令本案诉讼费由三名被告共同负担。

事实及理由：2018年1月6日,原告和被告临连公司、际辉公司共同签订了合作协议,就三方合作管理经营上海市徐汇区小木桥路××号物业事宜达成一致意见。协议中约定原告提供借款 600 万元给被告际辉公司用于项目开发建设，由被告际辉公司转让 40%的股权给原告，完成原告对项目的投资。同日原告和三名被告签订了借款协议，就合作协议中约定的原告对被告际辉公司出借借款 600 万元一事进行更为详细的约定。上述协议签订后，原告分批次实际支付借款 570 万元。2018 年 12 月 21 日，际辉公司发函给原告，通知原告协商终止相关合作协议事宜。原告认为，原告与临连公司和际辉公司签订的合作协议于 2018 年 12 月 21 日已经正式解除。原告现决定不再入股，并要求临连公司、际辉公司依照合作协议第九条第二项的约定承担违约责任，支付原告未获得分配的金额以及逾期分配金额的利息，利息按照同期商业银行贷款基准利率计算。

审判长： 请被告发表答辩意见。

三被代： 三被告共同发表答辩意见。首先，关于借款协议、合作协议及其补充协议的解除问题，被告确认曾于 2018 年的 12 月 21 日发函与原告协商解除事宜，但对此事项原告未予回复。事后原告向贵院以起诉的行为事实上解除了上述的三项系争协议。经过庭前的书证交换，被告同意以 2018 年 12 月 21 日作为协议解除的时间。其次，关于原告诉请本息的问题，被告不予认可。主要理由有如下几项，第一，原告无权主张被告提前一次性还本付息。借款协议中本身没有约定具体的还款方式及时间。第二，被告与原告之间曾签订有补充协议，该补充协议中明确约定原告免除相应的利息。因此原告无权再行主张利息。第三，际辉公司 2018 年的实际亏损高达 61 万元。如果将押金剔除的话，那么亏损金额将高达 125 万元，不存在净现金流，也不符合合作协议第三条第七款相关约定。最后，本案实际上是由于原告违约在先，未能足额及时向被告出借款项，截至目前，原告也仅出借 570 万元，没有达到借款协议及合作协议中的相关约定。综合上述的各项事实及理由，被告恳请贵院依法驳回原告的全部诉讼请求。

审判长： 根据双方当事人刚才陈述的诉辩意见以及庭前的书状交换，合议庭认为原、被告一致确认涉讼的《合作协议》及《借款协议》已于 2018 年 12 月 21 日解除，原告的诉讼请求建立在涉讼协议解除后要求被告返还借款并支付借款利息。围绕双方的诉辩意见，本案需要明确的是涉讼的《合作协议》及《借款协议》解除的原因是否因为被告的违约行为导致原告有权退出，并有权要求被告承担相应的违约责任，同时双方是否约定过免除借期内的利息。根据上述分歧，合议庭归纳了以下具体争议焦点并征得了双方当事人的同意：一、被告账户里的钱款是否属于双方约定的应予分配的"净现金流"？二、依据《补充协议》,借款利息应否免除?下面开始集中审理争议焦点。

审判员: 第一个争议焦点:被告账户里的钱款是否属于双方约定的应予分配的"净现金流"?对这个争议焦点,由被告先陈述意见,并提供相关证据。

三被代: 被告首先向法庭说明的是,根据原告的证据一,合作协议第三条第7款约定了净现金流的具体组成形式。第7款明确约定了净现金流等于净利润加非付现成本和非付现费用。再根据被告向法庭出示的第二组证据,利润的汇总表,被告在2018年度非但没有净利润,反而有66万余元的巨额亏损。而228万元的收入中还有65万元属于押金收入,押金不能够作为被告的营业收入,因为在未来是要返还给租赁户的,所以根据上述的证据和事实,被告认为不存在净现金流,被告账户中的相关资金仅是在营运过程中产生的现金流,而非净现金流。

审判员: 原告对被告所陈述的意见及对证据的说明有无异议?

原代: 三性认可,但是这份证据是被告自行出具的表格,表格上的数据不能作为被告账户上是否有净现金流的唯一证据。三被告掌控公司,所以对此三被告有举证责任。

审判员: 10月31日形成的会议纪要,反映当时际辉公司账户里有30万元,谢辉的账户里有100万元。这130万元是否属于净现金流,请被告回答。

三被代: 对于法庭的问题,被告认为不属于净现金流,因为在上述的会议纪要的第三大点的第三款明确规定了以后按照季度做盈利表,双方进行利润分配,也就是该项会议纪要明确了目前公司账户上存在130万元,但是具体的净现金流仍要以双方盈利表的方式进行核对和明确。那么结合被告刚刚前一个问题回答法庭,被告实际上并不存在净现金流是亏损的,账户上存在现金流是很正常的,因为被告作为一个租赁公司,肯定有一个比较大额的现金。

审判员: 因为被告始终是主张存在亏损的。对于被告的主张,原告有没有异议?

原代: 被告应提供正式的财务报告予以说明,而不是仅提供加盖被告公章的表格就可以说明。被告一直在混淆净现金流和现金流的概念,但根据双方约定,净现金流是大于净利润的。

审判长: 对于经营期间你方存在亏损有没有更为具体明确直接的证据。

三被代: 有的,就是被告向法庭提交的第二组证据并不单单是一张被告自行制作的表格,而是2018年度被告账上全部的款项收入支出的银行转账凭证,那张表格只是对于转账凭证以及后续的一些数据的一个梳理。对应的所有的转账凭证都已经在上面。如果原告认为被告有所隐瞒,提供的只是部分的转账凭证的。那么这一点原告可以进行举证,因为被告已经提交了全部的转账凭证。

审判员:就该项争议焦点,法庭注意到,根据双方约定,净现金流＝净利润＋非付现成本＋非付现费用。合议庭初步形成心证,如果双方有异议,可以在后续庭审中提出。合议庭认为,目前,原告提供的证据不足以证明130万元属于"净现金流";被告主张合作经营的项目存在亏损,而原告在书面质证意见及刚才庭审中指出被告提供的证据不完整不足以证明亏损的客观存在。因此,就该项争议焦点,如果需要切实查明事实,可能需要通过司法审计、鉴定的方式予以查明,但一旦启动司法审计、鉴定程序,将延长本案纠纷解决的时间并产生较为高昂的诉讼成本。考虑到原、被告曾经密切合作,对联营项目的经营情况应当清楚,因此本庭建议双方当事人无需启动司法审计、鉴定程序的情况下本着实事求是的态度解决该项争议。

审判员:就第二个争议焦点:依据《补充协议》,借款利息应否免除?对这个争议焦点,由原告先陈述意见,并提供相关证据。

原代:利息不应该被免除,至少利息双方进行约定不是无条件免除。核心是基于合作协议,原告不是为了获取借款利息,而是合作项目而获利。被告在经营项目中遇到了资金困难,原告同意出借款项,但原告是公司,必须保证股东的利益。被告3提出了一个主张,说原告获取了利润分配收益,再收取借款利息收益,是重复的,所以双方才签订了补充协议说免除利息的条件。被告证据第一页写明了免除借款利息的条件,即被告向原告支付了利润分配,可以免除借款利息。双方对于借款利息的约定是明确的,双方没有共识免除利息,而是被告在向原告支付利润分配的情况下,有条件地免除。

审判员:请被告就对原告的阐述以及提及的证据发表意见。

三被代:仅根据借款协议及合作协议,原告在提供600万元资金以后享有如下权利。首先是通过3.7条的规定,回收所有投资款。其次,原告还将取得被告的相应股权。最后,在收回本金后还继续享有分配利润的权利,同时还可以收取600万元的对应的利息。在这种情况下,被告认为这种约定对被告并不公平,因为在投资的情况下,原告既要分配利润又要收取利息,因此在签约之初与原告再行协商形成了这份补充协议,明确约定利息免除,也就是原告提供的600万元的资金,只享有刚刚说到的1、2、3点权利,不再享有收取利息的权利,所以后半部分明确了免除借款协议和合作协议中借款的利息。

审判员:该协议的签订背景?为什么《补充协议》与《合作协议》及《借款协议》是同一天形成的?

三被代：庭前代理人与当事人核实相关事实，当事人谈到相关的协议文本基本都是由原告的来起草的。在合作协议和借款协议签署完以后，被告就提出了这样一个观点，所以是当场谈、当场形成、当场签的。被告签了以后觉得不太公平，因为付了钱、股权又没有对价，以后还要付利润，被告觉得利息再付就没有道理了，所以就提出了，原告也同意的，所以就形成补充协议。虽然都是当天签的，但也有先后。

审判员：对被告的回答，原告有无异议？

原代：被告陈述的部分事实，协议是双方协商一致共同起草的，当天形成的。被告谢辉提出了上述问题，所以做了补充协议。该补充协议约定在已经分配利润的情况下，免除利息，这是有条件的，不然可以在其他协议中直接免除利息。

审判员：本案涉讼的协议由哪一方起草？

原代：合作协议、借款协议是双方多次协商后达成共识，一起起草的。补充协议是签协议当天当场拟定的。

审判长：就该项争议焦点，本庭注意到，《补充协议》在文字表述上确实存在前后意思表示矛盾的问题，联系双方间形成的《合作协议》《借款协议》的内容，以及刚才双方的陈述及辩论意见，本庭认为，《补充协议》所约定的免除利息建立在被告已经分配过利润的前提下，而本案中从未分配过利润，免除利息的前提条件并不存在。对该项争议焦点，被告还有何补充意见？

三被代：被告尊重法庭的心证，但是有一句想补充，被告认为没有分配利润并非被告的过错，因为这就涉及本案的争议焦点，因为不存在净现金流，所以才不分配。而原告提前退出，提前退出行为造成的后果应当由原告自行承担。

审判长：法庭调查和辩论终结。主要事实基本清楚。虽然刚刚两方对退出条件8.1和8.2款有争议，但合议庭希望提醒双方，因为双方已经一致认可所涉协议已经解除，所以本庭主要是解决协议解除后的相关争议。围绕两项争议焦点，双方都充分发表了意见，合议庭也把初步的心证，向两方当事人进行了公开，所以建立该基础之上，双方还是应本着理性、节约司法资源、节约诉讼成本的角度，再来考虑两方的争议。根据法律之规定，当事人有最后陈述的权利，原被告陈述。

原代：原告同意法庭的意见，特别是法庭的心证，双方基于合作协议开始合作，但现在双方已解除合作协议，现在主要是被告返还借款及支付利息的问题，双方已充分发表了意见，希望法庭支持原告诉请。

三被代：被告尊重法庭的初步心证,就是恳请人民法院能够依法裁判。

审判长：双方能否在法庭的主持下进行调解?

原代：同意。请求法庭休庭,代理人需要跟当事人沟通下调解方案。

被代：同意。请求法庭休庭,代理人需要跟当事人沟通下调解方案。

审判长：休庭,休庭期间组织调解(敲法槌)。

四、案件处理结果

本案庭审心证公开充分,当事人对裁判结果能够形成预期。经合议庭主持调解,双方当事人当庭达成了调解协议。被告上海临连实业有限公司、上海际辉企业管理有限公司同意分期偿还原告上海丽仁行房地产经纪股份有限公司借款570万元,并支付适当利息,被告谢辉承担连带责任。原告上海丽仁行房地产经纪股份有限公司放弃其余诉讼请求。

第六章 房屋租赁合同纠纷案件诉讼全过程训练

训练素材——上海永晔商业投资管理有限公司诉上海八达酒业营销有限公司房屋租赁合同纠纷案[①]

扫一扫
观看庭审录像

一、选择本案的理由

第一,本案是一起租赁房屋被司法查封而引发的房屋租赁合同纠纷,案件的审理涉及如何认定司法查封对租赁合同双方权利义务的影响与责任承担。同时也涉及解除合同、要求返还房屋的通知函是否送达等客观事实举证责任分配等问题。如果没有书状先行,很难一次完成所有证据的举证和质证,双方的争议事项也较难集中,无法实现庭审过程简洁高效。

第二,法庭通过明确无争议事实,解决争点和限缩争点,最终确定了三个争点:即法院张贴的拍卖公告中明确承租人不得再向出租人支付房租,在此期间不支付租金是否构成违约?租赁期限届满后,原告向被告发送过合同到期终止并返还房屋的通知函,该份函件是否已经送达到被告?租赁期限届满后,双方无法续租,被告亦未向原告返还房屋,是否应当承担逾期返还房屋的违约责任?由于庭审重点突出,法官心证公开充分,促使当事人形成合理的诉讼预期,为该案当庭调解成功奠定了坚实的基础。

[①] 本案合议庭成员:尹学新,上海市闵行区人民法院副院长,三级高级法官。陈春芳,上海市闵行区人民法院民事审判庭审判员,三级高级法官。沈慧芬,上海市闵行区人民法院民事审判庭审判员,一级法官。

二、本案训练的材料目录

(一) 原告起诉状和证据

1. 民事起诉状
2. 原告证据目录
3. 原告证据(部分)

(二) 被告答辩状和证据

1. 答辩状
2. 被告证据目录
3. 被告证据(部分)

(三) 当事人书状和法院指令

1. 准备一状
2. 答辩一状
3. 法院指令(一)
4. 当事人对法院指令(一)的回应

(四) 庭审笔录

三、本案需要展示的法律文书和证据

(一) 原告起诉状和证据

1. 起诉状

民事起诉状

原告：上海永晔商业投资管理有限公司，实际经营地上海市奉贤区

被告：上海八达酒业营销有限公司，实际经营地上海市闵行区

诉讼请求：

1. 判令被告支付 2017 年 6 月 10 日至 2017 年 7 月 9 日期间的租金 24 629.50 元；

2. 判令被告支付因欠付租金产生的 2017 年 4 月 10 日暂计算至 2019 年 6 月 9 日(实际计算至付清之日止)期间的滞纳金 11 689 元；

3. 判令被告返还上海市闵行区古美路××号(单号)一层商铺房屋；

4. 判令被告支付因逾期未能返还房屋产生的 2017 年 7 月 10 日暂计算至 2018 年 2 月 9 日(实际计算至返还之日止)期间的违约金 290 874 元。

事实和理由：

原告与被告于 2012 年 7 月 10 日签订了一份《阳光商铺出租合同》，合同约定由被告承租原告位于上海市闵行区古美路××号（单号）一层商铺房屋，租赁期限从 2012 年 7 月 10 日起至 2017 年 7 月 9 日止。先付后用，每 3 个月为一期支付，租金支付时间为每期租金到期前 7 日内被告向原告支付下一期租金。合同还约定了违约金等其他条款。合同签订后，原告依约履行合同，向被告提供符合要求的房屋供被告使用，但被告并未能依约履行付款义务，欠付原告 2017 年 6 月 10 日至 2017 年 7 月 9 日期间租金。2017 年 7 月 9 日合同到期后至今被告仍未返还房屋，故应承担相应的违约责任。原告认为，双方签订的《阳光商铺出租合同》系双方真实意思表示，合法有效，现被告违反了合同的约定，应承担相应的法律责任。原告为了维护自身的合法权益，提起诉讼。

此致
上海市闵行区人民法院

具状人：上海永晔商业投资管理有限公司
2019 年 8 月 5 日

原告证据目录

编号	证据名称	证 明 目 的
1	上海市房地产权证 阳光商铺出租合同	1. 原、被告间存在合法有效的租赁关系 2. 被告逾期支付租金的，逾期每日应承担未付租金 5‰ 的滞纳金 3. 被告逾期返还房屋的，每日支付应缴纳日租金 1.5 倍的违约金
2	合同到期终止返还房屋通知函	原告积极向被告主张权利
3	催款函	
4	上海市不动产登记簿	原告房屋不处于权利限制状态，被告无理由拒付租金、滞纳金、违约金等

原告：上海永晔商业投资管理有限公司
2019 年 8 月 5 日

2. 原告证据（部分）

证据 1：《商铺出租合同》

阳光商铺出租合同

本合作协议（下称本协议）由以下各方于 2018 年 1 月 6 日在上海市徐汇

区订立。

出租方：上海永晔商业投资管理有限公司(以下简称甲方)

承租方：上海八达酒业营销有限公司(以下简称乙方)

根据国家有关法律、法规和上海市有关房屋租赁的规定，甲、乙双方在自愿、平等、公平和诚实信用的基础上，经协商一致，就乙方承租甲方可依法出租的房屋事宜，订立本合同。

一、出租房屋情况

1-1 甲方将其合法拥有的坐落在本市古美路××号(单号)一层商铺(以下简称"房屋")出租给乙方使用。

1-2 甲方出租给乙方使用的房屋建筑面积为200.43平方米。租赁范围见本合同附件(一)平面图红线圈定部分。

1-3 本合同签订前，甲方已向乙方出示了该房屋的《房地产权证》复印件[权证编号：沪房地闵字(2007)第××号]，见附件(二)。

1-4 该房屋的现有设施状态，由双方在合同附件(三)中加以列明。除另有约定外，甲、乙双方同意该附件作为甲方向乙方交付该房屋和本合同终止时乙方向甲方交还该房屋时的验收依据。

二、租赁用途

2-1 乙方向甲方承诺，租赁该房屋仅作为名酒专卖店使用，并遵守国家和本市有关房屋使用和物业管理的规定。

2-2 乙方保证，在租赁期限内，未事前征得甲方的书面同意及未按规定报经有关部门核准，不擅自改变上款约定的使用用途，否则甲方有权解除本租赁协议并由乙方承担违约责任。

三、租赁期限和交付日期

3-1 该房屋租赁期共60个月。自2012年7月10日起至2017年7月9日止。(2012年7月10日起至2012年9月9日为免租期，自2012年9月10日开始计算租金)

3-2 甲方应于2012年7月10日按附件(一)、(三)将状况良好的房屋移交给乙方。甲、乙双方签署房屋移交确认书。签署的房屋移交确认书作为附件(七)附在本合同之后。

3-3 如甲方未按上款规定的时间交付该房屋，经乙方催告后3日内仍未交付的；或者甲方交付的该房屋不符合上款的约定，致使不能实现租赁目的的；或甲方交付的房屋存在缺陷，危及乙方安全的，乙方有权解除本合同，由甲方承担违约责任。

3-4 租赁期满,甲方有权收回全部出租房屋,乙方应如期交还。乙方需继续承租该房屋的,则应于租赁期届满前的三个月向甲方提出续租书面意向,甲方视本合同履行情况及市场行情有权选择是否与乙方重新签订租赁合同。

3-5 在租赁期内除符合法定或者本合同约定条件外,甲乙双方不得提前解约,否则由违约方承担违约责任。

四、租金及支付方式

4-1 甲、乙双方约定,该房屋第一年租金单价为人民币4.00元/平方米/天。全年按365天计算,月租金为24 385.70元。租金先付后用,按照本合同第4-4条约定租金逐年进行调整。

4-2 乙方于签约时应支付首期从2012年9月10日至2012年12月9日止的租金,合计73 157.10元。

4-3 除首期租金外,乙方选择每期支付三个月租金的付租方式。乙方应于租金到期前7日内向甲方支付下一期租金。甲方在收到租金后应向乙方开具合法发票。逾期支付的,则每逾期一日,乙方需按逾期未付租金的5‰另行支付滞纳金。如乙方逾期支付租金超过7个工作日的,甲方有权解除本合同,并由乙方承担违约责任。

4-4 该房屋自租赁期起第一年租金不变,第二年开始逐年递增3%,租金明细如下:

第一年租金起始日期及标准:2012年9月10日至2013年7月9日,租金单价为4.00元/平方米/天,月租金为24 385.70元。

第二年租金起始日期及标准:2013年7月10日至2014年7月9日,租金单价为4.12元/平方米/天,月租金为25 117.20元。

第三年租金起始日期及标准:2014年7月10日至2015年7月9日,租金单价为4.24元/平方米/天,月租金为25 848.80元。

第四年租金起始日期及标准:2015年7月10日至2016年7月9日,租金单价为4.37元/平方米/天,月租金为26 641.30元。

第五年租金起始日期及标准:2016年7月10日至2017年7月9日,租金单价为4.50元/平方米/天,月租金为27 433.90元。

五、履约保证金和其他费用

5-1 甲、乙双方约定,乙方于签约时应向甲方支付房屋租赁履约保证金,履约保证金为一个月的租金,即24 385.70元。甲方收取履约保证金后应向乙方开具收款凭证。履约保证金于租赁关系终止后一周内凭工商、税务等相关执照注销凭证,并视本合同履约情况,各项费用支付情况及房屋、设备设施使用情况作相应扣除后,余额无息退还乙方。若损失大于履约保证金部分的,乙方应向甲方补足差价部分。

(根据本合同 4-2 条及 5-1 条的约定,乙方于签约时合计须支付给甲方 97 542.80 元)

5-2 租赁期间,因使用该房屋所发生的水、电、煤气、通讯、设备、物业管理等费用以及政府相关职能部门收取的商铺门前清洁、治安费均由乙方承担。

5-3 乙方承担的上述费用,计算或分摊办法、支付方式和时间均在乙方与甲方指定的物业管理公司另行签订的《管理服务协议》中具体约定。《管理服务协议》中没有约定的,则由甲方代收,甲方也可要求乙方直接向相关机构直接缴纳。

六、甲方权利与义务(略)

七、乙方权利与义务(略)

八、房屋返还

8-1 除甲方同意乙方续租外,乙方应在本合同租赁关系终止或解除后立即返还该房屋。

8-2 乙方应将房屋恢复原状,经甲方按照合同附件(三)中的内容验收认可,并结清乙方应当承担的一切相关费用后,双方签署房屋返还确认书。乙方返还该房屋时不得要求任何名目的补偿,对此乙方应有充分的认识,并在装修设计时考虑这一因素。

九、免责条款

9-1 甲、乙双方同意在租赁期内,有下列情形之一的,本合同终止,双方互不承担责任:

(一)该房屋占用范围内的土地使用权依法提前收回的;

(二)该房屋因社会公共利益被依法征用的;

(三)该房屋因城市建设需要被依法列入房屋拆迁许可范围的;

(四)该房屋因不可抗力如地震、台风等自然灾害或火灾、爆炸、战争以及其他不可归责于甲、乙双方的原因,而导致全部摧毁、灭失,致使不能实现合同目的的。

十、违约责任

10-1 甲、乙双方同意,按本合同约定,当任何一方发生违约行为而导致本合同解除的,违约方应向守约方按第一年月租金的 2 倍支付违约金;给对方造成损失的,而支付的违约金不足抵付对方损失的,违约方还应赔偿对方损失与违约金之间的差额部分。如违约方还有其他违约行为给合同相对方造成损失的,违约方还须另行赔偿合同相对方的损失。

10-2 合同到期、终止或解除后,乙方应当立即按照房屋交付时原来状态返还甲方房屋(因实际情况乙方不能立即返还,经甲方同意可适当延期)。逾期不能返还每日支付甲方应缴纳日租金的1.5倍违约金。

若乙方逾期7日仍未返还的,甲方有权自行采取收回措施(包括有权自己派人或委托物业公司采取断电、断水、切断通讯、封门或开门等必要措施),甲方由此发生的费用或损失和恢复原状产生的费用由乙方承担。

乙方逾期不返还甲方房屋,仍保留自己物品在房屋内,该物品视为乙方抛弃处理,甲方可自行处置,处置费用由乙方承担,日后对于该物品乙方不得向甲方主张任何权利并要求赔偿。

10-3 乙方违约应当支付违约金或赔偿的,先从乙方缴纳的履约保证金里扣除,不足部分继续承担赔偿责任。

乙方违约造成甲方损失大于违约金的,继续承担赔偿责任。

十一、其他(略)

(签字页略)

附件(一)到(七)(略)

证据2:《返还房屋通知函》

合同到期终止返还房屋通知函

上海八达酒业营销有限公司:

贵我双方于2012年7月10日签订了《商铺租赁合同》(以下简称"出租合同"),出租合同约定租期为60个月,自2012年7月10日至2017年7月9日止。现上述出租合同已于2017年7月9日期满终止,我方不再对外出租。

出租合同到期后,贵方没有将出租房屋恢复原状后返还我司。根据出租合同第10-2条之约定:"合同到期,乙方应立即按照房屋交付时的原来状态返还甲方房屋,逾期不能返还,每日支付甲方应缴纳日租金的1.5倍违约金。若逾期7日仍未返还的,甲方有权自行采取措施(包括有权自己派人或委托物业公司采取断电、断水、切断通讯封门或开门等必要措施),甲方由此发生的费用或损失和恢复原状产生的费用由乙方承担。"

请在收到本函后7日内将房屋内物品清空,恢复原状,返还我司,逾期返还的,因停水、停电及封门等收房措施,造成的一切责任和后果贵方自负。

此外,截至2017年9月9日,除违约金之外,贵方已拖欠租金及房屋占用费共计：73 888.50元。时至今日，此笔费用贵方既未向我司支付，也未向法院或公安机关提存，应承担逾期支付的一切违约后果。

特此函告！

上海永晔商业投资管理有限公司
2017年9月12日

证据3：《催款函》

催 款 函

上海八达酒业营销有限公司：

贵我双方签订了一份租赁合同，我公司将位于上海市闵行区古美路××号一层的房屋租赁给贵方经营使用，租赁期限自2012年7月10日至2017年7月9日止。双方在合同中对租赁面积、价格、租金支付时间、违约责任等进行了详尽的约定。

合同签订后，我公司依约将租赁房屋交付给贵方使用，但租期届满后贵方仍在占有使用，贵方应支付欠付的2017年6月10日至2019年2月9日期间租金及占有使用费共计492 590.00元。为此，特函告贵方，请于收到本函后三个工作日内向我方支付欠付租金及占有使用费。

如逾期不予理会，我方将通过诉讼途径追究贵方相应责任。

发函人：上海永晔商业投资管理有限公司
2019年2月20日

（二）被告答辩状和证据

1. 答辩状

答 辩 状

被告：上海八达酒业营销有限公司，实际经营地上海市闵行区。

委托诉讼代理人：王有平，上海市大华律师事务所律师。

原告：上海永晔商业投资管理有限公司，实际经营地上海市奉贤区。

现被告答辩如下：

请求驳回原告的全部诉讼请求。

事实和理由：

1. 原、被告签署有房屋租赁合同，约定原告将古美路××号（单号）房屋出租给被告使用，租期5年，自2012年7月10日起至2017年7月9日止，每三个月支付一次，先付后用。租赁期满，被告需继续承租该房屋的，则应于租赁期届满前的三个月向甲方提出书面申请（见证据1双方签订的出租合同）。

2. 自2012年7月10日开始，被告一直按约向原告支付租金到2017年6

月(见证据2付款凭证及发票)。

3. 2017年2月15日,被告收到北京市第四中级人民法院(以下简称北京四中院)查封公告,依法将租赁房屋予以查封,并要求不得支付租金,不得续签合同(见证据3查封公告)。基于以上事实,被告按照北京四中院的要求,暂缓支付房租,并一直使用房屋至今,被告并无过错。被告愿意在司法查封解除后按照合同约定支付租金。

4. 对于原告提交证据1的真实性没有异议,证据2和3真实性有异议,希望原告提交被告签收的凭证,证据4真实性无异议,但是不能看出上述房屋司法查封解除的时间。

此致
上海市闵行区人民法院

被告代理人:王有平

被告证据目录

编　号	证　据　名　称
1	阳光商铺出租合同
2	付款凭证
3	查封公告、拍卖公告

2. 被告证据(部分)

证据3-1：查封公告

北京市第四中级人民法院
查 封 公 告

(2017)京04执××号

本院受理的北京美瑞泰富投资管理有限公司申请执行上海永晔商业投资管理有限公司、上海卓信商业投资管理有限公司、上海阳光投资(集团)有限公司金融借款合同纠纷一案,本院依法查封了被执行人上海永晔商业投资管理有限公司、上海卓信商业投资管理有限公司的下列财产:坐落于上海市闵行区平阳路××号商场、坐落于古美路××号房产、坐落于上海市闵行区星中路××号的房产及相应的国有土地使用权。

查封期限三年,自2016年4月19日起至2019年4月18日止。查封期间,未经本院允许,任何人不得对被查封的财产有买卖、抵押、出租、续租、转租等设定权利负担、进行权利处分或者其他有碍执行的行为,否则,本院将依法追究其法律责任。

为保护各承租人的合法权益,现本院通知你(单位)于本公告张贴后二十日内携租赁合同、租金支付证明原件和复印件以及身份证明等材料到本院进行登记。逾期未登记的,本院将不予保护。

特此公告。

北京市第四中级人民法院
2017 年 2 月 15 日

证据 3-2:拍卖公告

北京市第四中级人民法院

拍 卖 公 告

(2017)京 04 执××号

本院在执行北京美瑞泰富投资管理有限公司与上海永晔商业投资管理有限公司、上海卓信商业投资管理有限公司、上海阳光投资(集团)有限公司金融借款合同纠纷一案中,拟对被执行人上海永晔商业投资管理有限公司、上海卓信商业投资管理有限公司所有的坐落于上海市闵行区平阳路××号商场、坐落于古美路××号房产、坐落于上海市闵行区星中路××号房产及相应的国有土地使用权进行评估、拍卖,现将有关事宜公告如下:

上述房屋已于 2014 年 7 月 28 日设定抵押权,抵押权人为本案申请执行人北京美瑞泰富投资管理有限公司,本院于 2016 年 4 月 19 日对上述房屋依法采取查封措施。

依据本院(2016)京 04 民初××号民事判决书,本案申请执行人北京美瑞泰富投资管理有限公司有权对被执行人上海永晔商业投资管理有限公司、上海卓信商业投资管理有限公司的上述抵押财产折价或者以拍卖、变卖的价款在该判决确定的债权范围内优先受偿。

与本案拍卖财产有关的当事人、担保物权人、优先权人或者其他优先权人均可参加竞拍,不参加竞拍的请关注拍卖活动的整个过程。优先购买权人应于本院在网络司法拍卖平台发布公告之日起十五内到本院进行确认,逾期未进行确认或已确认未参加竞拍的,视为放弃优先购买权。另,自本公告张贴之日起,各承租人不得向被执行人给付房屋租金,如擅自给付,自行承担不利后果。

特此公告。

北京市第四中级人民法院
2017 年 5 月 23 日

（三）当事人书状和法院指令

准 备 一 状

对被告答辩状的意见：

1. 被告证据1出租合同与原告证据1相同，不持异议。

2. 被告证据2付款凭证无法证明其支付了2017年6月10日至2017年7月9日期间的租金，以及逾期返还房屋的违约金。

3. 被告证据3公告与本案无关。

综上，被告未提交有效证据证明其履行了租赁合同的义务，因此，被告应继续向原告支付租金、逾期返还房屋违约金，并向原告返还房屋。

此致
上海市闵行区人民法院

原告：上海永晔商业投资管理有限公司

答 辩 一 状

对原告准备一状的意见：

被告提供的证据3北京四中院的查封公告、拍卖公告与本案具有关联性。

上述两份公告可以证明本案所涉租赁房屋在2017年2月和2017年5月先后被北京四中院张贴查封和拍卖公告，明确承租人不得支付租金及续签租赁合同，所以被告在未付租金上并不具有过错。加之被告有意续租，但双方又无法续签合同，故被告才占有房屋至今，应属于租赁合同的适当延续。

此致
上海市闵行区人民法院

被告：上海八达酒业营销有限公司

法院指令（一）

案号：2019沪0112民初28988号

案由：房屋租赁合同纠纷

就上海永晔商业投资管理有限公司与上海八达酒业营销有限公司房屋租赁合同纠纷一案，双方已经发表诉辩意见。根据双方所述诉辩意见，法庭归纳双方无争议的主要事实包括：

1. 2012年12月7日，原、被告签署房屋租赁合同，约定了租赁物、租期、租金及支付方式、违约责任等条款。

2. 2017年2月，因原告其他债务的原因，北京四中院查封了涉案房屋并张贴了查封公告，禁止任何人对被查封的财产进行买卖、抵押、出租、续租、转租等权利负担、进行权利处分或者其他有碍执行的行为。2017年5月,北京四中院又张贴拍卖公告,禁止各承租人向原告给付房屋租金。

3. 被告已支付房屋租金至2017年6月9日,尚欠2017年6月10日至2017年7月9日期间的租金24 629.50元。双方租赁期限至2017年7月9日届满,合同到期后,被告未返还房屋,亦未再向原告支付租金及房屋占有使用费。

4. 涉案房屋的查封已于2019年8月2日前解除。

法庭认为本案事实的主要争议包括:

1. 2017年5月北京四中院张贴的拍卖公告中明确承租人不得再向出租人支付房租,被告欠付2017年6月10日至2017年7月9日期间的租金,是否应当就此承担违约责任?

2. 租赁期限届满后,原告向被告发送过合同到期终止返还房屋通知函,该函件是否已经合法送达被告?

3. 租赁期限届满后,双方无法续租,被告亦未向原告返还房屋,是否应当承担逾期返还房屋的违约责任?

双方当事人:(1)请对法庭归纳的主要无争议事实是否存在差错或重要遗漏发表意见;(2)请双方围绕争议焦点发表意见。

请当事人着重就下列问题补充提交说明及证据:

1. 原告提供的合同到期终止返还房屋通知函是否已经合法送达被告?有没有相关证据?

2. 被告没有按照合同约定向原告支付2017年6月10日至2017年7月9日期间租金,除了被告提交的查封公告、拍卖公告外,有没有其他正当、合法的理由?有没有相关证据?

请双方于2019年8月23日之前书面答复法庭。

上海市闵行区人民法院
2019年8月21日

原告对法院指令(一)的回应

对法庭归纳的无争议事实无异议。

对法庭归纳的争议焦点:(1)本案所涉房屋的查封公告中没有禁止承租人支付租金,被告拖欠2017年6月10日至2017年7月9日租金存在责任,应当支付滞纳金;(2)租赁期限届满后,原告向被告发送了合同到期终止返还房屋通知函,当时没有留下查询记录,现因为时间比较久远,已经查不到相关记录;(3)租赁期限届满,因为被告没有及时返还房屋,应当按照合同约定承担违约责任,支付违约金。

此致

上海市闵行区人民法院

原告代理人:雷达
2019年8月23日

被告对法院指令(一)的回应

对法庭归纳的无争议事实无异议。

对法庭归纳的争议焦点1,虽然查封公告中没有禁止承租人付租金,但被告曾经根据原告指示向原告关联企业支付过两个月的租金,北京四中院还向被告提出过异议。因此被告未再支付2017年6月10日至2017年7月9日期间的租金,被告并不存在法律责任,不应当支付滞纳金。对争议焦点2,租赁期限届满,被告需要继续承租,原告也没有提出异议,故没有及时返还房屋,不应当承担违约责任,不应该支付违约金。

此致

上海市闵行区人民法院

被告代理人:王有平
2019年8月23日

(四)庭审笔录

上海市闵行区人民法院
庭 审 笔 录

时间:2019年8月29日14时00分至15时20分

地点:本院第三十八法庭

是否公开审理:公开

审判人员:尹学新(审判长)、陈春芳(审判员)、沈慧芬(审判员)

书记员:张金连

(当事人身份信息略)

记录如下:

(书记员汇报庭审准备情况)

审判长: 现在开庭。上海市闵行区人民法院今天在此公开审理原告上海永晔商业投资管理有限公司与被告上海八达酒业营销有限公司房屋租赁合同纠纷一案,本院已于庭前告知本合议庭组成人员,当事人的诉讼权利,就当事人是否申请回避,法庭确定的争点是否合适以及法庭调查和法庭辩论合并进行等事项征询了当事人的意见,并取得了当事人的同意。庭前核对了双方当事人的身份和出庭人员,原告由其工作人员雷达代理出庭,被告由律师王有平代理出庭。庭前已经通过交换诉状、答辩状等书面材料的方式确定了案件的无争议事实,明确了争议的焦点,就证据进行了书面质证,双方并就争议的焦点充分发表了书面的质证和辩论意见,今天的庭审将围绕案件争议的焦点进行集中审理。下面首先由原告简要地陈述诉讼请求以及相应的事实理由。

原代: 诉讼请求如下:

1. 判令被告支付 2017 年 6 月 10 日至 2017 年 7 月 9 日期间的租金 24 629.50 元;

2. 判令被告支付因欠付租金产生的 2017 年 4 月 10 日暂计算至 2019 年 6 月 9 日(实际计算至付清之日止)期间的滞纳金 11 689 元;

3. 判令被告返还上海市闵行区古美路××号(单号)一层商铺房屋;

4. 判令被告支付因逾期未能返还房屋产生的 2017 年 7 月 10 日暂计算至 2018 年 2 月 9 日(实际计算至返还之日止)期间的违约金 290 874 元。

事实及理由:原告与被告于 2012 年 7 月 10 日签订了一份《阳光商铺出租合同》,租赁期限从 2012 年 7 月 10 日起至 2017 年 7 月 9 日止。先付后用,每 3 个月为一期支付,逾期支付租金等费用的,每日按未付租金的 5‰向原告支付滞纳金。逾期返还房屋的,每日支付原告应缴纳日租金的 1.5 倍的违约金。合同签订后,原告依约履行合同,向被告提供符合要求的房屋供被告使用,但被告并未能依约履行付款义务,欠付原告 2017 年 6 月 10 日至 2017 年 7 月 9 日期间租金 27 433.9 元,合同到期后至今仍未返还房屋。原告曾多次催讨未果。遂提起本案诉讼。

审判长: 下面由被告针对原告的诉讼请求及事实理由进行简要答辩。

被代: 1. 关于未支付的租金,2017 年 6 月 10 日至 2017 年 7 月 9 日期间租金应为 24 386 元;2. 关于滞纳金,无事实和法律依据,被告未支付租金非因被告过错;3. 关于房屋返还,虽合同在 2017 年 7 月 9 日到期,但原告在合同到期后未向被告主张返还,事实上双方一直在延续租赁合同的期限。本案所涉租赁房屋在 2017 年 2 月和 2017 年 5 月先后被北京四中院张贴查封和拍卖公告,拍卖公告明确要求承租人不得支付租金及续签租赁合同。经与原告多次协商,因双方无法续签合同,故占有房屋至今。这是租赁合同的适当延续。同时我方也希望续租下去,不同意返还房屋;4. 关于违约金,因本案所涉房屋被法院查封和拍卖,要求承租户不得支付房租。加之被告有意续租,故未返还房屋。因此被告不应当支付违约金,要求继续承租房屋。

审判长: 根据书状先行的情况,双方就房屋租赁关系成立、被告实际给付租金情况以及房屋被北京四中院于2017年2月、5月张贴查封和拍卖公告等合同履行基本事实无争议,主要对被告未支付租金及租期届满未返还房屋是不是有正当理由存在争议,因此本院将本案争议焦点确定为以下三点:

1. 2017年5月北京四中院张贴的拍卖公告中明确承租人不得再向出租人支付房租,在此情况下,被告欠付2017年6月10日至2017年7月9日期间的租金,是否构成违约?

2. 租赁期限届满后,原告向被告发送过合同到期终止并返还房屋的通知函,该份函件是否已经送达到被告?

3. 租赁期限届满后,双方无法续租,被告亦未向原告返还房屋,是否应当承担逾期返还房屋的违约责任?

审判长: 下面先审理第一个争议焦点,关于这个争议焦点,法院根据书状先行的情况,初步认为,2017年2月,北京四中院张贴的查封公告中要求,任何人不得对被查封的财产有买卖、抵押、出租、续租、转租等权利负担、进行权利处分或者其他有碍执行的行为,但没有禁止承租人支付租金。因此被告以北京四中院的通知作为拒付租金的理由尚不充分。被告,你方是否还有其他的依据和理由?

被代: 感谢法官能够公开心证,但我方无法认可法院的上述判断。2017年2月,北京四中院在店铺门口张贴查封公告,虽然公告中没有载明不得支付租金,但张贴的法官告知被告自张贴之日起不得支付租金,并要求承租户携带支付凭证前去登记。即便要支付租金,也应该是从2017年6月开始,但法院在2017年5月又张贴了拍卖公告,被告也多次联系北京四中院的法官,仍被要求不得支付租金。故未支付租金的责任不在被告,而在原告。

审判员: 原告对于法庭的初步心证及被告的辩解有什么意见?

原代: 我方同意法庭的心证。因拍卖公告是2017年5月26日张贴的,上面虽载明不得支付租金,但被告欠付的租金按照合同约定在2017年4月就应支付的,故拍卖公告不是被告不付租金的理由。

审判员: 被告,你方称北京四中院的法官曾告知你方,不要支付租金,是否有证据证明?

被代: 是口头告诉我们的,没有书面证据。

审判员: 关于此项争议焦点,法庭已充分听取双方意见。下面审理第二个争议焦点:函件送达的问题。该问题是一个纯粹的事实问题,法庭希望双方本着诚信原则,如实陈述当时的情况。鉴于被告在书状中否认收到函件,原告,你方是否还有其他证据来证明函件已经送达了被告?

原代： 该份函件是 2017 年发出的,经向邮政网点询问,因时间过久,目前已无法查询到被告签收的依据。

审判员： 被告对此是什么意见?

被代： 原告应当就送达情况举证。被告也向当事人核实过,当事人确实没收到过租赁到期要求返还房屋的函件。

审判员： 原告有无收到函件退回的邮件?

原代： 没有收到。

审判员： 就该项争议焦点,因函件送达是一个积极事实,原告应当就此负担证明责任。鉴于原告没有提供函件已被签收的证据,可能就此会承担相应的不利后果。

审判员： 原告,听清了吗?

原代： 听清楚了。

审判员： 现审理第三个争议焦点,被告在合同到期后没有归还房屋是否需要承担违约责任? 关于这个问题,一般而言,租赁期满,承租人应当返还房屋。被告,你方没有返还房屋,除了答辩时说的有意续租外,还有其他什么依据和理由吗?

被代： 原告没有主动要求返还,因此我们就延续着房屋的租赁。

审判员： 原告,双方有无就返还房屋和续租房屋进行过协商?

原代： 没有。我们已经发函不再续租,虽然没有证据证明函件送达,但发函要求被告搬离是客观事实。

被代： 多次协商过。包括被告代理人在内的人员,每隔几个月就会去与原告工作人员沟通。

审判员： 北京法院查封公告中有无涉及返还房屋事宜?

被代： 虽然公告中没有明确不能返还房屋,但被告在 2017 年初刚完成较大投入的装修,被告的续租权受到了侵害,我们还是希望可以续租。本案中,如果 2017 年 7 月交还房屋,按照法院查封要求,原告将无法再行出租。因此被告占有使用房屋,实际保护了原告的利益,希望法庭适当考虑保护被告的权益。

审判员： 就该项争议焦点,法庭初步认为,租赁合同到期,被告负有返还房屋的义务。原告没有返还,应当承担相应的法律后果。但考虑到本案存在司法查封的特殊性,故被告没有返还房屋也事出有因,在确定被告应当承担的违约责任上本庭将做一定的考量。双方就此还有无其他补充意见?

原代： 应当尊重北京四中院法律文件的权威性,严格按照租赁合同的约定,由被告承担违约责任。

被代: 同意法庭的意见。

审判长: 双方就本案争议的全部焦点是否有其他补充?

原代: 没有。

被代: 没有。

审判长: 法庭调查和辩论结果。双方就本案发表最后陈述意见。最后陈述阶段,双方应当围绕本案争议焦点,就本案的最终处理综合发表意见。

原代: 本案系被告欠付租金引发,租期届满后又不返还房屋,显然被告违约,被告提出的不付租金或不返还房屋的抗辩理由都不能成立,所以请求法庭支持原告的诉讼请求。

被代: 被告没有支付租金是因原告的房屋被司法查封了,包括后面租期届满后继续使用房屋也是与原告房屋被查封有关,本案纠纷产生的责任在原告方,不同意承担违约责任。考虑到本案的实际情况,希望与原告进行调解。

审判长: 根据法律规定,双方在本案判决前可以进行调解。原、被告是否愿意在法庭的主持下进行调解?

原代: 同意。

被代: 同意。

审: 双方有无调解方案?

原代: 可以和对方协商。

被代: 愿意和对方协商。

审判长: 现在休庭,休庭期间组织调解。

四、案件处理结果

经法院主持调解,双方当事人达成了调解协议。被告同意将涉案租赁房屋归还给原告,并向原告支付欠付的租金和房屋使用费,双方矛盾得以妥善解决。

第七章 装饰装修合同纠纷案件诉讼全过程训练

扫一扫
观看庭审录像

训练素材——驰鹄建筑装饰工程有限公司诉坚欢成文化传播有限公司装饰装修合同纠纷案[①]

一、选择本案的理由

第一,本案被告方没有委托律师,也没有提交答辩状(立案后与被告一度联系不上,进行了公告送达)。为了确认争点,法官在正式开庭之前见到了主动来法院的被告,并以与被告做谈话笔录的形式,让被告在庭前表达了对原告诉请、事实理由以及证据的意见,并将被告的意见和证据反馈给原告。经过原告对被告意见的质证和答辩,案件的争议事实减少,争议焦点得到确定,为庭审的集中审理奠定了基础。同时,也说明集中审理仅限于有律师代理的案件的说法是缺乏根据的。

第二,本案庭审简洁流畅,主审法官对疑点的排除、释明义务的行使和心证的公开,运用得比较自如。诉讼各方在该案诉讼中投入时间短(本案庭审仅用时 15 分钟),费用低,庭审效率、质量、透明度和裁判接受度均比较高。当然,这与主审法官自 2017 年所做示范庭在"贴近审判的司法人才培养研讨会"上展示后,其一直采用这种新型庭审方式审理案件是密不可分的。

---

① 本案合议庭成员:范一,上海市高级人民法院民事审判庭审判员(原上海市浦东新区人民法院民事审判庭审判员),四级高级法官。祝芬,上海市浦东新区人民法院民事审判庭审判员,四级高级法官。孙猛,上海市浦东新区人民法院审判监督庭审判员,三级法官。

二、案情简介

案外人成一楠系被告坚欢成文化传播(上海)有限公司(以下简称坚欢成公司)的发起人之一。2018年5月4日,成一楠(甲方)与原告上海驰鹄建筑装饰工程有限公司(乙方,以下简称驰鹄公司)签订《室内装饰工程委托合同》,约定甲方将位于上海市浦东新区某房屋的早教中心装修工程(以下简称系争工程)发包给乙方施工,工期暂定2018年5月10日至2018年7月7日,项目金额总计105万元,2018年10月15日之前甲方应该付清全部工程款。合同落款处有成一楠的签名。坚欢成公司于2018年5月15日设立后,成一楠的签名被涂去,甲方落款处加盖了被告坚欢成公司公章。上述合同签订后,原告实际进行了施工,被告也向原告给付了部分工程款。

此后双方因工程款付款事宜发生纠纷。2019年1月,原告向法院起诉,要求被告给付欠付工程款19万元及利息。原告在诉状上提出,工程总价为105万元,根据原告财务的银行入账凭证记载,被告已付工程款金额为86万元。

被告法定代表人黄坚在收到原告的诉状和证据后主动前来法院说明情况[①],提出三项答辩意见:第一,105万元的价格只是合同暂定价,双方就工程尚未结算;第二,被告实际给付工程款金额为91万元而非86万元;第三,合同由股东成一楠签订,并由成一楠具体负责工程,但现在成一楠已经失联,故无法履行剩余合同义务。

三、本案训练的材料目录

(一)原告方提交的诉状和证据

1. 民事起诉状
2. 原告证据目录
3. 原告证据

(二)庭前准备阶段形成的材料

1. 2019年6月4日被告法定代表人谈话笔录

---

① 本案原适用简易程序审理,后因被告下落不明,转为普通程序审理并向被告公告送达了诉状副本和传票。临近公告开庭期日,被告法定代表人主动联系法院,前来法院说明案件情况,法院在开庭之前对被告进行了谈话,并将谈话内容反馈给了原告。

2. 被告证据
3. 2019年6月13日原告书面质证意见
4. 2019年6月13日原告变更诉讼请求申请书

(三) 庭审笔录

(四) 民事判决书

四、本案需要展示的法律文书和证据

(一) 原告方提交的诉状和证据
1. 民事起诉状

民 事 起 诉 状

原告：上海驰鹄建筑装饰工程有限公司，(地址略)。

被告：坚欢成文化传播(上海)有限公司，(地址略)。

诉讼请求：

判令被告向原告支付工程款19万元及利息损失(利息损失以19万元为基数，按照中国人民银行同期贷款利率，自2018年10月16日起计算至付清之日止)。

事实和理由：

2018年5月4日，原告和被告签署《室内装饰工程委托合同》(以下简称"合同")。合同约定，工程名称为早教中心装修工程，工程造价为105万元整；付款方式为分期付款，2018年10月15日之前付清所有工程款，合同还约定了其他事宜。合同签订之后，原告按约完成装修工程，被告于2018年9月11日开业运行。截至目前，被告累计支付工程款86万元整，尚欠19万元整。原告多次催讨未果。为了维护法律的公平及原告的合法权益，现依法向贵院提起诉讼，请求法院依法支持原告的诉讼请求。

此致

上海市浦东新区人民法院

具状人　上海驰鹄建筑装饰工程有限公司

2019年1月3日

2. 原告证据目录

(1)《室内装饰工程委托合同》及图纸。证明内容：① 双方的装饰装修合同关系；② 合同约定了工程名称、地点、造价和付款方式等。

(2) 被告法定代表人黄坚的微信朋友圈。证明内容：① 原告已经于2018

年8月22日前竣工交付,被告已经试运营并开展招生工作;② 2018年9月1日,涉案工程的早教中心正式开业;③ 2018年9月3日,涉案工程早教中心已经开业运行。

(3) 银行流水。证明内容:原告已经收取被告工程款86万元。

3. 原告证据

证据1:

室内装饰工程委托合同

委托方(甲方):成一楠

承揽方(乙方):上海驰鹄建筑装修工程有限公司

甲、乙双方经友好协商,甲方决定委托乙方进行办公室室内装饰施工,为保证工程顺利进行,根据《中华人民共和国合同法》及其他法律规定,结合本工程具体情况,经双方协商议定后,签订本合同(包括本合同附件和所有补充合同),以便共同遵守。

1. 工程名称　早教中心装修工程
2. 工程地址　张杨路××号,面积合计:____平方米
3. 工程内容

早教中心室内装修施工。

早教中心室内电气施工。

早教中心室内弱电综合布线施工。(详见施工图及材料清单)

4. 工程工期及约定

4.1　开工日期暂定为2017年5月10日,竣工日期暂定为2017年7月7日,共计60天。(工期从物业颁发施工许可证起算。如因物业进场审批、消防报批等原因不能按时进场施工,则工期顺延)

4.2　甲方要求比合同约定的工期提前竣工时,应征得乙方同意,并支付乙方因赶工采取的措施费用每天500元。

4.3　因甲方未按约定完成工作,影响工期,工期顺延。

4.4　因乙方责任,不能按期开工或中途无故停工,影响工期,工期不顺延。

4.5　因为设计变更或非乙方原因造成的停电、停水、停气及不可抗力因素影响,导致停工8个小时以上,工期相应顺延。

5. 甲乙双方的工作

甲方工作:

5.1　在确定乙方的施工方案后,向乙方提供经确认的施工图纸,并向乙方进行现场交接。全部腾空或部分腾空房屋,清除影响施工的障碍物。对只

能部分腾空的房屋中所滞留的家具、陈设等采取保护措施。向乙方提供施工所需的水、电、气机、电讯等设备，并说明使用注意事项。协助乙方办理施工所涉及的各种申请、批件等手续。

5.2 指派成一楠为甲方代表，负责合同履行。对工程质量、进度进行监督检查，甲方协助乙方办理验收、变更、登记手续和其他事宜。

5.3 协调施工地所在大厦有关部门做好现场保卫、消防等工作，并承担相应费用。

5.4 协调施工场地内各交叉作业施工单位之间的关系，保证乙方按合同的约定顺利施工。

乙方工作：

5.5 乙方应在合同签订后的2个工作日内，将工程进度计划提供给甲方，交由甲方审定，在甲方确定设计方案及施工图纸后，乙方应向甲方提供其所需购置的室内装饰用品、材料、色样等清单并照实购买，乙方应按照甲方书面确认的设计方案、图纸或做法说明及材料清单进行施工，严格执行施工规范、安全操作规程、防火安全规定、环境保护规定，做好各项质量检查工作，参加竣工验收。

5.6 指派耿红为乙方驻工地代表，负责合同履行，按要求组织施工，保质、保量、按期完成施工任务，解决由乙方负责的各项事宜。

5.7 在施工期间严格遵守《建筑安装工程安全技术规程》《建筑安装工人安全操作规程》《中华人民共和国消防条例》和其他的法规、规范。

5.8 工程竣工未移交甲方之前，由乙方承担现场施工人员的安全问题，并负责对现场的一切设施和工程成品进行保护。如果损坏大楼提供的基础设施，必须负责赔偿，赔偿费用由乙方承担。

6. 工程设计费

施工面积：共计600平方米。

项目金额总计105万元整，大写人民币壹佰零伍万元整。（以上项目金额不包括物业收取的装修管理费、物业收取的垃圾清运费、工程保险费、物业审图费、水电费、空调消防系统改造费、消防放水费、安质检费、空气检测费、强弱电入户费以及其他第三方收取的各项费用）

甲方如需修改其确认后的方案，应在乙方未采购材料之前以书面形式通知，否则，由于修改方案造成的损失由甲方承担。

甲乙双方就修改方案达成一致意见后，乙方将按照实际发生的增减项目重新核算工作量，相应增减项目工程费用另行计算。如甲方减少项目的工程总金额超过合同总金额的15%,乙方将向甲方收取减少项目工程总金额20%的管理费。

7. 付款方式

7.1 合同签订后5日内,甲方即应首期付款40%即42万元整为施工前期费用;

7.2 工程施工到2018年5月20日至23日内,甲方再付款20%即21万元整;

7.3 工程施工到2018年6月3日至6日,付清第三期款20%即21万元整;

7.4 工程竣工后2018年8月31日之前,付款10%即105 000元整;2018年9月31日之前,付款5%即52 500元整;2018年10月15日之前,付款5%即52 500元整。

7.5 甲方不按合同的约定付款,乙方可停止施工(停工时间不计入总工期且工期顺延)。

7.6 工程进度与付款进度发生不同步的矛盾时,甲方应按实际完成工程量进度付款。

7.7 如需增加或减少工程项目,双方必须在项目变更施工前签订《项目变更表》并就增加或减少的项目金额达成一致,并且应在竣工结算时结清。

8. 工程验收

8.1 本工程以施工图纸、做法说明、设计变更和《建筑装修工程施工及验收规范》(GB50210—2001)、《建筑安装工程质量检验评定统一标准》(GBJ300—88)等国家制定的施工及验收规范为质量评定验收标准。

8.2 本工程质量应达到国家质量评定合格标准和香港星优儿品牌质量评定合格标准。若甲醛超标由乙方负责治理。

8.3 由于甲方提供的材料、设备质量不合格而影响工程质量,其返工费由甲方承担,工期顺延。

8.4 由于乙方原因造成质量事故,其返工费由乙方承担,工期不顺延。

8.5 工程竣工后二日内,乙方应书面通知甲方验收。甲方自接到验收通知五日内组织验收,并办理验收、移交手续,验收合格后甲方应在相关验收单上签字(甲方指派代表人)或盖章(公章或合同专用章)。如甲方在规定时间内未能组织验收,需及时通知乙方,另定验收日期,但甲方应承认竣工日期,并承担乙方的看管费用和相关费用。

8.6 甲方逾期未验收或认为工程质量有问题却怠于以书面形式通知乙方,则视为验收合格。甲方未经验收即提前使用或擅自动用,由此出现的质量问题或造成的损失由甲方自行承担。

9. 工程质量保证

自交付使用起 24 个月内出现非使用不当产生的装修质量问题，乙方应予以修复，保修期自工程竣工验收之日算起。隐蔽工程终身保修。

10. 乙方为本合同所设计的图纸保有版权，只供甲方作为本合同书指定地点指定楼层施工专用，不得转让出版或做其他用途。若甲方有本合同施工以外的其他用途，应预先征得乙方同意并需另付设计费用。

（第 11—14 条略）

甲方：（签章）①　　　　　　　　　　乙方：（签名）

日期：2018 年 5 月 4 日　　　　　　　日期：2018 年 5 月 4 日

证据 2：被告法定代表人微信朋友圈截图

内容为早教中心的招生广告，并附有工作人员带领儿童在早教中心内开展活动的照片。朋友圈时间为 2018 年 8 月 26 日。

（图片略）

证据 3：原告财务入账明细

交易时间	付款人	付款账号	收款人	收款账号	金额
2018 年 9 月 29 日	黄坚	6217××	耿某	6222××	10 000.00
2018 年 9 月 17 日	黄坚	6217××	耿某	6222××	20 000.00
2018 年 9 月 8 日	坚欢成公司	3105××	耿某	6222××	30 000.00
2018 年 8 月 31 日	坚欢成公司	3105××	耿某	6222××	10 000.00
2018 年 6 月 7 日	程欢	6228××	耿某	6222××	210 000.00
2018 年 5 月 23 日	成一楠	6217××	耿某	6222××	210 000.00
2018 年 5 月 8 日	成一楠	6217××	耿某	6222××	340 000.00
2018 年 5 月 4 日	成一楠	6217××	耿某	6222××	30 000.00

上述款项合计金额为 86 万元。

（二）庭前准备阶段形成的文书和材料

1. 2019 年 6 月 4 日被告法定代表人谈话笔录

---

① 此处原有"成一楠"签名，坚欢成公司于 2018 年 5 月 15 日设立后，"成一楠"的签名被涂去，此处加盖了坚欢成公司公章。

谈 话 笔 录

案号：(2019)沪 0115 民初 3727 号

审判人员：范一（审判长暨主审法官）

书记员：顾鼎鼎

（当事人身份信息略）

审判长：对原告诉讼请求、事实理由的意见？

被代：装修到最后阶段的时候，我们就先用起来了，有需要补充的内容会跟原告联系。我们认为还有一扇门没装，然后墙壁后来有裂缝，修补过一次，后来也没来修补，所以我们认为对最终的结算价格双方没有确认过。另外，对已付款有异议，被告实际支付的款项为 91 万元。

审判长：对原告证据什么意见？

被代：证据1、2 予以认可。对证据3，除原告列明的 86 万元以外，合同签订当日我们还向原告支付了 5 万元定金，原告没有列入已付款，所以已付款应该是 91 万元。

审判长：有无证据提交？

被代：我们提交证据：收款收据。证明 2018 年 6 月 1 日前我们共计向原告支付了 84 万元。另外结合原告的证据3，我们在 2018 年 6 月 1 日之后共计支付了 7 万元，所以已付款总金额为 91 万元。

审判长：有无其他补充？

被代：希望和原告进行调解。

审判长：谈话至此结束，阅看笔录无误后签字署期。

2. 被告证据：《收款收据》

收 款 收 据

客户：坚欢成文化传播（上海）有限公司

时间：2018 年 6 月 1 日

名称：一期二期三期工程款 84 万元

收款单位：上海驰鹄建筑装饰工程有限公司

3. 2019 年 6 月 13 日原告书面质证意见

质 证 意 见

对被告庭后提供的"收款收据"真实性认可。虽然原告仔细核查双方所有的银行流水，确认没有找到差额 5 万元的进账记录，但是原告同意按照被告提供的收款收据进行结算，并将诉请金额由 19 万元调整为 14 万元。

原告：上海驰鹄建筑装饰工程有限公司

2019 年 6 月 13 日

4. 2019年6月13日原告变更诉讼请求申请书

变更诉讼请求申请书

申请人就拖欠工程款的金额进一步核实后,特请求变更诉讼请求如下:

判令被告向原告支付工程款14万元及利息损失(利息损失以14万元为基数,按照中国人民银行同期贷款利率,自2018年10月16日起计算至付清之日止)。望裁如请。

申请人:上海驰鹄建筑装饰工程有限公司
2019年6月13日

(三)庭审笔录

上海市浦东新区人民法院
庭 审 笔 录

时间:2019年6月28日14时00分至14时15分

地点:本院第一法庭

审判人员:范一(审判长)、祝芬(审判员)、孙猛(审判员)

书记员:顾鼎鼎

(当事人身份信息略)

记录如下:

(书记员汇报庭审准备情况)

审判长: 现在开庭。上海市浦东新区人民法院今天依法公开开庭审理原告上海驰鹄建筑装饰工程有限公司诉被告坚欢成文化传播(上海)有限公司装饰装修合同纠纷一案。庭前已经告知了双方合议庭组成人员,当事人权利义务,就当事人是否申请回避、法庭确定的争点是否合适征询了当事人意见,征得了当事人同意。庭前核对了双方当事人身份和出庭人员。原告由代理律师王永康出庭,被告由公司法定代表人黄坚出庭。

审判长: 下面请原告陈述诉讼请求及相应的事实和理由。

原代: 诉讼请求:判令被告向支付原告工程款14万元以及利息(利息以14万元为本金,按照中国人民银行同期贷款利率,自2018年10月16日起计算至实际给付之日止)。事实和理由:2018年5月4日,原、被告签署了《室内装饰工程委托合同》,被告将位于浦东新区张杨路××号房屋的早教中心装修工程发包给原告施工,工程造价为105万元。原告按约完成了装修,早教中心于2018年9月1日开业。但被告至今仅支付了工程款91万元,欠付14万元,原告多次催讨未果,遂提起本案诉讼。根据双方合同7.4条约定,最后一笔工程款应于2018年10月15日前支付,所以从2018年10月16日起计算利息。

具体(事实理由)详见诉状。

审判长：这个工程的实际施工时间？

原代：2018年5月10日开工。

审判长：竣工的时间呢？

原代：7月25号竣工并交付。

审判长：下面由被告针对原告的诉讼请求以及事实理由发表答辩意见。被告你是否同意原告诉请？

被代：不同意。

审判长：对于原告所说的被告将这个工程发包给原告的事实是不是存在？

被代：这个事实存在。

审判长：你(被告)现在不同意支付工程款的主要理由是什么？

被代：首先按我们合同5.2条的约定，指派成一楠作为甲方代表履行合同。由于我们内部原因现在已经联系不到成一楠本人，所以对于工程的质量进度没有办法联系到他和他进行沟通。在我们实际使用过程中，竣工日期和我们合同上的约定有比较大的时间差。所以我们不同意原告的诉讼请求。

审判长：关于原告主张的105万元造价被告什么意见？

被代：这只是初期的合同拟定的一个价格，然后实际还会根据验收和施工过程中所发生的情况来增加实际费用或减少实际费用。

审判长：也就是说你认为这个工程最终还是要另行结算的？

被代：是的。

审判长：根据双方陈述的诉辩意见和庭前提交的材料，合议庭认为本案主要有以下两方面争议焦点：第一，本案工程能否直接以合同价105万元作为双方结算价？第二，被告能否以股东之间的内部矛盾作为工程款付款义务的抗辩？下面首先审理第一个争议焦点。原告，你方认为双方合同约定的105万元的价格是暂定价，还是固定总价？

原代：是一个固定价格。

审判长：你的理由是什么？

原代：因为双方在合同第6.4条约定，如果双方就修改方案达成一致意见后，可以按照实际发生的增减项目重新核算工作量，相应增减项目工程费用另行计算。第7.7条约定，如果需要增加或减少工程项目，双方必须在项目变更施工前签订《项目变更表》并就增加或减少的项目金额达成一致，并且在竣工结算时结清。根据这两条约定，除非发生书面的项目变更，否则工程项目应该按照固定总价结算。

审判长：被告,原告刚才陈述,如果在施工过程中工程量增减,合同约定需要签订书面的《项目变更表》,在实际施工过程中,双方当事人有没有签署这样一个书面文件? 或者以其他方式对工程量变化进行过确认?

被代：还没有。

审判员(孙)：被告认为合同约定的105万元是固定价还是暂定价?

被代：暂定价。

审判员(孙)：工程结束后是否需要结算?

被代：需要。

审判员(孙)：合同中为什么没有约定结算条款?

被代：合同当时主要是(另一股东)成一楠负责签的。合同后面还有一份所用材料的详细价目表,如果当中有删减的话在最后竣工验收时会有扣除的。有合同附带的一份材料所需要的价目表。

审判长：你说的是不是就是那个预算单?

被代：是的。

审判长：刚才法庭的问题是为何没有在合同中明确写工程结束后要进行结算?

被代：合同中有写。好像是第8.5条,竣工后两日内乙方应书面通知甲方验收。我们整个装修的工期中没有验收过。

审判长：你认为验收其实就包含了结算的意思?

被代：对的。还没有到达这一步。

审判员(祝)：原告,你方是否按照预算全部施工完毕?

原代：是的,全部施工完毕。并且交付给被告。被告也已经于2018年9月1日正式营业。

审判长：对于该事实被告能否确认?

被代：我们还没有正式营业,在9月1日之前。合同约定的工期是60天。到9月1日,就像原告所说的,也有很多现场没有完成的施工。

审判长：原告,你方陈述被告已经正常营业,有什么证据证明?

原代：被告法定代表人黄坚微信朋友圈照片展示。

审判长：是你方的第几组证据?

原代：我方证据2。

审判长：证据2,微信截图照片?

原代：是的。

审判长：根据照片反映，此时早教中心已经开业，对于该事实被告能否确认？

被代：是开始使用这个场所。

审判长：是试营业？

被代：是试营业。但并没有和原告就工程进行验收或达成一致。

审判长：原告，双方有无办理书面验收手续？

原代：没有办理书面验收手续。

审判长：为什么没有办理？

原代：因为基于双方友好合作关系和信任度。工程做好交付以后，被告也实际使用了，被告也按照合同第7条的付款方式在支付款项。

审判长：你方认为不需要再进行验收了？

原代：是的。

审判长：被告，虽然合同中没有约定"固定总价"的字样，但是合议庭注意到，合同中除了原告所说的关于工程量增减应当提前进行书面确认外，确实没有工程结束后还要另行结算的条款。因此，合议庭初步判断双方的合意应当是如果没有工程量增减，就是按照105万元进行结算。你方如果认为工程量存在增减，要就此负担证明责任。你方就工程量增减有没有证据向法庭提供？

被代：当庭没有证据。

审判长：下面审理第二个争议焦点。被告能否以股东之间的内部矛盾作为工程款付款义务的抗辩。原告，对于此项争议焦点什么意见？

原代：我们认为，原告与被告公司之间是正常商事交易，原告并不清楚被告股东之间的矛盾，不能作为对抗外部债权人的合法理由。不同意被告此项抗辩。

审判长：法庭注意到，装修合同抬头的甲方为成一楠，该合同是被告公司行为，还是成一楠个人行为？原告。

原代：是公司行为。因为当时签订合同的时候，被告公司公章还没办好，所以由成一楠作为公司发起人在合同上签字。营业执照和工商手续全部办完后，再由被告公司加盖公章。因此合同当事人应当以最终的落款盖章为准。

审判长：被告，合同抬头是成一楠，这个合同是公司行为还是成一楠个人行为？

被代：呃……

审判长：合同落款处加盖了公司公章？

被代：这个合同是……首先我不能回答你的这个问题。签合同当时的落款和合同抬头都是成一楠完成的。我和另外一个股东在场但是并没有看过文件。还有一点，我们现在内部股东怀疑，整个过程中我们不认识原告，但成一楠是认识原告的，所以才会签下这个合同。最后为什么会盖上公章？确实是原告所说的营业执照是后面才办下来的，才加盖的公章。

审判长：对被告公章是否确认？

被代：确认。

审判长：被告，就本案而言，虽然合同抬头是成一楠，但最终签章的是被告公司，因此一般来说除非有相反证据，应当认定签订合同的行为是公司行为。根据法律规定，公司法人对外独立承担责任，股东之间的纠纷属于公司内部纠纷，一般情况下不能对抗外部债权人，除非存在股东与外部债权人恶意串通损害公司利益的情况。被告以公司内部股东之间的矛盾作为公司对外债务的抗辩，你们有没有法律上或者事实上的理由？

被代：我们在这个合同中，成一楠和原告保持联系，在成一楠失联前，被告另外两个股东并没有和原告有联系。我们这个案子到这个情况下，成一楠没有配合我们拿出所有的证据、转账记录。他告知我们没有。

审判长：成一楠目前失联的情况让你们产生了这样的怀疑？

被代：之前有联系过。在开庭前和他联系过，告知他要开庭。此后就联系不到他了。他也拒绝出庭以及提供证据。

审判长：成一楠的回避态度让你们产生了对他的怀疑？

被代：是的。

审判员（祝）：被告，你有没有证据证明被告股东与原告恶意串通损害被告公司利益的情况？

被代：没有。

审判长：双方就本案两项争议焦点还有没有其他补充意见？

原代：没有了。

被代：没有了。

审判长：法庭调查和法庭辩论结束。双方就本案发表最后陈述意见。

原代：请求法庭支持原告的诉讼请求。

被代：希望有机会和原告进行调解。

审判长：今天的庭审到此结束，合议庭将在评议后依法做出判决。当事人在闭庭后，阅看庭审笔录，如认为笔录记载有遗漏或者差错，可以请求补正，确认无误后应当在笔录上签名、署期。现在闭庭。

（四）民事判决书

上海市浦东新区人民法院
民事判决书

（2019）沪 0115 民初 3727 号

原告：上海驰鹄建筑装饰工程有限公司。
被告：坚欢成文化传播（上海）有限公司。
法定代表人：黄坚。

原告上海驰鹄建筑装饰工程有限公司（以下简称驰鹄公司）与被告坚欢成文化传播（上海）有限公司（以下简称坚欢成公司）房屋租赁合同纠纷一案，本院于 2019 年 1 月 7 日立案受理后，依法适用普通程序公开开庭进行了审理。原告驰鹄公司的委托诉讼代理人王永康，被告坚欢成公司的法定代表人黄坚到庭参加诉讼，本案现已审理终结。

原告驰鹄公司向本院提出诉讼请求：判令被告向原告支付工程款 14 万元及利息（以 14 万元为本金，按照中国人民银行同期同类贷款利率自 2018 年 10 月 16 日起计算至实际付清之日止）。事实和理由：2018 年 5 月 4 日，原告和被告签署《室内装饰工程委托合同》，约定被告将位于上海市浦东新区张杨路××号的早教中心装修工程发包给原告施工，工程造价为 105 万元，付款方式为分期付款，2018 年 10 月 15 日前付清全部工程款。合同签订后，原告按约完成了装修，被告于 2018 年 9 月 1 日开业运行。截至目前，被告共给付原告工程款 91 万元，欠付 14 万元，原告多次催讨未果，遂提起本案诉讼。

被告坚欢成公司辩称，被告确将涉案工程发包给了原告施工，工程也已经结束，但不同意原告的诉讼请求。理由是：第一，装修合同所约定的 105 万元造价只是暂定价，实际施工中有减少的项目，双方未办理结算；第二，装修合同系被告股东成一楠签订，后来在公司经营过程中成一楠与其他股东产生矛盾，目前已经联系不上，不愿意承担合同责任。

当事人围绕诉讼请求依法提交了证据。结合双方递交的证据和庭审情况，本院认定事实如下：

2018 年 5 月 4 日，案外人成一楠（甲方）与原告（乙方）签订《室内装饰工程委托合同》，约定甲方将位于上海市浦东新区张杨路××号房屋的早教中心装修工程（以下简称系争工程）发包给乙方施工，工期暂定 2017（系笔误，应为 2018）年 5 月 10 日至 2017（系笔误，应为 2018）年 7 月 7 日，共计 60 天。合同第 6 条约定，项目金额总计 105 万元。甲方如需修改其确认后的方案，应在乙方未采购材料前以书面形式通知，否则由于修改方案造成的损失由甲方承担。

甲乙双方就修改方案达成一致意见后,乙方将按照实际发生的增减项目重新核算工作量,相应增减项目工程费用另行计算。如甲方减少项目的工程总金额超过合同总金额的15％,乙方将向甲方收取减少项目工程总金额20％的管理费。合同第7条约定,工程款分期支付,2018年10月15日之前甲方应该付清全部工程款。如确需增加或减少工程项目,双方必须在项目变更施工前签订《项目变更表》并就增加或减少的项目金额达成一致,并且应在竣工结算时结清。合同第8条约定,工程竣工后二日内,乙方应书面通知甲方验收。甲方逾期未验收或认为工程质量有问题却怠于以书面形式通知乙方,则视为验收合格。甲方未经验收即提前使用或擅自动用,由此出现的质量问题或造成的损失由甲方自行承担。合同落款处原有成一楠的签名。坚欢成公司于2018年5月15日成立后,成一楠的签名被涂去,甲方落款处加盖了被告坚欢成公司公章。

上述合同签订后,原告实际进行了施工,被告累计给付原告工程款91万元。根据被告法定代表人黄坚的微信朋友圈截图,该工程已经于2018年8月底实际投入使用,但双方未办理书面竣工验收和结算手续。

本院认为,原、被告就系争工程建立的装饰装修合同关系系双方当事人真实意思表示,不违反法律、行政法规的强制性规定,应为有效。本案主要涉及两方面争议焦点:

一、系争工程能否直接以合同约定的工程价款105万元作为结算价?本院认为,虽然双方装修合同中没有"固定总价"的字样,但是合同中除了前述施工出现项目增减应该在项目变更施工前签订书面的《项目增减表》外,确实没有在工程结束后还要另行结算的条款,由此可以认定双方的真实合意应为如果没有工程量增减,即应按照105万元的价格作为结算价。被告若认为工程量减少,应就此负担证明责任。由于被告未能举证证明工程量减少的事实,且系争工程早已实际投入使用,视为验收合格,因此应当认定系争工程造价即为105万元。

二、被告能否以股东之间内部矛盾作为被告公司工程款付款义务的抗辩?本院认为,虽然装修合同抬头为"成一楠",但落款处盖有被告公章。原告对此的解释为签订合同时被告公司尚未设立,故由公司发起人之一成一楠签订,公司成立后加盖了公司印章,对合同予以确认,该解释合理,原告有权要求公司承担合同责任。根据法律规定,公司法人以其全部财产独立承担民事责任,股东之间的纠纷属于公司内部纠纷,一般不能对抗外部债权人,除非存在股东与债权人恶意串通损害公司利益的情况。本案被告并未提交证据证明系争工程装修过程中存在成一楠与原告恶意串通损害公司利益的情况,故被告以公司股东之间内部矛盾来作为工程款付款义务的抗辩,本院不予采纳。

综上,本院认定系争工程造价为105万元,扣除被告已付工程款91万元,未付工程款为14万元。原告提出的诉讼请求具有合同和法律依据,本院依法予以支持。依照《中华人民共和国民法总则》第六十条、《中华人民共和国合同法》第一百零九条、《最高人民法院关于适用〈中华人民共和国公司法〉若干问题的规定(三)》第二条第二款、《最高人民法院关于审理建设工程施工合同纠纷案件适用法律问题的解释》第十七条的规定,判决如下:

被告坚欢成文化传播(上海)有限公司应于本判决生效之日起七日内给付原告上海驰鹄建筑装饰工程有限公司工程款14万元及利息(以14万元为本金,按中国人民银行发布的同期同类贷款利率自2018年10月16日起计算至实际给付之日止)。

负有金钱给付义务的当事人如未按判决指定的期间履行给付义务,应当依照《中华人民共和国民事诉讼法》第二百五十三条之规定,加倍支付迟延履行期间的债务利息。

案件受理费3 100元,由被告坚欢成文化传播(上海)有限公司负担。

如不服本判决,可在本判决送达之日起十五日内,向本院递交上诉状,并按照对方当事人的数量提供副本,上诉于上海市第一中级人民法院。

审判长 范 一
审判员 祝 芬
审判员 孙 猛

2019年7月19日

书记员 顾鼎鼎

第八章 排除妨害纠纷案件诉讼全过程训练

扫一扫
观看庭审录像

训练素材——上海杨浦科技创业中心有限公司诉上海立昌环境技术股份有限公司排除妨害纠纷案[①]

一、选择本案的理由

第一,本案是产权人作为原告起诉实际使用人排除妨害搬离的案件,其中产权人将房屋出租给贝肯公司,贝肯公司作为二房东将房屋转租给被告,因贝肯公司违约导致原告与贝肯公司的房屋租赁合同解除,被告因此丧失继续承租系争房屋的合法性。本案的审理同时涉及房屋租赁合同及排除妨害两种法律关系,比通常的房屋租赁合同审理难度大幅增加。

第二,法官过滤了案件中无关紧要的信息,正确确定了案件的争点,即原告基于产权人身份可否主张被告排除妨碍搬离系争房屋;如原告有权基于物权要求被告搬离,占用使用费及物业费如何结算?再加上庭审紧紧围绕争点审理,合议庭释明和心证公开充分,使该案在比较短的时间内实现了一庭终结的集中审理。

二、本案训练的材料目录

(一) 原告起诉状和证据

1. 民事起诉状
2. 原告证据目录
3. 原告证据(部分)

[①] 本案合议庭成员:龚立琼,上海市杨浦区人民法院民事审判庭副庭长,一级法官。张扬,上海市杨浦区人民法院民事审判庭审判员,四级高级法官。陈铭浩,上海市杨浦区人民法院人民陪审员。

（二）被告答辩状质证意见

1. 答辩状
2. 对原告证据的质证意见

（三）当事人书状和法院指令

1. 准备一状
2. 答辩一状
3. 法院指令（一）
4. 原告对法院指令（一）的回应
5. 被告对法院指令（一）的回应
6. 法院指令（二）
7. 原告对法院指令（二）的回应
8. 被告对法院指令（二）的回应

（四）庭审笔录

三、本案需要展示的法律文书和证据

（一）原告递交的起诉状和证据

1. 起诉状

民事起诉状

原告：上海杨浦科技创业中心有限公司

被告：上海立昌环境工程股份有限公司

诉讼请求：

1. 判令被告腾退上海市杨浦区国权北路××弄××号××楼××室房屋；

2. 判令被告向原告支付房屋占有使用费689 240.00元（自2018年10月1日暂计至2019年5月31日，按当期每月86 155元的标准支付至实际腾退之日）；

3. 判令被告向原告支付物业管理费181 280.00元（自2018年10月1日暂计至2019年5月31日，按每月22 660元的标准支付至实际腾退之日）；

4. 判令被告承担本案诉讼费。

事实和理由：

2017年3月，原告将其所有的上海市国权北路××弄××号××室房屋出租给案外人上海贝肯建设发展有限公司（以下简称贝肯公司），双方签订了

《上海市房屋租赁合同商品房出租》,租期自 2017 年 4 月 1 日至 2028 年 1 月 31 日止。

2017 年 9 月,贝肯公司将国权北路××弄××号××楼××室转租给被告,并签订了《上海市房屋租赁合同》。合同约定:建筑面积为 1 133 平方米,2017 年 5 月 16 日至 2022 年 5 月 15 日期间,租金 2.5 元/平方米/天、约定物业管理费 20 元/平方米/月,即每月 22 660 元。

租赁期间,因贝肯公司未按约向原告支付租金及物业管理费构成根本违约,故双方协商一致于 2018 年 9 月 30 日协议解除《上海市房屋租赁合同商品房出租》,至此贝肯公司对于系争房屋不再享有出租权。

2018 年 10 月 10 日,"杨浦科创"向被告送达"租赁要约函",12 月 18 日,向被告出具了"情况说明",又于 2019 年 1 月 8 日发出"关于××号楼××层承租租户租赁合同变更办理的通知"。但被告至今既不签约,也不腾退房屋,也未向原告支付过自 2018 年 10 月 1 日以来的房屋占有使用费和物业管理费。

原告为维护自身合法权益,特向法院起诉,望贵院查明事实,依法支持原告各项诉请。

此致

上海市杨浦区人民法院

具状人:上海杨浦科技创业中心有限公司

2019 年 7 月 16 日

原告证据目录

序 号	证据名称	证 明 内 容
1	上海市不动产登记簿	证明原告系位于国权北路××弄××号××室房屋的产权人
2	《协议书》	证明原告曾将杨浦区国权北路××弄××号××室房屋出租给上海贝肯建设有限公司,后双方协议于 2018 年 9 月 30 日解除租赁关系
3	《上海市房屋租赁合同》	证明上海贝肯建设发展有限公司将涉案房屋转租给被告,并约定了租期、租金以及物业费
4	《租赁要约函》	证明原告于 2018 年 10 月 10 日向被告发出要约:就涉案房屋建立租赁关系
5	《租赁合同解除情况说明》	证明 2018 年 12 月 18 日上海贝肯建设与原告共同向被告说明,自 2018 年 10 月 1 日起,贝肯公司就涉案房屋已丧失租赁使用权

续 表

序号	证据名称	证明内容
6	《关于 A8 楼 7—10 层承租租户租赁合同变更办理的通知》	证明原告再次向被告发出通知,要求被告签订《租赁合同》并补缴租金及物业管理费
7	情况说明	证明被告自 2018 年 10 月 1 日至今占用房屋未腾退

2. 原告证据

证据 1:上海市不动产登记簿。该组证据记载了本案所涉房屋的不动产登记簿信息。证据内容显示,本案所涉房屋的所有权人均为原告上海杨浦科技创业中心有限公司。

证据 2:《协议书》

协 议 书

甲方:上海杨浦科技创业中心有限公司(出租方)

乙方:上海贝肯建设发展有限公司(承租方)

甲、乙双方于 2017 年 3 月签订国权北路××弄××号××室的办公用房《租赁合同》及《补充协议》,因乙方逾期支付租金及物业管理费等问题,经协商甲、乙双方就合同解除所涉及的相关问题,秉承诚实守信原则,经协商一致达成如下协议:

第一条 合同的解除

1. 甲、乙双方经协商一致,原签订的《租赁合同》及《补充协议》于 2018 年 9 月 30 日解除,乙方与次承租人的《租赁合同》随之解除;

2. 乙方应于本协议签订之日起十五日内与次承租人办理合同解除的手续,并妥善处理合同解除的相关事宜;

3. 甲、乙双方解除《租赁合同》后,乙方应通知次承租人与甲方建立租赁关系。

第二条 物业管理费的支付

1. 原上海中心大厦置业管理有限公司于 2018 年 1 月 15 日授权甲方对租赁标的物进行收取物业管理费,并自 2018 年 1 月 1 日起将原 12 元/平方米/月调整为 20 元/平方米/月,乙方已知晓;

2. 乙方应于 2018 年 12 月 31 日之前向甲方支付 2018 年 1 月 1 日至 2018 年 9 月 30 日的物业管理费,总计人民币:1 631 124 元整(大写:壹佰陆拾叁万元壹仟壹佰贰拾肆元整);

3. 甲方收到上述款项后应向乙方出具增值税发票。

第三条 延期支付租金及物业管理费产生的滞纳金

1. 甲、乙双方经协商一致,因乙方延期支付租金、物业管理费所产生的滞纳金确认为人民币:50 000元(大写:伍万元整);

第四条 保证金

1. 甲、乙双方协商一致,乙方已支付的租赁保证金人民币1 102 519元(大写:壹佰壹拾万贰仟伍佰壹拾玖元整)不予退还,其中20%部分作为乙方对本次协商解约给甲方的补偿;

2. 其中保证金80%部分作为抵扣本协议的物业管理费及滞纳金,不足部分为人民币:799 108.8元(大写:柒拾玖万玖仟壹佰零捌元八角整)由乙方于2018年12月31日之前向甲方支付,乙方表示同意。

第五条 关于水管漏水赔偿事宜(略)

第六条 关于乙方与次承租人的合同解除

1. 本协议签订之日后,就不愿与甲方建立租赁关系的次承租人,由乙方负责将该部分租赁标的物原样返还甲方,并妥善处理相关事宜;

2. 乙方返还甲方租赁标的物时,除可移动属于乙方购置的家具外,其余物品不得擅自占有。

第七条 若乙方怠于履行本协议,甲方有权另行起诉,本协议就甲方做出让步的条款并不必然发生法律效力。

第八条 本协议一式二份,甲、乙双方各执一份,签字盖章后即生效。

(签字页略)

证据3:《房屋租赁合同》

上海市房屋租赁合同

本合同由以下双方签订:

出租方(甲方):上海贝肯建设发展有限公司

承租方(乙方):上海立昌环境工程股份有限公司

签订日期:2017年5月

根据《中华人民共和国合同法》、《上海市房屋租赁条例》(以下简称《条例》)的规定,甲、乙双方在平等、自愿、公平和诚实信用的基础上,经协商一致,就乙方承租甲方可依法出租的房屋事宜,订立本合同。

一、出租房屋情况

1-1 甲方出租给乙方的房屋坐落在本市国权北路××弄××号××楼××室(以下简称该房屋)。该房屋出租建筑面积为1 133平方米,房屋用途为办公,房屋类型为教育科研,结构为框架,该房屋的平面图见本合同附件(一)。该房屋在出租前已设定银行抵押。

二、租赁用途

2-1　乙方向甲方承诺,租赁该房屋作为办公、科研使用,并遵守国家和本市有关房屋使用和物业管理的规定。

2-2　乙方保证,在租赁期内未征得甲方书面同意以及按规定须经有关部门审批核准前,不得擅自改变上款约定的使用用途。

三、交付日期和租赁期限

3-1　甲乙双方约定,甲方与2017年5月16日向乙方交付该房屋。房屋租赁期自2017年5月16日起至2022年5月15日止。交付标准为现状交付。

3-2　租赁期满,甲方有权收回该房屋,乙方应如期返还。乙方需继续承租该房屋的,则应于租赁期限届满前三个月,向甲方提出续租书面要求,乙方享有优先租赁权,经甲方同意后重新签订租赁合同。

四、租金、支付方式和期限

4-1　甲、乙双方约定,前三年该房屋每日每平方米建筑面积租金为2.5元(含税)。月租金总计为86 155元。(大写:捌万陆仟壹佰伍拾伍元整)。见补充条款。

4-2　乙方应于每月16日前向甲方支付次月租金、物业管理费。逾期支付的,每逾期一日,则乙方需按月租金和月物业管理费的0.5%支付违约金。见补充条款。

4-3　乙方支付租金的方式如下:见补充条款。

五、保证金和其他费用(略)

六、房屋使用要求和维护责任(略)

七、房屋返还时的状态(略)

八、转租、转让和交换

8-1　除乙方关联公司(需提供关联公司相关信息)外乙方不得对该房屋做转租,否则视为乙方违约,甲方有权解除本合同,同时追究乙方违约责任。

九、解除本合同的条件(略)

十、违约责任(略)

十一、其他条款(略)

(签字页略)

补 充 协 议

一、租金及期限的规定(对应合同第四条)

1. 甲乙双方约定：

2017年5月16日至2020年5月15日2.5元/平方米/天。

每月租金：86 155元,(大写)[捌万陆仟壹佰伍拾伍元整](人民币);

2020年5月16日至2021年5月16日2.7元/平方米/天。

每月租金：930 476元,(大写)[玖万叁仟零肆佰柒拾陆元整](人民币);

2021年5月16日至2022年5月15日2.9元/平方米/天。

每月租金：99 940元,(大写)[玖万玖仟玖佰肆拾元整](人民币)。

2. 房租计租起始日为2017年5月16日,房屋租赁终止日期为2022年5月16日,其中2017年5月16日至2017年8月16日为免租期。免租期内乙方需支付物业费、水电费等除房租外的其他费用。

二、租金、物业管理费的支付方式(对应合同第四条)

1. 房屋租金及物业管理费支付采用分时段支付的方式。自起租之日起,每一个月为房租、物业管理费支付时段。

2. 乙方应于每个支付时段的前一个月16日前向甲方支付下一时段的房屋租金及物业管理费。

3. 乙方逾期二十天不支付房屋租金、物业管理费的,视为乙方违约,甲方有权解除本合同。

4. 本合同签订后5个工作日,乙方须向甲方支付第一时段的房租。

5. 本合同签定后5个工作日,乙方须向甲方支付第一时段的物业管理费(三个月物业费),以后按月支付。

6. 甲方收取房屋租金及物业费后一周内开具相应发票交由乙方。

(签字页略)

证据4:《租赁要约函》

租 赁 要 约 函

本公司系上海市国权北路××弄××号××室共计9 061.80 m² 房屋的产权人。鉴于原承租人上海贝肯建设发展有限公司未按约向我司支付房租,我司已通知其解除《房屋租赁合同》,并已将该情况向你司说明。根据《上海市房屋租赁条例》第32条规定：房屋转租期间,租赁合同解除的,转租合同应当随之解除。因此,你司向上海贝肯建设发展有限公司承租的房屋已不具有使用权。

为营造一个良好的经营环境,保障你司的切身利益,我司诚挚向你司发出要约,如你司需继续使用上述房屋,在收到本函之日起七日内与我司商洽签订《房屋租赁合同》事宜。

顺颂商祺!

上海杨浦科技创业中心有限公司
2018 年 10 月 10 日

证据 5:《情况说明》

租赁合同解除情况说明

上海杨浦科技创业中心有限公司(以下简称杨科创)与上海贝肯建设发展有限公司(以下简称贝肯公司)于 2017 年 3 月签订国权北路××弄××号××层的办公用房《租赁合同》及《补充协议》。经双方经协商一致,原签订的《租赁合同》及《补充协议》于 2018 年 9 月 30 日解除,贝肯公司与次承租人签订的《租赁合同》及《补充协议》到 2018 年 9 月 30 日为止,贝肯公司将与次承租人签订终止协议,租赁期间所发生的全部费用由贝肯公司与次承租人进行结算。自 2018 年 10 月 1 日起将由杨科创与次承租人签订租赁合同,租赁合同条款将延续原有次承租人与贝肯公司所签订的合同条款内容,杨科创方面将不会增加不利于次承租人的条款内容。自 2018 年 10 月 1 日起所发生的房屋租金、物业管理费、水电费等全部费用均由次承租人向杨科创进行支付。

上海杨浦科技创业中心有限公司
上海贝肯建设发展有限公司
2018 年 12 月 18 日

证据 6:《变更通知》

关于××号楼××层承租租户租赁合同变更办理的通知

国权北路××弄××号××层办公用房原承租方上海贝肯建设发展有限公司(以下简称贝肯公司)已于 2018 年 9 月 30 日与出租方上海杨浦科技创业中心有限公司(以下简称杨科创)解除《租赁合同》(详见《租赁合同解除情况说明》),同日,贝肯公司与次承租人签订的《租赁合同》及《补充协议》失效,各次承租人已拖欠杨科创 2018 年 10 月、11 月、12 月以及 2019 年 1 月,共计 4 个月房租、物业费和水电费,对园区的正常管理工作和杨科创造成了极大的影响。故特此通知各次承租方尽快与大楼业主方签订新的租赁合同,并及时补缴相关费用。

本通知公示之日起 10 个工作日内(2019 年 1 月 22 日之前)签订合同的次承租方,按原合同租金标准、租期时限签订新合同;2019 年 1 月 22 日前还未签订新租赁合同的次承租方视为自行放弃继续租赁,将按合同终止进行处理,因此造成的损失由次承租方自行承担。

办理时间:2019年1月8日至2019年1月22日。

办理地址:园区招商服务中心(59号,园区物业服务中心旁边)

上海杨浦科技创业中心有限公司
2019年1月8日

证据7:《情况说明》

情 况 说 明

上海市杨浦区人民法院:

我司"上海中心大厦置业管理有限公司湾谷科技园物业管理分公司",系国权北路××弄××号楼的物业管理公司。现就贵院受理的"上海杨浦科技创业中心有限公司"(以下简称:杨浦科创)诉"上海立昌环境工程股份有限公司"(以下简称:立昌环境)排除妨害纠纷一案中,相关涉案事实作简要说明,具体情况如下:

"杨浦科创"系国权北路××弄××号××楼××室房屋权利人,由"贝肯建设公司"承租后再转租给"立昌环境"。2018年9月"杨浦科创"就上述物业与"贝肯公司"解除租赁合同后,即将相关事实通知"立昌环境"并告知转租合同随之解除要求腾空房屋予以返还。"立昌环境"公司自2018年10月1日起一直占用至今未腾空房屋搬离租赁标的物。

上述情况属实,本公司向法院作出说明无任何虚假内容。

此致
上海市杨浦区人民法院

上海中心大厦置业管理有限公司
湾谷科技园物业管理分公司
2019年7月4日

补充证据1:《租赁合同》

上海市房屋租赁合同

本合同双方当事人:

出租方(甲方):上海杨浦科技创业中心有限公司

承租方(乙方):上海贝肯建设发展有限公司

根据《中华人民共和国合同法》、《上海市房屋租赁条例》(以下简称《条例》)的规定,甲、乙双方在平等、自愿、公平和诚实信用的基础上,经协商一致,就乙方承租甲方可依法出租的房屋事宜,订立本合同。

一、出租或预租房屋情况

1-1 甲方出租给乙方的房屋坐落在本市国权北路××弄××号××室（部位）（以下简称该房屋）。该房屋出租（实测）建筑面积为9 061.80平方米，房屋用途为办公，房屋类型为教育科研，结构为框架，该房屋的平面图见本合同附件（一）。甲方已向乙方出示：

【出租】房地产证/房屋所有权证/证书编号：（略）

1-2 甲方作为该房屋的房地产权利人与乙方建立租赁关系。签订本合同前，甲方已告知乙方该房屋已设定抵押。

1-3 该房屋的公用或合用部位的使用范围、条件和要求；现有装修、附属设施、设备状况和甲方同意乙方自行装修和增设附属设施的内容、标准及需约定的有关事宜，由甲、乙双方分别在本合同附件（二）、（三）中加以列明。甲乙双方同意该附件作为甲方向乙方交付该房屋和本合同终止时乙方向甲方返还该房屋的验收依据。

二、租赁用途

2-1 乙方向甲方承诺，租赁该房屋作为办公、科研使用，并遵守国家和本市有关房屋使用和物业管理的规定。

2-2 乙方保证，在租赁期内未征得甲方书面同意以及按规定须经有关部门审批核准前，不擅自改变上款约定的使用用途。

三、交付日期和租赁期限

3-1 甲乙双方约定，甲方与2017年4月1日前向乙方交付该房屋。房屋租赁期自2017年4月1日起至2028年1月31日止。

3-2 租赁期满，甲方有权收回该房屋，乙方应如期返还。乙方需继续承租该房屋的，则应于租赁期满届满前三个月，向甲方提出续租书面要求，经甲方同意后重新签订租赁合同。

四、租金、支付方式和期限

4-1 甲、乙双方约定，该房屋每日每平方米建筑面积租金为（人民币）2元。月租金总计为（人民币）551 259.5元。（大写：伍拾伍万壹仟贰佰伍拾玖元伍角整）。该房屋租金除去免租期3年内不变。自第四年起，双方可协商对租金进行调整。有关调整事宜由甲乙双方在补充条款中约定。见补充条款。

4-2 乙方应于每支付月20日前向甲方支付租金。逾期支付的，每逾期一日，则乙方需按日租金的0.5%支付违约金。见补充条款。

4-3 乙方支付租金的方式如下：见补充条款。

五、保证金和其他费用（略）

六、房屋使用要求和维护责任(略)

七、房屋返还时的状态(略)

八、转租、转让和交换

8-1 根据乙方经营方式甲方同意乙方转租。

8-2 乙方转租该房屋,应按规定与接受转租方订立书面的转租合同。

8-3 在租赁期内,甲方如需出售该房屋,应提前三个月通知乙方。乙方在同等条件下有优先购买权。甲方出售该房屋不影响本合同的继续履行至合同期满。

九、解除本合同的条件

9-1 甲、乙双方同意在租赁期内,有下列情形之一的,本合同终止,双方互不承担责任:

(一)该房屋占用范围内的土地使用权依法提前收回的;

(二)该房屋因社会公共利益被依法征用的;

(三)该房屋因城市建设需要被依法列入房屋拆迁许可范围的;

(四)该房屋毁损、灭失或者被鉴定为危险房屋的;

(五)甲乙双方协商一致,提前终止本合同的。

9-2 甲乙双方同意,有下列情形之一的,一方可书面通知另一方解除本合同。违反合同的一方,应向另一方按月租金的两倍支付违约金;给对方造成损失的,支付的违约金不足抵付一方损失的,还应赔偿造成的损失与违约金的差额部分:

(一)甲方未按时交付该房屋,经乙方催告后三日内仍未交付的;

(二)甲方交付的该房屋不符合本合同的约定,致使不能实现租赁目的的;或甲方交付的房屋存在缺陷,危及乙方安全的;

(三)甲方该房屋出租前已设定抵押,现被处分,影响到合同正常履行的;

(四)乙方未征得甲方书面同意改变房屋用途,致使房屋损坏的;

(五)因乙方原因造成房屋主体结构损坏的;

(六)乙方逾期不支付租金累计超过一个月的。

十、违约责任(略)

十一、其他条款(略)

(签字页略)

补 充 协 议

一、租金及期限的规定(对应合同第四条)

1. 甲乙双方约定,该房屋租金:

房租单价：3.50元/平方米/天。甲方为扶持乙方发展，现给予房租优惠：

2017年4月1日至2021年1月31日2元/平方米/天，

每月租金：551 259.50元，（大写）［伍拾伍万壹仟贰佰伍拾玖元伍角］（人民币）；

2021年2月1日至2023年1月31日2.1元/平方米/天，

每月租金：578 822.50元，（大写）［伍拾柒万捌仟捌佰贰拾贰元伍角］（人民币）；

2023年2月1日至2024年1月31日2.29元/平方米/天，

每月租金：631 192.10元，（大写）［陆拾叁万壹仟壹佰玖拾贰元壹角］（人民币）；

2024年2月1日至2025年1月31日2.50元/平方米/天，

每月租金：689 074.30元，（大写）［陆拾捌万玖仟零柒拾肆元叁角］（人民币）；

2025年2月1日至2026年1月31日2.72元/平方米/天，

每月租金：749 712.90元，（大写）［柒拾肆万玖仟柒佰壹拾贰元玖角］（人民币）；

2026年2月1日至2027年1月31日2.96元/平方米/天，

每月租金：815 864.10元，（大写）［捌拾壹万伍仟捌佰陆拾肆元壹角］（人民币）；

2027年2月1日至2028年1月31日3.23元/平方米/天，

每月租金：890 284.10元，（大写）［捌拾玖万零贰佰捌拾肆元壹角］（人民币）。

2. 房租计租起始日为2017年4月1日，房屋租赁终止日期为2028年1月31日，其中2017年4月1日至2017年9月30日，2018年1月1日至2018年4月30日为免租期，免租期共10个月。

二、租金、物业管理费的支付方式（对应合同第四条）

1. 房屋租金及物业管理费支付采用分时段支付的方式。自起租之日起，每两个月为一个房租支付时段，每一个月为一个物业管理费支付时段。

2. 乙方应于每个支付时段的第一个月20日前向甲方支付本时段的房屋租金及向受开发商委托的上海陆家嘴物业管理有限公司交纳物业管理费。

3. 乙方逾期三十天不支付房屋租金、物业管理费的，每日按日租金、物业管理费的0.5%支付违约金。

4. 2017年9月20日前，乙方须向甲方支付第一时段的房租。

5. 本合同签定之日起5个工作日内,乙方须向物业管理公司支付第一时段的物业管理费。

三、保证金及其他费用(略)

四、乙方自行装修或增设附属设施的要求及维修责任(略)

五、房屋返还时的状态(略)

六、违约责任(略)

(签字页略)

补充证据2:《情况说明》

情 况 说 明

我司与上海新江湾城投资发展有限公司(以下简称"开发商")签订的前期物业合同约定的国权北路××弄××号整栋房屋的物业管理费为20元/平方米/月。自2015年1月1日起至2017年12月31日止(为期三年),由开发商给予上海杨浦科技创业中心有限公司(以下简称"产权人")物业费6折优惠。现该优惠活动已结束,故自2018年1月1日起我司恢复按原标准20元/平方米/月收取物业管理费。

我司已于2017年12月通知产权人,并全权委托产权人代收代付物业管理费。截至今日,产权人已向我司支付2018年1月至6月的物业管理费。

特此说明!

上海中心大厦置业管理有限公司
2019年9月3日

(二)被告答辩状和质证意见

答 辩 状

上海市杨浦区人民法院:

关于原告上海杨浦科技创业中心有限公司与被告上海立昌环境科技股份有限公司排除妨害纠纷一案被告答辩如下:

1. 原告认为上海市国权北路××弄××号××楼××室房屋(以下简称系争房屋)系其所有,并将系争房屋出租给了上海贝肯建设发展有限公司(以下简称贝肯公司),而贝肯公司将系争房屋转租给了被告,但原告并未提供原告与贝肯公司的租赁合同。而被告与贝肯公司签订《上海市房屋租赁合同》及《补充协议》中,贝肯公司在合同中明确告知其是系争房屋的唯一合法出租者。故原告与贝肯公司的法律关系,可能并非租赁关系,而系委托或其他法律关系,原告并不一定有权利主张被告与贝肯公司的租赁合同解除。

2. 假使原告与贝肯公司签订的确实是租赁合同,而贝肯公司将系争房屋转租给被告,原告与贝肯公司解除租赁合同后,原告也不能突破合同相对性,以被告与贝肯公司签订的租金标准,向被告主张占有使用费。本案系排除妨害纠纷,依据《物权法》第245条"占有的不动产或者动产被侵占的,占有人有权请求返还原物;对妨害占有的行为,占有人有权请求排除妨害或者消除危险;因侵占或者妨害造成损害的,占有人有权请求损害赔偿"之规定,原告应以实际损害向被告主张占有使用费,而原告实际损失标准至多为原告与贝肯合同约定的费用标准。

3. 原告并未提供实际支付物业费的相关证据。

4. 在诉讼前,原告及贝肯公司从未向被告提供系争房屋产证及解除合同协议,也未与被告协商剩余装修补偿事宜,仅各自要求被告不要付款给另一方,且原告多次在系争房屋处张贴文件、吵闹等,导致被告无法正常经营,多名员工离职,经济损失巨大,原告应对被告损失进行相应补偿。

基于以上事实,请求驳回原告的全部诉讼请求。

答辩人:上海立昌环境科技股份有限公司
2019年7月23日

对原告证据的质证意见

上海市杨浦区人民法院:

关于原告上海杨浦科技创业中心有限公司与被告上海立昌环境科技股份有限公司排除妨害纠纷一案被告发表质证意见如下:

证据1、3、7:三性认可。

证据2、4、5、6:三性不认可,被告没有收到过。尤其是证据2没有落款时间,真实性更加存疑,而且是杨科创与案外人之间的协议,被告不清楚。

补充证据1:三性不认可。因为是杨科创与案外人之间的协议,被告不清楚,也不排除事后补写的可能。

补充证据2:三性不认可。仅凭物业公司的情况说明,不能证明真实的物业费收缴情况。

被告:上海立昌环境科技股份有限公司
2019年9月18日

(三) 当事人书状和法院指令

准 备 一 状

对被告答辩状的意见:

1. 原告系上海市杨浦区国权北路××弄××号××室房屋的产权人,贝肯公司曾是系争房屋的承租人。根据2017年3月原告与贝肯建设发展有限公司签订的《上海市房屋租赁合同》证明(作为补充证据),原告将系争房屋出租给贝肯公司。后杨科创与贝肯公司协议于 2018 年 9 月 30 日解除租赁合同。

2. 关于占用费标准,原告主张按照贝肯公司与被告之间确认的租金标准计算。原告自与贝肯公司解除租赁合同后,原告已可以另行出租房屋,租金的标准也不可能按照贝肯公司与被告约定的租金标准。原告原来给与贝肯公司的租金标准是基于贝肯承租的多达 9 061.80 平方米,租期时长达近 10 年,是一个批发价格。

3. 关于物业费的标准,按照 20 元/平方米/月标准计算。系争房屋的物业管理公司为上海中心大厦置业管理有限公司,根据物业公司出具的《情况说明》(作为补充证据)证明,原告对于物业管理费是代收代付,并未从中盈利。2015 年 1 月 1 日起至 2017 年 12 月 31 日止按照优惠价格 12 元/平方米/月,自 2018 年 1 月 1 日起恢复原物业管理费价格即 20 元/平方米/月。

综上,希望法院查明事实,支持原告诉请。

原告:上海杨浦科技创业中心有限公司
2019 年 9 月 17 日

答 辩 一 状

对原告准备一状的意见:

被告没有收到贝肯的解约通知,杨科创单方的解约通知没有有效送达被告,因此衡芯公司的证据 1 与本案有直接关联,能证明被告支付了租金或占用费。如果杨科创没有收到,杨科创应当向贝肯主张。

被告:上海立昌环境科技股份有限公司

法院指令(一)

就原告上海杨浦科技创业中心有限公司与被告上海立昌环境工程股份有限公司排除妨害纠纷一案,双方已经发表两轮诉辩意见。根据双方所述诉辩意见,法庭归纳双方无争议的主要事实包括:

1. 系争房屋产权人为原告。

2. 2017 年 5 月,上海贝肯建设发展有限公司与被告签订《上海市房屋租赁合同》及《补充协议》各一份,由被告向贝肯公司租赁系争房屋,建筑面积 1 133 平方米,每日每平方米租金标准 2.5 元,月租金 86 155 元。租期自 2017 年 5 月 16 日起至 2020 年 5 月 15 日止。租赁期间,使用房屋所发生的水电煤、通讯、设备、物业管理费由被告支付,物业管理费 20 元/平方米/月,现阶段优惠价 12 元/平方米/月,每月 13 596 元,具体以物业公司收费标准为准。租金及物业费每月15日前向贝肯公司支付。

3. 被告自2018年10月1日起实际使用系争房屋至今。

本案事实方面的主要争议包括：

1. 系争房屋是否由原告出租给贝肯公司，再由贝肯公司转租给被告？

2. 被告是否获悉、何时获悉原告已与贝肯公司解除了租赁合同，是否收到原告的继续租赁的要约？

3. 占用使用费的标准及物业费的标准。

双方当事人(1)请对法庭归纳的主要无争议事实是否存在差错或重要遗漏发表意见；(2)请双方围绕争议焦点发表意见，并着重就下列问题补充提交说明及证据：

1. 被告对原告与贝肯公司之间的租赁合同是否确认？是否确认原告与贝肯公司的租金标准为每日每平方米2.5元？

2. 贝肯公司是否告知被告系争房屋无法继续租赁，被告何时、如何得知上述情况，为何未支付2010年10月1日之后的租金？

3. 被告与贝肯公司之间的租赁纠纷是否协商解决？

4. 原告发出的《租赁要约函》及《租赁合同解除情况说明》及《关于××楼××层租赁租户租赁合同变更办理的通知》的送达情况？

5. 如被告需向原告支付占用使用费及物业费，占用使用费的标准及物业费的标准？

上海市杨浦区人民法院

2019年9月19日

原告对法院指令(一)的回应

1. 系争房屋由原告出租给原承租人贝肯公司，再由贝肯公司转租给本案被告。

2. 原告通过张贴的方式向被告先后送达了《租赁要约函》《租赁合同解除情况说明》《关于××楼××层承租租户租赁合同变更办理的通知》，被告在答辩状中亦认可原告的张贴行为。

3. 关于占有使用费的标准，原告主张按照贝肯公司与被告之间签订的租赁合同的价格计算。

虽然原告与原承租人之间的租赁价格相对较低，但是这是基于贝肯公司承租面积多达9061.80平方米，租赁时间长达近10年，鉴于这些情况，原告给与贝肯公司的优惠价格。显然被告是无法满足该租赁条件的。之所以按照贝肯公司与被告之间的租金标准计算，因为该价格是符合单独出租涉案房屋的市场价格。若由原告2018年10月1日收回房屋单独就本案涉案房屋出租,其出租的租赁费也应当是按照市场价格收取,而由于被告的占有,导致原告无法获得该使用收益。

4. 关于物业管理费,原告主张按照20元/平方米/月的标准计算。涉案房屋系由上海中心大厦置业管理有限公司提供物业服务,根据其出具的情况说明证明,房屋物业费由原告向房屋实际使用人收取,然后再支付给物业公司。在2015年1月1日至2017年12月31日期间,给与优惠价格12元/平方米/月的价格。在2018年1月1日起,恢复原价20元/平方米/月。该优惠价格以及原价及收费标准均在贝肯公司与被告之间的租赁合作第三条第二款有明确约定。

此致
上海市杨浦区人民法院

原告:上海杨浦科技创业中心有限公司
2019年9月20日

被告对法院指令(一)的回应

1. 被告对原告与贝肯公司之间的租赁合同不确认。不确认原告与贝肯公司的租金标准为每日每平方米2元。

2. 贝肯公司没有直接、正式地告知被告系争房屋无法继续租赁。被告在差不多2018年10月中下旬才得知系争房屋无法继续租赁。被告支付了2018年10月份的租金,但是没有支付11月份之后的租金。因为当时原告以及贝肯公司都没有向被告出示原告与贝肯之间的租赁合同,也没有提供原告的房产证,导致被告分不清系争房屋的真正的出租权人,造成被告只能认为贝肯公司才有唯一的出租权,或者原告与贝肯之间是代理关系而不是租赁关系。所以在原告或贝肯不继续出租系争房屋的情况下,被告只能行使不安抗辩权而暂停履行支付租金义务。

3. 被告无法确定原告与贝肯公司之间的租赁纠纷是否是协商解决,因为被告没有看到过他们之间的《协议书》(证据2),是起诉以后被告才看到这份《协议书》,并且该协议书也没有落款时间,无法确认其生效时间。

4. 原告发出的《租赁要约函》《租赁合同解除情况说明》及《关于××楼××层租赁租户租赁合同变更办理的通知》的送达情况:被告没有收到正式函件。原告仅仅张贴在楼道里,并且不回应被告关于验看相关权属证明(产权证以及原告与贝肯公司之间的租赁合同)的要求。

5. 占用使用费标准应为原告实际损失,而实际损失应是原告与贝肯公司的租金(2元)或者是租赁当时的市场价格。物业费标准应以实际已经支付的价格为标准(12元)。

被告：上海立昌环境科技股份有限公司
2019 年 9 月 19 日

法院指令(二)

双方围绕法庭归纳争点提交了新的诉辩意见,又有部分事实已经不再存在争议。本院认为,本案原告系基于产权人身份主张物上排除请求权,被告以不清楚原告与贝肯公司之间的关系及未接到通知为由,不同意搬离及支付占用使用费、物业管理费。因此,本案的争议焦点可以确定为：

1. 原告基于产权人身份可否主张被告排除妨害,其请求权基础是否成立？

2. 如原告有权要求被告搬离,占用使用费标准及物业费标准？

双方是否同意法庭归纳的上述争议焦点？有无补充？若同意法庭归纳的争议焦点,请明确己方对争议焦点的意见。

上海市杨浦区人民法院
2019 年 9 月 19 日

原告对法院指令(二)的回应同对法院指令(一)的回应
被告对法院指令(二)的回应

1. 不成立。因为产权人只能针对无权占有人主张排除妨害,而不能针对有权占有人主张。被告基于被告与贝肯公司租赁合同是有权占有,并且原告也没有向被告出示相关权属证明来证明被告丧失了租赁权。

2. 占用使用费标准应为原告实际损失,而实际损失应是原告与贝肯公司的租金(2元)或者是租赁当时的市场价格。物业费标准应以实际已经支付的价格为标准(12元)。

被告：上海立昌环境科技股份有限公司
2019 年 9 月 19 日

(四) 庭审笔录

上海市杨浦区人民法院
庭 审 笔 录

时间：2019 年 9 月 20 日 16 时 30 分至 17 时 00 分

地点：本院第一法庭

审判人员：龚立琼(审判长)　张扬(审判员)　陈铭浩(人民陪审员)

书记员：史晨璐

(当事人身份信息略)

记录如下：

(书记员汇报庭审准备情况)

审判长：（敲击法槌）上海市杨浦区人民法院今天依法公开开庭审理原告上海杨浦科技创业中心有限公司与被告上海立昌环境技术股份有限公司排除妨害纠纷一案。本案适用普通程序，由审判员龚立琼、张扬，人民陪审员陈铭浩组成合议庭进行审理，龚立琼担任审判长，书记员史晨璐担任法庭记录。庭前已经告知了双方当事人权利义务及回避事项。双方当事人均表示已清楚权利义务、不申请回避，并且同意将法庭调查和法庭辩论合并进行。

庭前已经核对了双方当事人身份和出庭人员。原告由律师谷萌辉代理出庭，被告由律师王禕峰、张群代理出庭。庭前已经通过交换书状的方式确定了案件的无争议事实，明确了争议焦点，就证据进行了书面质证，双方也就争议焦点充分发表了书面质证和辩论意见。今天的庭审将围绕案件争议焦点进行集中审理。

审判长：下面请原告陈述诉讼请求及相应的事实理由。

原代：诉讼请求：1. 被告腾退上海市杨浦区国权北路××弄××号××楼××室房屋；2. 被告支付房屋占有使用费689 240元（自2018年10月1日暂计2019年5月31日，按照每月86 155元标准支付到实际腾退之日）；3. 被告支付物业管理费181 280元（自2018年10月1日暂计2019年5月31日，按照每月22 660元标准支付到实际腾退之日）事实及理由详见诉状。

审判长：下面由被告针对原告的诉讼请求以及事实理由进行答辩。

被代：请求法庭驳回原告所有诉请。1. 原告认为的系争房屋系其所有并将房屋出租给贝肯公司，贝肯公司转租给被告，原告提供的其与贝肯的租赁合同真实性无法确认，在补充协议中，贝肯明确告知被告其为系争房屋唯一合法出租者，所以原告和贝肯之间可能并非租赁关系或许是委托等其他关系，故原告可能无权解除其与贝肯的租赁合同。2. 即使原告和贝肯之间为租赁合同关系，根据合同相对性，其无权依据贝肯和被告之间的租金标准支付使用费。本案系排除妨害纠纷，原告应以实际损害主张使用费。原告实际损失标准至多按原告和贝肯的合同标准。3. 原告并未提供实际支付物业费的证据，不能证明其支付物业费。4. 在诉讼前原告和贝肯从未提供产权证、解除合同协议，也从未协商过装修事宜，原告多次在系争房屋吵闹给被告造成损失，故原告应当对被告损失进行补偿。5. 原告提供的租赁要约函和解除情况说明及变更办理通知只是张贴在公告办公区域的楼道，没有送达被告，被告延迟很久才收到这些通知,故原告主张合同解除的时间我方不认可。

审判长: 根据当事人陈述的诉辩意见以及通过庭前的书状交换,法庭认为,双方就原告系系争房屋的产权人,被告自案外人贝肯公司处承租系争房屋不存在争议。在合同履行方面,2018年10月1日起至今,系争房屋由被告实际使用,被告未向贝肯公司或原告支付2018年10月1日之后的租金及物业管理费。鉴于原告提出的诉讼请求是要求被告腾退系争房屋并支付占有使用费及物业管理费,被告的抗辩意见是原告与贝肯公司之间的关系,解约情况,被告并不清楚,原告不一定有权主张被告与贝肯公司的租赁合同解除。即便需要向被告支付占有使用费,也应当根据原告和贝肯公司之间的租赁合同租金标准计算,物业费应当延续被告与贝肯公司之间的合同约定即12元/平方米计算。因此,本案的争议焦点为:1. 原告基于产权人身份可否主张被告排除妨碍搬离系争房屋?2. 如原告有权基于物权要求被告搬离,占用使用费及物业费如何结算?

审判长: 下面首先审理第一个争议焦点,根据原告提供的其与贝肯公司的租赁合同及解除协议,初步可认定原告与贝肯公司建立了房屋租赁合同关系,贝肯公司将房屋转租给了被告,后原告与贝肯公司协议解除了租赁合同,导致被告与贝肯公司之间的转租合同无法继续履行。现原告基于产权人身份可否主张被告排除妨碍搬离系争房屋。对该项争议焦点,原告先发表意见。

原代: 原告与贝肯公司的协议解除后,原告通过张贴方式先后向被告送达过三份租赁要约的内容函件,包括租赁要约函、租赁解除情况说明、变更办理通知。原告与被告贝肯公司之间的租赁合同已经解除,被告与贝肯公司之间的转租合同已经没有履行的可能性,本案案由是排除妨害,我方为系争房屋产权人,我方基于产权排除妨害。

审判长: 被告是何意见?

被代: 对原告的陈述有异议。原告张贴的前两份函件是原告单方面出具,没有贝肯的盖章。三份通知函件都是张贴送达,没有明确送达被告,我方认为前两份效力无效,即使有效,三份都是延迟收到。时间点有待商榷。原告与贝肯公司之间的租赁合同关系无法确认,原告不一定能够解除被告与贝肯公司之间的转租协议,解约协议也可能是原告和贝肯公司串通后补的。虽然原告是产权人,但是产权上附加出租,被告是合法承租人,并非非法占有,原告无权要求被告排除妨害。

审判长: 被告,你方承租系争房屋的用途?承租房屋时是否审查过产权人情况?

被代： 经营公司的办公地点。当时没有看过产权证，确实是疏忽了。

审判长： 合议庭注意到，被告对原告提供的被告与贝肯公司之间的租赁合同和解约协议提出了异议，认为可能是原告和贝肯公司串通后补的，被告对此有无证据能够证明？

被代： 目前没有证据。

审判长： 争议发生后，被告是否向贝肯公司核实过相关情况？

被代： 原告与贝肯公司解除了租赁合同，其中提到因贝肯逾期支付租金，但是没有提供具体逾期的情况，可能是贝肯和原告串通。解约协议上贝肯公司的章我方是认可的。他们双方合谋是否是真实的就不一定。

审判长： 目前，被告与贝肯公司的租赁合同是否能够正常履行，双方是否涉诉？

被代： 不能履行。已经另案起诉。原告是本案被告，被告是贝肯。诉请是贝肯违约，解除合同，要求返还保证金、赔偿违约金，还有一个保密条款的违约金。

陪审员： 因被告与贝肯公司的租赁合同尚在诉讼中，如法院判决被告需搬离系争房屋，关于搬离的时间，双方有何意见？

原代： 希望被告尽快搬离。

陪审员： 被告有何意见？

被代： 希望在6个月左右的时间，因为贝肯公司的违约，应当赔偿我方的装修等损失，故需要对系争房屋的装修进行鉴定，如被告将房屋交付给原告，可能会导致被告的装修损失无法确定的情况，希望法院考虑。

审判长： 合议庭注意到，按照现有证据，原告与贝肯公司解除了租赁合同，导致被告无法继续租赁使用系争房屋，被告对此并不存在过错，为了更好地解决各方的租赁纠纷，保障各方当事人的权利，合议庭初步意见，被告可以适当延长搬离的时间，三个月的时间比较合适，对此，各方有何意见？原告？

原代： 希望被告尽快搬离。

审判长： 被告有何意见？

被代： 希望增加延长。

审判长： 关于第一个争议焦点，合议庭初步判断，原告将系争房屋出租给了贝肯公司，贝肯公司将房屋转租给被告，原告已与贝肯公司解除了租赁合同。被告与贝肯公司的转租合同因租赁合同解除而无法履行，原告可依据产权人要求被告搬离。被告虽提出原告与贝肯公司之间不一定是租赁合同关系，被告能够提供相反的证据证明。

被代： 目前没有证据,但原告仅提供合同,但是没有提供支付凭证予以证实,所以对原告和贝肯的法律关系我方存疑。

审判员： 下面审理第二个争议焦点,占用使用费及物业费的结算问题。

审判员： 法庭注意到,原、被告之间没有合同关系,原告的请求权基础是物权请求权,要求被告赔偿占用房屋期间的实际损失,该实际损失应当为市场租金价值。目前原告与贝肯公司之间的租金标准较低,被告与贝肯公司之间的转租租金标准较高。如何结算占有使用费及物业费,原告有何意见?

原代： 原告要求按照贝肯与被告之间较高的租金标准主张。原告与贝肯的租赁合同 2018 年 9 月 30 日解除,原告本能将房屋出租获得收益,因为被告占用房屋使得原告无法获得收益。原告与贝肯租金标准相对较低,但是基于贝肯租赁面积近万平方米,租期近 10 年,在本案中被告单独承租占用房屋显然不满足租赁面积和时间的要求,故原告主张使用费按照贝肯和被告的租金标准。

审判员： 被告有何意见?

被代： 根据物权法的规定,占有人有权请求排除妨害或则消除危险,因侵占或者妨害造成损害的,占有人有权请求损害赔偿。原告实际损失就是原告和贝肯的租金。按照我方和贝肯的租金标准有收益的。所以使用费标准按照原告和贝肯的租金标准。

审判员： 关于占用使用费的标准,合议庭初步意见,原告与贝肯公司约定的租金标准可能受签约时间、租赁面积、租赁期限等因素影响,被告与贝肯公司之间的租金标准更接近市场租金价值。为了节约双方当事人的诉讼成本,双方能否对占用使用费的标准进行协商?原告,你方有何意见?

原代： 我方坚持按照贝肯和被告的租金标准。

审判员： 被告,有何意见?

被代： 坚持按照原告和贝肯的租金标准。

审判员： 如无法达成一致意见,考虑诉讼成本,是否同意法庭在两个租金标准之间酌定?

原代： 愿意。

被代： 愿意。

审判员： 关于物业费的结算,一个是标准问题,一个是原告未代缴的情况是否有权主张的问题。对此,原告方意见?

原代： 物业费是由原告代收代付,系争房屋由上海中心大厦管理公司管理并实际收取物业费,根据情况说明自 2018 年 1 月 1 日开始,系争房屋应按照 20 元/平方米/月标准支付。

被代：被告认为物业费的收取对象不是原告，物业费收取依据应当以实际发生为准，原告实际支付后再向被告主张，原告不是收取物业费的主体，应由物业公司另案起诉被告。情况说明是物业公司出具，相当于证人证言对真实性表示怀疑，被告向贝肯公司支付的物业管理费标准是 12 元每平方米。

审判长：关于物业费的标准，合议庭初步意见认为，原被告之间虽然没有直接的合同关系，但物业管理费是必然产生的损失，且根据物业公司的情况说明，其对物业管理费的标准及委托原告代收代缴予以了明确，故被告就占用系争房屋期间的物业管理费按物业部门确定的标准支付。对此被告有无补充？

被代：希望法庭要求原告出示同一小区其他房屋支付物业费的凭证。

审判长：法庭调查和法庭辩论结束。双方就本案发表最后陈述意见。在最后陈述阶段，双方可以简要阐述己方的总体论证思路，并对全案的处理综合发表意见。首先由原告做最后陈述。

原代：原告作为系争房屋的产权人，由于现被告无正当理由占用系争房屋应当支付使用费及物业费，关于使用费原告主张按照贝肯和被告的租金标准，物业费原告可以代收代付，物业费按照 20 元/平方米/月的标准。

审判长：被告做最后陈述。

被代：我方对原告和贝肯的关系存疑。原告一直没有通过正常途径送达通知和邀请函，没有告知被告解除的情况，因而导致今天诉讼的局面，原告对被告的经营造成影响，原告主张的物业费的标准没有完备的证据，故希望驳回原告诉请。

审判长：根据法律规定，民事案件可以在法庭主持下进行调解。双方是否愿意调解？

原代：愿意，要求按照诉请被告支付相关费用，付款时间可以延长。

被代：愿意，按照原告与贝肯的租金标准计算使用费。

审判长：鉴于双方差距较大，当庭就不再主持调解。今天的庭审到此结束。当事人在闭庭后，阅看庭审笔录，如认为笔录记载有遗漏或者差错，可以请求补正，确认无误后应当在笔录上签名、署期。现在闭庭。

四、案件处理结果

虽然双方当事人当庭未能达成调解协议，但由于庭审透明度高，当事人对裁判结果能够形成预期，在庭审结束后，双方当事人经过慎重考虑，达成了调解协议,被告上海立昌环境科技股份有限公司同意支付原告上海杨浦科技创业中心有限公司 2018 年 10 月 1 日至 2019 年 9 月 30 日的房屋使用费和物业管理费。原告则同意被告分期支付上述款项。纠纷得到妥善解决。

第九章　投资合同纠纷案件诉讼全过程训练

扫一扫
观看庭审录像

训练素材——上诉人上海濮瑞文化创意有限公司诉被上诉人赵计成投资合同纠纷案[①]

一、选择本案的理由

第一，本案是一起较为典型的投资合同纠纷二审案件，一审原告的诉讼请求系要求解除投资合同，一审法院支持了一审原告的诉讼请求，一审被告不服提出上诉。一审法院按照传统的庭审方式进行审理，判决将争议焦点集中于解除合同的通知书是否送达，而没有涉及提出解除合同一方是否有解除权、解除后果处理等事实，争议焦点的归纳不够精准。二审采用新型庭审方式，通过庭前书状交换，将争议焦点明确为一审原告是否有解除权以及解除后果的处理两项，争点的归纳更为准确，二审的庭审实现了围绕争议焦点的集中审理，庭审的质效得到明显提升。

第二，本案的二审庭审充分体现出"对话式诉讼"的新型庭审特色。法官和当事人的每次对话都十分简短，没有大段陈述，通过这种简短对话使得庭审的时间被有效利用于排除疑点，时间利用效率高。在二审庭审中法官充分公开了心证，使得当事人能够通过庭审形成对案件处理结果的预期，庭审透明度高。

[①] 本案二审合议庭成员：汤征宇，上海市第二中级人民法院商事审判庭庭长，二级高级法官。何云，上海市第二中级人民法院商事审判庭副庭长，四级高级法官。陈晓宇，上海市第二中级人民法院商事审判庭副庭长，三级高级法官。

二、本案训练的材料目录

（一）一审民事判决书
（二）一审证据（部分）
（三）二审书状和二审法院指令
1. 民事上诉状
2. 法院指令
3. 上诉人对法院指令的回复
4. 被上诉人对法院指令的回复
（四）庭审笔录
（五）二审民事判决书

三、本案需要展示的法律文书和证据

（一）一审民事判决书

上海市黄浦区人民法院
民事判决书

(2019)沪0101民初2781号

原告：赵计成（身份信息略）。
委托诉讼代理人：郭晶晶，上海汉盛律师事务所律师。
被告：上海濮瑞文化创意有限公司（住所地、法定代表人信息略）。
委托诉讼代理人：×××，上海××律师事务所律师。
委托诉讼代理人：×××，上海××律师事务所律师。

原告赵计成与被告上海濮瑞文化创意有限公司投资合同纠纷一案，本院于2019年1月21日立案后，依法适用简易程序，公开开庭进行了审理。原告赵计成及其委托诉讼代理人郭晶晶，被告上海濮瑞文化创意有限公司的委托诉讼代理人何珂璐到庭参加诉讼。本案现已审理终结。

原告赵计成向本院提出诉讼请求：1. 判令确认原、被告签订的《投资合同》于2019年1月9日解除；2. 判令被告退还原告投资款200万元并承担相应的逾期退款利息（自2019年1月24日起至实际还款日止，按银行同期贷款利率计算）。事实与理由：2018年7月中旬，被告（甲方，下同）和原告（乙方，下同）签署《投资合同》，约定原告出资200万元，参与"行尸走肉快闪店—末世求生"项目,按比例享有相应投资回报,甲方应在合同生效日起10个工作日内,向乙方书面告知第一站的时间、地点、物业租金条件等确认的相关信息,30个工作日内,向乙方书面告知前三站的确认信息,第二站结束前,向乙方书面告知后三站的确认信息,甲方需对信息进行调整,应在调整发生的5个工作日内书面告知乙方。并由双方协商重新调整时间。如最终未能在双方约束的时间内开展,或展期出现与双方约定的时长不符,均属甲方违约,乙方有权立即书面告知甲方违约情况。如甲方在收到乙方书面告知后10个工作日内仍未确定并告知乙方场地、时间等信息,则乙方有权单方面终止合同,甲方应在收到乙方终止合同的书面告知书起10个工作日内退还乙方已经支付的投资金额200万元。签约后,原告已履约,但被告在已开展的北京站和南京站展演中存在多处与实际承诺不符的违约行为,且被告未按"投资合同"第3.4条、3.7条等约定履行。鉴于被告已无实际履行能力,原告向被告发出解约通知,但被告未退还原告投资款。

被告上海濮瑞文化创意有限公司辩称,对原告陈述的双方签约的时间及内容,原告已履约均无异议。但被告辩称,被告在已开展的北京站和南京站展演活动中并无违约行为,被告曾向原告发送关于北京站和南京站经营亏损的财务数据,原告未持异议。在第二站展演活动结束前,被告也告知原告后续展演活动的安排。至今,被告未收到原告的解约通知,故不同意原告的全部诉讼请求。此外,被告还称,即便合同解除,被告因举办两场活动支出了大量费用,且处于亏损状态,该部分亏损应按比例由双方分担。

本院经审理认定事实如下:2018年7月18日,原、被告签订编号为SHPR-20180713-1"投资合同",主要内容为:甲乙双方就"行尸走肉"(AMC系列电视剧)IP在中国大陆地区多个城市开设巡展项目的投资合作事宜达成如下协议:第一条投资标的1.1项目名称:行尸走肉快闪店—末世求生。1.2项目总面积:800—1000平方米(根据不同环境需求调整)。1.3投资总标的:700万元整。1.4投资人投资标的与占比:200万元整,占投资总标的2/7。1.5场次标的:至少4场,目标6场。1.6城市标的:北京、上海、杭州、广州、深圳、成都、重庆、武汉、南京中的任意4—6个城市,每个城市一场,城市场次的先后次序本合同内不做约定。1.7时间标的:全部场次在第一站落地起至多24个月内完成,目标18个月内完成(起始时间自第一站落地开始计算,目前计划2018年8月4日北京站)。第二条合作条件2.1乙方作为本项目的投资人之一,提供双方约定金额200万元整的资金作为投资合作条件。2.2甲方以所属公司资质、标的IP被授权书、产品研发、运营管理、施工搭建和人力资源作为投资合作条件。2.3项目投资总标的包括：工程所需材料费、人工费、意外伤害保险费、保证金、商场场地租金、营销推广费及营销物料设计制作费、IP商品授权金、IP衍生商品设计制作费、运营管理费、甲方运营人员工资、税金和其他相关费用。第三条责任分工与违约责任3.1甲方负责并保障项目的设计、研发、搭建、人员招聘、培训与运营管理，包括IP授权和项目所需物业的所有相关工作顺利、按时完工，甲方也称运营方。3.2投资总标的可能由多个投资人完成，单个投资人负责按照约定的时限和额度提供资金。共同完成投资总标的的多个投资人，共同称为投资方，其中单个投资人，由不同投资合同约束为不同的乙方。3.3甲方负责对投资总标的的全部资金的管理，运营期和运营结束后的销售结算，并向乙方提供工程所需的材料费、人工费、意外伤害保险费、保证金、商场场地租金、营销推广费及营销物料设计制作费、IP商品授权金、IP衍生商品设计制作费、运营管理费、甲方运营人员工资、税金和其他相关费用的凭证及票据。3.4乙方对于甲方就项目所建立的专门账目、结算系统、客流统计等相关运营和结算数据均有监管权，可以在设计、施工、运营期间对甲方工作进行定期或不定期的检查、监督。甲方应将每日流水、收支明细账目以书面形式发给乙方。3.5(略)。3.6乙方应于合同签订起5个工作日内，将本合同约定金额的全部投资款项汇入甲方指定账号，否则视为违约，每延迟1个工作日，乙方应向甲方支付本合同金额5%的滞纳金，延迟超过10个工作日，甲方有权单方面终止乙方的投资人资格并书面通知乙方。3.7甲方应在合同生效日起10个工作日内，向乙方书面告知第一站的时间、地点、物业租金条件等确认的相关信息，30个工作日内，向乙方书面告知前三站的确认信息，第二站结束前，向乙方书面告知后三站的确认信息。3.8甲方需对3.7约束的信息进行调整，应在调整发生的5个工作日内书面告知乙方。并由双方协商重新调整时间。如最终未能在双方约束的时间内开展，或展期出现与双方约定的时长不符，均属于甲方违约，乙方有权立即书面告知甲方违约情况。如甲方在收到乙方书面告知后10个工作日内仍未确定并告知乙方场地、时间等信息，则乙方有权单方面终止合同，甲方应在收到乙方终止合同的书面告知书起10个工作日内退还乙方已经支付的投资金额200万元整。特注：根据之前的场次收益分配，乙方已经收回成本的，甲方不再对乙方进行补偿；乙方未收回成本的，甲方应补齐乙方成本。3.9甲方应按照合同条款1.5、1.7场次标的约束完成至少四场展览，如展期场次最终未达到四场，根据之前场次的收益分配，乙方已经收回成本的，甲方不再对乙方进行补偿；乙方未收回成本的，甲方应补齐乙方成本。补偿款项应在双方书面确认不再继续进行巡展后的10个工作日内转入乙方指定账户。3.10 本项目合同结束后,乙方收益总额未达到其投资成本,则由甲方在本合同项目(行尸走肉快闪店—末世求生)结束之日起 10 个工作日内负责补齐乙方投资总额 200 万元的剩余部分,并转入乙方指定账户。3.11 甲方应在第一站结束日起的 20 个工作日内,向乙方书面提交此站收支的明细账目,乙方应在 3 个工作日内审核并确认无误后给出书面确认,经双方书面确认该站明细账目后,甲方应在 5 个工作日内完成结算并将属于乙方的营业收入分成转入乙方指定账户中。否则视为违约,每延迟 1 个工作日,甲方应向乙方支付合同金额 5‰的滞纳金。因乙方审核原因导致的延迟,甲方不向乙方支付滞纳金。3.12 自第二站起,甲方应在每个场次展期过半(即,如果该场次展期为 50 天,展期过半即为展览进行至第 25 天,含第 25 天当天)之日起 10 个工作日内,向乙方书面提交该场次前半场的收支明细账目,乙方应在 3 个工作日内审核并确认无误后给出书面确认,经双方书面确认该明细账目后,甲方应在 5 个工作日内完成结算并将属于乙方的营业收入转入乙方指定账户中,待该站展期结束之日起 10 个工作日内,甲方向乙方书面提交该场次后半段的收支明细账目,乙方应在 3 个工作日内审核并确认无误后给出书面确认,经双方书面确认该明细账目后,甲方应在 5 个工作日内完成结算并将属于乙方的营业收入转入乙方指定账户中。之后场次的账目结算、营业收入分配方式及流程以此条类推。否则视为违约。每延迟 1 个工作日,甲方应向乙方支付合同金额 5‰的滞纳金。因乙方审核原因导致的延迟,甲方不向乙方支付滞纳金。3.13(略)。第四条利益分配 4.1 投资方和运营方按照 6∶4 的比例分配营业利润。营业利润定义:去除本项目所有支出包含但不仅限于物业租赁、人力成本、营销推广、制作成本、办公用品等。4.2(略)。第五条至第八条(略)。

签约当日,原告通过中信银行向被告转账投资款 200 万元。履约中,被告未按照"投资合同"第 3.7 条的约定履行自己的义务。同时,被告超过该合同第 3.11 条约定的时间向原告提供第一站展演收支的明细账目,原告无法确认。此外,被告未根据前述合同第 3.12 条的约定向原告发送南京站展演的前半段和后半段的收支明细账目。

2019 年 1 月 6 日 16 点 39 分,原告通过微信告知被告法定代表人:卢总:根据 4 号(1 月 4 日)当面沟通的情况,公司一直亏损,合伙人现在也不露面,只有你一个人管理,发放员工工资都感觉有困难,那么我们合同里后面几站的规划你到底怎么想的,你还是明确一下吧,给我交个实底。我要想着怎么跟我爱人说明白一点,马上过年了,我想着怎么能安辅(安抚)她一下,给她说明一些。

你也别太悲观,我想信(相信)凭你的智慧一定能渡过难关。当日 23 点 45 分,被告公司法定代表人卢见瑜回复:目前团队已基本遣散完,除非我能拉到大额的公司投资,不然公司肯定是在走清算流程。次日 13 点 10 分,原告通过微信询问被告公司法定代表人:卢总:现在这个状况你也别说什么除非、如果、假如的话,咱们就实实在在的实话实说,以你公司现在这个状况和人力,后面几站的规划是不是无法进行了?卢见瑜回复:对的。

上述事实,原、被告均无异议,本院予以确认。

本案争议的焦点主要是:被告有无收到原告的解约通知?对此,原告出示了"合同解除通知书"和快递寄送凭证。经质证,被告确认系原件,但对该组证据的真实性有异议,并坚称其未收到原告的解约通知。被告出示了"租赁合同解除协议书",证明其已搬离公司注册地本市黄浦区苗江路××号。经质证,因被告未出示证据原件,故原告对真实性不予确认。

本院认为,原告出示的前述证据均为原件。从内容上看,2019 年 1 月 8 日,原告向被告发出"合同解除通知书",写明收件地址为被告注册地即本市黄浦区苗江路××号,收件人为被告公司法定代表人卢见瑜,邮寄方式为 EMS。次日 16 点 49 分 19 秒,邮件被他人签收。该邮件的收件地址与双方签订的"投资合同"上记载的被告公司地址相一致,故原告向被告发出"合同解除通知书"应为有效送达。被告虽认为原告邮寄"合同解除通知书"时,其已搬离收件地址,并出示了"租赁合同解除协议书",但因其出示的证据非原件,原告否认真实性,故本院对该份证据的真实性不予确认。即便被告后续变更"投资合同"上记载的联系地址,也应及时告知原告,便于双方开展后续的业务交往。因被告至今并未告知原告联系地址的变更,故本院认定,2019 年 1 月 9 日,被告收到原告的"合同解除通知书"。

本院认为,原、被告签订的"投资合同"应为合法有效。在履行期限届满之前,当事人一方明确表示或者以自己的行为表明不履行主要债务的,当事人可以解除合同。2019 年 1 月 7 日,被告公司法定代表人卢见瑜已明确向原告表示,合同无法继续履行。鉴于此,原告向被告发出解约通知,根据法律规定,合同自解约通知达到对方时解除,故对于原告提出确认双方签订的"投资合同"于 2019 年 1 月 9 日解除的诉讼请求,理由正当,本院予以准许。因被告违约,原告提出要求被告退还投资款 200 万元并承担相应的逾期退款利息损失的诉讼请求,与法不悖,本院一并支持。至于被告辩称,即便合同解除,要求原告分担亏损费用的抗辩意见,被告可另案起诉,本案不作处理。

据此,依照《中华人民共和国合同法》第九十四条第二项、第九十六条第一

款、第九十七条之规定,判决如下:

一、原告赵计成与被告上海濮瑞文化创意有限公司签订的编号为SHPR-20180713-1"投资合同"于2019年1月9日解除;

二、被告上海濮瑞文化创意有限公司应于本判决生效之日起十日内退还原告赵计成投资款人民币200万元;

三、被告上海濮瑞文化创意有限公司应于本判决生效之日起十日内偿付原告赵计成退款利息[计算公式:本金人民币200万元×天数(自2019年1月24日起至实际还款日止)×中国人民银行同期贷款基准利率]。

如果未按本判决指定的期间履行给付金钱义务,应当依照《中华人民共和国民事诉讼法》第二百五十三条之规定,加倍支付迟延履行期间的债务利息。

案件受理费人民币22 800元,减半收取人民币11 400元,财产保全费人民币5 000元,共计人民币16 400元,由被告上海濮瑞文化创意有限公司负担。

如不服本判决,可在判决书送达之日起十五日内向本院递交上诉状,并按对方当事人的人数提出副本,上诉于上海市第二中级人民法院。

审判员　竺伟康

二〇一九年四月二十二日

书记员　周晶晶

(二) 一审证据(部分)

1. 一审原告递交的部分证据(解除合同通知)

合同解除通知书

致:上海濮瑞文化创意有限公司

2018年7月中旬,贵司(作为甲方)与本人(作为乙方)签署了《投资合同》,约定本人出资200万元,参与"行尸走肉快闪店—末世求生"项目,并按约定比例享有相应投资回报。《投资合同》3.7条约定:"甲方应在合同生效日起10个工作日内,向乙方书面告知第一站的时间、地点、物业租金条件等确认的相关信息,30个工作日内,向乙方书面告知前三站的确认信息,第二站结束前,向乙方书面告知后三站的确认信息";3.8条约定:"甲方需对3.7约束的信息进行调整,应在调整发生的5个工作日内书面告知乙方。并由双方协商重新调整时间。如最终未能在双方约束的时间内开展,或展期出现与双方约定的时长不符,均属于甲方违约,乙方有权立即书面告知甲方违约情况。如甲方在收到乙方书面告知书后10个工作日内仍未确定并告知乙方场地、时间等信息,则乙方有权单方面终止合同,甲方应在收到乙方终止合同的书面告知书起10个工作日内退还乙方已经支付的投资金额2 000 000元。"

《投资合同》签订后,贵司在北京站和南京站两站展演中存在多处与实际承诺不符的违约行为,且贵司未按《投资合同》3.4条约定将两站展演期间每日流水、收支明细账目以书面形式发给本人,亦未按3.7条约定时限告知本人前三站(第一站除外)以及后三站确认信息,已严重违约。另据贵司法定代表人确认,贵司团队已经基本遣散,《投资合同》事实上已然无法继续履行。因此,本人现依法特发本合同解除通知:

一、本人与贵司签署的《投资合同》自本通知书送达贵司之日起解除。

二、请贵司收到本通知之日起10个工作日内退还本人投资款200万。

特此通知!

通知人:赵计成
通知日期:2019年1月8日

2. 一审被告证据清单

序 号	证 据 名 称	证 明 内 容
1	北京站支出和收入统计表	北京站实际的支出和收入情况
2	南京站支出和收入预算表	南京站的支出和收入情况
3	"行尸走肉项目"成都站活动方案	被告在积极筹划安排后续活动,《投资合同》可以继续履行
4	租赁合同解除协议	被告已经搬离苗江路××号的地址,所以没有收到原告发出的《解除通知》

(四)二审书状和二审法院指令

1. 民事上诉请求摘要

参见二审判决书第1页、第2页上诉请求摘要。

2. 法院指令

法 院 指 令

(2019)沪02民终9150号

就上诉人上海濮瑞文化创意有限公司与被上诉人赵计成投资合同纠纷一

案,根据上诉人的上诉意见,结合一审已查明的无争议事实及判决结果,二审归纳争议焦点如下:

一、被上诉人解除合同的依据是什么?

二、本案合同是否符合解除条件?

三、如果合同解除,被上诉人是否应全额返还投资款?

请你方围绕法庭归纳的争议焦点依次发表意见,并着重就以下问题向法庭进行补充说明:

1. 关于争议焦点一,被上诉人解除合同是法定解除还是约定解除?《合同解除通知书》上陈述系依据《投资合同》第 3.7 及 3.8 条,以对方违约而主张解除,而一审中陈述系按照《合同法》第 94 条第 2 款规定主张法定解除。不同的解除方式适用不同的法律规定,请被上诉人予以明确。

2. 关于争议焦点二,如确认是适用《合同法》第 94 条第 2 款规定,本案情形是否符合?哪份证据能够直接证明条件符合?被上诉人依据该条发送的解除通知有无送达并生效?

3. 关于争议焦点三,合同发生解除后,被上诉人主张全额返还的依据是什么?有无明确的合同依据?《投资合同》第 3.8 条所述的解除情形与本案是否相符?上诉人在一审中对返还全款的相关条款提出的无效观点是否成立?如项目发生亏损应如何处理?

请双方当事人于 2019 年 9 月 23 日之前书面答复法庭。

上海市第二中级人民法院

2019 年 9 月 19 日

3. 上诉人对法院指令的回复

上诉人对法院指令的回复

一、针对第二个争议焦点,回复如下:

系争投资合同既不符合《合同法》第 94 条第 2 款法定解除的情形,也不符合合同第 3.8 条约定的解除情形。

(一)本案不满足行使法定解除权的要求

本案被上诉人在一审中的陈述及一审判决均认为系争投资合同是因被上诉人行使《合同法》94 条第 2 款的法定解除权而解除。一审判决认定满足该条法定解除权的证据仅有上诉人的法定代表人和被上诉人之间的微信聊天记录,而该聊天记录中,上诉人的法定代表人是在被上诉人具有诱导性的逼问下,出于无奈认可了存在投资项目亏损和濮瑞公司经营困难的问题。相关对话中,上诉人的法定代表人从始至终均未表达不履行合同主要义务的意愿。

简单答复不能直接代表濮瑞公司的意志。

(二)本案亦未符合合同约定解除的条件

根据《投资合同》3.8条约定,(1)"双方约束的时间"开展展览活动这一约定并不明确,双方并未"约束时间",如果按照整个合同的履行期(24个月,2018年7月至2020年7月)计算,即使到二审开庭之日,距离合同签署也仅过了一年两个月,远未到达合同约定的时间,在该条下,上诉人不存在违约行为;(2)乙方在发现甲方违约行为后,有权进行书面催告,该违约的书面催告是发出解约通知的前置程序,然而被上诉人从未向上诉人发送违约的书面告知书,前置程序尚未满足。

(三)即使满足法定解除的条件,被上诉人行使法定解除权的通知并未发出,合同解除的时间有待商榷

被上诉人于2019年1月8日发送给上诉人的解除通知写明的解除依据是合同的相关约定,并非法律规定,但如前所述,系争合同并不符合约定解除的情形,所以被上诉人发出的解除通知并不产生合同解除的效力。

二、针对第三个争议焦点,回复如下:

(一)被上诉人主张全额返还投资款并无合同依据

假设系争合同已解除,合同解除绝非是按照约定解除,因此不能适用《投资合同》3.8条的约定。在无明确合同依据的情况下,合同解除的后果应当按照法律规定进行处理。《合同法》第97条对合同解除的后果进行了规定。具体到本案,合同解除后,尚未履行的部分,即后面2—4站的规划,应当终止履行;对于已经履行的,即已经开展的两站活动,应当从合同的根本性质和履行情况,确定合同解除的后果。

(二)如合同按照法定解除,不应当全额返还投资款

其一,从双方签订的《投资合同》来看,实质上是双方达成契约型合伙关系,合伙双方应当共担风险、共享收益。系争投资合同中3.8、3.9、3.10条中约定,不论项目是盈是亏,上诉人均应向被上诉人偿还投资本金的约定明显违背合伙的本质,也违反公平原则。投资合同中相关保底条款应当参照最高人民法院《关于审理联营合同纠纷案件若干问题的解答》第4条第1项、第2项的规定,认定相关约定无效。其二,项目已经实际运营了两站,且发生了严重亏损,在这种情况下,如果允许被上诉人拿回全部投资款,将会损害其他投资人的权益。

(三)对于项目的亏损,应当由所有投资人共同承担

关于亏损的承担,虽然合同中没有关于亏损承担的约定,但是根据合同的

性质,收益和风险应当共享,合同第4.1条约定,"投资方和运营方按照6∶4的比例分配营业利润"。在合同没有单独约定亏损承担比例的情况下,应当推定,投资方和运营方按照6∶4的比例承担亏损,而被上诉人在投资方的占比为2/7,故被上诉人最终应当的承担的亏损金额应为137万元(总亏损约800万元,$800×6/10×2/7≈137$)。

此致
上海市第二中级人民法院

上诉人：上海濮瑞文化创意有限公司
2019年9月23日

4. 被上诉人对法院指令的回复

被上诉人对法院指令的回复

一、关于争议焦点一,被上诉人认为本案既符合约定解除,也符合法定解除。

(一)被上诉人在《合同解除通知书》《民事起诉状》中的意思表示均是法定解除和约定解除同时具备

(二)本案符合约定单方解除条件

1. 上诉人违反《投资合同》3.7条和3.8条约定构成违约。截至一审庭审结束,除了上诉人的法定代表人在与被上诉人的微信聊天记录中认可其违反3.7条约定外,上诉人并未提供有效证据证明其已就"对3.7约束的信息进行调整",具体计划按照3.8条约定书面告知被上诉人并双方已经就新期限协商一致,属于3.8条约定的"展期出现与双方约定的时长不符"的情形。

2. 被上诉人已以微信方式书面告知上诉人违约行为,但上诉人并未按照3.8约定"确定并告知乙方场地、时间"等信息。根据《合同法》第11条规定,微信聊天记录属于法定书面形式。

(三)本案亦符合法定单方解除条件

具体详见关于争议焦点二的论述。

二、关于争议焦点二,回复如下：

(一)本案情形符合法定解除条件

上诉人法定代表人明确通过微信向被上诉人表示,合同无法继续履行。上诉人在一审庭审中出示的成都活动方案,仅仅为打印件,其在庭审前未给过被上诉人,也未提供相应的租赁协议等相关协议证明项目已经启动。

(二)解除通知已经合法有效送达

被上诉人2019年1月8日发出的解除通知快递凭证上的地址和联系电

话是《投资合同》文首载明的上诉人联系地址和固定电话号码,另外还填写了上诉人法定代表人卢见瑜的手机号码,该 EMS 邮件亦被顺利签收。被上诉人于 2019 年 1 月 10 日又以微信将解除通知再次发送被申请人法定代表人。上诉人自 2012 年 10 月 22 日成立至今的注册地址均为苗江路××号,上诉人 2019 年 4 月 22 公告的《2018 年度报告》中的联系地址亦是苗江路××号;上诉人向原审法院提交的房屋租赁解除协议复印件显示的签署日期为 2019 年 1 月 31 日,且明确约定协议签署后 15 天内搬离,上诉人代理人亦陈述实际搬离日期为 2019 年 4 月 22 日前,显然均在解除通知函送达之后。

3. 关于争议焦点三,回复如下:

(一)关于投资款全额返还的依据

法定依据:《合同法》第 97 规定。约定依据:《投资合同》3.8 条、3.9 条和 3.10 条。

(二)关于第 3.8 条所述的解除情形与本案是否相符

第 3.8 条所述的解除情形与本案相符,具体详见争议焦点一中"本案符合约定单方解除条件"部分论述。

(三)关于上诉人在一审中对返还全款的相关条款提出的无效观点,被上诉人认为上诉人上述观点不成立,具体理由如下

第一,《投资合同》系上诉人一方格式文本。上诉人在签订合同时已非常清楚地知道其在合同中享有的权益及承担的风险。现主张合同条款无效违反公平和诚实信用原则。

第二,《投资合同》第 3.8 条、第 3.9 条、3.10 条约定都不属于保底条款,而是双方对合同中各自权利义务综合平衡的结果,是各自真实的意思表示。《投资合同》并未约定被上诉人单纯享有固定收益,双方对利润共享的意思表示是清晰明确的,也没有完全排除被上诉人一方的风险。

第三,该等条款约定亦未违反任何法律和行政法规的强制性规定,应当认定合法有效。

(四)关于如项目发生亏损应如何处理

第一,上诉人并未提供任何有效证据证明亏损实际存在。涉案《投资合同》履行期间,上诉人实际仅在 2018 年 11 月 9 日向被上诉人发送过其自行制作的第一站北京站的收入统计和支出决算,且至今未提供费用支出的相关凭证和票据,亦未提供财务审计报告或其他有效凭证证明该两张表格中数据真实性;而对于第二站南京站实际的收支明细以及相应的支出凭证和票据,上诉人亦至今未向被上诉人提供过。

第二，按照双方约定，亏损责任应由上诉人自行承担。3.8条、3.9条和3.10条表述隐含意思就是即便前几站真有任何亏损，从而导致被上诉人未收回投资本金的，上诉人在合同解除或终止后都会予以补足，这是《投资合同》里仅有的对投资人的利益保障条款，如果没有这类条款，《投资合同》也就不可能订立。上诉人在实际使用和管理资金后，再提出仅有的投资人保障条款无效，违背订立合同初衷及公平公正和诚实信用原则。

此复！

郭晶晶律师
2019年9月24日

（五）庭审笔录

上海市第二中级人民法院
法庭审理笔录

时间：2019年9月27日14时30分至15时30分

地点：C201法庭

审判人员：汤征宇（审判长）；何云（审判员）；陈晓宇（审判员）

法官助理：贾妍彦

书记员：李炳瑶

（当事人身份信息略）

记录如下：

（书记员汇报庭审准备情况）

审判长：（击法槌）上海市第二中级人民法院商事审判庭现在开庭。上诉人上海濮瑞文化创意有限公司因与被上诉人赵计成合同纠纷一案，不服上海市黄浦区人民法院(2019)沪0101民初2781号民事判决，向本院提起上诉。本院根据《中华人民共和国民事诉讼法》第134条第1款之规定进行公开开庭审理。本案合议庭由审判员汤征宇、审判员何云、审判员陈晓宇组成，由汤征宇担任审判长，何云主审本案。法官助理贾妍彦，书记员李炳瑶，由李炳瑶担任今天庭审记录。

审判长：首先，上诉人陈述上诉请求及依据的事实与理由。

上代：诉讼请求：1. 请求贵院依法撤销上海市黄浦区人民法院(2019)沪0101民初2781号民事判决，将本案依法发回重审或依法改判驳回被上诉人原审全部诉讼请求；2. 本案一审、二审诉讼费全部由被上诉人承担。事实理由：第一，原审判决对于合同解除的依据认定不清。被上诉人在原审的起诉状和解除通知书中均认为是依据约定解除来行使解除权。但原审判决却认定是按照法定解除来判决了合同解除。上诉人认为解除通知与解除的理由应当一一对应,才能在解除通知到达上诉人时发生合同解除的效果。第二,上诉人认为本案既不满足约定解除的条件,也不符合法定解除的情形。涉案的投资合同在合同中约定是在合同签订后24个月内上诉人举办4—6场活动,即为履行了合同的主要义务。但即使到了今天庭审开庭之日,仍然没有全部届满,没有满足合同约定的解除权的事由。本案也不适用法定解除,被上诉人未提供任何明确的证据证明上诉人做出了不履行合同主要义务的意思表示,也没有向上诉人发出解除通知。第三,即使最后法院认定本案的合同依照法定解除权已经解除,也不应该按照合同3.8条的约定对解除的后果进行处理,即要求上诉人返还全部投资款。合同中并没有约定在该种情形下合同解除该如何处理,故应按照合同法第97条的规定进行处理,由双方共享收益共担风险。其余的详见上诉状。

审判长: 被上诉人针对上诉请求及事实理由发表答辩意见。

被上代: 第一,被上诉人在合同解除通知书以及民事起诉状中的意思表示均是法定解除和约定解除同时具备。一方面,在涉案投资合同履行期间,被上诉人已多次以微信方式书面告知上诉人违约行为,并一再要求其按照合同3.7条约定提供后续场地时间等信息,上诉人一直未能按照要求提供。直到2019年1月6日和7日直接告诉被上诉人后续规划已经无法进行,从而合同3.8条约定的被上诉人可单方解除合同条件已经成就。另一方面,上诉人在2019年1月6日明确告知被上诉人目前团队已经遣散,从而上诉人就是以自己的行为表明其将不履行主要债务。同时其在2019年1月7日明确告知被上诉人后续站点规划已经无法进行,从而被上诉人缔约目的已然无法实现。基于此,法定解除条件也已经成立。第二,被上诉人于2019年1月8日向上诉人发送的合同解除通知函已于2019年1月9日有效送达上诉人。双方签署的涉案投资合同已于2019年1月9日正式解除。第三,投资合同解除后,上诉人向被上诉人返还投资款既是其法定义务,也是合同约定义务。投资合同3.8条、3.9条、3.10条是投资合同中仅有的投资人利益保护条款,该等条款也是投资合同得以签署的基础和前提。该等条款也是双方多次确认的意思表示。没有违反任何法律和行政法规的强制性规定,因此应认为合法有效,上诉人在其依照投资合同获取投资款获益以后再提出自行提供的格式条款里边相应条款无效,完全违背了法律最基本的公平公正和诚实信用原则。

审判长: 在本次开庭之前,法庭已经通过交换书状的方式,确定了本案无争议的事实并且明确了争议焦点。双方已经就法庭归纳的争议焦点充分发表了书面的意见。通过双方庭前的书状交换以及今天上诉人和被上诉人的陈述，可以认定双方就签订投资合同、支付 200 万元的投资款项、通过微信交换意见等事实均没有争议，双方争议的主要问题是本案是否符合合同解除的条件，解除合同是否已经成立以及是否应按照合同中有关返还投资条款全部返还投资款？是否需要分担亏损？因此本案最终确定以下两个争议焦点：第一，被上诉人解除合同是否成立？第二，如果解除，上诉人是否应当全额返还投资款？

审判长： 下面我们就围绕法庭归纳的争议焦点，展开集中的审理。第一个争议焦点，被上诉人你方在 1 月 8 日主张解除合同的依据是 3.7 条和 3.8 条，是这样吗？

被上代： 约定解除的依据是合同的 3.7 条和 3.8 条。法定解除的依据是微信记录。

审判长： 我们先讨论约定解除的问题。你主张约定解除依据合同的 3.7 条和 3.8 条，是吗？

被上代： 对的。

审判长： 上诉人，你方有无在合同生效以后 10 个工作日内，向被上诉人告知第一站的相关情况，有无在合同约定的 30 个工作日内告知前三站的确认信息？

上代： 上诉人已经在合同生效日后 10 个工作日内告知了被上诉人第一站的情况，30 个工作日内告知前三站没有做到。

审判长： 在发生变化和调整的情况下，有无按照合同 3.8 条在 5 个工作日内告知对方？

上代： 我们认为合同 3.8 条约定是，在 3.7 条双方已经明确告知后面几站是在展期的时间和过程的情况下再进行调整的时间。后面几站尚未达成一致，所以 3.8 条中所述的调整并未出现。

审判长： 上诉人没有在 30 个工作日内把前三站的信息告知，是否符合合同 3.8 条约定的单方解除情形？

上代： 不符合。因为 3.8 条中解除条件是指对 3.7 条约束的信息进行调整。对方发一个书面的违约通知，在通知送达之后 10 个工作日内，我们仍没有改变，这时才符合解除条件。目前前两站双方均确认并履行了，因为出现亏损所以后面的部分还没有确认，因此不存在展期和 10 个工作日通知纠正的情况。

审判长： 被上诉人，对此有何意见？

被上代:不认可,上诉人刻意曲解合同约定。按照 3.7 条约定,30 日内如果没有告诉后面的确认信息,亦属于对约束信息进行调整,应当在 5 个工作日内告知被上诉人,但是截至涉案投资合同正式解除前未履行告知义务。

审判员(陈):下面进入第一个争议焦点的第二项,本案是否符合法定解除。被上诉人,你方主张本案的情形也符合法定解除条件,主张对方预期违约。上诉人在微信上陈述无法进行下去之后,有无再向你方告知第三站或其他继续进行的信息?

被上代:没有。

审判员(陈):上诉人对于第三站的具体信息有没有向被上诉人告知过?

上代:在一审过程通过证据的形式提交给法庭及被上诉人。

审判员(陈):在诉讼之前没有告知过?

上代:对。

审判员(陈):目前第三站的情况?

上代:因为资金问题没有继续开展。

审判员(陈):第三站是否只有方案而没有具体落实的情况?

上代:对。

审判员(何):下面围绕第二争议焦点展开审理,被上诉人,你们主张解除后要对方全额返还投资款的合同依据是什么?

被上代:合同 3.8 条、3.9 条和 3.10 条。

审判员(何):上诉人,除了 3.8 条之外,合同第 3.9 条和 3.10 条也讲到对 200 万元投资款全额返还的处理。上诉人对这两条是怎么看的?

上代:我们认为不能适用 3.9 条和 3.10 条,因为目前合同约定的 24 个月时间还没有到期,所以本合同还没有到合同结束的期限。

审判员(何):假设合同已经没有办法进行继续履行下去了。本案的情况是否符合第 3.10 条,合同结束后收益没有达到投资成本的在 10 个工作日内补齐被上诉人至少 200 万元?

上代:3.10 条是针对合同正常履行完毕情况的约定,履行不能或者法定解除这两种情形合同中是没有约定的,不能适用。且这一条是无效条款。

审判员(何):被上诉人怎么理解?

被代:按照常人的理解,解除就是项目已经结束,合同不再履行。

审判员(何):上诉人,你们认为这一条款是无效的,当初为什么要签订这样的条款?这个条款是否经过双方的协商,合同版本是你们提供的?为什么要做这样的约定?

上代：双方约定由被上诉人提供资金，上诉人实际经营。我们当时测评认为这个项目可以盈利，所以约定这样的内容。但在实际履行中，第一站就出现了巨大亏损。我们按照被上诉人的建议和意见在第二站做了整改，但仍亏损，我们对项目商业情况预估不足。

审判员(何)：你们认为3.9条、3.10条无效的依据是什么？

上代：第一，性质上，这是一个契约性合伙，双方应按照公平原则共担风险，共享收益。合同4.1条约定了双方按照6∶4的比例分配营业利润。在没有约定亏损承担的情况下，应当按照利润的分配比例共担亏损。第二，根据最高院颁布的《关于审理联营合同纠纷案件若干问题的解答》第一、第二条的规定，如果联营合同有保底条款，应当认定为无效。我们认为本案就是联营合同保底条款无效的情形。

审判员(何)：被上诉人，对条款效力你们是什么意见？本案是否适用联营合同司法解释规定？

被上代：不适用。第一，上诉人刚刚主张相应条款是其签约时真实意思表示，上诉人对合同条款及含义的理解比被上诉人更充分，其转嫁风险不符合公平和诚信原则。第二，无论是3.8条、3.9条、3.10条都是双方对各自权利义务综合平衡的结果。投资合同最多可以认为是一种以保障被上诉人收益为前提的进行利润分配的混合性契约。第三，该等条款亦未违反法律和行政法规的强制性规定，应有效。

审判员(何)：上诉人还有没有其他法律规定来否认协议的效力？

上代：我们认为最高院对于公司或者说企业之间在联营合同方面已经作出了对于保底条款无效的规定。这是为了双方在商业合作的过程中更加理性地判断商业的前景。现在被上诉人作为个人对商业风险的判断可能不如企业。对于个人和公司之间签订有保底条款的合同也应参照最高院的司法解释。

审判长：双方还有无补充意见？

均答：没有了。

审判长：在庭审结束前，法庭对当事人就事实问题和法律问题发表的意见做一个总结，合议庭评议时会着重考虑这些问题。同时，将法庭对这些问题的意见展示给各方当事人，使之对法庭的判决结论有合理预估，有助于当事人进行调解。本案纠纷主要源于双方当事人签订的投资协议，投资协议对双方当事人权利义务作了详细约定。但在协议履行中，上诉人没有尽到通知的义务。上诉人没有在合同生效30日内按约定通知被上诉人前三站的工作情况。

被上诉人多次在微信中要求上诉人履行通知义务,上诉人未通知。上诉人主张,合同第3.8条的约定是对第3.7条的调整。但是上诉人未尽通知义务,未给予对方调整机会。在这种情况下,第3.8条的规定是否能够适用?第3.8条和第3.7条是否应当予以合并考虑?需要考虑。此外,最高院在90年代颁布过有关联营合同保底条款的规定,其适用于法人主体之间的联营合同。本案是否能够参照适用?既然上诉人清楚早已颁布的规定,为何还在合同中约定这样的条款,且在签订合同后轻易主张协议无效,不承担责任?类似情况并非个案,类似案件都是在签订协议时承诺高额利润,事后主张保底条款无效。对于类似合同,应怎样理解?最高法院也有相反方向的判例出现。对此,请上诉人考虑。对于被上诉人而言,在协议签订前后,都应该进行尽职调查,不能只相信他人口头承诺。被上诉人尽职调查没有到位,也是导致纠纷发生的一个主要原因。法庭展示的这些观点,希望当事人考虑,并对案情合理判断。最后,根据《中华人民共和国民事诉讼法》的相关规定,听取当事人对本案的最后处理意见。

上代:坚持我方上诉请求。

被上代:驳回上诉,维持原判。

审判长:依照《中华人民共和国民事诉讼法》第9条、第142条之规定,人民法院审理民事案件应当根据自愿和合法的原则进行调解,双方当事人是否愿意在本庭主持下进行调解?

上代:愿意。

被上代:不愿意。

审判长:鉴于被上诉人没有调解意愿,当庭不再主持调解。

审判长:今天法庭审理到此。闭庭后,请双方当事人及其代理人阅看笔录,无误后签字。现在退庭。(击法槌)

(六)二审民事判决书

上海市第二中级人民法院
民事判决书

(2019)沪02民终9150号

上诉人(原审被告):上海濮瑞文化创意有限公司(住所地略)

法定代表人:卢见瑜,执行董事。

委托诉讼代理人:×××,上海××律师事务所律师。

委托诉讼代理人:×××,上海××律师事务所律师。

被上诉人(原审原告):赵计成(身份信息略)

委托诉讼代理人：郭晶晶，上海汉盛律师事务所律师。

上诉人上海濮瑞文化创意有限公司（下称"濮瑞公司"）因与被上诉人赵计成合同纠纷一案，不服上海市黄浦区人民法院(2019)沪0101民初2781号民事判决，向本院提起上诉。本院于2019年9月10日立案后，依法组成合议庭，公开开庭进行了审理。上诉人濮瑞公司的委托诉讼代理人何珂璐、卫新，被上诉人赵计成的委托诉讼代理人郭晶晶到庭参加诉讼。本案现已审理终结。

濮瑞公司上诉请求：撤销上海市黄浦区人民法(2019)沪0101民初2781号民事判决，将本案发回重审或依法改判驳回赵计成一审全部诉讼请求；本案一、二审诉讼费由赵计成负担。事实与理由：1.一审判决对于合同解除的依据认定不清。赵计成在解除通知书和一审的起诉状中均认为其行使解除权的依据是合同约定，但一审判决却依照法定解除的相关规定判决双方合同解除。解除通知与解除的理由应当对应，否则不能发生合同解除的效力。事实上，本案既不满足约定解除的条件，也不符合法定解除的情形。根据涉案《投资合同》约定，濮瑞公司在合同签订后的24个月内举办4—6场活动即为履行了合同的主要义务。到本案二审开庭之日上述期限仍未届满，因此本案不符合约定解除的条件，濮瑞公司也并未收到解约通知。此外，赵计成未提供证据证明濮瑞公司作出过不履行合同主要义务的意思表示，赵计成也没有向濮瑞公司发出以法定解除为依据的解除通知，因此本案也不符合法定解除条件。2.一审判决适用法律错误。即使本案最终认定《投资合同》符合法定解除条件并据此判决合同解除，也不应判决濮瑞公司返还全部投资款。双方合同第3.8条、3.9条及3.10条均属于保底条款，违背了联营合同中应当遵循的共负盈亏、共担风险的原则，根据《关于审理联营合同纠纷案件若干问题的解答》相关规定，该些条款应认定为无效。3.一审判决对项目亏损处理不当。本案项目实际处于亏损状态，对于项目亏损，即便合同解除，双方也应按项目实际的经营情况，结合项目的支出和收入，由双方对实际亏损进行共担，而不应该由当事人进行另案起诉。综上，濮瑞公司请求支持其上诉请求。

赵计成辩称，不同意濮瑞公司的上诉请求，一审判决认定事实清楚，适用法律正确，应予维持。理由如下：1.本案既符合约定解除，也符合法定解除。赵计成在合同解除通知书以及民事起诉状中的意思表示均是法定解除和约定解除条件同时具备。一方面，在涉案《投资合同》履行期间，赵计成已多次以微信方式告知濮瑞公司违约行为，并一再要求其按照合同第3.7条约定提供后续场地时间等信息，但濮瑞公司一直未按照要求提供。根据合同第3.8条的约定,赵计成单方解除合同条件已成就。另一方面,濮瑞公司在2019年1月6日明确告知赵计成目前团队已经遣散,在2019年1月7日明确告知赵计成后续站点规划已无法进行,故濮瑞公司以自己的行为表明其将不履行主要债务,双方缔约目的已然无法实现,法定解除条件也已成就。故赵计成于2019年1月8日向濮瑞公司发出并送达解除通知时具有合法解除权,系争合同已经解除。2.合同解除后,濮瑞公司应向赵计成返还全部投资款。这既是其法定义务,也是合同约定义务。涉案《投资合同》第3.8条、3.9条及3.10条是项目投资人利益保护条款。上述条款是双方当事人的真实意思表示,本案不属于联营合同,上述条款也不属于保底条款,双方共享收益的意思表示明确,不违反法律和行政法规的强制性规定,应属合法有效。合同解除后,濮瑞公司应按照双方上述约定返还赵计成全部投资款。综上,赵计成请求驳回濮瑞公司的上诉请求。

赵计成向一审法院起诉请求:(详见一审判决书,略)

一审法院认定事实:(详见一审判决书,略)

一审法院认为:(详见一审判决书,略)

据此,一审法院判决:一、赵计成与濮瑞公司签订的编号为"SHPR-20180713-1"《投资合同》于2019年1月9日解除;二、濮瑞公司应于判决生效之日起10日内退还赵计成投资款200万元;三、濮瑞公司应于判决生效之日起10日内偿付赵计成退款利息[计算公式:本金200万元×天数(自2019年1月24日起至实际还款日止)×中国人民银行同期贷款基准利率]。

二审期间,双方当事人均未提交新证据。本院经审理查明,一审法院认定事实无误,本院予以确认。

二审另查明,2019年1月8日,赵计成向濮瑞公司发送《合同解除通知书》,载明:"……贵司在北京站和南京站两站展演中存在多处与实际承诺不符的违约行为,且贵司未按《投资合同》第3.4条约定将两站展演期间每日流水、收支明细账目以书面形式发给本人,亦未按第3.7条约定限时告知前三站(第一站除外)以及后三站确认信息,已严重违约。另据贵司法定代表人确认,贵司团队已基本遣散,《投资合同》事实上已然无法继续履行。因此本人特发本合同解除通知:一、本人与贵司签署的《投资合同》自本通知书送达贵司之日起解除。二、请贵司收到本通知之日起10个工作日内退还本人投资款200万元。"

本院认为,本案系合同解除纠纷,据查明的事实,赵计成已于2019年1月9日向濮瑞公司发送了合同解除通知书,并经一审法院认定已送达至濮瑞公司,故本案二审期间的争议焦点为:一、赵计成于2019年1月9日向濮瑞公司发送解除通知时是否具有合同解除权;二、如合同解除,濮瑞公司是否应全额返还200万元投资款。

关于争议焦点一,赵计成在合同解除通知书中称其系基于濮瑞公司在《投资合同》第3.4条、第3.7条项下的违约行为以及无法继续履行的事实状态而主张解除,故同时具有约定解除与法定解除的意思表示。综合本案查明的全部事实及双方陈述,本院认定赵计成在发送上述解除通知书时同时具备约定解除权和法定解除权。理由如下:第一,根据双方微信聊天记录证据显示,濮瑞公司未按照合同第3.7条的约定,在30个工作日内告知前三站的确认信息,且第三站项目未实际开展。故濮瑞公司未告知信息并调整站次情况的行为,构成对第3.7条的违反。因此,在濮瑞公司已对第3.7条约束的信息进行了调整又未予告知,导致双方未能重新协商调整、更无可能履行其他约定行为的情况下,赵计成主张解除合同,符合双方《投资合同》第3.8条约定的单方解除条件,赵计成依法享有合同约定解除权。第二,在2019年1月6日、2019年1月7日双方微信聊天记录中,濮瑞公司均作出了有关"团队基本遣散""后面规划无法进行"的表示,且其在二审过程中亦确认事实上第三站至今未开展。因此,在濮瑞公司已明确表明自己将不再履行合同义务的情况下,赵计成根据《中华人民共和国合同法》第94条"在履行期限届满之前,当事人一方明确表示或者以自己的行为表明不履行主要债务"之规定,主张解除系争《投资合同》,具有合法依据。综上,本案情形符合约定解除以及法定解除条件,双方签订的《投资合同》已于2019年1月9日合同解除通知送达时解除。

关于争议焦点二,根据合同第3.8条约定,在赵计成单方解除合同后,濮瑞公司应在收到合同终止书面告知书10个工作日内退还其已经支付的200万元投资款。另,合同第3.9条、第3.10条亦确认了赵计成在合作过程中收取不低于投资成本的收益原则以及在低于投资成本的情况下濮瑞公司应进行补足的规则。因此,根据上述约定,濮瑞公司应当在合同解除后全额退还赵计成投资款200万元。至于濮瑞公司提出上述条款因违反联营合同中有关风险共担原则而无效的观点,本院认为,上述条款系经双方当事人充分协商后确定,体现了当事人的真实意思表示,对系争项目根据盈利情况进行利润分成并未完全排除一方风险,且本案合同并非联营合同,该约定未任何违反法律和行政法律的强制性规定,应属合法有效。濮瑞公司该项上诉意见,缺乏法律依据,本院不予支持。

另需指出的是,本案合同解除后,濮瑞公司按照合同约定应当全额返还赵计成已经支付的200万元投资款,故濮瑞公司在本案中向赵计成主张承担项目亏损,缺乏合同依据。一审法院告知其可另行起诉不当,本院在此予以确认。

综上所述，濮瑞公司的上诉请求不能成立，应予驳回；一审判决结果正确，应予维持。依照《中华人民共和国民事诉讼法》第170条第1款第1项规定，判决如下：

驳回上诉，维持原判。

二审案件受理费22 800元，由上诉人上海濮瑞文化创意有限公司负担。

本判决为终审判决。

审判长　汤征宇
审判员　何　云
审判员　陈晓宇

2019年10月17日

法官助理　贾妍彦
书记员　李炳瑶

第十章 建设工程合同纠纷案件诉讼全过程训练

扫一扫
观看庭审录像

训练素材——上诉人上海羿富建设集团有限公司诉被上诉人北京力生石业有限公司装饰装修合同纠纷案①

一、选择本案的理由

第一,此次新型庭审改革,我们分别在 2017 年和 2019 年拍摄了示范庭。本案是 2017 年拍摄的示范庭中唯一选入本教材的。最近两年新型庭审的研究又取得了较大进展,因此两次示范庭的拍摄,理论准备和对境外庭审的了解程度是有较大差别的。从本案的庭审中可以看出,当时尚处于新型庭审研究的初级阶段,庭审心证公开的充分程度明显弱于现在。但是,本案法官在庭审中用比较婉转的方式表达自己对案件处理的意见,使当事人能够对判决结果形成合理预期方面做得还是比较好的,对新型庭审改革初期的法官可能更有借鉴价值。

第二,本案尽管在庭审改革的初级阶段拍摄,但法官在组织诉讼各方"对话式诉讼"方面表现得还是比较出色的。庭审中当事人没有大段陈述,没有出现与案件审理无关的内容大量占据庭审时间的情况。整个庭审时间虽然不长,但当事人的辩论权得到了较为充分的行使,法官也能通过不断地发问和释明,使案件的疑点被有效排除,心证得以形成。

---

① 本案二审合议庭成员:卢薇薇,上海市第二中级人民法院民事审判庭副庭长,三级高级法官。邹海蓉,上海市第二中级人民法院民事审判庭审判员,四级高级法官。余艺,上海市第二中级人民法官民事审判庭审判员,三级高级法官。

二、本案训练的材料目录

（一）一审民事判决书
（二）司法鉴定报告
（三）民事上诉状及证据
（四）二审庭审笔录
（五）二审民事判决书

三、本案需要展示的法律文书和证据

（一）一审民事判决书

上海市黄浦区人民法院
民事判决书

（2014）黄浦民四（民）初字第1227号

原告（反诉被告）：北京力生石业有限公司（住所地、法定代表人信息略）。

委托诉讼代理人：李国蓓，北京骞旗律师事务所律师。

被告（反诉原告）：上海羿富建设集团有限公司（住所地、法定代表人信息略）。

委托诉讼代理人：曹山根，被告工作人员。

委托诉讼代理人：汤润，被告工作人员。

原告北京力生石业有限公司（以下简称"力生公司"）与被告上海羿富建设集团有限公司（以下简称"羿富公司"）装饰装修合同纠纷一案，本院于2014年5月26日立案后，依法适用普通程序，公开开庭进行了审理。诉讼中，被告羿富公司提起反诉，本院依法一并进行了审理。原告（反诉被告）力生公司的法定代表人赵淑清及其委托诉讼代理人李国蓓、被告（反诉原告）羿富公司的委托诉讼代理人曹山根以及上海联合工程监理造价咨询有限公司的造价工程师周小伟到庭参加诉讼。本案现已审理终结。

力生公司向本院提出诉讼请求：1.判决支付结算价款444 854元（包括5％维修保证金94 351.70元）；2.判决支付进度款违约金5 727.29元（以实际拖欠进度款500 064元为本数，自违约日起至实际履行日止，按同期同类贷款利率四倍计算违约金）；3.判决支付结算款违约金，以350 502.30元为本数，自2012年2月6日至法院判决确定履行日止，按同期同类贷款利率四倍计算违约金。事实和理由：原、被告双方于2011年7月19日签订《××业务楼地上部分等2项内部天然大理石装修工程承揽合同》（合同编号BJZJ-LWJ-023-01），约定，由原告承揽被告位于北京市东城区安定门外大街××号房屋天然大理石装修工程，承揽范围为：大堂地面、卫生间墙面、11F走道地面，总工期为40天，具体开工日期以书面通知为准，合同以固定单价计价方式暂定总金额为1 858 720元。后因设计变更，双方又于2011年9月10日签订补充协议即《××石材工程采购合同BJZJ-LWJ-023-02》，约定替换和新增石材的单价。合同履行中，原告按被告要求完成施工任务，但被告并未依约付进度款，竣工后，原告数次提交结算材料，被告亦未依约办理结算。现中国黄金综合业务楼自2011年年底已投入使用多时。

羿富公司辩称，原、被告之间存在承揽合同，但因原告于2011年10月6日擅自中途退场，导致工程未能竣工验收，至今工程仍未验收，工程款也未结算，故不存在被告拖欠工程款的事实。原告的工程进度、质量难以满足被告的要求，且发生过民工闹事，所以双方在付款上有些变更，但不存在故意拖欠进度款的问题，且合同对拖欠工程款并没有违约金的约定。

羿富公司向本院提出反诉诉讼请求：1. 判令力生公司承担各项因工程整改及补充施工费用132 815元；2. 判令力生公司承担延期完工违约金120 576元；3. 判令力生公司承担保修费用99 186元。事实和理由：第一，力生公司工程质量存在瑕疵，且未完工就擅自退场，给羿富公司造成重大损失：1. 各卫生间与幕墙收口、窗台板下沿立板、感应器底板石材更换38.3平方米，金额31 406元；2. 所有卫生间墙面794.1平方米，结晶每平方米70元，大堂地面及11层地面共1 145.54平方米，结晶每平方米40元，合计金额101 409元，因力生公司不按合同约定，为赶工期由甲方安排施工班组进场施工，力生公司承担该费用。第二，力生公司迟延履行。根据合同约定，11层地面力生公司应于8月20日完成，实际铺设完成日期为9月5日（结晶打磨处理未完成），公共卫生间、B房卫生间墙面约定8月10日，实际完成为10月6日，力生公司违约57天，依照约定违约金为57 000元；根据补充协议，大堂地面石材由于业主变更，在补充合同中重新约定完工日期及违约责任，大堂地面石材金额529 800元，贴面完成时间为9月24日（未结晶），应完成时间为9月18日，逾期6天，依照约定违约金是63 576元。第三，由于力生公司擅自退场，所有保修责任由羿富公司承担，故扣留全部质保金99 186元。

力生公司辩称，羿富公司所述的第一项费用不存在，也未经力生公司确认，不予认可；对第二项费用，力生公司不存在延期完工的情形，实际开工时间是2011年8月5日,合同约定40天工期,事实上力生公司在8月底完工的,补充协议的内容是9月18日完工的;对第三项保修金,羿富公司从未通知力生公司承担维修义务,现工程已经使用多年,保修期已过,羿富公司应当根据结算数额支付工程款。

当事人围绕各自的诉讼请求依法提交了证据,本院组织当事人进行了证据交换和质证。对当事人无异议的证据,本院予以确认并在卷佐证。

本院确认事实如下:

一、2011年7月19日,原告(合同乙方)与被告(合同甲方)签订《装饰工程专业分包施工合同》,合同名称即为《××业务楼地上部分等2项内部天然大理石装修工程承揽合同》,合同约定的承包范围是大堂地面卫生间墙面11楼走道地面;开工日期约定为2011年7月20日(具体开工日期在本合同签订生效后,由甲方根据现场施工进度书面确定,书面通知包括电子邮件、传真方式);竣工日期为:2011年8月30日大堂地面大理石地面完工,2011年8月20日11楼走道地面大理石完工,2011年8月10日卫生间墙面大理石完工,合同总工期为40日;合同价款(固定单价)暂定造价为1 858 720元,含设计费、材料费、人工费、机械费、业务费、保险、材料装卸费、二次搬运费、文明施工及成品保护费、利润等所有费用(按实际工程量结算);甲方分3次支付工程款:合同签订后5个工作日内预付合同暂定金额的25%,以8月10日和8月30日为结算时间按照实际完成工程量进行结算支付进度款(完成量的80%),竣工验收并办理完结算(工程量以竣工图纸为准)支付结算款累计至95%,按实际工程量结算金额比例留出5%维修保证金于竣工验收后2年支付;工程竣工验收后,乙方提出工程结算并将有关资料送交甲方,甲方自接到上述资料7天内审查完毕,并在10个工作日内,结清除维修保证金外的尾款,竣工后7天内保修金另外签订协议;合同还约定,甲方不按约定拨付款,每延期一天,按应付款额的0.5%支付滞纳金;乙方原因逾期竣工,每逾期一天,乙方支付甲方违约金1 000元。

2011年9月10日,原、被告签订《〈××石材工程采购合同BJZJ-LWJ-023-02〉补充协议》,约定,该工程金额125 000元,作为前份合同进度款支付,合同内容在9月18日完工,结晶在完工一周内完成,施工延迟一天罚款2‰工程款;该合同属于前份合同不可分割的组成部分,与前份合同具有同等的法律效力,除了本合同中明确所作修改的条款之外,前份合同的其余部分应完全继续有效。

原告依合同进行施工。2011年11月4日,原告方曾通过电子邮件方式向被告方提交结算单。另根据原告提交的两张签证单显示,时间分别为2011年10月8日和2011年11月26日。后曾因双方发生纠纷,最终未办理竣工验收手续。

2013年3月,原告曾委托律师致函被告,要求被告支付拖欠的合同余款,被告未予接受。原、被告就结算价款存在分歧至今。

诉讼中,原、被告一致确认已付工程款金额为1 446 180元,一致确认合同外签证部分价款为9 234元。就涉案工程价款的结算争议,原告向本院提出审价申请,被告表示同意,故本院依法委托上海联合工程监理造价咨询有限公司对原告主张的价款进行审价。结论为:涉案工程鉴定金额为1 809 350.40元。争议项有2项。对此结论,原、被告均认同。

对有争议的证据和事实,本院认定如下:

1. 开工时间之争议。原告称,进场日为2011年7月29日,开工时间是8月5日,竣工日为同年9月18日;被告称,开工日是2011年7月20日,9月18日还未完工,原告于同年10月6日退场,工程未经验收。本院认为,根据合同约定,开工时间由甲方即被告根据现场施工进度书面告知原告,被告虽不认同原告所述的开工日期,同时也承认没有出过书面开工通知;另一方面,双方均认同的25%的预付款支付时间是2011年7月26日,因此,原告关于开工时间的说法可信度优于被告关于开工时间的说法,本院依法采信原告主张的开工日期。

2. 结算争议之一即墙面安装大理石的净高尺寸之争议。原告认为,8—12层公共卫生间墙面大理石安装净高为2.5米,请充分说明隐藏在吊顶内和地台内的高度。鉴定单位认为,8—12层公共卫生间现场实际测量吊顶高度为2.4米,该部分大理石墙面工程量是以吊顶下墙面高度2.4米计算的,对于隐藏在吊顶内和蹲坑地台内的大理石情况,作为造价鉴定机构不能确认。对于原告主张的高度,计算涉及费用为31 399元,之后因被告异议,鉴定单位按照图纸上的标示2.48米又计算了一次,金额是27 032.55元,并认为最终应以该2.48米计算,如法院支持该费用,则鉴定金额加上27 032.55元。对此,原告认为,2.48米是图纸的尺寸,实际上安装后是有缝隙的,2.5米是实际测量的尺寸,应按实际尺寸计算。被告认为,应当按照可见面计算,不应计算隐藏面。本院认为,墙面大理石安装存在隐藏面也是有可能的,既有图纸上的标示为依据,此笔27 032.55元费用本院予以认定。

3. 结算争议之二即大理石石材晶面处理费用之争议。被告认为,双方对合同范围内石材结晶工序是否实际施工存在根本性争议,原告提前退场,结晶工作未实际履行。鉴定单位认为,石材晶面处理施工是否已实际完成,作为造价鉴定机构不能确认,对于石材晶面处理,计算涉及大理石晶面处理费用 86 572.10 元(其中地面大理石晶面处理费用 45 937.60 元,墙面大理石晶面处理费用 40 634.50 元),若法院采纳被告意见,则鉴定金额应当扣除该 86 572.10 元。对此,原告称,原告已实际施工,最后一次结晶是在 2011 年 10 月 7 日完成的,当时被告确实找了他人来做结晶,没有给原告任何解释,原告法定代表人当场把电源拔了,把他人赶走,原告自己完成了结晶部分,故此项费用不应扣除。被告认为,结晶项目原告没有做,应予扣除,针对原告的说法,被告仍称原告没有做结晶部分。本院认为,诉讼中,被告自始主张原告中途退场未完成结晶部分,但被告就该主张提供的证据 8 份往来函件不能证明原告未完成结晶部分的事实存在,故被告该主张依据不足,本院依法不予认定。

4. 被告主张原告承担工程整改及补充施工费用是否成立之争议。此项费用相对应的工程内容是否属于原告应尽而未尽之义务,被告未能举证证明。

5. 被告关于原告逾期完工主张是否成立之争议。被告此项计算工期仅仅是根据合同约定日期计算,由于被告主张的开工日期既未得到原告方认可又未得到本院认定,其依据该开工日计算的工期缺乏事实基础。

6. 被告关于质保金扣留之争议。原告称,被告从未要求过原告进行保修,对此,被告认可,并表示正常合同都没有履行完毕,后面处理结算,双方其他就不联系了。

审价报告出具后,原告调整其诉讼请求中的金额,即:1. 要求被告支付 403 803.40 元(结算款 1 849 983.40 元减去已支付的 1 446 180 元得出);2. 判决支付进度款违约金,以进度款 500 064 元为本金,自 2011 年 8 月 26 日起算至同年 9 月 6 日止,按同期同类贷款利率四倍计算;3. 判决支付结算款违约金,以 403 803.40 元为本金,自 2012 年 2 月 6 日至法院判决生效之日止,按同期同类贷款利率四倍计算。

本院认为,合同当事人均应当信守约定,各自履行自己的义务。原、被告之间在合同履行过程中,虽彼此间最终未办理竣工验收的相关手续,但工程已经被使用多年的事实,已不影响合同结算。根据鉴定单位的审价结论和双方确认的合同外价款,本院依法认定涉案工程的结算价款为 1 845 616.95 元。扣除被告已经支付的 1 446 180 元,被告还需支付 399 436.95 元。关于原告对进度款的违约金主张,双方在合同中约定了进度款的拨付节点,但没有约定具体支付时间,原告该项主张缺乏计算依据。关于原告主张的结算款违约金,因双方工程款没有结算完成,原告对结算款违约金的主张前提不成立。关于被告的反诉请求,被告对工程整改及补充施工费用应由原告承担一节未能举证证明,该项请求不成立;被告对原告逾期完工的工期计算仅仅是单方面的,缺乏相关证据佐证,该主张不成立;被告对质保金扣留的说法于法于事实均无据。

综上所述,原告力生公司主张剩余工程款的诉讼请求成立,原告主张进度款和结算款违约金的请求,本院依法不予支持;被告羿富公司的全部反诉诉讼请求,本院依法均不予支持。根据《中华人民共和国合同法》第60条、第98条的规定,判决如下:

一、被告(反诉原告)上海羿富建设集团有限公司应于判决生效后10日内支付原告(反诉被告)北京力生石业有限公司工程款人民币399 436.95元;

二、原告(反诉被告)北京力生石业有限公司的其余诉讼请求,均不予支持;

三、被告(反诉原告)上海羿富建设集团有限公司的反诉请求,均不予支持。

如果未按本判决指定的期间履行给付金钱义务,应当依照《中华人民共和国民事诉讼法》第253条规定,加倍支付迟延履行期间的债务利息。

本诉案件受理费人民币9 393.50元、鉴定费人民币43 306元,鉴定人员差旅费人民币2 622元,共计人民币55 321.50元(原告均已预缴),由原告(反诉被告)北京力生石业有限公司负担人民币7 800.50元,由被告(反诉原告)上海羿富建设集团有限公司负担人民币47 521元;反诉案件受理费减半收取计人民币3 294元(被告已预缴),由被告(反诉原告)上海羿富建设集团有限公司负担。

如不服本判决,可在判决书送达之日起15日内,向本院递交上诉状,并按对方当事人的人数提出副本,上诉于上海市第二中级人民法院。

审判长 吴 煜

审判员 霍 毅

人民陪审员 石志仁

2017年6月27日

书记员 施 雯

(三)民事上诉状

民事上诉状

上诉人(一审被告、反诉原告):上海羿富建设集团有限公司。

被上诉人(一审原告、反诉被告)：北京力生石业有限公司。

诉讼请求：

请求法院撤销上海市黄浦区人民法院(2014)黄浦民四(民)初字第1227号民事判决，依法改判或将本案发回重审。

事实与理由：

一、一审法院认定事实错误，适用法律错误

1. 一审法院认为"墙面大理石安装存在隐藏面也是有可能的，既有图纸上的标示为依据，此笔27 032.55元费用本院予以认定"，这是明显事实认定错误，本案属承揽合同范畴，合同标的以最终完成任务为准，工程施工合同中以可见面计量是基本行业规则，而绝对不是按照购销合同以实际购货量为准。

2. 根据谁主张、谁举证的原则，一审原告必须举证已经按照合同完成了约定施工任务，拿出施工依据和质量验收合格的证据；因为一审原告承接工程后最终并未按期、按量、保质完成约定施工任务，而是结晶工作未做的情况下提前私自退场。

3. 本案中争议双方对结算工作迟迟未能确认，原因是一审原告施工中尚未履行完合同就提前退场，事实上已经单方终止了合同，参照《合同法》第97条规定，合同解除后，尚未履行的，终止履行。

二、一审法院认定事实不清

2011年7月18日上诉人与被上诉人签订的合同13.4"发票需及时提供以免耽误付款，在支付结算款之前必须把全额发票开齐(包括保修金)，专业分包需提供工程发票、普通发票"，而事实上，本案被上诉人未曾向上诉人开具过发票。该合同事实，一审法院判决认定中遗漏，在对方未开具发票的情况下，直接判令上诉人支付工程款，违反合同约定，应予撤销或改判。

综上所述，一审法院认定事实不清，判决错误，上诉人请求二审法院依法查明事实，撤销一审判决，将案件发回重审或依法改判。

此致
上海市第二中级人民法院

上诉人：上海羿富建设集团有限公司

2017年7月13日

(四) 二审庭审笔录

上海市第二中级人民法院

法庭审理笔录

时间：2017年9月6日10时00分至11时00分

地点：上海市第二中级人民法院C101法庭

审判人员：卢薇薇（审判员）、邬海蓉（审判员）、余艺（审判员）

法官助理（兼书记员）：张煜

（当事人身份信息略）

记录如下：

（书记员汇报庭审准备情况）

审判长：上海市第二中级人民法院民事审判第二庭现在开庭。上诉人上海昇富建设集团有限公司因与被上诉人北京力生石业有限公司装饰装修合同纠纷一案，不服上海市黄浦区人民法院（2014）黄浦民四（民）初字第1227号民事判决，向本院提起上诉。本院根据《中华人民共和国民事诉讼法》第134条第1款之规定进行公开开庭审理。本案合议庭由审判员卢薇薇担任审判长，会同审判员邬海蓉、审判员余艺组成合议庭，法官助理（书记员）张煜担任今天庭审记录。

审判长：上诉人，陈述上诉请求及依据的事实与理由？

上代：上诉请求：请求撤销原判，发回重审或依法改判重新确认争议金额，被上诉人应当开具同等金额发票。事实理由：详见上诉状。

审判长：被上诉人，陈述答辩意见？

被上代：不同意上诉人上诉请求。请求驳回上诉，维持原判。我方已经开具了发票，在上诉人支付工程款后可以交付发票。

审判长：双方对原审法院查明事实部分有没有异议或补充？

上代：对原审法院查明事实部分没有异议及补充。

被上代：对原审法院查明事实部分没有异议及补充。

审判长：本案争议焦点在于：1. 墙面安装大理石的净高尺寸。2. 大理石石材晶面处理费用。3. 质保金的给付。4. 发票问题。双方对本院归纳的争议焦点有无异议？

均答：没有异议。

审判长：围绕法庭归纳的争议焦点，下面进行法庭事实调查及法庭辩论，就第一个争议焦点，双方发表各自意见。

上代：净高尺寸我方认为应当按照实际净高作为结算工程量及工程款的依据，与被上诉人主张的尺寸标准之间的差额为27 032.55元。双方签订的是装饰装修合同，以最终完成情况为结算标的。被上诉人应当根据我方的要求施工并最终达到我方的标准，在此过程中的石材用料多少则应由被上诉人自行控制。既然双方签订的是专业分包合同，应当按照合同约定的计价方式计算工程款。

被上代：同意一审法院认定，我方认为实际净高应当是2.5米，一审法院认定2.48米是石材排版的高度。我方在安装石材时拿到的是上诉人提交的排版图。一审法院在委托鉴定时，由于无法破坏外观进行实际测量，按照排版图上记载的2.48米来计算工程量，我方也予以认可。

审判长：就第一个争议焦点，双方有无新证据提供？

均答：没有。

审判长：上诉人，按照双方合同约定，就工程量在合同中是如何约定的？

上代：工程量以竣工图纸为准。

审判长：7.2条载明工程量以竣工图纸为准，有没有这样的约定？

上代：是的，当时合同确实约定工程量以竣工图纸为准。

被上代：合同确实是这样约定的。

审判长：一审法院依据的排版图是谁提供的？

被上代：排版图是施工方交给我方的。

上代：我方提供给被上诉人施工图，排版图是根据施工图进行的优化。排版图是被上诉人根据施工图另外优化制作的。

审判长：上诉人，施工图上记载的净高尺寸是多少？

上代：施工图我方这里没有找到，目前只有根据施工图制作的排版图，我方对排版图也做出过确认。

审判长：就第二个争议焦点，双方发表意见？

上代：被上诉人在施工未完成之前提前退场，晶面处理部分并没有做，结晶部分是我方自行完成的，应当在结算款之内予以扣除。如被上诉人认为已经做了结晶处理，应当进行举证。一审法院经鉴定得出86 572.10元晶面处理费用，我方对此金额无异议。

被上代：不同意上诉人说法。我方不存在提前撤场的问题。一审时上诉人提交的八份邮件打印件均在上诉人称的我方提前撤场日期之后发生。结晶处理是在大理石安装的过程中一并进行，结晶部分是我方完成的。被上诉人是11月才撤场的，是在完成所有结晶项目后才离开，离开后也有专人在场。上诉人认为做结晶要进行人工打磨，我方的石材是直接从厂里出来的，大理石面的光泽度比人工打磨要好很多，上诉人当时要求我方做翻新结晶，重新进行打磨，我方不同意。因重新进行翻新打磨需要签订新的合同，并需要额外的工期。

上代：我方了解到的情况是，当时场地上最后一道工序没有做，被上诉人不同意进行打磨,我方才会另外找人做结晶。

被上:上诉人当时要求翻新打磨我方未同意,上诉人擅自请人重新进行打磨,且实际只打磨了两间。我方的工程不需要最后那道翻新打磨的工序,我们是按正常的规范做的。

审判长:综合单价中包括了结晶工序,现在双方就结晶做到什么程度存在争议,合同中对此有没有具体的约定?

上代:具体结晶做到什么程度在合同中并没有明确的约定。

被上:合同只约定了需要做结晶,没有具体明确到什么程度。按照行业标准,上诉人要求的翻新结晶需要另外签订合同。

审判长:就第三个争议焦点,双方有何意见?

上代:被上诉人在未完成合同约定工程的情况下提前撤场,之后保修期内的所有保修工作都是我方自行完成的,被上诉人没有履行质保义务,合同应认定为单方解除,故我方认为质保金不应支付,应当从最终的工程款中扣除。

被上代:合同中明确约定了保修的联系邮件及电话,在质保过程中我方未收到过要求进行维修的通知。工程场地安保比较严格,如我方未收到维修通知,连进入场地查看的权利都没有。

审判长:上诉人,你方认为保修工作是自己完成的,在发生质量问题时有没有要求被上诉人进行维修?

上代:没有。我方认为合同已经终止了,故没有通知被上诉人进行维修。合同总价款是包含质保金的,被上诉人提前退场,退场后的整改工作及维修工作都没有履行,实际被上诉人是以提前退场的方式提前终止了合同。我方实际完成了结晶、整改及维修工作,相应的费用不应结算给被上诉人。

审判长:上诉人,质保金针对的内容不仅包括整改及维修工作,你方对此是什么意见?

上代:我方认为合同已经实际终止了,合同如正常履行的,则之后的整改维修包括施工可能有的问题,都应当由被上诉人负责。但被上诉人是提前撤场,我认为合同已经提前解除了。

审判长:上诉人,有没有明确通知被上诉人由于其提前撤场,导致合同提前解除,之后的维修与被上诉人无关?

上代:没有。

审判长:被上诉人,你方是否在双方未进行实际竣工验收的情况下撤场的?

被上代:上诉人从未通知我方合同提前解除,我方也不存在提前撤场的问题。之前我方发送邮件、提供竣工图及进行结算等,上诉人从未提出过我方提前撤场的问题。

审判长:就第四个争议焦点,双方有何意见?

上代:根据合同第13.4条约定,被上诉人应当在我方支付工程款之前开齐全额发票。

被上代:我方已经开具了发票。

审判长:双方就本案事实还有没有新的补充或问题发问?

均答:没有。

审判长:双方对已付工程款金额1 446 180元有无异议?

均答:没有异议。

审判长:双方就本案事实还有无新的补充?

均答:没有。

审判长:法庭事实调查及法庭辩论结束。根据《中华人民共和国民事诉讼法》之规定,当事人有进行最后陈述的权利。双方当事人进行最后陈述。

上代:支持上诉请求。

被上代:驳回上诉,维持原判。

审判长:根据《中华人民共和国民事诉讼法》之规定,人民法院审理民事案件应当根据自愿和合法的原则进行调解,双方当事人是否愿意在本庭主持下进行调解?

上代:可以调解。

被上代:不愿意调解。

审判长:鉴于被上诉人不愿意调解,本案不再主持当庭调解。现在休庭十分钟。

审判长:现在继续开庭。经合议庭评议,本院认为,就双方当事人争议的焦点之一,鉴于双方当事人合同约定的是固定单价,并按竣工图纸结算工程量,上诉人现认为按实际净高结算依据不足,一审法院按照施工过程中的排版图进行结算,并无不当,上诉人并无证据证明被上诉人未按合同约定施工,就该争议焦点一,本院采纳被上诉人观点。就争议焦点二,根据双方在审理中的陈述,双方就结晶处理的程序及处理问题有争议,现有证据并未证明被上诉人未进行结晶处理。关于质保金,质保金是工程造价的组成部分,一般工程中预留质保金是为了工程完工后保障施工方的维修保障,现并无证据证明上诉人在工程完工后曾要求被上诉人进行保修而被上诉人并未进行。关于发票问题,现有证据未显示被上诉人不愿意开具发票,按照合同约定,仅要求被上诉人开齐发票,并未作为上诉人支付工程款的前提条件,故对上诉人该主张亦不支持。综上所述,原审认定事实清楚,判决并无不当。据此,依照《中华人民共和国民事诉讼法》第170条第1款第1项之规定,判决如下:

书记员: 全体起立。

审判长: 驳回上诉,维持原判。

审判长: 今天开庭到此结束,闭庭后双方阅看笔录,阅看无误后在笔录上签字。如有差错,可以要求书记员进行补正。现在退庭。

书记员: 全体起立,请审判长、审判员退庭。

(五)二审民事判决书

上海市第二中级人民法院
民事判决书

(2017)沪02民终8087号

上诉人(原审被告、反诉原告):上海羿富建设集团有限公司(住所地、法定代表人信息略)。

委托诉讼代理人:曹山根,该公司工作人员。

被上诉人(原审原告、反诉被告):北京力生石业有限公司(住所地、法定代表人信息略)。

委托诉讼代理人:李国蓓,北京骞旗律师事务所律师。

上诉人上海羿富建设集团有限公司(以下简称"羿富公司")因与被上诉人北京力生石业有限公司(以下简称"力生公司")装饰装修合同纠纷一案,不服上海市黄浦区人民法院(2014)黄浦民四(民)初字第1227号民事判决,向本院提起上诉。本院于2017年8月22日立案受理后,依法组成合议庭公开开庭进行了审理。上诉人羿富公司的委托诉讼代理人曹山根,被上诉人力生公司的法定代表人赵淑清及其委托诉讼代理人李国蓓到庭参加诉讼。本案现已审理终结。

羿富公司上诉请求:撤销一审法院判决,依法改判或发回重审。事实与理由:一、就墙面大理石安装的净高尺寸之争议,一审法院认为墙面大理石安装存在隐藏面是有可能的,既有图纸上的标示为依据,此笔费用27 032.55元予以认定,是事实认定错误。羿富公司认为应按实际净高作为结算工程量及工程款的依据。双方签订的是装饰装修合同,应以最终完成的情况作为结算标准。力生公司在此过程中石材用料多少,应由其自行控制。工程施工合同中,以可见面计量是基本行规,不应按实际购货量为准。二、就大理石石材晶面处理费用之争议,根据谁主张谁举证的原则,力生公司要求羿富公司支付此项费用,应举证证明其按约完成了施工任务。力生公司承接工程后并未按期、按量、保质完成约定的施工任务,在结晶工作未做的情况下提前私自退场,晶面处理由己方自行完成,相应费用应当在结处款中扣除。一审仅凭力生公司的口述就认定力生公司完成了结晶工作,属事实认定错误。三、力生公司未履行完合同就提前退场,事实上已单方终止了合同。合同解除后,未予履行的,终止履行,之后的保修责任力生公司不必履行,羿富公司也不必再支付保修金。四、双方签订的工程合同约定在支付结算款之前必须把全额发票开齐,而事实上力生公司未曾向羿富公司开具过分文发票,一审法院判决在对方未开具发票的情况下,判令羿富公司支付工程款,违反了合同约定。据此,请求重新确认工程造价金额,力生公司应开具发票后羿富公司再付款。

力生公司辩称,不同意羿富公司的上诉请求,要求驳回其上诉,维持一审法院的判决。事实与理由:一、就墙面大理石安装的净高尺寸之争议,力生公司施工时,后续工程尚未开始,故应以力生公司实际施工的尺寸计量,而不应以后续工程施工后可见面的尺寸计量。羿富公司提供的排版图标示的2.48米是裁面的高度,装修的净高是2.5米,一审中力生公司主张按2.5米计量,现一审法院按2.48米高度计量,力生公司予以认可。二、大理石石材晶面处理是大理石安装施工中的工序,力生公司完成了所有的晶面处理工作,并不存在提前撤场的问题。施工中双方就晶面处理的争议在于羿富公司要求力生公司额外进行翻新打磨,而力生公司提供的石材光泽度等并不需要进行该工作。三、力生公司没有提前退场,双方也没有解除过合同。合同中明确记载了力生公司电话、电子邮箱等,在质保期内,羿富公司从未以任何方式通知力生公司进行保修,质保金不应扣留。四、力生公司已开具了160余万元的发票,就差额部分,因未确定数额尚未开具的部分,也是可以开具的。在羿富公司支付工程款后,可以交付发票。

力生公司向一审法院起诉,请求判令:一、羿富公司支付结算价款444 854元(包括5%维修保证金94 351.70元);二、羿富公司支付进度款违约金5 727.29元(以实际拖欠进度款为本金,自违约日起至实际履行日止,按同期同类贷款利率四倍计算);三、羿富公司支付结算款违约金,以350 502.30元为本金,自2012年2月6日至判决确定履行日止,按同期同类贷款利率四倍计算。

羿富公司向一审法院提起反诉,请求判令:一、力生公司承担各项因工程整改及补充施工费用132 815元;二、力生公司承担延期完工违约金120 576元;三、力生公司承担保修费用99 186元。

一审法院认定事实：（详见一审判决书，略）

一审法院认为：（详见一审判决书，略）

一审法院据此作出判决：一、羿富公司应于判决生效后10日内支付力生公司工程款399 436.95元；二、力生公司的其余诉讼请求，均不予支持；三、羿富公司的反诉请求，均不予支持。

二审中，双方当事人均未提供新的证据。本院经审理查明，一审法院查明事实属实，本院予以确认。

根据双方当事人在本院审理中的诉、辩称意见所涉及的争议焦点，本院认为：

一、墙面大理石安装的净高尺寸之争议。该争议实质是对力生公司施工的工程量计算原则之争议。根据双方当事人合同的约定，采用的是固定单价，工程量以竣工图纸为准。实际施工过程中，在力生公司完工后又进行过后续吊顶等工程的施工，故羿富公司主张按实际净高计算工程量，依据不足。本案中，双方当事人之间没有竣工验收手续，审理中也未提交双方确认的竣工图，现一审法院以施工进程中的图纸所标示的高度作为计算工程量的依据，羿富公司并无证据证明力生公司未按图施工，且该图纸所标示的高度2.48米与现场净高度2.5米相比较，属合理区间范围内，故一审法院将所涉工程价款计入工程造价，并无不当。

二、大理石石材晶面处理费用之争议。根据双方当事人陈述，争议的实为晶面处理的方法及程度问题。力生公司主张其已按常规要求进行了晶面处理，羿富公司虽持有异议，但其目前所提供的证据，尚不足以证明力生公司未进行晶面处理。故羿富公司要求扣除相应的款项，理由欠缺。

三、质保金给付之争议。质保金是工程造价的组成部分，一般工程中预留质保金的目的在于敦促施工方更好地履行其质保义务，以保障建设方的合法权益。双方合同约定质保金的支付期限为竣工验收后2年。虽本案双方当事人未办理过竣工验收手续，但工程早已交付使用超过2年，且在力生公司完工后，羿富公司从未通知过力生公司履行保修义务，故羿富公司理应按约支付质保金。羿富公司称因力生公司提前撤场，合同已解除，故无需支付质保金的主张，缺乏事实及法律依据，本院不予采纳。

四、力生公司开具发票之争议。审理中，就开具发票，力生公司并无异议，争议仅在于力生公司开具发票与羿富公司支付款项的先后顺序问题。鉴于双方当事人所签订的合同中，并未明确约定力生公司开具发票是羿富公司支付工程款的前提条件，审理中力生公司亦表示已开具了大部分发票且可开具全额发票,故对羿富公司该主张,本院亦不予以支持。

综上所述,一审法院判决并无不当,本院予以维持。对羿富公司的上诉请求,本院不予支持。依照《中华人民共和国民事诉讼法》第170条第1款第1项之规定,判决如下:

驳回上诉,维持原判。

二审案件受理费15 981.50元,由上诉人上海羿富建设集团有限公司负担。

本判决为终审判决。

审判长　卢薇薇

审判员　邬海蓉

审判员　余　艺

2017年9月6日

书记员　张　煜

第三编
以境外庭审为中心的个案诉讼全过程教学

本编导读

本编共收入了德国、日本、美国、中国4个国家及我国台湾地区真实或以真实案件为背景的模拟民商事案件(我国台湾地区虽然没有庭审录像,但通过选入教材的案例,读者可以清晰地看到台湾个案诉讼的全过程,特别是庭审的时长、次数和每次庭审所做的事情),目的是开阔我们的视野,让读者了解两大法系民商事案件实际运行的情况和特点,以便更好地借鉴境外的有益经验,完善我国的民商事诉讼制度,确定我国庭审的模式和改革的方向。特别是境外对人证审查的重视程度和投入的时间,值得我们深思。这里笔者不是主张借鉴英美法系的交叉询问,交叉询问时间的花费我们是不可能承受的,英美法系3‰左右案件进入庭审我们也是无法做到的。我们要学习的是其交叉询问中排除疑点的先进方法。除日本引进美国的交叉询问外,大陆法系多数国家对人证审查的时间比英美法系国家时间要少很多,但他们对人证特别是对不少案件中当事人出庭和审查的时间及重视的程度也是远远超出我们想象的。

本编的一大特色是对具体案件的庭审实践从多个维度进行比较和借鉴:一是两大法系代表性国家庭审方式的比较。我们分别选取了大陆法系已经基本上实现了一庭终结集中审理理想目标且庭审时间最短(如果不涉及对人证的审查,通常庭审时间在一个小时以内)的德国的庭审,以及庭审时间最长的英美法系代表性国家美国的庭审(美国庭审的平均时间有几天,案例中有最新的具体数据)进行比较。我们选用的是美国联邦法院庭审时间比较短的一个案件(开庭时间也将近一天。美国选用案件的开庭时间之所以特别短,是因为原告的诉讼请求被驳回。如果法院支持原告的诉讼请求,接下来就会涉及医疗费、护理费、营养费和误工损失等一系列费用数额的确定,庭审时间也会随之大幅度增加)。二是同一案件采用中、德三种不同庭审方式进行审理的比较。在本编第四章,我们通过一个案例分别展示了中国司法实践运用传统庭审方式审理该类案件的情况、上海参与新型庭审实践的法官和律师按照新型庭审要求在书状先行的基础上一庭终结集中审理该案的情况,以及德国法官根据我们翻译的该案案卷,按照德国的法律和庭审方式对该案进行审理的情况。三是美国和我国台湾地区的两个具有极高相似度的人身损害赔偿案件的比较。两个案件的原告均为残疾人,都是因为在超市或餐厅这种服务场所地板上洒有易滑倒的液体而滑倒摔伤,审判结果截然相反,我国台湾地区的原告胜诉,美国的原告败诉。通过该相似度极高案件的比较,我们可以了解两种诉讼程序的异同,特别是两者的区别。我国台湾地区没有像日本一样引进美国的交叉询问,并将书状先行限定在比较小的范围。除此之外,中国台湾地区的庭审与日本有很多相似之处,大部分法官都习惯通过准备性的言词辩论期日来做争点整理工作,其与日本言词辩论准备庭的特征一样,单次庭审时间短,庭审次数多,没有实现严格的集中审理。

此外,大家在阅读本编案例时,还应着重关注和思考下列问题:(1)两大法系庭审理念和方法的联系与区别;(2)我国传统庭审与境外庭审的联系与区别;(3)我们正在探索的集中审理的新型庭审与德国、日本庭审的联系与区别;(4)我国庭审改革的重心和方向。

第十一章　德国民事诉讼全过程训练
（含模拟庭审录像）

扫一扫
观看庭审录像

训练素材——Erich Schießle 诉 Hauser 承揽合同报酬纠纷案

一、选择本案的理由

本案例以实际发生的典型纠纷为基础，通过对州法院一审民事诉讼文件中民事诉讼程序基本情况的描述，向读者展示了德国民事诉讼的全过程。在本案中，法律纠纷是由提交起诉状引发的，原告在提供起诉书时附上作为证据材料的复印件，被告应提交答辩状进行答辩。通常情况下，开庭在书面准备程序之后进行。之后法院将发布指定日期。随后民事诉讼的口头审理将被记录。在该案例中，被告在口头审理过程中提供的新的文件将被作为证据使用。法院将在法庭审理结束后做出判决。①

二、本案训练的材料目录

（一）原告起诉状和证据

---

① 编者在案例的序言中提到，本案例描述了州法院一审民事诉讼文件中民事诉讼程序的基本情况。法律纠纷是由提交起诉状引发的，原告在提供起诉书时同时附有证据副本，被告提交答辩状予以辩护。通常情况下，开庭在书面准备程序之后进行。法院指定日期进行民事诉讼的口头审理。在现有的案例中，被告在口头审理过程中提供的新的文件将被作为证据使用。法院将在法庭审理结束后做出判决。该案改编自实践中的典型纠纷，并从法律上阐明如何处理程序负担以及程序中的后期辩护。该案例可以帮助读者了解德国民事诉讼程序。本案庭审由德国康斯坦茨州法院副院长 Dr. Ulrike Hohlfeld 担任审判长，案件改编也是在其指导下完成的。作者有 Larissa Äckerle、Martina Baur、Maximilian Brandner、Larissa Bruy、Hannes Bürgelin、Dr. Ulrike Hohlfeld、Christian Holwegler、Ronja Leopold、Cosima Neckenig、Helena Pilz 以及 Aron Schenk。德文原稿的翻译由汉尼斯·伯格林博士（Hannes Bürgelin）和张飞虎博士（Feihu Zhang）完成。

（二）被告答辩状

（三）庭审记录

（四）被告当庭递交的证据

（五）判决书

三、本案需要展示的法律文书和证据

（一）原告起诉状和证据

民事起诉状

原告：Erich Schießle 先生，地址：瑞士路 14 号，78462 康斯坦茨。

诉讼代理人：Klauber 律师。

被告：Lisa Hauser，地址：太阳山路 47 号，78464 康斯坦茨。

本人作为原告的代理人，在口头审理中申请被告应被判决支付给原告 8 590 欧元以及从 2018 年 8 月 20 日起算的基准利率上浮 5‰ 的利息。

争议金额：8 590 欧元。

本诉讼请求依据是：原告在被告的公寓内进行了粉刷工作，并在 2019 年 3 月 20 日提出 8 590 欧元的账单。（证据 1）

证据 1：2019 年 3 月 20 日的账单（详见附件）。

根据 2019 年 3 月 1 日签订的合同，原告和被告一起参观了公寓，并估价 8 500 欧元的粉刷工作报酬。双方达成协议，根据粉刷的具体情况收取相应金额。原告已根据协议履行。目前，账单已经到了支付期限。尽管 2019 年 4 月 19 日被告收到了催告书，但她依然没有支付。因此被告应当根据上述诉讼请求被判决。在原告完成了所有的粉刷工作后，被告检查了整个公寓，感谢了原告并且说她的公寓变得漂亮多了。（证据 2）

证据 2：Erika Helfer 的证词，原告的学徒，一同参观了公寓。

粉刷工作按照一般规定达标，8 590 欧元的账单报酬符合市价并且合理。（证据 3）

证据 3：鉴定人意见。

代理具状人：Klauber 律师

2019 年 5 月 27 日

附件：

粉刷工头致 Hauser 女士的函

亲爱的 Hauser 女士，

您委托的粉刷工作费用计算如下：

2019-2713 号账单				
序 号	工作名称	数 量	单 价	总 价
1	公寓粉刷工作	200 m²	42.95	8 590.00

很感谢您的委托！

我请求您在 14 天内按照账单金额向以下的银行账号转账。

祝好！

Erich Schießle

银行账号：Erich Schießle 粉刷工头

康斯坦茨银行 IBAN：DE 47 6949 0065 2239 87

(二) 被告答辩状

答 辩 状

在本争议中，康斯坦茨州法院针对本案的卷宗号为 H5182/19

我依照法律规定作为 Lisa Hauser 女士的全权代理人，在口头审理中申请：驳回起诉。

我的诉讼请求依据如下：

账单金额过高。双方在 2019 年 3 月 1 日协定原告在被告公寓以固定价格 5 500 欧元进行粉刷工作，而被告愿意不要账单。作为回报，在未来被告的房地产公司的修缮工作订单分发中将优先考虑原告。被告仅仅是表面同意了，因为她作为 Seeblick 有限公司房地产公司的员工根本没有决定权。（证据1）

证据 1：证人 Sabine Müller，住址基斯贝格路 17 号，78464 康斯坦茨，在双方当事人谈话时她也在场。

基于"黑工"，原告没法得到任何报酬。

此外粉刷工作有严重缺陷，粉刷后的墙面斑驳且有污渍，因此所有的工作需要重新进行。可行的替代方案是，即使根据粉刷的具体情况收费，也仅应收取 6 832.5 欧元的相应金额。这个符合 90 平方米公寓粉刷的报酬的市价。（证据2）

证据 2：书面鉴定人意见。

被告代理人：Magnus Wagner 律师
2019 年 6 月 4 日

(三) 庭审记录

康斯坦茨州法院记录

开庭时间：2019 年 7 月 11 日，星期四

地点：康斯坦茨州法院第五民事庭

开庭方式：公开开庭审理

法官：州法院副院长 Dr. Hohlfeld，州法院法官 Pilz，州法院法官 Baur

记录员：符合民事诉讼法第 159 条第一款规定的法庭记录员

当事人：

原告：Erich Schießle 先生

诉讼代理人：Klauber 律师

被告：Lisa Hauser 女士

诉讼代理人：Magnus Wagner 律师

其他出庭人员：证人 Helfer 女士、证人 Müller 女士以及鉴定人 Krämer 女士

法官首先核对了双方当事人和代理律师身份、证人(鉴定人)身份。向双方当事人介绍了合议庭成员。依照法官指示，证人暂时离开了法庭。

然后，法官当庭概括了本案案情以及双方的诉辩意见，归纳了本案的争议焦点并进行释明："以下三个争议点将决定本次判决的内容：1. 双方针对报酬达成了怎样的协议。2. 双方是否商定过，本次粉刷工作为'黑工'。如果双方确认本次为'黑工'，则双方原有合同无效，这样原告将无法获得任何报酬。3. 本次粉刷工作是否达标，还是存在缺陷。如果粉刷存在缺陷，则无需支付全部报酬，或者完全不需要支付任何报酬。"①

案件由此进入调解阶段。法官表示："今天，我们想听取双方意见，看本案是否有调解可能。如果没有，我们需要询问证人和鉴定人。双方是否同意这样的处理方式？"原告和被告均点头表示同意。

---

① 德国《民事诉讼法》第 278 条和第 278(a)条是 2012 年 7 月 26 日生效的新条款，第 278 条一共有 6 款，其第 2 款是：为了达成争议的友好解决，在言词辩论之前，应举行调解听证会，除非已经尝试在一个替代争议解决机构中达成协议，或除非调解听证会显然没有任何成功的前景。在调解听证会中，法院将与当事方讨论迄今为止的情况和事实以及争议的状态，不受任何限制地评估所有情况，并在需要时提出问题。出席的各方应亲自听取这些意见。

法官随后询问被告:"你不愿意支付工程款,请再解释一下当时是如何签订协议的?"

被告回答:"我在3月1日与Schießle先生在我的公寓见面,这间公寓已经十分老旧,因此需要对其进行粉刷。我的熟人向我推荐了Schießle先生。我告诉他,我想用自己的油漆粉刷房屋,他对此表示同意。针对我的公寓粉刷,我们商定了一个固定报酬,也即5 500欧元。但他不愿对此开账单,而我应当通过我就职的房地产公司,为他提供方便。"

法官询问被告:"双方如何针对5 500欧元的价格达成一致?"

被告回答:"Schießle先生认为这个价格是合理的。在对多方面因素进行考虑后,我认为这笔交易可以进行,并且我还提供了油漆。最开始不存在一个更高的报价,他不开账单,不是因为他降低了最初的报价。我最初是想过,其实这次粉刷需要花的钱会更多一点。但是,Schießle先生只想要这么多,并且他认为,我会为他介绍更多工作,我也觉得这样可以。但我知道我在公司没有实际决定权,从而不能保证他能获得更多工作机会。因此我也就没有认真对待介绍工作这个事情。"

法官还听取了原告的下列陈述:"首先,说我做了'黑工',这是无理取闹。真实情况是我们仔细观察了整个公寓,随后我估计本次粉刷工作的成本约为8 500欧元。在本次查看公寓的过程中,我的学徒Helfer女士也同样在场。我们测量了整套公寓,并且我与Hauser女士协定根据实际测量结果开账单。关于Hauser女士所说的自己提供油漆这件事,我虽然觉得不同寻常,但还是同意了。我完全不理解为什么Hauser女士现在不愿付钱给我,因为她后来还和我一起去了公寓,并且她因公寓在装修后变得好看而感到非常高兴。"

被告补充陈述:"和粉刷之前相比,公寓当然变漂亮了,但当时是在晚上,光线不是很好。只有在阳光下才能看清粉刷的缺陷。"

原告表示:"我们肯定没有确定一个固定价格。"

接下来短暂休庭。

休庭结束后,被告律师表示,他的委托人不愿意接受调解。粉刷工作存在严重缺陷,故不想为此付钱。

被告表示,还有新的情况,即木地板被溅上了很多油漆斑。这些昂贵的木地板必须被磨掉一层,因此被告必须额外支付1 600欧元左右的打理费。

原告律师表示,原告原本是接受调解的,但现在不接受了。原告律师还斥责被告,提出新事实的时间过晚。

原告称,他在木地板上铺过保护膜,几乎不可能有什么油漆斑点。但是,就算油漆斑点真的存在,也可以用一种清洁剂去除,无需磨掉一层地板。

被告律师提出,如果原告的诉讼有效,那么被告方将提出 1 579.72 欧元的赔偿以作抵消。被告律师当庭将补充证据"梦想之家"公司的账单递给了法院及原告方。

主审法官提醒有关被告提出木地板被溅上了很多油漆斑这一新事实有可能会被视为延迟提交。但只有在鉴定人今天无法做出结论的情况下,这一情况才会被视为延迟。

因此,庭审进入到辩论环节。

原告律师申请参考于 2019 年 5 月 27 日所提出的书面材料。

被告律师申请驳回诉讼。

接下来,法庭传唤原告证人 Helfer。

证人首先陈述自身基本情况:"我是 Erika Helfer,今年 19 岁,粉刷和糊墙纸专业的学徒。现住居康斯坦茨市苏黎世路 13 号。我与原告、被告双方既不存在血缘关系,也不存在姻亲关系。根据民事诉讼法,证人已知晓作证条件。"

关于案情,证人 Helfer 陈述:"我是 Schießle 先生手下的学徒。我确认我和他一起对 Hauser 女士的公寓进行了粉刷。Schießle 先生讲过,双方在付款方面存在分歧,而分歧的原因有可能在于究竟需要付多少钱。在初次查看公寓时,我也在场,然后我们一起测量出粉刷面积大约为 200 平方米,Schießle 先生随后做出了 8 500 欧元的报价。并且双方商定好根据测量结果计算报价。在粉刷工程完成后,我和 Schießle 先生再次拜访了 Hauser 女士的公寓,我们一同查看了粉刷后的效果,Hauser 女士向我们致谢,并说公寓变得漂亮了。"

被告律师询问证人是否知道双方曾协定过友情价,证人 Helfer 陈述:"我完全不知道。在拜访公寓时,我提前,或者说,比 Schießle 先生更早地回到了车上。两人在我离开后是否继续商谈,以及他们谈了什么内容,我都不知道。"

被告律师继续问证人能否设想 Schießle 先生本次打了"黑工",证人 Helfer 回答:"这个我也完全不清楚。Hauser 女士提供了油漆。这很不同寻常,因为一般都是我们自己带油漆。"

证人 Helfer 同意记录内容,并表示不需要重新听取录音。所有当事人均认为,证人无需宣誓,并且可以离开了。证人放弃兑现因本次庭审产生的费用。

接下来,法庭传唤证人 Müller。

证人 Müller 首先陈述自身基本情况:"我是 Müller,35 岁,政府管理办公室职员。现居康斯坦茨市基斯贝格路 17 号。我与原告、被告双方既不存在血缘关系,也不存在姻亲关系。根据民事诉讼法,我已知晓作证条件。"

关于案情,证人 Müller 的陈述:"我清楚这个案子与 Hauser 女士公寓的粉刷工作有关。由于她认为公寓需要翻修,基于熟人的推荐,Hauser 女士委托了 Schießle 先生帮忙翻修公寓。我是 Hauser 女士的一个朋友,他们双方协商时我也在场。Hauser 女士只是想确定所有事宜是否可以顺利进行。在双方协商时,他们谈到了粉刷费用。他们确定了 5 500 欧元的固定价格,并且粉刷工作的对象是公寓内的墙壁。"

法庭询问有关固定价格的问题,证人 Müller 回答:"Hauser 女士在一家房地产公司工作,Schießle 先生问她,能否帮忙为他介绍更多订单。但 Hauser 女士不是公司的总经理,也无法做出这样的决定。因此我感到非常惊讶。"

法庭询问证人为什么 Hauser 女士同意 Schießle 先生的要求,证人 Müller 回答:"Schießle 先生说,他可以不开账单。但我完全不能想象,Hauser 女士真的严肃地同意了这一要求,因为她是一个非常正直的人。"

主审法官询问本案双方之前是否提到过一个比协定的固定价格更高的报价的问题,证人 Müller 回答:"这个我无法发表意见,我不知道。"

证人 Müller 同意记录内容,并表示不需要重新听取录音。所有当事人均认为,证人无需宣誓,并且可以离开了。

接下来,法庭传唤鉴定人证人 Eva Krämer。

鉴定人证人首先陈述自身情况:"我是 Eva Krämer,35 岁,粉刷工头,住康斯坦茨市路德广场 8 号,粉刷及裱墙纸专业。我宣誓与原告、被告双方既不存在血缘关系,也不存在姻亲关系。"

关于案情,鉴定人证人陈述:"我拜访了 Hauser 女士的公寓。油漆涂得很均匀。我看不出任何缺陷。特别是粉刷后的墙不像 Hauser 女士说的那样存在斑驳和斑点。只有当光线斜射进来时,才能辨认出轻微的条纹。粉刷行业的行业标准为 DIN-7035,本次粉刷完全达标。"

有关粉刷费用:鉴定人证人陈述:"一套大小约 90 平方米的公寓,如果按照实际测量来收费,8 590 欧元的费用确实是高了一些。我认为,5 800 欧元左右的税前价格是合适的。"

法庭询问鉴定人证人是否在木地板上看到油漆飞溅,鉴定人证人陈述:"我必须承认,我当时没有注意,这不是我需要鉴定的对象。但当我再次回想时,我记得,木地板上铺了地毯,因此就算有油漆飞溅,我也看不到。然而我没有注意这些,也想不起来相关的细节。"

鉴定人证人同意记录内容,并表示不需要重新听取录音。鉴定人证人离席。

举证环节结束。

通过重复庭审开始时递交的申请内容,双方就举证结果进行了辩论。

法官宣布判决结果将于2019年8月1日下午两点在康斯坦茨州法院,枪手路8号1.01号审判庭公布。

州法院副院长Dr. Hohlfeld和司法办公室职员办事处的书记员Rehn在庭审记录上签名。书记员承诺以上录音内容是正确且完整的。

(四)被告当庭递交的证据

梦想之家公司致Hauser女士的函

亲爱的Hauser女士,

附件里是你委托的2019年4月2日实行的打磨木地板和涂漆地板工作的账单。

工 种	工作名称	数 量	单 价	总 价
1	打磨木地板	45 m²	19.50	877.5
2	涂漆木地板	45 m²	10.00	450
			小计	1 327.50
			增值税	252.22
			总计	1 579.72

很感谢您的委托!

我请求您在14天内按照账单金额向以下的银行账号转账:

梦想之家有限公司-Con银行-IBAN: DE 47 1385 0001 3584 92

祝好

您的梦想之家的团队

2019年4月4日

(五)判决书

康斯坦茨市州法院
判 决 书

案号:H5O 182/19

判决公开日期:2019年8月1日

文书官:Rehn女士

原告：Erich Schießle 先生

地址：瑞士路 14 号，78462 康斯坦茨

诉讼代理人：Klauber 律师

地址：幸根路 37b 号，78467 康斯坦茨

被告：Lisa Hauser

地址：太阳山路 47 号，78464 康斯坦茨

诉讼代理人：Magnus Wagner

地址：博登湖路 1 号，78462 康斯坦茨

承揽合同报酬纠纷一案已由康斯坦茨市州法院副院长 Dr. Hohlfeld（女），州法院法官 Baur（女）与州法院法官 Pilz（女）组成合议庭于 2019 年 7 月 11 日公开开庭进行了审理。

判决如下：

1. 被告向原告支付 5 500 欧元及其自 2019 年 4 月 20 日起产生的利息，利息按照基准利率上浮 5% 计算。

驳回原告的其他诉讼请求。

2. 案件受理费按照原告支付 36%，被告支付 64% 的比例由双方共同负担。

3. 本判决可申请假执行，原告申请假执行需交纳金额为相应待执行金额 110% 的保证金；被告申请假执行不需要交纳保证金。如果原告于假执行前未交纳待执行金额 110% 保证金，被告可以通过交纳待执行金额 110% 保证金的方式免除针对其本人的假执行。

事实部分：

原告职业为粉刷工头，原告接受被告的委托为其粉刷公寓。粉刷工作结束之后被告检查了整个公寓，对原告表示感谢并表示一切都很好。但由于当时天色已晚，被告无法发现可能存在的瑕疵之处。原告于 2019 年 3 月 20 日向被告开具 8 590 欧元的账单，被告没有支付。之后又于 2019 年 4 月 19 日向被告发出了催付通知。但被告依然没有支付。

原告诉称，在接受委托之时与被告约定根据粉刷面积计算酬劳。当时原告根据估算请求支付 8 500 欧元作为报酬，对此被告未表示异议。原告称粉刷工作完全按照约定进行，被告所提出的粉刷色差也在正常范围之内。原告请求判令被告支付原告 8 590 欧元及其自 2019 年 4 月 20 日起所产生的利息，利率按照基准利率上浮 5% 计算。

被告请求判令驳回原告的诉讼请求。被告辩称，双方之间曾约定粉刷工

作按照"黑工"(即不开具账单)的方式进行且总价为固定金额5 500欧元。同时双方还约定,被告应为原告在被告雇主处寻求粉刷业务提供方便。被告称她只是佯装答应双方之间的约定,因为她作为一家房地产公司的普通职员根本没有相应的决定权限。被告认为,由于双方之间的约定违反了规定,她不应该支付任何工作报酬,即使要支付也绝不能超过业已约定的5 500欧元。除此之外,粉刷质量也存在重大瑕疵,被粉刷的墙面斑驳且有污渍。此次粉刷没有起到应有的作用,还需要对公寓进行重新粉刷。因此被告不应向原告支付任何报酬。

被告在2019年7月11日的庭审中提出就其针对原告的一项金额为1 579.72欧元的债权进行抵销。被告声称,其公寓的木质地板溅上了油漆。她需要额外花费1 579.72欧元以磨除这些污渍。

原告辩称在粉刷时他已将地板封好。其所使用的油漆几乎没有溅落到地板上。即使有溅落,也只需要使用清洁剂就可以清除这些少量溅出的油漆,没有必要采用研磨去除的方法进行清除。

对于原被告之间的报酬约定,法庭通过问讯证人Helfer女士和Müller女士收集了证据(见2019年7月11日庭审记录)。对于被告声称的粉刷工作存在严重缺陷且不可使用,即粉刷过的墙面斑驳且有污渍,法庭通过专家鉴定意见的方式获得了证据。该专家鉴定意见由官方任命并宣誓就职的鉴定人Krämer女士出具。法庭于2019年7月11日的庭审中就该鉴定意见的内容询问了鉴定人。

裁判理由:

原告起诉合法且起诉的部分内容是有依据的。原告有权请求被告赔偿其工作报酬5 500欧元(德国民法典第631条)。原告其余的诉讼请求,本院不予支持。

1. 根据德国民法典第631条的规定,原被告双方订立了一个承揽合同,故关于建筑合同的有关规定(德国民法典第650a条以下)不适用本案。

原被告双方一致约定原告应粉刷被告的公寓。关于这一点,双方不需要决定是按照粉刷面积、固定价格或者其他任何方式约定报酬,因为根据民法典第632条的规定,可以在不约定具体报酬的情况下订立承揽合同。根据具体情况,如果只有在支付报酬的情况下才可期待完成工作的,则默认双方约定了报酬(德国民法典第632条第1款)。在正常情况下,粉刷工人的工作是需要收取报酬的。

2. 负有证明责任的被告不能证明其所辩称的粉刷工作应按照"黑工"(即

不开具账单)的方式结算。因此,双方订立的承揽合同不会如被告所认为的因违反法律而归于无效(德国民法典第134条)。

关于被告是否可以为原告介绍更多粉刷墙面的业务,尽管证人Müller女士声称原告确实向被告提及过此事,而且原告还提出他可以不开具账单。但这一所谓的"不开具账单的约定"只有在房屋所有人也能从中受益的情况下才具有意义。而通常情况下,房屋所有人通过支付更低的报酬从这类约定中受益。但证人Müller女士完全不知道双方还有一个高于固定价格的费用核算。再者,证人Helfer女士对原被告之间合同谈判过程的描述完全不同。根据她的证词,他们对房屋墙面面积进行了测量并报价8 500欧元,同时双方还约定报酬应按照粉刷面积结算。按照证人Müller女士所述,当原告检查公寓以及他与被告进行合同谈判时她都在场。如果是这样的话,她的证词与证人Helfer女士的证词之间就不能存在冲突。但两个证人之间的证词互相矛盾。无法查证哪个证人的证词更可信。仅根据作为粉刷工人的原告没有提供油漆这一事实无法断定本案中的粉刷工作是"黑工"。因为对于这一事实可能还有其他合理的理由,例如被告要求使用特定颜色的油漆,或者油漆是被告朋友在另一建筑工程中余下的,等等。

3. 另一方面,原告也不能证明双方之间存在工作报酬按照粉刷面积计算的约定。因此应该认为——这一点对被告有利——双方之间约定了一个5 500欧元的固定价格。尽管证人Helfer女士声称,原告测量了公寓的房间并报价约8 500欧元。但是仍然存在这样的可能性,即原被告双方在随后的商谈中约定一个5 500欧元的固定价格。证人Helfer女士也表示,原被告双方在检查公寓之后——此时她本人已返回车内——还进行了交谈。

对于被告的陈述,原被告商谈时一直在场的证人Müller女士可以证明,双方约定了一个固定价格。在这种情况下无法确认,粉刷工作是按照原告所声称的根据粉刷面积计算报酬。这一不利结果由原告承担,因为他有义务证明其所声称的报酬约定的真实性(德国民法典第631条第1款)。另一方面,原告也没有证据证明他和被告之间不存在固定价格约定而是按照市场行情支付工作报酬。因此,被告只需要支付她在陈述中提到的约定为5 500欧元的固定金额。同时可以假定,至少作为替代方案,原告也认可了这一数额。

4. 不可否认的是粉刷工作已经完成。原告的承揽报酬债权已经到期。被告也已经验收了粉刷工作。通过其言论"当她走过这些房间的时候,一切都变得非常漂亮",被告已经表达了她认可原告粉刷工作的意思。被告所称由于天色已晚,她没有注意到可能的粉刷缺陷这一情况并不能改变粉刷工作已完成验收这一事实。尽管验收人可以撤销自己的声明,但在本案中,被告一方面没有发出撤销所必需的撤销意思表示;另一方面,如果要撤销基于错误或者恶意欺诈而导致的工作验收,则要优先适用民法典第633条以下的规定(OLG München NJW 2012,397)。

5. 被告不能根据德国民法典第634条第3项和第638条的规定,将承揽报酬削减至零。因为被告——对此负有证明责任——不能证明其所声称的粉刷工作有重大缺陷且无法使用,即其无法证明墙面斑驳且有污渍。证据调查显示粉刷工作不存在缺陷。鉴定人已经令人信服地证明只有在斜射的光线下才能看到轻微的粉刷纹路。但这些粉刷纹路在DIN-7035(译者注:德国工业标准)所允许的误差范围之内。

6. 被告不能抵销其主张的针对原告的1 579.72欧元债权。被告没有及时提出这一诉求(德国民事诉讼法第296条第1款),而重新取证可能会拖延整个诉讼过程。而这一结果在本案中将必然发生,因为专家鉴定人在庭审阶段无法提供任何有关油漆溅落在地板上的信息。

7. 本判决中所包含的利息由被告作为延迟利息支付(德国民法典第286条第1款,第288条第1款)。被告在原告的催付通知到达时陷入延迟。原告的利息支付请求权依据为德国民法典第288条第1款。

8. 关于诉讼费用和临时可强制执行决定的法律依据是德国民事诉讼法第92条第1款,第708条第11项,第709条第1句,第711条。

法律救济告知:

针对本判决可以提起上诉。仅在上诉标的之价值超过600欧元或一审法院在判决中允许上诉的情况下,才可以提起上诉。

上诉须在一个月内向卡尔斯鲁厄州高等法院(霍夫路10号,76133卡尔斯鲁厄)提起。

上诉期限自完整判决送交之日起算,最迟于判决公布5个月后起算。

上诉必须通过律师以书面形式提出。上诉状中必须包含异议判决的具体信息以及提起上诉的声明。

上诉必须在2个月内由律师提交上诉状。该期限同样自完整判决的送交之日起算。

州法院副院长　Dr. Hohlfeld
州法院法官　　Baur
州法院法官　　Pilz

第十二章　美国民事诉讼全过程训练
（含真实庭审录像）

扫一扫
观看庭审录像

训练素材——威廉姆斯诉谢尔比县海军便利店人身损害赔偿纠纷案

一、美国庭审介绍与选取本案的理由

历来英美法系国家的法律体系的历史及其比较科学和系统的组织结构，都是法律研究的重要对象之一。为了提升案件效率，自20世纪90年代起，美国开始推行司法管理改革。经过长期改革，美国司法效率已经有了一定提升，但仍有大量案件花费较长时间。根据1990年美国通过的《民事司法改革案》，美国法院的行政办公室需每半年报告所有超过6个月未做出决断的动议，所有超过6个月还没有做出裁决的法官审理的庭审（bench trial），以及所有超过3年还在审理的民事案件。截至2018年9月30日，法官未审结的案件有63起，其中主要导致延后的理由包括正在起草裁决、案件复杂、大量文件需要阅读、等待材料，以及案件数量压力大等。另外，联邦法院中超过3年还未审结的民事案件有50 969起，主要是审理复杂案件，比如跨地区案件（multi-district litigation）或者集团诉讼、过度开示案件等。① 1936年，美国联邦法院的民事案件中有20%的案件进入庭审，而这个数字在2016年只有1.1%；在

---

① United States Courts, "Report of Motions Pending More Than Six Months, Bench Trials Submitted More Than Six Months, Bankruptcy Appeals, Pending More Than Six Months, Social Security Appeal Cases Pending More Than Six Months, and Civil Cases Pending More Than Three Years," on September 30, 2018, https://www.uscourts.gov/sites/default/files/cjra_na_0930.2018_0.pdf.

州法院,这个数字也大概只有 2%。① 而就庭审长度而言,一项 2006 年的调查研究统计了 8 个不同联邦法院案件的庭审时间,平均时间最少为 2.35 天(东部密苏里),最长为 5.58 天(特拉华州),大致分布为 4—5 天左右。② 本章选取的案件相对较为简单,整个庭审过程仅仅耗时 1 天,但对于许多复杂案件,例如并购案件、保险案件、集团诉讼案件等,诉讼材料极为复杂,庭审耗时也更长。

表一 不同联邦法院的庭审时间统计(US Court)

法官审理和陪审团审理					
地 区	进入庭审案件百分比	陪审团审理百分比	平均庭审天数	上诉案件百分比	上诉案件发回重审百分比
亚利桑那州	3.98	60.00	5.27	40.00	0.00
卡罗拉多州	2.84	81.48	5.52	42.59	21.74
特拉华州	4.81	44.44	5.58	37.78	35.29
爱达荷州	2.96	75.00	5.25	50.00	16.67
密苏里州东部	2.35	75.56	4.09	46.67	21.74
俄勒冈州	5.36	79.45	4.30	31.51	19.05
弗吉尼亚州东部	2.65	45.45	2.82	27.27	33.33
威斯康星州西部	5.88	81.82	2.55	72.73	6.25
所有法院	3.60	71.72	4.69	41.52	20.00

与我国庭审相比,美国庭审也展示出不同的特征。通过案例可以形成一个比较。比如,双方律师通过起诉状和答辩状就可以先行确认争点,原告律师对每一个事实主张、法律主张和证据主张都进行了标号,每一个段落即为一个主张,这样的格式有利于被告律师在提出答辩状的时候明确对主张的承认和否认,这样有助于在程序前期就将诉讼争点进行压缩,提升程序效率。又比如,美国庭审的程序过程是由各种大大小小的动议和听审(hearing)组成的,比

---

① N. F. Engstrom, The Trouble with Trial Time Limits, Geo. LJ, 2017, p. 106, p. 933, pp. 935-936.
② United States Courts, "Civil Case Processing in the Federal District Courts: A 21st Century Analysis," https://www.uscourts.gov/sites/default/files/iaals_civil_case_processing_in_the_federal_district_courts_0.pdf.

如关于延期由一方当事人申请动议,而通过短暂的听审(或者不通过听审)法院可能准许或者否决这一程序性的动议。在其他案件中,动议可以包括非法证据排除的动议、集团诉讼案件中集团确认的动议、请求驳回案件的动议等等。再比如,美国的听审基本上是围绕对事实和法律争议的审理所进行的。关于事实争议的审理,主要是通过证人作证,对证人进行主询问和交叉询问,期待审判者可以更好地了解事实;对于法律争点的审理,主要是通过双方律师的意见陈述来进行的。期间,我们也可以看到尽管法官在庭审中所承担的职能的确是一个消极中立的角色,其更多是在主持整个程序的进展,但是当被告提出一个核心问题的时候,他也重复表达了自己的意见,在某种程度上也进行了一定的心证公开,之后原告也试图就这个问题进行回应。通过此案,我们可以更多地发现美国民事程序与大陆法系国家以及中国法庭审判的相同之处。理解这种程序设置的相似性、相同性,对于我们研究比较法以及进行更多的程序设置是有益的。

本案选自美国联邦法院"庭内录像"(cameras in courts)项目系列。① 该案为一起在联邦法院民事侵权案件,由美国田纳西西区联邦地区法院受理,最终以法官庭审的方式对案件进行了审理,并作出了判决。本案于 2013 年 10 月 9 日提出,于 2015 年 4 月 1 日作出判决,大约经过了一年半左右的时间。原告为一名普通的黑人女性,被告则为代表本案侵权发生地商店(国有商店)的所有者美利坚合众国政府。该黑人女性于 2012 年某日因在海军便利店进行购物时摔倒受伤而提起民事侵权诉讼。选取本案的理由如下:

第一,本案属于美国联邦法院适用通常程序审理的案件中案情比较简单、庭审时间比较短的民事案件,个案全部诉讼材料在我们教材篇幅可以容纳的范围内。英美法系的案件进入庭审的比重很低,仅有 3% 左右,但英美法系又

① "庭内录像"项目与美国庭审公开:1990 年 9 月,美国司法会议(Judicial Conference of the United States)通过了临时委员会关于"庭内录像"项目的报告。根据该报告,允许在 6 个地区法院、两大上诉法院的民庭内设置电子录像仪器。自 1991 年 7 月 1 日起,该试点项目启动,但因为考虑到庭内录像对证人和陪审员可能产生的不利影响,1994 年 9 月司法会议否决了扩大该项目的请求。1994 年 12 月 31 日该试点项目终止。2010 年 9 月,司法会议又授权开展了一个 3 年的试点项目,评估在地区法院法庭内进行录像的效果,以及对整个诉讼程序录像,以及公开这一诉讼程序录像的效果。新一期项目也只限于民事案件。经过主审法院准许后,该程序可以进行录像,该案当事人也必须同意每一期程序进行录像。14 个法院参与了新试点项目,该项目于 2011 年 6 月 18 日开始,并于 2015 年 7 月 18 日结束。参与的法院有:阿拉巴马州中区;加利福尼亚北区;佛罗里达州南区;关岛区;伊利诺伊州北区;爱荷华州南区;堪萨斯州;马萨诸塞州;密苏里州东区;内布拉斯加州;俄亥俄州北区;俄亥俄州南区;田纳西州西区和华盛顿西区。2016 年 3 月的会议上,司法会议同意对该政策并不进行变化。而第九巡回法院的审判委员会授权辖区内的 3 个地区法院(加州北区、华盛顿西区和关岛)继续参与该试点项目。

以庭审时间长而著称,进入庭审的案件开庭时间通常都在几天甚至更长的时间。本次我们选取了在美国相对庭审时间短的一个案件。除笔录之外的诉讼资料文字仅有2万多字,开庭时间仅有3个多小时,这就使多数读者可以完整地看完全部诉讼资料和庭审。

第二,美国是世界第一大经济体,也是英美法系的代表性国家,透过本案能较为系统完整地呈现诉讼资料和庭审录像,帮助读者较为全面、深入地了解美国的民事诉讼程序,从而促进我国法学教育的进一步国际化,培养更多与国际接轨的法律人才。此外,尽管中国与英美法系的诉讼差别很大,但在美国法官审判和律师代理中,还是有不少值得我们借鉴的地方。中国传统诉讼在排除疑点上有很大的欠缺,有些法官和律师甚至在审判中极少排除疑点,也不知道怎么排除疑点。英美法系的诉讼在通过交叉询问排除疑点方面花了大量时间,其中在排除疑点上有不少值得我们学习的经验。

第三,本书展示的境内外集中审理的庭审录像,为诉讼实务特别是庭审的比较研究提供了较好的素材。日本东京高等法院前常务副院长、中央大学加藤新太郎教授在东京举办的庭审交流研讨会上发言时指出:章武生教授团队与法院合作,通过真实庭审录像或模拟庭审录像,把德国、美国等国家的庭审"可视化"地展现出来的做法,解决了各个国家和地区庭审实践难以互相借鉴的难题,具有划时代的意义,对日本今后的改革具有极强的借鉴和启发意义。国际上之所以缺乏这类教材,是因为许多国家的庭审录像是不允许公开的,这就为互相借鉴和比较研究带来了极大的障碍。在庭审上我们比较关注的德国和日本庭审都是不能公开的,美国法院的司法公开的程度相对有限,为了保护当事人和陪审员等的利益和隐私,绝大部分案件并不公开。我们是克服了重重困难,才有了美国、德国、日本的真实庭审或模拟庭审,这就使世界上庭审时间最短的德国和庭审时间较长的美国以及中国一庭终结的庭审之间的比较成为现实。

二、本案的训练材料目录

(一)原告方提交的法律文书

1. 民事起诉状
2. 原告延长证据开示期限申请书
2-1. 附件1:原告支持延长证据开示申请的备忘录
2-2. 附件2:磋商证明

（二）被告方提交的法律文书

答辩状

（三）双方共同提交的证据目录及法律文书

1. 当事人提交的非陪审团庭审证据目录
2. 当事人证据开示及其他事项会议计划报告
3. 延长调解期限共同申请书
4. 延期庭审共同申请书

4-1. 附件1：磋商证明

（四）法院制作的程序性法律文书

1. 准许延长证据开示期限申请的命令
2. 准许延长调解期限共同申请的命令
3. 准许延期庭审共同申请的命令

（五）庭前命令、庭审笔录和判决书

1. 庭前命令
2. 庭审笔录
3. 非陪审团庭后意见和裁定
4. 民事判决书

（六）民事诉讼案件表

三、本案需要展示的法律文书和证据

（一）原告方提交的法律文书

1. 民事起诉状

基于《联邦侵权赔偿法》的损害赔偿起诉状

原告，吉纳维芙·威廉姆斯（以下称为"原告"），就其针对被告美利坚合众国（以下称为"被告"）提起诉讼，诉因（cause of action）如下：

案件当事人、管辖权和审判地

1. 根据《联邦侵权赔偿法》（以下简称FTCA）、《美国法典》第28卷第2671节和《美国法典》第28卷1346节b条1款，由于美利坚合众国根据田纳西州法律作为私人主体对原告可能承担责任，本案是一起对联邦政府职员在受雇期间和受雇范围内因过失、不法行为及不作为所造成的财产损失和人身损害提起的损害赔偿诉讼。

2. 本法院就原告根据《美国法典》第28卷第1331节和1346节b条项下

提起的联邦侵权赔偿拥有诉讼标的管辖权。

3. 本法院对美利坚合众国拥有属人管辖权。

4. 在本诉所涉全部时间范围内,原告吉纳维芙·威廉姆斯是定居在田纳西州孟菲斯市谢尔比县的自然人。

5. 因为引起诉讼的事件发生在该地区,且原告定居于该地区,根据《美国法典》第1391节e条和1402节b条,田纳西西区是本案恰当的审理地点。

6. 因为原告在2013年4月及时向美国海军部送达了索赔通知,本诉讼的提起符合时效。海军部承担了处理该索赔的责任,并于2013年9月拒绝了原告的索赔要求。

事 实 主 张

7. 基于所知和所信以及与该起诉状有关的事实,海军便利店是在海军部门的维护、运作和控制之下,向现役、储备或者退役的部队人员销售不同食品和非食品类商品的大型折扣百货店。

8. 该海军便利店位于田纳西州谢尔比县米林顿752栋的米林顿海军基地。

9. 大约在2012年9月29日,原告作为一位付款的顾客出现在店内。

10. 当原告正准备离开商店时,她突然滑倒并摔倒在地板上的潮湿物质上。

11. 原告摔倒后,一份客户陈述报告随即形成;然而并没有给原告一份副本。

12. 在报告了原告摔倒之后,一个店员告知原告在她摔倒之前,另一位顾客购买了商品并离开商店,然后又因为该商品存在破损并在滴落液体而将该商品带回。

13. 留意到自门口到前台有液体泄漏的店员始终在被告的雇佣期间和范围内履职。

14. 基于所知和所信,原告的摔倒是由这位顾客退回破损和泄漏的产品时留在地板上的物质所引起的。

15. 当时,地板上的潮湿物质是一个危险及不良的情况(dangerous and defective condition)。

16. 原告在潮湿地板上摔倒致使其遭受需要治疗的人身伤害。

诉 因
过 失

17. 原告重复包含前述诉状段落1—16的全部主张。

18. 通过其雇员和/或代理人的作为或者不作为,被告就未能充分清理商店内原告和公众通常会来回穿梭的地板存在过失。

19. 通过其雇员和/或代理商的作为或者不作为,被告就未能警示原告位于商店内时受伤的可能性存在过失,即使被告的雇员和/或代理人对危险情况的存在有更多的了解。

20. 通过其雇员和/或者代理人的作为或者不作为,被告就未能对商店内部的普通走道进行合理检查存在过失。

21. 通过其雇员和/或代理人的作为或者不作为,被告就未能为处于商店内的原告和普通大众维持安全的环境存在过失。

22. 基于所知和所信,被告确实知晓和/或推定知晓引起原告伤害的危险及不良情况。

23. 作为被告过失的最邻近的后果之一,原告吉纳维芙遭受需要医疗处理的严重人身损害。

24. 作为被告过失的最邻近的后果之一,原告吉纳维芙忍受痛苦和折磨,遭受精神损害,心理创伤并承受身体上的伤害。

损 害 赔 偿

25. 原告重复包含诉状段落1—24的全部主张。

26. 作为被告过失的直接和最邻近的后果之一,原告吉纳维芙由此产生了医疗费用。

27. 作为被告过失的直接和最邻近的后果之一,原告吉纳维芙遭受暂时和永久性质的伤害。

28. 作为被告过失的直接和最邻近的后果之一,原告吉纳维芙遭受严重的身体疼痛和折磨,体貌毁损、伤残、丧失享受生活能力,并产生精神损害。

寻求的法律救济

因此,考虑到以上前提,原告充满敬意地向法院诉求:

1. 判给原告吉纳维芙·威廉姆斯其可能承担的任何医疗保健和治疗的当前现金价值;

2. 判给原告因所产生的医药、住院和医生费用而由证据确定的特殊损害金;

3. 判给原告特殊损害金和损害赔偿金共计15万美元($150 000.00);

4. 判给原告法律允许的判决后利息(post-judgment interest);

原告还有权并在此请求追偿其因本民事诉讼所发生的所有诉讼费和律师

费,同时寻求普通法或衡平法上法院可能认为公正合理的进一步附加救济。

代理律师:詹妮弗·L.米勒
2013年10月9日

2. 原告延长证据开示期限申请书

原告延长证据开示期限申请书

原告现通过其记录在案的律师(counsel of record)①,根据《联邦民事诉讼规则》和《地方法院规则》(Local Rules)②第7.2条和7.4条,兹提请贵院命令延长证据开示期限。为支持该申请,原告将出示:

1. 本案安排于2015年2月17日审理。证据开示截止日期是今天,即2014年9月2日。

2. 本案事关一起原告在米林顿海军便利店购物后滑倒,并由此主张人身损害的纠纷。

3. 证据开示仍在进行中。原告欲寻求额外30天的时间来完成证据开示,以便原告能够取得事故当天在海军便利店的三位雇员以及她主治医生的证言。可能还需要进一步的证据开示,该评估将在海军便利店员工证言完成后做出。

4. 日程安排令未曾被修改过。

5. 原告预计在法院批准本申请所寻求的救济后30天内完成其证明。

6. 原告律师敬请将本案证据开示程序的期限延长至延长期限命令生效后30天,以便原告完成当日在场的海军便利店雇员的证词和医疗证据。

7. 原告律师已就本动议所寻求的救济事宜与被告律师协商,被告律师不反对该申请,但亦不同意本申请要求的救济。

8. 本动议是基于善意提出的,而并非故意拖延。原告理解本申请所寻求的救济并不要求对本案延期审理,目前安排的审理日期是2015年2月17日。

因此,考虑到上述前提,原告敬请本院发布一项命令,将证据开示期限和目前日程安排令中所载的所有后续期限延长30天。

原告律师:詹妮弗·L.米勒
2014年9月2日

---

① 译者注:记录在案的律师指其出庭已经法院文件备案的律师。
② 译者注:《地方法院规则》指各联邦地区法院采用的作为对《联邦民事诉讼规则》的补充的法院规则。

2-1. 附件1：原告支持延长证据开示申请的备忘录

原告支持延长证据开示期限申请的备忘录

原告现通过其备案律师，根据《联邦民事诉讼规则》（本案中，以下简称《规则》）和《地方法院规则》第7.2条和第7.4条，兹提请贵院发布修改日程安排令的命令，并允许双方自2014年9月2日就所有审前事项提交新的日程安排令，并将上述期限从本院命令生效之日起延长30天。为支持该申请，原告将出示：

事　　实

本案被安排在2015年2月17日进行无陪审团审理。证据开示截止日期是今天，2014年9月2日。本案事关一起原告在米林顿海军零售店购物后滑倒，并由此主张人身伤害的纠纷。

原告欲寻求额外30天的时间来完成证据开示，以便原告能够取得事故当天在海军便利店的三位雇员以及她的主治医生的证言。如果原告在海军便利店雇员的证词中发现新的或者额外的目击者，则可能还需要进一步的证据开示。

另外，当前的日程安排令要求双方在2014年9月2日或之前进行调解。虽然双方尚未进行调解，但双方已同意向本院申请延长调解期限，经本院同意，拟于2014年10月29日与乔·莱利法官安排调解，由莱利法官担任调解员。双方将在2014年10月29日或之前单独或者共同申请延长调解期限。

该日程安排令先前未作修改，本请求并非出于拖延或恶意的目的，而是为了适应签字于下方的律师的时间安排。签字于下方的律师已经与被告的律师进行协商，如随函附上的磋商证明书所示。被告不反对本申请所寻求的救济，亦不同意本申请所寻求的救济。

理　　由

原告律师敬请修改此事项的日程安排令，将所有当前期限再延长30天，以允许原告取得本文件所述证言。因此，原告敬请修改日程安排令，将当前的证据开示期限从法院准予延长证据开示期限命令生效之日起再延长30天，并将排除专家/道伯特申请的申请和处分性申请的期限进行与拟议的延期相一致延长。

因此，考虑到上述前提，原告敬请本院发布一项命令，将证据开示期限和目前日程安排令中所载的所有后续期限自该命令生效之日起延长30天。

原告律师：詹妮弗·L.米勒
2014年9月2日

2-2. 附件2：磋商证明

磋 商 证 明

本人，詹妮弗·L. 米勒兹证明，我已与被告律师大卫·布莱克斯通于2014年9月2日就原告提起延长证据开示期限的申请当面进行了磋商。布莱克斯通先生确认被告不反对该申请所寻求的救济，亦不同意该申请所寻求的救济。

原告律师：詹妮弗·L. 米勒

（二）被告方提交的法律文书

对损害赔偿起诉状的答辩状

被告，美利坚合众国现通过助理联邦检察官（Assistant United States Attorney）①大卫·布莱克斯通对原告的起诉提交如下答辩。为了对原告起诉状中编号的段落做出回应，被告陈述如下：

案件当事人、管辖权和审判地

1. 承认这是一起根据《联邦侵权赔偿法》提起的损害赔偿金诉讼。被告否认关于过失、非法行为的所有主张，并且否认美利坚合众国若为私人主体在当前情况下应当为原告负责。

2. 被告认为起诉状第二段是一个管辖权声明，对此无需回应。

3. 被告认为起诉状第三段是一个管辖权声明，对此无需回应。

4. 被告缺乏足以对这些主张的真实性形成确信的知识或信息。

5. 被告认为起诉状第五段提出了一个恰当审判地的法律声明，对此无需回应。

6. 被告承认诺福克军法署署长办公室侵权赔偿部门在2012年4月19日收到了原告的SF-95损害赔偿金、个人伤害或者死亡索赔表格。该索赔要求在2013年9月3日被拒绝。

事 实 主 张

7. 承认。海军便利店是一个零售商店，以优惠的价格为顾客提供高品质的商品和服务，以支持海军生活质量项目。

8. 承认。

9. 承认原告在2012年9月29日出现在位于田纳西州米林顿的海军便利

---

① 译者注：联邦检察官隶属于美国司法部，由总统任命，在各联邦司法区（federal judicial district）任职。其职能主要是在联邦的所有刑事诉讼中作为公诉人指控犯罪，在其任职的联邦司法区内的民事诉讼中代表国家参加诉讼。

店。被告否认起诉状第九段的其余主张。

10. 承认当原告摔倒或者失去平衡时位于涉案商店。被告否认起诉状第10段中的其余主张。

11. 承认实施了一个调查，并且该调查因律师-客户守密特权、其他可适用的特权或者被视为律师的工作成果而免于被披露。

12. 被告缺乏足以对这些主张的真实性形成确信的知识或信息，并据此否认这些主张。

13. 被告缺乏足以对这些主张的真实性形成确信的知识或信息，并据此否认这些主张。

14. 被告缺乏足以对这些主张的真实性形成确信的知识或信息，并据此否认这些主张。

15. 被告缺乏足以对这些主张的真实性形成确信的知识或信息，并据此否认这些主张。

16. 被告缺乏足以对这些主张的真实性形成确信的知识或信息，并据此否认这些主张。

诉讼理由
过　　失

17. 被告本项答辩重复并重申对本诉状段落1—16的全部回应。

18. 否认。

19. 否认。

20. 否认。

21. 否认。

22. 否认。

23. 否认。

24. 否认。

损　　害

25. 被告本项答辩重复并重申对本诉状1—24段的全部回应。

26. 否认。

27. 否认。

28. 否认。

被告认为诉状的其余部分被视为无需回应的法律救济请求，法院可能要确定在何种程度上需要回应，被告否认原告有权获得所要求的救济。**在此否认所有没有在上文进行特别回应的主张。**

积极性答辩(Affirmative Defenses)

被告在此做出以下积极性答辩:

1. 起诉状未能针对被告提出能够获得救济的赔偿请求。
2. 诉讼并非由于政府雇员的过失所引起。
3. 法院对该诉讼标的不具有管辖权。
4. 被告主张,在诉状中指称的时间和地点,原告和/或第三方存在过失,该过失直接导致或者促成了原告主张的损害赔偿,也相应杜绝或者按比例减少了这类损害赔偿,如果有的话。
5. 原告的损害和伤害,如果有的话,是在被告方不存在任何过失、过错或者缺乏谨慎的情况下所遭受的。
6. 被告的任何行为和措施都不是导致原告主张的损害和伤害的直接原因。
7. 被告主张原告要求的任何损害赔偿都应当扣除原告可获得的实付或者应付的平行来源(collateral source)①救济金。
8. 原告诉讼的理由受《联邦侵权赔偿法》,《美国法典》第 28 卷 1346 节 b 条 2671 节及以下等的规制和限制。
9. 《联邦侵权赔偿法》禁止惩罚性和惩戒性损害赔偿。
10. 《联邦侵权赔偿法》禁止裁决支付判决前利息(prejudgment interest)②。
11. 《联邦侵权赔偿法》不允许对美利坚合众国适用陪审团审理。
12. 根据《美国法典》第 28 卷 2675 节 b 条,原告的追偿,如果有的话,仅限于原告提起行政性索赔的金额。

因此,被告请求全面驳回针对其提起的起诉,并给予被告诉讼费和法院认为公正合理的其他救济。

<table>
<tr><td>联邦检察官</td><td>爱德华·L.斯坦顿三世</td></tr>
<tr><td>助理联邦检察官</td><td>大卫·布莱克斯通</td></tr>
</table>

2013 年 12 月 16 日

(三)双方共同提交的证据目录及法律文书

1. 当事人提交的非陪审团庭审证据目录

---

① 译者注:平行来源指受害人从与侵权行为人完全无关的来源获得的赔偿。
② 译者注:判决前利息指从损害发生之日起计算的利息。与此相对应的是判决后利息,指因迟延支付已判决应向原告支付的金钱而产生的利息。

美国联邦地区法院
田纳西西区

主审法官 乔恩·P.麦卡拉						原告律师 詹妮弗·L.米勒	被告律师 大卫·布莱克斯通
日期 非陪审团审判;3-16-15						法庭书记官 布伦达·帕克	法庭助理 弥尔顿·诺克斯
原告序号	被告序号	提交日期	已宣誓	已标记	已准入	证据目录和证人的描述	
1		3/16/15		×	×	原告根据《联邦民事程序规则》第26(A)(1)条规则的首次披露	
2		3/16/15		×	×	共同证据展示,(贝茨印章1-22)医药账单	
3		3/16/15		×	×	共同证据展示,(贝茨印章:记录1-292)病历	
4		3/16/15		×	×	展示原告左手缝针的电话	
		3/16/15	×			艾迪·米彻姆	
5		3/16/15		×	×	安保录像的视频CD	
6		3/16/15		×	×	2012年9月29日安保录像照片,时间帧:14:11:25.75	
7		3/16/15		×	×	2012年9月29日安保录像照片,时间帧:14:11:31.75	
8		3/16/15		×	×	2012年9月29日安保录像照片,时间帧:14:11:35.76	
9		3/16/15		×	×	2012年9月29日安保录像照片,时间帧:14:13:44.39	
10		3/16/15		×	×	2012年9月29日安保录像照片,时间帧:14:13:52.40	
11		3/16/15		×	×	2012年9月29日安保录像照片,时间帧:14:14:00.40	
12		3/16/15		×	×	2012年9月29日安保录像照片,时间帧:14:14:31.94	
13		3/16/15		×	×	2012年9月29日安保录像照片,时间帧:14:14:41.95	

续 表

原告序号	被告序号	提交日期	已宣誓	已标记	已准入	证据目录和证人的描述
14		3/16/15		×	×	2012年9月29日安保录像照片,时间帧:14:16:39.56
15		3/16/15		×	×	2012年9月29日安保录像照片,时间帧:14:16:53.08
16		3/16/15		×	×	2012年9月29日安保录像照片,时间帧:14:17:15.10
17		3/16/15		×	×	2012年9月29日安保录像照片,时间帧:14:17:32.11
18		3/16/15		×	×	2012年9月29日安保录像照片,时间帧:14:18:05.65
19		3/16/15		×	×	2012年9月29日安保录像照片,时间帧:14:18:08.65
20		3/16/15		×	×	2012年9月29日安保录像照片,时间帧:14:19:26.73
21		3/16/15		×	×	2012年9月29日安保录像照片,时间帧:14:19:35.24
22		3/16/15		×	×	2012年9月29日安保录像照片,时间帧:14:20:29.30
23		3/16/15		×	×	2012年9月29日安保录像照片,时间帧:14:20:28.29
24		3/16/15		×	×	2012年9月29日安保录像照片,时间帧:14:21:45.36
	25	3/16/15		×	×	2012年9月29日安保录像照片,时间帧:14:13:22.30
	26	3/16/15		×	×	2012年9月29日安保录像照片,时间帧:14:13:36.88
	27	3/16/15		×	×	2012年9月29日安保录像照片,时间帧:14:15:58
	28	3/16/15		×	×	2012年9月29日安保录像照片,时间帧:14:18:17
	29	3/16/15		×	×	2012年9月29日安保录像照片,时间帧:14:22:16

续表

原告序号	被告序号	提交日期	已宣誓	已标记	已准入	证据目录和证人的描述
		3/16/15	×			吉纳维芙·威廉姆斯
						原告举证完毕
						政府提出规则50的动议申请
		3/16/15/	×			安东尼奥·布拉斯威尔
						被告举证完毕
						签名/弥尔顿·L.诺克斯注明日期3/16/15

*就未能放置于案卷材料中或者因文件大小而不可获取的任何证据展示的位置加以注释

2. 当事人证据开示及其他事项会议计划报告

双方当事人关于证据开示(DISCOVERY)①及其他事项

会议计划报告

1. 会议日程安排

根据《联邦民事诉讼规则》第26节f条,于2014年2月18日举行了一次电话会议,会议的参加者有:

a. 詹妮弗·L.米勒,原告律师。

b. 大卫·布莱克斯通,助理联邦检察官,被告律师。

2. 证据开示前披露(disclosure)

双方将于在2014年3月11日或之前交换《联邦民事诉讼规则》第26节a条1款所要求的信息。

3. 证据开示计划

双方共同向法庭提出如下证据开示计划:

以下事项需要证据开示:

原告除其他事项外,需要就与她主张的过失与损害赔偿相关的问题,以及针对被告的答辩进行证据开示。

① 译者注:证据开示指民事诉讼中的一种审前程序,一方当事人可以通过该程序从对方当事人处获得与案件有关的事实与信息,以助于准备庭审。根据《联邦民事诉讼规则》的规定,要求证据开示的方式包括:书面证词(deposition)、书面质询(written interrogatories)、请求承认(requests for admissions)、请求出示文件(requests for production)等。

被告除其他事项外,需要就原告主张的过失和损害赔偿相关的问题进行证据开示。

*书面质询(interrogatories)*①

一方最多可向任何其他方提交 25 个质询,包含所有独立的子问题。各方在送达后 30 日内予以回复。

请求承认

一方可向任何其他方提交无数量限制的承认请求。各方在送达后 30 日内予以回复。

书面证词

原、被告各方最多可做 10 份证词,除非经各方同意进行延长,每份证词限制为最多 1 天 7 小时。

专家

根据《联邦民事诉讼规则》第 26 节 a 条 2 款,聘请专家做出报告的截止时间为:

a. 原告:专家信息证据开示截止于 2014 年 7 月 1 日。

b. 被告:专家信息证据开示截止于 2014 年 8 月 1 日。

c. 原、被告:专家证人证词截止于 2014 年 9 月 2 日。

补充

根据《联邦民事诉讼规则》第 26 节 e 条,补充信息的截止时间为:

a. 若当事人得知在某些重要方面的证据开示或者回复是不完整或不准确的,且补充和修改后的信息没有另行在证据开示程序中或者以书面形式被告知其他当事人,则应当及时补充。

b. 按照《联邦民事诉讼规则》第 26 节 a 条 2 款 B 项的规定,专家报告应在审判前至少 30 天开示。

4. 其他事项

追加当事人

允许各方在 2014 年 4 月 25 日前追加当事人并修改诉辩状。

处分性申请

所有可能的处分性申请都应在 2014 年 10 月 1 日前提交。

---

① 译者注:书面质询指诉讼一方当事人向他方当事人或向证人或向知悉案件有关情况的第三人用书面提出有关诉案的问题。被询问者对质询书中提到的问题做出回答时一般必须经过宣誓,以表明其回答均为真实。书面质询在现在英美民事诉讼的证据开示程序中普遍使用。

纠纷解决

各方已同意就此事进行替代性纠纷解决，并将于 2014 年 9 月 15 日前完成。

证人/证据展示的最终清单及异议

根据《民事诉讼程序规则》第 26 节 e 条 3 款，原、被告应在审判前至少 30 天提交证人和证据展示的最终清单。

根据《民事诉讼程序规则》第 26 节 e 条 3 款，各方在证人和证据展示最终清单送达后最多 14 天内提交异议清单。

审判

该案件应当准备由陪审团审判，并且目前预计大约需要 3 天的时间。

各方当事人不同意由预审法官进行审理。

3. 延长调解期限共同申请书

延长调解期限共同申请书

现原告吉纳维芙·威廉姆斯和被告美利坚合众国（统称为"双方当事人"）经由律师敬请法院延长本案调解期限至 2014 年 10 月 31 日。为支持该申请，双方当事人陈述如下：

2014 年 2 月 21 日就该事项制定了一个日程安排令（D.E.13），规定了多元化纠纷解决程序的截止日期为 2014 年 9 月 2 日。

双方当事人同意让乔·莱利法官担任他们的调解员。然而，在试图确定双方当事人和乔·莱利法官都可行的日期时，明确直到 2014 年 10 月底才能安排调解。

在等待法院批准本申请之际，双方当事人暂时将与莱利法官的调解日期定在 2014 年 10 月 29 日。调解的时间预计不超过 1 天。

为此，双方当事人提议将此案的调解期限延长至 2014 年 10 月 31 日，以便与乔·莱利法官进行调解。

联邦检察官　　　爱德华·斯坦顿三世
助理联邦检察官　　大卫·布莱克斯通
原告律师　　　　　詹妮弗·L.米勒

4. 延期庭审共同申请书

延期庭审共同申请书

因当事人担心昨晚深夜直至今日突然袭击中南部的恶劣天气将导致交通状况不便，同时影响明日庭审证人出庭的能力，现吉纳维芙·威廉姆斯和美利坚合众国（统称为"双方当事人"）通过律师提交申请，请求本院将诉讼案件表中原定于 2015 年 2 月 17 日(明日)开庭的庭审延期。

国家气象局(NWS)发布了冬季风暴预警,直至今晚 6 点。NWS 已经明确提示了本次冬季风暴将主要影响 40 号州际公路沿路以及以南地区。NWS 解释本次风暴将导致在受影响地区的交通旅行十分危险或者无法出行。原告居住于田纳西州那什维尔北部萨姆那郡白屋子农村社区。该处与本法庭所在的孟菲斯市相距 3 小时车程,她需途经 40 号州际公路才能到达。截至提交本申请时,双方当事人一致认为原告此时试图冒险从她家到达孟菲斯并不安全。另外,双方当事人也担心从现在到案件表中明日早晨的传唤(docket call)之间情况并不会改善,因而原告明早也无法来到孟菲斯参加庭审。

尽管双方当事人已经做好充分的准备,遗憾的是,恶劣的天气让他们必须寻求延期。所有的证人到达法院将会变得困难,而对原告来说更是不可能,这是一个很大的担忧。因而,双方当事人现在共同请求本案庭审予以短暂延期,以避免任何人在此恶劣天气期间牺牲安全而出行。双方当事人已进行了商议并且相信在此问题上的延期是此时对当事人和法庭最有效的行动。

因此,双方当事人恭敬地请求法院裁决将庭审日期延至下一个法院和双方当事人都可行的日期,至少在两周之后。

联邦检察官爱　德华·斯坦顿三世

助理联邦检察官　大卫·布莱克斯通

原告律师　詹妮弗·L.米勒

4-1. 附件 1:磋商证明

磋 商 证 明

本人,詹妮弗·L.米勒,兹证明我已与被告律师大卫·布莱克斯通于 2015 年 2 月 16 日就双方共同申请延期庭审进行了电话磋商。布莱克斯通先生确认被告并不反对并且同意加入寻求所申请的救济。

原告律师　詹妮弗·L.米勒

(四)法院制作的程序性法律文书

1. 准许延长证据开示期限申请的命令

准许延长证据开示期限申请的命令

在此之前法院收到了原告吉纳维芙·威廉姆斯提交于 2014 年 9 月 2 日的延长证据开示期限的申请书(电子案件卷宗第 18 号)。在该申请中,原告请求延长期限至 2014 年 10 月 2 日以完成所有证据开示(同上)。该申请未遭到反对(电子案件卷宗第 18-2 号),并获得通过。据此,特此裁决本案的所有证据开示工作,包括取证工作,均延期至 2014 年 10 月 2 日。在本命令生效后十五

(15)天内,双方律师应协商并向法院提交一份拟议的经修订的日程安排令。

2014年9月4日**裁决以上**。

乔恩·P.麦卡拉
美国巡回法院法官

2. 准许延长调解期限共同申请的命令

准许延长调解期限共同申请的命令

在此之前法院收到了双方于2014年9月3日提交的延长调解期限共同申请书(电子案件卷宗第19号)。在该申请中,双方请求延长期限至2014年10月31日(同上)。根据《联邦民事诉讼规则》第16条b款4项的规定,各方有充分理由延期。因此,各方的申请(电子案件卷宗第19号)获得通过。据此,裁决将双方当事人的调解期限延长至2014年10月31日。根据原告延长证据开示期限的申请,正在修订的拟议日程安排令中应包括调解截止日期为2014年10月31日。

2014年9月4日**裁决以上**。

乔恩·P.麦卡拉
美国巡回法院法官

3. 准许延期庭审共同申请的命令

准许延期庭审共同申请的命令

本院要裁决的是双方当事人于2015年2月16日提交的延期庭审的共同申请(电子案件卷宗第26号)。因为合理的缘由,该申请现予以准予。因而,庭审日期重新定于2015年3月16日星期一早上9点30分。

另外,本院还收到了双方同意参与法庭录像试点项目的不同形式的通知。在完全同意的情况下,双方当事人应当填写完成法院发出的《关于参与法庭内设置摄像机试点项目通知》(电子案卷文件第24号)附件中《视频录像和公开同意书》表格,并且通过"案件管理/电子案卷文件"文件提交系统向法院提交填完的表格。

2015年2月23日**裁决以上**。

乔恩·P.麦卡拉
美国巡回法院法官

(五)庭前命令、庭审笔录和判决书

1. 庭前命令

庭 前 命 令

本院于2015年2月10日早晨9点就以上提到的事项安排了一场庭前会

议,为了准备该会议,原告与被告提交了以下建议的庭前命令:

1. 管辖:

根据《美国法典》第28卷第1331节和《美国法典》第28卷第1346节b项,本院拥有管辖权。

2. 申请:

目前没有尚未作出裁决的申请。

3. 案件概要:

本案是由吉纳维芙·威廉姆斯根据《联邦侵权赔偿法》向美利坚合众国提起的人身损害侵权诉讼。该赔偿请求因2012年9月29日米林顿的海军便利店发生的滑倒事件而引发。威廉姆斯女士曾提起行政赔偿请求(案号:J131038),被告对此结论为其对原告的损害不负赔偿责任,由此拒绝了原告的请求。

原告提起了诉讼,主张被告就清理海军便利店的地板,以及/或者就未能警示她受伤的可能性,以及/或者就未能检查商店的公共走道,以及/或者未能为公众维系安全的环境存在过失。原告已经提起了赔偿损失的主张。被告否认其有过错,声称其并没有注意到任何需对原告损害负有责任的不安全情形。

4. 原告主张:

2012年9月29日,陌生男子和女子从海军便利店购买了酒饮,之后退回了两瓶酒和两个已经打开的破损酒瓶。该男子和女子将这些商品带回了商店,从商店的入口一直携带至位于商店前面的前台处。此时为海军便利店安保录像时间轴的14点11分处。在他们对破损商品进行退货时,其中一人在海军便利店的地上从入口到结账处留下了酒液的痕迹。

地上的酒水液体痕迹构成了一个不合理的危险情形,海军便利店员工在该危险情形发生后立即得知了该危险情形,这是因为该男子向海军便利店退还了破损的瓶装酒,并告诉了海军便利店员工他是因为这些瓶子破损而退货的。大约在这个时间,该男子向海军便利店的一位或多位员工解释了他的行为,所以海军便利店对从入口到前台的地上所存在的不合理的危险情况是获得了警告的。

原告主张至少一名海军便利店员工对此危险知情。大约在时间轴的14点14分处,该男子在前台的前方区域使用了一张纸巾对地板进行了擦拭。不仅如此,员工们还给该男子提供了一些硬纸板放置在地上,用来吸干破损瓶装酒漏下的液体。

在或者大约在时间轴14点15分58秒处,原告吉纳维芙·威廉姆斯进入了海军便利店。她进行购物,购买了她的瓶装酒,并在时间轴14点18分05秒处走向海军便利店的出口。这是人们可以在此区域进入或者离开海军便利店唯一的方式。原告没有意识到在海军便利店前台发生的任何与退瓶子有关的事情,她也不知道地上存在的危险。海军便利店的员工就男子退还破损的瓶装酒并留下了液体的情况没有进行警示。

在或者大约在时间轴14点18分08秒处,此时距离该男子制造了危险情况以及海军便利店员工知晓该情况过去了大约6到7分钟,吉纳维芙·威廉姆斯滑倒了,并且受到严重损伤。原告摔倒后,海军便利店员工立即带了两块"地板潮湿"的标志出来,并且开始用拖把和纸巾清理该区域。

摔倒导致威廉姆斯女士身体多处遭到损害,包括但不限于头部的伤害,从肩膀和胳膊一直到腿部包括臀部和膝盖的右侧身体全部都遭到了损害。她的胃部曾经做过疝气修复手术,此次摔倒再度受到了损伤。威廉姆斯女士进行了第二次手术。她还完成了一个物理治疗(physical therapy)并进行水中有氧运动来控制疼痛。威廉姆斯女士仍在经受着人身损害带来的煎熬。

5. 被告主张:

A. 在或者大约在2012年9月29日14点11分31时,一名陌生男子进入了田纳西州米林顿海军便利店,携带一瓶或者多瓶破碎的啤酒。
B. 该名陌生男子立即转向左侧并从商店入口处移开。
C. 该名陌生男子开始同店员交谈。
D. 在该陌生男子进行交谈的过程中,许多顾客进入和离开了该店,或者走过商店入口附近的区域。
E. 没有其他顾客滑倒,查看地板,或者出现其他的行为标志在商店入口处附近地上有不明物质。
F. 在或者大约在14点18分08时,原告准备离开商店。
G. 在她移动离开的过程中,原告丧失了平衡,并滑倒在地。
H. 在原告摔倒前,被告并没有被告知商店入口附近存在危险情况。
I. 同样被告也没有在原告摔倒前意识到商店入口处的任何危险情况。
J. 原告摔倒不是由商店入口附近的不安全情况导致的。
K. 被告不对原告的人身损害负有赔偿责任。

6. 预先确定的事实:

A. 原告于2012年9月29日出现在田纳西州米林顿的海军便利店中。
B. 在或者大约在14点11分30秒时,原告还在商店内,此时一名陌生男子携带了一瓶或者多瓶破碎的啤酒进入了该区域。

C. 在或者大约在14点18分08秒,原告准备离开商店时摔倒。

7. 事实争点:

A. 原告摔倒时海军便利店入口处附近是否存在不安全情况(unsafe condition)。

B. 原告摔倒时被告是否对商店入口处的不安全情况实际知悉(actual knowledge)。

C. 原告摔倒时被告是否对商店入口处的不安全情况推定知悉(constructive notice)。

D. 原告是否是因为商店入口处的不安全情况而摔倒。

E. 被告的过失是否是导致原告遭受损害的原因,如果是的话,在何种程度上(是导致其遭受损害的原因)。

8. 原告的法律争点:

A. 被告是否因其员工的行为构成过失侵权。

9. 被告的法律争点:

A. 当该声称的情形只存在于原告受伤前六分半钟左右,是否可以产生对危险情形或者是不良状态的推定知悉。

B. 被告是否违反了对原告负有的义务。

C. 任何危险或者不良的情况(dangerous or defective condition)是否为造成原告损害的近因(proximate cause)。

D. 是否任何危险或者不良情况与原告的损害存在事实上的因果关系(cause-in-fact)。

10. 原告的证据展示:

双方当事人约定以下证据展示具有可采性(admissibility)。

A. 海军便利店的安保录像复制件,时间范围从 2012 年 9 月 29 日 14:11:21 到 14:28:48 之间。

B. 展示原告手上缝针的照片。

C. 2012 年 9 月 29 日安保录像时间轴标记大约 14:11:25 的图像复印件。

D. 2012 年 9 月 29 日安保录像时间轴标记大约 14:11:31 的图像复印件。

E. 2012 年 9 月 29 日安保录像时间轴标记大约 14:11:35 的图像复印件。

F. 2012 年 9 月 29 日安保录像时间轴标记大约 14:13:44 的图像复

G. 2012年9月29日安保录像时间轴标记大约 14:13:52 的图像复印件。

H. 2012年9月29日安保录像时间轴标记大约 14:14:00 的图像复印件。

I. 2012年9月29日安保录像时间轴标记大约 14:14:31 的图像复印件。

J. 2012年9月29日安保录像时间轴标记大约 14:14:41 的图像复印件。

K. 2012年9月29日安保录像时间轴标记大约 14:16:39 的图像复印件。

L. 2012年9月29日安保录像时间轴标记大约 14:16:53 的图像复印件。

M. 2012年9月29日安保录像时间轴标记大约 14:17:15 的图像复印件。

N. 2012年9月29日安保录像时间轴标记大约 14:17:32 的图像复印件。

O. 2012年9月29日安保录像时间轴标记大约 14:18:05 的图像复印件。

P. 2012年9月29日安保录像时间轴标记大约 14:18:08 的图像复印件。

Q. 2012年9月29日安保录像时间轴标记大约 14:19:26 的图像复印件。

R. 2012年9月29日安保录像时间轴标记大约 14:19:35 的图像复印件。

S. 2012年9月29日安保录像时间轴标记大约 14:20:29 的图像复印件。

T. 2012年9月29日安保录像时间轴标记大约 14:20:28 的图像复印件。

U. 2012年9月29日安保录像时间轴标记大约 14:21:45 的图像复印件。

11. 被告的证据展示：

双方当事人约定以下证据展示具有可采性(admissibility)。

A. 一份海军便利店的安保录像复制件,时间范围从 2012 年 9 月 29 日 14:11:30 到 14:18:08 之间。

12. 原告将传唤的证人:

A. 吉纳维芙·威廉姆斯

13. 原告可能传唤的证人:

A. 被告的企业代表。

B. 科拉·克拉克

C. 任何由被告在此确认的证人。

14. 被告将传唤的证人:

被告并不指定任何人为"将传唤"的证人。

15. 被告可能传唤的证人:

A. 安东尼奥·布拉斯威尔

B. 艾迪·米彻姆,防损/保全部经理

C. 吉纳维芙·威廉姆斯

D. 科拉·克拉克

16. 书面证词:

双方当事人预计不会在庭审时提交书面证词作为证据。

17. 庭审时长:

双方预计非陪审团的庭审将持续大约 1 天左右。

18. 可确定的损失数额:

原告声称可确定的损失为 50 000 美金。

19. 需要的设备:

A. 笔记本电脑

B. 艾路摩(ELMO)投影仪

2015 年 2 月 6 日**裁决以上**。

乔恩·P. 麦卡拉
美国联邦巡回法院法官

2. 庭审笔录

法官:乔恩·P. 麦卡拉

原告:吉娜维芙·威廉姆斯

被告:美利坚合众国

原告律师:詹妮弗·L. 米勒

被告律师:大卫·布莱克斯通

(开庭,预备庭审)

法官:这是吉娜维芙·威廉姆斯诉美利坚合众国一案的诉讼。这是一起根据《联邦侵权赔偿法》提出索赔的非陪审团审理案件。威廉姆斯女士称,被告的过失导致她在田纳西州米林顿海军基地的海军便利店滑倒。双方同意参加 2010 年 9 月美国司法会议授权的试点项目。该试验项目批准了一个为期 3 年的项目,以评价在地区法庭使用摄像头的效果。本案审判按照法庭行政和案件管理司法会议委员会颁布的准则进行。根据这些准则,法院必须提醒所有出庭人员正在进行录音,并要求他们限制可能对项目产生不利影响的噪音或旁听交谈。法院还需提醒律师、当事人和证人将披露机密和个人信息。根据司法会议委员会颁布的准则,同意录制一段录像并不代表任何一方同意其先前声称拥有任何保密或隐私权利或其他这类权利的材料的公共性。可能属于这一类别或受保护令管辖的材料不应在这些程序中进一步展示或散播……原告准备好开始了吗?

原告律师:是的,法官。

法官:政府准备好开始了吗?

被告律师:是的,法官。有一些预备问题。

法官:没关系。任何一方当事人是否希望发表开场陈述?如果没有,是否有任何需要解决的预备问题?

原告律师:法官,我想我们会要求对法庭内的证人援引隔离规则。

法官:当然可以。援用该规则。任何出庭作证的证人请进入证人室。证人室就在我的左边。你不必到外面走廊里去。你可以直接去证人室,并不必拘束。好了,这条规则已经生效。下一个问题?

原告律师:没有其他问题,法官。

法官:好的。政府这边是否有其他问题?

原告律师:你们(被告)要讨论这个录像?

法官:有一处提到了录像。这个案件实际上有一系列认定的事实。据我所知,下列事实已经认定。我需要确保我在这方面是正确的。庭前命令第 4 页有 3 项认定事实。内容如下。第一个认定的事实是,原告于 2012 年 11 月 29 日出现在田纳西州米林顿的海军便利店。

被告律师:9 月。

法官:9 月 29 日? 好,2012 年 9 月 29 日。第二个认定的事实是,时间在 14 点 11 分 30 秒左右,也就是下午 2 点,2 点 11 分 30 秒。我要再读一遍。大约在 14 点 11 分 30 秒,当原告在商店时,一名身份不明的男子携带一个或多个破啤酒瓶进入了商店。第三个认定的事实是,在 14 点 18 分 08 秒左右,也就是下午 2 点,2 点 18 分 08 秒,8 秒。我不确定是十分之一秒还是秒,但我假设是秒,原告要离开商店时跌倒。这些都是已经认定的事实。我们已经就时间、地点和特定事件达成了一致。除了第 6 页的附加认定事实外,还有其他认定的事实吗?任何其他……

原告律师:法官大人,我们也同意法院的管辖权,因此,我们不打算提供有关行政投诉提交日期和起诉时间以及诸如此类事项的证据。

法官:好的,嗯,那很好,管辖得到一致同意。另一项认定的事实是当事人对下列证据展示的可采性达成了一致,只列出了一项。一段海军便利店的安全录像的复制件,包含的时间段为 2012 年 9 月 29 日 14 点 11 分 30 秒到 14 点 18 分 08 秒。对此双方达成了一致?

原告律师:我认为我们……

被告律师:是的,法官。我们都很清楚,我想这也是米勒女士想说的,这段视频包含的时间远不止这些。我们只是把它定义为一个包含那段时间的视频。它可能会延伸到 14 点 24 分,我不认为该视频作为一个整体被认定有任何问题。

原告律师:是的,法官。事实上在第 5 页,我认为我们已经列出了原告的证据展示和被告的……

法官:对。这些证据展示也被采纳了。

原告律师:我们也认定了原告证据展示的可采性,其中证据展示 A 将视频的时长标注为 14 点 28 分 48 秒。

法官:当然,没关系。现在我看一下。很明显,它开始于提交审断的起始的时间之前。它从下午 14 点 11 分 21 秒开始。

被告律师:是的。为此目的,我们有一份录像副本供法庭记录。

……

被告律师:这是被告的第一个预备问题。我还有第二个预备问题。这更多的是关于案件中允许的证明范围的询问。在进行审前命令时,我至少不清楚原告主张的损害是什么。所以,让我引用原告没有补充初步披露,披露 C 部分,根据《规则》第 34 条披露方主张的用以复核或者复制的任何类别损失的计算,以及不属特权保护或者不能用于披露的损害赔偿计算所基于的文件或者其他证据材料,包括所遭受的不同性质和程度伤害的材料。一般来说,就是一系列关于损失的类别和计算。仅根据初步披露,原告有 37 436.85 美元的医疗账单未付。由于初步披露没有得到补充或添加,我的理解是,根据《规则》37c,

损害赔偿的证明至少应该限于就医疗账单的讨论。

法官：米勒女士对此有什么回应？

原告律师：法官大人，简单来讲，威廉姆斯女士想要作证她的绝大部分医疗费用是由她的医疗保险支付的。我们不打算为3.7万美元寻求赔偿，因此，我们没有花钱请医生来证明所有这些医疗账单的合理性和必要性，因为医疗保险已经支付了账单，政府已经支付了这些账单。她打算按照她在（庭外）证言获取中提供的证词进行作证，即她从自己的口袋里掏了大约500美元，至于她所遭受的痛苦和折磨，这一点在最初提出的联邦赔偿请求中得到了明确的说明，请求15万美元赔偿金的损失，而且也……这是关于她在证词中所认定的更具体的痛苦和折磨。她有头痛、肩膀疼痛、身体右侧和胃部疼痛，以及她因为跌倒引起的胃部疼痛随后的疝气修补手术。

法官：好。政府有什么动议？

被告律师：法官大人，我要指出的是，首次披露的后起诉状文件中，要求你为你所声称的每一项损害提供计算和分类，然而除了医疗费用外，什么都没有说。政府有权知道主张的具体损害赔偿类别，以便有机会对这些事项进行开示。我们就将会提出任何其他类别的损害索赔没有得到充分的通知。尽管如此，起诉状及出示医疗账单之外的证据从未被《规则》要求的补充披露所纠正。

法官：具体来说就是没有遵守《规则》37条以及政府的申请。

被告律师：法官，政府将根据《规则》37 c1进行申请，未披露或未补充披露，当事人不得在听审或者庭审中使用或者补充超出补充或者没有补充的首次披露以外的损害的种类和计算。

法官：对。……
……

法官：好的。在审前命令中，引用的证据展示包括第5页和第10段的录像片段，然后是文字证据展示。我不确定你指的是什么。

原告律师：在审前命令的总结中，在案件的论点中，原告在第3页有她所受伤害的总结。我相信……

法官：第3页。

原告律师：是的，法官大人。

法官：由于摔倒，威廉姆斯受了许多伤害，包括但不限于头部、右侧身体从肩膀和手臂一直到臀部膝盖腿部。她的胃也重复受伤，这是她以前…她之前做过疝气修补手术，并在跌倒后做了第二次手术来修补疝气。她进一步请求物理治疗,等等。你指的是那个吗?

原告律师: 是的,法官。这是威廉姆斯女士打算向我们证实的她所遭受的伤害的总结。

法官: 我想要确定我理解了金额,37 436.95美元。这部分没有索赔,因为这些是由第三方支付的。

原告律师: 由政府支付的,是的,法官大人。

法官: 他们支付得不错。

原告律师: 通过她的福利,但是……

法官: 你们对此不进行索赔。

原告律师: 我们对此没有进行索赔。

法官: 好的。这就回答了这个问题。那这又是什么?她说,我们积极地通知了关于痛苦和折磨的主张,这反映在庭前命令中。这反映在最初附在医疗账单上的文件中。

被告律师: 法官大人,把顺序颠倒一下。庭前命令,这些是原告的主张,那些是她所需要证明的内容。它们没有被确立为事实,坦白说,最后一段很模糊,我不得不上法庭问他们想要证明什么。他们描述了她所受的身体伤害以及声称的她身体损害的性质,但没有对今天早些时候提到的头痛等补偿性损害提出任何真正的主张。所附医疗记录中可能存在主观起诉,但这并不免除原告披露损害类别的义务。她可能会简单地说,"我们要求对头痛、疼痛和痛苦赔偿15万美元",不管这些赔偿类别是什么。被告没有义务对文件进行梳理,并为原告确定损害赔偿类别。初步披露时,各方可以提醒对方争点是什么,以及在哪里进行开示。这就是为什么初步披露是在开示之前进行的。从表面上看,没有迹象表明有必要对目前所要求的任何一项补偿性损害赔偿进行开示。我至少问了几个在原告的证词中的问题,但并不是富有成效的。

法官: 我认为,我们需要做的是对尚未提交但可能需要提交的索赔要求进行披露,以便使法院了解已有的情况……

法官: 根据目前提交的材料,我们应该保留最终裁决,因为我现在还没有这些材料,而且我们认识到,实际上在第3页,也就是在这一页的顶部,庭前命令中至少有一些披露和主张。这可以解释为与痛苦和折磨有关。这或许可以解释。我要承认它并没有说得那么清楚。我的理解是现在只针对这类伤害的主张。米勒女士?显然不是针对37 000美元。我们实际上是在讨论对实际发生的痛苦和折磨的索赔。……

法官: ……政府在某种程度上依赖于证据展示1,即2601条首次披露,他们依赖于《规则》37。他们基本上是在为未能披露或补充做申请,他们声称该申请已经完全得到了救济。如果一方未能按照第26A或E条的规定提供信息或指认证人,则该方不得利用该信息或证人就听审或庭审中的申请提供信息。这就是他们主张的基础,他们动议的主张。这就是我们要做的。我们要保留这些。……

……

(开场陈述)

法官:……好。我想我们已经讨论了预备问题,现在我们准备……我想双方想做一个简短的开场陈述,然后我们将进行证人询问。米勒女士,我们开始调查的时候,你想说什么,我都有相关材料。各方当事人都有,为所有人都准备了。当然。

原告律师: 2012年9月29日,一名身份不明的男子和女子在海军便利店购买了一些酒,随后他们退回了两瓶单独的酒,和两箱已经开口显然已经破损的酒盒。有证据表明,这对男女把这些物品带回了商店,从唯一的入口和出口,也就是临近柜台的那扇门,找海军便利店的雇员。证据表明,这些瓶子随后被放置在地板上,随后大约……事件发生在下午2点11分左右。我们认为,证据将表明,其中一人或两人在归还损坏的商品时,在海军便利店的地板上留下了一条从入口到前台的液体遗漏的痕迹。地板上的液滴痕迹构成了不合理的危险情况。证据将证明,海军便利店的雇员在危险情况发生后几乎立即就知晓了。海军便利店的员工本应张贴危险标志,提醒顾客注意危险。便利店的员工应该把地板擦干净以防跌倒,但他们就是没能解决这个问题。由于他们未能解决他们所知道的危险状况,威廉姆斯女士在下午2点18分左右试图离开商店时滑倒了。你会听到威廉姆斯女士作证,由于摔倒,她经历了头痛、牙齿碎落、身体右侧疼痛、需要物理治疗、疝气需要手术治疗等状况。威廉姆斯女士的大部分账单都是由她的保险公司支付的,但她确实从自己的口袋里掏出了500美元左右进行账单支付。威廉姆斯女士要求赔偿她所受的伤害。谢谢。

法官: 好的。谢谢。美利坚合众国,布莱克斯通先生。

被告律师: 早上好,法官大人。正如你从原告律师那里听到的,我相信你从这个案件的记录中已经认识到的那样,我们不是在讨论一些复杂的事情,但这并不意味着它不令人困惑。我们有的是通常这类案子没有的视频录像,这是一段从陌生男子走进来那一刻一直到原告跌倒的那一刻为止的整个事件的录像。这是双方都同意的。一位不知名的顾客,他走进来,带着一些破损的瓶子,我们通过视频发现了这个。双方也同意,大约六分半钟后,威廉姆斯女士在离开商店时摔倒了,这一点我们也可通过视频发现。现在是一个关于视频上还有什么以及没有什么的问题。从视频中可见,从男子拿着破损的瓶子走进来,直到威廉姆斯女士摔倒,大约有25人走过同一区域。没有人滑倒。没有人往下看。没有人看到这种情况,并觉得提醒店员很重要。那个男人拿着破损的瓶子走进来之后,威廉姆斯女士自己也走过。视频中没有任何迹象表明她注意到地板上有什么不对劲。我们看到,当她要走出商店而最终跌倒时,她的两只脚都放在地板上,她的腰弯着。现在,威廉姆斯女士的律师说,海军便利店应该知道存在危险的情况,海军便利店存在过失,那里本应当有标志,雇员本应该进行拖地。这种情况远非显而易见。今天您将听到一名员工的证词,他看到这名男子拿着破损的容器走了进来,甚至没有看到当他走进来时有任何东西从容器底部滴落下来。当时地面上并没有明显的情况。门口的情况没有引起任何海军便利店职员的注意。相反,海军只需要处理一个问题,而这问题是发生在结账处。法官大人您会看到录像。您将听取证词,我认为情况会变得很清楚,海军没有接到任何危险或有缺陷情况的通知,也没有违反它可能对威廉姆斯女士负有的任何义务。

(证人询问)
(证人米彻姆主询问)

法官:好的。我们将传唤证人继续进行。你可以传唤你的第一个证人,米勒女士。

原告律师:法官大人,原告传唤海军便利店的公司代表。

法官:请走到台上。请停下来,举起你的右手。你可以庄严地宣誓在上帝的帮助下,你能发誓说实话、说出全部的实话、没有任何假话吗?

米彻姆:我宣誓。

法官:请到证人席上去。当你开始的时候调整麦克风。

法官:请,女士。

原告律师:谢谢法官大人。(对证人)你可以陈述你的名字吗?

米彻姆:我叫艾迪·米彻姆。

……

原告律师:谢谢您,米彻姆女士。你现在是海军便利店的员工?

米彻姆:对。

原告律师:你担任什么职务?

米彻姆：我是损失预防和安全部门的经理。

原告律师：您是否有机会观看已作为证据展示1的视频？

米彻姆：我已经查看过。

原告律师：我可以进行吗，法官？

法官：你可以。

原告律师：事实上，法官，我想向证人展示作为已经认定证据展示的照片……

原告律师：米彻姆女士，作为一名损失预防的领导，这意味着你的职责之一就是帮助确保根据海军交易的政策和程序处理现场可能出现的危险情况或危险？

被告律师：反对，该事实并不在证据材料之中。

法官：反对无效。我已经意识到这是对方的一个代表的意见，所以我们在这方面留有余地。是的，女士，你可以继续了。

……

原告律师：作为一名损失预防官员，你的工作的一部分就是限制海军便利店的损失。正确吗？

米彻姆：对。

原告律师：通过确保物品不被盗窃来实现？

米彻姆：是的。

原告律师：也通过确保场所对顾客和职员的安全性来实现？

米彻姆：是的。

……

原告律师：谢谢。你的责任和义务的一部分，是帮助训练他人并确保他们采取适当措施，通过清理处理地板上可能出现的危险情况？

米彻姆：是的。

原告律师：当确定地板上的液体有潜在危险时，关于员工的应对措施有什么政策？

米彻姆：一旦他们发现地板上有液体，他们就会放置警示标志，并采取必要的措施来清理现场，确保行走安全。

原告律师：谢谢。没有任何政策上的理由可以解释，为什么在确定液体洒在地上后，地板未能尽可能快地清理干净？

米彻姆：是的，如果有明显的泄露，他们会清理的。

原告律师：谢谢。

……

原告律师：[向证人展示证据展示6]这个视频截图描述了什么？

米彻姆：这是我们对当时便利店的现场拍摄。

原告律师：在该展示中有个顾客走进来了，对吧。

米彻姆：对的。

原告律师：你看到她手上拿有东西吗？

米彻姆：看起来像是她左手拿有一个物品。

原告律师：你有没有看到她右手上也有一个东西？

米彻姆：它和瓶子混合在一起，但是看起来像有什么东西在一样。

原告律师：你认识到她手里拿的是一个或者是一两个瓶子？

米彻姆：是的，正确。

原告律师：是的，在证据展示7里，时间显示是2点11分31秒，对吗？

米彻姆：是的。

原告律师：这说明了什么？

米彻姆：我们先看到那位女士，然后是那位男士，看起来两手各拿着一样东西，一个提篮和其他东西。

原告律师：你和这两个人中的任何一个人说过话吗？

米彻姆：没有。

原告律师：九月损失发生的那天你在商店吗？

米彻姆：不，我不在。

原告律师：好的，谢谢。随后，2点11分35秒在证据展示8中，我们看到这位男士在做什么？

米彻姆：他正向柜台走去。

原告律师：他还带着他带来的东西吗？

米彻姆：是的。

原告律师：在2点13分44秒，你再次看到这位男士出现在屏幕的右角了吗？

米彻姆：是的，我能看到他的头和一点衬衫。是的我能看到。

原告律师：你看到他正在做什么了吗？

米彻姆：它看起来像纸板。

原告律师：他看起来像是把一个纸板平放在地板上。

米彻姆：是的。

原告律师：在2点13分52秒，大约2点14分的时候，我们看到他正在做什么?

米彻姆：我看见他弯下腰,在看似是纸板的东西上徘徊。

原告律师：他手里面拿着东西?

米彻姆：是的。

原告律师：是不是和他带进来的那箱东西一模一样?

米彻姆：看起来像是。

原告律师：接下来,我想给你展示证据展示11,有个员工进入了屏幕,对吗?

米彻姆：是的。

原告律师：那个员工在做什么,或者更准确地说…我很抱歉那是个不好的问题,我问你一个更合适的。她的手里正拿着什么?

被告律师：反对。这是推断。

法官：反对有效。如果你知道,你可以告诉我们它是什么。我们不知道而且很难看清楚。

米彻姆：从这个静止的镜头,我不知道。只能看到她手上有东西。我不能确定它是什么。

法官：反对有效。这是推测,援引推测排除法则。

原告律师：谢谢法官。在2点14分31秒的时候你看到同样的员工了吗?

被告律师：反对,法官。我认为…

法官：让她问完这个问题。

米彻姆：我看见他了。

原告律师：你知道这就是我们刚才在14点14分看到的那个员工吗?

米彻姆：我仅仅看到有人在弯腰。我不知道是不是那个人但我可以推断出他或许是。我不确定。

原告律师：好的。

原告律师：现在你在被标记为证据展示13的截屏上看到的时间轴是2点14分41秒吗?

米彻姆：是的。

……

原告律师：你从证据展示13中看到了什么?

米彻姆：我看到那个人还有他的同事一起弯下腰去看先前在他手里现在放在纸板上的东西。

原告律师：地板上有个盒子而且他们在操纵什么东西。你看不出来是什么,对吧?

米彻姆:是的,看不出来。

原告律师:有两个员工,对吧?

米彻姆:穿着蓝色衬衫的,我猜测是员工,但是从这个角度我不能断定。

原告律师:将录像调整地更清楚些。两个人中有一个弯下腰来。

米彻姆:是的。

原告律师:你识别出来的那个人是员工吗?

米彻姆:不,因为我不确定。从这个角度我不能确定这是谁。刚才站起来的那个人,我知道他是一位员工。我只看到一个人穿着蓝色衬衫,这是我们为员工准备的制服之一。

原告律师:接下来,证据展示 14 显示时间是 14 点 16 分 39 秒,也就是 2 点 16 分,对吗?

米彻姆:对的。

原告律师:在这张照片里面我们看到了什么?

米彻姆:我们现在看到一个盒子,看起来像立在纸板上。那看起来就像篮子在纸板上,然后我们有两个人站在门口。

原告律师:那位穿黑衬衫的女士,你能认出那个人是员工吗?

米彻姆:我现在无法分辨那是谁。

原告律师:好的。接下来,我把证据展示 15 放在你面前,时间轴是 14 点 16 分 53 秒,对吗?

米彻姆:对的。

原告律师:现在又看到了我们一直在谈论的男子和女士把东西带回来了。对吗?

米彻姆:对。

原告律师:又一个弯着腰俯身向箱子的人。

米彻姆:是的。

原告律师:你辨认一下这个人。

米彻姆:他看起来像是当时的主管。

原告律师:当时的主管是谁?

米彻姆:沙贝尔·瑞恩斯。

原告律师:你知道那天瑞恩斯女士在便利店吗?

米彻姆:我想她在。

原告律师:你是否知道那天在店里帮忙退换货的是不是瑞恩斯女士?

米彻姆：可能是她。我不太确定。

原告律师：再问一次，在我们刚刚讨论的证据展示 14 中。这和证据展示 15 中俯身的那个人是同一个人吗？

米彻姆：或许是。但是同样看不清楚。可能是她吧。

原告律师：那是在证据展示 16，时间轴是 14 点 17 分 15 秒，对吗？展示一下。

米彻姆：对的。

原告律师：在这张照片上我们看到了什么？

米彻姆：我们看见先前进来站在箱子旁边的女士。好像是沙贝尔和顾客走了过来，似乎他们要离开商店。

原告律师：你是指瑞恩斯女士？

米彻姆：是的。

……

原告律师：证据展示 17，仅仅几秒钟后，在时间轴 14 点 17 分 32 秒，瑞恩斯小姐现在返回了商店。

米彻姆：是的，看起来像是如此。

原告律师：这看起来又是她吗？

米彻姆：是的。

原告律师：接下来是证据展示 18。你能向法庭描述一下这个图像上都反映了什么吗？

米彻姆：它看起来像…因为我看到这个篮子了。看起来就像之前在地板上的盒子现在在篮子里。看来现在有人把这些东西放进篮子里了。我看到顾客刚好在那里，然后一个穿蓝色衣服的女士看起来好像刚用完洗手间。

原告律师：你看到她的手里拿着一个包？

米彻姆：对的。

原告律师：这位先生正拿着东西，你能看清是什么吗？

米彻姆：我不知道那是什么。

原告律师：你在证据展示 19 上看到了什么？

米彻姆：我在之前的证据展示里仍看到同样的人。我们有店员位于篮子的旁边。然后西维尔弯下腰到顾客前面。那个穿着蓝色衬衫的顾客，现在看起来有点像跌倒了。

原告律师：接下来，在证据展示 20 的时间轴的 14 点 19 分 26 秒，对吗？

米彻姆：正确。

原告律师：这个时候发生了什么？

米彻姆：看起来像是我们的店员正要在箱子旁边放警示标志，就是刚刚他们把东西搬到的地方。我想，在那个人将要跌倒的时候，有一些顾客和店员在旁边。

原告律师：有没有店员弯下腰来看着我的当事人？

米彻姆：可能有。

原告律师：你不确定？

米彻姆：从这个角度来看不确定。

原告律师：好的，接下来在证据展示21，时间轴14点19分35秒是一个非常相似的场景。你看，有个员工在清理地板。对吗？

米彻姆：是的，就在他们放纸板的地方。

原告律师：你看到纸板所在的图像了吗，液体渗到纸板上的深色的点？

被告律师：反对，法官大人。

法官：问题是你能看到它吗？

被告律师：这是对证人可能看到的情况的提示性描述。

法官：当你询问对方证人时，通常允许道德上的回旋余地，通常也允许用引导性问题进行询问。我们一直允许这样做，且就目前情况而论，我将否决反对意见。

原告律师：谢谢，法官大人。

……

原告律师：你能看到纸板在地板上。对吗？

米彻姆：对。

原告律师：你看到那个纸板的颜色有变化吗？

米彻姆：有的。

原告律师：你把这归因于什么？

米彻姆：我只能猜测它可能是某种液体，我不确定。

原告律师：它来自于…

米彻姆：可能是放在上面的任何东西。

原告律师：那些盒子正放在上面，对吧？

米彻姆：是的，我认为它是箱子或者篮子。我不太清楚那是哪一个纸板。

原告律师：我们在证据展示10中看到，纸板先是被放在地板上，然后那名先生俯身将物品放在纸板上。对吗？

米彻姆：对。

原告律师：那时纸板上没有任何颜色，对吧？

米彻姆：某些部分似乎是这样。

原告律师：在你看来现在盒子左下角与被捡起来后出现的深色印记是一样的吗？

米彻姆：我不会说这是一样的…它看起来不是同样的印记。

原告律师：证据展示10和21。

米彻姆：对。

原告律师：现在，我们在证据展示21看到的图像，很明显，纸板上有一个新的印记。对吗？它之前不在那里？

米彻姆：它和之前不一样，对的。

原告律师：好。所以在把商品放在纸板上之前，那个印记是不存在的。对吗？

米彻姆：只要他们没有移动纸板，那就是这样。

原告律师：好的。你在我们已经浏览过的图像中看到过纸板被移动过吗？

米彻姆：我没有看见。

原告律师：我才意识到这是截图，所以中间有时间，但就我们所看到的来说，它没有移动。对吧？

米彻姆：我没看到。对的。

原告律师：好的。

原告律师：下一个证据展示22在时间轴14点20分29秒，对吗？

米彻姆：对的。

原告律师：我们看到店员在威廉姆斯女士面前做什么？

米彻姆：她看起来好像在往下看，她的脚下面好像有什么东西。

原告律师：这里，让我再放大一点。她手里正拿着什么东西吗？

米彻姆：正确。

原告律师：她拿有纸巾之类的东西吗？

米彻姆：是的。她脚下有一些东西。

原告律师：毛巾或者纸巾？

米彻姆：是的。

原告律师：然后她正在清理地板。对吗？

米彻姆：她正在擦，是的。

原告律师：又一次，在证据展示23，时间轴14点20分28秒。我真的想停止这么做。给你们展示下,我不确定为什么证据展示23和22会这样。法庭对此进行一些讨论。在时间轴14点20分28秒和14点20分29秒,它们相隔多少时间?

米彻姆: 看起来就像几秒钟。

……

原告律师: 好的。我只是不想向你展示这一次无关紧要的时间变换。证据23和22基本上显示了一个关于店员的类似的图像,她似乎在清洁地板。正确吗?

米彻姆: 是的,她看起来像是正在擦拭。是的。

原告律师: 最后,在证据展示24中,图像描述了什么?

米彻姆: 之前那个同事看起来在做什么向下看的事。我们看见威廉姆斯女士坐在椅子上。图中有女顾客和男顾客。看起来他们要走了,然后西维尔准备走进去。

原告律师: 这位先生,他正在把商品拿出去,对吗?

米彻姆: 对的。

原告律师: 他身后的女士也拿有另一盒商品。

米彻姆: 对。

原告律师: 我们看到威廉姆斯女士了,她正坐在那里,对吗?

米彻姆: 对的。

原告律师: 她手臂上缠着绷带。

米彻姆: 正确。

原告律师: 你知道那个店员拿着的盒子是什么吗?

米彻姆: 看起来像一个装有纸巾的盒子。

原告律师: 在海军便利店,员工们可以用来清洁地板的东西之一是一个装有纸巾的盒子,他们会拿出单独的纸巾,对吗?

米彻姆: 对的。

原告律师: 看起来像她正在做的事情吗?

米彻姆: 看起来像是。

原告律师: 请将注意力转移至证据展示19,在那里我们看到威廉姆斯女士在跌倒中的图像。那份文件上的时间轴是多少?

米彻姆: 是14点18分08秒。

原告律师: 接下来的证据展示20中,我们看到店员带着拖把和警示标志出现了。对吗?

米彻姆：是的，在盒子所在的地方。

原告律师：但是店员出去了，她拿着警示标志和拖把。正确吗？

米彻姆：正确。

原告律师：开始设置警示标志以警告人们地板上有湿滑的物质。对吗？

米彻姆：在那个区域，对的，女士。

原告律师：好的。你一直说在那个区域，但她为什么要这么做？她这么做的原因是为了对我的当事人摔倒做出回应。对吗？

米彻姆：我不确定。

原告律师：好的，我们在证据展示19中看到那是在2点18分08秒，对吧？

米彻姆：嗯哼。

原告律师：然后我们看到在2点19分26秒。从2点18分08秒到2点19分26秒的时间有什么不同？

米彻姆：相差几秒钟。

原告律师：不到一分钟。正确吗？

米彻姆：正确。

原告律师：在我的当事人跌倒后不到一分钟，店员……

被告律师：错误描述，法官。

法官：这是允许的，因为，当然，这是一个不利的询问，证人只需要回应。你不需要同意，你不需要反对。仔细听问题并回答。

原告律师：谢谢。

法官：没问题。

原告律师：在我的当事人跌倒不到一分钟，就有一个店员拿着拖把和两个湿地板标志走了出来。正确吗？

米彻姆：正确。

原告律师：好的，就在我的当事人摔倒之后。

米彻姆：是的，但如果我回想之前的另一个证据展示，描绘的是他们把东西从地板上拿起来放在盒子里。之后不久，我猜在这段时间里你的当事人跌倒了，然后就出现了地板上的标志。

原告律师：我的当事人摔倒了，标志出现了，痕迹出现了，对吗？

法官：法庭可以看到显示了什么。

原告律师：好吧，我们看下一个问题。

法官：我想你能看出来。

原告律师：是的，法官大人。谢谢法官大人。

法官：那天你不在那儿。这就是我看到的。如果你去过那里，那询问是很重要，但你没有，对吗？

米彻姆：对。

法官：这是我们都明白的事情。

原告律师：法官大人，我想占用一点时间和我的当事人商量一下。

法官：当然，没事。

原告律师：就该证人没有其他证据出示了，法官。

（证人米彻姆交叉询问）

法官：好的。我们现在开始交叉询问。

被告律师：早上好，米彻姆女士。

米彻姆：早上好。

被告律师：我将给你展示标记为证据展示19的证据。你可以看到时间轴上14点18分08秒吗？

米彻姆：是的，先生。

被告律师：你前面被问过，或据说，两个时间点隔了不到一分钟。你还记得吗？

米彻姆：是的，先生。

被告律师：2点18分08秒和2点19分26秒是多于还是少于一分钟？

米彻姆：多于。

被告律师：多于一分钟。

被告律师：你也被问了一些有关于在海军便利店放置液体溢出的标志方面的问题。你能够因为你不知情的液体泄漏放置警示牌吗？

米彻姆：不能。

被告律师：如果你知道有液体漏出来，你会在液体滴漏的地方放置警示牌，还是放在其他的地方？

米彻姆：会放在液体滴漏的地方。

被告律师：你还记得录像中警示牌放在哪里了吗？

米彻姆：在那些有箱子的地方。

被告律师：是靠近前台还是靠近门？

米彻姆：靠近前台。

被告律师：靠近门的地方有没有任何警示牌？

米彻姆：据我所见没有。没有。

被告律师：米彻姆女士，你从争议发生日期至今有机会看完整个安保录像。是这样吗？

米彻姆：是的。

被告律师：据你所知，该安保录像是否是完整并准确？

米彻姆：是完整的，先生。

被告律师：它能准确地反映出海军便利店入口处的情况吗？

米彻姆：就该零售店来说，是的。

被告律师：好。对入口处进行录像是海军便利店的典型做法吗？

米彻姆：我们有一个摄像头就在那个位置，就在那。是的，先生。

被告律师：摄像头通常都会记录在那个区域发生的情况吗？

米彻姆：是的，先生。

……

被告律师：法官大人，我对这名证人没有更多的问题了。

法官：这是对这名证人进行任何询问的唯一机会。我们将不会再看到她在被告这里被重新传唤为证人。我只想确认我们已经询问了所有问题。

被告律师：是的，法官大人。

（证人米彻姆，复询问）

法官：原告律师？那么好的。还有复询问吗，米勒女士？

原告律师：是的，法官大人，但比较简单。

法官：好的。

原告律师：米彻姆女士，我需要道歉。我显然对数学非常不在行。这是为什么我成为了一名律师，但正如在交叉询问所指出的，这并不少于一分钟。从我当事人摔倒到警示标志和拖把的出现一共经历了1分18秒。是这样吗？

米彻姆：我想是的。

原告律师：从时间轴上……并不少于一分钟，是多于一分钟。对吗？

米彻姆：是的。

原告律师：你在主询问中作证……你对布莱克斯通先生的问题作证回答那些警示标志是放在地上箱子旁边的。对吗？

米彻姆：是的。

原告律师：但这些警示牌是在摔倒之后放置的。对吗？

米彻姆：对。

原告律师：摔倒前没有放置任何警示标志。

米彻姆：对。

原告律师：我没有更多问题了。

（原告作为证人接受询问）

（主询问）

法官：好的。非常感谢你们，我们将让你离席。当然。现在谁是我们下一个证人。

原告律师：法官大人，原告传唤吉纳维芙·威廉姆斯女士。

(宣誓、调整麦克风，略)

原告律师：威廉姆斯女士，为了记录在案你能说一下你的全名吗？

原告：吉纳维芙·威廉姆斯。

原告律师：你现在居于何处？

原告：我住在田纳西州白宫市佛利斯特路103号。

原告律师：白宫市在哪？

原告：白宫市在那什维尔北边。

原告律师：当你在海军便利店摔倒的时候，你那时候居住在哪个地方？

原告：我当时住在田纳西州孟菲斯市力士街北4602室

原告律师：现在谁和你一起住？

原告：我的女婿，我女儿，和我孙子。

原告律师：你说你有女儿和女婿。你还有其他孩子吗？

原告：是的，我有个儿子。

原告律师：几个孙子（女）？

原告：一个。

原告律师：你提到你居住于孟菲斯那什维尔北边。你在哪把孩子抚养大？

原告：我的孩子是在北边抚养长大，因为当时我们在军队。我们并没有在一个地方住很久。我们曾居住在不同的地方。每过两三年我们就搬家。

原告律师：谁在军队服役？

原告：我的前夫。

原告律师：他在军队服役了多久？

原告：22年。

原告律师：整个服役期间你都和他保持婚姻状态是吗？

原告：是的，女士。

原告律师：他在哪个部门服役？

原告：他在陆军服役。

原告律师：你现在在工作吗？

原告：是的。我在基督教青年会工作。

原告律师：你每周大约工作多少小时？

原告：3小时。

原告律师：请向法庭解释一下，你为什么有工作，却每周只工作三个小时？

原告：因为我是在基督教青年会工作。我本来去那儿做志愿服务，但因为我的孙子，他们不得不给我发工资，所以我可以做水中有氧运动来帮助我……我有很多健康问题，所以他就帮助我。我做水中有氧运动。

原告律师：我觉得你将要提到关于拨款的一些事情。

原告：拨款很快就要用完了。我这个月之后就不能再继续工作了。这个项目叫"向往健康"。这是一个在基督教青年会之外进行的拨款资助项目，就在马路对面，但我是其中一员，那些有孩子的父母在运动的时候，我就看着孩子。

原告律师：这是你现在做的唯一一份工作吗？

原告：是的，这是我现在做的唯一一份工作。

原告律师：在过去的某一个时间点，你是否曾全职工作？

原告：是的。我曾经是"中部防卫"的经理。那是一家安保公司。我为诸如联邦快递这样的地方安排保安。

原告律师：这大概是什么时候？

原告：我从2006年开始为"中部防卫"工作，我为他们工作了两年多。我的身体开始不太好，所以后来我停了工作，申请了残疾。

原告律师：你提到了你的健康问题。那时你的身体到底出了什么问题？

原告：一开始，我被诊断为多发性硬化。

原告律师：这个诊断什么时候出的？

原告：我是在2007年收到这个诊断书。

原告律师：从你停止工作去看医生时，到你收到诊断书然后他们知道你的身体状况，这个时间花了多久？

原告：我在停止工作前就开始看医生了。我去看了不同的医生，他们都不太能确定我到底身体出了什么问题，所以也没有给我下任何的诊断。直到

2007年我生病住院了,我才被诊断为多发性硬化。

原告律师: 那你为什么停止了在中部防卫公司的工作?

原告: 我停止了中部防卫公司的工作是因为很多状况。我当时已经不能思考。我一直全身疼。所以我没有办法坐在电脑前打字或者长期在一个地方。

原告律师: 我想你之前提到过你提出了残疾申请。

原告: 是的。我提出过残疾申请,而且因为我的健康原因他们给我发了残疾证。

原告律师: 你什么时候收到残疾证?

原告: 是在2008年的时候收到残疾证。

原告律师: 自从你有了残疾证之后,你有进行过一定时期有意义的工作吗?

原告: 没有。我一直就没法开始,因为我的身体一直没法让我继续,所以我需要进行一些物理治疗。这是我为什么一周五天做水上运动,而且这能够很好地帮助我。

原告律师: 你什么时候开始积极地在基督教青年会健身的?

原告: 我在2013年开始的。

原告律师: 在这次摔倒之后?

原告: 是的。

原告律师: 那么从2008年到2013年期间,你没有从事任何工作?

原告: 没有。

原告律师: 你几次提起了不同的身体健康问题。你提到过在2007年被诊断为多发性硬化。在那个时间段或者就在摔倒之前你还有其他的健康问题吗?

原告: 摔倒前,我有纤维肌痛,而且我还有胃疼,我也不知道自己怎么了,结果去了医院。我不得不做疝气手术。他们在我胃里放了个网。摔倒的三四天前,左手还做了一个腕骨切除。

原告律师: 你说了很多。我要倒回去一点。你提到了纤维肌痛,你什么时候第一次诊断为纤维肌痛?

原告: 我是在2006年的时候被诊断为纤维肌痛。

原告律师: 你提到了摔倒前的三至四天,你做了腕骨切除手术。我们在视频里看到你左腕关节处有一些包扎,为什么要做那个手术?

原告: 因为手术我胳膊上有绷带。那时伤口愈合得很好。一切都很好。

原告律师：如果你能看到你面前的屏幕，有一个文件——一张照片——被标记为"证据展示4"。你可以辨认吗？

原告：可以。这是我的腕骨切除手术的伤口。我的食指是在我摔倒的时候摔断了指甲。

原告律师：我们在证据展示4中所看到的伤口，是摔倒前你的手所看起来的样子，对吗？

原告：是的。

原告律师：这些都不是你因为摔倒所造成的伤害？

原告：不是。

原告律师：你还提到了你的胃疼和疝气手术。大概从什么时候你开始有了第一次疝气手术？

原告：我是几个月前做了疝气手术。

原告律师：在你摔倒之前？

原告：对，摔倒的几个月前。我不知道具体是多久。

原告律师：大于两个月？

原告：是的。

原告律师：在你做了疝气修复手术前你存在什么症状？第一次疝气手术。

原告：第一次疝气手术，我有胃疼，非常疼。我都不能走路。我一直有呕吐感。我不知道怎么回事。

原告律师：你会怎么描述你那时候的疼痛？

原告：那真的是非常疼。我都不能思考，不能走路。我必须扶着肚子走路。在我做手术之前这个病魔一直控制着我。

原告律师：那么第一次疝气手术之后你恢复得如何？

原告：我恢复得非常好。

原告律师：那么你摔倒前你的肠胃还存在其他大问题吗？

原告：没有了。

原告律师：你还记得摔倒前你还有其他被诊断出的健康问题吗？

原告：摔倒前，我有疝气。我做了手术。我有肌纤维痛。我有关节炎。

原告律师：什么样的关节炎？

原告：骨关节炎。我的膝盖很痛，我的胳膊很痛，我的手很痛。我必须按摩。我必须维系养生的方式，所以我才呆在家，希望能控制它。

原告律师：那么你摔倒前骨关节疼控制得如何？

原告：被控制住了。

原告律师： 你所描述的这种疼痛，在摔倒前你多久会经历一次？

原告： 摔倒前我一周大概会有三到四天疼痛。我必须进行一定的疗养，能让我感觉好一些。

原告律师： 你所说的骨关节炎每周发作三到四天，你指的是什么时候？

原告： 在我摔倒前，由于我的骨关节炎，疗养是我生活的方式。我必须做一些事去控制它，但是那花了几个月。我的意思是，它一直没什么变化直到我开始做了一些运动。当我摔倒的时候，我还没事。我还一直在做疗养。

原告律师： 你是在什么时候开始用这个你所说到的疗法的？

原告： 我用了物理治疗，他们给我一些在家做的事情。这是在我摔倒之前的一个月或者两个月发生的事情。在完成了物理治疗之后，我继续在家自己进行同样的疗法。

原告律师： 你摔倒前有其他导致疼痛或者损伤的健康状况我们还没有讨论过吗？

原告： 我有过肌纤维痛。我做过疝气手术。我做过腕管手术。这是我摔倒前所有的病痛了。

原告律师： 对于我们所讨论的所有情况，有没有影响到你行走的病痛？

原告： 没有。

原告律师： 你在摔倒前的几个月有用过拐杖或者其他的步行器吗？

原告： 没有。

原告律师： 据你认为，你的这些健康情况，你所讨论的这一些，有没有和你那天摔倒有关系？

原告： 没有，并没有。

原告律师： 让我们转到摔倒的那天。摔倒发生在下午两点左右，对吗？

原告： 是的。

原告律师： 你那天的计划是什么？

原告： 我做了些计划。我打电话给我姐姐科拉·克拉克。我问她是不是愿意第二天把我载到基地，因为我需要在零售店买点东西。她告诉我可以，她会带我去。我去了她家，她开车把我载到了基地。我的侄女让我给她那晚要举办的派对从六级商店①带点啤酒。这是我为什么在那儿的原因。我原来就

---

① 译者注：美国部队将供给商品分为十个等级，六级指的是个人所需的商品，比如个人卫生的商品、肥皂、牙膏、零食、饮料、香烟、电池、酒精，都是非军用物资。六级商店，也就是允许售卖这些物品的零售便利店。

是要去零售店的。

原告律师： 你提到了你的姐姐。你姐姐叫什么名字？

原告： 科拉·克拉克。

原告律师： 她那天和你在一块？

原告： 她那天和我在一块，但她没有和我一起进入商店。

原告律师： 进到六级商店？

原告： 对的。

原告律师： 如果你愿意的话，请向法庭解释，你所说的零售店和六级商店指的是什么？

原告： 零售店是军事人员购买日常食品用品以及其他东西的商店。他们也叫做瓶装小卖部。你可以从那买到有酒精或者没有酒精的饮料。他们也有一些薯片或者类似的东西，还有水。

原告律师： 瓶装小卖部……这是什么概念？

原告： 也叫做六级商店。

原告律师： 好的。这是你要说六级商店的时候所指的。

原告： 是的，女士。

原告律师： 你那天急急忙忙吗？

原告： 没有，女士。

原告律师： 海军便利店在哪儿？

原告： 在田纳西州米林顿。

原告律师： 是对公众开放的吗？

原告： 不是。

原告律师： 解释一下它是怎么运作的。

原告： 去海军便利店的人都是现役，退休的军人，以及他们的家属。

原告律师： 你是有一张可以在那消费的卡是吗？

原告： 是的。

原告律师： 所以，你进去给你侄女买桃味利口酒和苏打水。在摔倒前，你在六级商店待了多久？

原告： 我在那没有待很久，就几分钟的时间，一共没有多长时间。我就是去买这两样东西。

原告律师： 如果你愿意的话，告诉我们你进商店以后做了什么。

原告： 我进入了前门，直接沿着走廊走。我去了第二个走廊的左边，我在那儿挑了些桃子味利口酒。我继续走到左边到商店前面去拿苏打水。那里有一些玻璃冷冻柜,我拿了一瓶。然后我走回来,直接走到前台去埋单。

原告律师: 你买了这些东西吗?

原告: 是的,我买了。

原告律师: 之后发生了什么?

原告: 然后我准备走出商店。当我正要走到门口,我脚滑了。

原告律师: 如果你愿意的话,请用你自己的话形容下发生了什么,摔倒的具体过程。

原告: 我那时正在走出门口。当我迈出一步时,我脚滑了,但是我的大脑告诉我需要保护这条左腿,因为我那时候刚手术完,我不想伤到它。所以我要摔倒的时候我反转了身体,摔倒在右边。在摔倒的过程中,前门有两件东西需要跨过。我觉得它们好像是扫描机器,是为了防止有人拿了东西没付钱,但是这个手指撞到了机器,把我指甲磕了下来,我也摔到了地上。当我躺在那儿的时候,在那里工作的收银员,她走过来问我是不是还好。她抓起我的手并把我扶起来。在她跟我说话的时候,问我是不是还好以及其他的问题。我告诉她我肾上腺素很高,我不能思考。我说给我一点时间,让我能够恢复思考。然后一名男士以及其他人走过来和我说话。

原告律师: 你摔倒以后,你有没有看下周围,并且发现让你摔倒的原因?

原告: 我往下看的时候,也是她抓住我的手把我拉起来的时候,我往下看,有一个我鞋子滑了一下的痕迹。是一条直接向左边的直线。收营员跟我说……

被告律师: 法官大人,反对。

法官: 传闻证据。反对有效。

原告律师: 这是海军便利店的员工对原告所说的话。

法官: 非高级管理人员没有被授权代表便利店作出陈述。我不相信这名员工要反对她的经理。经理可以承认某些事实。她不是经理。关于这个还有其他的问题吗?

被告律师: 法官大人,你说的比我期望的还要好。

法官: 这只是规则。(笑)

原告律师: 你摔倒之后看到了什么?周围发生了什么情况?

原告: 一名员工拿着纸巾过来。她在擦拭我两脚之间和脚边的水渍。然后她继续走到我身后的柜台。她一直在清理地板上的液体。

原告律师: 你说柜台在你后面,你也看到了今天在法庭上播放的视频,是吗?

原告：嗯。

原告律师：你指的是哪个柜台？

原告：那个把那些瓶子箱子带到商店的男士。那边有一个收银机。有个店员在那后面给人结账。那里左边有两个收银机并排，就好像这里的一样。你可以去那些收银机，并从这里的大门出去，或者去那个先生所在的右边的收银机。

原告律师：你刚才提到你看到营业员在清理你身后的收银机附近区域，你指的是你所看到的穿红T恤的男子所在的收银机吗？

原告：是的，女士。

原告律师：你那天有与任何其他在海军便利店的人交流过吗？

原告：副经理过来，问我是不是没事。我告诉她我不知道。我就是肾上腺素飙升。我不知道自己怎么了，我很困惑，但她告诉我她已经打电话给经理，他会过来。

法官：我认为她可以这么说。反对无效。这只是她……首先，她显然是副经理，第二这不是一个不利陈述。

被告律师：法官大人，我的担心随着证言消除了。尽管我还是有一些疑问，我们如何来确认这个人是副经理。

法官：这是一个好问题。我觉得我们目前没什么问题。当然。

原告：她说她打电话让经理过来，是一个我不认识的先生。他穿着红衣服，有个品牌标志。他走过来，问我是不是没事，以及摔倒……他问我还好吗，有没有哪里摔破了或者有什么问题？我说我没有觉得。他问我他是否需要给我叫一辆救护车，我告诉他不用，我不想让他给我叫救护车。

原告律师：好。为什么你觉得你不想让他们给你叫救护车？

原告：因为我有点懵了，肾上腺素飙升，我说不出任何话来，或者需要给我叫一辆救护车去医院。我的手受伤了，撞到了手指，磕掉了指甲，所以我有这个伤口。摔到以后只是有颤动，然后我一直忍着，就是这样了。

原告律师：那么你在摔倒前有没有注意到，地上有没有任何那种黄色的表示地上潮湿的警示标牌？

原告：没有。

原告律师：那么同那位要给你叫救护车的人对话完之后，发生了什么？

原告：他起身，转头走了，然后我离开了。

原告律师：好的。

原告律师：你还记得你身体的哪个部位撞在了地上？

原告：我的右半边。

原告律师：离开海军便利店以后,你去了哪里?

原告：我姐姐把我载回她家,我们进去就坐在那儿,我们在她的厨房里说了会儿话。我叫了我的医生安娜帕尔米耶里(她给我做的手腕手术),然后给她留了个言,然后我在那儿等她打回给我。她给我回了电话,她想要我去她办公室,然后她可以给我看下绷带的位置有没有松。我去了她办公室并且把我叫回去以后,我回了家。

原告律师：你提到你去了她办公室。你是说那时你去了她办公室吗?

原告：不是的,女士。那是周六,我是周一去的。

原告律师：你是周六摔倒的。然后你回了你姐姐家,你们打电话给帕尔米耶里医生,等了一会儿,接到了她回的电话,然后做了个预约。

原告：是的。

原告律师：先告诉我们周六你摔倒之后发生了什么……你有没有待在你姐姐家?

原告：没有,我回了家。

原告律师：好的。

原告：我在她家待了一会儿,我们坐着聊了一会儿,然后我等到足够平静了才开回家。我回了家,我服了酮咯酸(译者:消炎镇痛药),然后就去睡了。

原告律师：让我来问你。你为什么服用酮咯酸?

原告：嗯,在我回到家前,我的头很痛……

原告律师：哦,抱歉,我指的是你的药物。你为什么服用这个药?那天没有人给你开药吗?

原告：没有。这是我自己的药。

原告律师：那么你为什么会有这个药?

原告：我的外科大夫给我开的。

原告律师：好的,谢谢你。你告诉我们你回了家,服了药,你那天下午还做了什么吗?

原告：我没有做任何事,我睡下了。

原告律师：你平时一般什么时候准备睡觉?

被告律师：反对,法官大人。根据我今天早上提出的动议所基于的同样的理由,我认为我们将会得到有关于损害方面的证言,这些证言目前为止并不合适。

法官：让我问你这个问题。你在做庭外证词笔录的时候,你问过关于伤痛的问题吗?

被告律师:法官大人,一些问题没有得到回应。诚实地说,我没有进行太多,因为我不知道所主张的特定的损害类别。

法官:我认为就存在遭受的损失已经进行了合理的通知,存在因伤痛而产生的主张,所以我们将允许这一询问,你可以晚点再决定是否要提出申请。由于没有就披露不适当性提出更多的证据,而伤痛的概念已经是知晓的。我们将让你继续。

被告律师:谢谢,法官大人。

法官:好的。

原告:好的。像往常一样,我有一个上牙套,所以睡觉前我会把它取出来,然后放在我用的溶液里。

原告律师:你提到了你的嘴巴,但是为了记录,因为这个不能被抹去。解释一下牙套,你是在说……?

原告:我有一个牙桥。

原告律师:哦,好的,谢谢你。继续。请继续说。

原告:我把它取出来放在容器里。在我取出来的时候,我嘴里有个颗粒物,我想要取出来,然后那是我一颗牙的一部分。我能想到的唯一和我早上离开家的时候不一样的事情是,我摔倒了。

原告律师:所以当你把牙桥取出的时候,那一颗小碎片也出来了?

原告:是的,它出来了。

原告律师:有其他的吗?那晚上还有其他值得注意的事情吗?

原告:然后我把它放在溶液里。我把它取出来,我那晚没有做任何其他事情,之后就上床睡觉了。

原告律师:你醒来的时候感觉如何?

原告:我第二天醒来的时候,觉得头很痛。我的右半身,从我右肩到我的胳膊,我的腿到我的膝盖,都十分疼痛。我基本上没法行走。我蹒跚着走到了卫生间。我把我儿子叫醒,我问他……哦,不是那时。我吃了药,去了厨房。我拿了点水。我回到我的房间,在那儿坐了一会儿。我去找了我儿子。我给他打电话,我问他是否可以来,并把我送到医生那边,因为我觉得不舒服。我头疼,而且右半身都疼。

原告律师:你可以告诉我们从1到10,你那时候头痛有多严重?

原告:超过9。

原告律师:从1到10,你的右半身(上身)疼痛有多严重?你提到你的肩膀你的胳膊。

原告：那天大概是9左右。

原告律师：你还提到了你的右半身下边，你的腿，从1到10，有多严重？

原告：大概是9左右。

原告律师：你之后做了什么？

原告：他起来了，帮我整理了一下衣服。我需要去厕所洗干净，他帮我整理了衣服。然后他自己穿好衣服，把我带到了循道宗德国镇急诊室。

原告律师：他们在那儿给你看病了吗？

原告：是的。

原告律师：他们为你做了什么？

原告：医生来了，她给我看了下，她只是说她没有……

原告律师：你不能说她说了什么。如果你只是……

原告：对不起。医生进来了，她给我做了检查，并要求拍x光片。

原告律师：你拍了x光片？

原告：是的。

原告律师：你没有任何其他骨折，对吗？

原告：对，我没有。

原告律师：你之后就从急诊室离开了吗？

原告：是的，我是。

原告律师：他们有给你任何东西吗？

原告：她给我一个麻醉剂的处方。

原告律师：那么你离开了急诊室之后做了什么？

原告：我回了家，但我并没有去拿处方药。我就回家了。

原告律师：你为什么没有去配药？

原告：因为我不喜欢麻醉剂。

原告律师：你到家了以后做了什么？

原告：我回了家，我就睡了。

原告律师：你有做任何事情吗？那晚有任何活动或者任何安排吗？

原告：没有，我没有。

原告律师：这是周日，对吧？

原告：是的。

原告律师：你做了什么？你怎么度过周日晚上的？

原告：我去床上睡了，但当我周一早上醒过来时，我有了另一个问题。当我翻身想起床时,我的胃很疼,之前一点都没有疼。那种疼痛,当我抬起腿要下床时,太疼了,所以我只能扶着胃才能起床。所以我就想说"哦,上帝,这是什么?"然后我想到事情有些不太对劲,因为我几乎不能去卫生间。当我从卫生间出来时,我觉得我要吐了,要生病了。我打电话给医生,那个给我做了网眼手术的外科医生,他们给了我一个两三天后的预约。我之后去见了他。

原告律师:你那天有打电话给其他任何人吗?那个周一?

原告:我给那个牙医打了个电话,预约了看牙齿,因为我有牙齿碎片,我周一早上预约去见我的外科大夫。

原告律师:你提到的帕尔米耶里医生?

原告:这是看我手的医生。

原告律师:你周一赴约了吗?

原告:是的,我去了。

原告律师:帕尔米耶里医生给你做了什么?

原告:她解开我的绷带。她看了下,然后告诉我伤口没有……不好意思。(笑)

被告律师:这是传闻证言,对吗?

原告:当她解开我的绷带,没有任何伤口划开。我没事。她给我做的手术没有出现问题。

原告律师:好的,那很好。那么她又给你提出了什么治疗方案吗?

原告:她给我约了右半部的 X 光片,因为我的手臂和我的腿都在困扰着我。她让我去拍 X 光片。

原告律师:你拍了 X 光片吗?

原告:是的,我拍了。

原告律师:在检查完 X 光后,帕尔米耶里医生又要求你做其他的吗?

原告:我需要每周两次去做物理治疗……她想要我连续八周每周两次做治疗。对,我必须做八周。

原告律师:你的确去做了物理治疗,是吗?

原告:是的,我做了。

原告律师:物理治疗想要治疗的是什么问题?

原告:它关注这个肩膀,我的右肩往下至我的肘部,我的右腿以及我的膝盖。我不得骑行,骑自行车。它是一个可放进我手里的设备,我紧握它……无论这个设备是什么,我必须使用一个绷带。

原告律师:物理治疗有帮助吗?

原告：是的，有帮助。

原告律师：好的。你提到你也给牙医打电话。你真的看过牙医吗？

原告：是的，有。

原告律师：牙医能帮助你修好你牙齿上的小缺口吗？

原告：是的，我必须让他们补牙。他就补了我的牙，这就是我那次去看医生的所有需求。

原告律师：这些完成了吗？

原告：完成了。

原告律师：你提到你还打电话给为你做疝气修补的医生？

原告：是的。

原告律师：那个医生是谁？

原告：他是格里沙姆医生。

原告律师：你跌倒后去看格里沙姆医生了吗？

原告：是的，我去看格里沙姆医生了。他说我需要做核磁共振。我不得不去做了核磁共振。

原告律师：你确实去做核磁共振了吗？

原告：是的，我做了。

原告律师：那起到什么作用？你得到结果了吗？你做了什么？

原告：他们给了我一张光盘。做核磁共振的人要给他的办公室打电话。我接到了他们的电话，要我进去。

原告律师：你有预约吗？

原告：有。

原告律师：然后把核磁共振的结果在做完之后给医生看是吗？

原告：是的。

原告律师：在你接受核磁共振检查并去看格里沙姆医生的这段时间，按照从一分到十分的程度，你的胃疼在这个时候达到什么程度？

原告：我的疼痛程度在十分左右。因为我不能开车，所以我必须让我的儿子来来回回带我去看医生做核磁共振。我胃疼而且我不能用我的脚。我做完核磁共振，他们叫我回办公室去，然后我被告知网格……

原告律师：你不能谈论别人告诉你的事情。我来问你，在接受治疗时所经受的疼痛，你在以前有没有经历过类似的疼痛？

原告：有的，我第一次疝气发作时候就经历过这种情况。我知道疝气疼痛是什么样的，因为我之前经历过这种疼痛。我感到热、恶心、难受、胃疼，我几乎不能走路。我的身体就像着火一样。我生病了。

原告律师：好的,你做疝气修补手术的医生叫什么名字?

原告：格里沙姆医生。

原告律师：格里沙姆。因此,在你做完那些检查后你报告给了格里沙姆医生。在办公室见面的时候,他给你做了体检?

原告：是的。

原告律师：你有机会看到在检查期间他提供给你的任何东西吗?

原告：他给我看了一张看起来像网格一样的图片,他只是给我看它的样子和如何填充。

原告律师：是来自于第一次疝气修补手术的网格?

原告：是的。

原告律师：最后,他的建议是什么?

原告：我必须做手术。

被告律师：法官大人。

原告律师：撤回。

法官：准予撤回。

原告律师：谢谢。

法官：谢谢。

原告律师：你在第一次疝气修补手术前的症状与跌倒后短时间内的症状有什么区别吗?

原告：是的,是不同的。它更强烈一点。它的疼痛也是不同的。它更像是我在撕裂什么东西。每次我一动,就感觉像是把我撕开一样。

原告律师：在那次跌倒后?

原告：在那次跌倒后。

原告律师：之后的那几天?

原告：是的。

原告律师：好的。你真的安排了时间去看格里沙姆医生了吗?

原告：是的。

原告律师：你去他那里看什么?

原告：去安排一个做手术的时间。

原告律师：你要做什么手术?

原告：我必须把网修复下。

原告律师：大约什么时间点手术完成?

原告：在 11 月感恩节之后完成的。

原告律师：在哪儿做的手术？

原告：巴普蒂斯特·科利尔维。

原告律师：我想在手术后需要一个恢复过程？

原告：是的，我待在床上。我的女儿从纳什维尔回来照顾我两周，她不得不为我做饭，为我清洗。我哪里都不能去。第一星期我什么都不能做。第二星期，她帮助我洗澡，帮我穿好衣服，换好睡衣，让我回到床上。

原告律师：第一周你起床的目的是什么？

原告：我只是去了趟洗手间，就这样。她帮我来回上厕所。第一周我什么都没做。

原告律师：你提到你第二周能够起床和洗澡了……

原告：是的，我洗澡了。

原告律师：更换衣服后，接着你做了什么？

原告：就回去躺下来并……

原告律师：第二周，你能自己准备食物或者其他东西吗？

原告：不能。

原告律师：在第二周之后都发生了什么？

原告：第三周到来，我女儿必须回去工作。为了照顾好我，或者为了我能更好地照顾自己，她不得不让我搬到她家住两三个星期。我去了纳什维尔她家。

原告律师：跟我们说说下一周，在纳什维尔你女儿家里。那时候你的活动程度？

原告：我去她家的时候是第三周。她在楼下为我布置房间。我可以起床并且去洗手间，但是我不能为自己准备食物或者任何事情。我可以坐起来看电视。这很困难，首先，因为这里不是我的家，而且我的东西不在那里，我需要它们来处理事情。

原告律师：在第三周之后，告诉法庭你的进展如何。第四周的时候你过得怎么样？

原告：我可以做的更多了。我可以起床。我可以去厨房。我可以为自己准备一些东西。我可以为自己做我该做的，照顾好我的个人事务。我可以为自己做任何事情。我不能够完全靠自己做食物，但是我可以到厨房去，为自己准备一些我女儿为我提供的小食。

原告律师：那时候你离开家了吗？

原告： 不，我没有出去。

原告律师： 在没有人帮助的情况下做个人护理事情。

原告： 是的。

原告律师： 在第四周之后发生了什么？

原告： 第五周和第六周，我没有开车，因为我被告知在我手术后的第六到八周才可以驾车。这取决于我自己以及我的自我感觉。我开始开车时，是我为了后续的预约不得不回到孟菲斯去复诊。

原告律师： 你还记得什么时间段你回到孟菲斯了吗？

原告： 那是在1月，1月的第一周，我不得不回去。

原告律师： 在这个时间段，你感觉怎么样？

原告： 我感觉不错。我没有之前这么痛了。我感觉比以前好多了。

原告律师： 我记得你生日在一月份，对吗？

原告： 17号。

原告律师： 你对当时的感觉有什么特殊的回忆吗？

原告： 在一月底，我又开始胃疼了。我给医生打电话问我能否去他那儿看看因为我开始感觉有点疼了。我认为那是不正常的。

原告律师： 我现在问的是在你生日1月17号左右的时候，那时候你的疼痛感觉是怎样的？

原告： 我的疼痛大约在10度。所以我给他打电话。我需要回去看看。

原告律师： 大概在你生日的时候吗？

原告： 是的。

原告律师： 在那之前你的疼痛好点没有？

原告： 在那之前，疼痛已经好多了。

原告律师： 在你跌倒之后疼痛第一次感觉到好点是什么时候？

原告： 在1月的第一周。我不需要止痛药。我不需要……我感觉很好。

原告律师： 在1月份月初左右时候，你感觉好转，你是否觉得因为跌倒而经历的疼痛和问题有所好转？

原告： 是的。

原告律师： 你还记得由于跌倒接受的最后一次治疗是什么时候吗？

原告： 我由于跌倒而接受的最后一次治疗是在1月初。

原告律师： 那是什么时间点？

原告： 如果我没记错的话，他准备结束我的治疗。

原告律师： 你指的是？

原告：格里沙姆医生。

原告律师：那是你手术后的一个复诊预约吗？

原告：是的。

原告律师：不好意思，那个时候他还没有结束你的治疗？

原告：是的。

原告律师：然后你提到了1月后来时候的疼痛。你的胃也痛吗？

原告：是的。

原告律师：你认为那是因为跌倒而导致的疼痛吗？

原告：这和那个没有关系……

被告律师：反对。

法官：反对成立，因为这貌似需要推测。

原告律师：好的。

原告律师：你是否主张1月初之后你因为摔倒需要任何医疗护理或寻求任何治疗？

原告：我不主张。

原告律师：这次摔倒对你还有什么影响？

原告：好。摔倒影响了我，因为那是假期，而我什么都做不了。我总是和我的孩子们一起过感恩节和圣诞节。我做饭并和大家一起吃东西。我没有去购物。有很多事情我不能做。我只能待着。

原告律师：这影响你平时日常会面吗？

原告：我不能去参加会面。我参加了很多多发性硬化症会议，因为我可能会复发。为此我需要参加会面，但是我直到第二年做完手术后才开始参加。

原告律师：还有其他你不能参加的活动吗？

原告：我没有很多能够做的事情。在我的记忆里，我的大脑有多发性硬化症损伤，我做或者做过的很多事情，很多我都不记得了。

原告律师：好的。

原告律师：你并不是在说这和你跌倒有什么关系？

原告：不，不，女士。

原告律师：你是教会成员吗？

原告：是的，我去教会。我周三、周四和周日去。当我生病的时候，我没办法去。我什么都不能做。任何我平常的活动我都不能做。

原告律师：你接受的治疗有需要自掏腰包的吗？

原告：我需要付的。我的保险不包括我的牙齿。我想我必须付一百美元给牙医,我必须支付一些实验室的费用,或者是病理实验室工作的费用。我的保险支付了一些,但是我必须支付差额。

原告律师:你还记得大约要花多少钱吗?

原告:我记得在500美元以下。我不知道准确的是多少。

原告律师:所有费用加起来吗?

原告:是的。

原告律师:包括牙医的账单吗?

原告:包括。

原告律师:我没有更多问题了。

法官:好的,现在是12点18分,所以我们午饭后再来然后完成交叉询问。原告还有多少证人?

原告律师:法官大人,我不打算再传唤证人。

法官:被告将传唤多少位证人?

被告律师:法官大人,有一位证人,只需占用简短的时间。在午餐期间,我将决定是否要再次打电话给原告的姐姐,问一个简短的问题。

法官:好的。威廉姆斯女士的姐姐在这里,对吗?

原告律师:是的,法官大人,她在证人室。

法官:好的。既然我们想要一个良好的时间安排,我们为什么不两点以前回来呢?我们两点开始,让大家准备一下。我们到时候见。当然,最后一件事是,你不需要也不应该和任何人谈论你的证词,直到我们之后在交叉询问时再见到你。祝你们午餐愉快。非常感谢,请大家原谅。

法警:全体起立,休庭!两点继续开庭。

(原告作为证人,交叉询问)

被告律师:下午好,威廉姆斯女士。希望能够尽快让你完成作证。你和你的律师讨论的一些问题我还想和您回顾一遍。这样的话我们能够对这些问题完全清楚。一个首要的问题是,当那位男士将你所说滴漏在地上的啤酒带入时,你不在海军便利店,是吗?

原告:我不知道,我不记得看见过。

被告律师:你看过我早上播放的视频吗?

原告:一部分,我没有看过所有的。

被告律师:你没有看所有的视频?

原告：对的。

被告律师：我要向你展示证据展示27……你现在所看到的打印的材料应当是在14点18分截取的，不好意思，14点15分58秒，所以是下午2点15分58秒。我知道这是很模糊的影像，但你能认出圈出来的这个人可能是谁吗？

原告：是我。

被告律师：是你，所以你在照片里认出了你自己。

原告：是的，先生。

被告律师：你看这里的时间轴上是2点15分58秒。

原告：是的。

被告律师：14点15分58秒。我知道这很模糊。有点难以看清楚。我想要给你展示证据展示7，可能更清楚一些。你认出穿红色衣服的男士是我们之前讨论的把那些破损瓶子带进商店的那位，是吗？

原告：是的，先生。

被告律师：你能看到照片上的时间点嘛？

原告：14点11分31秒。

被告律师：这是在你看到自己进入商店以后，也就是证据展示27之前吗？

原告：是的。

被告律师：你在他第一次进店时在店里吗？

原告：没有。

被告律师：你不确定他进入店里之后地板上可能留有多少液体，是吗？

原告：对，我不确定。我不能给你具体的一个数量。

被告律师：你前面也说到了自己的一些健康问题。这可是个很长的清单。我想要和你讨论一些，并问一些问题。

原告：好的，先生。

被告律师：你作证说你有腕管综合症，对吗？

原告：是的。

被告律师：你是在那个意外前就有的，是吗？

原告：是的。

被告律师：你在意外前你因为这个病做过手术，是吗？

原告：是的。

被告律师：你做手术前你的腕管综合症有什么症状？

原告：我的手、手指，大拇指，非常痛。

被告律师：会麻吗？

原告：有一些麻。

被告律师：再问一下，你2012年9月29日之前存在这些情况，是吗？

原告：是的。

被告律师：你有纤维肌痛？

原告：是的。

被告律师：你在意外前有这个问题是吗？

原告：是的。

被告律师：纤维肌痛有发作后的疼痛吗？

原告：是的。

被告律师：你因为纤维肌痛有过严重的疼痛吗？

原告：有过。

被告律师：你是不是因为纤维肌痛有过疼痛达到了9分的情形？

原告：是的。

被告律师：你在意外前就有。

原告：对的。

被告律师：你身体上哪里感到疼？

原告：纤维肌痛是神经疾病，全身都疼，不是具体的哪一个地方。

被告律师：你在意外前还有多发性硬化？

原告：是的。

被告律师：这会导致平衡有问题，是吗？

原告：是的。

被告律师：在意外发生前你做了疝气手术？

原告：是的。

被告律师：那也给你造成了疼痛？

原告：是的。

被告律师：意外发生前你还有骨关节炎？

原告：是的。

被告律师：是膝盖疼？

原告：是的。

被告律师：有手腕疼嘛？

原告：有。

被告律师：手肘疼吗？

原告：对。

被告律师： 这让你感到疼痛？

原告： 是的。

被告律师： 你说意外前你曾经因为骨关节炎一周疼三四天？

原告： 意外前，是的，持续了几个月。

被告律师： 意外发生后，你作证说你当天还感到胃疼，对吗？

原告： 我没有。

被告律师： 直到那天晚上你拿出上牙桥时，你没有意识到牙齿疼，对吗？

原告： 是晚上我准备要睡觉的时候。

被告律师： 那并没有给你带来任何你可以感受到的疼痛？

原告： 没有，那里没疼。

被告律师： 你因为疝气的网有不少问题，是吗？让我帮你一下。你体重增加的时候，你的疝气网拉伸有一些问题，是吗？

原告： 是在摔倒之后。

被告律师： 你之前没有因为体重浮动而影响疝气网？

原告： 对的。

被告律师： 当你去医院时，我想是你摔倒后一天，给你开了扑热息痛，是吗？

原告： 是的。

被告律师： 但你没有去拿药。

原告： 没有。

被告律师： 你没有服用任何麻醉缓解疼痛的药物，是吗？

原告： 对。

被告律师： 当你去见给你看手腕伤口的外科医生时，她告诉你你手腕上没有其他伤口，对吗？

原告： 那是对的。

被告律师： 你现在能够正常生活，对吗？

原告： 是的。

被告律师： 你早先作证说，你所作的物理治疗改善了你的情况，对吗？

原告： 是的。

被告律师： 意外发生那天，在你回到你姐姐家之后，你休息了一会儿，你那天也能够驾车回家？

原告： 是的，我自己开回家的。

被告律师： 你那天后来还能照料自己？

原告：当我回到家，我吃了些药，然后我让自己平静下来，那时我就准备上床了。

被告律师：但你那天还是能够自己照料自己。

原告：是的。

被告律师：直到你又做了一个疝气手术前你都能够照料自己，对吗？

原告：在这些极度疼痛之后，我第二天醒过来的时候，我完全不能走动。这是我为什么去急诊室，但我并不是没有行动能力没法照料自己了，只是照顾自己很难。

被告律师：直到你又做了一个疝气手术前你都能够照料自己，对吗？

原告：是的。

被告律师：我大致完成了，法官大人。

法官：复询问。

原告律师：威廉姆斯女士，你提到你去急诊室前的那个早晨，你儿子不得不帮助你穿衣服，对吗？

原告：是的。

原告律师：你在进行日常活动时请求了一些帮助？

原告：是的。

原告律师：谢谢你。没有了，法官大人。

法官：好的，非常感谢。我们将让你下去了。是的，女士。我们下一位证人是谁？

原告律师：法官大人，原告没有更多证人了。

法官：好的。被告在这个问题上还有没有证据？

被告律师：是的，法官大人，但是被告想要在展示主案（庭审中负证明责任一方先举证的阶段）前提起一个动议。

法官：我知道。你可以开始了。

被告律师：法官大人，您已经听取了已经向您展示的证言，也看了录像。您可能在证言中反复听到的一个问题是摔倒前存在的情况，造成疼痛的受伤，原告在意外发生前身体的不适。法官大人您还没有听到的是，能将意外发生后原告主张的受伤和摔倒连接起来的任何医学方面的证据。在《联邦侵权赔偿法》下，我们对此案的实体问题需要适用田纳西州法律。第一，根据田纳西州法，原告若要对人身伤害寻求损害赔偿，需要提供有说服力的专家证言来证明医疗费用是必要且合理的。嗯，这并不是一个争点，因为原告并没有要求赔偿医疗费用。第二，原告的人身损害是否是因为这个事件造成的，这是争议的问题。这包括了是否恶化了摔倒前的身体情况，作为损害的可赔偿要素。我们听取了大量的证言是原告摔倒前的健康情况是导致她全身疼痛的原因，也导致了她手腕、手肘以及膝盖的疼痛，我们听到她可能在事件发生后也遭受了同样的问题。但是我们没有听到任何将二者连接起来的证言，足以能让法庭决断。法官大人，我会主张原告在本案中试图证明损害可以公正地归结于争议的事件时，并没有完成其证明责任，所以她也没有成功完成其主张。

法官： 请回应。

原告律师： 法官大人，我认为在这种情况下您作为事实审理人，是否接受威廉姆斯女士作证所主张的所有或者部分损害、伤痛，由您最终裁决。然而，我充满敬意地主张，这一动议的理由是她没有展示任何证据，这是错误的。她对她坐在那时开始的神经过敏、迷离和疑惑都进行了清楚、详细的作证。她作证说第二天早晨起床时，所有一切都很艰难并让她感到疼痛，所以她去了急诊室，并作了检查。她作证说在摔倒之后她取出牙桥的时候有牙齿碎片。法官大人，威廉姆斯女士的证言中证明了一部分损害。是的，根据田纳西州法，需要医生的证言来证明合理性和必要性。然而，当然，这里也没有提交任何费用账单。田纳西州法禁止威廉姆斯女士就她自己所经历的疼痛和损害进行作证。她并不是在对她所经历的情况提供科学意见。那是她的疼痛，她对她感受的事情的认识。因此，这不是需要医生为她提供证言的专家意见。

被告律师： 法官大人，我可以进行回应吗？

法官： 当然。

被告律师： 尽管原告可以就他们所经历的一切进行作证，在这个案件中，因为原告有多项摔倒前的特殊情况，而且这些情况会导致和所主张的症状即使不是完全一样，但也可能高度相似的症状，我会主张她个人的解释不足以证明损害是由所争议的意外所导致的。我希望法庭来关注一下一个近期案件：2014年田纳西州上诉法院罗斯基诉约翰逊案，案件号 M2013－01304－COAR3CV，该案是从2014年5月开始的，并没有给原告律师提供回旋余地。以下是一段引文："法律要求因个人损害寻求赔偿的原告必须提出有说服力的专家证言来证明医疗费用是必要且合理的，这是其一；第二，证明原告的身体损害事实上是由该事件所造成的是争议问题。"这起案件所涉及的是一个交通意外，该案比本案少了很多预先存在的身体情况。该法庭引用了 Alathari 诉 Gambola 案，这是一起田纳西州上诉法院 2013 年的案件，还有 Bourner 诉 Altri，一个 2009 年田纳西州最高院的案件。在 2001 年田纳西州上诉法院的原告律师诉 Choo Choo 有限合伙一案中，判决认为原告为了维系其主张，必须提供证据,证明伤害是所争议的事件所造成的。法官大人,就本案而言,存在太多摔倒前的健康问题,骨关节炎导致了我们在证言中所听到的相同或者相似的关节处有疼痛,原告曾经一度一周疼3到4天,可能还有其他无关的原因造成了她疝气出现复发,她的纤维肌痛导致她全身可能存在疼痛。这些证据不足以证明所主张的损害可以归结于摔倒。

法官:本庭将要保留对此动议的裁决,并允许政府完成举证。我的确认为这是一个严肃的问题。我想我们还有一个或者两个证人?

被告律师:我们还有一个证人了。我会让他在5到7分钟里完成作证。

法官:好的。对我来说最好先完成记录。我的确认为这是一个严肃的主张。我理解了,但我们先做保留。在你展示你下一个证人前政府这边还有什么要说的吗?

被告律师:现在没有了,法官大人。

法官:你可以进行。

(证人布拉斯威尔作证,主询问)

(证人宣誓略)

被告律师:下午好。可以请你向法庭陈述你的姓名吗?

布拉斯威尔:安东尼奥·布拉斯威尔。

被告律师:布拉斯威尔先生,你现在有工作吗?

布拉斯威尔:有。

被告律师:你的雇主是谁?

布拉斯威尔:海军便利店。

被告律师:这是米林顿的海军便利店是吗?

布拉斯威尔:是的。

被告律师:你于2012年9月29日那天也受雇于海军便利店吗?

布拉斯威尔:是的。

被告律师:你从2012年9月29日那天或者下午后有观看过安保录像吗?

布拉斯威尔:是的。

被告律师:你看的录像和你对那天工作的回忆是一致的吗?

布拉斯威尔:是的。

……

被告律师:我知道这有点模糊,有些曝光,有点难看清。你有没有可能因为你之前看的录像记起这位先生是谁?

布拉斯威尔：可以。

被告律师：你认为是谁？

布拉斯威尔：不是我。那不是……

被告律师：你肯定吗？让我给你看证据展示26，看起来同一个人从另一个方向来。

布拉斯威尔：是的。

被告律师：你可以辨认出那是谁吗？

布拉斯威尔：是的。

被告律师：那是谁？

布拉斯威尔：我。

被告律师：好的，这是时间点为14点13分36秒的证据展示26。在14点13分36秒，你走过海军便利店的入口。是这样吗？

布拉斯威尔：是的。

被告律师：你觉得那时候地上的状况如何？

布拉斯威尔：我那时没有注意到任何东西。

被告律师：没有注意到地上的任何东西？

布拉斯威尔：地上？没有。

被告律师：在那之前，你有看到一名男士携带任何箱子或盒子可能装着破损的酒瓶子进入店里吗？

布拉斯威尔：是的。

被告律师：让我们回顾一下。他进入商店的时候你在哪儿？

布拉斯威尔：那时我在商店里。我的背对着，是背对着他。

被告律师：好的，但当他进入商店以后你转向了他？

布拉斯威尔：是的。你观察他……

原告律师：反对，法官大人，诱导。

法官：反对成立。

被告律师：进入商店时你看到什么？

布拉斯威尔：我看到他带着一箱破损酒瓶。

被告律师：你是否曾看到他所携带的那个箱子？

布拉斯威尔：并没有。

被告律师：你对他所携带的东西没有看到任何问题。

布拉斯威尔：是啤酒，不知道品牌，但是我知道是一箱。

被告律师：你有没有注意到任何状况？

布拉斯威尔：瓶子底部在漏。我知道瓶子破了，但我并没有仔细查看。我只是知道他放下了。

被告律师：你有看到从底部漏出任何东西吗？

布拉斯威尔：那时候没有。

被告律师：在他进入商店时你没有看到任何东西从底部漏出来。

布拉斯威尔：在他进来时，没有。

被告律师：我再一次对另一张难以辨认的照片表示抱歉。这是我们打印的证据展示28，也是一张安保录像的静态图片。你能够从这个视频、静态图片里认出被盒子包围的男士吗？

布拉斯威尔：你说这位男士？是的，是我。

被告律师：你之前看到视频的时候，你承认你对原告摔倒采取了措施。

布拉斯威尔：是的。

被告律师：是这样吗？

布拉斯威尔：对。

被告律师：当你对原告摔倒采取措施的时候，你有没有看一下地上？

布拉斯威尔：看了。

被告律师：你那时候看到地上有什么？

布拉斯威尔：有几滴液体，就好像地上有一些毛毛雨的痕迹。

被告律师：你认为这些液体有多大？

布拉斯威尔：并不大。不是很多。就好像小雨，非常小的液滴。

被告律师：你大概能估计一下你在地上看到了多少滴？

布拉斯威尔：三滴。

被告律师：你那天下午早些时候走过的时候并没有看到那些液体水滴是吗？

布拉斯威尔：对。

被告律师：我将要给你看证据展示19，这是在同一个入口摔倒的原告威廉姆斯女士。你可以把证据展示上的时间点读出来吗？

布拉斯威尔：14点18分08秒。

被告律师：在证据展示28中，我们看到……是14点18分17秒吗？

布拉斯威尔：是的。

被告律师：你在摔倒后大概10秒里对原告摔倒做出了回应？

布拉斯威尔：是的。

被告律师：你那时在地上只看到了几滴液体。

布拉斯威尔：是的。

被告律师：你在早先经过那些区域的时候没有观察到那些液体。

布拉斯威尔：没有。

被告律师：你也没有看到那位顾客带进店里的容器明显漏液体？

布拉斯威尔：没有。

被告律师：商店里的任何顾客有没有在原告摔倒前警示你在商店入口处存在可能不安全的情况？

布拉斯威尔：没有。

被告律师：其他店员有没有在原告摔倒前警示你在商店入口处存在可能不安全的情况？

布拉斯威尔：没有。

被告律师：就这名证人我就问这么多了，法官大人。

（证人布拉斯威尔，交叉询问）

法官：交叉询问。

原告律师：谢谢你，法官大人。你是什么时候注意到那名顾客，就是那名穿着红衣服的男子，带着装有破损酒瓶的开着的箱子回来的？

布拉斯威尔：一名店员告诉我……政策是，当有一个人打碎了东西，把它留在外面。当我给另一名顾客结账时，另外一个收银员告诉他下次，不要把这个带入商店。我就瞟了一眼，因为我在给人结账。

原告律师：你还记得那是什么时候吗？

布拉斯威尔：什么是什么时候？

原告律师：就所说的一系列事情的时间点。你什么时候听到不要带进来的这个对话的？

布拉斯威尔：我记不得了。每个人都在忙。

原告律师：是在屏幕里看到你走过之前吗？

布拉斯威尔：是的。

原告律师：在你走出去之前，后面有一个储藏室，是吗？

布拉斯威尔：是的，我们放……的盒子，当人们走进来，然后提一箱，一般人都用这些盒子来装。

原告律师：你把空箱子带回收银台来帮助客人打包，让他们把买的东西带走。

布拉斯威尔：是的，女士。

原告律师：在你走回来的时候，你已经意识到那些破损的瓶子已经被退货了？

布拉斯威尔：是的。

原告律师：你在主询问的时候提到你那时没有看到地上有任何东西？

布拉斯威尔：对，我没有看到。

原告律师：你看了吗？

布拉斯威尔：说实话，我没有，因为他怎么走进来，我甚至都不觉得他在那附近，他突然转过来，所以我甚至都没有看，也没有觉得是在那个区域。

原告律师：你在威廉姆斯女士摔倒之后在地上所看到的液体，你有检查过吗？

布拉斯威尔：是的。

原告律师：那些液体是什么？

布拉斯威尔：不过是几滴啤酒液体。并不是任何一种滑倒的痕迹。就是非常小的液滴。

原告律师：你说你觉得那是啤酒。

布拉斯威尔：嗯哼。

原告律师：你觉得它们从哪来？

布拉斯威尔：我猜测是从破损的酒盒那儿来。

原告律师：关于它们从哪儿来，有其他符合逻辑的解释吗？

布拉斯威尔：没有。

原告律师：我没有其他问题了，法官大人。

（证人布拉斯威尔，复询问）

法官：复询问。

被告律师：布拉斯威尔先生，你是否作证说你没有注意到那名顾客带进来的包装里没有任何液体漏出？

布拉斯威尔：没有。

被告律师：那是你的证词，是吗？

法官：你能够明确下你的答案吗？因为它能理解成不同的意思。

被告律师：好的，让我们再试一下，布拉斯威尔先生。你有没有看到那名顾客带入商店的容器底部有漏出液体？

布拉斯威尔：没有。

被告律师：当你第一次走过那些区域去归还那些盒子的时候，你有滑倒在地上吗?

布拉斯威尔：没有,我没有。

被告律师：地上有任何值得注意的水渍吗?

布拉斯威尔：没有。

被告律师：在你走过的那片区域有任何东西会让你担忧地上的情况吗?

布拉斯威尔：没有。

被告律师：这就是所有的问题了,法官大人。

法官：好的。谢谢你来出庭。

布拉斯威尔：谢谢。

法官：当然,你可以退下了。美利坚合众国政府这边有其他证人吗?

被告律师：没有了,法官大人。

法官：原告方要提出任何反驳的证据吗?

原告律师：没有,法官大人。

(总结陈词)

法官：那这些就是本案所有的证据了。原告的总结陈词。

原告律师：根据《联邦侵权赔偿法》,如果根据该行为或者行动发生地的法律中所规定的情形,可能对私人主体构成类似侵权的话,那么美国政府负有责任。根据田纳西州法,当一个原告声称一个商店的所有人或运营人允许场地里存在危险或者不利情形,原告必须证明该所有人,运营人或者他们的代理人造成了这个情形,或者如果不是由所有人或者运营人造成的,但所有人或运营人确实知晓或者推定其知晓意外发生前存在该情形。通过证明危险或者不利情形存在相当一段时间以至于负有合理照顾义务的被告本应当意识到这一情形,原告可以证明在田纳西州法下的推定知晓。此处,在2点11分,我们在视频里看到的那个人,这个男士和女士在收银处退货,时间点为14点11分,大约在下午2点11分。这个男士走到收银处并且退了这些商品。我们还听到布拉斯威尔先生说,他听到他们被告知下次不要把这些带进商店的对话。这明显是因为根据政策你不想在回来(退货)的时候让破损的瓶子留下液滴。制定那个政策是有原因的。这里,在2点11分时,破损瓶子被从入口处带到收银处退货,在地上留下了一条液体的痕迹和液滴。我们怎么知道是这样?首先,我们看到了商品滴漏液体。如果你比较证据展示10和20,你可以看到那些放置硬纸板上的地方。在那些箱子被捡起后,硬纸板上留下了湿的痕迹。

我们知道从那些箱子里的确流出了液体。我们也有证言证明这些瓶子破损了。这也是为什么他们会回来退货的原因,因为这些瓶子破损了。我们也知道这些破损的瓶子,是从入口处带入的,在地上留下了一串液滴的痕迹。在威廉姆斯女士摔倒后,你可以看到带着纸巾的员工。他们在清理地板。纸巾就在她脚下。她用脚下的纸巾擦拭地板。她所擦拭的区域就在威廉姆斯女士前面。之后,你也可以在视频中看到她开始擦拭那名男士走过的区域。我们可以通过这个间接证据看到这名男子事实上带着泄漏的破损瓶子,从入口处走到收银处,他走动的过程中留下了一长串的液体。另外,威廉姆斯女士作证说她摔倒后裤子也湿了,她看到从鞋子这儿有打滑的痕迹。如果仅仅是知道这名男子回来退货还不够,我们也可以看到之后副经理,雷恩斯女士,走向他,想要看下漏液在哪里,然后又回来了。如果我记得没错的话这是在2点14分左右。他们什么时候本应知道呢?我认为关于推定知晓的问题,我们希望要证明的是危险的情况已经在那里存在相当长的时间以至于他们本应当发现。证据怎么说明他们本应知道的时间呢?法官大人,我主张在2点11分时候当他进入商店时,一开始是那名女士手上提了两个瓶子进来,之后他又带着篮子和盒子进来。他走上前来告诉他们带了这些液体。他们本应看一下,他们本应那时查看地板来决定是否存在危险情形。我们也知道他们其实是意识到地湿了,因为他们在2点14分的时候找来了硬纸箱子放在……不好意思不是一个硬纸箱子,是一块放置他箱子的硬纸板。我们之后看到,当那些盒子被移开以后,那块硬纸板是湿的。所以,法官大人,我充满敬意地提出我们可以从视频这一证据和今天的证言里中推定他们本应该知道,他们本应在2点11分知道这些破瓶子带过商店地板上的时候,检查地上是否存在危险情况。下一个问题是,他们是否在合理情形出现的时候表现得他们有机会来弥补这个情况?我们可以从威廉姆斯女士摔倒后他们拿着拖把以及放置其他两个地上湿的警示牌经历了1分18秒可以看出。最后,他们的确清理了。我真的没有在视频里看到他们弄出了警示牌。他们清理了,但是花了1分18秒。显然如果在威廉姆斯女士甚至进入商店之前他们履行了合理的照顾义务,有相当一段时间他们本应知晓这个危险情况。仅有很少数量的水滴并不重要,这些液体足以导致她摔倒。这些液体足以造成一个危险情形。我们从米彻姆女士,那位安全保护店员。她说,从他们意识到地上有水的那一刻开始,他们应当采取措施,试着警告或者清理,从他们意识到的那一刻。法官大人,这一证据特别证明他们本应在2点11分威廉姆斯女士还没有进入店里直到2点15分以及她还没有摔倒的2点18分之间意识到。他们大概有7分钟,6—7分钟,最多不超过 30 秒,来回应,放好警示牌。你可以看到来来往往的每个人都是店员,他们都意识到有人带着装着液体的破损瓶子回到这里附近。但威廉姆斯女士却没有。这是你为什么要设立警示牌给那些不知情也没有意识到的人。因此,法官大人,我主张那些时间节点和视频给出的时间证明本案存在推定知晓,可以证明他们有合适的时间去应对,根据他们自己的政策采取一些预防措施,在他们所知道的那一刻起做些什么。似乎他们的确并不知情,但他们知道一部分。他们会说他们并不知道在她摔倒的地方有液体,但他们应当知道。他们本应检查,他们本应知道,然后他们本应提供警示,然后威廉姆斯女士就能更好地保护自己。

  因此,法官大人,我们主张原告已经满足了证明责任,并且因此,法庭应当决定威廉姆斯女士应当得到赔偿的金额。威廉姆斯女士作证说她立刻就开始发抖、晕眩。她拒绝叫救护车,是因为她并没有觉得这是一个紧急情况。她作证说她直接去了她姐姐家,给三四天前为她做手腕手术的医生打了个电话,因为她很担心。她很担心这可能会造成一系列问题。此后她回家,上床,第二天醒来浑身严重疼痛,右半身从上到下,肩部、手臂、大腿、臀部都在疼痛。这是正常的。如果一个人经历了一个创伤性的状况直到第二天早晨才发现,这是十分常见的。这也和威廉姆斯女士所经历的如出一辙。前面也对威廉姆斯女士的身体状况做了十分重要的证明。然而,她作证说她在摔倒前并没有病痛。她的多发性硬化也得到了合理的控制。她说她的骨关节炎在摔倒前好几个月都没有发作了。她对她摔倒后第二天醒来所感受到的具体疼痛做了很详细的说明。她无法穿衣服。被告会,您,也会,可能会觉得这只是一个巧合。我们没有专家证明她经受了任何问题。然而,她告诉我们她很疼,以至于她第二天无法穿衣服。她之后也不得不去补牙。这些损害和伤痛都是她摔倒之后的结果。她摔倒那天是星期六,在之后的那个周一她的医生给她预定了物理治疗。她也作证说她必须一周去两次,必须做八次。她说物理治疗很有效,能够帮助她的肩膀,也显著改善了她腿部的状况。之后,她还证明她对自己遭受的疼痛知情。她在摔倒前第一次经历了疝气疼,她做了疝气手术,她术后恢复得不错,摔倒前她的胃也感到好多了。(摔倒)两天后她醒过来有同样的感觉,她就意识到疝气疼又回来了。这和她所经历的一致,她事实上在摔倒后的那个感恩节左右又做了手术,并需要忍受术后恢复的疼痛。因此,我们向您主张我们已经在本案中成功证明了存在过失,被告对她所经历的人身损害需要负责。因而,威廉姆斯女士应当胜诉。

  法官:美利坚合众国。

被告律师： 法官大人，原告律师说了一些有意思的事情。一个首要的问题是，这并不是关于地上是否可能存在液体的案子。这也并不是关于地上是否存在液体。这是关于地上可能存在什么情况的通知注意的问题。一个值得注意的事实是，原告说在意外发生后，她看到地上有液体，或者在她裤子上看到水，或者甚至在收银处有可能有液体，而这根本不是意外发生的地方，这是需要提醒你的。原告律师自己说，海军这边实际上并不知情。她只是说合理的情况是海军应当知情。那么，让我们讨论下那天下午到底发生了什么，而对海军来说什么是合理的。布拉斯威尔先生作证说在原告走进来时，他没有看到任何从装破损啤酒瓶的箱子底部漏下来任何东西。在那名男子走进来到原告摔倒，大约25个人走过这一区域。法官大人有一份录像，您也可以数一下。25个人，包括原告、孩子、大人、原告、商店员工、顾客，大约25个人左右。没有一个人滑倒。没有一个人向下看，好像看到地上有什么有趣的东西。原告从右边走过，显然也没有注意到任何东西，也没有拦住一个店员和他说地上有东西。这时提到了箱子。观察箱子没有看到在滴液。人们走来走去。他们也没看到地上有液滴。箱子在地上放了一会儿，当然，如果一些液体可能累积起来，这很合理地能知道。但是在门附近有三滴液体，在没人能注意到液体的情况下，认为海军应当知情并不合理。

在田纳西州，商业所有者或者运营者并不是确保安全的人。他们需要做的只是一般程度上的照顾。法官大人，我向您主张，这正是海军所做的。从那名身份不明的男性顾客走进来的那一刻到原告摔倒，从开始到结束，并没有超过六分半钟。在Basler诉Cutrish超市这个田纳西州案中，法院认定五分钟太短了，构成不了推定知晓。这比本案的时间并没有少太多，在Gargaro诉Kroger烘焙公司一案中，二十到三十分钟的长度也并不足以指控被告可诉的过失，这比我们这里的时间要长很多。原告质疑雷恩斯女士是否在现场。我们有相应证据，14点16分39秒。雷恩斯女士正和顾客说话。顾客有告诉她地上有什么东西吗？没有。正如你从视频中看到的，他给她做了手势让她去收银台，他的箱子在那儿。一分二十九秒之后，原告摔倒了，又过了一分半钟，雷恩斯女士被带到了现场。再说一遍，原告摔倒的时候，她并没有被指引到任何出口处地上的危险状况上，而是被带到了收银台附近。原告说摔倒后到跑来清理地板花了一分十八秒，事实上是一分二十九秒，多十一秒。那么即使如果是知情的，尽管原告律师并没有足够证明这一点，但是要求漏液被清理得这么快，是否是合理的呢？我认为不是这样。那么我们再来看下摔倒。法官大人，我想要像指示陪审团一样用常识判断，双脚重重地摔在屁股这儿。我想留给法官您裁量到底是否存在真的滑倒。

那么我们再来看损害。这是本案一个真正复杂的问题,因为有一个时间节点分割了摔倒前,以及原告所主张的所有或者近乎所有的损害。一般来说,如果你摔倒了或者第二天酸痛,这个酸痛可能是因为摔倒,这是能站得住脚的。但是我们的原告在生命中大部分时间里,都存在一周多日因为不同的原因而全身上下疼痛。的确,她最后还是需要做另外一次疝气手术,但我们没有听到任何证言足以证明她如果不是因为这次摔倒就不会需要再做一次疝气手术。她作证说她手臂、膝盖、屁股上以及曾有骨关节炎的相同的位置存在疼痛。因为受伤那日和经历的疼痛之间的分割,就使得专家证言对于决定法律所要求的真正的缘由,也就是意外和损害之间的因果关系,变得十分重要。法官大人您也听到了,田纳西州要求应当提供专家证言,而本案没有提供专家证言。我不想重复说明,但因为本案存在太多的摔倒前身体的疾病问题,这一要求在本案中比那些原告是健康的案件来说远远重要。当法官大人您退庭后来考量这些争点,我仅仅想说这就是一个推定知晓的问题。什么是合理的?多短是太短,请记住商店的所有人、运营人并不是安全的确保者,他们只需要做合理的事情。我会主张原告未能履行关于违背义务的证明责任,未能履行关于因果关系的证明责任,也没有履行关于损害方面的证明责任。

法官: 反对意见。

原告律师: 法官大人,我认为这并不仅仅是一些大的巧合。被告辩称她有这些摔倒前的身体疾病情况,然后第二天起来着地的右半身从上到下都疼痛,这不过是一个巧合。我们都知道她摔得很厉害,还磕了牙齿,以至于在所戴的上牙桥上掉下来一个碎片。摔得很严重。这并不仅仅是因为一个什么大的巧合所以她遭受这些损害。因而,我向您主张。是的,现在,法官大人,我们将决定她在何种程度上成功主张了其损害。但这个案件并不是完全没有任何证据证明任何损害,这并不是一个巧合。我们听到的主张是并没有证据证明这些破损的瓶子拖过了地,布拉斯威尔先生并没有看到他们把瓶子拖过了地。但布拉斯威尔先生也作证说在那名男子进入的时候他背对着那名男子,因为他在给别人结账,他并没有真的在看。布拉斯威尔先生还说他正好经过,也没有看到地上的液体,他并没有真的去看那边是不是有液体。我向您主张的并不是真实的知晓。我们今天并没有听到任何关于真正知晓的证言,但是这只是关于推定知晓的分析。他们是不是应当知道?一个人如果一旦注意到有人带着破损的酒瓶从商店入口进来时,是不是应当进行检查?你看这个视频。你可以看到人们走来走去。布莱克斯通先生提到了25个人走来走去但没有一个人看地上。我们在这里并不是在讨论洪水或者河流。但海军便利店的员工应当注意地面。他们应当做一个检查,尤其是在注意到有人将破损的酒瓶子带入到店里时。因此,我们已经完成了推定知晓的证明责任,推定知晓是从下午的2点11分开始,一直到威廉姆斯女士摔倒的2点15分。是的,在之前的案例中,五分钟不足够,二十分钟不足够,但是我们有特别的理由知道这里到底发生了什么。因为同样的原因,你可以看到15个人挤来挤去,你看到10个店员挤来挤去,这是一个责任义务,对他们来说就负有了检查这些地板的合理责任。他们本应该知道这一危险情形。

法官:好的。我们简单休息一下,让我好好思考这个问题。你们可以离开或者不离开。我将会在10分钟后回来,然后我们将看我们应该怎么继续。非常感谢。

3. 非陪审团庭后意见和裁定

非陪审团庭后意见与裁定

因2012年9月29日在田纳西州米林顿的海军便利店(以下称为"海军便利店")滑倒所致伤害,原告吉纳维芙·威廉姆斯(以下称为"原告"或者"威廉姆斯")根据《联邦侵权赔偿法》(《美国法典》第28卷第1346节b条规定)向美利坚合众国(以下称为"被告"或者"美国政府")提起本诉。

本院于2015年3月16日对此案进行了法官审理(bench trial)。[1](电子案件卷宗第32号)原告由詹妮弗·L.米勒代理。美国政府由大卫·布莱克斯通代理。原告传唤了以下证人:艾迪·米彻姆和吉纳维芙·威廉姆斯。(证据列表,电子案件卷宗第33号)美国政府传唤了证人安东尼奥·布拉斯威尔。(同上)

就以上所陈原因,本院认为威廉姆斯就美国政府直接导致其摔倒的证明上未能达到优势证据的标准。[2]

一、事实认定

(一)预先确定的事实

以下为联合庭前命令中所预先确定的事实:

29. 原告在2012年9月29日出现在田纳西州米林顿的海军便利店中;

30. 在或者大约在14点11分30秒左右,当原告还身处该商店时,一名身

---

[1] 译者注:法官审理(bench trial)对应于陪审团审理(jury trial)。在法官审理的案件中,除了进行法律上的适用,法官需要发挥事实认定的职能。

[2] 因本院认定原告证明因果关系——因果关系为其请求的要件——未能达到优势证据的标准,因而本院认为被告请求原告证明终结时进行指示裁决(directed verdict)的申请失去裁决意义(moot)。

份不明的男子带着一瓶或者多瓶损坏的啤酒进入了该场所;

31. 在或者大约在 14 点 18 分 08 秒左右,原告移动至商店出口并摔倒。(联合庭前命令第 4 页,电子案件卷宗第 23 号文件)

(二)庭审中引入的证言和证据①

1. 艾迪·米彻姆

原告的第一名证人艾迪·米彻姆曾是 2012 年 9 月 29 日海军便利店负责防止损害和安全的经理。尽管在摔倒那一日她并未在海军便利店,但是米彻姆观看了那日的安保录像。原告对米彻姆主询问涉及两方面的问题:(1)海军便利店就商店如何回应地板可能存在潮湿的情况进行的相关培训和政策;(2)对从事故发生日安保录像截取片段的不同定格画面中所展示的内容进行描述。

米彻姆作证海军便利店就如何回应地板可能存在潮湿的情况存在相关政策。她证明说海军便利店的员工会接受培训,以知晓并遵守这些政策。根据米彻姆描述,商店政策要求如果发现或者报告了危险情况,应当放置一个警示标牌,然后对撒漏的液体进行清理。

关于安保录像中的定格画面,米彻姆对每一帧画面中所见内容进行了描述。因为本院能够从定格画面中分辨相关细节,本院拒绝采用米彻姆对每一帧画面内容所作的主观诠释。

美国政府对米彻姆所进行的主询问(direct examination)则重点关注了安保录像(证据 1)中携带损坏啤酒瓶的顾客进入前到威廉姆斯摔倒以后的瞬间。同样地,因本院能够从录像中分辨相关细节,本院拒绝采用米彻姆对录像中所发生的事件进行的主观解释。

2. 吉纳维芙·威廉姆斯

原告的第二名也是最后一名证人为吉纳维芙·威廉姆斯。威廉姆斯的证言涉及到许多主题。然而,因为本案中的因果关系问题是决定性的,本院只陈述威廉姆斯所作与致其摔倒原因有关的证言部分。

威廉姆斯作证说她有很多健康问题,并且在摔倒那日前的相当时间内一直存在这些健康问题。威廉姆斯于 2007 年曾经被诊断为多发性硬化症(multiple-sclerosis),并在该年因该病进行住院治疗。摔倒时,威廉姆斯还同时有纤维肌痛(fibromyalgia)和骨关节炎(osteoarthritis)。另外,她在摔倒前

---

① 本案双方同意对本庭审进行录像。该视频可在 http://www.uscourts.gov/Multimedia/Cameras/WesternDistrictof Tennessee/133-cv-02791.aspx 处访问。

还曾经做过疝气手术,并且也导致了事发后更复杂的身体情况,包括在2013年1月进行了一场被她归因于超重所导致的后续手术。

关于那天所发生的事故,威廉姆斯作证说她去海军便利店是为了购买当晚她侄女所要举办的一场派对所需要的酒饮。根据威廉姆斯的陈述,该海军便利店出售饮料、薯片,以及其他同类产品。威廉姆斯作证说她在商店时并没有急急忙忙。她解释道当她准备离开海军便利店时,她脚下一滑摔倒了。威廉姆斯作证说当她被扶起时,她看到她一只鞋的脚印滑向了左边。然后她看见一名商店员工过来清理了地上的液体。

在交叉询问(cross-examination)时,威廉姆斯又对一系列的问题进行了作证。关于她摔倒的原因,唯一有关的证言是她确认她并不确定地板上有多少液体。

3. 安东尼奥·布拉斯威尔

美国政府唯一的证人是安东尼奥·布拉斯威尔。布拉斯威尔受雇于海军便利店,且2012年9月29日也是该店员工。布拉斯威尔能在该录像14点13分36秒时商店的入口处附近辨认出自己,该时刻屏幕截图被准入为证据展示26。布拉斯威尔还在该录像14点18分17秒时辨认出自己,屏幕截图为证据展示28。根据布拉斯威尔的描述,在证据展示28中,威廉姆斯摔倒后他立即进行了回应。布拉斯威尔作证说当他走到她身边时,他看见地上大概有3滴液体,"好像小雨点"。

在交叉询问(cross-examination)时,布拉斯威尔承认这些液滴是啤酒液体。① 他也退一步承认道他之前并"没有真正地"查看威廉姆斯在入口附近摔倒区域的地板。至于在威廉姆斯摔倒后他在地板上看到的东西,布拉斯威尔说他并没有在地上看到任何滑倒的印记或者任何类似滑倒印记的东西。

在复询问(redirect examination)时,他说威廉姆斯摔倒区域里没有任何东西引起过他的担忧。他说他在走过那片区域时也并没有摔倒,而且他也没有看到任何能被注意到的水渍。

4. 安保录像

尽管庭审中提出了二十九项证据展示,大部分的证据展示都来源于威廉姆斯摔倒的那个下午海军便利店的安保录像。该录像本身是以证据展示第5

① 布拉斯威尔还作证说这些液滴是带入商店的破损的瓶子所留下的。然而,因为在主询问过程中,布拉斯威尔可信地作证说他直到威廉姆斯摔倒后过去扶她时才看见滴落的液体,本院认定他就液滴的来源所作的证言为推测(speculation)。

号进入庭审的,而该视频的定格画面则作为证据展示第6号到第29号进入庭审。

在仔细考虑了庭审过程中所提供的证言的基础上,本院仔细观看了该视频以及相关的定格画面。本院认为在事实认定上原告并没有以优势证据的标准证明地上的啤酒滴导致了她摔倒。

二、法律总结

原告根据《联邦侵权赔偿法》(简称为FTCA)主张美国政府在本案中应承担责任。(起诉状第一段,电子案件卷宗第1号文件)"根据FTCA,'如果美利坚合众国作为私人主体对索赔人负有责任的情况下,对于美国政府的任何雇员在行使其职能的范围内所发生的过失或者不法行为或者不作为所导致的人身伤害或者死亡'而产生的财产损失进行主张,美利坚合众国放弃主权豁免。"《美国法典》第28卷第1346节b条。马修斯诉罗宾逊案,52 F. App'x 808, 809 (6th Cir. 2002)。"法律责任根据发生所称的过失或者不法行为发生地所在州的法律决定。"同上。因为所称的不法行为发生在田纳西州米林顿,本院对本案适用田纳西州侵权法。

在田纳西州,要证明因为危险情形所导致损害的场所责任,原告必须证明:

除了过失的要件之外:1) 该情形是由店主、经营者或其代理人所导致或者造成的,或者2) 若该情形是由店主、经营者或其代理人以外的人所造成的,那么该店主或者经营者在意外发生前对存在该情形确实或者推定其知晓(actual or constructive notice)。

布莱尔诉.W.镇购物中心,130 S. W. 3d 761,764(Tenn. 2004)(强调后加)。在以下引文中强调的语句是原告请求失败的关键原因。"因果关系和近因是构成过失的独特要件,原告对二者的证明达到优势证据的标准。"基尔帕特里克诉布莱恩特,868 S. W. 2d 594,598(Tenn. 1993)。正如上文所述,原告并未以优势证据的标准证明其摔倒是由海军便利店场所中的危险情形所导致的。因而原告未能证明其主张的一个必要条件。

三、结论

因为本意见所述的理由,本院认为原告未能在FTCA法下证明其主张。据此判决美国政府胜诉。

2015年4月1日**裁决以上**。

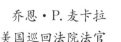
乔恩·P.麦卡拉
美国巡回法院法官

4. 民事判决书

判 决

法院判决。本诉于 2015 年 3 月 16 日进行了非陪审团庭审,所有争点已经被考量,裁判已经做出。

因此裁定、判决、并且命令,根据 2015 年 4 月 1 日做出的非陪审团庭审后意见和裁定(电子案件卷宗第 34 号),在此判决被告胜诉,并且此案不可再诉地驳回起诉(DISMISSED with prejudice)①。

批准:

乔恩·P. 麦卡拉
美国巡回法院法官
2015 年 4 月 1 日

(六)民事诉讼案件表

美国田纳西西区联邦地区法院(孟菲斯)

民事诉讼案件表   案号:2: 13-cv-02791-JPM-cgc

威廉姆斯 诉 美利坚合众国

案件信息:

起诉日期:2013 年 10 月 9 日

案件现况:审结

诉讼性质:360 P. I. : 其他

委任法官:乔恩·P. 麦卡拉法官

诉由:《联邦侵权赔偿法》第 28 卷 1346 节

结案日期:2015 年 4 月 1 日

管辖确定依据:美利坚合众国政府作为被告

陪审团需求:无

其他法官:预审法官夏尔曼·G. 克拉克斯顿

当事人和律师:

原告:吉娜维芙·威廉姆斯

诉讼代理人:詹妮弗·L. 米勒

被告:美利坚合众国

---

① 根据《美国联邦民事诉讼规则》,不可再诉地驳回起诉(dismissal with prejudice)是在审理后认为案件无实质理由而做出的裁决,原告不得在之后就同一主张再度提起诉讼。不可再诉的驳回起诉是最终判决,对所有的主张具有一事不再理的效力。相反,如果是可再诉地驳回起诉(dismissal without prejudice),那么原告可以基于同样的理由再次提起诉讼。

诉讼代理人：大卫·布莱克斯通
诉讼案件表：

条目	填写日期	说 明
1	2013年10月9日	原告基于《联邦侵权赔偿法》对被告提起的损害赔偿起诉状(诉讼费400美金，收据号0651-1785230)(附件：#1民事封面，#2传票，#3传票，#4传票)(詹妮弗·米勒)(登记于：2013年10月9日)
2	2013年10月9日	加入法官乔恩·P.麦卡拉和预审法官夏尔曼·G.克拉克斯顿(jlh)(登记于：2013年10月10日)
3	2013年10月10日	修改1号文件起诉状的通知(詹妮弗·米勒)(登记于：2013年10月10日)
4	2013年10月10日	未采取任何行动(登记于：2013年10月10日)
5	2013年10月21日	向美利坚合众国发出的传票(埃里克·霍尔德·Jr)。已以电子形式通知申请人传票已发出，同时新的诉讼案件表反映了这一点。在收到新的诉讼案件表后，申请人应当打印发出的传票以便有效送达。修订于2013年10月21日(登记于：2013年10月21日)
6	2013年10月21日	向美利坚合众国发出的传票(爱德华·L.斯坦顿三世)。已以电子形式通知申请人传票已发出，同时新的诉讼案件表反映了这一点。在收到新的诉讼案件表后，申请人应当打印发出的传票以便有效送达。修订于2013年10月21日(登记于：2013年10月21日)
7	2013年10月21日	向军法署署长办公室侵权赔偿律师克里斯蒂娜·L.施利特尔发出的传票。已以电子形式通知申请人传票已发出，同时新的诉讼案件表反映了这一点。在收到新的诉讼案件表后，申请人应当打印发出的传票以便有效送达。修订于2013年10月21日(登记于：2013年10月21日)
8	2013年10月30日	传票由吉娜维芙·威廉姆斯签字后传回给爱德华·L.斯坦顿三世，美利坚合众国律师(附件：#1展示国内回执)(詹妮弗·米勒)(登记于：2013年10月30日)
9	2013年11月27日	传票由吉娜维芙·威廉姆斯签字后传回埃里克·霍尔德·Jr先生(附件：#1展示国内回执)(詹妮弗·米勒)(登记于：2013年11月27日)

续 表

条目	填写日期	说　　明
10	2013年12月16日	对1起诉状中因美利坚合众国造成的损害提出的答辩状(大卫·布莱克斯通)(登记于：2013年12月16日)
11	2014年2月5日	会议日期确定通知：确定于2014年2月25日，周二上午09:45，孟菲斯第五法庭进行会议，由预审法官夏尔曼·G.克拉克斯顿主持
12	2014年2月18日	规则26(f)计划会议报告(大卫·布莱克斯通)(登记于：2014年2月18日)
13	2014年2月21日	会议安排命令。该命令取消了2014年2月25日上午09:45的会议安排。该命令由预审法官夏尔曼·G.克拉克斯顿于2015年2月21日签署(夏尔曼·克拉克斯顿)(登记于：2014年2月21日)
14	2014年2月26日	庭审排期信息：非陪审团庭审安排于2015年2月17日上午09:30，孟菲斯第一法庭，由乔恩·P.麦卡拉法官主持。庭前会议安排于2015年2月10日上午09:00，孟菲斯第一法庭，由预审法官夏尔曼·G.克拉克斯顿主持。拟议的庭前命令2015年2月3日发布(登记于：2014年2月26日)
15	2014年4月23日	吉娜维芙·威廉姆斯的通知(詹妮弗·米勒)(登记于：2014年4月23日)
16	2014年4月23日	由詹妮弗·米勒代表吉娜维芙·威廉姆斯出具传票的通知(登记于：2014年4月23日)
17	2014年4月24日	向海军首席律师发出的传票。已以电子形式通知申请人传票已发出，同时新的诉讼案件表反映了这一点。在收到新的诉讼案件表后，申请人应当打印发出的传票以便有效送达(登记于：2014年4月24日)
18	2014年9月2日	延长证据开示期限申请，拟议命令由吉娜维芙·威廉姆斯提交(附件：#1支持该项请求的备忘录，#2磋商证明)(詹妮弗·米勒)(登记于：2019年2月9日)
19	2014年9月3日	延长调解期限共同申请，拟议命令由美利坚合众国提交(大卫·布莱克斯通)(登记于：2014年9月3日)
20	2014年9月4日	批准18延长证据开示期限申请的命令。由乔恩·P.麦卡拉法官于2014年9月4日签署(登记于：2014年9月4日)

续 表

条目	填写日期	说　　明
21	2014年9月4日	批准19延长调解期限申请的命令。由乔恩·P.麦卡拉法官于2014年9月4日签署(登记于：2014年9月4日)
22	2014年10月8日	日程安排令。由乔恩·P.麦卡拉法官于2014年10月8日签署(乔恩·麦卡拉)(登记于：2014年10月8日)
23	2015年2月6日	庭前命令。由乔恩·P.麦卡拉法官于2015年2月6日签署(乔恩·麦卡拉)(登记于：2015年2月6日)
24	2015年2月10日	有资格参加法庭内设置摄像头试点项目的通知。由乔恩·P.麦卡拉法官于2015年10月8日签署(乔恩·麦卡拉)(登记于：2015年2月10日)
25	2015年2月10日	2015年2月10日由乔恩·P.麦卡拉法官举行最终庭前会议的简要记录。非陪审团庭审将在2015年2月17日周二早上09:30举行，预计庭审长度为1天。双方将明确录像的时间差。出席律师：原告律师詹妮弗·L.米勒——被告律师美国陆军协会大卫·布莱克斯通(法庭书记官布伦达·帕克)(登记于：2015年2月10日)
26	2015年2月12日	吉娜维芙·威廉姆斯同意了于2015年2月17日进行录像记录及庭审公开的计划，及法庭摄像头试点研究(詹妮弗·米勒)(登记于：2015年2月12日)
27	2015年2月16日	延迟庭审的共同申请，吉娜维芙·威廉姆斯提交的拟议命令(附件：♯1磋商证明)(詹妮弗·米勒)(登记于：2015年2月16日)
28	2015年2月16日	因恶劣天气延迟庭审的通知：原计划于2月17日周二的庭审延期，之后将以安排信息的形式重新计划。(仅为文字命令，无图)。由乔恩·P.麦卡拉法官于2015年2月16日签署(乔恩·麦卡拉)(登记于：2015年2月16日)
29	2015年2月18日	2015年2月18日由乔恩·P.麦卡拉举行的电话会议的简要记录。非陪审团庭审重新安排在2015年3月16日上午09:30，孟菲斯第一法庭，由乔恩·P.麦卡拉主持。出席律师：原告律师詹妮弗·米勒——被告律师大卫·布莱克斯通(法庭书记官尼克·沃伦)(登记于：2015年2月19日)

续 表

条目	填写日期	说　明
30	2015年2月18日	安排信息：法官庭审重新安排在2015年3月16日上午09:30,孟菲斯第一法庭,由乔恩·P.麦卡拉主持(登记于：2015年2月19日)
31	2015年2月23日	批准26延迟庭审共同申请的命令。由乔恩·P.麦卡拉法官签署于2015年2月23日(登记于：2015年2月23日)
32	2015年2月24日	美利坚合众国同意进行录像记录及庭审公开的通知(大卫·布莱克斯通)(登记于：2015年2月24日)
33	2015年3月16日	2015年3月16日由乔恩·P.麦卡拉法官主持非陪审团庭审。被告申请因原告未能提交补充申请,不应当允许原告提起损害赔偿请求；法院保留了该事项。双方对庭前命令第4页的3项认定的事实表示认可。公开陈述：原告传唤证人艾迪·米彻姆；证据展示1—29,吉娜维芙·威廉姆斯。原告休庭,被告根据规则50提出申请。被告传唤安东尼奥·布拉斯韦尔。总结陈词(法庭书记官布伦达·帕克)(登记于：2015年3月17日)
34	2015年3月17日	对非陪审团庭审出示的证据展示列表,证据展示1—29(登记于：2015年3月17日)
35	2015年4月1日	非陪审团庭后意见和裁定。由乔恩·P.麦卡拉法官于2015年4月1日签署(乔恩·麦卡拉)(登记于：2015年4月1日)
36	2015年4月1日	宣告被告胜诉的判决。由乔恩·P.麦卡拉法官于2015年4月1日签署(登记于：2015年4月1日)
37	2015年5月6日	取回证据展示通知(登记于：2015年5月6日)

第十三章　中国台湾地区民事诉讼全过程训练

训练素材　——李大正诉天下股份有限公司人身损害赔偿纠纷案

一、选择本案的理由

第一,人身损害赔偿是各个国家和地区司法实践中较为常见也是多数人比较熟悉的案件,非常适合作为典型案例加以演示、训练和比较。此外,本案确定被告承担损害赔偿责任后,涉及医疗费、护理费、营养费和误工损失等一系列费用数额的确定,可谓麻雀虽小五脏俱全,这些数额的确定需要花费大量的时间,也涉及到大量的方法和技术,也有不少值得比较和借鉴的地方。特别是与美国所选案例的高度相似,便于在更具体层面上的比较也是选择本案的主要理由。

第二,本案系统反映了中国台湾地区诉讼的全过程。从诉答状到准备书状,从言词辩论准备庭到言词辩论庭,直至判决书,都有很多特色和值得我们学习或研究的地方。例如,本案中诉答状内容非常丰富,对法官了解案情和确定争点有很多帮助。又比如庭审程序,我们团队中虽有多次到台湾旁听案件的人和在台湾访学时间超过半年的人,但没有一个人系统地全程旁听过同一个案件。该案件使我们全面系统地了解台湾的诉讼全过程变成现实。

第二,本案为人身侵权损害赔偿案件,被害人即原告本身原罹患小儿麻痹症,行动不便,于公司年度例行尾牙聚餐之被告餐厅内,因用餐处所地板湿滑不慎跌倒受伤,因此诉请对该餐厅受雇员工及雇用人公司提告。但在无法确定何员工有侵权行为时,原告可否直接以无意思能力之餐厅公司本身(法人)单独要求负雇用人侵权责任,在台湾学说实及实务尚有争议。而在中国内地,此类案件被告的确定与台湾不尽相同,这些都是值得研究的问题。

第三,本案原告于跌倒前,即有轻度肢障,且平日无须使用辅具行走,被告即据此抗辩原告系因轻度肢障,事发当时又未使用助行器以避免跌倒,自不可将其所受骨折伤害之结果归责于餐厅湿滑所致。换言之,被害人之特殊体质,是否可减轻或免除加害人之侵权责任?

二、案情简介

原告李大正自幼患有小儿麻痹所致之两下肢肌肉萎缩症状,但平日可缓慢独立行走,无须使用拐杖等助行器。2010年1月29日晚间,原告前往位于××市××路被告天下股份有限公司(以下简称天下公司)所属之"海龙王"餐厅,参加其公司举办之年度尾牙餐会。用餐期间,原告走向邻桌欲与同事聊天,因地板湿滑(高汤等洒在地板上),原告不慎跌倒,因而使原告受有左股骨颈骨折等伤害,随即进行"复位并内固定手术"。2010年9月,原告因左股骨颈骨折导致左股骨缺血坏死,遂进行"人工髋关节置换手术";同年10月22日,又发现罹患"左腿深部静脉栓塞并静脉炎"而就医治疗。2011年5月,原告因在家中跌倒导致"左侧股骨股下1/3骨折"而就医。2012年3月,原告复因第二次跌倒导致"下肢深部静脉栓塞"恐危及生命,随即就医开刀治疗。后经社会福利机构认定为"中度肢体残障"等。为此,原告遂依台湾地区"民法"(以下简称"民法")第184条第1项前段(侵害权利)、第188条(受雇人侵权及雇用人连带责任)及台湾地区"消费者保护法"(以下简称"消费者保护法")第7条企业对消费者未尽安全维护责任(仅天下公司)等规定,向天下公司(海龙王餐厅)及4名员工请求因过失侵权行为连带赔偿因此所生之医疗费、看护费、不能工作损失及劳动能力减损等财产损害及精神慰抚金之非财产损害。

被告辩称:系争事故的发生是因为原告本身罹患小儿麻痹后遗症导致两下肢肌肉萎缩等症状,又不使用拐杖助行器协助行走,再加上当天与同事一起饮酒已达酒醉的情形,故于起身站立时双脚已经无力支撑而跌倒,被告餐厅地板虽然有时会有部分油渍,但被告员工均会立即清理完毕,并无所谓湿滑情形,被告等均已尽善良管理人之注意义务,故此事故实与被告等无关。退一步而言,即使被告应负损害赔偿责任,原告请求之部分医疗费与骨科、复健科无关,至于交通费仅得请求2010年1月30日起至2010年10月止之费用,原告住院期间应无专人看护之必要,且原告未举证是否有不能工作及劳动能力减损之损害,又其请求之精神慰抚金数额过高。至于原告提出的各项医疗费用等收据,被告等均否认原告所受伤势系因跌倒所致,如果原告可举证证明,并提出医疗单据正本,则被告等可以认可这些证据形式上的真实性。

本案一审共计开庭五次,其中准备程序性质的庭审共四次,言词辩论庭一次。第一次为准备性言词辩论(独任法官主持),其他三次为准备程序(法院年度事务分配将该案件分配至另外一个民事庭审理,故由该民事庭另行组成合议庭,由其中受命法官一人接续审理),最后一次则为言词辩论庭(由三名法官组成合议庭)。五次庭审共计2小时40分钟。

三、本案训练的材料目录

(一)原告方提交的法律文书和证据

(二)被告方提交的法律文书和证据

(三)原告方再行提出之法律文书及证据

(四)被告方再行提出之法律文书及证据

(五)一审法庭笔录

1. 第一次准备性言词辩论笔录

2. 第一次准备程序笔录

3. 第二次准备程序笔录

4. 第三次准备程序笔录

5. 言词辩论笔录

(六)一审判决书

四、本案需要展示的法律文书和证据

(一)原告方提交的法律文书和证据

民 事 起 诉 状

原告:李大正(基本情况略)

诉讼代理人:王律师

被告:天下股份有限公司

法定代理人:庄自强

被告:游小玉、林豪杰、李惠惠及张英俊四人(基本情况均略)

共同诉讼代理人:陈律师

诉之声明

一、被告应连带给付原告 7 502 360 元①，及自起诉状缮本送达被告翌日起至清偿日止按年息百分之五计算之利息。

二、诉讼费用由被告连带负担。

三、原告愿供担保，请准宣告假执行。

事实与理由

一、事实经过

（一）2010 年 1 月 29 日晚间，原告李大正前往位于××市××路天下股份有限公司（下称天下公司）所经营之"海龙王"餐厅中山店地下一楼用餐，席间原告起身离席欲向邻桌之同事致意时，因该餐厅之地面并未保持干燥且残留油渍，导致原告行走时因踩踏油渍而滑倒，造成原告左股骨颈骨折、左大腿挫伤合并瘀血等伤害，因此进行复位并内固定手术，以及人工髋关节置换手术（原证 1 号），并承受漫长而艰辛之复健过程，嗣后又被认定为中度肢体残障（原证 2 号），原告自此难以自理平日生活，均需仰赖他人协助，美满人生一夕骤变，身心蒙受巨大压力，抑郁之情难以言表。

（二）经查，被告游小玉乃海龙王餐厅中山店之负责人，被告林豪杰为事发当日之值班主管，并与被告李惠惠及张英俊共同负责该餐厅地下一楼之清洁维护工作。被告林豪杰、李惠惠及张英俊三人本应注意餐厅地面是否湿滑、有无油渍，以维护餐厅地面干燥、清洁，以避免发生消费者滑倒等事故。而被告游小玉基于监督员工及管理维护餐厅之职责，亦负有注意维护餐厅地面干燥、清洁之义务，以确保消费者享有安全清洁之用餐环境。被告四人应注意能注意而不注意，怠于善尽其职务上维护餐厅环境清洁之责任，导致原告于该海龙王餐厅用餐时因行经布满油渍之地面而滑倒，造成原告身心受有上述严重之伤害。为此，原告已对其等提起刑事告诉（案号：台湾地区××法院检察署 2011 年度他字第一号），并曾多次试图与被告沟通赔偿事宜，后者却一再推诿不愿负责，毫无解决本件事故之诚意，原告无奈之下，只得提起本件诉讼，以维自身权益。

二、请求权基础

（一）原告得依"民法"第 184 条第 1 项前段及 185 条第 1 项前段之规定，请求被告游小玉、林豪杰、李惠惠、张英俊连带负损害赔偿之责：

1. 按因故意或过失不法侵害他人权利者，负损害赔偿责任，"民法"第 184

---

① 本章所涉及的货币币种均为新台币。

条第1项前段定有明文。查被告李惠惠、张英俊等人身为餐厅清洁业务之执行维护人员,为提供安全干净之消费环境,其于职务本应注意避免消费者因餐厅地面湿滑、油渍而发生任何意外,负有维持地面干燥、清洁等防范危险发生之作为义务,以保障消费者人身安全无虞。又被告游小玉及林豪杰乃被告天下公司经营海龙王餐厅中山店之负责人及当日值班主管,对于进出餐厅利用其设施之消费者,本负有监督员工、管理维护餐厅以提供安全消费环境之义务,均知悉维护餐厅地面干燥清洁以营造消费者安全用餐环境,避免消费者发生意外之重要性,更知餐厅地板油渍、湿滑极易引起意外伤害事故之发生,均应严格要求员工随时维持环境尤其地板之清洁与干燥。

2. 然被告游小玉等四人在应注意且能注意前揭注意及防范义务下,却疏于注意餐厅地面是否清洁、干燥,而于地面残留油渍湿滑之际,未予及时监督清理,违反其防范危险发生之作为义务,导致原告行走时因该油渍湿滑而跌倒,使原告因此受有左股骨颈骨折、左大腿挫伤合并瘀血等伤害。此已足以认定被告李惠惠、张英俊二人因过失而未维护地面清洁、干燥之行为,与原告发生骨折、挫伤等伤害及受有医疗、复健等费用支出损害间,有相当因果关系;而被告游小玉及林豪杰亦未尽其业务上监督之责,未要求现场值勤员工加强保持地面清洁,维护良好用餐环境,以防意外之发生,导致原告于被告游小玉担任负责人之餐厅滑倒受伤,被告显然违反餐厅业者最基本之安全注意义务,致原告滑倒造成上揭伤害,并受有医疗、复健等支出等损害,亦有相当因果关系。是原告李大正自得依"民法"第184条第1项前段规定,请求被告游小玉等四人赔偿原告所受之损害。

3. 复按"民法"第185条第1项前段规定:"数人共同不法侵害他人之权利者,负连带损害赔偿责任。"又:"民事上之共同侵权行为(狭义的共同侵权行为,即共同加害行为,下同)与刑事上之共同正犯,其构成要件并不完全相同,共同侵权行为人间不以有意思联络为必要,数人因过失不法侵害他人之权利,假如各行为人之过失行为均为其所生损害之共同原因,即所谓行为关连共同,亦足成立共同侵权行为。"此台湾"司法院"有例变字第1号(附件1)。据此,被告游小玉等四人因过失不法侵害原告之权利,其等过失均为原告所生损害之共同原因,被告游小玉等四人自应依"民法"第185条第1项前段规定对原告负连带损害赔偿责任。

(二)原告得依"民法"第188条第1项规定请求被告天下股份有限公司与被告游小玉等四人连带负害赔偿之责:

1. 按受雇人因执行职务,不法侵害他人之权利者,由雇用人与行为人连带负损害赔偿责任,"民法"第 188 条第 1 项定有明文。

2. 依上开说明,被告游小玉等四人于执行其环境清洁、安全及监督职务时,均不法侵害原告身体、健康之权利,乃构成对原告之侵权行为,而被告天下公司为其等之雇用人,就其等职务之执行负有监督之责任,竟未为必要之注意,以致造成原告伤害而受有医疗、复健费用支出等损害,自应依"民法"第 188 条第 1 项规定对原告连带负损害赔偿责任。

(三)被告天下公司依"消费者保护法"第 7 条第 1 项、第 3 项亦应负损害赔偿责任

1. 按"从事设计、生产、制造商品或提供服务之企业经营者,于提供商品流通进入市场,或提供服务时,应确保该商品或服务,符合当时科技或专业水平可合理期待之安全性。商品或服务具有危害消费者生命、身体、健康、财产之可能者,应于明显处为警告标示及紧急处理危险之方法。企业经营者违反前 2 项规定,致生损害于消费者或第三人时,应负连带赔偿责任。但企业经营者能证明其无过失者,法院得减轻其赔偿责任。""消费者保护法"第 7 条定有明文。又所谓"符合当时科技或专业水平可合理期待之安全性",依"消费者保护法"施行细则第 5 条规定,则应就下列情事认定之:(1)商品或服务之标示说明;(2)商品或服务可期待之合理使用或接受;(3)商品或服务流通进入市场或提供之时期。

2. 查,被告天下公司所营事业为餐馆业,此有"经济部"2012 年 1 月 4 日经授商字第××号股份有限公司变更登记表在卷可稽(参原告陈报状附件 2),又被告天下公司所经营之"海龙王"餐厅中山店,系提供尾牙春酒、外烩、年菜外带、围炉团聚、结婚喜宴、商务、朋友聚餐等客制化餐点服务,核其为"消费者保护法"第 2 条第 2 款所称之企业经营者。而原告因公司举办尾牙,进入被告天下公司所经营之餐厅用餐,系直接接受被告提供餐饮服务,自属以消费目的接受服务之人,本件当有"消费者保护法"之适用。

3. 次查,被告天下公司所经营之"海龙王"餐厅,供消费者进入餐厅内接受其提供食物商品混合餐饮服务,征诸"行政院"消费者保护委员会消保法字第××号函释略以:"企业经营者于提供服务时,对于购买商品之空间与附属设施仍应确保其安全性。"从而,餐饮服务之范围,在进入餐厅提供之场所内饮食之情形,依一般社会大众之合理期待,除提供符合安全卫生之食品外,应包括提供安全之用餐环境,亦即为达到提供餐饮服务之目的,应有提供安全用餐环境之义务。故消费者可合理期待企业经营者所提供之饮食及用餐环境,系符合安全卫生之要求。据此,本件原告前往被告天下公司所经营之"海龙王"

餐厅中山店为餐饮消费,被告天下公司自负有提供安全用餐环境之义务,亦属明确。

4. 被告天下公司之"海龙王"餐厅中山店地下一楼之地板当时留有水渍、油渍等湿滑之情形,且其仅铺设一般之抛光石英砖,显欠缺安全性,被告复未提供"小心地滑,请勿通行"等安全警告标志,足以认定该餐厅未达可供消费者安全使用之程度,显不符当时科技或专业水平可合理期待之安全性:

(1) 查,"海龙王"餐厅中山店,其送餐作业方式会将菜肴、汤水或饮料打翻,此据被告林豪杰于2010年9月26日在警询时供称:"(问:你如何能确认没有任何员工或其他服务人员,将菜肴、汤水或酒品饮料等物品打翻之情?)根据我公司作业模式,从厨房出菜到客人餐桌,送餐人员使用餐车送菜至客人桌边,再由服务人员将餐点放置于餐桌上,至于有员工在送与收之间,将菜肴、汤水或酒品饮料等物品打翻之情都有可能,……"等语,复于2011年8月15日在检察官侦查时,供称:"(问:【告以告诉要旨】,有何意见?)……。从平面图看来,告诉人(即原告)当时在中间并往旁边移动,走道有两个人身宽,告诉人跌倒位置是在桌子跟桌子中间,并非在送菜的主走道上面,送菜的走道的确会有汤汤水水,……"等语(参原证9,台湾地区××法院检察署2011年度侦字第111号卷2011年8月15日讯问笔录),足认"海龙王"餐厅在送餐时,餐厅走道经常会留有水渍、油渍,则被告餐厅地面确实经常具有足以危害消费者安全之危险状态存在。

(2) 被告虽抗辩称,被告餐厅地下一楼地板材质系抛光石英砖,铺设完整留有适度拼贴空隙,砖面并非平滑云云,然被告之餐厅地面既会留有油渍、水渍,衡诸经验法则,于供行走之地板上残留油渍之情形,通常即降低物理上摩擦力,使行走较易产生湿滑而致行人滑倒("最高法院"2011年度台上字第104号判决参照),甚且,依美国材料试验协会之标准,磁砖之地坪摩擦系数(即止滑系数)最少须达到0.5以上,才能有效防滑,但经"经济部"标准检验局对抛光石英砖进行检测,结果所示抛光石英砖均不符合止滑系数0.5之要求(原证10),即抛光石英砖在潮湿情形下,无法止滑。据此,被告天下公司之"海龙王"餐厅中山店地下一楼地面,其仅以抛光石英砖铺设,具有危害消费者之潜在性危险,显欠缺安全性,被告天下公司自应加强设置防滑之地面,以避免危害消费者生命、身体、健康;又被告餐厅走道留有水渍、油渍时,在餐厅地板欠缺防滑之安全性下,更具有足以危害消费者安全之状态存在;更甚者,被告餐厅中山店地下1楼多系在供婚宴或尾牙等场合使用,属开放公共空间,不特定多数人均得自由出入通行,却未见天下公司设置任何醒目之警告标志,提醒往来用餐之消费者注意地板经常可能发生湿滑危险，复未确实督促值勤员工必须及时清理遭油水喷溅之湿滑地面，堪认被告天下公司未实时清理亦未设置必要之安全警告标示，其所经营之"海龙王"餐厅中山店提供之餐饮服务，不具有可合理期待之安全性，至为明确。

综上，本案被告天下公司既为提供餐饮服务之企业经营者，其所提供之服务于系争时地有安全上之高度风险，致原告受有前揭伤害，依"消费者保护法"第 7 条规定，被告天下公司自应负损害赔偿责任。

被告天下公司所提供之商品及服务既未具通常可合理期待之安全性，致消费者损害，自应依"消费者保护法"第 7 条，就原告所受损害负赔偿之责。且被告天下公司之受雇人林豪杰、李惠惠及张英俊三人执行职务未保持餐厅地板干燥，游小玉未善尽其督导责任，原告亦得依上开规定请求被告连带赔偿损害，兹就所受损害及请求项目与金额详予说明，如下附表所示。

附表：

请求费用项目		金 额	证物编号
医疗费用	住院手术费用	4 888 元	原证 11
	2010 年回诊、复健费用及住院费用	98 471 元	原证 12、原证 13
	2011 年回诊、复健费用及住院费用	13 474 元	原证 14、原证 15
	2012 年回诊、复健费用及住院费用	580 元	原证 16
	合　　计	117 413 元	
受伤期间增加之交通费用		28 420 元	原证 32
未来必要之医疗费用（更换人工髋关节）		84 787 元	原证 30、原证 31
增加生活上需要之费用	住院期间看护费用	26 000 元	原证 17
	在家期间清洁费用	120 000 元	原证 18（撤回请求）
	合　　计	146 000 元	
不能工作损失	住院期间请病假	81 240 元	原证 33 至原证 38
	复健期间请假	19 500 元	
	合　　计	100 740 元	
劳动能力减损		2 145 000 元	
精神慰抚金		5 000 000 元	
总　　　计		7 502 360 元	

原告于2010年1月29日跌倒受伤前,经鉴定属轻度肢体障碍,然因原告幼时罹病后复健得宜,从未藉辅具当助行走,亦未曾因无辅具协助导致任何事故伤害,此有原告平时生活照片可资为证(原证42),足见原告于本件系争事故发生前,出入行动均可自理,无须借助辅具行走,就其所从事之计算机公司工程师工作无须使用任何辅助器材即可胜任。

声请调查证据

1. 声请调查证人游远方。

待证事实:

兹因证人游远方系在原告跌倒时,上前背负原告上楼,故证人游远方就当日地板有无湿滑、有无喝酒等事实自应知之甚详,爰向钧院声请讯问证人游远方。(证人地址略)

2. 声请调查证人杨国庆。

待证事实:

证人杨国庆2010年1月29日亦曾参加原告同一公司尾牙,为原告之同事,确有亲自见闻当时"海龙王"餐厅中山店地下一楼地板有油渍潮湿的状态,爰向钧院声请讯问证人杨国庆以厘清当时地板有无湿滑之情、餐厅服务生有无立即加以处理等情。(证人地址略)

综上,被告天下公司、游小玉、林豪杰、李惠惠、张英俊等各应依前揭法律关系,对原告负连带损害赔偿责任。原告爰依"民事诉讼法"第244条第4项规定,仅表明全部请求之最低金额,请求被告至少应连带给付原告7 502 360元及各自起诉状缮本送达被告翌日起至清偿日止,按年息百分之五计算之利息。

以上,敬请钧院鉴核,并祈赐判如诉之声明,以维原告权益。

谨　　状

台湾地区××法院民事庭　公鉴

附件1:"司法院"院台参字第××号令例变字第1号复印件乙份。

附表1:求偿明细表乙份。

原证1号:××市立医院仁爱院区诊断证明书复印件乙份。

原证2号:原告之台湾身心障碍手册复印件乙份

原证3:被告天下公司2010年3月29日书函。

原证4:台湾地区××法院检察署2010年度侦字第×××号2010年8月31日讯问笔录。

原证5:××市立医院2010年9月15日函。

原证6：被告林豪杰2010年10月22日提出之平面图。

原证7：原告之座位图。

原证8：台湾地区××法院检察署2010年度侦字第×××号2010年10月22日讯问笔录。

原证9：台湾地区××法院检察署2011年度侦字第×××号卷2011年8月15日讯问笔录。

原证10："经济部"标准检验局2007年10月5日新闻稿及附件。

原证11：××市立医院医疗费用收据。

原证12：××市立医院医疗费用收据（2010年回诊、复健）。

原证13：××市立医院医疗费用收据（2010年住院）。

原证14：××市立医院医疗费用收据（2011年回诊、复健）。

原证15：××市立医院医疗费用收据（2011年住院）。

原证16：××市立医院医疗费用收据（2012年回诊、复健）。

原证17：看护费用收据。

原证18：清洁妇收据。

原证19：威策计算机公司请假证明。

原证20："邮政总局"邮政医院诊断证明书。

具　状　人　李大正
诉讼代理人　王律师
2012年1月20日

（二）被告方提交的法律文书和证据

民 事 答 辩 状

被告：天下股份有限公司

法定代理人：庄自强

被告：游小玉、林豪杰、李惠惠、张英俊

以上五人共同诉讼代理人：陈律师

原告：李大正

诉讼代理人：王律师

为侵权行为损害赔偿事件，谨呈答辩状事：

一、诉之声明

（一）原告之诉驳回。

（二）诉讼费用由原告负担。

（三）如受不利判决，被告等愿供担保，请准宣告免为假执行。

二、事实及理由

(一) 被告等均否认原告李大正因餐厅地板油渍而滑倒之事实:

1. 原告李大正于2010年1月29日在被告天下股份有限公司位于××市××路三段之"海龙王"餐厅地下一楼,参加其任职之大同公司举办之尾牙晚宴活动,席间因气氛热烈,众人饮酒甚多。

2. 原告陈称:"席间原告欲暂时离席而起身行走时,因该餐厅之地面并未保持干燥且残留油渍,导致原告行走时因践踏油渍而滑倒"云云;然查,原告于宴席间,离开座位前往他桌敬酒(原告原本坐在图中"圆圈"处,依箭头指示方向,行走至"打叉"处,位置图参被证1);嗣于当日20时30分许,原告起身离开,甫站起即双脚无力,且无法以双手支撑椅背站立,而跌坐于椅侧旁地上(即被证1图中"打叉"处),负责一楼餐厅现场之被告张英俊见状,旋趋前搀扶原告,且立即检视地板,然并未发现有何湿滑情形;又被告张英俊虽不断询问原告身体状况,惟其因喝醉未能实时回答,后经原告及其同事再三表示其无碍,原告便坐回原座位继续用餐。

3. 承上所述,原告系因站立时双腿无力而跌坐在地,而非地板残留油渍令其滑倒,故原告主张践踏油渍而滑倒,被告等均否认。原告应举证证明其跌倒在地,并非自己饮酒过多无法顺利站立行走,而完全因地板上留有油渍湿滑所致者,始能认有因果关系。

(二) 被告等均否认有过失:

1. 按"最高法院"1953年度台上字第865号判例意旨:"因过失不法侵害他人致死者,固应负'民法'第192条、第194条所定之损害赔偿责任,惟过失为注意之欠缺,'民法'上所谓过失,以其欠缺注意之程度为标准,可分为抽象的过失、具体的过失,及重大过失三种。应尽善良管理人之注意(即依交易上一般观念,认为有相当知识经验及诚意之人应尽之注意)而欠缺者,为抽象的过失,应与处理自己事务为同一注意而欠缺者,为具体的过失,显然欠缺普通人之注意者,为重大过失。故过失之有无,抽象的过失,则以是否欠缺应尽善良管理人之注意定之。具体的过失,则以是否欠缺应与处理自己事务为同一之注意定之,重大过失,则以是否显然欠缺普通人之注意定之,苟非欠缺其注意,即不得谓之有过失。"次按同院1990年度台上字第2236号判决意旨:"'民法'第184条第1项所定,因侵权行为而生之损害赔偿请求权,系以行为人之故意或过失不法侵害他人权利为其成立要件。若行为人于行为时,并无故意或过失,即无赔偿责任之可言。第三人所有之财产,如有足以信其属于债务人所有之正当理由,则声请查封之债权人,尚不得谓之与有过失。"

是行为人需有未尽善良管理人注意义务之抽象轻过失情形,方负赔偿责任,合先叙明。

2. 原告跌倒乃非可归责被告等之事由:

原告主张被告天下公司、游小玉、林豪杰、李惠惠及张英俊,因怠于善尽其职务上维护地面清洁之责任,导致原告用餐时因经布满油渍之地面而滑倒,被告等均否认餐厅地面有布满油渍而湿滑之情形。首先,原告会跌倒因酒后站立双脚无力,可能有原告所述油渍残留之情形。其次,被告餐厅地下一楼地板材质者,依据被告天下公司现场作业准则,若遇有地面湿滑情形,现场人员需立即以水油两用吸收布巾擦拭干净,防止意外发生。除此之外,本件事故发生时,负责现场之被告张英俊亦于第一时间内进行处理,也未发现地板有何湿滑情形,显见被告等已善尽一般交易观念所认具备相当知识经验之人应尽之注意,符合善良管理人之注意义务,对此事故并无抽象轻过失,均不负"民法"侵权责任。

3. 被告等均否认原告系因跌倒而造成损害:

(1) 原告主张"其行走时因践踏油渍而滑倒,受有左股骨头骨折,左大腿挫伤合并瘀血等伤害,因此进行复位内并内固定手术,以及人工髋关节置换手术,并承受漫长而艰辛之复健过程,后亦被认定为中度肢体残障"等语;惟查,原告于事发当日22时许尾牙宴会结束后,持拐杖式助行器行走并自行驾车离去,为被告林豪杰当场目击,显见原告是否受伤,尚有疑义,且原告本有使用拐杖式助行器帮助行走之情形,故被告等均否认原告系因本件跌倒事故受有上开伤害,并致生中度肢体残障。原告应举证证明其伤势,与原有身体状况无关,以实其说。

(2) 此外,本件跌倒事故发生之际,负责现场之被告张英俊不仅迅速确认状况并提供协助,亦不断询问原告有无送医需求;于当日原告离开餐厅突生不适之时,被告林豪杰也不止一次询问原告身体状况,并再三表明愿协助送医之意,然均为原告所拒绝;后原告自行驾车离去,翌日又表示身体不适,在××市立医院仁爱院区接受手术,被告天下公司旋派员前往陪同治疗,术后并多次到院探视慰问,纵尚未厘清受伤原因,被告等基于企业经营者友善对待消费者立场,亦不断表明愿意提供合理补偿之意愿,绝无原告所称推诿不愿负责等情,是原告此等指责,被告等实难理解。

(三) 原告请求金额之抗辩:

原告请求项目,含医疗支出、车资支出、工作损失、生活增加支出、后续医疗支出、劳动力减损求偿、健康损害求偿及精神赔偿等,原告之声明总金额为

7 502 360元。惟,原告就此全部项目之请求金额均未提出证据证明,被告等全部否认之;又原告主张精神抚慰金300万元,然慰抚金之多寡,应斟酌双方身份、地位、资力、加害程度、被害人所受痛苦及其他各种情况核定相当之数额,原告不仅未说明其有何人格法益受害致生非财产上损害情形,且主张金额过高,是故,原告究竟如何计算加计精神抚慰金后总额达300万元,应由原告举证说明。

(四)声请调查证据:

1. 台湾地区××法院检察署2010年度侦字第111号不起诉处分书、台湾地区高等法院检察署2011年度上声议字第333号、2012年度上声议字第258号再议驳回处分书、台湾地区××法院2011年度声判字第55号刑事裁定全案卷宗:

(1)待证事项

厘清被告游小玉、林豪杰、李惠惠、张英俊于本案之业务监督上并无过失。

(2)理由及说明

查原告曾以本件事故对上开被告等提出业务过失伤害之刑事告诉,迭经上开刑事处分书及裁定,针对本案及业务监督过失责任提出见解,故谨请钧院调阅上开刑事卷宗。

2. 谨请钧院调阅原告李大正于××市立医院仁爱院区全部病历资料:

(1)待证事项

原告接受手术前检查时血液中酒精浓度及身体状况、手术情形、术后状况及追踪门诊治疗结果。

(2)理由及说明

查原告于事发时疑似饮酒甚多,是否为造成本件事故之因,非无疑问,故有厘清其案发后、接受手术前血液中酒精浓度之必要;又被告林豪杰曾见原告持拐杖式助行器行走,因此,原告原有之身体状况如何?是否为本件伤势需施以"复位并内固定手术"治疗之因?手术结果如何?是否因原告身体状况而与一般结果相异?手术是否无过失,何以术后逾半年,原告竟生"左股骨头缺血性坏死"症状,而需再进行髋关节置换手术?髋关节置换手术结果如何?原告手术治疗及复原情形,有无达到中度肢体障碍之可能?若有,是否可能经由复健康复至无运动障碍或无残废等级之程度?所需时间又约多久?均亟待厘清而有调查之必要。

3. 谨请钧院函请"中央健保局"调阅原告自2000年迄今之就医记录,过院参办:

(1) 待证事项：

原告于事故发生前后，是否有其余病史之就医记录。

(2) 理由及说明：

查原告有使用拐杖助行器行走之情形，且依原告提出之台湾身心障碍手册复印件（参原证2），亦注记为"2011年4月20日换发"，因此，原告双腿是否本不良于行，非无疑问，为厘清原告之伤害系因事故当日跌倒所致，或与其原有身体状况相关，实有调查原告于事发前后是否有至其他医院就医记录之必要。

（五）为此，状请钧院鉴核。

（六）附呈证据：

被告天下公司餐厅地下一楼平面图

　　谨　　状

台湾地区××法院民事庭　公鉴

　　　　　　　　　　　　具狀人　　　　　　　天下股份有限公司

　　　　　　　　　　　　法定代理人　　　　　　庄自强

　　　　　　　　　　　　　　　　游小玉、林豪杰、李惠惠、张英俊

　　　　　　　　　　　　共同诉讼代理人　　　　陈律师

　　　　　　　　　　　　　　　　　　　　2012年4月13日

（三）原告方再行提出之法律文书及证据

民事准备（一）状

原告：李大正

诉讼代理人：王律师

被告：天下股份有限公司

法定代理人：庄自强

被告：游小玉等四人

以上五人共同诉讼代理人：陈律师

为上列当事人间请求侵权行为损害赔偿事件，依法提出准备理由（一）状事：

一、原告受有骨折、挫伤等伤害结果，确系在被告天下公司之"海龙王"餐厅中山店地下一楼用餐时跌倒所致

查，被告虽于2012年4月13日民事答辩状否认原告系因本件跌倒事故受有伤害云云，并以原告跌倒系酒后站立双脚无力所致、否认地面有油渍云云抗辩。然观诸被告天下公司曾于2010年3月29日出具书函，该书函说明第

二点略以:"于宴席进行中,约莫20时30分许,原告暂停用餐起身时不慎跌倒,本公司员工当下立即趋前扶持并探询,原告有无受伤及是否需就医"等语(原证3),诉外人吴仁或即原告之同事,在台湾地区××法院检察署2010年8月31日开庭时,具结证称:"(检察官问:案发经过?)当天大同公司尾牙,伊与李大正是隔壁桌,伊听到很大声跌倒的声音,伊回头看李大正已摔在地上,好几个同事去扶他……"等语(参原证4,台湾地区××法院检察署2010年度侦字第111号2010年8月31日讯问笔录),复参以××市立医院2010年9月15日函略以:"病患李某正君于2010年1月30日因左侧股骨颈骨折而住院,股骨头骨折多因意外事件如跌倒或车祸导致,骨折并有明显移位,需骨折复位与骨钉固定……"等语(原证5),足认原告确系在"海龙王"餐厅中山店地下一楼用餐跌倒而受有伤害,被告辩称原告非因跌倒而受有伤害云云,显与事实不符,自不足采信。

二、原告系因被告天下公司未保持其经营之"海龙王"餐厅地面清洁、干燥而滑倒,被告疏于防范危险而违反其作为义务,显有过失

(一)按侵权行为损害赔偿责任规范之目的乃在防范危险,凡因自己之行为致有发生一定损害之危险时,即负有防范危险发生之义务。如因防范危险之发生,依当时情况,应有所作为即得防止危险之发生者,则因其不作为,致他人之权利受损害,其不作为与损害之间即有因果关系,应负不作为侵权损害赔偿责任("最高法院"2011年度台上字第1682号判决参照)。据此,被告天下公司为经营餐厅之人,开店营业,对于进出餐厅用餐之消费者,餐厅地板应保持干燥清洁,注意防范危险之发生,至为明确。

(二)被告虽于民事答辩状以被证1说明当日原告用餐位置图,并略以:"原告于宴席间,离开座位前往他桌敬酒(原告原本座位为图中'圆圈'处,依箭头指示方向,行走至'打叉'处)"云云。惟查,被告林豪杰于2010年10月22日侦查中曾提出地下一楼之平面图指出原告系坐于打一颗星号位置(原证6),与前揭被证1所示之原告座位,二者完全不同。而原告当日所坐之位置系如原证7所示之坐位处(原证7荧光部分),即原告系经过上菜通道走向诉外人杨国庆,而杨国庆为同日与原告一同参加公司尾牙之同事,其就原告因餐厅地板未保持干燥且残留油渍而滑倒,已于台湾地区××法院检察署2010年10月22日开庭时,具结证称:"(问:2010年1月29日是否至"海龙王"餐厅用餐?)有,是公司尾牙,整个地下室都是公司包了,伊与李大正是隔壁桌,快结束时我们都站起来,李大正(即原告)要走到我们这桌是因他想过来跟伊敬酒(以茶代酒),他走过来时在路上跌倒,比较靠近我们这桌。他跌倒前刚好地上是湿的,因服务生收走盘子时,不慎把盘里的汤洒在地上,服务生有来清理过,但地上还是有点湿,所以李大正踩到后就滑倒,我们好几人要过去扶,但因他的脚无法支撑,一时扶不起来,后来我们好几人才把他扶起来,并找人把他背出去……"等语明确(原证8,台湾台北地方法检察署2010年度侦字第111号2010年10月22日讯问笔录)。显见原告确因被告等未保持地板干燥而滑倒。被告天下公司系餐厅经营者,基于上开社会活动安全注意义务,本有对于进出其餐厅用餐之人,注意防范危险的发生,其受雇人即被告林豪杰、李惠惠及张英俊未善尽其维护地面干燥清洁之义务,被告游小玉则未尽尽其督导之责任,任令地下一楼之餐厅地面留有油渍而未及时清洁,自有过失,故被告之不作为与原告受伤致身体健康受侵害之结果间,有相当因果关系,被告游小玉等4人自应成立"民法"第184条第1项前段及第185条之共同过失侵权行为责任;被告天下公司为雇用人,则依"民法"第188条负连带损害赔偿之责,另再依"消费者保护法"第7条单独对原告负损害赔偿之责。

三、兹就原告因此所受损害,详为说明如下

(一)原告于受伤期间因回诊、复健所增加之交通费用及未来必要之医疗费用共计113 167元

1. 查原告于2010年1月29日开刀后,迄至2012年4月13日皆需至医院门诊持续追踪治疗及住院,此有××市立医院2010年4月9日诊断证明书(原证21)、2010年6月1日诊断证明书(原证22)、同年6月24日诊断证明书(原证23)、同年10月12日诊断证明书(原证24)、同年10月28日诊断证明书(原证25)、2011年1月3日诊断证明书(原证26)、6月3日诊断证明书(原证27)、2012年3月13日诊断证明书(原证28)可资为证,是原告主张2010年1月29日开刀后迄至2012年4月13日需持续回诊及住院进行治疗、复健,并支出医疗费用(参原证12至原证16),自堪信为真实。

2. 又原告因更换人工髋关节进行手术,于2010年9月15日住院(参原证24),惟人工髋关节使用寿命约为15年,原告现年54岁,依"内政部"统计处2010年台湾地区简易生命表所示(原证29),54岁之平均余命尚有26.11年,未来至少应再更换一次人工髋关节,而原告所更换之BFH人工髋关节组(含固定桩)(原证30),依××市立医院所公告之收费标准,扣除健保给付之价格为84 787元(原证31),故请求未来更换人工髋关节之必要医疗费用计84 787元。

3. 原告因伤势行动不便,自住处往返医院回诊及各项检查均有搭乘出租车之必要,因而支出之交通费用共计28 420元(原证32)。

(二)原告因此住院及请病假不能工作之损失共计81 240元

查原告因2010年1月30住院开刀,至同年2月3日住院共4日(原证

33);同年9月15日开刀更换人工髋关节住院共计9日(原证34),9月16日请病假至11月15日共计60日(参原证19);同年10月22日至10月29日住院共计8日(原证35);同年12月28日至1月3日住院共计6日(原证36);2011年5月14日至5月20日住院共计6日(原证37),原告于上开住院期间均向公司请病假无法工作,而原告于该期间系任职于威策计算机公司(原证38),2010年投保薪资为每月28 800元,日薪则为960元;2011年5月1日后投保薪资为每月31 800元,日薪则为1 060元,原告因住院及公司病假,共计84日,因此不能工作损失合计81 240元【计算式:78(天)×960元+6(天)×1 060元=81 240元】。

以上,敬请钧院鉴核,并祈赐判如诉之声明,以维原告权益。

谨　　状
台湾地区××法院民事庭　公鉴

　　原证21:××市立医院2010年4月9日诊断证明书
　　原证22:××市立医院2010年6月1日诊断证明书
　　原证23:××市立医院2010年6月24日诊断证明书
　　原证24:××市立医院2010年10月12日诊断证明书
　　原证25:××市立医院2010年10月28日诊断证明书
　　原证26:××市立医院2011年1月3日诊断证明书
　　原证27:××市立医院2011年6月3日诊断证明书
　　原证28:××市立医院2012年3月13日诊断证明书
　　原证29:"内政部"统计处2010年台湾地区男性简易生命表
　　原证30:××市立医院2010年9月15日住院病患自费意愿书
　　原证31:××市立医院医疗卫材收费公告查询数据乙纸
　　原证32:出租车车资收据
　　原证33:××市立医院出院病历摘要
　　原证34:××市立医院出院病历摘要
　　原证35:××市立医院出院病历摘要
　　原证36:××市立医院出院病历摘要
　　原证37:××市立医院出院病历摘要
　　原证38:劳工保险局个人网络查询数据乙纸

具　状　人　李大正
诉讼代理人　王律师
2012年6月1日

（四）被告方再行提出之法律文书及证据

民事答辩（一）状

被告：天下股份有限公司

代表人：庄自强

被告：游小玉等四人

以上五人共同诉讼代理人：陈律师

原告：李大正

诉讼代理人：王律师

为侵权行为损害赔偿事件，谨呈答辩（一）状事：

事实及理由

一、被告等之职称及职务范围，说明如下

（一）游小玉为被告天下公司××路分公司总经理，职务范围为"客户开发、场地、菜色、乐队调配调度及全体人员管理"。

（二）林豪杰为天下公司××路分公司行政副理，职务范围"现场人力调派及客诉处理"。

（三）李惠惠为天下公司××路分公司主任，职务范围为"控制现场出菜顺序、灯光、音响及反应、处理客户需求"。

（四）张英俊为天下公司××路分公司组长，职务范围同上述李惠惠。

二、原告所指称，碍难证明其系因地板湿滑而跌倒，并造成原告受有系争损害

（一）原告引用天下公司所出具之书函，诉外人吴仁彧、杨国庆侦讯证言，均非可作为原告因地板湿滑跌倒受伤之论据：

1. 查原告天下公司 2010 年 3 月 29 日出具书函（参原证 3）说明第二点（略以）："于宴席进行中，约末 20 时 30 分许，台端（即原告）暂停用餐起身时不慎跌倒，本公司员工立即趋前扶持共探询原告有无受伤及是否需就医"等语，非可证明原告系因地板湿滑而跌倒。

2. 原告以其同事吴仁彧、杨国庆之侦讯证言，均无法证明其因地板湿滑而滑倒受伤，说明如下：

（1）查诉外人吴仁彧、杨国庆均为原告同事，又吴仁彧所为证词："我听到很大声跌倒的声音，我回头看李大正已摔在地上"等语（参原证 4，2010 年 8 月 31 日侦讯笔录第 2 页倒数第 7 行），显见吴仁彧并未看到原告跌倒之瞬间，亦未发现地板是否湿滑。

（2）次查，杨国庆于侦讯证言中表示："李文正要走到我们这桌是因他想过来跟我敬酒，他走过来时在路上跌倒，比较靠近我们这桌。他跌倒前刚好地上是湿的,因服务生收走盘子时,不慎把盘里的汤洒在地上,服务生有来清理过,但地上还是有点湿,所以李大正踩到后就滑倒"等语(参原证8,2010年10月22日侦讯笔录第2页杨国庆第二次回答2~6行);依其证述,纵有地板潮湿情形,然被告员工已实时清洁处理,据其片面之词,无法证明原告系因地板湿滑而跌倒。

3. 此外,被告林豪杰始终陈称原告跌倒的位置系在"桌子跟桌子中间"(参原证9,2011年8月15日侦讯笔录第3页第11行);又,其前于侦查中之陈述辅以提出的用餐位置图标,亦表示原告跌倒的位置是在桌子间(参原证6及原证8;2010年10月22日侦讯笔录第2页),是原告指称被告林豪杰前后说词不同,实不影响被告对于本件原告跌倒处之说明,并此叙明。

(二)原告指称被告餐厅地板残留油渍、水渍,铺设之抛光石英砖不符合"消费者保护法"规定,被告天下公司应负赔偿责任,惟查:

1. 原告以林豪杰于2011年8月15日侦讯笔录中提及之"送菜走道的确会有汤汤水水"(参原证9,第3页第12行),作为事故发生当天餐厅地面确实留有水渍之论据,显然刻意忽略被告于该次侦讯中,并未指出事发当时走道上是否残留油渍或水渍,其陈述实为强调原告乃于桌子间跌倒,并表示该餐厅员工于若有走道湿滑情形,即拿抹布擦拭之事实。

2. 原告称被告铺设之抛光石英砖不符合"经济部"标准检验局所定之止滑系数0.5之要求,然依原告提示之基准表显示,于干燥之情况下,抛光石英砖之测试显均超越既定之安全标准;且细想,纵餐厅地面曾有水渍,然依上开杨国庆之证述,被告员工既已为实时清洁处理,该地面经擦拭后,应可正常行走,而地面本为供人行走处所,其上有脚印、些微水迹实属正常,原告无法证明事件发生时,地板铺设之抛光石英砖实有湿滑情形,即无法主张被告天下公司负有损害赔偿责任。

(三)原告无法证明所受伤势系因跌倒所致:

1. 查被告林豪杰于2011年8月15日侦讯笔录称:"我们当天有提供红酒,大同公司自己也有携带酒类";而证人杨国庆亦于2010年10月22日之侦讯笔录中陈述"因他想过来跟我敬酒"等语,显见原告于事发当天应有喝酒,而原告仅以餐后需开车根本不可能喝酒一词推诿,无其他佐证可稽,是原告以此否认因酒后双脚无力,并无合理依据。

2. 次查,原告患有小儿麻痹后遗症并两下肢股萎缩,此有××市立医院仁爱院区(下称仁爱医院)2010年4月9日诊断证明书(参原证21),以资为证,而小儿麻痹并非实时病症,事发时原告身体状况应已有此情;又依××市立医院2010年10月28日诊断记录诊断"左腿深部静脉栓塞并静脉炎"(参原证25)、仁爱医院2012年3月13日诊断证明书诊断原告病名为"下肢深部静脉栓塞症"(参原证28);因此,原告两下肢因小儿麻痹症状而有萎缩情形,其后受医生诊断为深部静脉栓塞症,原告受有需接受开刀手术治疗之伤势,是否非全因跌倒所致,而与其原本身体情形无关,显有疑问。

3. 此外,查原告于事发时并未使用助行器,且证人杨国庆亦于前开2010年10月22日之侦讯笔录表明:"我们好几人要过去扶,但因他的脚无法支撑,一时扶不起来,后来我们好几人才把他扶起来,并找人把他背出去,那时李大正无法行走,我们有问他是不是脱臼,他说他以前自己有脱臼过,所以他说没关系,自己去医院看就可以,所以我们就没有叫救护车。印象中"海龙王"门口有人过来问,我说不用,李大正自己有开车,所以他自己就开车回家"(参原证8第2页)。因此,原告是否因未使用助行器而较难控制身体重心,容易跌倒?又原告跌倒时无法行走,且需数人方可扶起,更需有人背起,显见其受有一定伤害,为何原告坚持拒绝被告等将其送医的提议?且若原告因"跌倒"导致左股骨颈骨骨折,因骨折系疼痛感剧烈之伤势,且受伤之际不应任意移动病患,而原告不仅当场拒绝就医,亦未表示感觉疼痛,更令他人移动甚至背起,并为延迟就医之决定,此等行为,均有加重原告伤势导致其需接受手术治疗之高度可能;再者,原告平日似无使用助行器之习惯,此亦可能加重原告骨折的伤势。

三、兹就原告求金额部分,陈述意见如下

(一) 医疗费用部分:

1. 原告于准备(一)状指称之医疗支出费用,被告等否认原告所受伤势系因跌倒所致,故若原告可举证证明,并提出医疗单据正本,则被告等不争执其形式上之真实。

2. 原告提出之"未来必要医疗费用",均非实际支出,被告等否认之。

(二) 交通费用部分:

查原告分别提出多项交通费用单据,且金额总计非少,因原告并未举证证明此部分费用支出之必要性,故被告等否认之。

(三) 增加生活上需要费用部分:

查原告于准备(一)状主张含住院期间之"看护费用"及"聘用家中清洁人员费用",惟原告住院期间,应有值班医疗人员按时巡视,并及时提供照护,原告之伤势是否已达需请看护之标准?且其是否无自为家中清洁之能力,而需聘请清洁人员?原告均未举证说明,被告等全部否认。

(四) 不能工作损失部分:

查原告于理由(一)状中,分别提出住院期间不能工作损失之费用求偿,惟被告等否认原告所受伤势系因跌倒所致,且原告亦未举证证明其所称期间,是否均有实际支薪而导致损失,故被告等否认之。

(五)劳动能力减损部分:

查原告本有小儿麻痹病症,其称因领有身心障碍手册,并因此无法前往客户公司进行维护工作等情,实非造成劳动能力减损之原因,故此部分请求,被告等均否认之。

(六)精神抚慰金部分:

原告主张精神抚慰金达5 000 000元,然抚慰金之多寡,应斟酌双方身份、地位、资力、加害程度、被害人所受痛苦及其他各种情况核定相当之数额,今审酌原告虽因此伤害需接受手术治疗,惟其表示"更因受伤开刀造成静脉血栓,可能因血栓回流到心脏,而造成猝死之危险性,……对于精神上之煎熬可谓极大"等语,均与本件跌倒事故无关,且其主张金额极高,原告究竟如何计算加计精神抚慰金后,总额达5 000 000元,应由原告举证说明。

四、对于原告声请调查证据部分,表示意见如下

(一)关于声请调查证人游远方部分:

此部分被告等并无意见,惟谨请钧院亦传唤被告张英俊及林豪杰当庭作证,以厘清本件事实。

(二)关于声请调查证人杨国庆部分:

此部分业经原告提出2010年10月22日侦讯笔录(参原证8),已可为证,无须另行传唤其到庭再为重复陈述,故被告等认为无传唤证人杨国庆之必要。

为此,状请钧院鉴核。

谨　　状

台湾地区××法院民事庭　公鉴

具状人　　　　　　　天下股份有限公司

法定代理人　　　　　　　　　庄自强

游小玉、林豪杰、李惠惠、张英俊

共同诉讼代理人　　　　　　　陈律师

2012年6月11日

附:法院嘱托医疗机构鉴定原告伤势之回函

××市立医院2010年9月15日北市医仁字第123号函说明:

李大正于2010年1月30日因左侧股骨颈骨折而住院,股骨头骨折多因意外事件如跌倒或车祸导致,骨折并有明显移位,需骨折复位与骨钉固定。病

患自述因跌倒意外而引起左侧疼痛,以经验原则实为可能引起股骨骨折而行开刀之必要。

××总医院2012年12月24日北总骨字第456号函说明

1. 原告所受"左侧股骨颈骨折,左大腿挫伤合并瘀血"等伤害,是为一般跌倒可能产生之结果。

2. 原告因双侧下肢小儿麻痹,下肢萎缩,故而导致骨质疏松,跌倒将使其更容易产生骨折。

3. 此等伤害,受伤时可接受他人抬、背、移动,因病患下肢小儿麻痹,神经功能不佳,故疼痛感会相对减低许多。且因神经功能不佳,是可忍受疼痛驾车自行离去,再于次日前往医院就诊。

××总医院2013年4月23日北总骨字第789号函说明

病患李大正因系争事故所受之伤害,是需要接受复并内固定手术治疗,治疗三天后(2010年2月1日),病患已可使用拐杖下床行走,复原良好。手术逾半年后,是有可能产生"左股骨头缺血坏死"之症状。股骨头缺血坏死跟受伤有关,股骨颈骨折后缺血坏死发生率发生在10%—20%左右。

病患接受髋关节置换手术后,于2010年9月24日出院,后于同年10月22日因"左腿深部静脉栓塞并静脉炎"与系争事故无直接关系。依据文献记载,西方人术后静脉栓塞发生率较高。东方人较低,但仍会发生。另"小儿麻痹"病患因肌无力,故静脉回流较差。正常人因肌肉收缩,会使静脉回流更顺畅,故静脉栓塞及静脉炎发生率会较低。

病患于2011年5月14日因"左侧股骨下1/3骨折"住院治疗及2012年3月13日到院检查患有"下肢深部静脉栓塞症",其两者与系争事故无关。但与小儿麻痹、肌无力及再次跌倒有关。

病患于系争事故后至××市立医院多次就诊,依历次就诊记录,其于2011年5月14日前之就诊,是与系争事故所受之伤害有关,惟于此后之就诊,系因再次跌倒所致。

(五)一审法庭笔录及判决书

1. 第一次准备性言词辩论笔录

准备性言词辩论笔录

案号:2012年度重诉字第369号损害赔偿事件

开庭时间:2012年6月11日上午9时30分至9时45分。

被告诉讼代理人提出民事答辩状,缮本交对造收受。

法官:原告诉之声明、事实理由及请求权基础为何?

原告：详如起诉状所载，请求权基础为"民法"第184条第1项前段（侵害权利之行为）、第185条（共同侵权行为）、第188条（雇用人责任）及"消费者保护法"第7条。

被告：被告声明驳回原告之诉，其余详如民事答辩状所载。

法官：（提示××市政府社会局2012年4月30日函文）仁爱院区所出具之原告诊断证明书，其上记载"小儿麻痹后遗症并两下肢肌萎缩"，鉴定表"行动情形：（1）能自力行走；（2）靠辅具行走；（3）藉轮椅活动；（4）完全无法行动"其上标记"靠辅具行走"，则依据上开证明书与鉴定表所载，原告似因两下肢萎缩而必须靠辅具行走，无能力自行行走，又原告自述当天并未使用辅具行走，与其当天跌倒，有无相当因果关系？原告主张为何？被告答辩为何？

原告诉讼代理人：原告事发当时并无须使用辅助器协助行走，系因此事故受伤后才需使用，其余另行具状。

被告诉讼代理人：原告应使用而未使用辅具协助行走，事发时显系自己双腿无力而跌坐地上，与被告餐厅地板是否湿滑毫无关联，如今日庭呈之民事答辩状。

法官：如果鉴定原告无能力自行行走而需靠辅具行走，则当天为何未使用辅具行走？又原告当天有无饮酒？

原告诉讼代理人：原告案发以前以及当时，从不需要使用辅具行走，医院诊断书之表意不明，原告另行具状说明。另原告当天滴酒未沾，有证人可证。

法官：依据上开函文所附之人口基本数据表及诊断证明书等所示，原告被认定是中度肢体残障，因疾病所致，原告是否仍主张中度肢体残障是本次跌倒所致？关于原告主张因本次跌倒造成中度肢体残障，造成劳动能力减损，并向劳工保险局申请失能给付，依据为何？原告是否已经领得失能给付？

原告诉讼代理人：另行具状。

法官：对于原告本次跌倒之病历数据（提示），两造有何意见？

原告诉讼代理人：病历部分没有意见。其余如准备（一）状所载。

被告诉讼代理人：病历部分没有意见。

法官：原告主张当天汤汁洒在地面之时间，与原告跌倒之时间，两者差距如何？其间有无其他人经过该点？

原告诉讼代理人：已声请传唤证人，请钧院通知证人到庭讯问，以明真相。

法官：宣示本件改定2012年6月30日上午10时在第25法庭续审，自行到庭,不另通知。

台湾地区××法院民事第×庭

书记官　×××

法　官　×××

2. 第一次准备程序笔录①

准备程序笔录

案号：同前

开庭时间：2012年10月15日上午11时至12时15分

法官宣示本件更新审理,朗读前次审判笔录。

法官：两造是否同意由受命法官调查证据？

两造：同意。

原告诉讼代理人：诉之声明如2012年1月20日民事起诉状所载。事实理由详如历次书状及笔录所述。

被告诉讼代理人：庭呈民事答辩(三)状、解除委任状、缮本当庭交对造签收。答辩声明援引2012年4月13日民事答辩状所载。事实理由详如历次书状及笔录所述。

法官：原告请求不能工作损失81 240元,增加生活上需要之看护、清洁费用146 000元及劳动能力减损2 145 000元之依据为何？

原告诉讼代理人：一、不能工作损失系请求原告住院84天之损失,依据当时投保月薪28 800元计算。二、详细费用细目再以书状补陈。三、劳动能力减损请求送台大医院鉴定。

被告诉讼代理人：关于调查证据之事项详如今日庭呈书状所载。

法官：原告请求交通费用部分,是否为系争事故所生之必要费用？

原告诉讼代理人：是。因为是原告因为系争事故就诊所花费之交通费用。

法官：对于两造税务电子闸门财产所得调件数据表,有何意见？

两造均称：无意见。

法官：若被告等应负担损害赔偿责任,对原告之各项请求,有何意见？

被告诉讼代理人：如今日庭呈答辩(一)状所载。

法官：本件讯问证人是否有隔离讯问之必要？

两造均称：无。

① 原法官例行调动因而更换主审法官及变更为合议庭。

(点呼证人游远方)

法官：证人陈述姓名、年龄、年籍、住居所等事项。

证人：游远方，男(年籍等略)。

法官：与两造有无亲属关系？或是否为两造之受雇人？

证人：无。

法官：告知证人具结义务及伪证处罚，朗读结文后命具结附卷。

法官：你于2010年1月29日当日是否与原告至"海龙王"用餐？

证人：是。详细时间我不太记得，我只记得是公司尾牙。

法官：原告于餐会快结束时，是否有滑倒？

证人：有跌倒，大概是尾牙进行到一半快要结束的时候。

法官：原告滑倒的位置？

证人：一开始用餐我与原告同桌，到了一半时，我与其他同事在聊天，事故发生时原告在我右后方走道处。

法官：当时该地板的状况为何？

证人：是滑的。我有看到工作人员在那一处清洁地板，我听到有人说是因为打翻东西工作人员才去清理。拖完之后的状况，地板看起来湿湿滑滑的。

法官：你在餐厅时，有无看到原告使用辅助器？

证人：没有。我没有与原告一起进场，我在现场看到他的时候没有使用辅助器。

法官：是否实际看到原告滑倒？

证人：我虽然没有看到原告滑倒，但是我回头时原告已经坐在地上，一些人围在旁边要扶他起来，原告起来后说左脚很痛，至于原告有无用手扶着我没有印象。

法官：原告当天有无喝酒？意识状态如何？

证人：原告跟我们同桌时没有喝酒，且我认为应该没有，因为原告要开车。原告当时很清醒。

法官：原告如何离开餐厅？

证人：是我背着原告到餐厅门口，然后其他同事帮他开车到门口接我们，最后我把他扶上车，原告自己开车走了。

(点呼证人杨国庆)

法官：证人陈述姓名、年龄、年籍、住居所等事项。

证人：杨国庆(年籍等略)。

法官：与两造有无亲属关系？或是否为两造之受雇人？

证人：无。

法官：告知证人具结义务及伪证处罚，朗读结文后命具结附卷。

法官：你于2010年1月29日是否与原告至"海龙王"用餐？

证人：是。时间日期没有印象，我记得是公司在"海龙王"餐厅地下一楼办尾牙。

法官：原告于餐会快结束时，是否有滑倒？

证人：我有看到原告跌倒。

法官：当时状况为何？

证人：原告本来坐在我左前方隔壁桌位置，后来原告走到我们这一桌跟我们打招呼，坐在我旁边，在原告跌倒之前，我有看到服务生端盘子时因为摇晃，不小心把盘子内的液体洒在地上，服务生马上来处理，拿拖把进行清洁后，地上还是湿湿的，当时餐会已接近尾声，我与原告一起站起来时，原告就在那一处跌倒。

法官：你在餐厅时，有无看到原告使用辅助器？

证人：没有。原告之前在公司都没有用辅助器。

法官：原告当天有无喝酒？意识状况如何？

证人：在我们这一桌时没有喝酒。我印象中原告意识状态清楚。

法官：原告如何离开餐厅？

证人：原告跌倒后没办法自己爬起来，当时有其他同事将原告扶起来，问原告可否自己走，原告说不能，有同事拿椅子给原告坐，接着我们等到尾牙散场后人比较少时才走。最后我有看到原告自己开车走。

法官：你先前于2010年10月22日于台湾地区××法院地检署之证述有何意见？

证人：无意见。

法官：证人是否要请领日旅费？

证人游远方：要。

证人杨国庆：要。

法官请两造提问。

法官：（提示原证7号）请于其上标注当时各自座位位置及原告跌倒之位置。

法官：就证人所标记之位置有何意见？

两造均称：阅卷后再表示意见。

法官问证人：为何知悉原告跌倒之处所是湿滑的？

证人杨国庆：我看到的那个位置就是湿滑的。

证人游远方：我去扶原告时，我有踩在原告跌倒区域的地上，那块区域也是湿滑的。

被告诉讼代理人问证人游远方：为何觉得湿滑？

证人：我去扶原告时感觉滑滑的，接着看了一下地上是湿湿的。

被告诉讼代理人问二位证人：原告跌倒后，被告公司有何处理动作？

证人游远方：我不知道。

证人杨国庆：事故发生后，被告公司人员前来关心原告的状况。

法官：被告公司人员清洁原告跌倒处所后，有无摆放警示标志？

证人均称：印象中没有。

被告诉讼代理人：原告跌倒后有表示很痛，为何还要移动原告？

证人杨国庆：当下原告在地上，地板是湿的，我们直觉的想法就是把原告扶起来，并询问原告状况是否良好，因为原告站不起来，我们就先拿椅子给原告坐。

证人游远方：如证人杨国庆所述。一般人跌倒之后一定是先把人扶起来。

被告诉讼代理人：原告当时有无表示要自行就医？

证人杨国庆：原告当时跟我们表示可能系左侧脱臼，事后再去看医生就好，所以我们没有坚持陪他医院。

证人游远方：我也有听到原告说可能是脱臼，我记得是左腿大腿处，详细位置我不是很清楚。

被告诉讼代理人：原告离去时，被告公司人员是否有向原告表示要送医？有无看到原告从其后车厢拿出辅助器，自行开车离去？

证人杨国庆：印象中没有听到，但同事帮原告拿他后车厢的辅助器，至于原告有无使用我不清楚。

法官：原告平日有无使用辅助器？

证人均称：没有。

法官问两造：为何原告后车厢会有辅助器？

证人均称：不清楚。

法官问两造：对于证人所述有何意见？

两造均称：再具狀表示意见。

法官：被告就本件事故有无给付款项与原告？数额为何？

被告诉讼代理人：此部分尚须与公司确认。

原告：完全没有。

法官：宣示本件候核办。

台湾地区××法院民事第×庭
书记官　×××
受命法官　×××

3. 第二次准备程序笔录

准备程序笔录

案号：同前

开庭时间：2013 年 6 月 10 日上午 9 时 45 分至 10 时 15 分

原告诉讼代理人

诉之声明

（一）被告应连带给付新台币 7 622 630 元，及自起诉状缮本送达最后被告翌日起，至清偿日止，按周年利率百分之五计算之利息。

（二）愿供担保，请准宣告假执行。

被告诉讼代理人：庭呈民事答辩（一）状。

法官：关于原证 14 收据中消化内科、牙科、一般外科门诊等收据费用，是否于本件中请求？

原告诉讼代理人：此部分不在本件中请求，详细应剔除之单据另以书状补陈。

法官：主张被告自 2010 年 2 月 3 日出院后，至来年 2011 年 2 月止，无法自行清理家中卫生，有聘请清洁妇之必要之依据？

原告诉讼代理人：待向原告确认后，再向钧院陈报。

法官：主张劳动能力减损之程度？计算之依据？

原告诉讼代理人：主张减少劳动能力之程度为百分之五十，以月薪 32 500 元为基础。

法官：原告于事故发生前之劳动能力状态？依据？

原告诉讼代理人：当时原告劳动能力状况正常。此从证人证述可知原告于受伤前无须使用任何辅助器材即可从事工作。

法官：原告主张以每月薪 32 500 元作为计算劳动能力减损之依据？

原告诉讼代理人：回去确认后再陈报。

法官：（提示 GOOGLE 地图网络打印数据），对于其上所载原告住所与××市立医院仁爱院区距离，有何意见？

两造均称：没有意见。

法官：（提示台湾地区×××法院检察署2011年度上声议字第×××号及2012年度上声议字第×××号案卷）就被告于侦查卷中，就其当日职务内容，有何意见？

两造：待确认后再表示意见。

法官：两造是否有其他补充？

被告诉讼代理人：就原告主张受伤前无劳动能力减损部分，原告所提证人并非专业医疗人士，无法得知原告是否有应使用而未使用之状况，且劳动能力减损程度及计算基础，均未提出相关证据以实其说，此部分主张应无理由。

证人游远方并未看见原告有跌倒之情形，证人杨国庆虽有看到原告跌倒，但经其表示，原告系一站起身就跌倒，且二位证人均无法确认原告当天有无喝酒，但均表示原告未持助行器行走，因此原告本件跌倒之原因系未持助行器而脚步不稳跌坐在地，抑或是滑倒均无法确认，不可依此认定被告等应负责任，纵被告应就系争事故负责，被告主张原告应负与有过失之责任。

法官：就被告主张与有过失，有何过失？

原告诉讼代理人：详如民事准备（一）状所载，证人均证称当时地板湿滑，且被告未放置警示标志，可见被告公司人员有过失，原告并无与有过失。

原告：在系争事故前，我从来没有拿过拐杖，还可以自己骑摩托车。

法官：宣示本件改定2013年7月8日上午9时50分于台湾地区××庭第5法庭续行准备程序，自行到庭，不另通知。如嗣后法庭有变更，再另行通知两造。

台湾地区××法院民事第×庭
书记官　×××
受命法官　×××

4. 第三次准备程序笔录

准备程序笔录

案号：同前

开庭时间：2013年7月8日上午9时50分至10时15分

原告诉讼代理人：诉之声明变更为：

（一）被告应连带给付新台币7 502 360元，及自起诉状缮本送达最后被告翌日起，至清偿日止，按周年利率百分之五计算之利息。

（二）愿供担保，请准宣告假执行。

法官：诉外人钟××于 2010 年 2 月至 2011 年 1 月至原告住处处理之事务？

原告：清扫家中垃圾、清理卫生等事务。

本件中不请求在家期间清洁费用 12 万元部分，诉之声明之金额减缩为 7 502 360 元。

被告诉讼代理人：原告就劳动能力减损的损害，仍未尽举证之责，补充理由七状中，原证 42 的照片为时代已久的原告生活照片，无法认定原告目前生活上是否仍须使用辅助器具予以协助之情形，且事故当时，原告后车厢中，确实有放置辅助器材，显见其生活有使用该器具之必要。

原告：因为我之前有扭过脚踝的经验，那是当时为了让脚踝可以获得休息而使用的器材，但我工作及日常生活中并无使用辅助器材之必要。我从小就有小儿麻痹的病史，相较一般人比较容易跌倒，但我以前受伤只是脚踝轻度的扭伤，并无这次这么严重。

两造均称：就侦查卷中被告关于当日职务内的陈述没有意见，请钧院审酌各该被告就系争事故应否负责。

法官：是否有其他补充？

原告诉讼代理人：证人游远方、杨国庆均证称原告平日无须使用辅助器材，显见原告系因本件事故后始有使用辅助器材之必要。就劳动能力减损程度，原证 40 评估报告亦认原告不适合从事维修工程师的工作，显见原告确有劳动能力减损之损害。

被告诉讼代理人：原证 40 欠缺原告事故发生前的客观专业评估数据作为参考，显见原告仍无法举证事故前后之劳动能力减损程度。

法官：宣示本件准备程序终结，候核办。

台湾地区××法院民事第×庭

书记官　×××

受命法官　×××

5. 言词辩论笔录

言词辩论笔录

案号：同前

开庭时间：2013 年 11 月 22 日上午 9 时 50 分至 10 时 5 分

本日辩论要领及记载明确之事项如下：

原告诉讼代理人：诉之声明：

（一）被告应连带给付 7 502 360 元，及自起诉状缮本送达最后被告翌日起，至清偿日止，按周年利率百分之五计算之利息。

（二）愿供担保，请准宣告假执行。

被告诉讼代理人：原告之诉及假执行之声请均驳回。如受不利判决，愿供担保请准宣告免为假执行。

审判长：原告对被告五人起诉之诉讼标的有无不同？

原告诉讼代理人：就被告游小玉等四名员工部分，为"民法"第184条第1项前段及第185条，被告天下公司则因指挥监督不周，应依"民法"第188条第1项负雇用人连带赔偿责任；另被告天下公司亦应依"消费者保护法"第7条之规定，单独对原告负损害赔偿责任。

审判长：（提示）××总医院等医疗机构出具之原告历次受伤与系争事故之因果关系等鉴定报告，有无意见？

原告诉讼代理人：原告2011年5月14日以后之跌倒，亦为系争事故所受伤害之后遗症，即原告因该伤害导致股骨坏死，因而更换髋关节，使小儿麻痹肌无力之状况更为严重，才会有后来的二次跌倒，此部分鉴定意见尚非可采，请钧院独立斟酌判断其因果关系，勿全部受该鉴定拘束。其余详如原告历次书状及陈述。

被告诉讼代理人：对鉴定报告无意见。但请审酌系争事故发生的原因。被告游小玉等四人非实际负责清洁之人且公司已尽指挥监督及维护安全的责任，原告未使用助行器应系其受伤如此严重的原因。其余详如被告历次书状及陈述。

审判长：关于本案尚有无其他意见？

原告诉讼代理人：援用历次书状、准备程序及今日开庭所述。

被告诉讼代理人：援用历次书状、准备程序及今日开庭所述。另原告就劳动能力减损的损害，仍未尽举证之责。

审判长：对本院准备程序中所提证据资料等有无意见（提示）？

两造均称：无意见。各陈述本院历次准备程序（包含第一次准备性言词辩论程序）之要领，并引用所提之各项证据及陈述。

审判长：提示全案卷证予两造。

两造均称：除引用历次已先后提出之书状及陈述外，别无其他主张及举证，并互就调查证据之结果为辩论。

审判长：本件辩论终结，定2013年12月27日下午四时于本院民事第×

庭宣判。

台湾地区××法院民事第×庭
书记官　×××
审判长法官　×××

（六）一审民事判决书

台湾地区××法院民事判决

2012 年度重诉字第 369 号

原　　　告　李大正
诉讼代理人　王律师
被　　　告　天下股份有限公司
法定代理人　庄自强
诉讼代理人　张律师
被　　　告　游小玉
　　　　　　林豪杰
　　　　　　李惠惠
　　　　　　张英俊
共　　　同
诉讼代理人　陈律师
复 代 理 人　黄律师

上列当事人间请求损害赔偿事件，本院于 2013 年 11 月 22 日言词辩论终结，判决如下：

主　文

被告天下股份有限公司应给付原告新台币壹佰叁拾伍万柒仟伍佰肆拾肆元及自 2012 年 2 月 14 日起至清偿日止，按周年利率百分之五计算之利息。

原告其余之诉驳回。

诉讼费用由被告天下股份有限公司负担五分之一，余由原告负担。

本判决第一项于原告以新台币肆拾伍万为被告天下股份有限公司供担保后，得假执行。但被告天下股份有限公司如以壹佰叁拾伍万柒仟伍佰肆拾肆元为原告预供担保，得免为假执行。

原告其余假执行之声请驳回。

事实及理由

壹、程序方面：

一、按诉状送达后，原告不得将原诉变更或追加他诉。但请求之基础事实同一者或减缩应受判决事项之声明者,不在此限,"民事诉讼法"第255条第1项第2款、第3款定有明文。本件原告起诉时第1项声明:被告应连带给付原告7 629 914元[见本院卷(一)第4页反面];后缩减该项声明金额为7 502 360元[见本院卷(三)第165页],核其所为系减缩应受判决事项之声明,依首开规定,应予准许。

二、次按,因侵权行为涉讼者,得由行为地之法院管辖。共同诉讼之被告数人,其住所不在一法院管辖区域内者,各该住所地之法院俱有管辖权。但依第4条至前条规定有共同管辖法院者,由该法院管辖。"民事诉讼法"第15条、第20条分别定有明文。查,本件原告主张之侵权行为地位于××市××区,为本院管辖区域,依上规定,本院就本件诉讼有管辖权。

贰、实体方面:

一、原告起诉主张:伊于2010年1月29日晚间在被告天下股份有限公司(下称被告天下公司)经营之"海龙王"餐厅中山店地下一楼用餐时,因被告即"海龙王"餐厅中山店总经理游小玉、该日值班主管林豪杰、楼层主管张英俊及员工李惠惠未维护餐厅地面干燥清洁,餐厅地面残留油渍,被告天下公司复铺设未符止滑系数0.5之抛光石英砖,亦未设置"小心地滑"之安全警告标示,致原告因地板湿滑而跌倒(下称系争事故),造成左股骨颈骨折及左大腿挫伤合并瘀血等伤害,嗣施以复位并内固定手术及人工髋关节置换手术,精神受创,受有医疗费用117 413元、交通费用28 420元、未来必要之医疗费用84 787元、看护费用26 000元、不能工作之损失100 740元、劳动力减损2 145 000元及精神抚慰金5 000 000元,合计7 502 360元之损害。爰依"民法"第184条第1项前段、第185条第1项前段、第188条第1项及"消费者保护法"第7条之规定,提起本件诉讼,并声明:(一)被告应连带给付原告7 502 360元,及自起诉状缮本送达被告翌日起至清偿日止,按周年利率5%计算之利息。(二)愿供担保,请准宣告假执行。

二、被告则认为:系争事故系因原告患有小儿麻痹后遗症并两下肢肌萎缩,且原告当日有饮酒,站立时双脚无力所致,且该楼层之抛光石英砖地板干燥,止滑系数超越"经济部"标准检验局所定安全标准,系争事故与被告并无因果关系。纵认伊应负损害赔偿责任,原告请求之部分医疗费用与骨科、复健科无关,交通费用仅得请求2010年1月30日起至2010年10月止之交通费用12 790元,住院期间应无专人看护之必要,原告未举证是否有不能工作及劳动能力减损之损害,抚慰金数额过高等语,资为抗辩。并声明:(一)原告之诉及假执行之声请均驳回。(二)如受不利判决,愿供担保请准宣告免假执行。

三、查，原告主张其于2010年1月29日晚间在被告天下公司经营之"海龙王"餐厅中山店地下一楼发生系争事故，原告于同年1月30日因左股骨颈骨折及左大腿挫伤合并瘀血等伤害，至××市立医院仁爱院区就医，同日施行复位并内固定手术，后原告因左股骨头缺血性坏死，经同医院于同年9月15日施行髋关节置换术，同年9月24日出院。原告前对被告游小玉、林豪杰、李惠惠及张英俊提出业务过失伤害告诉，经台湾地区××法院检察署（下称台湾地区××法院检察署）检察官以2010年度侦字第111号、2011年度侦字第333号为不起诉处分，原告声请再议，经台湾地区高等法院检察署驳回再议，原告复声请交付审判，经本院刑事庭2011年度声判字第91号裁定驳回声请等情，为被告所不争执，并有××市立医院诊断证明书在卷可稽〔见本院卷（一）第11—12页〕，复经本院调阅上开刑事案卷查明无讹，自堪信为真实。

四、两造之争点及论述

原告主张其因系争事故受有医疗费用117 413元、交通费用28 420元、未来必要之医疗费用84 787元、看护费用26 000元、不能工作之损失100 740元、劳动力减损2 145 000元及精神抚慰金5 000 000元之损害，被告应负连带赔偿责任等语，则为被告所否认，并以前揭情词置辩，是本件争点为：（一）被告天下公司应否就系争事故负损害赔偿责任；（二）被告游小玉、林豪杰、李惠惠及张英俊应否负连带损害赔偿责任；（三）原告得请求之损害赔偿金额。兹分述如下：

（一）关于被告天下公司应否就系争事故负损害赔偿责任部分：

按因故意或过失，不法侵害他人之权利者，负损害赔偿责任，从事设计、生产、制造商品或提供服务之企业经营者，于提供商品流通进入市场或提供服务时，应确保该商品或服务符合当时科技或专业水平可合理期待之安全性。商品或服务具有危害消费者生命、身体、健康、财产之可能者，应于明显处为警告标示及紧急处理危险之方法。企业经营者违反前2项规定，致生损害于消费者或第三人时，应负连带赔偿责任。"民法"第184条第1项前段及"消费者保护法"第7条分别定有明文。本件原告主张被告天下公司未保持"海龙王"餐厅中山店地下一楼地面于干燥之状态，致其发生系争事故，被告天下公司应负侵权行为及"消费者保护法"第7条责任，被告天下公司辩称：系争事故为原告本罹患小儿麻痹后遗症并两下肢肌萎缩，且原告当日有饮酒，站立时双脚无力所致，该楼层之抛光石英砖地板干燥，止滑系数超越"经济部"标准检验局所定安全标准，系争事故与之无关云云。经查：

1. 参诸"民法"第184条第1项前段之规定，文义上并无限制侵权行为人之态样,不当然排除法人之适用。实务上有认为台湾地区采法人实在说,承认法人有侵权能力,惟法人欠缺意思能力,无法为侵权行为,须以其董事、其他有代表权人或员工,因执行职务所加于他人之损害,法人始应依"民法"第28条及第188条规定,与行为人连带负赔偿责任。然而,在目前法人企业组织逐渐庞大之时代,法人内部之参与人员或组织分工,均日趋复杂,如认定法人侵权责任之成立,必以其代表人或员工应负侵权行为责任为前提,受害人即须指明企业组织内部之特定行为人,并证明该人员负责之职务对于损害具有原因力,且具备故意或过失。在现今企业组织下,代表机关通常仅负责制定基本方针,再分层授权相关人员执行,法人之代表人或员工行为与损害间之因果关系如何认定,通常并非明确。再者,以"民法"第188条作为法人侵权责任之成立前提,亦会因受害人事实上无法知悉企业内部分工层级或欠缺专业知识,造成举证甚为困难。甚者,企业组织经营活动之风险,有时系来自管理失当或制度欠缺,并非特定代表人或受雇人个别可得控制,如强令将企业造成之巨大损害,全数课由特定自然人负担,结果亦未免苛。另有谓法人欠缺意思能力,无法评价主观上是否具备故意或过失之问题。然而,现代企业中,意思决定通常系由多数人基于各种水平或垂直之复杂关系共同作成,属于团体意思,而非得探究特定之法人代表人或员工有无故意或过失之情形。是以,关于法人侵权行为责任中之过失概念,应可采取客观化标准。详言之,法人之注意义务在于:为避免侵害他人之权利或利益,法人必须完成其社会生活上必要的组织整备行为,包括适切的组织设置及组织分担,以及对组织体构成员之具体行为进行适切的监督,否则即应负过失责任。准此,本院认为法人亦得为"民法"第184条规定之侵权行为主体。

2. 关于系争事故发生之经过,业据证人游远方于本院审理时证称:伊与原告于2010年1月29日共同参与公司尾牙,伊与原告同桌用餐,后伊与其他桌同事聊天时,原告跌坐在伊右后方走道上,一些人围在旁边要扶原告起身,伊没有实际看到原告跌倒时之状况;伊有看到餐厅人员在原告跌倒处清洁地板,伊听闻是因为打翻东西;伊去扶原告时,该处地板看起来湿湿的,实际踩上去感觉也是湿滑的,印象中没有摆放警示标志;伊并无看到原告饮酒,原告当时意识很清楚;原告当时并无使用辅助器等语[见本院卷第(三)第82—82页反面、第83页反面、第84—84页反面],核与证人杨国庆于本院审理时证称:原告本来坐在伊左前方隔壁桌,后原告坐在伊旁边,原告跌倒前,伊看到服务生不小心把盘子内的液体洒在地上,服务生清洁后,地板还是湿湿的,印象中没有摆放警示标志,伊与原告起身时,原告在该处滑倒;伊并未看到原告饮酒,印象中原告意识清楚；原告当时并未使用辅助器等语[见本院卷第(三)第83—84页反面]，及证人吴仁彧于侦查中证称：伊与原告坐在隔壁桌，伊听到很大声的跌倒声音后，回头发现李大正跌坐在地上，很多人去扶原告；伊没有特地去看地上，只有听到原告跟他人说地板有油太滑等语(见台湾地区××法院检察署2010年度侦字第×××号卷第31页)大致相符。足证被告天下公司服务人员误将液体洒在地上后，未将地面清洁至干燥之程度，复未放置警示标志，致原告发生系争事故，原告虽未具体陈明该服务人员之年籍资料，然依上说明，本诸过失责任客观化之概念，被告天下公司对系争事故有过失，应负侵权行为损害赔偿责任，毋庸置疑。

3. 再者，纵认被告天下公司不得为侵权行为责任之主体，"消费者保护法"所谓"消费"，应非纯粹经济学理论上之一种概念，而系事实生活上之一种行为，包括为达成生活目的之行为：凡系基于求生存、便利或舒适之生活目的，在衣食住行育乐方面所为满足人类欲望之行为，且系指不再用于生产之情形下所为之最终消费而言，亦即消费者所交易或使用之商品或服务，应与国民消费生活安全、消费生活质量有关，且不再用于生产之商品或服务之最终消费始得谓之，如与国民生活无直接关系即非属之。本件被告天下公司系以提供餐饮服务为营业者，为达到餐饮服务之目的，应提供合乎安全、卫生之场所，此为餐饮服务之附随义务，然被告天下公司竟未保持餐厅地面于干燥之状态，复未放置警示标志，致原告发生系争事故，被告天下公司自应依"消费者保护法"第7条规定负损害赔偿责任。

4. 被告虽辩称：原告发生系争事故后，尚能自行开车返家，原告所受伤害应为自身罹患小儿麻痹后遗症并两下肢肌萎缩所致云云。惟经本院函询××总医院原告所受伤害与系争事故之关系，××总医院据覆以：原告于2010年1月30日因跌倒至××市立医院仁爱院区，经X光检查发现为左侧股骨颈骨折；原告所受左股骨颈骨折及左大腿挫伤合并瘀血等伤害，是为一般跌倒可能产生之结果。原告因双侧下肢小儿麻痹，下肢萎缩，故而导致骨质疏松，跌倒将使其更容易骨折；因原告罹有小儿麻痹，神经功能不佳，可忍受疼痛自行驾车离去，再于次日前往医院就诊等情，有××总医院于2012年12月24日以北总骨字第××××号函存卷可考[见本院卷(三)第113页]，足证原告所受左股骨颈骨折及左大腿挫伤合并瘀血等伤害，与系争事故间有因果关系，被告前揭辩词，委不足取。

5. 基于以上所述，被告天下公司就系争事故有过失，原告依"民法"第184条第1项前段及"消费者保护法"第7条规定，请求被告天下公司负侵权行为损害赔偿责任,洵属有据。

(二)关于被告游小玉、林豪杰、李惠惠及张英俊应否负连带损害赔偿责任部分:

原告复主张被告游小玉等四人未督导服务人员维护地面干燥清洁,致其发生系争事故,应负侵权行为损害赔偿责任云云。惟查:

1. 系争事故系因被告天下公司服务人员误将液体洒在地面后,未将该处清扫至干燥之程度,复未放置警示标志所致,业如前述,参以被告游小玉为被告天下股份有限公司××路分公司总经理(即负责人),负责开户开发、场地、菜色、乐队调配调度、全体人员管理;被告林豪杰为行政副理(即当日值班主管),负责现场人力调派及客诉处理;被告李惠惠为主任(即当日宴会厅楼管),负责控制现场出菜顺序、灯光、音响、反应、处理客户需求;被告张英俊为组长(即当日宴会厅干部)等情,为两造所不争执,被告游小玉等四人既非实际清洁原告跌倒处之服务人员,自难仅因原告发生系争事故,遽认渠等于执行职务上有故意或过失不法侵害原告权利之行为。

2. 况原告前对被告游小玉等四人提起业务过失伤害告诉,经台湾地区××法院检察署检察官为不起诉处分,原告声请再议,经台湾地区高等法院检察署驳回其再议,原告声请交付审判,经本院刑事庭驳回其声请等情,均如前述,原告复未提出其他证据证明被告游小玉等四人于执行职务上就系争事故有故意或过失不法侵害原告权利之行为,原告依"民法"第184条第1项前段规定,请求渠等负侵权行为损害赔偿责任,并无依据。

(三)关于原告得请求之损害赔偿金额部分:

1. 医疗费用:

原告主张其因系争事故支出住院手术费4 888元、2010年回诊复健及住院费用98 471元、2011年回诊复健及住院费用13 474元及2012年回诊复健及住院费用580元,合计117 413元,固据其提出××市立医院医疗费用收据[见本院卷(一)第103—144页]为证。惟查,经本院函询××总医院原告发生系争事故后接受之各项治疗与系争事故有无因果关系,××总医院据覆以:原告因系争事故所受伤害,需要接受复位并内固定手术治疗。原告于治疗3天即2010年2月1日后,已可使用拐杖下床行走,复原良好。原告于上开手术完成半年后,有可能产生左股骨头缺血性坏死之症状,股骨头缺血坏死跟系争事故所受伤害有关。原告于2011年5月14日因左侧股骨股下三分之一骨折住院治疗及2012年3月13日到院检查患有下肢深部静脉栓塞症,其两者与原告罹患小儿麻痹肌无力及再次跌倒有关,与系争事故无关。是以,原告于系争事故后至××市立医院多次就诊,依历次就诊记录,原告于2011年5月14日前之就诊与系争事故所受之伤害有关,其后之就诊系因原告再次跌倒所致,与系争事故无关等情,有××总医院于2013年4月23日以北总骨字××××号函存卷可考[本院卷(三)第134—134页反面],显见原告请求如附表一所示自2010年1月30日起至2011年5月13日止之医疗费用104 099元(计算式:住院手术费用4 888元+2010年回诊复健及住院费用98 471元+2011年回诊复健740元=104 099元)部分,为系争事故所生之必要医疗费用。原告逾前开部分之医疗费用请求,与系争事故无关,不应准许。至被告辩称原告请求之部分医疗费用与骨科、复健科无关,非必要医疗费用云云,然原告请求之医疗费用业已剔除一般内科、消化内科、牙科及一般外科费用等情,有原告民事补充理由状在卷可参[见本院卷(三)第164页反面],被告此节所辩,委不足取。

2. 交通费用:

原告主张其因系争事故支出出租车费28 420元等情,固据其提出出租车收据及台湾大车队出租车运价证明等为证[见本院卷(三)第15—26页]。然原告于2011年5月14日前之就诊与系争事故所受之伤害有关,其后就诊系因原告再次跌倒所致,与系争事故无关等情,诚如前述,是以,经本院逐一核对原告所提上开单据,并与医疗单据所载就诊日期互核以对,应认其中如附表二所示自2010年2月3日起至2011年2月25日止之交通费用16 280元与系争事故有关,其余自2011年5月27日起至同年9月9日之交通费用,与系争事故无关。参以原告因系争事故所受伤害,确有以出租车前往治疗之必要,而原告所提出租车费发票金额虽分别为140至635元不等,然原告陈称系因出发住处不同而有差异等语,尚属合理,故原告请求交通费用16 280元,应予准许,逾此部分之请求,不应准许。

3. 未来必要之医疗费用:

原告主张其因系争事故进行左侧人工关节置换术,于2010年9月15日住院,惟人工髋关节使用寿命约15年,原告为1958年11月17日出生,平均余命尚有26.11年,未来至少应再更换一次人工髋关节,依××市立医院所公告之收费标准,扣除健保给付之价格为84 787元等语,惟经本院函询××市立医院关于人工髋关节组(含固定桩)之耐用年限及自费金额,××市立医院据覆以:原告所使用BFH人工髋关节组(含固定桩)之耐磨年限可大于20年,依全民健康保险局同意之自费给付差额为74 740元等情,有××市立医院2013年5月24日以北市医仁字第××××号函附卷可查[见本院卷(三)第145

页],足认原告未来确实有更换人工髋关节1次之必要,原告请求此部分费用74 740元,为有理由,逾此部分之请求,即无理由。

4. 看护费用:

原告主张其因因左股骨颈骨折,于2010年1月30日施行复位并内固定手术,同年2月3日出院;后因左股骨头缺血性坏死(创伤后),于2010年9月15日入院手术行全髋关节置换术,同年9月24日出院,原告于上开住院期间支出看护费用26 000元等情,业据其提出××市立医院诊断证明书及收据2纸为证[见本院卷(一)第11—12、145—146页],衡诸常情,原告因系争事故所受伤害,于住院期间确有专人全日照护之必要,原告请求此部分费用,应予准许。被告辩称原告于住院期间无支出看护费用之必要云云,难以采取。

5. 不能工作损失:

原告主张其于2010年1月30日住院开刀,至同年2月3日住院共5日,2010年9月15日开刀更换人工髋关节后,9月16日请病假至11月15日共计60日,2010年10月22日至10月29日住院共8日,2010年12月28日至2011年1月3日住院共6日,2011年5月14日至5月20日住院共6日,原告任职于威策计算机公司,2010年投保薪资28 800元,日薪960元,2011年5月1日后投保薪资31 800元,日薪1 060元,共请假84日,工作损失81 240元,业具其提出××市立医院仁爱院区出院病历摘要、请假证明、××市立医院医疗费用收据、行政院劳工委员会劳工保险局个人网络申报及查询作业等为证[见本院卷(三)第27页、第30—32页,卷(一)第148页、第121页],惟原告于2011年5月14日因左侧股骨股下三分之一骨折住院治疗,与原告罹患小儿麻痹肌无力及再次跌倒有关,与系争事故无关等情,业如前述,原告请求2011年5月14日至同年5月20日住院之不能工作损失,与系争事故无关。至原告另主张复健期间6个月,一周需复健3次,每次2小时,需请假无法工作,以时新125元计算共19 500元云云,未见原告提出其他资料以实其说,原告此部分请求,不应准许。从而,原告因系争事故所生不能工作之日数为78日,损失金额为74 880元(计算式:960×78=74 880)。

6. 劳动能力减损:

按当事人已证明受有损害而不能证明其数额或证明显有重大困难者,法院应审酌一切情况,依所得心证定其数额。"民事诉讼法"第222条第2项定有明文。经查:

(1) 本院函询××总医院原告因系争事故所受劳动能力减损程度,××总医院据覆以:原告可胜任大部分工作任务,但需要辅具或工作强化来提升或强化个案受限之功能。依原告目前从事之维修工程师职业,原告目前确实具有工作障碍,主要能力限制为下体肢体功能,需要工作辅具协助(包括:双拐、电动车或可调整升降高度的工作台、协助搬运推送等设备),或经由工作任务再设计,减少个案需进行肢体(尤其下肢功能)要求的工作任务,或考虑后续转任软件工程师,以减少工作限制。目前的工作障碍为轻至中度(20%—30%工作任务受限)。原告有轻度小儿麻痹症之病史,并领有轻度肢障手册,但本评估无法取得系争事故前肢体功能之检查或评估数据作为判断之参考依据,故评估结果乃原告于评估情境下的表现等情,有××总医院复健医学部职业辅导评量中心工作能力评估报告在卷可考[见本院卷(三)第121—125页],兼考虑原告前领有轻度肢障手册,发生系争事故经重新鉴定后,××市松山区公所改发中度肢障手册等情,有××市松山区公所2012年5月1日函附原告身心障碍申请书及鉴定表等件存卷可查[见本院卷(一)第151—158页],此外另参酌证人杨国庆、游远方均证称:原告于系争事故前,工作时并无使用辅具等语[见本院卷(三)第84页反面],足证原告确实有因系争事故受有劳动能力减损之损害。

(2) 惟原告于系争事故发生前有轻度小儿麻痹症之病史,并领有轻度肢障手册,××总医院复健医学部职业辅导评量中心无法取得系争事故前肢体功能之检查或评估数据作为判断之参考依据,上开评估结果乃原告于评估情境下的表现等情,已如前述,足认定原告已证明其受有损害,而损害额有不能证明或证明显有重大困难之情形,为避免原告因诉讼上举证困难而使其实体法上损害赔偿权利难以实现,本院自应审酌一切情况,依所得心证定其数额,以兼顾当事人实体权利与程序利益之保护,方符"民事诉讼法"第222条第2项规定之立法意旨。是以,本院审酌原告于系争事故发生前即领有轻度肢障手册,前揭工作能力评估报告认定原告目前工作障碍为轻至中度(20%—30%工作任务受限),原告于2011年5月14日因左侧股骨股下三分之一骨折住院治疗及2012年3月13日到院检查患有下肢深部静脉栓塞症,与原告罹患小儿麻痹肌无力及再次跌倒有关,与系争事故无关,及其他一切情状,认定原告因系争事故所受劳动能力减损之程度为10%。

(3) 次按劳工年满65岁者,雇主得强制其退休,劳动基准法第54条第1项第1款定有明文。原告主张以其2008、2009年平均月薪资所得约32 500元【计算式:(395 114元+386 169元)÷2÷12=约32 500元】计算劳动能力减损之基础等情,业据其提出2008年度各类所得扣缴暨免扣缴凭单及大同公司2009年1月至12月薪资单等为证[见本院卷(三)第176—183页反面],尚属合理,而原告自系争事故发生日即2010年1月29日起至本件言词辩论终结日即2013年11月22日止,扣除原告已请求之不能工作损失78日,期间3年又209日(计算式:3年又287日－78日＝3年又209日),约3.57年,此部分已发生之损失为139 230元(计算式:32 500元×10％×12×3.57＝139 230元)。而原告为1958年11月17日生,自本件言词辩论终结翌日即2013年11月23日起至其年满65岁即2023年11月17日止,期间9年又358日,约9.98年,依霍夫曼计算法(第一个月不扣除中间利息)扣除中间利息,原告一次请求被告赔偿该期间之劳动能力减损金额为322 315元【计算式:39 000元×7.000 000 00＋39 000元×0.98×(8.000 000 00－7.000 000 00)＝322 315元(小数点以下四舍五入)】。从而,原告请求有关劳动能力减损之损害,合计461 545元(计算式:39 230元＋322 315元＝461 545元),为有理由,逾此部分之请求,即无理由。

7. 精神抚慰金:

按不法侵害他人之身体者,被害人虽非财产上之损害,亦得请求赔偿相当之金额。"民法"第195条第1项定有明文。所谓相当,自应以实际加害情形与其名誉影响是否重大,及被害者之身份地位与加害人经济状况等关系定之("最高法院"1958年台上字第1221号判例参照)。本院审酌原告因系争事故所受之伤害非轻,原告申报所得总额381 880元,申报财产仅有2011年份汽车1辆,被告天下公司经营知名"海龙王"餐厅,实收资本总额1 025 570 000元等情,有原告税务电子闸门财产所得调件明细表及被告天下公司变更登记表在卷可佐[见本院卷(一)第36页,本院卷(三)第51—52页],及其他一切情状,认原告请求被告天下公司赔偿抚慰金500万元,尚嫌过高,应以60万元为适当。

8. 基于以上所述,原告因系争事故所受损害金额为新台币1 357 544元(计算式:医疗费用104 099元＋交通费用16 280元＋未来必要之医疗费用74 740元＋看护费用26 000元＋不能工作损失74 880元＋劳动能力减损461 545元＋精神慰抚金600 000元＝1 357 544元)。

五、综上所述,原告依"民法"第184条第1项前段规定,请求被告天下公司给付1 357 544元及自起诉状缮本送达翌日即2012年2月14日起至清偿日止,按周年利率5％计算之利息,为有理由,应予准许,逾此部分之请求,为无理由,应予驳回。

六、两造均陈明愿供担保分别声请宣告假执行及免为假执行,于原告胜诉部分,经核尚无不合,爰分别酌定相当担保金额准许之。至原告败诉部分,其假执行之声请亦失所附丽,应并予驳回。

七、本件事证已臻明确,两造其余攻击防御方法及所提证据,经本院斟酌后,认定均不足以影响本判决之结果,自无逐一详予论驳之必要,附此叙明。

八、诉讼费用负担之依据:"民事诉讼法"第79条。

民事第×庭　审判长　法　官　×××
法　官　×××
法　官　×××

以上正本系照原本作成。

如对本判决上诉,须于判决送达后20日内向本院提出上诉状。如委任律师提起上诉者,应一并缴纳上诉审裁判费。

2013年12月27日
书记官　×××

第十四章　同一案件中、德不同的审判方式比较(含模拟庭审录像)

训练素材——南京追剧网络科技有限公司诉上海大爱科技有限公司不正当竞争纠纷案

A. 中方的模拟审理[①]

扫一扫
观看庭审录像

一、选择本案的理由

第一,第一次示范庭拍摄选定的模拟庭法官中有知识产权案件审判背景的居多数,知识产权案件又是最适合新型庭审的案件类型之一。本案作为2017年多家法院首次示范庭拍摄中唯一一个模拟庭,其承载的一个重要任务就是为当年示范庭的拍摄提供包括书状先行在内的模拟示范,这是重要的选案背景。在备选的多个知识产权案件中,此案因属于知识产权案件中的新类型案件,且情节更容易引起人们特别是年轻人的关注而入选。

第二,采用软件屏蔽视频分享网站广告,导致双方发生争议的事件在德国也有不少类似案例,便于从更深层次上与我们新型庭审借鉴的主要国家德国进行比较研究。从比较的情况看,三者不仅在诉讼程序上有较大差异,而且在实体问题的处理上思路也截然不同。中国法院的司法实践几乎一边倒地支持了视频分享网站(只是模拟庭的法官和真实案件的承办法官在侵

---

① 本章国内模拟庭组成人员:审判长:胡震远,上海市方达律师事务所律师、高级合伙人,原上海市第一中级人民法院知识产权审判庭副庭长。参审法官:金绍奇,上海市第一中级人民法院民事审判庭副庭长,四级高级法官。叶琦,上海市虹口区人民法院审监庭庭长,四级高级法官。原告律师:邵烨,上海市方达律师事务所律师、高级合伙人。被告律师:成谦,上海君澜律师事务所律师、高级合伙人。上海知识产权法院徐飞法官、上海市杨浦区人民法院知识产权庭庭长黄洋法官参与了本章案例拍摄的前期工作。

权赔偿上看法不尽相同),认为广告屏蔽软件妨碍了视频分享网站的正常经营,损害消费者利益,扰乱了竞争秩序。德国法院则采用了司法谦抑的态度,对具体的竞争更为容忍,认为如果不涉及竞争者的生死存亡,司法干预应让位于技术和市场的自由竞争。两种思路究竟何者更适合中国的国情,值得深入思考。

二、采用新型庭审方式审理本案的过程

(一)原告起诉状与被告答辩状

民事起诉状

原告:南京追剧网络科技有限公司

住所地:江苏省南京市鼓楼区宁海路57号

法定代表人:王远峰

被告:上海大爱科技有限公司

住所地:上海市高新区荆轲路803号

法定代表人:吴疆

案由:不正当竞争纠纷

诉讼请求:

1. 判令被告立即停止侵害原告合法权益的不正当竞争行为,即立即停止运营,并停止向互联网用户提供带有屏蔽原告视频广告功能的"拦截大师"软件;

2. 判令被告赔偿原告经济损失300万元,以及为制止被告不正当竞争行为而支付的合理费用83 500元;

3. 判令被告承担本案全部案件受理费、保全费和其他诉讼费用。

事实和理由:

原告系国内领先视频网站"追剧网"的运营方,依法取得所需证照。见原告证据《网站及域名备案信息》《原告网站"追剧网"截图》。

自2008年8月8日上线,"追剧网"广受用户青睐,吸引了大量互联网用户,成为业界标杆,获得众多殊荣。见原告证据《部分荣誉奖章》。

原告致力于向用户提供大量正版节目,为此支付高昂版权费用。见原告证据《版权许可协议(例证)》。

为维持运营成本,原告采取在国内互联网视频行业通行的商业模式,向互联网用户提供免费正版视频节目前,向用户播放少量、短时间的广告,吸引广

告主投放广告获取广告费,作原告运营"追剧网"的主要收入。由此原告实现了对"追剧网"稳定而可持续的运营。见原告证据《网络广告发布合同(例证)》《通用条款(例证)》及《发布排期表(例证)》。

作为我国视频网站的主要经营模式,原告"免费视频+广告"商业模式的竞争优势获得了包括用户和权威机构的双重认可。

被告成立于2012年,向互联网用户提供其开发并享有著作权的"拦截大师"软件("涉诉软件")。见原告证据《(2019)沪高证经字第2873号公证书》。

自2014年8月15日起,被告涉诉软件始终搭载"追剧不等待"功能,互联网用户借此能在"追剧网"观看免费视频时,屏蔽节目前播放的广告。并且,为扩大涉诉软件的传播范围、影响力和竞争优势,被告以涉诉软件的功能"追剧不等待"作为涉诉软件的广告语,突出宣传了涉诉软件屏蔽视频片头广告的功能,引诱、帮助互联网用户安装涉诉软件,用来屏蔽视频片头广告。见原告证据《(2019)沪高证经字第2874号公证书》。

根据《中华人民共和国反不正当竞争法》第2条第1款的规定,"经营者在市场交易中,应当遵循自愿、平等、公平、诚实信用的原则,遵守公认的商业道德。"原告认为,被告的上述行为构成对原告的不正当竞争,原因如下:

第一,原、被告间存在竞争关系。

原、被告同属互联网行业经营者。涉诉软件目标用户包含各视频网站用户,包括原告用户。

第二,被告违反了诚实信用原则和商业道德。

首先,"追剧不等待"功能属于"恶意拦截"行为。根据《互联网终端软件服务行业自律公约》:"除恶意广告外,不得针对特定信息服务提供商拦截、屏蔽其合法信息内容及页面。"见原告证据《中国互联网协会〈互联网终端软件服务行业自律公约〉》。涉诉软件本身的主要功能系"追剧不等待",屏蔽的均是原告合法信息内容和页面。

其次,被告破坏了原告的正常经营活动。被告利用了用户既不愿支付金钱,也不愿意花费时间观看广告的消费心理,着重宣传涉诉软件"追剧不等待"的功能,唆使、帮助原告用户实施了对视频片头广告的屏蔽,从而侵害了原告法益。

再者,被告利用了原告的经济利益。被告向用户提供具有"追剧不等待"功能的涉诉软件,达到迅速增加会员的目的,带有明显的不正当竞争故意。

此外,被告的行为扰乱了市场经济秩序。随着涉诉软件的传播,视频网站势必将不得不一律改为收费模式。而用户具有极高的价格敏感度,改变经营模式将导致用户大量流失。

并且,大量司法实践已经证明,屏蔽视频网站片头广告的行为违反了诚信原则和商业道德,构成不正当竞争。

第三,被告的该等行为已经导致原告蒙受了巨大的经济损失。

根据原告的广告发布合同载明的平均价格,每1 000次广告呈现的广告收入约为100元。广告漏投或者错投的,按照漏一补一、错一补一的原则进行补偿,为补足因涉诉软件而被屏蔽的广告,原告不得不减少新的广告投放,从而造成了广告收益严重降低。见原告证据《网络广告发布合同(例证)》《通用条款(例证)》及《发布排期表(例证)》。

另根据原告会员"黄金套餐"的价格,会员无须观看片头广告的对价是每月支付19.9元。见原告证据《原告"追剧网"去广告的会员"黄金套餐"信息》。而涉诉软件的下载人次逾100万次。见原告证据《涉诉软件下载网页截图》。

此外,为制止被告侵权行为,原告还支付了大量合理费用,包括律师费、公证费等费用,计83 500元。见原告证据《律师费发票及公证费付款通知书》。

综上,被告通过向互联网用户传播涉诉软件,唆使、帮助原告用户屏蔽了"追剧网"视频片头广告,侵害了原告合法权益,并通过对原告经济利益的利用,不当地攫取了竞争优势。涉诉软件利用了用户不愿意支付金钱也不愿意花费时间的心理,其主观上具有侵权故意。且该等行为与原告因视频片头广告遭屏蔽、无法播放而遭受巨大经济受损之间存在因果关系。原告请求法院综合考虑被告主观侵权故意、涉诉软件上百万次的下载量以及原告的各项损失计算方式,依法酌定被告的赔偿金额、支持原告索赔金额。

根据《中华人民共和国侵权责任法》第6条第1款的规定和第9条第1款的规定,以及《中华人民共和国反不正当竞争法》第2条的规定,被告已经构成不正当竞争侵权行为。

原告兹基于以上事实和理由诉至贵院,恳请贵院依法支持原告的全部诉讼请求。

此致
上海市高新区人民法院

南京追剧网络科技有限公司
2019年×月×日

答 辩 状

答辩人(被告):上海大爱科技有限公司

法定代表人:吴疆

被答辩人(原告):南京追剧网络科技有限公司

法定代表人:王远峰

大爱公司不同意追剧网公司全部诉讼请求,事实和理由如下:

一、大爱公司所研发的"拦截大师"软件具有多种维护用户合法利益的功能,作为一款多功能、中立技术工具本身并无任何违法或不当之处。

"拦截大师"系大爱公司自行研发多种功能软件产品,现有版本产品具有过滤不良信息、屏蔽恶意弹窗、屏蔽网络广告三大主要功能。其中前两项功能对于保护未成年人身心健康、提升网络用户上网体验等具有良好实际使用效果,无须赘言;即便是引发本案诉讼的屏蔽网络广告功能,也并不违反国家相关监管政策或公认的商业道德。

大爱公司为了避免屏蔽合法合规的网络广告,在"拦截大师"软件中特意设定了"白名单"功能,被列入"白名单"的网站,该软件将不再启动屏蔽功能。在用户安装以及确定使用该软件的广告屏蔽等功能时,系统都先行作出提示:"使用本产品应遵循互联网使用规则和诚信原则,不应损害他人知识产权等一切合法权益。"为避免用户使用"拦截大师"损害第三方正当权益,大爱公司已经尽到必要的谨慎和提示义务。

另外,在收到追剧网公司的起诉状副本之后,大爱公司还采取技术手段,以局端指令方式将追剧网强制加入所有用户的白名单之中,"拦截大师"已经不再屏蔽追剧网的广告。

互联网用户目前可以免费下载安装使用该软件,尚未向用户收费。

综上,大爱公司研发的"拦截大师"作为一款多功能、中立技术工具本身并无任何违法或违反公认商业道德之处。

二、网络用户选择追剧网公司"广告+免费视频"业务模式观看视频资源,二者之间构成双务合同法律关系,用户若违约者应当担责。

追剧网公司主要通过两种方式向用户提供影视剧视频服务,一是注册付费成为会员,会员可以观看所有视频且无须观看广告;二是简称为"广告+免费视频"的播放方式,用户无须付费可以观看部分视频资源,但是需要观看一定时长的广告。这两种方式,实际上是向不特定的网络用户发出的两种不同内容的要约,用户一旦选择其一进行点播即为承诺,双方达成一致意思表示,构成了双务合同法律关系。用户在缔约后,如果罔顾大爱公司的事先提示,利用拦截大师屏蔽广告直接观看免费视频,确有可能构成对追剧网公司违约,应当承担违约责任,但这与大爱公司无涉。

三、"广告＋免费视频"业务模式在视频网站之间的同业竞争中也并不具有优势。

追剧网公司"广告＋免费视频"运营模式之下,尽管用户可以观看免费视频,但是60秒、75秒甚至长达90秒的广告很大程度上影响了用户的观影体验;因此,也有视频网站,例如知名的"比利网",就向用户提供无须收看任何广告的视频服务吸引了众多用户。

既然有可以不必看广告的视频网站,难以想象还会有用户专门下载"拦截大师"用以屏蔽追剧网公司相同视频资源中的广告。因此,追剧网公司声称因"拦截大师"影响了广告收入,难以证明其中的因果关系。

四、大爱公司研发发布"拦截大师"软件的行为,并不构成不正当竞争行为。

认定构成不正当竞争行为的构成要件应当同时包括:(1)其主体是具有竞争关系的从事商品经营和营利性服务的经营者;(2)行为目的是意图获取竞争优势或破坏他人竞争优势;(3)行为人的竞争行为具有不当性,违反了公认的商业道德;(4)不正当竞争行为损害了其他经营者的合法权益,扰乱了经济秩序。

依次对照可见:(1)大爱公司与追剧网公司向用户提供的产品和服务、市场定位、经营和盈利模式皆不相同,不存在直接竞争关系;(2)"广告＋免费视频"的盈利模式本来就不存在明显市场竞争优势;(3)大爱公司的产品技术中立且对用户使用前进行了必要提示,无悖于公认的商业道德;(4)无证据显示"拦截大师"已经给追剧网公司带来损害,其广告收入下降(如果有的话)与"拦截大师"之间无明显因果关系。另外,反不正当竞争法保护的是市场经营秩序,而非特定某一经营者的经营模式或既得利益,"拦截大师"的广告屏蔽功能对同属视频网站的"比利网"就毫无影响。

综上,大爱公司发布"拦截大师"软件并不构成不正当竞争行为。

五、追剧网公司完全可以现有技术手段阻断网络用户利用"拦截大师"或者类似软硬件产品跳过广告,怠于以低成本自力救济方式维护自身权益的当事人亦不应得到过度司法保护。

现有技术手段早就能够实现在播放视频过程中,由播放系统自动要求观看者(即用户)在播放界面完成特定动作,从而判断是否确有观看者在观看视频,系统会自动根据用户端反馈信息是否正确做出暂停或者终止播放视频的动作。(见被告证据1、2)

追剧网公司系国内最大的视频服务运营商之一,无论是从资金还是技术能力上都远远超过一般软件开发公司,完全有能力通过并不复杂的技术改造方案,就能有效阻止用户采取已有软硬件技术手段跳过广告直接观看视频,而且实现成本也并不高。追剧网公司在主观上怠于采取可行的自力救济方式维护自身权益,反而滥用诉权不断提起诉讼索赔,这在客观上已经影响了行业内相关企业的研发创新能力和本领域技术发展。

中国裁判文书网中公开的判决书等资料显示:追剧网公司自2012年起就开始作为原告以"不正当竞争"为由,先后起诉了十余家提供视频过滤功能或服务的软、硬件厂商,在这些案件中,法院判决被告赔偿金额合计超过了1500万元,合理维权费用和案件受理费合计也超过300万元。(见被告证据3)

大爱公司认为,即便真的面对"不正当竞争",穷尽(至少也应当是采取)必要的自力救济手段也是获取司法救济的必要前提条件。

六、司法机关应当对新技术出现影响市场利益分配导致的纠纷持谦抑和审慎的裁判宗旨,宜对不同主体的市场地位、技术进步、业务创新等各方面利益综合考量作出合法合理的裁判。

以上答辩意见请合议庭参考采纳。

此致
上海市高新区人民法院

上海大爱科技有限公司
2019年×月×日

(二)原告证据目录及被告对原告证据的质证意见

原告证据目录

序号	证据名称	证 明 内 容
1	网站及域名备案信息、原告网站"追剧网"截图	原告经营视频分享网站,其"追剧网"获得了各项经营资质,在市场上有相当之占有率
2	部分荣誉奖章	自2008年8月8日正式上线以来,"追剧网"广受互联网用户青睐,吸引了大量互联网用户,已成为业界标杆,获得众多殊荣
3	中国互联网协会《互联网终端软件服务行业自律公约》	该公约规定了具体的互联网行业的商业道德,包括:除恶意广告外,不得针对特定信息服务提供商,拦截、屏蔽其合法信息内容及页面
4	(2019)沪高证经字第2873号公证书	被告系一家成立于2012年,经营范围主要为计算机软硬件设计开发、安装维修的科技公司,向互联网用户提供其开发并享有著作权的"拦截大师"软件

续 表

序号	证据名称	证明内容
5	（2019）沪高证经字第2874号公证书	2014年8月15日,被告涉诉软件开始搭载"追剧不等待"功能。此后被告不时更新涉诉软件版本,始终带有"追剧不等待"功能。在安装了带有"追剧不等待"功能的涉诉软件,互联网用户能够在"追剧网"观看免费视频时,屏蔽视频节目前播放的广告。并且,为扩大涉诉软件的传播范围、影响力和竞争优势,被告以涉诉软件的功能"追剧不等待"作为涉诉软件的广告语,突出宣传了涉诉软件屏蔽视频片头广告的功能,引诱、帮助互联网用户安装涉诉软件,用来屏蔽视频片头广告
6	版权许可协议（例证）	原告为保证"追剧网"视频节目质量,花费巨额许可费购买视频节目版权。根据该等协议,广告收入是原告的主要收益来源
7	原告"追剧网"去广告的会员"黄金套餐"信息	原告"追剧网"提供给用户的可以不观看片头广告的"黄金套餐"的销售价格为198元/年,由于涉诉软件的存在,因此片头广告被屏蔽给原告造成巨大损失
8	网络广告发布合同、通用条款及发布排期表（例证）	视频节目的片头广告系原告运营"追剧网"的主要收益来源。片头广告的播放次数不达标,原告将面临沉重的违约责任
9	律师费发票及公证费付款通知书	为制止被告侵权行为,原告还支付了大量合理费用,包括律师费、公证费等费用,计83 500元
10	涉诉软件下载网页截图	仅第三方网站提供的涉诉软件的下载总量已经接近64万次

南京追剧网络科技有限公司

2019年×月×日

被告的书面质证意见

序号	原告证据名称	原告所称证明目的	对证据形式真实性	对原告的证明目的
1	网站及域名备案信息、原告网站"追剧网"截图	原告系互联网视频网站"追剧网"的运营方,依法已取得信息网络传播视听节目许可证等证照	认可	

第十四章 同一案件中、德不同的审判方式比较(含模拟庭审录像)

续 表

序号	原告证据名称	原告所称证明目的	对证据形式真实性	对原告的证明目的
2	部分荣誉奖章	原告"追剧网"广受互联网用户青睐,吸引了大量互联网用户,已成为业界标杆,获得众多殊荣	认可	
3	中国互联网协会《互联网终端软件服务行业自律公约》	该公约规定了具体的互联网行业的商业道德,包括:除恶意广告外,不得针对特定信息服务提供商,拦截、屏蔽其合法信息内容及页面	认可	对证明目的不认可。被告"拦截大师"软件并非针对特定信息服务提供商,因此并不适用该规定
4	(2019)沪高证经字第2873号公证书	被告向互联网用户提供其开发并享有著作权的"拦截大师"软件("涉诉软件")。在安装了带有"追剧不等待"功能涉诉软件,互联网用户能够在"追剧网"观看免费视频时,屏蔽视频节目前播放的广告。并且,被告以涉诉软件的功能"追剧不等待"作为涉诉软件的广告语,突出宣传了涉诉软件屏蔽视频片头广告的功能	认可	对证明目的不认可。首先,屏蔽广告仅是"拦截大师"软件多项正当有益的功能之一;其次,该软件具有"白名单"功能,而且在安装过程中提示用户避免侵犯他人正当权益,用户可以选择是否跳过视频片头广告;原告片面取证误导法庭
5	(2019)沪高证经字第2874号公证书			
6	版权许可协议(例证)	原告为保证"追剧网"视频节目质量,花费巨额许可费购买视频节目版权。根据该等协议,广告收入是原告的主要收益来源	认可	对证明目的不认可。"追剧网"视频资源中超过一半(特别是热门资源)只有付费用户才能观看,原告称"广告收入为主要受益来源"不能令人信服

续 表

序号	原告证据名称	原告所称证明目的	对证据形式真实性	对原告的证明目的
7	原告"追剧网"去广告的会员"黄金套餐"信息	原告"追剧网"提供给用户的可以不观看片头广告的"黄金套餐"的销售价格为198元/年,由于涉诉软件的存在,因此片头广告被屏蔽给原告造成巨大损失	认可	对证明目的不认可。加入原告"黄金套餐"的用户不仅可以不观看片头广告,更可以观看会员才能观看的视频(这才是用户购买"黄金套餐"关键因素),而被告"拦截大师"软件仅能够屏蔽片头广告,即便用户安装也还是不能观看会员视频资源,因此对原告市场推广并无太大影响
8	网络广告发布合同、通用条款及发布排期表(例证)	视频节目的片头广告系原告运营"追剧网"的主要收益来源。片头广告的播放次数不达标,原告将面临沉重的违约责任	认可	对证明目的不认可。具体理由同证据2、3质证意见
9	律师费发票及公证费付款通知书	为制止被告的不正当竞争行为,原告已经支出了律师费和公证费等合理费用30万元	认可	
10	涉诉软件下载网页截图	仅第三方网站提供的涉诉软件的下载总量已经接近64万次	不认可	对证明目的不认可。首先,第三方网站提供的下载数量无法被确认,有人为夸大可能;其次,软件被用户下载不等于必然会安装并且针对"追剧网"使用

（三）被告证据目录及原告的书面质证意见

被告证据目录

	证据名称	证明事项或内容
1	公证书	公证机构证实：(1) 用户可以自行免费下载安装"拦截大师"，安装后有提示用户不得侵权或不当使用；(2) "拦截大师"软件可以阻止恶意弹窗广告，防止自动连接跳转；(3) 加入白名单后不再阻止追剧网视频前的广告
2	公证书	公证机构证实：(1) 追剧网需要观看广告后才能免费收看的部分视频，在"比利网"上可以直接免费收看；(2) 追剧网上部分视频资源只有付费的 VIP 用户才能观看，在比利网上部分视频资源用户付费后可以先行观看，而未付费用户需要在一定期限后才能观看，但观看时均无广告
3	情况说明和报价	上海同道堂信息技术有限公司 2012 年之前就为律师协会提供培训视频播放互动检测系统——如果收看者不能在随机出现指令后在指定期限内以鼠标完成特定动作，视频将自动停止播放；该公司在视频服务器上加装互动检测系统收费为 15 万元
4	技术方案和报价	北京御赏信息技术有限公司为视频服务器对接设置互动检测系统服务器，软硬件费用合计为 20 万元
5	公证书	公证机构证实：使用现有版本的"拦截大师"软件在拦截加装了同道堂公司或者御赏公司的互动检测系统的广告视频时均会导致无法正常播放后续视频资源
6	判决书多份	2012 起，原告以不正当竞争为由起诉了多家软硬件厂商，获得法院支持赔偿金额、合理维权费用合计超过千万

原告的书面质证意见

序号	被告证据名称	真实性、合法性	证明内容
1	公证书	无异议	无异议
2	公证书	无异议	无异议
3	（同道堂）情况说明和报价	无异议	关联性不确认、证明内容不认可。首先，原告不理解该等监测技术对于"追剧网"有何实际意义，该等技术的使用目的在于强制用户观看视频，而视频网站的目的是吸引用户观看，若引入该等技术，势必会增加用户的操作负担，容易造成用户流失；再者，若适用该等技术仅在于保证片头广告不被屏蔽，原告适用该等技术无异于"保卒弃车"，它会导致无法播放后续的视频正片内容，这些技术的适用结合"拦截大师"软件将杀死整个"追剧网"的用户好感度。原告也在积极谋求技术革新，但尚无能力改变目前的局面。
4	（御赏信息技术）技术方案和报价	无异议	
5	公证书	无异议	

续 表

序号	被告证据名称	真实性、合法性	证明内容
6	判决书多份	无异议	关联性不确认、证明内容不认可。原告为今之计只能积极通过诉讼伸张权利,而被告提供的在先判决也非常到位地总结了全国司法实践中,对于屏蔽视频网站片头广告的行为已经有了比较统一的认识和理解,即违反公认的商业道德,构成不正当竞争行为。

(四)法院指令与当事人回复

上海市高新区人民法院
通知书

(2019)沪0369民初12345号

原告南京追剧网络科技有限公司、被告上海大爱科技有限公司:

原告南京追剧网络科技有限公司诉被告上海大爱科技有限公司不正当竞争纠纷一案,本院就相关事宜通知如下。

一、有关合议庭的组成

本院受理本案后,决定由审判员胡震远担任审判长,与审判员金绍奇、黄洋组成合议庭进行审理。

二、有关事实的确认

你们提交的诉答状、举证及质证意见,本院已经收悉,因相关事实尚未臻明确,故本院要求你们作进一步的明确。

(一)对以下事实,被告是否确认?

1. 被告是否采用"追剧不等待"的广告语介绍"拦截大师"的广告屏蔽功能?

2. 被告对于"拦截大师"的使用者是否并不实施有关第三方版权保护的任何主动监督和制约措施?

3. 原告主张,因广告屏蔽而遭受300万元的损失。被告是否确认?

(二)对以下事实,原告是否确认?

1. "拦截大师"是否同时具备过滤不良信息、屏蔽恶意弹窗、屏蔽网络广告三大功能?

2. 用户安装及使用"拦截大师"时,系统是否提示"使用本产品应遵循互联网使用规则和诚信原则,不应损害他人知识产权等一切合法权益"?

3. "拦截大师"是否在屏蔽广告功能中设置了白名单,使软件使用者可以自主决定将特定网站加入白名单,加入后软件就不再启动广告屏蔽功能?

4. 被告在应诉后,是否已经将追剧网强制加入"拦截大师"的白名单,从而不再屏蔽追剧网的广告?

5. 是否另有其他视频分享网站(如比利网)采用"用户自愿付费"和"付费用户抢先看,免费用户随后看"的经营模式?

6. 现有技术中是否存在互动检测系统软件,即视频播放中不定时要求用户干预,不干预就停止播放的软件?

7. "拦截大师"软件是否并不仅仅针对追剧网实施广告拦截,而是普遍适用于各网站视频广告拦截?

8. 被告主张,"拦截大师"目前免费提供给用户使用。原告是否确认?

你们应于本通知送达之日起十日内就是否确认上述事实书面答复本院,逾期不做答复的,视为确认。

2019 年 × 月 × 日

原告对通知书的回复

根据(2019)沪 0369 民初 12345 号上海市高新区人民法院《通知书》,南京追剧网络科技有限公司就合议庭询问的如下问题,提供书面回复:

1. "拦截大师"是否同时具备过滤不良信息、屏蔽恶意弹窗、屏蔽网络广告三大功能?

原告:确实具备上述功能,但正如"拦截大师""追剧不等待"的广告语所揭示的,被告开发"拦截大师"的目的就是引导用户使用屏蔽网络广告功能来"追剧"、看视频。

2. 用户安装及使用"拦截大师"时,系统是否提示"使用本产品应遵循互联网使用规则和诚信原则,不应损害他人知识产权等一切合法权益"?

原告:确认用户安装时系统确有此提示。客观上分析,该提示与被告开发"拦截大师"使用的"追剧不等待"广告语,引导帮助互联网用户使用屏蔽网络广告功能来"追剧"、看视频的行为表征恰恰是不相符的,鉴于该提示本身不具任何实际效用,被告也未提供任何技术、机制保证对互联网用户的督促和限制,因此,该提示反映了被告希望由此免责的用心。被告一方面为了追求用户积累,因而使用广告语,直观、突出地提示了"拦截大师"的不正当效用,引导、帮助互联网用户拦截广告;另一方面,反映出被告在开发"拦截大师"伊始,已经明确地知晓其行为的不正当性,以及互联网用户使用"拦截大师"的本意就是为了突破互联网使用规则、违反诚信原则,损害包括原告在内的知识产权等合法权益。因此,该提示并未起到实际阻却侵权、使被告免责的作用,故而纯属无实际意义的幌子，相反，其不正当竞争侵权的主观故意刚好通过这幅幌子得到揭示。

3. "拦截大师"是否在屏蔽广告功能中设置了白名单，使软件使用者可以自主决定将特定网站加入白名单，加入后软件就不再启动广告屏蔽功能？

原告：基于被告广告语的引导，用户使用该软件的目的就是屏蔽广告，如果用户有意将"追剧网"加入白名单，用户就没有必要下载软件，被告"追剧不等待"的广告效果也无法实现。被告既然已经将"追剧不等待"作为软件广告，代表其明白用户会将"拦截大师"主要用于屏蔽视频网站广告，也明白该用户是绝无可能主动将"追剧网"加入白名单的，因此，所谓"白名单"的设置，恰恰能够真实反映被告在实施不正当竞争行为伊始即已经开始设想被控诉后的抗辩，反证出被告的主观故意。

4. 被告在应诉后，是否已经将"追剧网"强制加入"拦截大师"的白名单，从而不再屏蔽"追剧网"的广告？

原告：是的。但这恰恰证明，被告在开发"拦截大师"时就具备了将"追剧网"默认加入白名单的能力，但被告恰恰出于追求用户使用"拦截大师"屏蔽"追剧网"的广告的后果之目的，没有这么设置。此外，由于被告具备设置白名单的能力，若不通过判决手段判令被告停止不正当竞争侵权行为，被告日后仍有能力将"追剧网"移除出白名单。

5. 是否另有其他视频分享网站（如比利网）采用"用户自愿付费"和"付费用户抢先看，免费用户随后看"的经营模式？

原告：是的。这是"追剧网"与比利网根植于不同的业务重心从而形成的两种不同的商业模式，这就像安卓系统的开源和苹果 IOS 系统不开源一样。需要说明的是，同行业企业间适用的商业模式与各自是否形成竞争优势没有直接关系，不同的商业模式间，也并无优劣之分，比利网是以"二次元"文化和"宅文化"作为其业务特征的视频网站，在之前，比利网采取的考核注册制，反映了比利网面向的人群是特定的，喜爱日本文化、"二次元"文化和"宅文化"，并热衷进行这些方面内容交流的年轻人，而"追剧网"面向的主要是电视剧爱好者，这样不同的市场定位、目标群体定位决定了比利网并不以高价采购"新剧""热剧"作为经营思路，而以 UP 主推送特定内容、原创内容为主，性质上，比利网属于比较典型的"视频分享网站"，与"追剧网"侧重"剧集播出"的服务方向不同，这也就决定了比利网没有沉重的经营成本和压力购买剧集的版权，因此可以轻装上阵，使用传统的广告点击、广告展示作为盈利模式，而"追剧网"面向的观众是追求看"新剧""热剧"的爱好者，因此，以广告点击、广告展示的低价模式无法负担购买剧集的成本,因此,与"追剧网"类型相同的剧集网站如土豆、优酷、PPTV均采取了"免费视频+广告"的模式,这样不约而同的选择,恰恰是业务重心决定的,也是最优的、可以达到收支平衡的商业模式。总之,不同的商业模式的采用,为各自带来竞争权益,并不意味着比利网的商业模式带来的利益更应得到保护,也不代表"追剧网"的商业模式带来的竞争权益不应受到保护,相反,作为主流视频网站通用的"免费视频+广告"模式为原告的经营带来合法商业利益,应当受到法律保护。

6. 现有技术中是否存在互动检测系统软件,即视频播放中不定时要求用户干预,不干预就停止播放的软件?

原告:是存在的,但该等技术手段不适用于视频网站,因为用户干预的观看习惯与国人形成已达四十年的、通过观看电视节目培养起的观看习惯完全背离,所有的视频网站都希望减少用户的操作,而非增加用户的操作,若用户不干预视频就停止播放,无异于在强制用户观看视频,并进行操作,而视频网站的目的是吸引用户观看,若引入该等技术,势必会增加用户的操作负担,容易造成用户流失;再者,若适用该技术仅在于保证片头广告不被屏蔽,原告适用该等技术无异于"保卒弃车",它会导致无法播放后续的视频正片内容,这些技术的适用结合"拦截大师"软件将杀死整个"追剧网"的用户好感度。原告也在积极谋求技术革新,但尚无能力改变目前的局面。因此,原告不否认技术上干预播放是可行的,但技术只是手段,不是目的,被告作为软件开发公司,缺乏经营视频网站业务的经验和能力,因此,被告提出关于用户干预的模式,反映其对于视频网站运营和规律缺乏足够的了解,该等建议不足为凭,这也是为什么用户干预技术存在近二十年而至今未被任何视频网站所采用的原因。

7. "拦截大师"软件是否并不仅仅针对追剧网实施广告拦截,而是普遍适用于各网站视频广告拦截?

原告:确实不仅针对"追剧网"。但基于"追剧不等待"的广告语,原告有理由相信,"拦截大师"的广告拦截主要被用于了"追剧网"。正是因为"拦截大师"广告屏蔽的功能具有范围上的危害性,尤其是对视频网站整个行业都有影响,对于主流视频网站更是灾难性的打击,因此,"拦截大师"的广告屏蔽功能对于市场经济的正常秩序是有危害的,所以,这也就是本案不仅仅是一个民事侵权案件,而是作为不正当竞争案件进行审理的原因。

8. 被告主张,"拦截大师"目前免费提供给用户使用。原告是否确认?

原告:确认"拦截大师"目前确实免费提供给用户使用,但是被告也陈述待产品获得预期的知名度和美誉度后,再向用户收取合理的使用费,实现投资收益,对此原告愿意相信。这是通常的互联网产品实现盈利的惯常策略,这策略本身无可厚非,但实现途径应当正当。被告开发"拦截大师"恰恰是利用了原告的经济利益,达到了不劳而获的目的。拦截大师的"追剧不等待"功能会使得相当比例的原告用户安装使用"拦截大师",考虑到原告在视频网站市场的巨大影响力和非常庞大的用户基数,以"追剧不等待"作为饵食,使得"拦截大师"的用户量短时间内大幅增加。被告作为互联网行业经营者对这一情形显然知晓,在此情况下,其故意仍向用户提供打着"追剧不等待"广告的"拦截大师",达到迅速增加会员的目的,属于不劳而获、"食人而肥",带有明显的不正当竞争故意。

南京追剧网络科技有限公司

2019 年 × 月 × 日

被告对通知书的回复

1. 被告是否采用"追剧不等待"的广告语介绍"拦截大师"的广告屏蔽功能?

被告回复:确有使用,但该广告语仅为"拦截大师"软件宣传介绍用语之一。

2. 被告对于"拦截大师"的使用者是否并不实施有关第三方版权保护的任何主动监督和制约措施?

被告回复:被告对软件使用者可能涉嫌侵权的行为采取干预措施。

由于用户下载"拦截大师"软件后具体的使用习惯、使用情况涉及用户隐私,而且被告也无法对其使用过程中是否侵权进行预先判断,因此,被告采取对权利人的投诉核实后采取局端干预的制约方法,保证最大限度避免用户侵权。

例如,在收到法院送达的原告起诉材料后,被告核实后已经将"追剧网"强制加入了白名单中,所有用户均不能再屏蔽追剧网的片头广告。

这是现有网络环境、技术以及法律条件之下,被告能够采取的最有效的监督和制约措施。

3. 原告主张,因广告屏蔽而遭受 300 万元的损失。被告是否确认?

被告回复:不予认可。原告现有证据材料连是否有遭受实际损失都无法证明,遑论 300 万元。

上海大爱科技有限公司

2019 年 × 月 × 日

上海市高新区人民法院
通知书(二)

(2019)沪0369民初12345号

原告南京追剧网络科技有限公司、被告上海大爱科技有限公司：

原告南京追剧网络科技有限公司诉被告上海大爱科技有限公司不正当竞争纠纷一案，本院就相关事宜通知如下。

一、有关争议焦点

根据双方当事人目前提供的诉讼资料，本院归纳争议焦点如下：

1. 被告向网络用户提供"拦截大师"以屏蔽原告网站广告，是否构成对原告的不正当竞争？

2. 如果被告构成不正当竞争，应否承担赔偿责任？

二、有关审理方式

《最高人民法院关于适用〈中华人民共和国民事诉讼法〉的解释》第二百三十条规定："人民法院根据案件具体情况并征得当事人同意，可以将法庭调查和法庭辩论合并进行。"若你们对此不持异议，本院将在法庭审理时将法庭调查和法庭辩论合并进行。

你们应于本通知送达之日起五日内就是否确认上述争议焦点和审理方式书面答复本院，逾期不做答复的，视为确认。

2019年×月×日

原告对第二次通知书的回复

原告同意法院归纳的争议焦点和拟采用的审理方式。

南京追剧网络科技有限公司

2019年×月×日

被告对第二次通知书的回复

被告上海大爱科技有限公司对于法院归纳的争议焦点、审理方式均无异议。

上海大爱科技有限公司

2019年×月×日

(五)庭审笔录

法庭审理笔录

时间：2019年9月27日下午4:30—5:00

地点：第一法庭

审判人员：胡震远(审判长)、金绍奇(审判员)、黄洋(审判员)。

书记员：白婷婷

（当事人身份信息略）

记录如下：

（书记员汇报庭审准备情况）

审判长：（敲击法槌）现在开庭。上海市高新区人民法院今天依法公开开庭审理原告南京追剧网络科技有限公司诉被告上海大爱科技有限公司不正当竞争纠纷一案。本案适用普通程序，由审判员胡震远、金绍奇、黄洋组成合议庭进行审理，胡震远担任审判长，书记员白婷婷担任法庭记录。庭前已经告知双方有关合议庭组成人员及当事人的权利义务，就当事人是否申请回避、法庭确定的争点是否合适、法庭调查和法庭辩论是否合并进行等事项均征得了双方同意，并核对了双方的身份和出庭人员。原告由代理律师邵烨出庭，被告由代理律师成谦出庭。

审判长：先由原告陈述诉讼请求、简要的事实与理由。

原代：1. 被告停止侵权，停止运营其向互联网用户提供的带有屏蔽视频广告功能的"拦截大师"软件；2. 被告赔偿原告经济损失人民币 300 万元，以及为制止不正当竞争行为支付的合理费用 83 500 元；3. 被告赔偿原告全部案件受理费、保全费及其他诉讼费用。

事实与理由：原告运营的追剧网吸引了广大互联网用户，成为业界标杆。原告为了提供正版的视频节目支付了高昂的版权费用。为维持正常运营，原告采取了国内互联网视频网站所通行的商业模式，在向用户提供免费正版视频内容的同时，播放少量的、短时间的广告，以此收取广告费用。被告开发并提供"拦截大师"软件，在安装软件后，互联网用户可以在追剧网免费观看视频时屏蔽广告。为了扩大上述软件的影响，攫取不正当的竞争优势，被告以"追剧不等待"功能作为涉诉软件的广告用语，引诱互联网用户安装涉诉软件。被告的上述行为已经违反了《反不正当竞争法》第二条的规定。

审判长：被告做简要答辩。

被代：不同意诉讼请求，被告不构成不正当竞争。1. 原告的"免费视频＋广告"的盈利模式不存在竞争优势，早有其他视频网站推出了自愿付费或者付费优先观看视频的其他方式，即便存在客户流失，也无法归责于被告。2. 被告的拦截软件具有过滤不良信息、屏蔽恶意弹窗及屏蔽恶意广告等多重功能，具有合法及正当性。被告的软件中还有白名单功能。本案诉讼后，被告还采用技术手段将所有用户对追剧网的屏蔽全部取消。3. 原告提供的证据无法证明原告存在任何的经济损失。原告可以采取低成本的技术手段防止类似软件对原告商业模式的干扰,而原告却忌于使用低成本反屏蔽技术手段,多次采用诉讼手段索取巨额赔偿。

审判长：本案通过书状先行,可以认定双方就原告追剧网的运行模式、广告收入系追剧网的重要收入来源、被告提供的"拦截大师"软件能够屏蔽原告网站的广告等事实没有争议,双方主要是就被告提供软件屏蔽原告网站的广告是否侵害原告权益以及原告是否有权索赔存在争议,因此,本案最终确定以下两项争点：1. 被告向网络用户提供"拦截大师"以屏蔽原告网站广告,是否构成对原告的不正当竞争？2. 如果被告构成不正当竞争,应否承担赔偿责任？

审判长：下面,本庭先围绕争点一进行审理。争点一涉到《不正当竞争法》第二条的适用。关于这个问题,已经有不少法院做出过类似判决,认定类似本案的情形构成不正当竞争。到目前为止,本庭初步认为本案具有类似情形,主要是考虑到以下几个方面的因素：1. 被告推出"拦截大师",软件的使用明显会对追剧网的经营造成具体的妨碍,这种行为与诚实信用原则和商业道德存在抵触的可能。2. "拦截大师"的使用在很大程度上会导致网络用户纷纷屏蔽追剧网的广告,会对原告的利益带来直接的影响。3. 由于利益驱动,黄金会员用户也会倾向于免费观看,导致追剧网目前的经营模式难以为继,类似原告这样的经营主体如果没有动力去购买正版视频或者甚至退出市场,消费者观看影视剧的福利也会随之受到影响。4. 被告推广"拦截大师"软件,并非出于公益目的,而是为今后盈利考虑。5. "免费视频＋广告"的经营模式是我国目前视频网站的主要经营模式,大量网络用户还是习惯于免费观看视频,这种经营模式与我国现阶段的经济发展水平相适应,也为消费者提供了用时间换金钱的可能性。打破这种经营模式将导致重建竞争秩序,完全采用会员制是否符合我国现阶段经济发展水平,也充满疑问。对于法庭的初步心证和法律见解,双方当事人有什么不同的意见？

原代：我们对法庭的见解完全赞同。

被代：感谢法庭公开心证,但我们不同意法庭的上述判断,主要理由有：1. "拦截大师"对追剧网的妨碍并不是直接的,而是取决于用户的使用方式,不能因为存在一定的妨碍就得出被告违反诚信原则的结论。2. 有竞争就有损益,不能因为原告受损就推断被告不正当竞争。3. 追剧网给予黄金会员用户和普通用户的观看权限是不同的,没有证据显示黄金会员用户会转向"免费视频＋广告"的经营模式会难以为继。4. "拦截大师"的推出有利于推动技术进步,即便是出于盈利目的,也具有正当性。5. 打破原有的经营模式也可以带来整个行业的进步,未必就破坏了竞争秩序。

审判员(叶)：被告，本庭注意到"拦截大师"设置有白名单功能，但网络用户使用"拦截大师"就是要拦截广告，怎么会把"追剧网"添加到白名单中以便继续收看广告呢？

被代：网络用户是否会主动将"追剧网"加入白名单中很大程度上取决于用户的自觉和诚信，被告能做的只是提供白名单服务，如果用户拒绝使用，实施了侵权行为，不应由被告承担侵权责任。

审判员(叶)：被告，原告网站名为"追剧网"，而你们的宣传语使用"追剧不等待"，这个作何解释？

被代：被告曾以"追剧不等待"宣传软件，可能会对"追剧网"用户产生误导，确有欠妥之处，但并非针对"追剧网"。收到本案诉状后，被告已经采取技术手段，把追剧网加入到了所有用户的白名单中，用户已经无法再屏蔽原告的广告。

审判员(叶)：原告对前述问题有何意见？

原代：基于"追剧不等待"的广告语，原告有理由相信，"拦截大师"的广告拦截主要被用于屏蔽"追剧网"的广告。被告广告语意在引导用户使用该软件屏蔽广告。白名单设置纯属摆设，从用户角度，与观看广告相比，相信几乎所有的互联网用户都更倾向于最好跳过广告，所以如果用户主动有意使用白名单将"追剧网"加入白名单，用户就没有必要下载软件。

审判员(叶)：被告陈述，在涉诉后已经取消"拦截大师"对"追剧网"广告的屏蔽功能，原告对该节事实是否认可？

原代：经过核实，"拦截大师"确实已不再屏蔽原告"追剧网"的广告了。

审判员(叶)：原告是否仍然请求判令被告停止不正当竞争行为？

原代：鉴于被告已经在诉讼过程中停止了不正当竞争行为，原告请求撤回该项诉讼请求。

审判员(叶)：被告对于原告撤回该项诉讼请求的意见？

被代：没有异议。

（合议庭就是否准许原告撤回诉讼请求进行口头评议）

审判长：准许原告撤回该项诉讼请求。对于争点一的审理，双方还有没有补充和发问？

原代：没有。

被代：没有。

审判长：下面审理争点二，根据之前的书状准备，本庭没有看到原告经营的具体情况，仅凭现有证据尚无法判断原告是否遭受了损失，也无法判断原告主张300万元的赔偿额如何计算。更具体来说,原告是以广告收入的减少来主张损失,但目前本庭并没有看到证据显示原告的确因为违反广告发布合同的约定而导致违约赔偿或者其他广告损失,本庭希望原告对此作进一步解释。

原代:原告的损失是客观存在的,视频网站目前总体的状况都是亏本经营。原告产生损失的重要原因是广告屏蔽软件导致广告收入的下降。具体如下:1. 对于广告收费,每1000次广告呈现收入100元,广告错投、漏投我方要"漏/错一补一",对广告投放商进行补偿,由于被告的软件功能导致原告广告投放不再顺畅,在数量上原告必须对广告投放进行补偿,由于广告位是有限的,热门剧集的广告位更是稀缺资源,因此,原告不得不缩减广告的招商数量,优先补足之前没有顺利投放的数量,导致原告广告收益减少。被告的软件仅仅在第三方网站上就下载了近70万次,实际上应远远高于这个数字,再结合普通互联网用户的观影习惯,即一个用户往往会观看多个视频,简单估算即可以得出广告费收入的损失已经超过了原告主张的300万元。2. 非注册用户向注册用户转化,需要支付19.9元来去除视频前所有的广告,非注册用户向注册用户转化是有一定比例的,考虑到被告软件巨大的下载量,被告的软件已经截断了这种转化的可能,实际损失无法估量,也远高于原告主张的300万元的损失。

审判员(叶):原告,本庭注意到你方提供了版权许可合同和广告发布合同的示例,但这些例子本身还不能反映你方的总体经营状况,尤其是在通过其他诉讼获得了1500万元的赔偿之后,你方的损失情况如何?

原代:1500万元的赔偿远远不能弥补原告的损失。由于涉及商业秘密,原告无法提供更多的证据,但客观事实就是如此。

审判员(金):被告,你方主张原告构成不当得利,实际上是主张原告的损失小于1500万元,因而不需要再给予赔偿。你方关于原告损失小于1500万元的主张有没有证据支持?

被代:本案的事实已经表明原告有超过1500万元的赔偿收入,但原告没有证据证明其损失超过这一收入,所以,我们有理由相信其损失小于收入。这些证据都掌握在原告手中,理应由原告举证。

审判员(叶):原告,在被告开始向公众提供"拦截大师"软件以及本案被告取消对原告"追剧网"广告的屏蔽前后一段时间内,"追剧网"的注册用户或者广告收入是否出现异常?

原代:被告软件产品对原告的损害结果,具有一定的迟滞性。原告的会员及广告收入同时受到多种因素的影响,难以准确单独界定出被告对原告导致的损失。

审判员（叶）：在原告主张被告侵权期间，同时也因广告被屏蔽而向其他多家软硬件厂商提起诉讼索赔，原告在本案中向被告索赔300万元，如何证明这300万元损失全部由被告导致？

原代：因为存在许多不确定性，原告确实难以就实际损失与被告行为之间提供非常明确的因果关系证据材料，但在众多侵权主体中，被告"拦截大师"软件的下载数量最大，理应承担较大的赔偿责任。

审判员（叶）：对于原告主张的赔偿金额，被告的意见？

被代：原告并没有提供证据证明其主张，仅仅依靠说辞，不足采信。原告作为理性的法人，所做决定一定是使自己的利益最大化。长期以来，原告不愿采取可以根绝广告被屏蔽的技术手段，反而以受害者自居，乐此不疲地诉讼索赔，唯一合理的解释是：通过诉讼索赔所得利益远大于广告被屏蔽导致的损失。超过实际损失的赔偿属于不当得利，不应再得到支持。

审判长：对于争点二，双方还有没有补充？

原代：没有。

被代：没有。

（合议庭就初步心证和法律见解有无变化进行口头评议）

审判长：本庭已经充分听取了双方的意见，将在评议后依法作出判断。法庭调查和辩论结束，双方当事人可以做最后陈述。刚才双方已经围绕本庭公开的初步心证和法律见解阐述了意见，不过，到目前为止，本庭尚未听到强有力的反驳意见足以影响本庭已有的观点。在最后陈述阶段，希望双方分别阐述自己的总体思路，并围绕本庭公开的初步心证、法律见解以及全案的处理综合发表意见。首先由原告做最后陈述。

原代：被告构成不正当竞争，理应承担责任。被告开发并提供的"拦截大师"软件，以"追剧不等待"为广告语，突出宣传该软件屏蔽视频广告的功能，引诱、帮助引诱互联网用户在追剧网免费观看视频时屏蔽广告。该软件的屏蔽视频广告功能将导致付费用户不再付费而转由通过该软件实现跳过广告的效果，从而给包括原告在内的目前主流视频网站的经营模式和合法利益带来毁灭性打击。虽然被告主张该软件设置白名单功能，但该功能仅是掩耳盗铃的摆设。此外，尽管被告主张从技术上市场上确实存在反屏蔽技术，但该技术的局限将导致使用屏蔽广告软件的用户将完全无法观看视频，从而势必影响用户的体验，催生用户的大量流失。被告的行为确实导致了原告遭受巨大损失，虽然被告行为与原告损失之间的因果关系极为复杂，原告难以精确地举证证明,但"拦截大师"下载量巨大,并且挤占广告招商空间,致使原告不得不优先挤占其他广告时间播放,用来补足被屏蔽广告的播放量,这是客观事实。因此,原告希求法院考虑原告遭受的损失,依法酌定赔偿数额。

审判长:被告做最后陈述。

被代:被告使用了"追剧不等待"宣传"拦截大师"虽有不妥,但该软件本身具有正当的目的和功能。被告是否应当承担赔偿责任,要看原告是否遭受了实际损失,以及该损失与被告之间的因果关系。原告一方面声称遭受巨大损失,但另一方面却不愿意采取反屏蔽技术措施,彻底排除类似软硬件产品对其经营模式的影响。庭审中,原告始终无法对此给出合理解释,排除这一重大疑点。原告长期的诉讼行为,不仅使得自己获利丰厚,而且还直接导致国内网络流媒体识别控制技术领域多家企业遭受重大挫折,影响了整个行业的技术发展和进步。请求法院驳回原告赔偿损失的诉讼请求。

审判长:今天开庭到此结束。退庭后,双方应阅看庭审笔录,如有遗漏或者差错,可以请求补正。确认无误后,应在笔录上签名。现在退庭。

(六)民事判决书

上海市高新区人民法院
民事判决书

(2019)沪 0369 民初 12345 号

原告:南京追剧网络科技有限公司,住所地:江苏省南京市鼓楼区宁海路 57 号。

法定代表人:王远峰,董事长。

委托诉讼代理人:邵烨,上海市方达律师事务所律师。

被告:上海大爱科技有限公司,住所地上海市高新区荆轲路 803 号。

法定代表人:吴疆,董事长。

委托诉讼代理人:成谦,上海君澜律师事务所律师。

原告南京追剧网络科技有限公司诉被告上海大爱科技有限公司不正当竞争纠纷一案,本院受理后,依法适用普通程序,通过书状先行,确定诉辩主张和争议焦点后,采用法庭调查和法庭辩论合并进行的方式公开开庭进行了审理。上列委托诉讼代理人均到庭参加了诉讼。本案现已审理终结。

(为避免重复,原、被告诉辩意见略)

本院经审理查明:原告运营的追剧网是一个视频分享网站,为引入正版视频节目支付了版权费用。原告采取国内通行的商业模式,提供两种方式供网络用户选择:一是"黄金会员套餐"模式,即原告直接向注册用户收取会员费用，用户提前观看视频节目且无须观看广告。二是"免费视频＋广告"模式，即非注册用户无须向原告付费，但在观看视频节目时需观看广告。除了免广告之外，注册用户要比非注册用户可以观看更多、更热门的视频资源。原告吸引广告主投放广告，获取广告费。目前，广告费收入系"追剧网"的重要收入来源。

被告开发并向网络用户免费提供"拦截大师"软件。该软件具有过滤不良信息、屏蔽恶意弹窗、屏蔽网络广告等三大主要功能。被告使用了"追剧不等待"的广告语，突出宣传屏蔽网络广告的功能，鼓励网络用户安装软件，屏蔽视频广告。网络用户使用该软件后，即可屏蔽包括追剧网在内的各网站的广告。"拦截大师"软件设有白名单，对于被列入白名单的网站不启动屏蔽功能。在用户安装该软件时，系统提示："使用本产品应遵循互联网使用规则和诚信原则，不应损害他人知识产权等一切合法权益。"

再查明：被告在涉诉后已经把"追剧网"加入"拦截大师"软件的白名单，从而不再屏蔽"追剧网"的广告。

另查明：现有技术已经可以实现，在播放视频过程中，由播放系统自动要求观看者在播放界面完成特定动作从而判断是否确有观看者在观看视频，并根据反馈信息做出暂停或者终止播放视频的动作。

还查明：自2010年起，原告因视频广告被屏蔽，已经通过提起民事诉讼先后向十余家软硬件厂商索赔，所获赔偿金额合计超过1 500万元。原告因本案支付了公证费3 500元、律师费8万元。

以上事实有原告提供的网站及域名备案信息、原告网站截图、公证书、版权许可协议、广告发布合同、律师费发票、公证费付款通知，被告提供的公证书、情况说明和报价、技术方案和报价、判决书等证据在案佐证。

本案通过书状先行，诉讼双方最终确定了两项争议焦点：一是被告向网络用户提供"拦截大师"以屏蔽原告网站广告，是否构成对原告的不正当竞争？二是如果被告构成不正当竞争，应否承担损害赔偿责任？围绕前述争议焦点，本院分析如下：

一、被告是否构成不正当竞争

双方当事人虽然经营着不同的业务，但其面对的用户群体重叠，双方的利益此消彼长，故双方之间存在《反不正当竞争法》项下的具体竞争关系，故原告依法有权据此主张竞争利益。

本院认为，考察被告的行为是否违反《反不正当竞争法》第二条规定的诚信原则和商业道德，应主要考虑被告的行为是否会在以下几个方面产生影响：

1. 是否与诚信原则和商业道德存在抵触；2. 是否会导致对原告的损害；3. 是否会导致对消费者福利的损害；4. 是否出于被告利益的考虑；5. 是否妨碍竞争秩序。

首先，被告推出并运营"拦截大师"软件，该软件的使用明显会对"追剧网"的经营造成妨碍，这种行为的主观过错明显。"拦截大师"虽然设有白名单功能，但由于被告推广该软件时采用"追剧不等待"的宣传语，网络用户很容易联想到安装该软件后可以屏蔽追剧网的广告，事实上，这也正是被告推出这一软件的目的。被告在庭审中也承认，网络用户是否将网站加入白名单取决于其自觉。被告当然会清楚地认识到，网络用户如果不是为了屏蔽广告，就不会费事下载这样一款软件，故被告推出该款软件的意图与其徒具外观的白名单功能存在内在的冲突，其行为与诚信原则和商业道德存在紧张关系。

其次，被告的行为在很大程度上会对原告经营造成损害。通过"拦截大师"的使用，"追剧网"的非注册用户可以在享受视频资源的同时减少甚至消灭时间成本的投入。原告采用的经营模式是目前我国视频网站惯常的经营模式，即给用户提供选择，或者支付费用收看视频，或者收看广告后免费看视频。网站可以通过向注册用户收费或者向广告主收费来获得收益。但是，如果非注册用户可以不收看广告即观看视频，则追剧网的广告投放将进入寒冬，"免费视频＋广告"的模式将无以为继。而且，由于注册用户和非注册用户的本质差异就在于是否需要收看广告（尽管还有诸如是否提前收看等非本质差异），故若长此以往，出于利益驱动的缘故，注册用户也会倾向于转为非注册用户，这很可能会对原告的利益带来重大影响。

再次，被告的行为从长远来看会对消费者福利造成损害。如前所述，广告屏蔽会给原告的经营模式带来冲击，如果一切都可以免费，而纯收费模式又难以推行，则原告将丧失动力去购买正版视频，或者因经营不济而退出市场。随着类似原告这样的企业不断退出市场，能够坚持的企业将越来越少，消费者观看视频的选择机会随之减少。无论是出现垄断高价还是无人经营，消费者福利都将受到不利影响。

此外，被告推广"拦截大师"软件，并非出于公益目的，而是为今后盈利考虑。被告在书状答辩中也承认，其推出"拦截大师"软件虽然目前是免费，但不排除今后将收费经营。因此，被告的行为是一种以逐利为目的的商业行为。

最后，"免费视频＋广告"的经营模式是我国目前视频网站的主要经营模式。尽管随着国民经济的发展，已经有不少网络用户选择付费观看视频，但是仍然有大量网络用户还是习惯于免费看视频。这种经营模式为消费者提供了用时间换金钱的可能性,与我国现阶段的经济发展水平仍然是相适应的。目前尚没有证据显示,打破这种自然演化的经营模式并重建竞争秩序的商业合理性。

尽管被告辩称,原告可以利用反屏蔽技术低成本地促使网络用户收看广告,但是法律并没有对原告课以此项义务。事实上,原告本来已经通过协议与网络用户达成了一致,后者愿意在收看广告后观看视频,如果不是被告的反竞争行为,这些协议正在被实施,原告没有理由在给客户带来消极体验的同时额外增加成本去购买反屏蔽软件。因此,被告关于原告起诉被告构成不正当竞争系滥用权利及司法资源的主张缺乏法律依据,本院不予认同。被告推出"拦截大师"软件屏蔽追剧网广告,已经构成不正当竞争,理应承担相应的法律责任。

鉴于被告的不正当竞争行为已经制止,原告当庭撤回制止被告不正当竞争行为的诉讼请求,本院也已当庭予以准许,故不再就被告的停止侵害责任进行赘述。

二、被告应否承担损害赔偿责任

因为被告构成不正当竞争,故本院有必要讨论双方争议的第二个问题,即被告是否应当承担赔偿责任。这个问题又可以细分为被告是否应承担经济损失的赔偿和合理开支的赔偿,合议庭就前者的处理存在分歧意见。

合议庭多数意见认为,原告的赔偿请求不应获得支持,理由如下:

原告在同类诉讼中已经获得高额赔偿,无法认定原告遭受损失。原告在本案中主张了300万元的损害赔偿,但是为此仅提供了示例合同,单独的合同并不能证明原告是否存在实际损失。尤其,本案中无争议的事实是,原告通过系列诉讼已经获得了超过1500万元的赔偿款。尽管被告有关原告不当得利的主张缺乏证据支持,但原告同样不能证明其损失额超过了已经获得的赔偿款。在合议庭当庭发问后,原告仍以商业秘密为由,未能提供相应证据,合议庭无法认定原告存在损失。

更进一步,原告在本案中主张的是广告费损失,但原告未能证明其存在此类损失。根据辩论原则,本院的裁判受制于双方当事人在诉讼中提供的素材。原告在本案中主张的损失是广告费的损失,但在案证据不能证明原告因为广告拦截而向广告商承担了违约赔偿,甚至不能证明广告商对此提出交涉,同时也没有证据显示广告商因为广告被拦截的原因而放弃在追剧网投放广告,故原告的该等主张缺乏事实依据,理应承担举证不能的后果。

合议庭少数意见认为,原告的赔偿请求应该获得支持,理由如下:

被告的"拦截大师"软件对于追剧网的广告具有屏蔽效果,网络用户用该软件拦截追剧网的广告而免费收看视频,给原告造成广告收入的损失是必然存在的。尽管原告在本案中提供的证据尚不足以证明具体的损失数额,但这不是驳回的理由。根据法律规定,在具体赔偿额不能确定的情况下,法院可以综合各项因素酌情确定赔偿金额。

根据少数服从多数的合议原则,本院对原告关于被告赔偿经济损失300万元的诉求请求不予支持。

有关原告为维权所支出的合理开支,合议庭一致认为应予支持,理由如下:

被告实施不正当竞争行为,其理应承担损害赔偿责任。损害赔偿责任的范围除了涉及经济损失以外还包括权利人为制止不正当竞争行为而支出的合理开支。本案中,不论原告的经济损失是否获得赔偿,原告为维护自身权益而支出了律师费和公证费是客观事实。这部分费用系因制止被告不正当竞争行为而支出(被告应诉后才停止广告屏蔽行为),构成了原告的损失。该等支出的金额明确而合理,被告对此应予赔偿。

据此,本院依照《中华人民共和国反不正当竞争法》第2条、第17条之规定,判决如下:

一、被告上海大爱科技有限公司于判决生效之日起十日内向原告南京追剧网络科技有限公司支付为制止不正当竞争行为而支出的合理费用83 500元;

二、驳回原告南京追剧网络科技有限公司的其他诉讼请求。

如果被告未按本判决指定的期间履行给付金钱义务,应当依照《中华人民共和国民事诉讼法》第253条之规定,加倍支付迟延履行期间的债务利息。

案件受理费31 468元,由原告负担15 308元,被告负担16 160元。

如不服本判决,可于判决书送达之日起15日内,向本院递交上诉状,并按对方当事人的人数提出副本,上诉于上海知识产权法院。

审判长　胡震远

审判员　金绍奇

审判员　叶　琦

2019年9月30日

书记员　白婷婷

B. 德国法官按照德国法对本案的模拟审理

（一）模拟庭审记录

德国口头审理的模拟庭审记录①

庭审时间：2017年6月15日上午11:30

庭审地点：卡尔斯鲁厄地区法院公开审理，民18庭（商事庭）

案由：不正当商业竞争行为

审判组织：地区法院法官Maier（审判长）、Jens Kornbeck博士、Klaus Tanner先生

当事人：

原告：南京追剧网络科技有限公司

法定代表人：王童先生(Mr. Wang Ton)

诉讼代理人：邝骓驹，Katzen Jammer律师事务所律师

被告：上海大爱科技有限公司

法定代表人：路西先生(Mr. Lu Xi)

诉讼代理人：吴疆，吴和叶律师事务所律师(Wu, Ye and Partners)

（法官进入法庭②。当事人和旁听人员起立。法官入座，当事人和旁听人

---

① 本笔录由Jochen Glöckner撰写，是对德国法院审理商事案件时一场庭审理全过程的"模拟记录"。以下各方面是完全虚构的。首先，本文是基于案卷材料呈现的案件发生在德国，案件由德国法院审理，并且适用德国实体法的假设；其次，假设(本案中)所有参与者，即严格意义上的诉讼当事人和他们的代理人，律师以及法院人员的行为须做如下假定：法官享有《德国基本法》第97条第1款的司法独立，虽然全面的专业训练使得他们对法律问题的处理方法高度同质化，但他们对案件的具体处理会有所不同，其他人员，他们的经济和私人利益就像人类本质一样具有个体性，因此，本模拟记录更像是一个电影剧本，因为当事人和他们代理人的诉讼活动都是纯粹虚构的。本"模拟庭审记录"中使用的术语大部分来源于英文版本的如下德国法律：《反不正当竞争法》，访问网址见：http://www.gesetze-im-internet.de/englisch_uwg；《民事诉讼法》，访问网址见：https://www.gesetze-im-internet.de/englisch_zpo/englisch_zpo.html；《法院组织法》，访问网址见：http://www.gesetze-im-internet.de/englisch_gvg/。

② 本案第一审由州法院审理，具体来说，由商事庭审理（根据《反不正当竞争法》第13条第1款，《法院组织法》第95条第1款第5项）。该合议庭由一名州法院法官作为审判长，以及两名非法官人员，年龄(大于30岁)和职业(商人或公司董事、董事局成员或经理等具有对外事务执行决定权及代理权的人)均符合要求（根据《法院组织法》第105条）。这种情形有些非典型，因为首先，德国法院系统很少使用非法官人员；其次，担任审判长的专业法官同时担任承办法官。这一特性可以解释为什么其他两名法官在口头审理程序中很少积极参与。从实务观察来看，他们在合议时相当积极主动——事实上，他们甚至能通过多数票反对审判长(他们有时这么做)，以及在开庭审理询问证人时偶尔也较为积极主动。

员坐下)①

审判长：法庭由作为审判长的 Maier 法官，Kornbeck 博士和 Tanner 先生组成。第"18 O 56/17 KfH"号案件南京追剧网络科技有限公司诉上海大爱科技有限公司被传唤开庭。

（传唤：1. 邱骓驹律师，以及首席财务官 Waihin 先生。2. 被告吴疆律师，以及首席法务官邓女士）②

审判长：先生们、女士们，早上好，今天本法庭审理南京追剧诉上海大爱一案。首先确认当事人出席情况。你是邱先生，代表原告，是吗？

原代：是的。请允许我介绍，这是我们客户的首席财务官 Waihin 先生。

审判长：你是吴先生吗？

被代：是的。请允许我介绍我们客户的首席法务官，邓女士。

审判长：在我们开始审理本案前，我们应考虑一下是否有友好解决（本案）的可能性。为了确保我们在谈论同一个问题，我首先根据所呈案卷总结事实和主要法律争议③：原被告双方就被告销售及向市场推广以"追剧不等待"为宣传口号的"拦截大师"软件的合法性问题产生争议。原告请求禁止该行为并要求赔偿损失。

与被告行为相关的事实基本无争议：原告运营的追剧网向公众提供大量高质量的正版视频资源，原告为此需支付相当多的版权费用。原告采用两种方式并行的商业模式：一方面，原告向互联网用户免费提供视频，但在视频前播放第三方产品的短广告。在这种情形下，广告收益可以为视频版权费用提供资金支持。另一方面，原告向支付服务费用作为对价的"黄金套餐"会员提供无须观看广告的视频。被告生产和销售电脑硬件和软件，其中包括涉诉的"拦截大师"软件。自 2014 年以来，该软件为用户提供了屏蔽片头广告的可能性。被告在营销过程中使用"追剧不等待"的宣传标语来强调软件的这一功能。

原告担心，如果很多或大多数用户使用"拦截大师"软件，由于广告的影响减少，那么在视频前播放广告所产生的收入将减少。原告认为，被告的商业行

---

① 审判长宣布开始或继续庭审，立即通过录音设备准备记录。通常情况没有书记员(《民事诉讼法》第159条第1款)。

② 正式开庭前必须先进行调解(《民事诉讼法》第278条第2款)。法院应当传唤双方当事人亲自参加调解(《民事诉讼法》第278条第3款)。然而，在大公司之间的诉讼中，法院通常不会传唤法定代表人。本案中，双方当事人都已被传唤，两名被授权的首席执行官都已经出庭。

③ 调解过程中，法官应当与双方当事人探讨（案件的）事实和法律问题(《民事诉讼法》第278条第2款第2句)。

为是不正当竞争,并向法院寻求禁令和损害赔偿救济。原告以违反《反不正当竞争法》为由起诉。尽管最初的侵权行为发生在2014年8月,是在适用2008年《反不正当竞争法》的情形下实施的,但原告请求法院禁止的行为是针对未来的,所以2015年修订后的《反不正当竞争法》可以适用。

原告诉讼请求的依据可能是《反不正当竞争法》的第8条第1款。根据《反不正当竞争法》第8条第3款第1项的规定,原告的起诉资格取决于它作为竞争者的地位。根据《反不正当竞争法》第2条第1款第3项的规定,"竞争者"是指任何与供应或需求商品或服务的一个或多个企业具有具体竞争关系的主体。很明显,在本案中双方当事人之间没有直接的竞争关系。因为原告提供视频服务,而被告提供计算机软件,且在竞争法意义上,这两种产品当然是不可相互替代的。但是,双方当事人应清楚"具体竞争关系"不应如此狭义的解释。为了不过度减弱《反不正当竞争法》的管辖范围,在具体侵犯商业行为的案件中而形成的判例法使得促进一方商业活动但损害另一方商业活动的争议行为属于该法规制范围。值得一提的是,联邦最高法院已经在一起私人电视台起诉录像机广告拦截器生产商案件中确认了原告的起诉资格。作为起点,本法庭倾向于将此判例法适用于本案。

《反不正当竞争法》第8条第1款所称的非法商业行为首先可能考虑第3条第1款及第4条第4款规定的故意妨碍。由于事实认定需要存在对竞争者的妨碍,本法庭认为没有任何理由对"竞争对手"一词做不同于《反不正当竞争法》第8条第3款第1项规定的监管框架的解释。因此,本庭倾向于认为这一条件得到满足。

关于"故意的"一词,确切地说,并不一定要求意图。其目的是排除仅仅源于其他合法竞争而给竞争者造成经济损失的行为。然而,值得再次注意的是,联邦最高法院在关于电视广告拦截器的判决书中已经明确,向消费者提供的技术设备并没有阻止电视台提供其服务。当然,电视广告拦截器的使用影响了电视台的经济利益,不仅影响电视台播放的节目,还有广告的浏览量,其广告收益取决于观看的消费者的数量。但是,正如联邦最高法院所言,单就该结果并未导致提供广告拦截器构成不正当。本庭需要考虑相同的法律评估方式对互联网视频广告拦截器而言是否合适。

根据《反不正当竞争法》第3条第1款,不正当的第二个层面是市场妨碍。构成市场妨碍的事实不仅包括个体竞争者的案件,也包括一群企业家在他们的商业活动中都被妨碍的案件。然而,如果商业行为产生了一种能让人明显感知其履行应予以限制的具体危险,无论自己造成的或者是由于他们在市场上传播导致的,则此类商业行为可能只能被禁止。总而言之,(此类被禁止的)商业行为必须能够将一种具体形式的服务提供驱逐市场。

在这方面,本法庭可能需要更多的信息来论证为什么存在这一具体风险。这种风险是否存在似乎更令人怀疑,因为法院知道互联网上那些利用类似的广告融资的商业模式的其他市场参与者都会利用技术设备来保护自己:他们只向那些停用了广告拦截器的互联网用户提供免费服务。使用简单的方法就能避免这个市场妨碍的可能性,本法庭也须考虑这个因素。

最后,原告要求赔偿金,一方面是为了使被告停止此等行为(的费用),另一方面是为了弥补自己的利益损失。赔偿金可根据《反不正当竞争法》第9条进行主张。该条款要求被告至少具有过失。目前,本法庭倾向于认定如果被告构成违法,则没有尽到注意义务。

然而,对于终止被告行为所需要的费用数额,本法庭认为目前为止原告提供的信息不足。原告主张的损害赔偿金并没有得到充分的证明。

关于原告的经济损失,原告的计算方法的基础是,使用"拦截大师"软件的用户本应该购买原告自己的"黄金套餐",以便能够不等待广告就可以观看视频。本法庭对这一假设是否能够支持其主张持怀疑态度。也许更可能的情况是安装了被告免费软件的互联网用户选择"咬咬牙"观看广告,然后再免费观看视频,而不是购买"黄金套餐"。原告没有明确指出由于"拦截大师"软件的使用导致其广告收益损失的数额究竟是多少。

我希望我已经清晰地呈现了本法庭的初步评估,现在请你们说明这些问题,并对我们的观点作出回应。先从原告律师方开始。①

原代: 非常感谢,法官大人。我可以请求短暂休息,与我的当事人讨论情况吗?②

审判长:(经其他法官同意)当然可以。我们休息10分钟。我们在评议

---

① 法院拥有关于本案的全部信息。双方都有协助审理程序进行的义务:当事人各方都应该在言词辩论中,按照诉讼的程度和程序上的要求,在诉讼程序进行的相应阶段及时提出各种事实主张或否定、抗辩及抗辩权、证据及质证意见(《民事诉讼法》第282条第1款)。不遵守这一义务会导致当事人的主张及陈述不被法院采纳(《民事诉讼法》第296条)。通常,法院不仅掌握原告的主张和被告的答辩,有时还有原告(对被告答辩)的回应,甚至被告(针对原告回应)的再答辩。在完成对书面材料的审核,且无法获得更多实质性内容后,法庭将确定案件开庭审理的日期。在开庭审理之前,法院将分析该案的法律问题,并在此基础上确定本案在法律上的争议点及需要提供证据证明的事实争议点,准备调查取证,例如传唤证人。在由合议庭审理的情况下,在开庭之前,合议庭全体成员会先行全面讨论案件的全部内容。该程序的结果会呈现给双方当事人,如举例所示。

② 原告律师已经理解了审判长传递的信息。在这种情况下,最好的回应方式是依据《民事诉讼法》第269条撤诉。原告代理人正在和他的当事人讨论这个问题,但显然,原告当事人坚持要获得判决。

室,请你完成讨论时敲门。

(法官起立;当事人和听众起立;法官离开法庭。几分钟后当事人回来,法官回到法庭就座。)

审判长:你们讨论的结果是什么?

原代:法官,您对事实部分的描述是正确的。被告的商业行为触及了我的当事人整个商业模式的核心。尽管我非常希望找到一个友好的解决方案,但我的当事人坚决要求确定被告停止销售屏蔽广告视频的软件。我们相信我们有权获得法院的禁令来禁止(被告的)该等行为,尽管我们可以协商讨论被告要支付的赔偿金数额。

被代:法官,您已经充分描述了案件事实。关于本案,我的当事人的行为始终是完全合法的。当然,被告理解原告在经济方面的需求,但是我们正在推广"拦截大师"软件,且这是我们最畅销的产品之一。邓女士,你有什么想说的吗?

被告法务官:我可以发言吗?

审判长:是的,当然了,请讲。

被告法务官:我们花了很多的钱和精力去开发"拦截大师"软件。现在它是我们在市场上的核心产品之一。消费者就是通过这个产品来识别我们的企业。可以想象,只有在我们能够以其他方式收回净利润的情况下,我们才会停止销售"拦截大师"软件。

原告财务官:但这是敲诈勒索!我们甚至无法确定有没有其他市场参与者以类似的广告拦截器进入市场。

审判长:被告,原告,现阶段看来没有和解的机会——或者你们有不同的看法吗?

(双方当事人没有回应)

审判长:所以,我们现在开始正式诉讼程序①。我们已经核查了开庭手续。邝先生,你要提交你在4月15日提交的书状中所载的动议吗?

原代:是的。

审判长:那你呢,吴先生,你是否要提交驳回原告动议的动议,正如你在5月9日的书状所述?

① 根据《民事诉讼法》第279条第1款,如果调解不成功,则此后立即进行庭审。根据《民事诉讼法》第279条第2款、第3款,主期日应先进行争点辩论,后进行证据调查,在证据调查结束后,法庭将再次就已确定的案件事实和争议事项向当事人释明。由于本案中没有任何争议事实,不需要调查证据。

被代：是的，法官。

审判长：你们已经听取了法庭对于事实问题和法律问题的初步意见。你们还有其他意见或论点吗？

原代：是的，我有。我完全认可您对于竞争关系、原告的起诉资格以及对《反不正当竞争法》第4条第4款基本适用的观点。但是，对于联邦最高法院关于电视广告屏蔽的判例法规则可以被转移适用于现代网络广告上这一问题，我提出质疑。二者的技术是很不同的。最值得注意的是，现代网络服务的一个文化特征就是可以提供给用户终端免费服务，但是通过广告收入获得交叉补贴。同样地，被告的产品在实质上破坏了维持这种交叉补贴商业模式的可能性，需在市场阻碍的事实构成中考虑。如果原告被迫向所有终端用户提供有偿服务——正如原告通过"黄金套餐"模式所做的那样——相当多的消费者将失去他们喜欢的免费服务，因为如果要付费，他们无法承担。

被代：法官，我完全支持您所表达的观点，即"拦截大师"软件的生产和营销并不构成故意的妨碍。之前的判例法必须被适用于目前的情况：正如我们过去几十年来所熟知的，私人电视频道的资金完全来源于出售广告空间和吸取观众收视，相对更依赖于他们的业务运作模式，因为他们没有一个"黄金套餐"的替代选择——除非改建成付费电视频道。所以尽管他们没有使用现代科技，他们也陷入了同样的困境，即他们必须要保证观众的收视来维持广告的收入。我也没有看到任何公众可能失去他们所想要的免费服务的危险，因为原告具备在"拦截大师"软件激活时阻止内容传输的技术方法。所以那些想要受益于免费服务的消费者可以被强制观看播放视频前的广告。

审判长：确实如此。邝先生，这似乎是一个关键点：你主张大量的用户会失去他们现在所免费获得的有价值的服务。正如我先前指出的，以及被告强调的：通过任何技术手段来防止那些使用"拦截大师"软件的用户观看免费视频资源的可能性是否被排除？

原代：很抱歉，但我对技术方面的信息不是很了解。

原告财务官：我也很抱歉，我仅是财务专员，不懂技术问题。

原代：我可以请求法庭给予我们合理的期限来适当地回答这一问题吗？

被代：那毫无疑问，我们也需要类似的期限来答辩。

审判长：当然。你们需要多久？两个星期的时间足够吗？

（邝先生和吴先生点头）

审判长（看向其他法官）：我们可以在八周内宣判吗？

其他法官：当然。没问题。

审判长：法庭宣布：原告应于 2017 年 6 月 29 日前提交书面补充书状，阐述关于阻止向使用"拦截大师"的用户传输视频数据的技术手段；被告应于收到原告书状后的三周内进行书面答辩。法庭将于 2017 年 8 月 9 日早上 8 点宣判。①

（庭审结束）

（二）模拟判决

卡尔斯鲁厄地区法院
判决书

案由：不正当竞争商业行为

原告：南京追剧网络科技有限公司，首席执行官王童先生。

诉讼代理人：邝骓驹律师。

诉

被告：上海大爱科技有限公司，首席执行官路西先生。

诉讼代理人：吴疆律师

2017 年 6 月 15 日，卡尔斯鲁厄地区法院商事诉讼第 18 庭进行口头审理，由主审法官 Maier、Kornbeck 博士和 Tanner 先生主持。

1. 驳回原告诉讼请求。
2. 原告承担诉讼费用。
3. 在申请人提供被执行金额 120% 作为担保时，本判决可临时执行。

案 件 事 实

原被告双方就被告销售及向市场推广以"追剧不等待"为宣传口号的"拦截大师"软件的合法性问题产生争议。原告请求禁止该行为并要求赔偿损失。

原告运营的"追剧网"向公众提供大量高质量的正版视频资源，原告为此需支付相当多的版权费用。原告采用两种方式并行的商业模式：一方面，原告向互联网用户免费提供视频，但在视频播放前播放第三方产品的短广告。在这种情形下，广告收益可以为视频版权费用提供资金支持。另一方面，原告向支付服务费用作为对价的"黄金套餐"会员提无须观看广告的视频。

被告生产和销售电脑硬件和软件，其中包括涉诉的"拦截大师"软件。自 2014 年以来，该软件为用户提供了屏蔽片头广告的可能性。被告在营销过程中使用"追剧不等待"的宣传标语来强调软件的这一功能。

① 通常，判决应该在言词辩论终结的期日、或在随即指定的期日宣誓之，指定的宣判期日，除有重大事由，特别是由于案情复杂困难而有必要时外，不得定在三周以外（《民事诉讼法》第 310 条第 1 款）。在本案中，考虑探究限制数据传输的技术可能性以及给予被告相应答辩期对于审理本案的必要性，法庭认为庭审结束后八周的时间择期宣判是合理的。

原告认为,"拦截大师"软件的营销构成不正当竞争,不正当是指要么是对个体的妨碍,要么是对市场的妨碍。对于后者,原告认为尽管存在技术使得已安装被告"拦截大师"的用户无法观看视频,该项技术的使用并不符合用户观看视频的习惯,因为其会破坏用户代入感并遭致反感。原告主张这些不正当竞争的行为已经导致其高额损失。基于此,原告请求:

1. 判令对被告每项违法行为强制罚款 250 000 欧元,如果不能支付罚款,对被告的首席执行官强制拘留 6 个月;停止提供具有屏蔽追剧网播放视频前广告功能的"拦截大师"软件。

2. 判令被告赔偿损失 315 000 欧元。

被告请求:

驳回诉讼请求。

被告认为,"拦截大师"软件主要有三项功能:过滤有害信息,屏蔽恶意内容,屏蔽网络广告。被告认为引发法律纠纷的最后这一功能并未违反国家有关监管政策或公认的商业道德。

至于双方的诉答细节,请参考双方的书状。

判 决 理 由

1. 该诉讼是可以被受理的,但是诉讼请求没有法律依据。根据《反不正当竞争法》第 8.3.1 条、第 8.1 条、第 3.1 条以及第 4.4 条,原告提出的禁令救济请求没有法律依据。

a)根据《反不正当竞争法》第 8.3.1 条,原告享有作为竞争者的起诉资格。根据《反不正当竞争法》第 2.1.3 条,"竞争者"是指任何与一个或多个提供或需要商品或服务的企业具有具体竞争关系的主体。

由于原告提供视频服务而被告提供计算机软件,并且二者在竞争法的意义上并非是可替代的,由此本案中当事人没有直接的竞争关系,但原告仍应当被视为不正当竞争法上的竞争者。在具体妨碍商业行为的案件中而形成的判例法使得促进一方商业活动但损害另一方商业活动的争议行为属于该法规制范围(参见:联邦最高法院,2017 年 1 月 12 日判决,I ZR 253/14 — World of Warcraft II,WRP 2017,434,第 45 段)。

联邦最高法院已经在一起由私人电视台起诉录像机广告拦截器生产者的案件中确认了原告的起诉资格(联邦最高法院,2004 年 6 月 24 日判决,I ZR 26/02— TV ad blocker,WRP2004,1272,1274)。其他几个法院已经将这些原则应用于互联网服务提供商和互联网广告拦截软件生产商之间的法律关系之中(科隆高等法院,2016 年 6 月 24 日判决,I-6 U 149/15 — AdBlock Plus,

WRP 2016,1027,1031;慕尼黑高等法院,2017 年 8 月 17 日判决,U 2225/15 Kart — Whitelisting I,WRP 2015,1347,1351)。

这种方法可以适用于本案。《反不正当竞争法》所禁止的扭曲竞争的行为的范围比竞争法更加广泛。保护竞争者不受阻碍和利用是不正当竞争法的根本,并且妨碍和利用均可能发生在双方当事人为同一客户群体而竞争时。"竞争者"的概念须从更广义范围的竞争关系来体现。

b) 但是,依据《反不正当竞争法》第 8.1 条诉请无法成立,因为本案没有违反《反不正当竞争法》第 3 条或第 7 条的行为。

aa) 首先,根据《反不正当竞争法》第 3.1 条以及第 4.4 条,本案不构成故意妨碍。

(1)《反不正当竞争法》第 4.4 条是对 2008 年《反不正当竞争法》第 4.10 条的直接替代,且在 2015 年初才开始生效,即在最初可能始于 2014 年的侵权行为之后。但是,因为原告寻求禁令性救济的诉讼旨在针对未来,因此 2015 年修订的《反不正当竞争法》是可以适用的。

(2)《反不正当竞争法》第 4.4 条要求存在对竞争者的妨碍行为,没有理由用不同于《反不正当竞争法》第 8.3.1 条规定的监管框架的方式解释"竞争者",因此,法院认为该条件已满足。

(3) 关于"故意",法院充分认识到该表述不是必须要求有意图(联邦最高法院,2007 年 1 月 11 日判决,I ZR 96/04,现场雇员,WRP 2007,951,954)。其目的在于排除仅仅源于其他合法竞争而对竞争者造成经济损失后果的竞争行为(联邦最高法院,2007 年 1 月 11 日判决,I ZR 96/04,现场雇员,WRP 2007,951,954)。再次值得注意的是,联邦最高法院在电视广告拦截器的判决中认为在那个案件中,提供给消费者的技术设备没有阻止电视台提供其服务(联邦最高法院,2004 年 6 月 24 日判决,I ZR 26/02 — TV ad blocker,WRP 2004,1272,1275)。当然,电视广告拦截器的使用损害了电视台的经济利益,不仅包括他们的节目,还包括他们广告的浏览量,因为广告的收入取决于观看的消费者的数量。但是——正如联邦最高法院认为,仅仅这一点并未使得广告拦截器构成不正当(联邦最高法院,2004 年 6 月 24 日判决,I ZR 26/02 — TV ad blocker,WRP 2004,1272,1275. f)。

类似地,在网络上使用广告拦截软件有关的案件中,所有的高等地区法院已经确认此立场并认为,当用户可以随意通过拦截功能对网络资源设置网络黑名单或白名单时,就不存在对广告赞助模式的服务运行者的故意妨碍(科隆高等法院,2016 年 6 月 24 日判决,I-6 U 149/15 — 广告拦截强化软件,WRP

2016,1027,1032 f.；慕尼黑高等法院,2017 年 8 月 17 日判决,U 2225/15 Kart — 白名单 I,WRP 2017,1347,1351,1358)。

　　法院遵循该判例。在没有知识产权权利排他性授权和保护的情况下，不正当竞争法不能被当作保护商业模式的工具去对抗具体不正当行为之外的行为对市场的攻击。正如《反不正当竞争法》第 4.4 条阐明的,企图直接妨碍一个竞争者推广其产品肯定是不正当的,但在本案中,不是被告妨碍了原告推广其服务,而是"拦截大师"的用户没有将原告的网页列入白名单,这点很重要。

　　bb) 法院认为该案亦不构成《反不正当竞争法》第 3.1 条下的市场妨碍。当立法者在 2004 年更新反不正当竞争法案时,受到广泛认同的是,尽管没有被编入法典,已经建立的构成市场妨害的事实类型将不会被舍弃,但是也要求法院在适当案件中适用一般条款——现在被载入《反不正当竞争法》第 3.1 条。在 2004 年后,法院遵循了这一做法(如联邦最高法院,2009 年 10 月 29 日判决,ZR 180/07 — 沉默的销售员 II,WRP 2010,746)。所以现在看起来作为一个广泛认可的原则,市场妨碍的实施类型不仅适用于个体竞争者,也适用于一大批企业家在其商业活动中被妨碍的案件。然而,如果商业行为产生了一种能让人明显感知其履行应予以限制的具体危险,无论自己造成的或者是由于他们在市场上传播导致的,则此类商业行为可能只能被禁止。总而言之,(此类被禁止的)商业行为必须能够将一种具体形式的服务提供驱逐出市场。在这个语境下,原告主张持续使用"拦截大师"这一软件,会导致用户播放广告视频后可以免费观看视频的这一商业模式受损且最终用户将无法享受这一免费服务。

　　然而,法院在本案中没有发现这样的风险(类似于科隆高等法院,2016 年 6 月 24 日判决,I-6 U 149/15 — AdBlock Plus,WRP 2016,1027,1033；慕尼黑高等法院,2017 年 8 月 17 日判决,U 2225/15 Kart — Whitelisting I,WRP 2017,1347,1351,1362)。其他在互联网上采用类似的广告融资商业模式的市场经营主体运用非常简单的技术手段来保护自己的商业利益(科隆高等法院,2016 年 6 月 24 日判决,I-6 U 149/15 — AdBlock Plus,WRP 2016,1027,1033)：仅在用户将他们列入广告拦截软件的"白名单"内的情况下,他们才向这些互联网用户提供免费的视频资源。

　　虽然法院知道仅有自我保护的可能性不应导致法律救济的丧失,但这一特殊的市场妨碍模式要求法院考虑到市场变化的可能性。因此,法院必须考虑是否存在可行简便的方法来避免这一市场妨碍。

　　在这方面,原告并没有证明此类保护其播放广告视频的利益的技术手段是不存在的。相反，被告在其答辩中已经确认，只要被告的"拦截大师"软件启动，避免视频内容呈现的技术手段是存在的。使用该技术手段也并非是不切实际的。此类技术软件的安装可能会破坏用户观看视频的习惯，因为用户将不得不决定，相比于完全不能免费观看吸引人的视频他是否更愿意将原告网站列入"白名单"并且观看商业视频。但这种破坏与"拦截大师"软件的功能是一致的：毕竟不是被告拦截了商业视频的播放，而是运行该软件且没有将原告网站列入"白名单"的用户。

2. 因为首先不存在违反《反不正当竞争法》第 3 条的行为，《反不正当竞争法》第 9 条下的损害赔偿之诉也不成立。

3. 附带性临时执行判决的法律依据是《民事诉讼法》第 91 条、704 条和 709 条。

Maier	Dr. Kornbeck	Tanner
州法院主审法官	商事庭法官	商事庭法官

C. 运用不同庭审方式审理屏蔽他人网站广告不正当竞争纠纷的评价

（一）中德两国法院"同案不同判"及其原因的分析

1. 案件背景和中德两国法院裁判简介

随着光纤接入以及 4G 等移动网络的普及发展，互联网带宽大幅上升的同时资费大幅下降，中国近年来几乎实现了全民上网。而视频网站以丰富的视频资源、随时点播的互动服务迅速赢得了广大网民的青睐，在很大程度上取代了传统有线电视，成为人们获取影视视频服务的主要渠道。在推广过程中，许多视频网站运营商根据相当部分网络用户希望观看免费视频的消费心态，在发展付费会员的同时，大多还提供了"广告＋免费视频"模式，用户可以以播放一定时长的广告——也就是付出一定的时间成本——来换取免费影视视频服务。运营方可以通过广告收入来弥补支付版权费用及运营成本，从而实现双赢。其实"广告＋免费视频"并不是什么新鲜事物，早在向公众免费播出的广播电台、电视出现以来，自主经营电台、电视台的广告收入就是维持运营和产生利润的重要资金来源。

随着视频网站积累了庞大的网络用户群体，很快有相当数量的网络技术服务商为迅速抢占市场，抓住网络用户既想观看免费视频但连时间成本也不想付出的心态,开发出各种各样能自动屏蔽免费视频前广告的软件或者硬件产品供网络用户下载和使用。在网络技术服务商看来,因为视频网站用户群极为庞大,哪怕只有一小部分网络用户使用其产品,绝对数字也是极其可观的。另外,视频网站运营有着很高的资金、技术要求和准入门槛,国内知名视频网站运营商数量少但规模大,而网络技术服务商则因技术门槛相对较低,因此企业数量众多且大多规模不大——即便视频网站通过诉讼维权,网络技术服务商也会有"法不责众"、自己未必就会成为被告的侥幸心理。

2012年起,我国多家视频网站运营商不断针对提供屏蔽广告功能产品的厂商提起不正当竞争之诉。以北京、上海两地为例,大部分有知识产权案件管辖权的法院都受理过此类案件。从审理过程来看,法院对此类案件的审理周期普遍偏长。多数案件累计庭审时间普遍长于8个小时。庭审大部分时间都消耗在法庭调查上,具体来说就是当事人的举证质证。此类案件原告的证据材料一般可以分为四类:(一)原告系知名视频网站、长期为网络用户提供高质量正版视频资源,包括大量原告介绍性资料、购买正版视频资源的合同及付款凭证等;(二)被告产品恶意屏蔽原告的广告,大多都通过公证机构进行了证据保全;(三)被告产品给原告造成损失甚至影响行业发展;(四)原告维权的合理支出,如委托律师合同以及公证费、律师费的付款凭证和发票。多数案件原告提交的证据材料总页数超过600页。被告的证据材料一般可以分为三类:(一)原告网站在播放视频前并未告知用户广告时长,如果中断重看时还需重新收看广告等,意在证明网络用户有权选择屏蔽广告;(二)同时期存在多种与被告功能类似的屏蔽广告产品;(三)被告尚未获利。多数案件被告提交的证据材料总页数经常超过200页。可以想见,由于原被告双方在法庭上逐一出示数十份近千页的证据材料,而且在质证过程中往往还夹杂着辩论,国内法院审理此类案件在一审过程中多次开庭的情况非常常见。从裁判结果来看,法院往往最终都会归纳出两个争议焦点:"一、被告提供具有屏蔽原告视频前广告产品的行为是否构成不正当竞争;二、(如果构成不正当竞争)赔偿数额应当如何确定。"几乎所有法院审理后认为被告行为构成不正当竞争,但原告提交的证据都不能证明实际损失数额。法院对赔偿数额基本上都是自由裁量:"综合考虑被告主观过错、侵权行为严重程度、侵权行为持续时间、双方市场地位等因素酌定为若干元。"大多数案件的赔偿数额从20万元至50万元不等,一般在原告索赔金额的1/5至1/10之间,同时还会支持赔偿原告部分合理支出。

德国早在1999年就出现了类似的案例。当时有设备厂商生产销售一款名为"电视仙女"的预控器(广告屏蔽器),该设备可以连接在电视机前,根据使用者预先设定,当电视播放广告时可以自动转到一个没有广告的频道上去,待原台广告播放完毕后再切换回来。广告收入是当地私营电视台的唯一收入来源,当地电视台随即作为原告将预控器厂商告上法庭,指控"电视仙女"预控器"妨碍、侵夺他人劳动成果和妨害市场秩序",构成德国《反不正当竞争法》第1条所称的反竞争行为,要求法院判令被告停止宣传、销售和运营"电视仙女"预控器。被告则辩称,双方之间根本就不存在具体的竞争关系,无论自己的从业领域还是所处的经济位阶均与原告不同,双方提供的服务不仅互不抵触,而且还互相补充;不被允许的妨碍行为也不存在,因为是否要看广告一事依然是由消费者自行决定的。在插播广告期间,通过预控仪可以随时切换的程序而转至其他电视节目是一种完善,不该遭到恶性评价。初审法院(柏林地方法院)支持了原告的诉请。① 被告不服,提起上诉。柏林地方高等法院审理后认为,原、被告之间存在竞争关系,但原告根据《反不正当竞争法》第1条以"针对产品的妨碍"为由提起停止侵害的请求权不成立,因为决定权始终掌握在观众手中,原告提供的服务无论直接还是间接都没有受到反竞争式的影响。被告只是为意欲转离原告节目的观众提供了一项技术支持。此外,原告完全可以与其广告主顾携手提升广告对于观众的吸引力,或者将广告与剪辑的节目产品捆绑播放。还有若干新技术,例如让广告只能占据画面的局部(这也是将广告与剪辑的节目产品捆绑播出的一例),可以进一步压缩原告的风险。被告的行为虽然使靠广告资助的电视台运营变得困难,但却并不对其生存构成威胁。据此,第二审法院驳回了原告的诉讼请求。原告不服提请终审。德国联邦最高法院终审维持了柏林地方高级法院第二审判决。② 该案的终审判决结果对德国后续类似案件的裁判产生重大影响,德国模拟法庭在驳回追剧网对大爱公司的全部诉讼请求的判决中,亦援引了该份判决。

2. 同案不同判的原因分析

(1) 中、德两国法官均是在反不正当竞争法的"一般条款"(法律原则)下作出裁判。

中、德两国法院对于因屏蔽他人广告导致不正当竞争纠纷的裁判结果截然相反,要准确分析产生这一结果的原因,我们首先应当分析两国法院作出判决所依据的实体法律规定。德国早在1896年就颁布了世界首部成文的《反不

---

① 参见柏林地方法院,卷宗号 ZUM-RD 2000, 144。

② 联邦最高法院,2004年6月24日判决,I ZR 26/02-TV ad blocker,WRP 2004,1272,1275。

正当竞争法》,堪称大陆法系国家反不正当立法的鼻祖。1909 年德国《反不正当竞争法》又首次推出"一般条款"的概念,以克服成文立法所固有的滞后性、不周延性,以法律原则和兜底规定的"一般条款",弥补法条列举立法方式的不足,赋予法官在司法实践中一定的灵活性。2015 年修订的德国《反不正当竞争法》第 3 条①就是该法的"一般条款",也是该法的"灵魂性法则"。第 3 条的第 1 款明确规定了"不正当的交易行为是被禁止的",第 2 款、第 4 款以及第 3a 条,分别对"不正当"行为进行了列举和解释:不谨慎经营、利用弱势群体和违反法律规定的行为均属于"不正当"的行为,而第 3 款则直接指向了附录中列明的 30 种社会生活中常见的侵害消费者权益的不正当竞争行为。这种"一般条款+列举不正当竞争行为(黑名单)"的反不正当竞争立法方式,逐渐成为各国《反不正当竞争法》立法的通用范式,绝大多数国家的反不正当竞争法中设有"一般条款"。② 我国也不例外,《反不正当竞争法》第 2 条便是"一般条款"——通常也被称为《反不正当竞争法》的"基本原则",③自 1993 年 12 月颁布施行后,历经 2017 年和 2019 年两次修法至今无任何变动;随后以列举方式规定了禁止仿冒混淆、商业贿赂、虚假宣传、侵犯商业秘密、损毁商誉等具体的不正当竞争行为,而这些规定了特定类别不正当竞争行为的法条,往往会随着经济社会发展变化而被适时地修订和增减。

比较可见,中德两国《反不正当竞争法》都是以保护保护经营者和消费者的合法权益、制止不正当竞争为立法目的,以禁止损害经营者、消费者合法权

---

① 德国《反不正当竞争法》(2015 年修订)第 3 条"禁止不正当的交易行为":
一、不正当的交易行为是被禁止的。
二、如果交易行为不符合谨慎经营,并且能对消费者的经济行为产生显著的影响,则针对某一消费者或者联络消费者的交易行为是不正当的。
三、本法附件所列举的针对消费者的交易行为始终是被禁止的。
四、对消费者交易行为的评估,需适合通常的消费者,或者如果交易行为是针对一群特定的消费者时,其应适合于该群的通常成员。企业主可预见的交易行为,如会对因精神或者身体缺陷,因年龄或者轻信此交易行为,或者会对因特别依赖于此商品或者服务的这些可明显确认的某一群体的经济行为产生显著的影响的,其交易行为必须从该群体的通常成员的视角加以判断。
第 3a 条违法
行为人违反某一项为市场参与者利益而规范的市场行为法,且此违法能够明显地损害消费者、其他市场参与者或者竞争参与者利益的,即为不正当行为。
② 范长军:《德国反不正当竞争法研究》,法律出版社 2010 年版,第 59 页。
③ 《反不正当竞争法》(2019 年修订)第 2 条:"经营者在生产经营活动中,应当遵循自愿、平等、公平、诚信的原则,遵守法律和商业道德。"
本法所称的不正当竞争行为,是指经营者在生产经营活动中,违反本法规定,扰乱市场竞争秩序,损害其他经营者或者消费者的合法权益的行为。
本法所称的经营者,是指从事商品生产、经营或者提供服务(以下所称商品包括服务)的自然人、法人和非法人组织。

益的不正当竞争行为为基本原则,立法目的和基本原则大体相同。两国《反不正当竞争法》所列举的不正当竞争行为类型中,均无禁止屏蔽其他经营者广告的具体法律规定。中德两国法官实际上是在相似的法律原则之下,①对屏蔽其他经营者广告的行为是否属于《反不正当竞争法》所称的"不正当"行为进行分析和自由裁量,并最终得出了不同的结论。

(2) 中德两国法官对"不正当"竞争行为的判定标准不同。

中德两国《反不正当竞争法》都将较为常见的滥用自主经营权进行不正当竞争的行为归纳为类型化条款予以规制,但类型化的条款无法涵盖全部社会经济生活。随着科学技术的进步,生产力和经营方式也在不断发展变化,新的市场参与者、新的竞争方式不断涌现,很多时候无法将某种竞争行为归入现有的某种类型,本章案例所涉纠纷就是一个典型。《反不正当竞争法》中的一般条款就赋予法官自由裁量权,在类型化规则之外,判断某种具体的竞争行为是否系"不正当"。尽管在相似的法律原则之下,但当法官采取不同的价值衡量和行为认定标准时,对相同的行为可能就会得出不同甚至是截然相反的结论。

正如中国模拟庭法官在庭审中的释明和判决书中的说理,中国法官在判定某一没有法律明确界定的行为"正当"与否时,考虑了以下因素:① 是否与诚信原则和商业道德存在抵触;② 是否会导致对原告的损害;③ 是否会导致对消费者福利的损害;④ 是否出于被告利益的考虑;⑤ 是否妨碍竞争秩序。其中②、④两个因素是显而易见,被告作为一般经营者的行为必须是"利己"的——或是眼前、或是长远,否则便无法在市场环境下生存和发展;被告的行为也一定会对原告产生不利——否则原告也不会诉至法院。中国法官认定被告构成不正当竞争的关键理由还是在于:首先,尽管被告提供了白名单功能,但是下载"拦截大师"软件的网络用户的目的就是为了屏蔽原告网站免费视频前的广告,当然不可能将原告网站加入白名单中;其次,部分下载"拦截大师"网络用户会导致原告利益受损,可能不愿或不能再提供"广告+免费视频"模式,导致消费者丧失以时间换取免费视频资源的选择权;最后,原告"广告+免费视频"的模式,符合目前的经济社会发展水平,应予保护。

德国法院也曾审理过大量因屏蔽他人网站广告引发的不正当竞争纠纷,

---

① 如果详细对比中德两国《反不正当竞争法》的一般条款(基本原则),即我国《反不正当竞争法》第2条和德国《反不正当竞争法》第3条,还是有一定的差别(1)德国法对于消费者、其他市场参与者和竞争者的保护程度不同,对于消费者的保护更为详尽和周密,而中国法对于其他经营者和消费者权益的保护并不加以区别对待;(2)对于其他市场竞争者和参与者,德国法的"不正当"仅限于违法,而中国法则要求经营主体遵守法律和商业道德、诚信原则等。

但与中国法官对于被告软件的"白名单"功能所持法律观点却完全不同。德国法官认为,"不是被告妨碍了原告推广其服务,而是"拦截大师"的用户没有将原告的网页列入白名单,这点很重要";还在模拟判决中进一步写明"在网络上使用广告拦截软件有关的案件中,所有的高等地区法院已经确认此立场并认为,当用户可以随意通过拦截功能对网络资源设置网络黑名单或白名单时,就不存在对广告赞助模式的服务运行者的故意妨碍"。可见,被告拦截软件的白名单功能,在中国法官看来不过是"掩耳盗铃"的摆设而已;但在德国法官看来,却足以免除被告的"恶意妨碍"。其次,中国法官认为,是被告为网络用户提供了屏蔽原告广告的技术手段,因此应当承担责任;而德国法官却认为,是网络用户以自主意志使用了被告的软件,网络用户才是屏蔽原告广告的决定者和实施者。再有,中国法官认为,被告的行为必然导致原告广告投放量的减少和广告收入的降低——虽然无论是在司法实践中还是模拟庭审理案件中,原告均不能对此举证证明——被告的行为应被认定为"损害经营者利益"和"扰乱市场秩序"的违法行为;但德国法官则认为,"(此类被禁止的)商业行为必须能够将一种具体形式的服务提供驱逐市场",尽管可能影响原告的广告收入,但被告的行为尚不足以对原告提供视频服务的业务产生毁灭性的影响,原告可以采取会员制、仅向不屏蔽广告的用户提供服务等方式加以克服。最后,对于被告提出的原告可以采取反屏蔽技术手段的抗辩,两国法官的态度也不相同。中国法官直接以"法律并没有对原告课以此项义务"不予认同;而德国法官则认为,"有自我保护的可能性(反屏蔽技术手段)不应导致法律救济的丧失",但法院必须考虑是否存在可行简便的方法来避免这一市场妨碍。当存在切实可行的反屏蔽技术手段足以促使网络用户将原告网站加入被告软件的"白名单"(或者卸载被告的软件)时,被告自然也就不会构成市场妨碍。正是由于这些法律见解的不同,中德两国法官对此类案件作出了不同的判决。

(3) 中德两国不同的社会经济背景、法制传统、对市场竞争行为不同的容忍程度是两国"同案不同判"的深层次原因。

对于被告设置"白名单"功能的法律意义、对原告既有商业模式受到影响的程度以及原告是否有可行的自力救济手段,中德两国法官的法律见解有着很大不同,并由此对相同的案件事实作出了不同的判决。我们认为,两国不同的社会经济背景、法制传统以及对于市场竞争行为的不同容忍程度,是导致两国法官对相同的案件事实作出不同价值判断的原因所在。首先,德国是一个历史悠久的资本主义国家,自由竞争和市场经济自17世纪以来就开始成为主要的资源配置手段,因此,自由竞争的意识早已深入人心——因此,法官会认为"在没有知识产权权利排他性授权和保护的情况下,不正当竞争法不能被当作保护商业模式的工具去对抗具体不正当行为之外的行为对市场的攻击";只有当一种行为导致原先某种具体的服务提供者被逐出市场时,才被认为构成"妨碍"(损害)。而我国市场经济地位得到确立不过三十多年,既得利益者往往对于竞争以及由此导致的利益重新分配容易产生排斥感,法院也认为现有的经营模式应该默认得到保护。其次,德国长期作为发达国家,深知持续不断的创造创新对于保持经济活力的重要作用,已经形成对市场经营者(特别是市场后入者和经济位阶较低者)创造创新活动极为包容和宽容的社会环境,联邦最高法院的法官甚至认为广告屏蔽产品丰富了消费者的选择;而且,当原告具有切实可行的自力救济手段时,不认为被告的行为对原告构成"妨碍"(损害)——哪怕原告因此必需负担额外的经营成本。我国近几年来虽然也在大力宣扬"大众创业、万众创新",但创新活动所引发的利益冲突应当如何平衡,司法在新技术手段引发的纠纷中如何适当保持谦抑,还缺乏经验的累积。最后,德国实行法制的历史悠久,而自由意志者应为自己的行为负责自古以来就是法制社会一个不证自明的公理。因此,德国法官在处理此类案件的判决中,往往都要强调电视或网络用户是屏蔽原告广告的决定者和实施者,被告仅是为实现用户实现不看广告的目的提供了手段。其中的潜台词就是,被告不应为网络用户的行为担责,原告应当针对用户有悖诚信原则的行为采取相应措施,例如,提升广告对用户的吸引力、采取视频广告与视频同时播放的"画中画"技术等以保护自己的商业模式;而不应攻击为用户屏蔽广告提供手段的被告,况且被告的产品还附带有"白名单"功能。比较而言,我国相当部分的消费者习惯于"免费的午餐",下载并使用盗版软件的行为也都司空见惯,何况是屏蔽免费视频附随的广告,网络用户甚至根本就没有意识到观看(至少是播放)广告是为获取免费视频而支付的对价。在这种现实国情下,被告软件中"不应损害第三方利益"的警示,显得是如此自欺欺人。法院自然也不会支持被告"网络用户未能诚信地将原告网站加入'白名单'"的苍白抗辩。

(二)国内法院传统庭审方式与新型庭审方式审理本案的比较

1. 模拟庭审理以书状先行的方式,开庭前即明确了无争议事实和争点,庭审效率和质量显著提高

以传统庭审方式审理民事案件,正式开庭前一般仅将双方当事人的起诉状、答辩状以及各自的证据材料交换给对方,主审法官对案件基本事实、双方对对方证据的质证意见、争议焦点等并不清楚。当然,这也与非强制答辩的现行法律规定有关——如果被告不答辩,或答辩针对性不强,法官自然也就无法

了解案件事实的全貌和双方关键争议所在。正是因为缺少真正意义上的书状先行环节,法官无法判断双方当事人提交的证据材料与案件要件事实之间的关系,在法庭调查阶段,法官只能任由当事人逐一出示证据材料——哪怕这些证据材料与双方争议和裁判根本没有关系。因屏蔽他人广告导致的不正当竞争纠纷案件属于相对较新的案件类型,法官缺少对于类似案件的处理经验,一般就更不会阻止当事人提交证据。当事人为充分证明自己的主张、代理人为展示代理工作成绩也都有堆砌自认为对本方有利的证据材料的动力。实际上,原告视频网站运营方提交的经营资质、曾经取得的荣誉和声誉、与版权方签订的版权合同与支付费用等证据材料,其证明目的要么属于双方无争议的事实,要么与案件要件事实无关,庭审的宝贵时间被大量浪费在了对此类毫无意义证据材料的举证质证中。而且,无关证据进入法庭审理导致的后果不仅仅是浪费时间,更重要的是冲淡甚至是掩盖了关键争议焦点,导致法官不能集中精力发现关键事实排除疑点和形成正确的心证,对双方当事人而言则是丧失可以影响法官心证的宝贵时机。各地法院主审不正当竞争等知识产权纠纷案件的法官专业素养和庭审水平普遍较高,从实际审理结果来看,经过了多次开庭质证后,大多数案件还是比较准确地将争议焦点归结为:原、被告之间是否具有竞争关系,被告的行为是否违反商业道德,原告的损失如何认定这三个关键争点(其中前两个争点也可以合并归纳为,被告的行为是否构成不正当竞争)。

　　模拟庭则是以真实案件事实为基础,由国内资深法官、律师按照本书介绍的新型庭审理论进行模拟审理和裁判。模拟庭采用书状先行、书面质证、法庭指令等方式在庭前即确定了无争议事实并锁定了双方的争议焦点,减轻了当事人的举证负担,限缩了审理范围,大大地提高了庭审的效率。国内同类案件实际审理过程往往要经过数次开庭,每次开庭时间平均长达 2 小时以上,而模拟庭仅用 20 多分钟就完成了庭审。但模拟庭庭审所涉及的实质内容却远超国内法院实际庭审,例如,被告提出了原告怠于采用现有反屏蔽技术手段、原告已经通过同类诉讼获得巨额赔偿的抗辩理由——这两项抗辩理由都是国内同类案件的被告从来没有提出过的。其中,原告有自力救济技术手段是德国对同类案件判决原告败诉的决定性理由之一;原告不能证明在获赔金额之外仍有损失是模拟庭驳回原告索赔请求的主要原因。也就是说,虽然模拟庭仅仅开庭了 20 多分钟,但涉及的实质内容要比传统庭审更为广泛,法官所关注的、双方展开激烈辩论的都是对裁判结果有重大影响的关键问题。这就是新型庭审方式能够使辩论原则得到了真正的、全面的和充分的贯彻,避免突袭裁判,最终实现庭审效率和质量大幅提高的核心作用机理。在这种高效的集中审理之后,法官自然可以形成心证。

2. 模拟庭庭审中,合议庭较为充分地公开初步心证,当事人的辩论意见得到有针对性的充分表达,裁判结果更具有可预测性、接受度也更高

模拟庭庭审和国内法院实际审理案件对比最大的区别在于模拟庭庭审中法官充分公开了初步心证,双方代理律师可以针对法官的初步心证发表自己的意见,这就保证了庭审能够在各方目标明确、相互协同的氛围下展开。而国内法院审理案件时,法官往往只作为消极的程序指挥和管理者,极少会在法庭上公开心证。究其原因主要有:(1)因工作量大、被告未提交答辩状等种种原因,开庭前对案件并不熟悉,尚未形成初步心证,而且对于复杂些的案件,法官也难以仅仅通过法庭上双方的诉辩意见以及举证质证就形成可靠的心证;(2)为了避免出现法官与一方或双方当事人发生辩论甚至冲突的局面,导致出现申请法官回避等影响案件正常审理的意外情形;(3)如果法官当庭公开了初步心证,但在全案审理结束后,最终又改变原先心证作出不同裁判时,也可能引发当事人的不满。虽然法官审理中不公开心证避免了一些可能出现的矛盾,但在相当大程度上是以牺牲民事诉讼效率与公正作为代价的。传统审理方式中,由于法官不公开心证,当事人自然会将其认为对自己有利的证据材料全部堆砌到法庭,在举证、质证和辩论过程中往往也事无巨细地四面出击生怕有所遗漏,甚至对于法官实际上并不关注或者对裁判结果无实质影响的事实或法律适用问题,双方却展开激烈辩论,这就大大影响了庭审效率;而且在当事人收到不利判决后,发现自己在法庭上侃侃而谈的意见根本就没有被法官理会和回应,自然会心生不满,认为遭受了"突袭裁判",提起上诉甚至申请再审,既浪费了司法资源又增加了讼累。而在模拟庭审理过程中,法官先后两次公开心证,一是认为被告大爱公司的行为有悖商业道德、损害原告利益、扰乱正常竞争秩序构成不正当竞争的初步心证;二是认为原告提交的证据材料不足以证明实际损失超过在先前案件中已经获得的赔偿。这就为原、被告双方发表辩论意见提供明确的目标和方向,当事人的发言也就更具有针对性,即便是旁听人员也能够从当事人发表的意见是否具有足够的说服力来预判裁判结果。这种情况下,即使是败诉,当事人也会因为事先已经被给予明确的提示和指引、针对法官对自己不利的心证充分发表意见的机会而更容易理性地接受对自己不利的判决,服判息讼。

3. 模拟庭通过合理归纳争点和充分释明,行使自由裁量权时所考虑因素更加全面,裁判社会效果更好

由国内资深法官组建的模拟庭对同类案件审理后作出的裁判结果与国内

法院实际判决结果之间存在一定差异。模拟庭经过审理认定被告大爱公司构成不正当竞争,但原告提交的证据不足以支持其诉请索赔金额——这与国内法院对同类案件事实认定是一致的。区别在于,模拟庭多数意见认为原告虽然可能因被告的行为遭受损失,但在先前大量同类诉讼已经获得巨额赔偿,而且采取反屏蔽技术手段的成本也不高,因此在原告不能证明自身损失超过先前已经获赔金额的情况下,不再支持其索赔请求。国内法院实际审理此类案件时,被告方几乎从未以原告曾因同类案件获得巨额赔偿为由进行抗辩,国内法院在原告无法证明实际损失以及被告获益情况时,往往"综合考虑被告主观过错、侵权行为严重程度、侵权行为持续时间、双方市场地位等因素"酌定赔偿金额。虽然并未在判决书中充分披露,但模拟庭的裁判思路与德国联邦最高法院在"电视仙女"一案中的裁判思路是较为接近的,即,将被告行为的后果是否严重到导致原告无法继续经营、原告是否有技术防范手段或者调整经营策略以自我保护等国内法院裁判中从未考虑的因素也纳入了考量。两相比较,模拟庭在对原告索赔的诉讼请求行使自由裁量权时,考虑的因素更加全面,而且案件处理的社会效果可能会更好。在被告主动停止侵权且没有获利——考虑到软件研发所投入的成本,被告是必然亏损的——的情形下,模拟庭判令被告承担诉讼费用以及原告维权的合理支出,既对被告不正当竞争的违法行为给予了一定惩戒,但也不至于使被告(或者同类市场经营主体)进行技术研发、产品或服务创新的热情遭受重挫。对原告索赔金额不予支持,自然会促使原告不再一味依赖社会成本极高的司法途径进行诉讼索赔,转而积极采取反屏蔽技术手段或者更具吸引力的经营策略或模式来自力救济,从而提升自身的竞争实力和抗风险能力。从长远来看,模拟庭的裁判结果更加有利于互联网行业的健康发展。

(三)中、德两国模拟庭判决书比较

中德两国模拟庭均对案件作出了一审判决,从两份模拟判决书撰写规范的异同可以反映出法院裁判思路以及相关制度上的差异。

首先,两国判决书主要内容顺序排列不同。中国法院将判决结果(判决主文)置于判决书的尾部,所载内容顺序依次为:当事人信息及案件审理过程、双方当事人的主张、法院审理查明的事实(自"经审理查明"开始)、法院适用法律规范(自"本院认为"开始)、依据法条、裁判结果(判决主文)。而德国法院将裁判结果置于判决书的首部,所载内容顺序依次为:当事人信息及案件审理过程、裁判结果、当事人主张、法院审理查明的案件事实、裁判理由(包括法律规定、在本案中的适用结果)。中国判决书内容的顺序更多地体现法院审理案件的时间顺序,即先审理后判决;而德国判决书更符合当事人的关切,当事人拿到判决书最关心的无疑是判决结果,德国判决书在首部就把判决写明更符合当事人的关切——实际上,当事人拿到中国判决书一般也都是先翻到最后阅看案件的判决结果,然后再回过来从头开始阅看判决书。比较而言,德国法院判决书的顺序安排更符合当事人的阅读习惯。

其次,德国判决书"规范出发型"的说理论述结构遵循"三段论"逻辑顺序,具有说服力。德国判决书"判决理由"部分的撰写,严格遵循了特定的顺序,在简要列明判决意见后开始说理论证。首先将该裁判所依据的法律规定,向当事人(读者)释明——如果涉及案件事实发生过程发生了法律规范修改,法官还说明适用修改后(或者修改前)的法律规定进行裁判的理由;①接着,法官将高度抽象的法律规范条文与本案所涉的社会生活领域、事实背景、在先判例等相结合,推导出原、被告在本案纠纷中所应当遵循的具体行为规范或者在本案适用该法律规范的构成要件;②接下来,只要将本案查明的事实,即当事人(被告)的行为或者具体事实与前述"具体行为规范或者适用该法律规范的构成要件"进行对比,自然也就得出被告的行为违法与否和是否应该承担法律责任的裁判结论。简言之,德国判决书的说理部分中始终严格遵循的逻辑是:从抽象的法律规范得出具体的行为规范或裁断标准,对比当事人(被告)的实际行为得出判决结果。判决书这样的一个说理过程,基本上就是典型的"三段论"论证过程:能够引起特定法律效果的法律规范是"大前提",本案查明的事实是"小前提",由"小前提"是否满足借由"大前提"推导出的当事人行为规范(或构成要件)来判定"小前提"能否引发"大前提"所规定的特定法律效果。例如,德国判决书在论述被告的行为是否构成《反不正当竞争法》第 3.1 条③规制的"市场妨碍"行为时,进行了如下论证:首先说明"市场妨碍"属于德国《反不正当竞争法》3.1 条的调整对象;随后解释"市场妨碍"行为,是指"能够将一种具体形式的服务驱逐出市场"的行为,在本案中的评判标准就是,被告的行为是否足以导致原告"广告+免费视频"的商业模式根本无法继续;接着指出,本案查明原告可以借助于现有反屏蔽技术手段克服被告软件拦截软件,还可以选

---

① 参见本章中德国判决书说理部分:"《反不正当竞争法》第 4.4 条是对 2008 年《反不正当竞争法》第 4.10 条的直接替代,且在 2015 年初才开始生效,即,在(被告)最初可能始于 2014 年的侵权行为之后。但是,因为原告寻求禁令性救济的诉讼旨在针对未来,因此 2015 年修订的《反不正当竞争法》是可以适用的。"

② 我们认为,这是判决书说理的核心部分,也是最能反映法官将法律规范与生活经验、逻辑推理相结合,从而准确理解和适用法律解决具体问题的能力高低。

③ 《德国反不正当竞争法》第三条 禁止不正当商业行为 (1) 不正当商业行为被法律所禁止;……

择仅向将原告网站加入"白名单"的网络用户提供服务;最后得出结论——原告的商业模式虽受到被告影响,但却并非无法继续,故被告的行为不构成"市场妨碍"。① 整个论述过程,脉络清晰,逻辑顺畅,令人信服。中国模拟庭所撰写的判决书总体上是非常优秀的,特别是在论证"被告的行为构成不正当竞争"时,"三段论"逻辑结构清晰完整、说理充分翔实;但在论述对原告要求赔偿损失的诉讼请求不予支持时,未能从具体的法律规范出发,说明法定的赔偿原则、损失认定规则和举证责任的分配和举证不能的后果。如果在判决书"合议庭多数意见"中,首先从相关法律规范出发,释明在反不正当竞争法语境下,本案实施不正当竞争行为的经营者(被告)所应当承担的赔偿责任是"补偿性"而非"惩罚性",然后再论述对原告索赔主张不予支持的理由,原告相对就容易接受。

最后,德国判决书中大量援引了德国最高法院、州高等法院在类似案件判决中的法律见解,大大增强了判决书的说服力,也避免了"同案不同判"。中德两国都是典型的成文法国家,与英美等判例法国家不同,上级法院或者本院的在先判决对同类案件的裁判并无强制拘束力。但近现代以来,随着两大法系国家和地区在观念和制度上的不断相互学习和借鉴,德国法院在判决中援引判例早已屡见不鲜,而且在许多民事审判领域,德国的各级法院更是精选了上百个判例,作为审理案件的依据。相当部分德国学者甚至认为,经常运用判例有益于保持法律的连续性和整体性。② 日本比较法学家也指出:"尽管大陆法系确实没有遵循先例拘束的原则,但实际上,无论是法国还是德国等成文法国家,在很多时候下级法院也都遵从上级法院所做出的裁判依据。"③在德国判决书中共援引了德国联邦最高法院、州高级法院的判决多达 13 份,几乎所有影响本案裁判结果的关键法律见解都附有一份甚至是多份判例,例如:虽然原、被告的服务不能相互替代,但仍属于不正当竞争法意义上的"竞争者";当用户可以随意通过拦截功能对网络资源设置网络黑名单或白名单时,就不存在对广告赞助模式的服务运行者的故意妨碍,这是因为不是被告妨碍了原告推广其服务,而是"拦截大师"的用户没有将原告的网页列入白名单;当被告的商业行为足以将原告的产品或服务驱离市场才能被认为构成"市场妨碍",而且法

---

① 参见本章所附德国判决书说理部分,自"bb)法院认为该案亦不构成《反不正当竞争法》第 3.1 条下的市场妨碍"起。
② 参见郭哲、张双英:《案例指导制度:法律统一适用的中国话语——以"同案不同判"契入》,载《西南民族大学学报》(人文社科版)2008 年第 12 期。
③ 大木雅夫:《比较法》,范愉译,法律出版社 1999 年版,第 126 页。

院还必须考虑是否存在可行简便的方法来避免这一"市场妨碍"。法官在判决书中援引判例,不仅能大大增强论证和裁判的说服力,使得当事人更容易服判息讼——毕竟在上级或最高法院持相同法律观点的情况下,上诉也几乎没有意义。更为重要的是,援引判例在很大程度上保证了统一的裁判尺度,能够有效避免"同案不同判"。成文法的法条具有高度抽象性和概括性,这就必然留下众多的法律空白和盲区,正如拉丁法谚"法律必有漏洞"。我国是以制定法为主要法律渊源的国家,无论是法条语言文字本身的模糊性、立法的滞后性,还是法律原则的高度灵活性、法官不当的自由裁量都极有可能导致"同案不同判"。尽管早在 2011 年 12 月 20 日,我国最高人民法院就已经依据《最高人民法院关于案例指导工作的规定》而发布了第一批指导性案例,但案例指导制度在指导性案例的认定条件和效力等方面仍不明确,指导性案例中不同级别法院所持的法律观点和具体裁判尺度的法律定位也不明晰;成文法、司法解释和案例指导制度具体适用也亟待厘清。[①] 可以说,我国目前的案例指导制度还远没有发挥出其应有的价值,对统一法律适用所起作用极为有限。学习借鉴德国法院判决中援引判例的制度和具体方法,有利于进一步完善我国的指导性案例制度,有助于我国"追求法律统一适用之道、司法法治之道",甚至是我国推进司法改革、提高裁判质量和接受度的重要方向和路径之一。

[①] 黄亚英:《构建中国案例指导制度的若干问题初探》,载《比较法研究》2012 年第 1 期。

第十五章　不同法系、不同国家或地区庭审方式的比较及我国的选择

本章是专门对庭审方式的比较,比较的角度与以往有较大差别。本章的比较侧重于微观方面,且以本书选择的近年来的个案庭审为比较素材。这就保证了比较庭审的新颖性,同时,读者直观的感受会更加明显,对我国庭审方式的选择也更有价值,也与本书主要是作为一本实务教材而非理论著作的特点相适应。

本章的比较主要包括三大部分内容:首先是两大法系及其代表性国家和地区庭审方式的比较。这里代表性国家我们分别选取了大陆法系已经基本上实现了一庭终结集中审理目标且庭审时间最短(通常庭审时间在2个小时以内)的德国的庭审,以及英美法系代表性国家美国的庭审(本书第十二章首页显示,美国9个联邦法院庭审的平均时间统计数据为 4.69 天)进行的比较。受本书容纳量的限制,我们选用的是美国联邦法院庭审时间比较短的一个案件,开庭时间也有将近1天的时间。该案开庭时间在美国联邦法院审理的案件中之所以比较短,是因为原告的损害赔偿诉讼请求被驳回。如果法院支持原告的诉讼请求,接下来就会涉及医疗费、护理费、营养费、误工损失,劳动能力减损、精神慰抚金等一系列费用数额的认定,庭审时间也会随之大幅度增加。此外,在该部分,笔者将美国和我国台湾地区的两个类似的人身损害赔偿案件的庭审做一简单的比较。

其次是大陆法系内部庭审方式的比较。大陆法系尽管实施集中审理的国家或地区很多,但真正对我国大陆立法和司法产生较大影响的,主要是德国、日本和我国台湾地区的庭审。为了使比较更加深入,且有庭审材料的支持,本章第二部分直接将标题确定为德国、日本和我国台湾地区庭审方式的比较。

最后是我国大陆与德国及境外其他国家和地区庭审方式的比较。该部分实际上包含了两部分比较内容。一是我国传统庭审的形成和发展,在形成中与苏联庭审的联系,在此基础上与境外庭审方式的比较;二是我国大陆一庭终结的集中审理与德国、日本和我国台湾地区庭审方式的比较。

此外，为了与我们试点的新型庭审主要借鉴国德国的庭审做更深入的比较，在本编第十四章，我们通过一个案例分别展示了我国传统庭审方式审理该类案件的情况、上海的法官和律师按照新型庭审要求在书状先行的基础上模拟一庭终结集中审理该案的情况，以及德国法官根据我们提供的案件资料按照德国的法律和庭审方式对该案进行审理的情况，作为本章的一个补充。

一、两大法系及其代表性国家美国与德国庭审方式的比较

上世纪70年代以来，世界范围内开展了轰轰烈烈的以实现公正、迅速、低廉地解决纠纷作为目标的民事诉讼程序改革运动。其中对我国学界影响最大、最受推崇的当数德国1976年《民事诉讼法》全面修改中围绕庭审程序之变革，即将实务上占主导地位的分割审理主义修改为集中审理主义的庭审方式。为了弥补分割审理主义的缺失，历史上曾采分割审理主义的大陆法系国家和地区，纷纷借鉴德国的经验，改采集中审理的庭审方式。

如果说在上世纪70年代之前，英美法系的庭审与大陆法系分割审理时期的庭审相比明显占上风的话，在大陆法系上述新的一波庭审改革中，这种情况开始发生变化。特别是近几十年，尽管英美法系在实现公正、迅速、低廉地解决纠纷作为目标的民事诉讼程序改革运动中也有较大幅度的改革，也在强调协同主义，①但英美法系协同主义的重心与大陆法系仍有较大区别：英美法系将民事诉讼协同的重心放在解决因法官管理不足和当事人控制诉讼程序所带来的诉讼迟延问题上；而大陆法系的协同主义更倾向于实现集中审理，提高诉讼效率，解决因当事人财力、诉讼能力等方面的差异所带来的诉讼结果形式上公正、实质上不公正问题上。英美法系国家或地区从审前程序到庭审方式改革上尽管也有较大进步，但没有取得大陆法系在走向集中审理的过程中从庭审理论到庭审实践的飞跃式发展。

首先，集中审理带来了大陆法系庭审效率的大幅提升。从我们了解的情况看，在分割审理时期，德国、日本等大陆法系国家或地区，较为复杂的案件，开庭次数多在7—8次左右。尽管大多数案件开庭时间都很短，累计开庭时间也仅有半天左右的时间，但毕竟当事人要到法院去七八次，路途耗费的时间和

---

① 1998年英国重大修改后的民事诉讼法规定："法院与当事人必须共同合作以便实现公正、公平和节约的诉讼目标。"参见 Robin Byron, An Update on Dispute Resolution in England and Wales: Evolution or Revolution, *75 Tulane L. Piev.* 7297, 1299-1312 (2001).

为每次庭审准备的时间远超庭审用去的时间。而英美法系是集中审理,除开庭时间比较长之外,庭审路途耗费的时间和为每次庭审准备的时间明显少于大陆法系,两者庭审实际耗费时间差别不是太大。此外,乍一看,美国庭审时间平均 4.69 天,好像是长得难以想象,但实际上,美国 50% 以上的案件庭审时间仅为 1 天,时间特别长的案件大多是特殊类型的案件,如集团诉讼。又如,有陪审团的案件也会延长庭审时间。统计表明,有陪审团的庭审,由于陪审团的介入和指示,比法官庭审要长得多,大约是法官庭审时间的两倍(见下图)。①此外,英美法系庭审时间长还有一个重要原因,自上世纪 30 年代开始,英美法系国家或地区进入庭审的案件比重越来越低,②美国从 1936 年进入庭审案件比重的 20%,已降至目前的 2% 左右。而大陆法系的案件绝大多数都会进入庭审。在此情况下,英美法系对进入庭审的案件多花费些时间细致审理,为完成高水平的判例打下坚实基础是完全可以理解的。

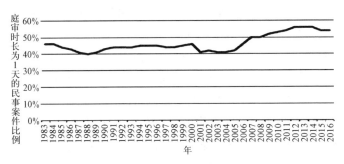

联邦地区法院
庭审时长为一天的民事案件比例(1983—2016 年)

但是,大陆法系走向集中审理或在向集中审理迈进的过程中,情况明显发生了变化。德国绝大多数案件不仅实现了一庭终结,而且庭审时间也大幅度缩短。而英美法系庭审时间变化则不大。在此情况下,大陆法系实现一庭终结的国家和地区案件审理效率明显高于英美法系国家。甚至大陆法系中正在

---

① 诺拉·弗里曼·恩斯特龙:《减少的审判》,《福特汉姆大学法律评论》86 卷,第 5 期,2018 年 4 月,第 2131—2148 页。

② 近几十年来,美国民事司法的一个显著趋势是,进入庭审的案件比例在持续下降。1936 年,进入庭审的案件有 20%,到 1952 年下降到 12%;到 1982 年下降为 6.1%;在 1992 年,是 3.5%。到 2002 年,只有 1.8% 的联邦民事诉讼在任何形式的审判中终止,只有 1.2% 在陪审团审判中终止。在州一级,也就是大多数民事诉讼发生的地方,在全国 75 个人口最多的县,1992 年至 2005 年期间,审判案件的判决率下降了一半。2002 年的陪审团审判占所有州法院判决的不到 1%(0.6%)。因此,在美国民事司法中,已经从一个审判通常是陪审团审判的常规世界,变成了一个审判变得"越来越少"的世界。

走向集中审理的国家和地区与英美法系相比,在案件审理效率上也有明显优势。从本书所选的美国和德国的两个案件庭审录像中,我们可以看出,德国的庭审时间仅有 45 分钟,而美国的庭审则花去了将近 1 天的时间。开庭时间差别如此巨大的原因,主要在于证人询问。教材中美国的案件仅有 1 个当事人、2 个证人接受询问,属于接受询问人数比较少的案件,仅对 3 人的询问就耗时 3 个多小时。教材中德国庭审中有 2 个当事人、2 个证人、1 个专家证人,对 5 个人的询问包括法官录音加起来仅用时不到半个小时。德国庭审对 2 个当事人的询问加起来用时仅有 9 分钟。而美国仅对原告一方的询问就长达 2 个小时。

其次,从庭审质量来看,英美法系庭审花费时间和诉讼成本比大陆法系普遍高出很多,但是,庭审质量并没有取得明显的效果。原因如美国芝加哥大学郎本教授所说,在于德国民事诉讼法中由法官主导证据收集和调查这一制度的优越性:(1)通过让裁判者来控制证据收集和调查的顺序,德国的诉讼就能使无意义的调查减少到最少;相反,美国的审前发现程序与庭审程序的区分却刺激了过度的调查;(2)通过让法庭询问证人,德国能禁止律师在审前和非当事人的证人进行接触,从而能防止对美国民事诉讼正义构成毁损的"驯化"证人的产生;(3)德国法庭聘用中立的专家以帮助法庭调查案件真相。相反,在美国由律师所聘用的具有当事人偏见的专家证人能提供的只能是一些早已有预谋的观点。[①] 笔者基本上赞同郎本教授的意见。实际上,这些弊端抵消了庭审时间充足对庭审质量的提升作用。

伴随着集中审理的形成和发展,大陆法系的庭审理论进一步系统化、科学化,并对庭审的效率、质量、透明度和裁判的接受度起到了很大的提升作用。例如,协同主义的形成和发展,促进了法官与当事人的相互合作,通过法官的释明义务和当事人的真实义务、诉讼促进义务以及违反该义务所应当承担的责任,为当事人实现武器平等、追求程序正义和实体正义提供了有力的程序保障;又如,争点整理方法的发展和技术的成熟,使复杂案件的争点整理变成了不断发现争点、解决争点并最终找出真正争点发现真实的过程。再比如,庭审中法官的释明和公开心证,给了当事人提出观点和证据影响法官不当心证的机会。特别是一案三审中德国法官对案件的释明,明确说出了自己对案件处理的看法。在此情况下,当事人及其代理人的发言针对性必然很强,庭审的效

---

① 米夏埃尔·施蒂尔纳编,《德国民事诉讼法学文萃》,赵秀举译,中国政法大学出版社 2005 年版,第 706 页。

率和质量也会大幅提升。美国庭审中尽管交叉询问给了当事人和律师发表意见的时间非常充分,但由于法官在判决书中才公开自己对案件处理的意见,庭审时间比德国长了很多倍,还是无法充分保障当事人的辩论权。庭审中双方律师对证人关于监控录像的盘问占用了1个小时的时间,但法官在判决书中以本院能够从录像中分辨相关细节为由,拒绝采用该证人对录像中所发生事件的主观解释,这样,庭审中大量宝贵时间被毫无意义地白白浪费。这里进一步证明了能够减少时间浪费增加庭审针对性的对话式诉讼的重要性。德国案件则应适当增加当事人和律师庭审中的发问,两大法系的庭审应当取长补短。

最后,关于本教材中美国和我国台湾地区的两个类似人身损害赔偿案件的比较问题。这两个案件的原告均为残疾人,都是因为地板上洒有液体导致其在超市或餐厅这种服务场所中滑倒摔伤。台湾的原告胜诉,仅赔偿的范围就涉及医疗费、护理费、误工损失等8种,但累计开庭时间也只有2个多小时;美国的原告由于诉讼请求被驳回败诉,根本没有涉及后续赔偿范围和具体数额问题,但开庭耗时却长达将近1天。除了开庭时间的差别外,更重要的是,透过这两个案例,我们可以更深入地了解两个案件的个案诉讼全过程,了解两种截然不同的审判模式之间的联系与区别。

至于不少读者比较关心的类似案例一个胜诉一个败诉的问题,原因很多,还不能简单归结于两种审判模式所致。笔者认为,主要原因还在于两个案件基本事实和证明责任履行上的差别。我国台湾地区的案件餐厅服务人员收盘时误将汤水洒在地上后,未将地面清洁至干燥程度,又未放置警示标志,致原告被滑倒通过证人证言得到了证明(被告律师轻易同意两名明显倾向于原告的证人同时作证,丧失了分别盘问证人的机会,以致于关键性证言被法院采信,这也是导致被告败诉的主要原因之一);美国案件中原告的证人,即被告超市的工作人员坚持仅看到地板上有3滴像小雨点似的啤酒液体。原告本人作证时也承认自己在摔倒前存在很多的健康问题。关于她摔倒的原因,法官说她质询时唯一有关的证言是她确认她并不确定地板上有多少液体,法院认为在事实认定上原告并没有以优势证据的标准证明地上的啤酒滴导致了她摔倒。原告在摔倒前的相当时间内一直有许多健康问题,身上多处疼痛,还做了两次手术。田纳西州要求主张权利方应当提供专家证言,原告没有提供。在此情况下,原告方也就很难较好地履行因果关系和损害赔偿方面的证明责任。所以,法官驳回了原告的诉请;而我国台湾地区的案件,原告除了患有小儿麻痹后遗症外,并未有美国案件的原告在摔倒前的存在的许多健康问题、疼痛问题,影响履行因果关系和损害赔偿方面的证明责任,且有原告提供的或法院咨询医院以及多个单位的专家证言和意见,证明原告确因事故受伤而接受治疗。

当然,上述仅是两个个案的处理,在案件审理上也不乏有值得商榷之处。例如,美国案件原告作证时说她摔倒后裤子湿了,她看到从鞋子这儿有打滑的痕迹。被告员工作证说当他走到原告身边时,看见地上大概有3滴液体,"好像小雨点"。这也就是说,液体的多少原被告双方是有很大争议的。原告已经证明地板上有液体,被告方在没有保留案件关键证据的情况下清理了现场的液体,原告是在有液体而不是远离液体的地方摔倒,原被告双方在本案中具有决定性意义的因果关系问题上质证不够,案件的处理结果对原告似乎还是比较严苛的。法院的判决可能符合美国法律和判例的要求,但从大陆法系的庭审理论来看,实体公正的追求未必能够实现,至少从旁观者的角度难以对案件的处理意见形成内心确信。

二、德国、日本和我国台湾地区庭审方式的比较

德、日等大陆法系国家在上世纪下半叶民事诉讼法修改前,诉讼实务中一直采取分割(并行)审理主义。分割审理的突出缺陷在于,由于庭审时间的拉长,法官无法获得完整的新鲜心证,进而影响裁判质量;对旁听人员来说,无法完整地参与一个庭审,公开审判的目的也就很难实现。为了弥补分割审理主义的上述缺陷,1977年,修改后的德国《民事诉讼法》确立了集中审理制度。德国《民事诉讼法》第272条明确规定:"诉讼通常应当在一次经充分准备的言词辩论期日(主期日)结束。"从德国司法实践效果看,集中审理取得了巨大成功,绝大多数案件已经在主要审理期日实现了一庭终结案件的理想目标。① 在此之后,大陆法系国家和地区,纷纷改采集中审理主义的庭审方式。大陆法系尽管实施集中审理的国家或地区很多,但真正对我国立法和司法产生较大影响的,主要是德国、日本和我国台湾地区,这是本部分将他们作为比较对象的主要原因。

日本和我国台湾地区均在上世纪末民事诉讼法修改中确立了集中审理制

① 为了实现集中审理,德国引入了言词辩论主期日制度:诉讼原则上应当在一个经过全面准备的主期日内审结,为此法律确定了两种争点整理方式供法官选择,即书状先行或言词辩论的早期首次期日。在案件复杂因而需要全面的准备,则书面准备程序更为适当。若当事人无律师代理、案件和解可能性较大等情况下,法官通常会选择早期首次期日;由于德国律师强制代理案件范围的广泛和书状先行的大量运用,斯图加特模式的一庭终结情况在德国比较常见。即使既开了准备庭,也开了正式庭,依然符合法律规定的一庭终结案件的集中审理要求。

度,理论与实务界为推广集中审理制度也做出了很大的努力。尽管与分割审理时期相比,它们的开庭次数有了明显减少,庭审的计划性和科学性有了较大提升,但日本和我国台湾地区并没有实现德国法院大多数案件以单一庭期终结案件的理想目标,而是以"争点整理"和"集中调查证据"为集中审理之核心。由于本编中德国和我国台湾地区的庭审均有专章介绍,而欠缺日本的庭审和个案诉讼全过程,为适当弥补该缺憾,本部分以日本一个借款返还之诉为例,对日本比较有特色的准备阶段的庭审做些介绍,重点是分析其准备阶段庭审的内容,特别是如何通过开庭的方式确定争点,弥补我们这方面经验的不足。

从以下案例争点的确定中,读者可以清楚地看出日本庭审中诉讼三方的对话式诉讼,与我们试点案件书状先行时诉讼三方的对话方式和体现的理念非常相似。同时,日本法官庭审中为确定争点的每句话针对性都很强,对在比较短的时间内确定争点均有较大价值,有不少值得我们借鉴的地方。至于日本用时比较长的交叉询问,与美国庭审中的交叉询问比较接近,可通过美国庭审了解。

该借款返还之诉案,对人证审查前法院共开了3次庭。第一次是准备性口头辩论程序,是一种公开的庭审程序。此次庭审用时10分钟,庭审主要内容是原被告分别对诉状、准备书状和答辩状、第一准备书状作简要说明。然后当事人提交证据,对证据成立与否确认,确定实施第一次辩论准备程序期日进行争点整理,并确定实施辩论准备期日是5月8日下午2点。

第一次口头辩论期日、平成12年4月10日上午10点:

审判长:现在开庭。原告代理人,你方根据已经提交的诉状以及平成12年4月3日提交的第1准备书面进行陈述吗,有需要订正和补充的部分吗?

原告代理人(以下简称"原代"):是的,接着,原代就诉状和第1准备书面进行了陈述。

审判长:被告代理人(以下简称"被代"),你方根据已经提交的答辩状进行陈述吗?

被代:是的,就答辩状进行陈述。另外,被告方提出了日期为今天的第1准备书面,我可以向法庭就其内容作简要说明吗?

审判长:可以。

被代:在期日不久之前,我方收到了原告提交的平成12年4月3日准备书面,在此就原告主张的事实发表意见。首先,甲一号证据的《借款合同》,由于是被告母亲签订的,被告不知情。其次,对被告向其母亲赋予代理权的事实予以否认。再次,对于被告追认的事实予以否认。

审判长：被告代理人，你方就提交的日期为今天的准备书面进行陈述吗？

被代：是的，下面我就答辩状和准备书面进行陈述。

审判长：下面请原告代理人提交甲一号至甲三号证据的原本。

审判长：被告代理人，请对甲一号证据和甲二号证据的成立问题发表意见。

被代：被告对甲一号证据和甲二号证据的成立问题均不知情。

审判长：为了搞清真正争点的所在，法院建议实施一次辩论准备程序来进行争点整理，①请双方代理人发表意见。

原代：没问题。不过，我们具体还要做什么准备吗？

审判长：首先，就追认的问题，被告虽然否认追认，但承认曾经与原告进行过交涉。因此，请原告说明，被告的何种言行构成了追认，追认当时的状况如何。其次，被告代理人，被告方说不知道其母亲与原告签订借贷合同的事实。但是，毕竟是被告的母亲，请从被告母亲口中了解当时借款的具体情况，被告代理人觉得呢？

被代：明白了。那我来找一下被告的母亲，了解清楚事实关系。关于实施争点整理的问题，我方没有意见。

审判长：还有就是，为了更好地了解案情，原被告双方本人最好在下次期日时候出席。双方代理人意见如何？

原代：是的，就这么办吧。

被代：我方也认为可行。不过，被告的工作时间非常不规律，有可能没法出席。但被告会尽最大努力调整日程，出席下一次期日。

审判长：那就拜托大家了。以上就是本次期日的内容。下面，我们商量下次实施辩论准备期日的时间和地点。

大田：5月6日下午2点怎么样？地点大家先到民事第26部的书记官办公室。

原代：同意。

被代：同意。

第一次辩论准备期日开始时间是平成12年5月6日下午2点，开庭时长21分钟，开庭主要内容如下：

审判长：首先询问一下原告代理人，上次期日的时候说过的，关于原告的第1准备书面第二项中的追认问题，具体来说，被告有怎样的举动呢？

---

① 辩论准备程序是在非公开的形式下法官和当事人坐在一起为了集中审理而整理争点的准备程序，在融合的氛围中更有利于争点的确定。

原代：正如我方之前的陈述，原告于平成10年10月初的时候，在其单位附近与被告等人进行了交涉，原告把本案中作为甲一号证据提交给法院的《借款合同》出示给被告，要求被告对借款负责。被告最开始的时候非常不情愿，但渐渐态度松动，并说"虽然是我母亲办的错事，但我还是要负责的，请相信我的信用"。被告的以上发言可以认为其实进行了追认。

审判长：被告代理人，原告代理人就追认的具体状况进行了说明，被告的主张是什么？

被代：我从被告本人那儿得到的信息和原告方的主张差异很大。被告对于其母亲的借款，虽然感到一些道义上的责任，但认为其完全不负法律责任。如果真有追认的事实，按照常理应该留下书面的材料。原告有这些书面文件吗？

审判长：有没有什么能佐证追认事实的书面文件？

原告：我跟被告谈话的时候，觉得被告人品诚实，值得信任，并且被告反复在讲"请相信我的信用"，所以我相信了被告，没有留下任何书面的证据。我当时完全没有预料到会把事情闹到法庭，我的信任被人利用，感到非常气愤。

审判长：原告代理人，这类案件，原告方一般都会主张表见代理。你们有提出表见代理的准备吗？

原代：我方在后面可能会根据审理的进展提出表见代理的主张。但现阶段我们认为能够对有权代理或者无权代理后的追认完成举证。不过，下次期日的时候，我方将表明最终的态度。

审判长：被告代理人，上次期日的时候请求你方向被告母亲了解关于借贷合同缔结的具体事实问题，有什么结果吗？

被代：我见了被告的母亲。平成10年7月1日，没有从原告处借入450万日元。我这里有从被告母亲处拿来的笔记，上面记载了与本次借款有关的具体事实。

被代：另外，被告新提出部分清偿的抗辩。下面将这些笔记作为乙一号证据提交给法庭。

被代：根据这份笔记，被告母亲向原告借的是400万日元。笔记的内容与被告母亲的表述一致。并且已经清偿了50万日元。

审判长：这个问题，原告的记忆是怎样的？

原代：原告确从被告母亲处受领了50万日元，但受领的理由并不是借款的清偿，而是原告曾经协助被告母亲清理债务的谢礼。

审判长：听取了双方的主张之后，又出现了一个新的争点。关于部分清偿，对于50万日元的受领问题双方的主张是一致的，但就受领的理由存在分歧。因此，如果原告要是主张50万日元是谢礼的话，需要就原告帮助被告母亲出售住房的时期、价格等问题进行更详细的主张，然后提交一份准备书面。

审判长： 被告代理人，如果你方就50万日元提出部分清偿的抗辩，请在下次期日之前提出准备书面，详细记载相关的事实经过。

被代： 明白了。

审判长： 接下来是甲一号证据和甲二号证据的质证。关于这两份证据，被告代理人在上一次期日中说不知道，但根据被告方刚刚的陈述，现在可以认为承认两份证据成立的真实性是吗？

被代： 是的，被告承认两份证据是由被告母亲制作的，将"不知道"变更为"承认"。

审判长： 请书记官将这段内容记录进笔录。这样的话，对于被告有没有向其母亲授予代理权的问题，在间接事实的层面，被告的实印（译者注：自然人或法人在政府机关备案的印章）为什么被盖在了甲一号证据、甲二号证据之上至关重要。关于这个问题，被告代理人有什么看法？

被代： 我方也认为这个问题非常关键，后面会用书面方式向法庭具体说明。其实，被告母亲曾经想向其叔父借款400万日元，被告曾允许对这笔借款提供保证。在此过程中，被告将其实印和《印章证明书》交给过被告叔父。随后，被告母亲向其叔父要回了印章和证明书，擅自用在了与原告的借款之中。被告本人在10月接到原告的联络之前，完全不知道自己成为了借款合同的当事人。

审判长： 根据以上各方的陈述，本案的争点主要可以总结为以下两点：第一，被告在本案借贷合同缔结过程中，有没有授予其母亲代理权；第二，有没有追认。

审判长： 基于第一次辩论准备期日的结果，希望双方能够在下次期日之间进一步提出准备书面。首先，原告方。第一，可以被被告追认的具体事实；第二，是否主张表见代理。请在准备书面中就这两个问题给出详细的意见。其次，被告方。第一，对原告方提出的准备书面的态度；第二，被告母亲将被告的印章盖在甲一号证据之上的具体经过；第三，对追认问题的反驳。请在准备书面中就这三个问题给出详细的意见。

关于程序进展方面，下次期日继续实施辩论准备程序。6月3日下午4时如何。原代、被代：同意。

审判长： 请双方写好准备书面和人证申请。

第二次辩论准备程序期日开始时间是平成12年6月3日下午2点,庭审时长6分钟。

审判长:原告方事先提出的第二准备书面,还有被告方提出的第二准备书面,双方依原样作陈述吗?

原代、被代:是的,作陈述。

审判长:是不是可以认为,上一次争点整理的成果已经被反映到了这两份准备书面之中呢?

原代、被代:是的。

审判长:这样的话,剩下需要证明的事实主要有两个:一是被告有没有授予其母亲代理权;二是被告有没有追认。对于争点的归纳,双方有没有异议?另外,原告代理人,你方不主张表见代理了是吗?

原代:对于争点的整理我方没有异议。对于表见代理的问题,我方认为能充分举证有权代理,现阶段没有主张表见代理的准备。

被代:对于争点的整理我方没有异议。向法庭提交两份书证。乙二号证据,被告母亲的陈述书。乙三号证据,被告本人的陈述书。

原代:原告方也提交一份书证。甲四号证据,原告本人的陈述书。

审判长:接下来是人证的申请问题。原告申请被告母亲和原告本人,被告申请其母亲和被告本人。法院决定采用被告母亲、原告本人、被告本人三名人证。对三名人证的证据调查在一个期日里集中实施(询问主询问和反询问时间和顺序略)。

审判长:这样的话,我们就结束辩论准备程序,返回口头辩论程序,将下次期日指定为证据调查期日。时间的话,7月18日下午1点到4点怎么样。

被代:可以。

原代:可以。

审判长:好的,那将5月12日下午1点到4点指定为下次期日。双方代理人请确保三名人证准时出庭。另外,如果4点之后有时间,我们再尝试和解一次。

5月12日下午1点开始第二次口头辩论期日,进行了接近3个小时的庭审,在和解室又进行了10分钟和解。

我国台湾地区个案全过程在本书第十三章中有完整论述,该人身损害赔偿纠纷案一审共计开庭五次,其中准备程序性质的庭审共四次,言词辩论庭一次。第一次为准备性言词辩论(独任法官主持),其他三次为准备程序(法院年度事务分配将该案件分配至另外一个民事庭审理,故由该民事庭另行组成合议庭,由其中受命法官一人接续审理),最后一次则为言词辩论庭(由三名法官组成合议庭)。

四次准备程序性质的庭审,时间分别是15分钟、75分钟(主要是询问证人)、30分钟、25分钟,言词辩论庭15分钟。共计庭审时间2小时40分钟。

从本编德国、日本和我国台湾地区庭审的情况,我们可以看出它们之间的共性和差别之所在。

第一,均坚持围绕争点的集中审理,但在争点确定的程序和庭审的设置方面存在一定区别。德国主要是通过书状先行确定争点,然后在言词辩论主期日集中审理包括询问证人。日本和我国台湾地区的争点整理是通过书状先行和言词辩论准备庭结合进行,但是两者在庭审设置方面存在不同点:日本最后一次口头辩论期日(集中证据调查),实际上主要是对人证的交叉询问,而且庭审时间比较长;我国台湾地区是在言词辩论准备庭中进行证据调查,其最后合议庭出场的言词辩论庭其实已经居于补充及次要的地位,只是就之前疏忽未辩论到的再加以补充或阐明而已。本编中我国台湾地区的言词辩论庭仅用时15分钟。

第二,均强调法官的释明和心证公开,但释明和心证公开的程度有所不同。比较而言,德国民事诉讼的释明和心证公开的程度最为充分,日本次之,我国台湾地区释明和心证公开的程度比日本又弱一些。即使释明和心证公开的程度最为充分的德国,由于种种原因,法官释明和心证公开的程度也有较大差别。从本编德国的两个案件来看,屏蔽广告的案子主要是法律问题,因此法官的释明和心证公开就非常充分;而刷墙案主要是作为一个法律问题较为简单,主要是事实问题的案件而被选择的,以便通过该庭审使我国的读者对德国言词辩论庭审的过程有一个更清楚的印象。由于该案没有书状先行,庭前调解在举证环节之前,因而案件结果在证据开示前还不是太清楚,释明和心证公开也就不可能非常充分。此外,负责庭审的不同法官的个性也会有很大不同。德国法律给予了法官相当的空间去根据案件需求、当事人以及法官的经验来处理案件。

日本尽管没有德国《民事诉讼法》所规定的在调解听证会中法院将与当事人讨论迄今为止的情况和事实以及争议的状态且不受任何限制地评估所有情况的规定,但从笔者了解的情况看,日本法官在民事诉讼中对关键问题心证公开还是比较充分的。在上述案件两次争点整理中,法官多次就表见代理征求原告意见。第一次争点整理,审判长就提示原告代理人,这类案件,原告方一般都会主张表见代理,你们有提出表见代理的准备吗?原告代理人回答:我方在后面可能会根据审理的进展提出表见代理的主张。但现阶段我们认为能够对有权代理或者无权代理后的追认完成举证。紧接着在庭审结束时的指示中,审判长又指示原告,是否主张表见代理,请在准备书面中就给出详细的意见。第二次争点整理中,法官又问:原告代理人,你方不主张表见代理了是吗?

第三,囿于具体制度设计的不同,集中审理的效率和效果存在一定差异。国际上公认,德国集中审理效率最高、效果最好。而日本和我国台湾地区在集中审理上与德国相比还有差距。学界普遍认为,造成这种情况的主要原因是德国法律规定了证据失权制度并在司法实践中得到了严格执行。而日本由于律师协会的极力反对,争点整理后新攻防提出之禁止与失权,至今仍未立法。① 笔者认为:形成上述情况的原因是多方面的,但主要原因在于:在分割审理向集中审理的过渡中,日本和我国台湾地区通过准备庭和书状先行结合起来整理争点、调查证据的方式与分割审理时期还有较多的联系,法官很难摆脱传统审判方式和习惯的影响。德国大部分案件用书状先行代替了原来的多次开庭,德国法官分割审理时期多次开庭的习惯已经改变,集中审理的目标也就容易得到实现。

日本还有一个独特问题是,由于引进美国的交叉询问制度,证人调查耗时远多于德国等大陆法系国家,正式庭审变成了主要是对人证的调查,言词辩论主期日的任务与德国等大陆法系国家和地区已有很大的区别,庭审的效率也大幅度降低。我国台湾地区没有引进美国的交叉询问,也没有像日本将书状先行限定在比较小的范围,但大部分法官仍习惯通过准备性的言词辩论期日来做争点整理工作,其与日本言词辩论准备庭的特征一样,单次庭审时间短,庭审次数多。②

三、我国大陆与德国及境外其他国家和地区庭审方式的比较

我国大陆自改革开放以来,立法和司法较前有了很大的发展,并在上世纪末形成了自己的庭审风格,理论与实务界习惯上称之为传统庭审方式。传统庭审方式主要是在吸取根据地庭审方式优良传统的基础上借鉴了苏联、德国、

---

① 日本律师协会认为,争点整理后新攻防提出不宜设限制规定,因为在争点整理后亦有些攻击防御方法其迟延原因有正当理由。
② 我国台湾地区庭审次数多主要是传统庭审习惯的影响,这其中既有法官的原因,也有律师的原因。例如,许多本可以当庭回答的问题,台湾许多律师却习惯回答"另具状",多数法官也认可这种做法。

日本和我国台湾地区庭审方式基础上结合我国的国情不断形成和发展起来的,但庭审最核心的部分主要是借鉴了苏联法庭调查和法庭辩论两阶段划分。①我国在传统庭审方式形成过程中并没有采纳"集中审理"的原则,仍然采取的分割审理的审理方式,形成过程中也出现了不少的误区,制约着我国庭审的效率、质量和效果。突出的问题主要表现在以下几个方面。

第一,大量庭审时间被浪费在对没有必要审查的证据的举证质证和当事人的长时间陈述上,庭审针对性不强,法官难以通过庭审形成心证。纵观两大法系的庭审,像我国这样大量庭审时间浪费在审查证据三性上,浪费在当事人长时间陈述上,②目前尚未找到先例。从上述日本的庭审中可以看得很清楚,准备阶段最长的一次庭审时间仅有 21 分钟,其中,一半以上的时间是确定争点,还有将近三分之一时间是和解,其余时间是法官对下次开庭前双方当事人所做事情的要求,协商确定下次开庭的时间等程序性事项。从本编台湾地区的全过程案例来看,除调查多个证人的庭审达到了 75 分钟,其他最长的庭审只有 30 分钟。从我们比较熟悉的日本、韩国和我国台湾地区准备阶段的庭审时间看,通常开庭时间仅有 20 分钟左右。我们复杂案件的准备庭,通常一次庭审就是两三个小时。本书第四章提到累计质证 5 天的案例,就是这方面的一个极端例子。宝贵的庭审时间大量被浪费在审查许多不需要审查的证据上。司法解释关于"未经质证的证据,不能作为认定案件事实的依据"的规定更为这种落后的庭审方式提供了依据,在司法实践中,甚至大量无争议事实也进入质证中。此外,由于许多案件的争点不明确,只要是法庭粗略审查过的证据都被视为经过"质证",导致经过"质证"的证据种类和数量繁多,这就为"关系案"和突袭性裁判提供了方便。

另一方面,我们将尊重当事人辩论权错误理解为容忍当事人在法庭上进行长篇大论,简单地将当事人辩论是否充分与其发言时间的长短划等号。事实上这种长时间的大段陈述无法在当事人之间形成有效对抗,也无助于法官形成心证。在大陆法系,不是当事人的陈述,而是诉讼各方的对话在诉讼中处于核心地位。尽管大陆法系不少国家尚未实现一庭终结的理想目标,但在庭审中有一点是共同的,就是对话式诉讼,就是法官在诉讼中处于主导地位,庭审多数时间是法官在询问、在释明。而我们的传统庭审,主要是当事人在陈

---

① 参见章武生:《我国民事案件开庭审理程序与方式之检讨与重塑》,《中国法学》2015 年第 2 期。

② 当事人一轮陈述通常就会花去 20 分钟左右的时间。

述,法官很少释明和公开自己的心证。当事人和代理人不知道法官的想法,提供证据自然是多多益善。

第二,疑点排除和对人证的审查严重不足。排除和查清案件疑点手段的欠缺和对人证的审查严重不足,是目前造成我国复杂案件事实不清的主要原因,也是我国与已经实行集中审理的国家和地区的庭审差距较大的一个主要方面。在两大法系国家,疑点排除在诉讼中居于重要地位,在英美法系国家,庭审的大部分时间都花在查明事实、排除疑点上。庭审中的交叉询问是英美法系国家查明案件事实、排除疑点的重要手段,并被许多人认为是"对抗制诉讼的精华所在"。日本由于二战后引进了美国的交叉询问,呈现出当事人交叉询问和法官职权询问结合的状态,在大陆法系国家就出现了一道奇特的诉讼景观。日本在庭审的准备阶段,主要运用的是大陆法系的庭审方法。从本章介绍日本的准备庭,前后开庭和和解多次,用时不到一个小时。而对人证的审查,就花去了三个小时。当然,疑点排除并非仅限于庭审阶段,大陆法系的书状先行,除了确定争点外,实际上也在查明事实,排除疑点,解决争议。如果法官在审查当事人提供的案件材料时发现存在疑点,也可以发出具体指令,对一些有疑问的地方要求当事人澄清。

造成我国疑点排除和对人证的审查严重不足这种情况的原因是多方面的。

一是我国实务界对人证在查明案情方面的重要性认识不足。如果将证据分为人证和物证两大类的话,司法实务人员普遍认为物证具有天然的客观性,而人证的主观性强,因此,物证的可采性和证明力明显大于人证。尤其是在社会诚信度不高的背景下,人证更易受到怀疑。司法实践中我国证人证言的可信度普遍不高进一步为上述观念提供了支持。从整体上看,尽管物证的可采性和证明力大于人证。但是,并不能由此得出物证是可靠的、人证不可靠的结论。在具体案件中,伪造的物证并不鲜见。例如,模仿当事人笔迹伪造的遗嘱、借据、签名等。有些书证的形成确实是当事人所为,但当事人是在被欺骗或重大误解等情况下形成的。特别是在近年来我国虚假诉讼案件大幅上升的情况下,由此产生的争议更多。如果对此类案件,法官简单地认为当事人既然承认书证的形成是当事人自己所为,书证可靠性比较大而据此认定案情,不去做其他查证工作,不给当事人发问机会,就很容易造成认定事实的错误。①从司

---

① 近年来由于法官在单位时间内需要处理的案件过多,这样轻率判决的案件不在少数。笔者就曾遇到过此种情况。法官对原告提交的证据审查后,然后仅重点审查合同上签的字、盖的章是否被告所为,就自认为已经形成了心证。对被告提的疑点和理由均不再关注,也不给被告发问的机会。

法实践来看,物证和人证在查清案件事实方面具有各自不同的功能和作用,二者相辅相成,忽视其中任何一个方面都可能造成错案。

二是虽然法律在不断强化当事人的出庭义务和陈述义务,但实践中当事人或者证人的出庭率仍然较低。在通常情况下,当事人最了解案件情况,强化当事人的出庭义务和陈述义务,有助于发现案件真相,加快诉讼进程。这是大陆法系强化当事人的出庭义务和陈述义务的主要原因所在。为解决当事人出庭的问题,2015 年《适用民诉法司法解释》确立了当事人的真实陈述义务,该司法解释第 110 条第 1 款规定:"人民法院认为有必要的,可以要求当事人本人到庭,就案件有关事实接受询问。在询问当事人之前可以要求其签署保证书。作为对当事人真实陈述义务的保障。"该条第 2 款、第 3 款同时规定:"保证书应当载明据实陈述、如有虚假陈述愿意接受处罚等内容。当事人应当在保证书上签名或者捺印。""负有举证证明责任的当事人拒绝到庭、拒绝接受询问或者拒绝签署保证书,待证事实又欠缺其他证据证明的,人民法院对其主张的事实不予认定。"该规定如果能够很好执行的话,对我国民事庭审会产生重要影响。然而从笔者了解的情况看,我国律师代理的民事诉讼中当事人不出庭的情况比较普遍,对于有些需要当事人出庭的案件,不少当事人在法院多次通知的情况下仍不出庭,这说明改变多年来形成的观念和习惯的难度。

为了改变我国庭审的落后状况,我国法学理论与实务界在庭审改革上做了多种努力和探索,其中,复旦大学司法研究中心与多个法院合作探索的集中审理的庭审方式改革取得了较大的突破,在试点案件中实现了一庭终结的理想目标。

我们在 2015 年正式与法院签订合同开始探索新型庭审方式改革。同时,连续 5 年与德国、日本和我国台湾地区的教授和实务专家合作开设"现代庭审理论与应用"课程,在此过程中,逐渐了解了他们各自庭审发展的具体情况。知道德国不仅是大陆法系集中审理开始实施最早的国家,同时也是做得最好的国家,并在世界上受到高度关注和评价。于是,我们后期重点是学习德国特别是德国一庭终结的集中审理。日本和我国台湾一些好的做法我们也有借鉴。当然,我们在借鉴境外的先进经验时,还要结合我们的国情。例如,德国《民事诉讼法》2012 年 7 月 26 日生效的新条款第 278 条第 2 款规定:为了达成争议的友好解决,在言词辩论主期日之前,应举行和解听证会,除非已经尝试在一个替代争议解决机构中达成协议,或除非和解听证会显然没有任何成功的前景。在和解听证会中,法院将与当事方讨论迄今为止的情况和事实以及争议的状态,不受任何限制地评估所有情况,并在需要时提出问题。出席的各方应亲自听取这些意见。本编德国法官在一案三审中按照德国法律在开庭时对案件的评估,实际上也是庭前的不受任何限制地评估。然后,当事人可以更有针对性地提出观点和证据,影响法官可能存在的不当心证。但是,在缺乏法律规定的情况下,我们目前肯定不能这样设计庭审,否则就会被指责为"未审先判"。我们是按照上述理念让法官在庭审过程中或庭审快要结束时公开自己的心证,然后当事人通过有针对性的发表意见和提供证据影响法官的不当心证,从而使法官能够在充分听取各方意见的基础上作出一个公正的裁判,并在此基础上,促进当事人和解。此外,为了更好地适应公开审理的要求,我们在庭审开始时保留了当事人陈述,但要更加简明扼要,原被告发言一共也就是3分钟左右,以便旁听人员了解当事人之间的核心争议。为了避免围绕争点审理所出现的遗漏,我们在当事人最后陈述阶段给了当事人综合发表陈述意见的机会。为了使合议庭成员庭审时保持一致,我们增加了庭前合议环节。

那么,我们试点的案件为什么能够与德国一样基本上实现一庭终结的目标呢?笔者以为主要有以下几方面原因:其一,我们试点的案件与德国一样主要是通过书状先行整理争点,书状先行达到一庭终结的程度才会开庭,从试点的情况看,此类方式明显有助于一庭终结;其二,我们试点的案件不仅实现了一庭终结,而且庭审时间比较短,平均庭审时长仅有半个小时左右。当然,庭审时间短的主要原因,与我们庭审中对人证的审查不足又有较大的关系。这里需要特别说明的是,新型庭审在人证的审查和疑点的排除方面尽管与发达国家相比还有较大差距,但从书状先行到开庭审理,在人证的审查和疑点的排除方面还是有了较大的进步。从我们的书状先行可以看出,为了写好针对性比较强的书状或回应法官的指令,当事人和相关人员参与度大大提升。从书状先行和庭审来看,通过诉讼三方的对话,许多疑点被有效排除,法官大都能够形成心证和内心确信。

当然,试点案件在一庭终结上超越日本和我国台湾地区无疑是一个很大的进步,也是我们今后发展的方向,但是这并不意味着我们的庭审水平已经超越了日本和我国台湾地区,我国的庭审方式改革还有很长一段路要走。

第四编
新型诉讼理念与中国司法实践的结合

本编导读

本编共收入了三个真实的民商事系列案件，三个案件共同的特点是：(1) 每个案件都包含了丰富和复杂的理论和实务内容，对不掌握现代庭审理论的绝大多数法律人来说，都好像进入了一个迷宫，如何走出这一迷宫，需要仔细研读和思考这些案件，需要借助我们前面三编所介绍的现代庭审理论与应用，寻找出背后所体现的法学理论和实务技能。此外，每个案例的附录中都有对该系列案件的评述，甚至还有新型庭审技术的运用，可以帮你解开这些谜团，拓宽我们法律理论与实务工作者的研究视野和提升实务技能；(2) 每个纠纷都包含一组系列案件和多个判决或裁定，都显示了近年来我国立法和司法解释的发展在提高审判或执行效率和质量方面所发挥的重要作用，都暴露出我国传统诉讼仍然存在的许多亟需改革的突出问题，并能体现出作者在新型庭审与中国司法实践的结合上进行的思考和探索，并进一步展示了新型庭审和制度的价值和魅力。

第一组不当得利纠纷案件。基于同一笔银行转账50万的事实，原告依据三个不同的请求权基础先后三次提起诉讼。每一次诉讼都经历一审、二审，最后一次诉讼甚至还经历了再审，前后历时4年多时间，但案情仍然未能查清。为什么会出现上述情况？如何解开其中的谜团？读者需要仔细研读这7次庭审或判决书，寻找这7次庭审背后体现的诉讼法和实体法理论，检验你对前三编学习的效果。当然，书的附录中每一次庭审的优点和存在的问题，包括法官和律师的表现的评析，特别是对本案中暴露出问题的整体评析，以及作者运用新型庭审理论与技术模拟审理此类复杂案件的方法，都在帮助您解开谜团中有重要价值。

第二组第三人撤销之诉与案外人执行异议等系列案件。案外人执行异议本来是执行程序中一个理解难度不太大的问题，但是，伴随着近年来执行异议案件的复杂化以及案外人执行异议制度在立法上的发展和变化，在案外人执行异议之外，又增加了案外人执行异议之诉和申请执行人执行异议之诉，使得不少法律人对该制度由熟悉变得不熟悉。加之近年来《民事诉讼法》新增加的第三人撤销之诉制度，案外人在认为强制执行侵害其权益时，如何在第三人撤销之诉与案外人执行异议之间做出正确的选择，更会使得许多人感到困惑。一个购房人的遭遇和经历的系列诉讼案件，不仅为读者了解和研究这些程序在实践中的具体运作提供了一个真实的案例，而且，原告遇到的已经支付的几百万元的购房款可能被其他人瓜分的风险更是超出一般人的预料。读完这些案例会让您有很多的感慨，也会有许多的思考和收获。

　　第三组为实现担保物权纠纷系列案件。该案件重点关注三大部分内容：一是实现担保物权民事诉讼特别程序的价值和相关司法实务。该制度虽已施行多年，但在全国大部分地区实际运用较少。不仅许多债权人不了解该项制度，甚至绝大多数法官和律师对该制度也知之甚少，这必然给该制度的实施带来很大的障碍。本章展示的两个真实案例，会让您对该类型案件有较为深刻的认识；二是担保物权的执行。这是一个漫长和复杂的程序，了解这些程序特别是其中一个又一个环节以及各个环节的注意事项对当事人和代理案件的律师非常重要；三是送达。送达在民事诉讼法学的研究中是一个不起眼的问题，但在司法实践中因送达拖延造成债权人巨额损失甚至债权无法实现和落空的案件不在少数。本章通过真实案例为您展示了当前送达方面存在的突出问题，最高法院为解决这一难题所取得的重大突破，最高法院新的司法解释在司法实践中遇到的问题，以及如何完善该制度的思考。

第十六章 不当得利纠纷案件诉讼全过程训练

训练素材——王飞、王小莉诉张文斌不当得利纠纷案①

一、选择本案的理由

第一,本案基本案情非常简单,仅涉及一笔50万元银行转账的事实②,但原告主张权利却基于不同请求权基础先后提出了民间借贷之诉、不当得利之诉、侵权损害赔偿之诉。第三次诉讼中二审法院在判决时又将本案确定为返还原物之诉。可以说,本案为民法请求权基础的研究和应用提供了较为全面的训练素材。

第二,本案涉及大量民事实体法和程序法问题。主要包括:(1)就同一银行转账事实涉及的真正权利人是谁?谁是本案适格的原告?(2)当事人先后提起的诉讼,是否存在请求权的竞合?是否违背民事诉讼"一事不再理原则"?(3)针对不同请求权基础涉及的要件事实,当事人举证责任如何进行分配?(4)原告的主张是否超过诉讼时效?(5)预备之诉的应用,等等。这些问题交织在一起,亦为理论和实务技能的训练提供了较为丰富的素材。

---

① 本案两原告在起诉状中将本案陈述为不当得利之诉。鉴于其中一位原告之前已就同一事实分别提起过民间借贷之诉与不当得利之诉,且均未获法院支持,从诉讼策略的角度考虑,两原告在一审庭审中又将本案明确为侵权损害赔偿之诉。一审法院以两原告未举证证明存在侵权行为为由对其诉讼请求不予支持。两原告提起上诉后,二审判决将本案由确定为返还原物之诉。检察院抗诉后,再审法院又将本案确定为不当得利之诉。所以,本案标题仍表述为不当得利纠纷。

② 本案在开始阶段的审理中,还涉及另一笔58万元银行转账的汇款,后该笔汇款另案处理。为缩小研究范围,本案的研究主要以50万元这一笔汇款为主线。

第三,本案基本案情虽然非常简单,但背后隐藏了大量的传统诉讼和新型庭审的理论和技巧。由于我们传统诉讼法理论与司法实践结合不够,特别是新型庭审理论与技术研究和应用非常薄弱,导致了此类案件在审理中往往会存在人们不太容易觉察到的一系列问题。应该说,本案的评析和用新型庭审方式的模拟审理,将该方面存在的问题充分暴露了出来。通过本案的训练,可以大幅度提升我国此类案件的教学和审判水平,并推动现代庭审理论的应用。

二、案情简介

原告王小莉、王飞系姐弟关系。二人父母王立贵、张琴于2003年1月23日在新西兰遇车祸死亡。

2006年6月1日,原告王小莉发现了系争50万元的招商银行电汇凭证,该凭证记载的日期为2001年8月15日,汇款人为王飞,收款人为张文斌,汇款用途为"往来款"。王飞向招商银行查询获知,该账户系1999年12月1日,由王飞之父为王飞申请开立,开户全部手续由王飞之父办理。上述汇款亦系王飞之父办理。为此,王飞向张文斌询问汇款事由引发争议。

2006年12月,王飞以借款给张文斌为由,向××市××区人民法院提起诉讼。该案一审胜诉,二审以王飞"不能提供书面的借款合同"为由,撤销一审判决,改判驳回王飞的诉讼请求。

2008年7月,王飞又以张文斌不当得利(标的50万元)为由,提起诉讼。该案一审、二审均以未有证据证明张文斌取得50万元无合法依据为由,判决驳回王飞诉请。

2009年8月11日,王飞、王小莉又以财产损害赔偿纠纷提起诉讼,一审法院判决驳回王飞、王小莉诉请。二审法院释明该案为返还原物纠纷,并改判支持王飞、王小莉诉请。

二审判决后,经张文斌申请,××省人民检察院提起抗诉。××省高级人民法院再审后改判撤销二审判决,维持一审判决。

三、本系列案需要展示的法律文书和证据①

（一）第一个案件民间借贷一审诉讼材料

××市××区人民法院
民事判决书
（2007）××法民一初字第×××号

原告：王飞（基本信息略）

委托代理人：××，××律师事务所律师。

被告：张文斌（基本信息略）

委托代理人：×××，×××律师事务所律师。

原告王飞诉被告张文斌借款合同纠纷一案，本院受理后，由审判员×××、人民陪审员×××、××组成合议庭，适用普通程序公开开庭进行了审理，原告的委托代理人××、被告的委托代理人×××到庭参加诉讼。本案现已审理终结。

原告诉称，因被告借款，原告于2001年1月8日和2001年8月15日通过招商银行××支行电汇给被告58万元和50万元。被告收到上述借款后，至今未向原告偿还，使原告合法权益遭到严重侵害。为此，原告请求判令：1. 被告立即返还原告借款58万元和50万元，并从原告起诉之日起计算利息。2. 由被告承担本案受理费及其他诉讼费用。

被告辩称，不同意原告的诉请。原告起诉的借款实际上不是借款，是原告偿还被告的款项。被告张文斌与原告的母亲原来是合伙做生意，在2000年8月初，原告要做生意，通过其母亲向被告借款110万元，借款分两次：2000年8月10日和8月11日，并出具了借条，借款期限是3个月。到2000年底，原告的母亲还被告2万元，2001年1月8日和8月16日分别从银行汇了108万元。综上，要求驳回原告的诉讼请求。

经审理查明：2001年1月8日和2001年8月15日，原告通过招商银行××支行电汇给被告张文斌58万元和50万元。在本案审理过程中，被告主张原告所汇的上述款项系还款，所还款项系被告在2000年8月10日和8月11日出借原告，并系以现金方式支付上述款项。对此，本院要求被告提交出借原告款项的现金来源，但被告并未提交。

① 本案7个法院的庭审均属于评析和研究的范围，为了节约篇幅，对于通过判决书就可以了解庭审核心内容的，就不再专门展示庭审笔录。对于重复的内容，不重要的内容尽可能略去。

上述事实,有原告提供的银行汇款单据及代理人的庭审陈述为证。

本院认为,本案为借款合同纠纷。原告向被告汇款108万元,该事实有原告提供的证据为证,被告亦无异议,本院予以确认。被告主张该款系还款,但对该主张并未提供充分的证据予以证实,且其辩解的被告出借原告的资金来源和款项交付方式均系现金的说法,不合常理,该事实本院不予确认。故原告主张该款系借款,本院予以认定。现原告要求被告还款并支付相应利息,理由成立,本院予以支持。根据《中华人民共和国民事诉讼法》第64条第1款、第128条,《中华人民共和国民法通则》第106条、第108条之规定,判决如下:

被告张文斌应于本判决生效后10日内偿还原告王飞两笔借款分别为58万元、50万元并支付利息(利息从2006年12月21日起算至本案判决生效之日止,利息标准按中国人民银行公布的同期一年期短期贷款利率计算)。

如果未按本判决指定的期间,履行给付金钱义务,应当依照《中华人民共和国民事诉讼法》第232条的规定,加倍支付迟延履行债务期间的利息。

案件受理费20 820元,诉讼保全费6 440元,由被告承担。

如不服本判决,可在判决书送达之日起15日内,向本院递交上诉状,并按对方当事人的人数提出副本,上诉于××省××市中级人民法院。

审判长　×××
人民陪审员　×××
人民陪审员　××

2007年5月24日

书记员　××

(二) 第一个案件民间借贷二审诉讼材料

××市中级人民法院
民事判决书

(2007)×中法民一终字××号

上诉人(原审被告):张文斌(基本信息略)。
委托代理人:××,××律师事务所律师。
被上诉人(原审原告):王飞(基本信息略)。
委托代理人:××,××律师事务所律师。

上诉人张文斌为与被上诉人王飞借款合同纠纷一案，不服××市××区人民法院(2007)××法民一初字第×××号民事判决，向本院提出上诉。本院依法组成合议庭，对本案进行了审理。现已审理终结。

一审判决认定事实及判决理由、判决主文等略。

张文斌不服原审判决，上诉请求：撤销原判，依法作出新的判决。其上诉理由为：1. 本案诉争的108万元系被上诉人还上诉人的欠款，一审判决认定事实不清楚，不合情理。首先，本案诉争的两笔款项共计108万元实际上是被上诉人偿还上诉人的欠款。上诉人与被上诉人母亲合伙开公司。被上诉人在2000年8月初因生意需要资金，便通过其母亲向上诉人借款110万元。上诉人看在与被上诉人母亲合伙关系的分上，将110万元借给被上诉人。后来，被上诉人分三次将上述款项还给上诉人，分别是：2000年12月底，被上诉人还款2万元；2001年1月8日，被上诉人通过电汇还款58万元整；2001年8月15日，通过电汇还款50万元整。所以，本案诉争的两笔款项实际上是被上诉人偿还上诉人的欠款。一审法院仅仅依据被上诉人提供的两份汇款凭证，就认定这两笔款项是上诉人向被上诉人的借款，实属颠倒是非，荒谬至极。其次，被上诉人系1979年出生，2001年被上诉人只有22岁，且当时被上诉人没有工作，待业在家。假使上诉人需要借款，也不会向一个社会无业人员借款，而且数额巨大，被上诉人没有这个经济能力。另外，上诉人只是与被上诉人的母亲有合作关系，与被上诉人的关系并不是很熟，上诉人不可能向被上诉人借款，因此，一审认定的事实也不符合情理。再次，从上诉人的经济能力来看，上诉人自1996年8月至2003年6月为××厂(后更名为××实业有限公司)股东，占该公司股份24.5%。该公司在当地颇有名气，盈利能力良好，上诉人每年仅分红一项就有收入近40万元。同时，上诉人家庭经济条件良好。因此，从上诉人与被上诉人的经济能力对比来看，上诉人没有理由向被上诉人借款。2. 一审判决证据不足。首先，原审法院仅仅依据被上诉人提供的两份电汇凭证，就认定上诉人向被上诉人借款，证据明显不足。两份电汇凭证，只能说明汇款这一事实，无法证明是借款。同时，在两份电汇凭证中，2001年1月8日的汇款用途为"购房"，2001年8月15日的汇款用途为"货款"，两次的汇款用途恰恰也都证明了这两笔款项不是上诉人向被上诉人的借款。其次，在一审庭审中，被上诉人称借款是口头约定，但是并没有提供相关的证人证言或音像证据，也没有提供借条或其他相关的书面材料，仅凭被上诉人的一面之词，就认定上诉人向被上诉人借款，难以令人信服。另一方面，上诉人只是与被上诉人的母亲有合作关系，与被上诉人并不熟悉，假使上诉人向被上诉人借款，如此巨大的款项,没有借条或其他书面凭证,于情于理都说不通。再者,假使上诉人向被上诉人借款,自2001年至今长达七年的时间里,对于这么一笔巨大的款项,被上诉人居然从来没有通过任何形式要求上诉人还款,没有通过打电话、发函或还款通知等向上诉人索要借款,这完全不符合常理。3. 一审程序有错误。被上诉人现在新西兰读书,近两年来一直没有回国,被上诉人的代理人对此也予以确认。被上诉人的代理人声称起诉状是由被上诉人从新西兰邮寄过来的。根据我国相关法律规定,从国外邮寄过来的诉讼文书需要经过当事人驻在国的中国大使馆(领事馆)认证才具有法律效力。一审中,被上诉人的起诉状并没有经过我国驻新西兰的使领馆的认证,因此,不符合法定形式,也就没有法定效力。在一审判决中,上诉人提出被上诉人起诉文书不符合法定形式,原审法庭却丝毫不予理会,严重违反了我国相关的法庭审理程序。

被上诉人王飞辩称:一审法院认定事实清楚,适用法律正确。2001年1月8日和8月15日,原告通过招商银行××支行电汇给上诉人的两笔款项,这在一审中双方是确认的。上诉人在一审开庭时认为款项是被上诉人对上诉人的还款,上诉人在一审中主张被上诉人于2000年8月10日和8月11日分别通过被上诉人的母亲借款并出具了借条,但是上诉人并没有在开庭中出具该借条,一审法院对上诉人指定了举证期限,但是上诉人在举证期限内没有提供证据证明。上诉人只提交了两份×××的证言,其中上面有"我妹夫张文斌……张文斌是我妹夫"等字眼,这可以看出证人×××与张文斌是有利害关系的。2007年4月26日××实业有限公司出具的证言称,"2000年度利润为300万元,张文斌60万元,2000年度利润350万元",同样是2000年度,利润数额却不相同,证据本身是有瑕疵的。上诉人自称是××实业有限公司的股东,占有24.5%的股份,但其提供的证据只能说明上诉人是董事而不是股东。上诉人称其与被上诉人的关系不熟,不可能向被上诉人借款。既然双方关系不熟悉,又为什么向被上诉人借款110万元呢?这显然是矛盾的。上诉人认为被上诉人的签字不是王飞本人所签,我方同意对笔迹进行鉴定,但要查清对方提供的工商登记档案和送货单是否真实,因为要以王飞本人的签字为依据进行鉴定才是合理的。如果我方可以证实两份资料是王飞本人所签的,则可以作为鉴定的依据,如果不是,我们可以让王飞回国来认定其签名。关于借款的利息问题,根据相关法律规定,借款可以不约定利息,约定利息并不是出借人的法定义务。关于诉讼时效,被上诉人依照上诉人的口头要求,分别于2001年1月8日和8月15日通过电汇的方式向上诉人汇款50万元、58万元,不存在诉讼时效的约束,在没有约定上诉人还款期限的情况下,被上诉人有权随时向上诉人主张返还借款。

本院经审理查明,原审判决已查明的事实属实,本院予以确认。本院另查明,2001年8月15日的50万元电汇凭证上载明的汇款用途为"往来款",2001年1月8日的58万元电汇凭证上载明的汇款用途为"购房"。被上诉人王飞向本院提交了经过中国人民共和国奥克兰总领馆公证的声明书,声明一审提交的起诉状、财产保全申请书、授权委托书以及本案二审提交的授权委托书上的签名均是其本人所签,代表其真实意思表示。

本院认为,第一,关于本案的程序问题,虽然在一审审理时,被上诉人王飞在境外直接递交诉讼文书存在程序上的瑕疵,但其在二审已经提交驻外使领馆公证的声明,足以证明一审诉讼文书的真实性,且该程序瑕疵没有影响上诉人的实体权利。第二,本案实体上的争议焦点为被上诉人与上诉人是否存在借款合同关系。被上诉人主张2001年1月8日和2001年8月15日的两笔汇款为其支付给上诉人的借款,应当就其主张提供证据。现被上诉人不能提供书面的借款合同,上诉人又否认与上诉人存在借款合同关系,而被上诉人提供的两张银行电汇凭证上载明的汇款用途分别为"购房"和"往来款",不足以证明上诉人与被上诉人之间存在借款合同关系,故被上诉人应当承担举证不能的法律后果。上诉人的该点上诉理由成立,本院予以采纳。综上,原审判决认定事实不清,应当予以改判。依照《中华人民共和国民事诉讼法》第153条第1款第3项的规定,判决如下:

一、撤销××市××区人民法院(2007)××法民一初字第×××号民事判决;

二、驳回被上诉人王飞的诉讼请求。

二审案件受理费20 820元,由被上诉人王飞负担。

本判决为终审判决。

审判长　×××
代理审判员　×××
代理审判员　×××

2007年12月4日

书记员　××

（三）第二个案件不当得利一审诉讼材料

1. 庭审笔录

××市××区人民法院
民事案件庭审笔录

开庭时间：2008年10月15日13时30分至14时30分

（预备阶段略）

代理审判员：××市××区人民法院××法庭今在此公开开庭审理原告王飞诉被告张文斌不当得利案，现宣布开庭。

代理审判员：下面进行法庭调查，先由原告陈述一下诉讼请求及事实与理由。

原代：诉讼请求：1. 判令被告返还原告50万元；2. 本案诉讼费用由被告承担。

代理审判员：被告方答辩。

被代：不同意原告的诉讼请求。这50万元是原告向被告借款后，原告给被告的还款。原告委托被告购房纯属子虚乌有，原告所讲的在2000年购买过房屋的情况是这样的：2000年12月10日，由原告父母王立贵、张琴以及原告姐姐王小莉购买了××市××路2199弄23号房屋一套，总房价为58万元，购房款是当天支付的，该套房屋产权也登记在这三个人名下，所以不存在后来原告汇款给被告用于购房的事实。

代理审判员：本庭归纳一下争议焦点：被告取得50万元是否有约定或者合法理由？双方意见？

原代：无异议。

被代：无异议。

代理审判员：原告方举证。

原代：电汇凭证两张，证明原告曾电汇给被告共108万元，其中58万元用于委托购房，而且原告给付被告钱款总的意图均是用于购房。

代理审判员：被告方质证。

被代：1. 这两张电汇凭证没有原件，如果有原件在银行，应该由银行证明电汇凭证的真实性；2. 委托购房的事实是编造的，被告还是认为108万元是原告支付被告的还款，与本案无关。

代理审判员：原告意见？

原代：现提供有银行章的电汇凭证两张，证明这两张凭证经过银行的确认。

代理审判员：被告意见？

被代：真实性无异议，汇款是事实，被告也收到了钱款，但还是认为这是原告支付被告的还款。

代理审判员：被告方举证。

被代：证据：1. 2006年起诉状两份，证明原告两次诉讼以不同理由，原告自相矛盾。2. 电汇凭证两份（同原告提供），证明电汇凭证上写的用途"往来款"和原告两次诉讼的理由不同。3. ××市中级人民法院民事判决书一份，证明原告2006年以借款名义起诉的案件已被法院驳回。4. ××区人民法院民事判决书、原告姐姐王小莉申诉状及本案原告在该案中出具的书面事实说明各一份，证明2000年购房的事情也已经被法院处理，原告从来没有委托被告购买房屋，王飞在该案中就50万元的用途陈述为其姐姐王小莉购买房屋付的房款，与××法院的诉讼和本次诉讼讲法都不一致。5. 公证书、房地产资料登记册、商品房预售合同各一份，证明××路2199弄23号房屋的购买情况，不存在委托购买，而且当时原告年仅21岁，尚未工作，其无能力购买房屋。

代理审判员：原告方质证。

原代：首先，原告对所有证据的真实性均无异议。其次，对证据1，原告当初以借款名义起诉，是因为原告考虑到地方保护主义因素，这仅仅是诉讼技巧问题，原告认为案件的事实应为委托购房。对证据2，恰能证明原告给了被告50万元。对证据3，××市中级人民法院之所以驳回，只是因为原告起诉的法律关系错误。对证据4，仅是涉及到××路2199弄23号房屋的相关诉讼，被告得到的50万元并没有用于购买该房屋，××法院的判决书已经认定了这节事实，王小莉在申诉案件中的事实说明，仅仅是王小莉病急乱投医，而且被告对此在诉讼中也没有认可。对证据5，无异议。

代理审判员：被告方有何质辩意见？

被代：1. 不同意原告陈述的其仅仅因为地方保护主义而以借款名义起诉，认为这不是理由；2. ××市中级人民法院判决驳回是因为原告证据不足，而非法律依据不足；3. 提请法庭注意：如是委托购房，则一定有委托合同。

代理审判员：原告，你当初给付50万元，基于什么原因？

原代：原告给付被告50万元，基于原告委托被告购房。

代理审判员：双方对委托购房是否有明确的约定？

原代：没有具体约定，就是让被告在适当的时候以适当的价格买入房屋。

代理审判员：是否约定了委托期限？

原代：没有约定。

代理审判员：原告方何时知道被告占有了欠款,拒不退还?

原代：2006年第一次起诉双方对这笔钱款产生争议,从这时起算。

代理审判员：被告对此何意见?

被代：坚持钱款是原告归还被告的欠款,也不存在原告委托被告购房一事,被告已经向法庭提供了王小莉申诉状以及原告在该案中的书面证词,原告在该案中讲50万是为王小莉××路的这套房屋所用,原告在多次诉讼中陈述均不一致,自相矛盾,法院不应采信原告的意见,因为就同一证据有几种说法。

代理审判员：被告,你既然称曾借款给原告,那么借款给原告发生于何时?

被代：2000年,被告和原告母亲张琴是师徒关系,原告向被告借款50万元,再由原告电汇50万元归还。电汇凭证是原告的父亲写的。

代理审判员：给付被告50万元是何时?

被代：于2000年8月给付现金给原告。

代理审判员：当时是否有相关凭证?

被代：当时是有的,但是原告归还借款后就将借据归还给原告了。

代理审判员：被告是否能就该情况进行举证?

被代：没有证据向法庭提供,而且现在没有办法举证了。

代理审判员：法庭调查阶段,双方当事人是否还有补充?

原代：无补充。

被代：有,被告认为本案已经超过《民事诉讼法》规定的诉讼时效。

代理审判员：原告何意见?

原代：认为没有超过,钱款一直由被告占有,被告的侵权行为一直是持续的,而且2006年原告也已经诉讼过。

代理审判员：原告,你从2001年汇款发生之后到2006年起诉这期间是否向被告催讨过?

原代：没有。

被代：同意。另外补充说明一点,2001年王飞的母亲在世时与被告在上海合伙办公司,办公地点在这套房屋内。如果当时原告要委托购房,应该将钱款汇给他母亲,而不应该跨过他母亲给被告。

原代：不同意,当时原告的母亲在深圳,被告在上海,所以原告将钱款汇给被告。

代理审判员：法庭调查结束,下面进行法庭辩论。

原代：根据本案调查事实及双方证据来看,不存在50万元是原告方用来归还借款的事实。原告认为被告借款成立,只是被告没有按照原告的期望,将钱款用于规定用途,并一直予以侵占,所以希望法庭支持原告诉请。

被代: 原告在编造谎言,原告于 2006 年以借款名义起诉,败诉后原告又以不当得利起诉,没有事实依据。

代理审判员: 双方是否还有新的辩论意见?

原代: 被告一直声称 50 万元是被告给原告的借款,但是其没有证据证明。另外,原告只不过为了讨回该 50 万元而采取了不同的方法。

被代: 无。

代理审判员: 法庭辩论结束,请双方当事人陈述最后意见。

原代: 请求法庭支持原告诉请。

被代: 请求法庭驳回原告诉请。

代理审判员: 双方当事人本人是否可以到庭?

原代: 原告目前还在国内,应该可以。

被代: 可以。

代理审判员: 原告代理人,请你于庭后 10 日内向本庭提供原告方的相关证明。

原代: 知道了。

代理审判员: 今天庭审到此,当事人和其他诉讼参与人阅看上述笔录,认为自己的陈述记录有遗漏或者差错的,有权申请补正,无误后,请签名认可。现在休庭。

2. 判决书

××市××区人民法院
民事判决书

(2008)×民一(民)初字第××××号

(首部及诉讼过程略。)

原告王飞诉称: 原告于 2001 年 8 月 15 日通过招商银行××支行电汇给被告 50 万元。被告收到款项后,未返还原告。原告认为,被告取得原告 50 万元没有合法依据,造成原告损失,被告之行为属不当得利,故诉至法院要求被告返还原告 50 万元。诉讼中,原告对该 50 万元的补充说明为:原告曾于 2001 年 1 月 8 日通过招商银行××支行电汇给被告 58 万元(已另案诉讼),与本案的 50 万,合计 108 万元,均系原告委托被告购房而支付的款项,但被告未能完成委托事项,也拒不返还钱款,故原告提起诉讼。

被告张文斌辩称: 原告分两次汇给被告共计 108 万元是事实,但并不存在原告所称的委托被告购房一事。事实上,被告曾于 2000 年通过原告的母亲出借给原告110万元,原告给付被告108万元系归还被告此笔欠款。而且原告曾于2006年12月21日就108万元以民间借贷之事实理由向××市××区人民法院起诉,当时原告坚持108万元系被告向原告的借款。本案被告张文斌与案外人张建国于2006年10月17日因析产纠纷起诉案外人王小莉(系原告姐姐),该案经××市××区人民法院受理并判决后,王小莉在申诉阶段提供了本案原告王飞出具的"事实说明"一份。王飞在该事实说明中称,本案系争的108万元是因王小莉向张文斌购买××市××区××路2199弄23号房屋,而由王飞代王小莉支付的房款。原告在几次诉讼中,对108万元用途的说法均不一致,前后矛盾,可见原告的说法不可信。并且,原告给付被告108万元发生在2001年,本案早已超过诉讼时效。综上,被告请求驳回原告的诉讼请求。

针对被告的答辩意见,原告反驳称:原告在几次诉讼中对108万元的用途作不同的解释,仅是原告的诉讼技巧。且被告侵占原告欠款的行为自2001年持续至今,故本案并未过诉讼时效。

经审理查明:原告王飞之母亲张琴(已故)与被告张文斌相识。

2001年1月8日,原告王飞通过招商银行××支行以电汇的方式给付被告张文斌58万元,原告在该电汇凭证的汇款用途一栏填写为"购房"(已另案诉讼)。

2001年8月15日,原告王飞再次以此方式给付被告张文斌50万元,原告在该电汇凭证的汇款用途一栏填写为"往来款"。

2006年12月21日,原告王飞就该108万元以民间借贷之事实理由向××区法院起诉被告张文斌要求还款,××区法院判决支持。后被告不服,提起上诉,王飞之诉讼请求被终审判决驳回。

另查明,2000年12月10日,原告母亲张琴与被告张文斌、张建国签订《上海市内销商品房预售合同》,三人购买了××市××区××路2199弄23号房屋,总价款为58万元,并约定2001年1月10日前支付55万元,房屋竣工交付3万元。2001年3月6日,三人达成协议,上述房屋由张琴享有51%的产权,张文斌、张建国各享有24.5%的产权。

张琴死亡后,被告张文斌与张建国于2006年10月17日因上述房产析产纠纷起诉案外人王小莉,该案经××市××区人民法院受理并判决后,王小莉申请再审,并提供了本案原告王飞于2008年7月16日出具的"事实说明"一份。王飞在该事实说明中称,本案系争的108万元是由王飞代王小莉向张文斌支付的购买上述房屋的房款。后王小莉撤回再审申请。

本案在诉讼中,原告表示给付被告的108万元均系委托被告购房的房款,但双方未签订书面合同,且对委托购房的具体事项也未约定,原告仅授权被告在适当的时机以适当的价格购入房屋。被告对此不予认可。

以上事实,由招商银行电汇凭证等证据及当事人的陈述予以证明,本院予以确认。

本院认为:本案的争议焦点为:本案是否已过诉讼时效?被告占有50万元,是否构成不当得利?

关于诉讼时效,《中华人民共和国民法通则》规定,向人民法院请求保护民事权利的时效为2年,从知道或者应当知道权利被侵害时起计算。本院认为,原告知道或者应当知道权利被侵害应从2001年8月15日汇款之日起计算,至2006年12月21日原告以借款之由提起诉讼,已过2年的诉讼时效。

即便本案未过诉讼时效,本院认为,原告现提供的证据也难以证明被告之行为构成不当得利。不当得利是指一方当事人没有合法根据取得不当利益,而造成他人损失。原告提供的汇款凭证仅能证明原告给付了被告50万元之事实,而不能证明被告取得50万元即构成不当得利。恰恰相反,原告在2001年8月15日的电汇凭证上已经载明该笔钱款的用途为"往来款",按照生活常理,该笔钱款应基于原、被告之间的经济往来关系而产生。原告对双方的基础法律关系解释为:原告曾于2001年委托被告购房,被告未能履行受委托人之义务,故而涉诉。那么,本案就应为合同之债,而非不当得利之债。但是,原告未能提供相关证据证明原、被告之间存在真实的委托购房的法律关系。故原告据此要求被告返还50万元,本院难以支持。

综上,根据《中华人民共和国民法通则》第92条、第135条、第137条之规定,原告王飞要求被告张文斌返还50万元的主张,经审查不符合上述规定的要求,依法不应支持。据此,本院判决如下:

驳回原告王飞要求被告张文斌返还50万元的诉讼请求。

案件受理费8 800元,减半收取4 400元,公告费300元,合计诉讼费4 700元,由原告王飞负担。

如不服本判决,可在判决书送达之日起15日内,向本院递交上诉状,并按对方当事人的人数提出副本,上诉于××市中级人民法院。

代理审判员 ××

2008年11月18日

书记员 ××

（四）第二个案件不当得利之诉二审诉讼材料

1. 庭审笔录

××市中级人民法院
庭审笔录

开庭时间：2009年3月30日14时30分至15时15分

（预备阶段略）

审判长：现在进行法庭调查。上诉人，陈述上诉请求。

上诉人：撤销原审判决，依法改判支持上诉人原审诉请。事实与理由：一、原审以本案超过诉讼时效为由驳回上诉人诉请有悖法律规定。上诉人于2001年5月17日获得新西兰学生签证，6月13日入境，本案所涉50万元系在2001年8月15日由上诉人之父从上诉人银行账户中电汇给被上诉人，对此节事实上诉人不知情。2003年1月23日，上诉人父母在新西兰遇车祸死亡，本案系争50万元由上诉人姐姐在2006年6月装修其父母的住房时，施工人员在拆除父母的妆台时才发现电汇凭证，故于2006年12月向××区法院起诉，已有生效判决驳回上诉人诉请，故时效中断。2008年7月3日，上诉人向××市法院起诉，2008年8月12日裁定移送××法院，××法院9月16日受理，时效中断。2006年12月起诉时被上诉人未以诉讼时效抗辩，时效中断。本案并未超过诉讼时效。二、被上诉人取得本案系争50万元没有合法根据，原审仅凭电汇凭证上载明的用途为"往来款"推测是基于双方的经济往来关系产生，是错误的。由于上诉人父母死亡，本案的客观事实无法查清，被上诉人取得该款没有合法依据。被上诉人陈述系上诉人通过其母向被上诉人借款没有事实根据，也未得到法院的支持。请求法院查清事实，支持上诉人的上诉请求。详见上诉状。

审判长：被上诉人，你对于上诉请求有何意见？

被上诉人：不同意。上诉人于2006年向××区法院起诉。××区法院一审时我方提出已经过诉讼时效。在××中级法院二审中，被上诉人的代理人已经对诉讼时效提出异议，不存在诉讼时效中断。上诉人多次诉讼，对50万元的说法不一，不存在购买××路房子的事，××路房子总价58万，根据股份上诉人只需付14余万，汇款50万元不符常理。上诉人母亲与被上诉人合伙开公司，如是购房款，为何上诉人不把钱汇给其母亲，故上诉人汇钱给被上诉人是为了还款。请求二审维持原判。

审判长：现在核对一审查明的事实。上诉人对一审查明的事实有无异议？

上诉人： 有异议，2001年1月8日，由上诉人父亲经办，从上诉人账户中电汇给被上诉人58万。

审判长： 被上诉人，你对于上诉人提出的异议有何意见？

被上诉人： 笔迹是上诉人父亲，但具体谁汇我们不清楚。上诉人于2002年去新西兰而不是2001年去的。

上诉人： 2001年8月15日，上诉人父亲经办，从上诉人账户中电汇给被上诉人50万元，有证据证明上诉人于2001年6月抵达新西兰。原审卷宗中有被上诉人提供的108万款项来源是利害关系人。2001年3月6日三人达成协议，上诉人母亲占51％产权，由于上诉人看不到购房合同公证书，在58万元的诉讼中，看到了购房合同，预售合同的款项为58万，2000年12月10日签订预售合同，2001年1月8日，上诉人父亲汇58万给被上诉人，且电汇凭证上写购房款。

审判长： 被上诉人对一审查明的事实有无异议？

被上诉人： 没有异议。

审判长： 上诉人就事实有无补充？

上诉人： 有，提供证据。

审判长： 原审提供吗？

上诉人： 没有。

审判长： 为什么没有提供？

上诉人： 由于上诉人精神受刺激，讲不清楚，问上诉人姐姐说律师没要求，故没有提供。

审判长： 上诉人提供什么证据？

上诉人： 1. 护照签证及新西兰入境许可，招商银行电汇凭证及取款凭条、上诉人父亲身份证，中国总领事馆证明书，证明上诉人于2001年5月17日获新西兰学生签证，于2001年6月23日抵达新西兰并入境，2001年8月15日由上诉人父亲经办，从上诉人账户电汇被上诉人50万，2003年1月23日，上诉人父母在新西兰遇车祸死亡，至于50万元的情况上诉人不清楚。2. 装饰工程项目协议书乐安居销售单及付款凭证、家具销售合同、乐安居销售单及汇款记录、乐安居销售单及付款凭证，证明2006年6月1日，上诉人姐姐委托施工队对其父母生前居住的房屋进行装修，双方签订协议书，2006年7月20日，上诉人姐姐王小莉与乐安居签订家具销售合同，本案所涉50万元的电汇凭证系在施工人员拆除上诉人父母房间的梳妆台时才发现，故本案的诉讼时效没过。

审判长： 有无其他相印证的证据？

上诉人： 没有。

审判长： 被上诉人,有何意见？

被上诉人： 上诉人刚才称不知道50万元的汇款用途,又是一种新的说法。上诉人无法证明电汇凭证是在装修时发现的,上诉人需证明电汇凭证是在房屋中,也没有证据证明施工人员现场发现的。这些证据与本案无关,不予质证。

审判长： 被上诉人,就事实有无补充？

被上诉人： 没有。

审判长： 法庭调查结束。

审判长： 现在进行法庭辩论。先由上诉人陈述辩论意见。

上诉人： 被上诉人取得系争的50万元没有合法根据,被上诉人承认收到上父电汇的50万元,应举证该50万元的用途。

审判长： 被上诉人陈述辩论意见。

被上诉人： 上诉人所述不是事实,多次诉讼多次说法不一,上诉人没有其他证据印证50万款项的情况,请求维持原判。

审判长： 法庭辩论结束。

审判长： 根据法律规定,当事人可以在法庭的主持下调解,上诉人是否请求调解。

上诉人： 同意。

审判长： 被上诉人是否愿意调解？

被上诉人： 不愿意。

审判长： 鉴于被上诉人不愿意调解,本庭对该案不再当庭调解。

审判长： 根据法律规定,当事人有最后陈述的权利,上诉人进行最后陈述。

上诉人： 坚持上诉请求。

审判长： 被上诉人进行最后陈述。

被上诉人： 请求法院驳回上诉,维持原判。

审判长： 今天庭审到此结束,当事人应当阅看今天的庭审笔录,如果记录有差错或者有遗漏,可以申请更正或者补充,认为无误后,应当在笔录上签名。

2. 判决书

××市中级人民法院
民事判决书

(2009)×中民一(民)终字第×××号

(首部及诉讼过程略)

经本院审理查明,原审法院认定事实无误,本院依法予以确认。

本院认为,根据我国《民法通则》第92条规定:"没有合法根据,取得不当利益,造成他人损失的,应当将取得的不当利益返还受损失的人。"本案中,上诉人王飞于2008年7月16日出具的一份"事实说明"中称:本案系争的108万元是由其代王小莉向张文斌支付的购买××市××区××路2199弄223号房屋的房款,由于其当时在国外,对支付房款的事情一直未和其姐提起,以及上诉人王飞在2001年8月15日的电汇凭证上已经载明50万元的钱款的用途为"往来款"等证据中均不能证明被上诉人张文斌取得50万元之行为构成不当得利。又根据最高人民法院《关于民事诉讼证据的若干规定》中第2条之规定:当事人对自己提出的诉讼请求所依据的事实有责任提供证据加以证明,没有证据或者不足以证明当事人的事实主张的,由负有举证责任的当事人承担不利后果。现上诉人王飞认为其父从其银行账户中电汇给被上诉人张文斌往来款50万元,对此节事实其是不知情的。嗣后,被上诉人张文斌在拿到其转账款后,未能为其牟取任何经济利益,现其要求被上诉人张文斌返还所转款项之主张,缺乏事实与法律依据,故本院难以采信。关于诉讼时效的问题,原审法院的判决对此已作了阐述,本院就此不再进行赘述。综上所述,原审法院的判决事实清楚,适用法律正确,本院予以维持。据此,依照《中华人民共和国民事诉讼法》第153条第1款第1项之规定,判决如下:

驳回上诉,维持原判。

二审案件受理费人民币8800元,由上诉人王飞负担。

本判决为终审判决。

审判长 ×××
代理审判员 ×××
代理审判员 ×××

2009年4月25日

书记员 ××

(五) 第三个案件不当得利之诉一审诉讼材料

1. 原告方提供的证据目录①

序号	页码	证据名称	证明对象
一	1—8	公证书(王飞护照)	1. 2001年5月17日,王飞获得新西兰留学签证,同年6月23日,王飞抵达新西兰留学 2. 王立贵、张琴为原告父母 3. 2003年1月23日,原告父母在新西兰遭遇车祸死亡
	9	王飞护照学生签证翻译件	
	10	亲属关系公证书	
	11—13	公证书	
二	14—18	装饰工程项目协议书及结算书	1. 2006年6月1日,王小莉委托装潢施工人员对其父母生前居住的房屋进行装修 2. 施工人员在拆除原告父母生前卧室中梳妆台时,从连体的梳妆台与大衣柜的暗格中发现了系争50万元的电汇凭证 3. 经向银行查询得知,1999年12月1日,王立贵为其子王飞在招商银行××支行申请开立储蓄账户,全部开户手续由王立贵办理 4. 系争50万元系2001年8月15日,由原告之父王立贵经办,从户名为王飞的银行账户中电汇给张文斌,用途注明为"往来款" 5. 原告王飞对在该银行开户及划款事宜均不知情
	19	乐安居销售单及付款凭证	
	20—25	家具销售合同	
	26	乐安居销售单及汇款凭证	
	27	乐安居销售单及汇款凭证	
	28	招商银行电汇凭证(50万元)	
	29—30	储蓄开户申请书及王立贵、王飞身份证	
	31—32	电汇凭证及代办人签字页	
三	33—35	××市××区人民法院民事判决(2007)××法民一初字第××号	1. 2006年1月,王飞以借款为由,向××市××区法院提起针对张文斌的诉讼;该案一审胜诉,二审法院以王飞"不能提供书面的借款合同"为由,撤销一审判决,驳回王飞的诉讼请求 2. 2008年7月,王飞又以不当得利为由,向××市××区人民法院提起对被告张文斌的诉讼,追索系争的50万元
	36—42	××省××市中级人民法院民事判决书(2007)×中法民一终字第×××号	
	43—49	××市××区人民法院民事判决书(2008)×民一(民)初字第××××号	

① 因为本案双方对案件关键事实——银行转账事实并无争议,故这里仅列原告起诉时提供的证据目录,对具体证据不再单列。

续表

序号	页码	证 据 名 称	证 明 对 象
三	50—56	××市中级人民法院民事判决书(2009)××中民一(民)终字第×××号	3. 2009年7月,××市中级人民法院就王飞诉张文斌一案作出终审判决,王飞的诉讼请求未获法院支持

2. 庭审笔录

××市××区人民法院
庭审笔录

开庭时间:2009年9月23日16时00分至17时00分

(预备阶段略)

审判长: 下面进行法庭调查,先由原告陈述诉讼请求、事实及理由。

原代: 诉讼请求:1. 被告归还原告50万元,赔偿原告上述款项自2001年8月16日至判决生效之日止的利息损失(以中国人民银行同期同类贷款利率计算);2. 本案诉讼费由被告承担。事实和理由详见诉状(略)。解释一下,关于本案案由问题,因为诉请不明确的,不予立案,希望法庭经过审理,如果认为法庭查明的事实与诉请不一致的话,请行使释明权,原告将变更诉讼请求。

审判长: 关于请求的基础是原告选择的问题,如果原告不作出请求,法院将在适当的时候释明。

审判长: 被告方答辩。

被代: 1. 认为这个案由法院不应当受理,因为上次原告起诉时以同样的理由起诉的,所以根据我国民诉法的相关规定,应当驳回原告的起诉。2. 本案的主体问题。原告以继承人的名义起诉。但本案的汇款人是王飞,故不应当以继承人的名义起诉,认为原告在规避国家法律规定。无论怎样,认为原告没有法律和事实依据。认为原告汇的50万元是还款。原告在××市起诉时以借款名义,被驳回。后已不当得利起诉也被驳回。3. 认为诉讼时效已经超过了,在2001年汇的款,现在已经2009年,过了8年,远远超过了两年的诉讼时效。4. 原告诉状中称对此钱不知情,但还是起诉了,认为有悖于我国"以事实为依据,以法律为准绳"的原则。

审判长: 原告,关于你的诉请基础,你自己不清楚,要求法庭释明。法庭注意到你方已经以借款和不当得利起诉。请你首先向法庭明确一下,你方以什么样的基础来起诉的?

原代：从大范围来讲，是一笔侵权之诉。原告父母在生前汇给被告款项，被告认为是还款，原告认为没有依据。之前的判决书中讲，被告称借款来源是其向妻子的哥哥借的钱，而刚刚庭审中讲是向其妻子姐姐借的钱，被告的讲法不一致。因为原告父母突然死亡，原告不清楚为何注明"往来款"。

审判长：法庭再释明一下，你作为起诉方，应当向法庭明确你方基于什么样的法律关系来要求被告还款？

原代：原告认为是侵权之诉。

审判长：下面请原告进行举证。

原代：1. 王飞护照公证书、护照学生签证翻译件，证明2001年5月17日，王飞获得新西兰留学签证，同年6月23日，王飞抵达新西兰留学。2. 金额为50万元招商银行电汇凭证，证明系争50万元系2001年8月15日，由原告之父王立贵经办，从户名为王飞的银行账户中电汇给张文斌，用途注明为"往来款"。3. ××市××区人民法院民事判决书(2008)×民一(民)初字第×××号、××市中级人民法院民事判决书(2009)×中民一(民)终字第×××号，证明2008年7月，王飞以不当得利为由，向××市××区人民法院提起对被告张文斌的诉讼，追索系争的50万元；2009年7月，××市中级人民法院就王飞诉张文斌一案作出终审判决，王飞的诉讼请求未获法院支持。

审判长：被告方质证。

被代：1. 对两份公证书的真实性无异议，但认为与本案无关。2. 电汇凭证中提到的"往来款"反而证明了原被告之间有经济往来，是借款还款。3. 对判决书真实性无异议。

审判长：被告进行举证。

被代：提交张文斌1998年1月起至2001年12月止的工资单，证明张文斌的收入及其有雄厚的经济基础。

审判长：原告方质证。

原代：认为没有关联性。

审判长：法庭调查到此。下面进行法庭辩论。

原代：1. 虽然原告就本案系争的50万元多次提起诉讼，但现本案是两原告作为主体向被告提起诉讼，而且有证据证明，被告也不否认，从王飞的账户中收到50万元。但被告的陈述自相矛盾，上次诉讼称一部分钱向其妻子的哥哥借款，今天又说向其妻子的姐姐借款。而且被告说不清楚什么时候，借了多少。现因原告父母遇难，导致原告说不清楚这笔欠款的性质，只有被告知道。被告称王飞向其借款，但没有证据证明。虽然本应由原告举证,但现基于特殊情况,被告没有提出其合法占有50万元或者没有侵犯原告父母财产的合法依据。原告认为举证责任应当转移到被告处。合法的可能转变为不合法。可能当时汇款没有合法依据,但之后被告做了什么应该举证。2. 认为没有超过诉讼时效,2001年8月16日汇的钱款,而原告父母在2003年1月死亡,没有超过2年的诉讼时效。汇钱的凭证是2006年发现的,原告之前不知道,知道后一直在诉讼主张权利,所以诉讼时效已经中断,时效没有超过。

被代: 原告称被告在之前说是哥哥,现在说是姐姐。但其实之前的判决书中出现的就是姐姐。诉讼时效已经过了,2006年起诉的时候是借款,2008年起诉的是不当得利,而这次是侵权,法律关系不同,所以已经超过了诉讼时效。

审判长: 法庭辩论结束,请双方当事人陈述最后意见。

原代: 请法庭支持原告的诉讼请求。

被代: 请求法庭驳回原告诉请。

审判长: 下面休庭10分钟。

(休庭)

审判长: (敲法槌)下面继续开庭。口头判决略(与下列判决书一致)。

审判长: 今天庭审到此结束,当事人应当阅看今天的庭审笔录,如果记录有差错或者有遗漏,可以申请更正或者补充,认为无误后,应当在笔录上签名。

3. 民事判决书

××市××区人民法院
民事判决书

(2009)×民一(民)初字第××××号

(首部及诉讼过程略)

原告王飞、王小莉诉称:2001年5月17日,原告王飞获得新西兰留学签证,同年6月23日,原告王飞赴新西兰留学。2003年1月23日,两原告的父母在新西兰遭遇车祸死亡。2006年6月1日,原告王小莉委托施工人员对其父母生前居住的房屋进行装修。施工人员在拆除其父母生前居住的房间中梳妆台时,从连体的梳妆台与大衣柜的暗格中发现系争的500 000元招商银行电汇凭证,该凭证记载日期为2001年8月15日,汇款人为"王飞",收款人为"张文斌",汇款用途为"往来款"。原告遂向招商银行查询,获知该账户系1999年12月1日,由原告之父王立贵为其子王飞申请开立,开户手续全部由王立贵办理,上述汇款亦系由王立贵办理。为此,原告曾向被告张文斌询问汇款事由,未果。2006年12月,因原告与被告张文斌就汇款之事交涉未果,且当时也未知该笔汇款的真实用途,原告王飞遂听从律师建议,以借款为由,向××省××市××区人民法院提起诉讼,一审胜诉,二审以原告王飞未能提供书面借款合同为由,撤销一审判决,改判驳回原告王飞诉讼请求。2008年7月,原告王飞又以不当得利为由向法院提起诉讼,未能获胜。数年来,原告在主张上述权利的诉讼过程中,被告辩称,系争的500 000元系原告王飞归还被告的借款。原告认为,原告从未向被告借款,被告利用原告父母车祸意外死亡,未留遗嘱,不向原告归还其父母生前给付被告的款项,实与诚实信用原则相悖。故原告认为被告的行为有悖社会公序良俗,也违反了法律的相关规定,故诉至本院要求判令:被告归还原告500 000元,赔偿原告上述款项自2001年8月16日起至本判决生效之日止的利息损失,以中国人民银行同期同类贷款利率计算。诉讼中,经本庭释明,原告认为被告占有王立贵给付的500 000元,侵犯了原告的财产权,原告系以侵权之诉对被告提出诉请之主张。

被告张文斌辩称:原告分两次汇给被告共计1 080 000元是事实,事实上被告曾于2000年通过原告的母亲出借给原告1 100 000元,原告给付被告1 080 000元系归还被告此笔欠款。原告在几次诉讼中,对1 080 000元用途的说法均不一致,前后矛盾,可见原告的说法不可信。而且,原告就本案系争的500 000元曾以各种理由提起诉讼,有重复诉讼之嫌。原告给付被告1 080 000元发生在2001年,本案早已超过诉讼时效。综上,被告请求驳回原告的诉讼请求。

经审理查明:原告王小莉、王飞系姐弟关系。2001年6月23日,原告王飞赴新西兰留学。2003年1月23日,两原告之父母王立贵、张琴在新西兰停留期间意外身亡。

张琴与被告张文斌曾一同就职于××市××实业有限公司。

1999年12月1日,两原告父亲王立贵以王飞之代理人身份在招商银行股份有限公司××支行(以下简称××支行)开设了账号为68189249、户名为王飞的个人账户。

2001年8月15日,上述账户以电汇的方式给付被告张文斌500 000元,该电汇凭证的汇款用途一栏填写为"往来款",汇款的办理人为王立贵。

2006年12月21日,原告王飞就1 080 000元汇款(2001年1月8日,王立贵曾通过上述原告王飞之账户以电汇的方式给付被告张文斌580 000元,王立贵在该电汇凭证的汇款用途一栏填写为"购房",现该580 000元已另案诉讼)

以民间借贷之事实理由向××法院起诉被告张文斌要求还款,××法院判决支持。后被告张文斌不服,提起上诉,王飞之诉讼请求被终审判决驳回。

2008年7月3日,原告王飞再次以不当得利为由就本案系争的500 000元向××省××市人民法院提起诉讼,要求被告张文斌还款,后因被告张文斌提出管辖异议,该案移送至本院,本院经审理后判决驳回了原告王飞的诉讼请求。王飞不服,提起上诉,终审判决驳回上诉、维持原判。

以上事实,由护照、签证、亲属关系公证书、××省××市公证处公证书、招商银行储蓄开户申请书及附件、招商银行储蓄取款凭条及附件、招商银行电汇凭证、招商银行特种转账借方传票等证据及当事人的陈述予以证明,本院予以确认。

本院认为:本案争议的焦点为被告占有500 000元,是否侵害了原告的财产权益?

本案原告的请求权系基于侵权之法律关系。侵权之诉的构成要件为:侵权行为、损害后果、主观过错、因果关系。现原告提供的证据,仅能证明2001年8月15日,王飞的账号为68189249的账户以电汇方式给付被告500 000元,而不能证明该给付行为使被告占有系争的500 000元构成了对原告财产权的侵害,因为占有不等同于侵占。本院认为,即便该500 000元系原告父亲王立贵借用王飞之账户所做的汇款,王立贵在电汇凭证上已经载明该笔钱款的用途为"往来款",如(2008)×民一(民)初字第××××号民事判决书中所述,基于原告母亲张琴与被告张文斌之间的朋友关系,按照生活常理,该笔钱款应基于原告父母与被告之间的经济往来关系而产生,而不能证明被告取得500 000元缺乏依据。王立贵向被告汇款500 000元之行为发生于2001年8月15日,王立贵死亡于2003年1月23日,若被告张文斌确系无故占有了原告父母的汇款,而未返还,则王立贵、张琴也早已应当知道权利被侵犯,却未提起任何主张,实难令人信服。因此,原告诉称要求被告张文斌返还500 000元并赔偿利息损失之主张,本院难以支持。

综上,根据《中华人民共和国民法通则》第117条之规定,原告王飞、王小莉要求被告张文斌返还500 000元并赔偿利息损失的主张,经审查不符合上述规定的要求,依法不应支持。据此,本院判决如下:

驳回原告王飞、王小莉的诉讼请求。

案件受理费11 370元,财产保全费4 305元,合计诉讼费15 675元,由原告王飞、王小莉负担。

如不服本判决,可在判决书送达之日起15日内,向本院递交上诉状,并按对方当事人的人数提出副本,上诉于××市中级人民法院。

审判长　×××
审判员　×××
代理审判员　×××

2009 年 9 月 23 日

书记员　×××

(六) 第三个案件不当得利之诉二审诉讼材料

1. 上诉方提交的法律文书

上　诉　状①

上诉人:王飞,基本情况略。

上诉人:王小莉,基本情况略。

被上诉人:张文斌,基本情况略。

请求事项:

上诉人对(2009)×民一(民)初字第××××号判决不服,提起上诉。一审法院在事实真相不明的情况下予以判决,适用法律不当,损害上诉人的利益,要求二审法院对一审法院的错误判决予以纠正,维护上诉人的合法权益。

此致

××市中级人民法院

上诉人:王飞、王小莉
2009 年 10 月 12 日

2. 庭审笔录

××市中级人民法院
庭审笔录

时间:2009 年 11 月 24 日 09 时 00 分至 11 时 00 分

(预备阶段略)

审判长:现在进行法庭调查。

审判员:两上诉人,陈述一下上诉请求以及相关的事实和理由。

---

① 原告代理人提交的上诉状极其简略,可以说没有任何实质内容。

两上代： 判令撤销原审判决并依法改判支持两上诉人原审诉讼请求。50万元的凭证就是往来款，如果按对方说法系我方还款，对方要证明其出借的情况。对方没有证据证明为何要借款给上诉人父母及借款的情况。被上诉人是上诉人的员工，每月领取1500余元的工资，双方没有经济往来。如果对方没有证据证明借款的情况，我们有证据证明我们汇款给了对方，则对方应该予以返还。作为现在健在的人，对方应该陈述出事实。时效没有丧失，往来款没有约定何时归还。

审判员： 被上诉人，针对两位上诉人的上诉请求以及事实和理由进行答辩。

被代： 在××法院对方已经以借款的案由诉讼过，上诉人自己的说法都不同，根据民事诉讼法谁主张谁举证，应该对方举证。我们认为诉讼时效已经过了，不论是从第一次汇款起，还是从两上诉人父母亲2003年过世始都已经过了诉讼时效。对于主体提点意见，本案证据只能证明王飞是主体。

审判员： 现在核对一审法院查明的事实。两位上诉人，你方对一审法院查明的事实有无异议？见判决书第3页"经审理查明"到第4页倒数第三行。

上代： 有异议。在一个单位但是不是一同就职，是两上诉人父母聘用他们。汇款是王立贵办理的，王飞并不知情。我们要求对方返还往来款。原来两个判决书是用逻辑推理，但是本案有特殊性，不能按常理看，不是赠与，否则也不会写往来款。不存在父母亲在世时不要求对方归还等，因为被上诉人系公司员工，可以掌控，不怕他们不归还款项。而且需要激发对方的积极性。

审判员： 被上诉人张文斌，你方对一审法院查明的事实有无异议？见判决书第3页"经审理查明"到第4页倒数第三行。

被代： 无异议。对于两位上诉人提出的异议，我们的意见是开户的名字是王飞，即使按对方所说，为何不从父母亲的账户汇，而要从王飞的账户汇呢？

审判员： 两位上诉人二审有无新证据提供？

两上代： 补充一下对方屡次陈述的××法院的判决，××法院一审、二审仅是从程序上驳回了两上诉人的诉讼请求，不是实体驳回。

审判员： 被上诉人张文斌二审有无新证据提供？

被代： 没有。

审判员： 被上诉人对于两位上诉人补充的事实的意见。

被代： ××法院的判决不是以程序驳回，是对方证据不足。①

---

① 程序驳回，是指立案后发现原告的起诉不符合《民事诉讼法》第119条规定的起诉条件，人民法院裁定驳回原告的起诉。实体驳回，是指经过审理，认定原告的诉请并不满足其请求权基础的构成要件，人民法院判决驳回原告的诉讼请求。因此，前案二审判决认为原告未提供证据证明双方存在借贷合意，系从实体上驳回原告诉讼请求。

审判员：被上诉人，你方陈述款项是还款，为何汇款用途王立贵写"往来款"？

被代：我方认为是对方还我款，我借他钱，他还我，写"往来款"也很正常。而且他要如何填写是他自己的事。

审判长：两位上诉人，能否解释一下50万元往来款？

王小莉：继承人说不清楚。

审判员：两位上诉人对事实有无补充？

上代：没有。

审判员：被上诉人张文斌对事实有无补充？

被代：对方陈述违背事实。

审判员：法庭事实调查到此，现在法庭辩论。

两上代：因为两位上诉人系法定继承人，很多情况不知道，但是为了讨个公道，才诉讼至今。既然父母亲汇款凭证收藏得如此好，2001年汇款到2003年去世前都一直保存，如果是还款，有必要如此妥善保存？完全可以做进账里，如此妥善保存，说明上诉人父母是将之作为债来保存的。我们认为对方应该提交资金来源、出借的原因等相应证据。50万元的事，张文斌完全可以说清楚，但是其却以谎言来搪塞。如果以张文斌说在姐姐公司有60万元利润等，其有必要在上诉人父母的公司每月领取1500余元吗？2003年上诉人父母去世，对方2004年才成立公司，可能因为上诉人父母去世以后张文斌从公司拿走了部分钱。

审判长：被上诉人张文斌发表辩论意见。

被代：对方提供的证据主体是王飞，是王飞父母亲代理王飞，不是王飞代理父母。50万元的款项是往来款，对方说不出汇款的理由，我们认为是还款给我方。上诉人几次诉讼说法都不一致。如果王飞不知道汇款情况，则其如何主张？其陈述有悖事实。请求驳回上诉人上诉请求，维持原判。

审判长：两位上诉人有无新的辩论意见？

两上代：被上诉人认为，是王飞父母亲代理王飞，不是王飞代理父母，我们认为是王立贵以王飞名义开户再用王飞的账户划账。不能在被上诉人没有任何证据证明其出借过款项的事实下就认定其说法。本案原审法院又认定上诉人母亲与张文斌系就职于××公司，又在"本院认为"中认定张文斌与上诉人母亲为朋友关系然后做了错误判断。如果对方有证据证明他的往则我们的款项就是来，如果对方没有证据证明款项的往，则我方的证据可以证明我们的往，我们对被上诉人存在债权。我们已经证明了"往来款"由我方汇出，则对方也应该举证其交付款项的相关证据。

王小莉：招商银行王飞账户系王立贵代开，我们以法定继承人的身份主张。

审判长：被上诉人有无新的辩论意见？

被代：现在对方没有证据证明其主张。"往来款"的问题，我们出借了款项，所以对方归还，这个符合有来有往。

两上代：从原有证据和今天补充证据可以证明对方没有财力出借款项，对方陈述的借款理由也自相矛盾。

审判长：法庭辩论终结。

审判长：根据法律规定，双方当事人有最后陈述的权利。两位上诉人进行最后陈述。

两上代：支持上诉人诉请，依法改判。

审判长：被上诉人张文斌进行最后陈述。

被代：驳回上诉，维持原判。

审判长：根据法律规定，双方当事人可以在法庭主持下进行调解。上诉人是否愿意调解？

上代：不愿意。

审判长：被上诉人张文斌是否愿意调解？

被代：不愿意。

审判长：鉴于上诉人、被上诉人都不愿意申请调解，法庭不再主持调解。

审判长：今天的审理到此结束。双方当事人在闭庭后应当阅看庭审记录，如记录有遗漏或错误，可以要求补正或更正，确认无误后签字。现在闭庭。

3. 民事判决书

<h3 style="text-align:center">××中级人民法院
民事判决书</h3>

(2009)×中民一(民)终字第×××号

（首部略）

上诉人王飞、王小莉因返还原物纠纷一案，不服××市××区人民法院(2009)×民一(民)初字第××××号民事判决，向本院提起上诉。本院于2009年11月5日受理后，依法组成合议庭，于2009年11月24日公开开庭进行了审理。上诉人王小莉及上诉人王飞、王小莉之共同委托代理人××、××

×,被上诉人张文斌之委托代理人×××、×××到庭参加诉讼。本案现已审理终结。

原审认定事实及判决理由、判决主文等略。

判决后,王飞、王小莉不服,上诉于本院,诉称:王飞、王小莉已提供其父亲王立贵通过王飞账户汇给张文斌500 000元往来款的汇款凭证,张文斌认为此系王飞、王小莉父母归还其的借款,但其未提供相应证据,故其理应返还该款。王飞、王小莉系在2006年发现父母遗留的该份汇款凭证,并于同年就该款项起诉主张相应权利,故本案未过时效。原审判决认定事实不清,适用法律不当,请求二审法院依法撤销原判,改判支持其原审的诉请。

被上诉人张文斌辩称:此500 000元系王飞、王小莉父母生前向张文斌借款后的还款,因王飞不学好,故王飞、王小莉的父母与张文斌商量由张文斌借款给王飞父母,然后告诉王飞家里没钱。本案无论是从汇款的时间还是王飞、王小莉父母去世后起算,都已过诉讼时效。原审判决正确,请求二审法院维持原判。

经本院审理查明,原审法院认定事实无误,本院依法予以确认。

本院另查明,张文斌在××法院的借款合同案件中辩称,王飞要做生意,通过其母亲向张文斌借款1 100 000元,后王飞母亲还了20 000元,余1 080 000元又分别于2001年1月8日和8月15日从银行汇出归还。在该案件审理过程中,张文斌亦未向法院提交出借款项资金来源的依据。

本案审理中,王飞、王小莉确认其系基于王立贵、张琴的继承人提起本案诉讼。

本院认为,就本案案由问题,根据王飞、王小莉诉请的理由,其系基于继承人身份要求张文斌归还其父母生前汇给其的款项,故本案的案由应定为返还原物纠纷而非财产损害赔偿纠纷。

本案中,王飞、王小莉提供了其父亲王立贵通过王飞账户汇款给张文斌500 000元的凭证,已完成其父母向张文斌交付系争款项的举证责任。反观张文斌的辩称,暂且不论张文斌在不同案件中陈述的借款起因前后不一,虽然其主张系争款项为王飞、王小莉父母归还的借款,但对于其所称的王飞、王小莉父母向其借款1 100 000元一节,张文斌陈述系现金交付,但未能提供相应的资金来源及交付款项的证据,此显然有违常理。现王飞、王小莉作为王立贵、张琴的继承人,就其父母生前支付给张文斌的这笔款项主张返还,并无不当。原审判决有误,本院对此予以纠正。

对王飞、王小莉提起本案诉讼是否超过诉讼时效的问题,虽然王立贵汇款的时间是在2001年8月15日,但办理该款项事宜的并非是王飞、王小莉。王立贵、张琴在2003年1月23日意外死亡,王飞、王小莉称其在2006年6月装修房屋时才发现系争汇款凭证,此说法具有合理性。王飞、王小莉在发现系争汇款凭证后,于同年即提起诉讼,主张权利,故王飞、王小莉提起本案诉讼并未超过诉讼时效。张文斌认为应从汇款当日或从王立贵、张琴死亡时起计算本案诉讼时效,此主张显然缺乏事实和法律依据,本院对此不予采纳。

对王飞、王小莉就本案诉讼标的是否存在一事多诉的问题,王飞于2006年12月向××法院就系争500 000元提起的借款合同纠纷,该案王飞系以其本人作为出借人,向张文斌主张归还系争款项,由于无足够证据可以证明其与张文斌之间存在借款合同关系,而被法院终审判决驳回诉请。王飞于2008年7月向××法院就系争500 000元提起的不当得利纠纷,该案王飞亦以其本人作为款项的直接权利人,向张文斌主张还款,法院以无证据证明张文斌取得系争款项构成不当得利为由,终审判决驳回王飞的诉请。虽然上述两案的诉讼标的与本案相同,但上述两案王飞均以其本人作为系争款项的直接权利人提起诉讼,而本案中,王飞、王小莉系作为王立贵、张琴的继承人对属于王立贵、张琴生前所有的款项主张权利,故与前两案的请求权基础截然不同,而张文斌抗辩此款项系王飞、王小莉父母归还其的借款,亦印证了王飞、王小莉作为继承人身份提起本案诉讼的合理性。由此本案不存在一事多诉的情形。

至于王飞、王小莉主张系争款项的利息问题,本院认为应以王飞、王小莉以合适的诉讼主体身份提起本案诉讼即2009年8月11日作为利息起算的时间,利息标准则应按银行同期存款利率计算。

综上所述,依照《中华人民共和国民事诉讼法》第153条第1款第2、第3项之规定,判决如下:

一、撤销××市××区人民法院(2009)×民一(民)初字第××××号民事判决;

二、被上诉人张文斌应于本判决生效之日起15日内返还上诉人王飞、王小莉500 000元,并支付该款自2009年8月11日起至本判决生效之日止按中国人民银行同期存款利率计算的利息。

如果未按本判决指定的期间履行给付金钱义务,应当依照《中华人民共和国民事诉讼法》第229条之规定,加倍支付迟延履行期间的债务利息。

一审案件受理费11 370元,二审案件受理费11 370元,财产保全费4 305元,共计27 045元,由被上诉人张文斌负担。

本判决为终审判决。

审判长　×××
审判员　×××
代理审判员　×××

2009 年 12 月 8 日

书记员　×××

(七) 第三个案件不当得利之诉再审诉讼材料

1. 当事人提交的再审申请书

再审申请书①

申请人张文斌,基本情况略。

被申请人王飞,基本情况略。

被申请人王小莉,基本情况略。

申请人不服××市中级人民法院(2009)×中民一(民)终字第×××号民事判决书,现向××高级人民法院申请再审。

再审请求:

撤销××市中级人民法院(2009)×中民一(民)终字民事判决,驳回被申请人王飞、王小莉诉讼请求。

事实和理由:

二审判决擅自违法变更当事人请求权,改判无事实和法律依据,侵害了申请人的合法权益。

一、二审判决违反民事诉讼法规定擅自变更当事人请求权。

一审时,两被申请人王飞、王小莉代理律师到庭参加诉讼。经法庭释明,两被申请人明确以侵权之诉对申请人提出诉请之主张。一审法院及申请人围绕侵权责任完成了诉讼程序,法院作出了正确的判决。

二审判决送达申请人后,申请人才发现二审擅自变更案由为返还原物,将侵权请求权变更为物权请求权了。《最高人民法院关于津龙翔(天津)国际贸易公司与南京扬洋化工运贸公司、天津天龙液体化工储运公司沿海货物运输

---

① 为了保持案件的原汁原味,该申请书基本与当事人提交的内容保持原样,仅为篇幅所限及叙述方便,做不影响原意的删减和形式上的改变。

合同货损赔偿纠纷一案请示的复函》【(2001)民四他字第 7 号】第 2 条规定："在请求权竞合的情况下,诉讼当事人有权在一审开庭前请求对方当事人承担违约责任或者侵权责任,此后不得进行变更。该案当事人在一审时以违约提起诉讼,二审时不应以侵权确认时效。"首先,当事人一审开庭前选定请求权的法律关系性质后,不能再行变更是民事诉讼的基本原理。其次,二审变更请求权违反了两审终审制原则,一审围绕原告侵权之诉适用法律作出判决,而二审基于新的法律关系作出新判决,二审判决不又成了新的一审判决吗?当事人是否上诉?第三,选定民事诉讼请求权是一审当事人的权利,法院无权违法变更,只能释明或告之另行起诉。第四,本案被申请人在二审庭审后都未提出变更请求权,而二审法院却在双方当事人都不清楚的情况下,擅自违法在判决书中变更了被申请人的请求权,造成判决存在严重错误。

二、申请人收到的 50 万元汇款系被申请人父母的还款。

申请人出借被申请人父母 110 万元,收到最后 50 万元还款后就将借条返还被申请人父母了。另案中也已查明,被申请人父母与申请人为 14 万多元的购房份额尚且订立协议书并公证,不可能将当时足以购买一套房屋的 50 万元钱款无故汇给申请人且到死亡的近两年间从未主张,也未留下任何相关凭据。

三、被申请人王飞、王小莉严重违反诚实信用原则,甚至出具伪证扰乱法庭审判活动。

被申请人王飞在 2007 年 5 月 24 日××市××区人民法院王飞诉申请人借款一案中诉称:"因被告(申请人)借款,原告于 2001 年 1 月 8 日和 2001 年 8 月 15 日通过招商银行××支行电汇给被告人民币 58 万元和人民币 50 万元。被告收到上述借款后,至今未向原告偿还。"

被申请人王飞在 2008 年 11 月 18 日××市××区人民法院王飞诉申请人不当得利一案中诉称:"原告于 2001 年 8 月 15 日通过招商银行××行电汇给被告人民币 50 万元。被告收到款项后,未返还原告。"

被申请人王飞在 2008 年 11 月 18 日××市××区人民法院王飞诉申请人委托合同一案诉称:"原告委托被告(申请人)购买房产,于 2001 年 1 月 8 日通过招商银行××支行电汇给被告人民币 58 万元。被告收到款项后,未能为原告购买房产,也未将钱款返还原告。"

综上,两被申请人就同一事实多次向法院作出虚假陈述,甚至向法院出具虚假的《事实说明》干扰审判活动,其不诚信显见。而申请人在前后几个案件中的陈述是基本一致的,二审法院却视两被申请人多次虚假陈述不见,认为申请人前后不一是严重违反事实的。

四、二审法院认定法律关系错误,违反确定货币所有权区别于一般动产的特殊本质和特点的法理原则,假设被申请人主张物权请求权,案由合法地是返还原物,也应驳回被申请人诉请。

货币适用"占有货币者取得货币所有权原则"。鉴于货币具有不同于一般动产的特殊本质和功能,在法律上将"货币所有权"与"货币的占有"合为一体,直接将货币的占有人"视为"货币的所有权人。绝不允许货币的所有权与货币的占有发生分离。虽然《物权法》没有规定,但这是一项基本的法理规则而被适用。对于货币,不发生返还原物请求权即不适用《物权法》第34条的规定,不发生占有回复请求权即不适用《物权法》第245条的规定;丧失货币所有权的人,只能根据合同关系、不当得利制度或侵权行为制度,获得救济。此外,货币不发生善意取得问题。

二审法院判决虽然将案由定为返还原物纠纷,却没有明确述明该请求权的基础权利,更没有引用任何实体法依据就进行了改判,二审法院确对此案法律关系认定不清,改判没有法律依据。

综上所述,申请人取得50万元的汇款是被申请人父母还款,没有侵占被申请人父母钱款;二审判决违反最高人民法院相关民事诉讼司法解释,庭审后擅自变更当事人请求权;二审认定法律关系性质错误,货币不适用返还原物请求权且判决没有实体法依据。为保护申请人合法权益,请求高级人民法院依法审查支持申请人请求。

此致
××省高级人民法院

申请人:张文斌
2010年8月19日

2. 庭审笔录

庭 审 笔 录

时 间:2011年4月21日9时15分至11时10分。

(预备阶段略)

审:现在进行法庭调查。先由检察院检察员宣读抗诉书(略)。

审:申诉人陈述再审请求和理由。

申:请求:撤销(2009)×中民一(民)终字判决,驳回被申诉人的请求。事实和理由:原二审判决擅自变更当事人的诉讼请求,一审时,两被申诉人到庭参加诉讼,且明确以侵权为由提起诉讼。原二审法院擅自将侵权请求权变更为物权请求权。因此,本案应当以原一审的诉由审理。申诉人曾经出借被申诉人父母110万元，另外58万元案件可以证明，被申诉人不可能将50万元借款无缘无故汇给申诉人，被申诉人在2004年将遗产变更到自己的名下，申诉人与被申诉人的母亲张琴及张建国三人经常一起做生意，有经济往来。被申诉人出具伪证扰乱法庭审判活动，关于钱款，其有很多不同的说法。在本案审理期间，被申诉人又向我方主张××路房子2001年到2004年的物业管理费。58万元和50万元不是无缘无故支付的，被申诉人的说法没有诚信可言。货币所有权区别于一般动产和不动产的法理原则。货币不适用《物权法》中的返还原物的救济。申诉人取得的50万元，假设是被申诉人母亲给申诉人的，申诉人也没有法律根据和事实依据要求返还，原二审法院判决违反有关法律规定，是错误的，请求依法纠正。

审：被申诉人进行答辩。

被1、2：二审法院变更当事人请求权有事实和法律依据。在二审法院开庭审理中，法官对案由产生了质疑，认为不是财产损害赔偿纠纷，由被申诉人账户打入张文斌账户的钱款应当属于遗产的范围，因此应当是返还原物，这在原二审中都释明过了，当时我方经充分交流后，意识到案由的选择错误，就将案由变更了。二审法院确定案由符合民事案件案由规定，对方刚才引用的是2000年最高院关于案由的规定，这是试行版，然而本案一审立案是在2009年，适用案由应当按照2008年4月1日生效的最高院关于案由的规定，原来2000年的规定已经失效。在2011年最高院又有新的对案由的规定，该规定中的有关规定，也明确法院应当变更案由，当时2008年规定的是可以变更。充分说明原审法院变更案由的合理性。本案案件事实清楚，原二审法院认定事实清楚，我方的父母与申诉人没有任何债权债务关系，因此申诉人占有50万元汇款没有合法根据。申诉人应当承担相应的举证责任，证明其占有50万元是借款的返款，其现在不能举证，就应当承担举证不能的责任。此外，汇款凭证上没有归还借款的字样。由于货币是种类物，因此，我方只是要求返还相同数额的货币。50万元是被申诉人的继承财产，原二审法院所做的判决完全正确。

审：双方当事人对原审查明的事实是否有异议？

申：没有。

被1、2：没有异议。

审：申诉人，是否有新的证据提供？

申：有的。证据是2010年××法院××××号案件中的民事起诉状，这是王小莉提交给法院的，案由是按份共有纠纷。证明申诉人与被申诉人父母有密切的经济往来,两笔汇款期间购买的房屋从2001年到2004年的物业管理费的发票都在申诉人处。

审:被申诉人对此进行质证。

被1、2:真实性没有异议。这份诉状是我方在去年向法院提起诉讼时提交的,是对方拖欠物业费,不能说是经济往来,更不能说是50万元的经济往来。

审:该案如何处理的?

申:2001年到2004年是张文斌和张建国在××路房子居住,所以物业费是申诉人支付的。张文斌、张建国和张琴之间有经济往来,房子是买来做办事处的。

审:该案生效了吗?

申:生效了。庭后将有关文书提交你院。

审:××实业有限公司是什么时候开业的?

申:2000年之前。

审:张文斌何时在公司就职的?

申:2000年之前。从公司开业就进去了。

审:该公司的经营状况如何?

申:在王飞、王小莉接手之前经营状况还蛮好的。

审:张文斌在公司担任什么职务?

申:董事。

审:王飞、王小莉父母在世时,张文斌是否参与过分红?

申:参与的,有隐名股东的协议。(提供参与分红的有关材料)

审:这份东西来源是什么?

申:是张琴给张文斌和张建国的,手写的内容是张琴写的。

审:该材料在原审中提交过吗?

申:本案是否提交过我不清楚,在其他诉讼中提交过。

审:被申诉人,看一下该材料。

被1、2:对该证据的形式要件不认可,都是复印件,对其内容也不认可,在第一份材料上只有××实业公司的章,没有签字,第二份材料不能证明张文斌和张建国是股东。2003年的3月5日时,被申诉人的父母已经去世,财务都是张文斌的弟弟在控制。当时不是股东会议,我也没有参加过,也没有做过记录。当时公章是在张文斌手上。

审:你方是否认可张文斌和张建国是××实业公司的董事?

被1、2：张文斌和张建国是董事。

申：刚才被申诉人的说法已经证明了双方之间有经济往来。该材料今天作为证据提交你院。

审：被申诉人，对申诉人的说法有何观点？

被1、2：根据有关工商登记，我方的父母占股90%，张文斌与张琴是雇佣的关系，不是投资关系。

审：另外的58万元的案件如何处理的？

申：庭后提供有关生效判决。

审：张文斌与被申诉人父母如何认识的？

申：被申诉人父母称张文斌是干儿子。张琴与张建国、张文斌约定隐名股东。张建国与张琴是朋友。

被1、2：被申诉人与张建国、张文斌是雇佣关系，没有隐名股东的说法。

审：2001年8月15日，王立贵汇给你方钱款是什么性质？

申：是返还的借款，是张文斌借给王立贵夫妻的。具体借款情况以原审陈述为准。

审：被申诉人，对此有何观点？

被1、2：有异议。这50万元是往来款，是借我的钱。

审：为什么没有写借款？有无其他证据佐证？

被1、2：我方提供了招商银行电汇的凭证等，这证据在原审中提供过。

审：除了50万元、58万元，申诉人，你方与被申诉人的父母还有无其他往来？

申：有的。从小张文斌就寄居在王飞父母的家里。法院已经判决过，认定双方之间不存在借贷关系。

审：本案的执行情况如何？

申：还有一小部分没有执行到。

被1、2：50万元的案件，对方没有支付过，58万元的案件，基本执行完了，张文斌个人应当拿50多万元，我们总共支付了100多万元。

审：双方庭后将各个案件的情况和执行情况列一个表格提交本院。

申：知道了。

被1、2：知道了。

审：法庭调查结束，下面进行法庭辩论。

申：本案被申诉人有举证义务，其应当就构成侵权承担举证责任，其应当对索回钱款承担举证责任。我方先后都称108万元是借款返还，没有第二个说法。最高法院在2001年给天津高院的司法解释中讲,法院不能变更请求权基础,被申诉人陈述的是案由的规定,不是指这种基础的法律关系。原二审法官在庭审中没有提到过变更案由与物权保护。货币作为特殊的动产,是不能返还原物的,也不适用善意取得制度。双方之间经济关系往来密切,即使申诉人证明不了是借款,被申诉人也没有理由索回钱款。

被 1、2:关于举证问题,我方认为本案是物权诉讼,返还原物纠纷是属于物权权属纠纷,在最高院的有关解释中都有规定,物权保护纠纷对应的是物权法中的物权保护。基础的法律关系就是,被申诉人父母与申诉人是投资人与雇佣人关系。2001年1月8日和2001年的8月16日在汇款凭证上都写明是往来款和购房款。我方在2006年处理遗产时才发现系争凭证的。另外58万元案件中,51万元是张琴的购房款,不存在张琴与雇员之间借100多万元巨款的情况。被申诉人已经对涉案标的做出了充分举证。在原审中,法官当庭也专门询问了我们是以什么身份参加庭审的,我们表示是以法定继承人的身份。王立贵不是以王飞的代理人的身份转账的。我方从来没有听说过张文斌是我父母的干儿子,对方也没有证据证明。

审:王小莉,张文斌从小学三年级就居住在你家了吗?

被2:不是,张文斌是我表弟的同学,我表弟读书读不好,就在找工作,我表弟就带着张文斌一起找工作了。

审:双方当事人有无补充辩论意见?

申:有,根据法院判决,其中有其就108万元所做的举证努力,被申诉人的父亲汇了50万元到申诉人的账户上这是事实,被申诉人现在要求返还钱款并没有依据。

被 1、2:物权权属纠纷只要证明了物权权属,那么就可以请求返还原物,根据汇款凭证,已经可以证明钱是从我方这里支付的,对于对方所称的108万元是借款,其并没有依据。在原二审时是围绕物权纠纷而展开的。由于是物权权属纠纷,我方不需要证明往来款的原因。这50万元不涉及经济往来的问题。货币是种特殊的物,我们要求返还的是货币的种类物。

审:根据《中华人民共和国民事诉讼法》第一百二十七条之规定,当事人有最后陈述的权利。当事人进行最后陈述。

申:请求撤销原二审判决,维持原一审判决。

被 1、2:请求维持原二审判决。

审:根据《中华人民共和国民事诉讼法》第九条的规定,人民法院审理民事案件应当根据自愿、合法的原则进行调解。双方当事人是否愿意进行调解?

申：不愿意。

审：庭后如当事人愿意调解，法庭再择时进行。

审：今天庭审到此结束，阅笔录后请签字。

3. 判决书

××省高级人民法院
民事判决书

（2011）×高民一（民）再提字第×号

抗诉机关：××省人民检察院。

申诉人（一审被告、二审被上诉人）：张文斌（基本信息略）。

被申诉人（一审原告、二审上诉人）：王飞（基本信息略）。

本案一、二审诉讼过程，当事人诉辩称及证据提供、质证情况，一、二审认定事实、判决理由及判决结果略。

××省检察院抗诉认为，王飞、王小莉享有的合法请求权应为债权请求权，原二审判决将当事人主张的法律关系定性为"返还原物"之诉，缺乏法律依据；王飞、王小莉应对其主张的侵权请求权承担证明责任，现有证据不足以证明侵权事实，也不能说明汇款性质。故原审判决有误。

本院再审过程中，张文斌除同意检察机关的抗诉意见外，另称，王飞、王小莉的诉讼已超过法律规定的诉讼时效；本案系一事多诉，故应驳回王飞、王小莉的诉讼请求。王飞、王小莉辩称，原二审法院在开庭审理前，法官对案由产生了质疑，认为不是财产损害赔偿纠纷，由王飞账户打入张文斌账户的钱款应当属于遗产范围，因此应当是返还原物，且根据相关法律规定，法院可以变更案由；被申诉人的父母与张文斌没有债权债务关系，故张文斌占有500 000元没有合法根据，要求维持原判。

本院再审查明，原审查明的事实属实。

本院另查明，××实业有限公司系由张琴和××针织厂发起设立，张文斌系该公司董事。

本院再审认为，首先，关于案由问题，本案之争议在于王飞、王小莉认为其父母与张文斌之间没有债权债务关系，故张文斌没有合法理由占有王立贵汇付的500 000元，张文斌的行为侵犯了其作为王立贵夫妇继承人的财产权益，因此，王飞、王小莉据此享有的为债权请求权，而非物权请求权。本案实为不当得利之诉。原二审法院将本案案由定为返还原物之诉，确有不当，本院予以纠正。

其次，关于诉讼时效问题。本案汇款之事实发生于2001年8月，王立贵夫妇死亡于2003年1月,而王飞始于2006年12月才就本案争议的500 000元提起诉讼,期间并未有时效中断、中止的情况。现仅凭王飞、王小莉主张2006年12月装修父母房屋时才发现500 000元的汇款之说法,不足以证明诉讼时效存在中断或中止情况,故王飞、王小莉于2009年8月提起本案诉讼时已超过法律规定的诉讼时效。退而言之,即便王飞、王小莉之诉未超诉讼时效,但本案系不当得利侵权之诉,张文斌系王飞、王小莉之母张琴开设的公司之董事,结合王立贵当时汇款时在用途栏上注明的"往来款"之事实,王飞、王小莉作为王立贵夫妇继承人仅凭载有"往来款"的汇款凭证就认为张文斌侵害了其合法权益,而要求张文斌返还500 000元,依据不足。王飞、王小莉尚需就张文斌返还汇款的理由进行举证,在王飞、王小莉不能完成该举证责任的情况下,应承担举证不能的后果。

最后,关于本案是否存在一事多诉的问题。原二审法院对此已作了详尽阐述,本院予以认同,理由不再赘述。

综上,本院认为,原二审判决确有错误,依法应予纠正。据此,依照《中华人民共和国民事诉讼法》第186条第1款、第153条第1款第2项、《中华人民共和国民法通则》第135条之规定,判决如下:

一、撤销××市中级人民法院(2009)×中民一(民)终字第×××号民事判决;

二、维持××市××区人民法院(2009)×民一(民)初字第××××号民事判决。

本案一、二审案件受理费人民币22 740元,财产保全费人民币4305元,共计人民币27 045元,由王飞、王小莉负担。

本判决为终审判决。

审判长　×××
审判员　×××
代理审判员　×××

2011年11月23日

书记员　×××

本章附录

附录一　结合新型庭审理念和方法对本案审理的评析

本案涉及与案件的处理效果密切相关的系列诉讼法理论特别是现代庭审理论的应用问题,而这些理论的应用恰恰是我国法学理论与实务界的共同弱项。该案的审理集中地暴露了我国传统庭审存在的问题。为了使读者更全面、深入地了解本案,评析主要包括两大部分:第一部分是对本案先后三次起诉时七个法院审理案件的法官(偶尔也会涉及到律师)的表现进行的评析;第二部分是对本案中暴露出的问题的整体评析。

(一) 对本案先后三次审理案件的法官的表现的评析

1. 对本章借贷诉讼案件审理情况的评析

本章借贷诉讼一审法院审理的优点在于:在诉讼中要求被告提交出借原告款项的现金来源。法官认为,"该案诉讼中被告主张该款系还款,但对该主张并未提供充分的证据予以证实,且其辩解的被告出借原告的资金来源和款项交付方式均系现金的说法,不合常理,该事实本院不予确认。故原告主张该款系借款,本院予以认定"。该法院在查明案件事实方面做得相对比较好。

本章借贷诉讼的一审和二审法院的共同不足在于没有确定适格的当事人,没有对诉讼时效是否超过做出明确的判定。此外,二审法院的审理还存在两方面不足:(1) 没有在一审的基础上进一步查明被告出借原告的资金来源和款项交付方式等资金流向问题,而直接以举证不能判决被上诉人败诉。上诉人上诉的主要理由是"一审法院仅仅依据被上诉人提供的两份汇款凭证,就认定这两笔款项是上诉人向被上诉人的借款,实属颠倒是非,荒谬至极"。二审法院判决的理由是:上诉人提供的两份汇款凭证,"不足以证明上诉人与被上诉人之间存在借款合同关系,故被上诉人应当承担举证不能的法律后果。上诉人的该点上诉理由成立,本院予以采纳"。实际上,二审法院并没有对一审法院判决理由作出评判。一审法院判决的理由是:原告将两笔钱汇给被告是事实,被告认为不是借款是还款,被告就要负行为意义上的举证责任。于是,法院要求被告提交出借原告款项的现金来源,但被告未提交。且其辩解的被告出借原告的资金来源和款项交付方式均系现金的说法,不合常理。原告汇给被告款项的事实得以确认,被告的还款事实不予确认,法院由此得出有利于原告的心证,做出支持原告主张的判决。只是由于查证不到位,法官形成的心证还不够充分。(2) 对实体上请求权竞合的案件,没有查明事实,直接以举证不能驳回原告诉请,从而引发了后续一系列诉讼,增加了当事人的讼累。旧实体法学理论的一大缺陷,法院所关心的是如何个别地终结案件,而不是如何彻底地解决当事人之间的私权争议。在实际上明明是同一个事件,但因实体上请求权的竞合,而具有不同的诉讼标的,原告就可以多次提起诉讼,当然被告也就必须多次应诉。实际上,大陆法系采旧实体法学理论的国家或地区,遇到类似案件,通常都是旧实体法说与预备之诉结合起来,这就避免了旧实体法说理论这一明显缺陷的发生。我国实践很少使用预备之诉,使得旧实体法说理论的缺陷暴露得更加充分。

2. 对本章不当得利之诉案件审理情况的评析

不当得利作为请求权基础应当是原告三次诉讼中举证负担最轻、最有可能打赢的一次诉讼。但原告代理人并未将不当得利的优势体现出来。庭审时一审法院归纳的争议焦点是:被告取得50万元是否有约定或者合法理由?这个争点对原告是有利的。本来,原告代理人应当实事求是地说不知道这是什么钱,但汇给被告50万元是事实,被告应围绕法院确定的争点举证证明。在法官问原告是否能就该情况进行举证时,原告应当结合不当得利之诉的特点要求被告举证,而不是没有补充。

但原告方仅提供证据,"电汇凭证二张,证明原告曾电汇给被告共108万元,其中58万元用于委托购房,而且原告给付被告钱款总的意图均是用于购房"。原告代理人不仅没有提出任何新证据,反而强调是用于购房,增加了自己的举证负担和漏洞。被告方举证时提出了五个方面的证据,其中有四个方面是证明原告方前后说法不一,自相矛盾。

原告代理人的回应是:"对证据1,原告当初以借款名义起诉,是因为原告考虑到地方保护主义因素,这仅仅是诉讼技巧问题,原告认为案件的事实应为委托购房。对证据4,……王小莉在申诉案件中的事实说明,仅仅是王小莉病急乱投医,而且被告对此在诉讼中也没有认可。"在被告方的反击下,本来应该是采取攻势的原告方,变成了被动的守势。

"审:双方对委托购房是否有明确的约定?原代:没有具体约定,就是让被告在适当的时候以适当的价格买入房屋。审:是否约定了委托期限?原代:没有约定。"原告代理人在继续没有根据的回应。

一审法院本案中的亮点,就是问被告借款给原告发生于何时?当时是否有相关凭证?被告是否能就该情况进行举证?被告回答:"当时是有的,但是原告归还借款后就将借据归还给原告了。没有证据向法庭提供,而且现在没有办法举证了。"法官没有继续追问,没有达到借贷之诉中法院对被告的举证要求力度。

关于诉讼时效,50万元是2001年8月15日通过银行汇款,原告认为没有超过,但理由是钱款一直由被告占有,被告的侵权行为一直是持续的,而且2006年原告也已经诉讼过。原告诉讼时效未过的理由显然是不能成立的。

一、二审法院明显的缺陷是对诉讼时效问题均未查清,没有按照不当得利案件的审理要求进行。同时,都是依据结果意义上举证责任驳回原告诉讼请求。

3. 对本章侵权之诉案件审理情况的评析

侵权之诉必须满足侵权的4个构成要件,在侵权之诉案件中,原告的举证责任是最重的。关于诉请基础,原告明确表示不清楚,要求法庭释明。显然,原告选择侵权之诉的请求权基础是不得已而为之,其诉讼的实质内容还是不当得利。

虽然请求权基础不合适,但此次原告的准备较上一次要充分很多。首先是专门制作了证据目录和表格,证据分3组,56页。当然,其中不少证据是不需要提供的,因为双方当事人对相关事实并无争议。

其次,也是原告方表现最好的一次,较前有了很大进步。例如,原告先是明确,虽然原告就本案系争的50万元多次提起诉讼,但现本案是两原告作为其父母的继承人向被告提起诉讼。接着,原告指出:"关于被告从王飞的账户中收到50万元,被告的陈述自相矛盾,上次诉讼称一部分钱向其妻子的哥哥借款,今天又说向其妻子的姐姐借款。而且被告说不清楚什么时候,借了多少。现因原告父母遇难,导致原告说不清楚这笔欠款的性质,只有被告知道。被告称王飞向其借款,但没有证据证明。虽然本应由原告举证,但现基于特殊情况,被告没有提出其合法占有50万元或者没有侵犯原告父母财产的合法依据。原告认为举证责任应当转移到被告处。"

最后,关于诉讼时效,原告主张,2001年8月16日汇的钱款,而原告父母在2003年1月死亡,没有超过2年的诉讼时效。汇钱的凭证是2006年发现的,原告之前不知道,知道后一直在诉讼主张权利,所以诉讼时效已经中断,没有超过。

一审法院没有进一步审理,仍简单地根据结果意义上举证责任判决原告败诉。

在二审法院,两上诉人主张:"我们认为对方应该提交资金来源、出借的原因等相应证据。50万元的事张文斌完全可以说清楚,但是其却以谎言来搪塞。

如果以张文斌说在姐姐公司有60万元利润等其有必要在上诉人父母的公司每月领取1 500余元吗？2003年上诉人父母去世，对方2004年才成立公司，可能因为上诉人父母去世以后张文斌从公司拿走了部分钱。从原有证据和今天补充证据可以证明对方没有财力出借款项，对方陈述的借款理由也自相矛盾。"

鉴于在此次诉讼中一审和二审原告理由较前充分，其主张得到了二审法院的支持。二审法院支持的理由与借贷之诉一审法院的理由基本相同，并支持了原告提起本案诉讼没有超过诉讼时效的主张。但以返还原物之诉判决支持上诉人主张则有待商榷，且存在明显突袭裁判的问题。

二审法院判决生效后，被上诉人申请再审，省检察院提起抗诉。省高院再审后认为："本案之争议在于王飞、王小莉认为其父母与张文斌之间没有债权债务关系，因此，王飞、王小莉据此享有的为债权请求权，而非物权请求权。本案实为不当得利之诉。原二审法院将本案案由定为返还原物之诉，确有不当，本院予以纠正。"

笔者认为，省高院关于案由的界定分析是一个亮点，但根据举证责任判决被申请人败诉则值得商榷。

整体上看，本案虽经多次诉讼，但是法院在事实查明和法律适用方面还存在较多不足，从判决书的内容看，很多法官没有形成心证和内心确信，影响了判决的说服力和效果。

（二）对本案中暴露出的问题进行整体评析

1. 举证责任的滥用和举证责任理解存在较多误区

查清案件事实进行裁判，是民事诉讼追求的目标。结果意义上的举证责任，作为裁判规则的运用，只是在穷尽事实查明手段，争议事实仍处于真伪不明的状态时，不得已的选择。但本章前后7个法院的审理中，就有5个法院根据结果意义上的举证责任判决被告败诉。

更为严重的问题是，根据结果意义上的举证责任判决被告败诉的案件中，多数法院在双方当事人有价值的行为意义上的举证责任都没有展开的情况下直接判决驳回原告诉讼请求。具体到本案，原告举证50万元通过银行转账给了被告，完成了行为意义上的举证责任。行为意义上的举证责任转移给了被告。被告始终抗辩，这是还款。被告方的回答是比较专业的，如果其承认是借款，就要证明自己的还款，结果意义上的举证责任就落在被告头上。但即使被告抗辩是原告父亲还款，被告仍应承担行为意义上的举证责任，对其还款的主张提供证据证明。2015年通过的《最高人民法院关于审理民间借贷案件适用法律若干问题的规定》第 17 条明确规定:"原告仅依据金融机构的转账凭证提起民间借贷诉讼,被告抗辩转账系偿还双方之前借款或其他债务,被告应当对其主张提供证据证明。被告提供相应证据证明其主张后,原告仍应就借贷关系的成立承担举证证明责任。"这就是司法解释对此类案件行为和结果两种举证责任的分配。那么有法官会提出,该规定公布后,就会按该要求审理此类案件。当时该案审理时,还没有这方面的规定。当然,该司法解释的出台无疑为此类案件的审理提供了更明确的规定。但是,在此之前,行为意义上的举证责任在我国早已存在和普及,否则第一个审理法院为什么在诉讼中要求被告提交出借原告款项的现金来源?被告主张该款系还款,但法院判决其败诉的理由是对该主张并未提供充分的证据予以证实,且其辩解的被告出借原告的资金来源和款项交付方式均系现金的说法不合常理。

从笔者了解的情况看,举证责任方面存在的问题在我国的司法实践中均不同程度存在,这类问题不解决,不可避免地影响案件的公正审理。

2. 庭审的效率、质量和透明度较低,突袭裁判严重

从本书第一章《现代庭审理论概述》可以看出,通过现代庭审理论的系统运用,案件审理结束时,除极少数案件穷尽事实查明手段,争议事实仍处于真伪不明的状态,绝大多数案件法官都应形成心证和内心确信。而要实现这一目标,法官需要准确地确定争点,引导当事人围绕争点举证、质证和辩论。在此基础上,为了排除疑点,法官不仅让当事人互相发问,形成心证和内心确信,法官自己也要发问,排除心中的疑点。对初步形成的心证,法官还要公开,接受当事人的评论,以便影响自己的不当心证,作出一个公正的判决。

我国大多数法官缺乏上述理念和庭审技术。不少庭审包括本案庭审大部分时间都是审查和询问一些无关紧要的问题,案件的审理针对性不强,精细度不够,法官也难以形成心证。同时,很少有法官愿意公开自己的心证。以本案的诉讼时效为例。本案诉讼时效并不属于特别复杂的问题,但一直到最后一个法院都没有得到很好的解决。再审判决中关于诉讼时效的表述是:"本案汇款之事实发生于 2001 年 8 月,王立贵夫妇死亡于 2003 年 1 月,而王飞始于 2006 年 12 月才就本案争议的 500 000 元提起诉讼,期间并未有时效中断、中止的情况。故王飞、王小莉于 2009 年 8 月提起本案诉讼时已超过法律规定的诉讼时效。"而我们模拟本案的庭审,在诉讼的初期书状交换阶段,诉讼时效的问题就可优先得到解决。当事人要针对时效通过书面形式举证、质证和辩论。法官对存在的疑点应要求相关当事人澄清,然后公开自己对诉讼时效形成的初步心证和理由,在听取当事人意见的基础上,最终将诉讼时效是否已过确定

下来。如果诉讼时效已过，就可直接驳回原告的诉讼请求。像我们这种审理，如果最后查出诉讼时效已过，所有法院之前的审理都变成了无效劳动。

附录二 适用新型庭审方式对本案的审理

司法实践中，针对同一笔款项交付事实，先后存在多次诉讼，但最终事实尚未查清，当事人之间的纠纷尚未解决的情况并不鲜见。本案即为这方面的一个典型案例。基于同一笔银行转账的事实，原告先后提起三次诉讼。每一次诉讼都经历一审、二审，最后一次诉讼甚至还经历了再审，时间跨度超过四年。虽然本案有着特殊的背景，即了解案情的具体经办银行转账的人已经去世，导致案件的审理难度大大增加，但是案件审理中暴露出的许多问题还是值得我们深思的。下面，笔者就运用新型庭审方式审理该案做些探讨，以供读者参考。同时，也欢迎来自各个方面的批评指正。笔者认为，新型庭审方式审理该案主要从以下三个方面展开。

（一）通过诉答状审查打好审判的基础

按照大陆法系通常的做法，立案后法官首先要对原告的起诉状和被告的答辩状分别进行一贯性和重要性审查。所谓一贯性审查，是指原告陈述的事实是否足以支持其请求，如存在问题，法官应向原告释明并要求原告予以补充。从原告王飞起诉时陈述的事实来看，其提起民间借贷之诉的诉请，与其主张的事实事由，欠缺一贯性，王飞不是适格的原告。其对于开设账户及向被告转账，甚至转账的原因均不知情。实际上，借款的出借方应系其父亲王立贵，只不过王立贵系以王飞名义开设账户，并从王飞账户向被告转账。在此情况下，王立贵及其配偶张琴死亡后，应当由其继承人主张权利。对此，法官审查起诉状后应当对王飞进行释明，在查明王飞父母第一顺序继承人基础上，追加王飞的姐姐王小莉作为必要共同诉讼人参加诉讼。在德国等大陆法系国家，原告的诉请如果不能通过一贯性审查，就不能进入被告的答辩程序。此外，为了一次性解决纠纷，大陆法系的律师，对借贷证据不足的案件，通常在起诉时就会提起一个预备之诉。具体到该案，原告提起的预备之诉，可以是不当得利之诉。如果律师没有提起预备之诉，法官也可以比较策略地向律师释明，你方借贷之诉的证据只有一个，借贷之诉如果不能成立，是否再提起一个预备之诉，以供原告参考。

此外，是对被告的抗辩进行重要性审查。所谓重要性审查，是指被告所提出之抗辩事实是否能阻碍原告权利的行使。在本案中，被告抗辩称，其系民间借贷的债权人,原告系债务人,原告通过银行转账系清偿对被告的债务。针对被告的抗辩,法官审查后应释明被告的抗辩没有达到重要性审查的要求。被告应在答辩状中记载答辩的事实与理由,对原告的主张表明态度,包括对原告的主张承认与否,否认原告的主张应表明否认的事实与理由,不能笼统地否定,其事实主张必须具体化。如被告在答辩状中要进一步说明向原告出借款项的原因、时间、地点、款项来源、交付方式以及双方的关系、经济状况等,并提供相应证据。

从本案情况看,被告为了避免提供上述自己不愿意提供的信息,就可能提出诉讼时效的抗辩,并具体提出诉讼时效已过的证据和理由。此时,诉讼时效抗辩就成为本案需要优先解决的一个争点,被告诉讼时效的抗辩应当能够通过该案的重要性审查。

(二)通过书状先行,确定案件审理的争点。

简单和一般的民事案件,通过原被告针对性比较强的诉答状,即可确定案件审理的争点。由于该案件比较复杂,仅通过诉答状还不能确定争点,需要通过进一步书面质证和开准备庭来确定争点。

在起诉状和答辩状之外,大陆法系国家和地区在言词辩论准备阶段还专门规定了争点确定程序。德国的争点确定程序包括首次言词辩论期日(与我们说的准备庭大体相同)和书状先行两种。书状先行主要是通过原被告交换准备书状,包括原告准备状和被告答辩状来确定争点。在准备书状中,原告首先针对被告诉讼时效的抗辩进行再抗辩,反驳被告提出的诉讼时效已过的证据和理由。此时,法官应对诉讼时效是否已过进行释明。如果双方关于诉讼时效的质证还有不清楚的地方,法官可以在进一步要求当事人明确不清楚地方的基础上再予以释明。诉讼时效超过,则驳回原告的诉请。诉讼时效没有超过,继续诉讼。从现有材料看,笔者认为原告提起诉讼并未超过诉讼时效期间。首先,原告如果主张民间借贷,因为借贷双方并未约定还款时间,原告方作为出借方依照《合同法》第206条的规定可随时要求返还。诉讼时效显然不应从银行转账之日或者原告方发现银行转账凭证之日起算。如果原告主张不当得利或者侵权损害赔偿,适用2年普通诉讼时效。按《民法通则》第137条的规定,诉讼时效虽应从银行转账之日即2001年8月15起算,但两原告父母于2003年1月23日因车祸死亡,当时,距2年普通时效期满还有6个多月时间,两原告作为继承人在发现银行转账凭证之前即2006年6月1日前,因客观原因不能行使请求权,按《民法通则》第139条的规定,产生诉讼时效中止的法律效果,诉讼时效应当从原告方发现银行转账凭证之日继续计算。原告发现银行转账凭证即开始主张权利,显然尚未超过 2 年诉讼时效期间。① 需要说明的是,如果原告关于诉讼时效未过的理由非常充分,被告反驳不了原告的理由,法官也认同原告的观点和证据,这意味着通过书面质证时效的争点已经得到解决。如果双方都未提出充分的理由,争执不下,法官应当引导当事人就该争议进行质证。如果双方质证不及要点,双方争执不下,法官应就本案是否超过诉讼时效向当事人进行释明并公开心证。这样在诉讼初期,当事人适格和诉讼时效的问题就已经解决,而不是像该案的审理,每次庭审诉讼时效都是争点之一,不同的法院看法不尽一致②,即使到了再审阶段,诉讼时效也没有很好得到解决。

如果原告没有超过诉讼时效,法官应当继续要求被告通过准备书状进一步说明向原告出借款项的原因、时间、地点、款项来源、交付方式以及双方的关系、经济状况等,并提供相应证据。原告针对被告的主张和证据进行书面质证。在这个过程中,有些争点会得到解决,疑点会得到排除。在此基础上,法官可以发出指令,要求当事人回应。指令的内容主要是对双方无争议事实及证据以及争议焦点进行归纳,并就双方当事人诉答状中尚未明确的事证要求当事人予以说明及补充证据。

在书状先行基础上,法官与当事人协商确定开庭时间,开庭审理的争点,出庭的当事人和证人。从境外庭审来看,对人证的审查是此类案件开庭的重头戏,当事人和证人不仅要出庭,而且,要接受法官和对方当事人的发问。在日本,对此类当事人的交叉询问通常都有 1 个小时左右。在英美法系国家,对如此重要的当事人的交叉询问甚至会达到几个小时,询问的细致程度超出我们的想象。

(三)庭审应围绕争点进行,力求排除疑点,形成心证

庭审的争点应当是:50 万的银行转账款究竟是何性质?庭审中法官应引导双方当事人围绕争点举证、质证和辩论。法官为了形成心证和内心确信,对案件本身尚存在的疑问,也要通过释明、发问等方式,要求双方当事人予以澄清、解释,补充证据。例如对于被告抗辩的借款的细节,为何要通过现金方式交付借款?现金交付的时间、地点和在场人或知情人?为何在前后诉讼中对于借款主体的陈述存在不同?为何这么大一笔借款未约定利息,原告方未及

---

① 这里仅探讨是否超过诉讼时效的问题,原告方主张民间借贷、不当得利以及侵权损害赔偿是否成立,是另一个问题。

② 认识不一致又与律师表达不准确,法官审案不细致有关。

时还款,是否进行催告?等等。特别是 50 万借款的资金来源,如果部分借款是来自其哥哥或姐姐,其哥哥或姐姐就可能成为证人出庭作证。被告除了需要接受询问外,其证言还需要与其他证人证言包括自己书状先行中的陈述保持一致。在此情况下,案件真相也就容易查清,法官也就容易形成心证和内心确信。如果被告提供相应证据证明其主张后,原告仍应就借贷关系的成立承担举证证明责任。原告举证不能,才能根据结果意义上的举证责任判决原告败诉。

那么,有人可能会提出,这种庭审好像主要是针对被告的,这对被告是否公平?当事人是否平等?这是两大法系的通例。因为,被告离证据最近,可以说是这个世界上唯一了解案情的人,他负有真实陈述的义务,负有行为意义上的举证责任。只有通过被告的举证才能查明事实。被告不举证或笼统举证,案件事实也就无法查清。如果被告提供了证据,证明了自己的主张,原告就可能承担结果意义上的举证责任。如果被告提供的证据和理由自相矛盾,甚至被证明是虚假的,那就查明了案情。当然,由于本案间隔时间比较长,被告有些内容记忆模糊,不太准确也是正常的,应当给被告一定的纠错空间。

近年来,我国在此方面已经有了长足的发展。2012 年,《民事诉讼法》增加了诚实信用原则。2015 年初,《适用民诉法解释》第 110 条确立了当事人的真实陈述义务,当事人的出庭义务和违反义务的不利后果。"负有举证证明责任的当事人拒绝到庭、拒绝接受询问或者拒绝签署保证书,待证事实又欠缺其他证据证明的,人民法院对其主张的事实不予认定。"2015 年 6 月 23 日最高人民法院审判委员会第 1655 次会议专门通过《最高人民法院关于审理民间借贷案件适用法律若干问题的规定》,第 17 条明确规定:"原告仅依据金融机构的转账凭证提起民间借贷诉讼,被告抗辩转账系偿还双方之前借款或其他债务,被告应当对其主张提供证据证明。被告提供相应证据证明其主张后,原告仍应就借贷关系的成立承担举证证明责任。"这就是针对本章这种案件规定的。

运用上述方式审理,在书状先行的基础上一次开庭,即可查清事实,作出公正判决。

附录三 思 考 题

1. 请对借贷之诉一审和二审法官、律师在诉讼中的表现进行评价。如果你是该案的法官,你在诉讼中会怎么做?如果你是该案的律师(自己任选一方),你在诉讼中会怎么做?

2. 请对不当得利之诉一审和二审法官、律师的表现进行评价。如果你是该案的法官,你在诉讼中会怎么做?如果你是该案的律师(任选一方),你在诉讼中会怎么做?

3. 选择你支持的一方当事人,从代理律师的角度论证其诉讼时效已过或诉讼时效未过的理由。请从法官的角度谈谈你在诉讼中如何认定诉讼时效是否超过。

第十七章　第三人撤销之诉与执行异议之诉等系列案件全过程训练

训练素材——郑龙等诉张亮房屋买卖合同纠纷系列案

一、选择本案的理由

第一，本案购房人郑龙等与卖房人张亮买卖双方在滨海市房地产交易中心办理房屋过户登记过程中，发现该房已被法院查封而无法办理过户登记。郑龙等为了将所购房屋过户在自己名下，与卖房人和案外人展开了一场诉讼上的较量，先后引发了9起诉讼，历时近3年，诉讼各方均付出了很大的代价。为什么会引发如此多的诉讼？如何评价这些诉讼？该系列案给诉讼各方包括法院带来哪些思考？如何避免此类情况的发生？这些都是非常值得研究的。

第二，根据现行法律的规定，在执行程序中，案外人认为强制执行侵害其权益，请求阻止执行的途径主要有提起第三人撤销之诉、提出案外人执行异议和申请再审等三种，针对不同的案情如何在三者之中作出正确的选择？特别是《民事诉讼法》新增加的第三人撤销之诉与做了重大修改的案外人执行异议之诉本身就是比较复杂的，再加上常常需要在两者之间作出正确的选择，更加大了该问题的难度。本系列案为分析第三人撤销之诉与案外人执行异议之诉的适用选择提供了一个典型的实例。由于通过申请再审动摇生效法律文书成功的几率极低，如果上述两种途径有可能走通，一般是不会考虑选择申请再审程序的。

二、案情简介

(一)郑龙等与张亮房屋买卖情况

2015年12月4日,郑龙等四人与张亮签订《房地产买卖居间协议》,约定将滨海市中山路757弄199号房屋(以下简称系争房屋)出售给郑龙等,价款为580万元。同日签署补充协议约定:房屋成交价格710万元为出售方到手价,待买受方首期房价款支付至510万元时出售方同意当日交付房屋。此后,买受方实际支付购房款555万元。2015年12月18日,买卖双方签署房屋交接书,办理系争房屋的交接验收。2016年2月25日,买受人郑龙与滨海银行签订《个人住房抵押借款合同》,约定其以系争房屋为抵押物向银行借款。2016年2月29日,买卖双方向滨海市房地产交易中心申请办理系争房屋的过户登记,因在过户审查的过程中发现该房已被法院查封而无法办理。

(二)王莉、刘大力与张亮民间借贷纠纷及系争房屋的查封情况

2016年2月24日,原告王莉(王莉系被告张亮母亲)向滨海市海沧区法院提起民间借贷纠纷诉讼,请求判令被告张亮归还借款30万元并支付相应利息。2016年3月1日,法院依据原告王莉财产保全申请对系争房屋采取了查封措施。经调解,该案达成调解协议:被告张亮于2016年9月15日前归还原告王莉借款300 000元及利息20 000元等。2017年7月27日,原告刘大力诉被告张亮民间借贷纠纷案件中轮候查封了系争房屋。2017年8月31日,滨海市海沧区法院判决被告张亮归还原告刘大力借款2 862 700元及借款利息167 300元等。

(三)郑龙等提起撤销王莉与张亮民间借贷纠纷调解书情况

2017年2月17日,郑龙等向滨海市海沧区法院提起第三人撤销之诉,诉称在其向被告张亮已经支付近80%房款且入住系争房屋的情况下,被告王莉与张亮制造虚假诉讼,阻碍其与被告张亮系争房屋的交易过户。2017年3月30日,一审判决驳回郑龙等的诉讼请求。郑龙等不服提出上诉,滨海市中级法院于2017年8月10日作出终审判决,判决驳回上诉,维持原判。

(四)郑龙等提起案外人异议情况

针对系争房屋的查封,郑龙等作为案外人于2017年10月15日向滨海市海沧区法院提出书面异议,称系争房屋买卖合同签订后,其已经实际支付购房款555万元并实际占有,因出卖方张亮涉刘大力民间借贷纠纷执行案件,其已将余款155万元交付执行,请求解除对系争房屋的查封。2017年11月17日,法院经审查后认为郑龙等的异议理由成立,作出裁定中止对系争房屋的执行。裁定作出后,刘大力表示不服,于2017年12月3日向滨海市海沧区法院提起申请执行人执行异议之诉,法院经审理后于2018年7月2日作出判决,驳回原告刘大力的诉讼请求。刘大力不服提起上诉,滨海市中级法院于2018年11月30日作出终审判决,判决驳回上诉,维持原判。

(五)郑龙等与张亮房屋买卖合同纠纷诉讼情况

2017年8月2日,郑龙等起诉要求张亮继续履行关于系争房屋的买卖合同,并支付违约金1 248 750元。2017年9月4日,张亮提出反诉要求解除双方关于系争房屋的买卖合同,并由其返还给郑龙等555万元,收回系争房屋。2019年1月8日,法院作出判决:(1)被告张亮于判决生效之日起60日内协助原告郑龙等办理将系争房屋过户至原告郑龙等名下的手续;(2)原告郑龙等于判决生效之日起60日内向被告张亮支付购房尾款155万元;(3)被告张亮于判决生效之日起60日内向原告郑龙等支付逾期交房违约金(以已付款555万元为基数,按日万分之五为标准,自2016年4月7日起计算至办理房屋过户手续之日止);四、驳回反诉原告张亮的所有反诉请求。

(六)通过图表对本系列案的展示

房屋买卖合同纠纷系列案件汇总表

序号	起止时间	当事人、案由及请求	裁判结果
1	2016.02 2016.08	王莉诉张亮民间借贷纠纷案,请求归还借款30万元及利息	调解结案,张亮还本息32万。法院依原告申请查封了涉案房屋
2	2016.04 2016.10	郑龙等诉张亮房屋买卖合同纠纷案,请求履行房屋买卖合同	买方撤诉结案
3	2017.02 2017.03	郑龙等诉王莉、张亮第三人撤销之诉案一审	法院以原告不适格驳回起诉
4	2017.06 2017.08	郑龙等不服一审判决提起上诉	二审法院维持原判
5	2017.07 2017.08	刘大力诉张亮民间借贷案,要求还本息300余万元,申请查封房屋	法院判决支持原告请求;后因郑龙等提出执行异议,法院裁定中止执行
6	2017.12 2018.07	刘大力不服执行异议裁定,请求继续对标的房屋的执行	法院判决驳回刘大力的诉讼请求

续 表

序号	起止时间	当事人、案由及请求	裁 判 结 果
7	2018.10 2018.11	刘大力不服一审判决提起上诉	二审法院维持原判
8	2017.08 2019.01	郑龙等诉张亮房屋买卖合同纠纷案，要求继续履行合同	法院支持原告诉请
9	2019.04 2019.06	张亮不服一审判决提起上诉	二审法院维持原判，酌情调低了违约金数额

三、本系列案需要展示的法律文书和证据

（一）第三人撤销之诉

1. 民事起诉状

民事起诉状

原告：郑龙等四人

被告一：张亮

被告二：王莉

请求事项：请求撤销（2016）山0101民初15384号民事调解书

事实和理由：

2015年10月18日，原告经案外人滨海经纬房地产经纪有限公司居间，与被告一（在被告二的陪同下）签订了房地产买卖居间协议，①以人民币710万元向被告一购买其名下位于滨海市中山路757弄199号房屋（以下简称该房屋）。2015年12月4日，原告和被告一正式签订《滨海市房地产买卖合同》及《补充协议》。

根据原告和被告一签订的《滨海市房地产买卖合同》第6条约定："买卖双方应当在2016年4月6日前办理房屋过户手续。"原告将该房屋的房价款大部分支付给了被告一，在办理该房屋过户交易手续时，被告一向原告要求加价，原告未接受。2016年2月底，被告二遂以"借款纠纷"一案在滨海市海沧区法院起诉被告一，并通过该案的诉讼保全将该房屋查封，致原告就该房屋的贷

---

① 居间协议又称居间合同，是居间人向委托人报告订立合同的机会或者提供订立合同的媒介服务，委托人支付报酬的合同。居间作为中介的一种形式，其宗旨是把同一商品的买卖双方联系在一起，以促成交易后取得合理佣金的服务。

款未能如期发放,与被告一之间的过户交易亦受阻。至今,该房屋未能如期办理过户至买受人原告名下。

原告认为在自己向被告一已支付近80％房款且入住该房屋的情况下,两被告制造虚假诉讼,阻碍原告与被告一就该房屋的交易过户,已严重侵害了原告的合法权益。

此致
滨海市海沧区法院

具状人:郑龙等四人
2017年1月19日

2. 证据目录

原告证据目录

证据序号:一

1. 原告和被告一及案外人滨海经纬房地产经纪有限公司签订的《房地产买卖居间协议》;

2. 原告和被告一签订的《滨海市房地产买卖合同》及《补充协议》;

3. 原告向被告一支付的房价款凭证和收据,及向相关单位支付税费凭证等;

4. 原告与被告一签订的《房屋交接书》及原告支付入住该房屋的物业管理费发票;

5. 滨海市房地产登记收件收据。

证明事实:原告经案外人滨海经纬房地产经纪有限公司居间,与被告一(在被告二的陪同下)签订了房地产买卖居间协议,以人民币710万元向被告一购买其名下位于滨海市中山路757弄199号房屋(以下简称该房屋),并已支付了该房屋总价款近80％的房款。原告和被告一亦办理了该房屋的交接手续,并去房地产交易中心办理过户手续。

证据序号:二

证据名称:(2016)山0101民初15384号《民事调解书》及相关案卷材料;

证明事实:证明被告二以"借款纠纷"一案在滨海市海沧区法院起诉被告一,完全是因其要求原告就该房屋价款涨价未果而通过该案的诉讼保全将该房屋查封,致原告与被告一就该房屋的过户交易亦受阻。

证据序号:三

证据名称:原告和被告二的通话录音资料。

证明事实:证明被告二就该房屋价款要求向原告提价未果而提起与被告

一的"借贷纠纷",以此阻碍原告与被告一就该房屋的交易过户。

3. 一审庭审笔录

时间：2017年3月17日10时00分至11时00分

审：现在进行法庭调查。先由原告陈述诉讼请求及所依据的事实与理由。

原：1. 撤销(2016)山0101民初15384号民事调解书；2. 本案诉讼费由被告承担。

事实理由详见诉状。补充：要求法庭对本案所涉的(2016)山0101民初15384号中原告支付给被告一的款项进行调查,以确认两被告之间是否存在借款。

被告一代：不同意原告诉请。四原告主张虚假诉讼,无事实与法律依据。四原告的推理系无法律依据的推理。被告一与原告之间的房屋买卖纠纷与被告二是毫无联系的。原告至今没有履行支付全部房款的义务,实际他们已经住在里面了,没有付完款想取得房屋产权是没有依据的。双方补充约定当支付了510万时才同意把房屋给你,被告一先在2015年5月18日给了原告房屋,但原告没有按约定支付510万,合法权利需建立在履行义务的基础上。故请求驳回原告第三人撤销之诉的请求。

被告二：我将240万打到账户上,且分期付款也是我付的,虽然名义上房屋权利是被告一的,实际房屋是我的。但我的儿子与原告合伙骗掉家里的房子,被告一强行将房屋卖掉。我与被告一的借贷是真实的,法院也是予以支持的。

审：下面进行法庭质证,先由原告举证。

原：1. 原告和被告一及案外人滨海经纬房地产经纪有限公司签订的《房地产买卖居间协议》；原告和被告一签订了《滨海市房地产买卖合同》及《补充协议》；原告向被告一支付的房屋价款凭证和收据,及向相关单位支付税费凭证等；原告与被告一签订的《房屋交接书》及原告支付入住该房屋的物业管理费发票；滨海市房地产登记收件收据。

以上第一组证据证明：原告经案外人滨海经纬房地产经纪有限公司居间,与被告一(在被告二的陪同下)签订了房地产买卖居间协议,以人民币710万元向被告一购买其名下位于滨海市中山路757弄199号房屋,并已支付了该房屋总价款近80%的房款。原告和被告一亦办理了该房屋的交接手续,并去房地产交易中心办理过户手续。

2. (2016)山0101民初15384号民事调解书及相关案卷材料,证明被告二以"借款纠纷"一案在滨海市海沧区法院起诉被告一,完全是因其要求原告就该房屋价款涨价未果而通过该案的诉讼保全将该房屋查封,致原告与被告一无法完成房屋的过户。

此外,被告二在(2016)山0101民初15384号中提供了《借款协议》,但上面无被告一的签字,只有被告二的签字。被告二提供的对账单也不能证明将钱打给了被告一,可见这只是为家庭投资所支付的款项。

3. 原告与被告二的通话录音资料,证明被告二就该房屋价款要求向原告提价未果而提起与被告一的"借贷纠纷",以此阻碍原告与被告一就该房屋的交易过户。

审:被告质证意见。

被告一代:对第一组证据真实性无异议,对关联性有异议,与本案无关。

对证据2中的起诉状、房产登记信息、对账单、协助执行通知书真实性、合法性无异议,对关联性有异议,认为与本案无关。对借款协议真实性无异议,被告一当时本人也到场的,他也承认的。对调解书真实性、合法性无异议,但不能证明原告主张。

原:根据庭审记录,被告一并不在场。

被告一代:被告一本来来过的,当时我也是案子的全权代理人。对证据3录音,取得不合法,形式要件也不合法。被告二作为母亲,知道儿子要将房子卖掉,难道知道这个房子要被卖掉,这房子就不是被告一的?原告认为母亲知道,房子就肯定不是被告一而是家里的,这种推理是荒唐的。故录音不能证明原告的证明目的。

被告二:对第一组证据,这房屋买卖是原告与被告一之间的,与被告二无关。

对证据2真实性无异议。我的起诉是真实的,调解书也是真实的,具有法律效力的。

对证据3,这段通话是不完整的,是断章取义的。

审:被告举证。

被告一代:证据1收款收据,证明被告一将房屋交给原告时,原告未按照补充约定付满510万。

证据2补充协议、房屋交接书,证明房屋交房时间。

审:原告质证。

原:对证据1真实性无异议。但钱是原告先打过去的,收据是后面出的。

原告是依照房地产买卖合同及补充协议约定支付房屋款的,原告不存在违约行为。

对证据2真实性无异议。原告也确实入住了该房屋。

审:被告二质证意见。

被告二:对证据1、2,与我无关。

审:被告二举证。

被告二:1. 验伤报告,证明被告一殴打被告二。

2. 笔记本电脑照片(被告二当庭出示电脑),证明被告一殴打被告二,将笔记本电脑也砸坏了。

审:原告质证意见。

原:对证据1,真实性不予认可,且与本案无关。

审:被告一质证意见。

被告一代:对证据1、2真实性、合法性无异议。被告一确实打过被告二,双方产生过冲突。

审:原、被告对事实上有无补充?

原:被告一,律师费是谁出的?

被告一:当然是被告一。

原:原告已经将550万支付给被告一,这些钱的去向?

被告一:这问题与本案无关,不予回答。

原:被告二,被告一拿到钱后是否有打到被告二账户?

被告一:没有。

原:以何形式借钱给被告一的?

被告二:我告诉被告一只有居住权,不能卖掉房子,因为这是家里唯一的房子。

原:原告与被告一买卖房屋,你是否陪着去中介那里?

被告二:我去过的。

审:法庭调查结束,下面进行法庭辩论,先由原告发表辩论意见。

原:原告已将与被告一之间的买卖合同履行了房屋交付,并支付了80%房款,未全额支付是因被告一、被告二借款纠纷导致原告与被告一之间的买卖交易无法履行完毕。因两被告的借款纠纷导致该房屋被查封,使得原告合法权益无法得到保护,故提起本案撤销之诉。

审:被告发表辩论意见?

被告一代:原告称因两被告借款纠纷导致被告二去房产交易中心查封房

屋,这是被告二的权益。两被告之间有借款,债权债务客观真实,原告无事实根据说两被告之间债务纠纷是虚假诉讼。原告提供的证据不能证明两被告之间无债权债务关系。原告运用法律错误,不符合事实。

被告二:我起诉被告一是我的权利,我是要要回我的钱。

审:原告还有无新的辩论意见?

原:要求法院调查原告支付给被告一房款的去向。

审:被告还有无新的辩论意见?

被告一:被告一没有还钱给被告二。

被告二:没有。

审:根据法律规定,当事人有对本案进行最后陈述的权利。原告你方的最后陈述意见是什么?

原:坚持诉请。

审:被告的最后陈述意见?

被告一、二:驳回诉请。

5. 一审判决书

滨海市海沧区法院
民事判决书

(2017)山 0101 民撤 7 号

原告:郑龙等四人。

上列四原告共同委托诉讼代理人:陈永胜,滨海市永胜律师事务所律师。

被告:张亮。

委托诉讼代理人:方中和,滨海市天成律师事务所律师。

被告:王莉。

原告郑龙等与被告张亮、王莉第三人撤销之诉纠纷一案,本院于 2017 年 2 月 17 日立案受理后,依法适用普通程序,于 2017 年 3 月 17 日公开开庭进行了审理。原告郑龙等四人及其共同委托诉讼代理人陈永胜,被告张亮的委托诉讼代理人方中和、被告王莉到庭参加诉讼。本案现已审理终结。

……(当事人诉辩意见略)

当事人围绕诉讼请求依法提交了证据,本院组织当事人进行了证据交换和质证。对当事人无异议的证据,本院予以确认并在卷佐证。对有争议的证据和事实,本院认定如下:2015 年 10 月 18 日,被告张亮与原告郑龙等签订《房地产买卖居间协议》,约定将滨海市中山路 757 弄 199 号房屋出售给原告。

2015年12月4日,四原告与被告张亮签订《滨海市房地产买卖合同》,约定将被告张亮上述房屋出售给四原告,价款为580万元。同日签署的该合同的补充协议约定:房屋成交价格710万元为出售方到手价。待原告方首期房价款支付至510万元时被告张亮同意当日将房屋交付给四原告。后原告陆续支付房款。2015年12月18日,被告张亮与原告郑龙签署房屋交接书,办理上述房屋的交接验收。

2016年2月24日,王莉向本院提起民间借贷纠纷诉讼,请求判令被告张亮归还借款30万元并支付相应利息。经调解,该案达成调解协议,本院于2016年8月18日出具(2016)山0101民初15384号民事调解书,调解协议内容为:"一、被告张亮于2016年9月15日前归还原告王莉借款300 000元;二、被告张亮于2016年9月15日前偿付原告王莉借款利息20 000元;二、案件受理费5 800元,减半收取计2 900元,诉讼保全费2 020元,共计4 920元,由被告张亮负担。"该案中,经原告王莉申请,本院依法查封了被告张亮名下的滨海市中山路757弄199号房屋。

2016年3月3日,原告郑龙与被告王莉进行了商谈。

本院认为,根据法律规定,对当事人双方的诉讼标的,第三人认为有独立请求权的,有权提起诉讼。对当事人双方的诉讼标的,第三人虽然没有独立请求权,但案件处理结果同他有法律上的利害关系的,可以申请参加诉讼,或者由人民法院通知他参加诉讼。人民法院判决承担民事责任的第三人,有当事人的诉讼权利义务。前两款规定的第三人,因不能归责于本人的事由未参加诉讼,但有证据证明发生法律效力的判决、裁定、调解书的部分或者全部内容错误,损害其民事权益的,可以自知道或者应当知道其民事权益受到损害之日起六个月内,向作出该判决、裁定、调解书的人民法院提起诉讼。人民法院经审理,诉讼请求成立的,应当改变或者撤销原判决、裁定、调解书;诉讼请求不成立的,驳回诉讼请求。

依据上述规定,第三人撤销之诉的主体条件应限于符合民事诉讼法规定的第三人。第三人分为有独立请求的第三人和无独立请求的第三人。有独立请求的第三人是指对当事人之间的诉讼标的的全部或者一部分,以独立的实体权利人的资格提出诉讼请求进而参加诉讼的人。本案中,在被告王莉与被告张亮的民间借贷纠纷案件中,争议的诉讼标的是民间借贷法律关系,本案原告显然不属于该民间借贷案件的有独立请求的第三人。无独立请求的第三人,实质要件是案件处理结果与其有法律上的利害关系,在前述的民间借贷案件中,该案生效的调解书的内容,也并无任何内容涉及四原告的利益,四原告与该案民间借贷案件的处理结果本身也无任何法律上的利害关系,四原告也并不属于民间借贷案件中应当追加的无独立请求的第三人。该案中,对本案四原告利益产生影响的,实际上是该案的诉讼保全行为,四原告对该诉讼保全行为的异议,并不能通过第三人撤销之诉予以处理。故原告本案中提起的第三人撤销之诉,不符合法律规定的条件,本院不予支持。

综上,依照《中华人民共和国民事诉讼法》第56条、《最高人民法院关于适用〈中华人民共和国民事诉讼法〉的解释》第300条的规定,判决如下:

驳回原告郑龙等的诉讼请求。

案件受理费人民币5 800元,由原告郑龙等负担。

如不服本判决,可在判决书送达之日起15日内,向本院递交上诉状,并按对方当事人的人数提出副本,上诉于滨海市中级人民法院。

审判长　×××
人民陪审员　×××
人民陪审员　×××

2017年3月30日

书记员　×××

郑龙等不服一审判决提出上诉,滨海市中级法院判决驳回上诉,维持原判。

(二)案外人异议及执行异议之诉

1. 郑龙等案外人执行异议申请书

执行异议申请书

异议人(案外人):郑龙等四人

被异议人(诉讼保全申请人):刘大力

被异议人(诉讼保全被申请人):张亮

贵院在诉讼过程中,依刘大力财产保全申请查封了张亮名下位于滨海市中山路757弄199号房屋,作出(2017)山0101执保3827号诉讼保全的《民事裁定书》,异议人依法对贵院就该诉讼保全《民事裁定书》提出异议。

请求事项：

依法撤销(2017)山0101执保3827号诉讼保全的《民事裁定书》并立即解除对位于滨海市中山路757弄199号房屋的查封措施。

异议人与张亮于2015年12月4日签订《滨海市房地产买卖合同》及《补充协议》，约定异议人以总价710万元购买张亮所有的滨海市中山路757弄199号房屋(以下简称该房屋)。合同签订后，异议人累计支付张亮房款555万元，并已经实际居住在该房屋内。异议人已将应支付给被申请人该房款的剩余价款155万元按照人民法院的要求交付执行。现诉讼保全人将应属于异议人的房屋予以诉讼保全显然违反《民事诉讼法》第227条的规定。异议人申请通过贵院解除对该房屋的查封，以使异议人与张亮就该房屋的过户顺利进行。特此申请，请批准。

此致
滨海市海沧区法院

具状人：郑龙等四人
2017年10月15日

附：
1. 异议人身份证复印件
2. 房地产买卖居间协议书
3. 房地产买卖合同
4. 补充协议书
5. 收据
6. 银行转账凭证
7. 税费发票
8. 房地产登记收件收据
9. 房屋交接书
2. 案外人异议裁定书

滨海市海沧区法院
民事裁定书

(2017)山0101执异1026号

案外人：郑龙等四人
四案外人之共同委托代理人：陈永胜，滨海市永胜律师事务所律师。
原告：刘大力
委托代理人：黄伟强，滨海市天平律师事务所律师。

被告：张亮

本院在审理原告刘大力与被告张亮民间借贷纠纷一案过程中，案外人郑龙等就本案诉讼保全查封标的滨海市中山路757弄199号房地产（以下简称系争房屋）提出书面异议。本院受理后，依法组成合议庭进行了听证审查，现已审查终结。

……（当事人诉辩意见略）

本院查明，本院在审理原告刘大力诉被告张亮民间借贷纠纷一案中，根据原告刘大力的保全申请，于2017年7月27日诉讼保全轮候查封了被告名下系争房屋。本院（2016）山0101民初15384号案件于2016年3月1日对系争房屋正式查封。

另查明，案外人郑龙等（乙方）与被告张亮（甲方）、滨海经纬房地产经纪有限公司（丙方）于2015年10月18日签订居间协议，协议约定：系争房屋转让价格为人民币710万元；乙方支付丙方意向金人民币20万元，协议签署后转为定金，乙方签署协议后30日内补足定金人民币100万元，乙方签订《滨海市房地产买卖合同》当日向甲方支付首期房款500万元，乙方通过贷款方式支付甲方第二期房款160万元，乙方在交易过户前支付甲方40万元，乙方在交房当日支付甲方尾款10万元。案外人郑龙等（乙方）已按照约定履行了自己的全部义务。

2017年10月10日，案外人将尚余房款人民币155万元交付本院相关案件执行。

2015年12月18日，案外人郑龙与被告办理房屋交接手续，2016年2月27日，案外人申报并缴纳税款。

再查明，案外人就系争房屋的正式查封已提起异议申请，本院已作出民事裁定书，中止对系争房屋的执行。

本院认为，案外人在法院对系争房屋查封前已和被执行人签订房屋买卖协议，按约付清房款、实际占有和使用系争房屋，又将剩余房款交付相关执行，且没有证据证明因案外人自身原因导致未办理过户登记。据此，案外人提出的异议请求成立，本院予以支持。据此，依照《中华人民共和国民事诉讼法》第227条、《最高人民法院关于人民法院办理执行异议和复议案件若干问题的规定》第28条的规定，裁定如下：

中止对滨海市中山路757弄199号房屋的执行。

案外人、当事人对裁定不服，认为原判决、裁定错误的，依照审判监督程序办理；与原判决、裁定无关的，可以自裁定送达之日起15日内向人民法院提起诉讼。

审判长　×××
人民陪审员　×××
人民陪审员　×××

2017 年 11 月 17 日

书记员　×××

3. 执行异议之诉起诉状

起　诉　状

原告：刘大力。

被告：郑龙等四人。

被告：张亮。

原告刘大力因不服滨海市海沧区法院于 2017 年 11 月 17 日做出的 (2017)山 0101 执异 1026 号民事裁定，现提出起诉请求：

1. 依法撤销滨海市海沧区法院(2017)山 0101 执异 1026 号。

2. 继续对滨海市中山路 757 弄 199 号房屋的执行。

事实与理由：

原告刘大力与被告张亮民间借贷纠纷(2017)山 0101 民初 57145 号一案中，查封张亮名下位于滨海市中山路 757 弄 199 号的房地产。被告郑龙等于 2017 年 10 月 15 日对查封系争房屋的执行措施提出书面异议，同年 11 月 17 日法院作出中止执行的裁定。原告认为，原被告之间的借贷关系受法律保护，为了确实地得到债权的实现，即收回出借的资金，原告在起诉的同时即提出了财产保全申请并提供担保，以保证判决生效后能够顺利执行。系争房屋是目前被告唯一能够执行的财产，一旦终止执行后果不堪设想。

系争房屋未办理过户登记是被告(案外人)自身的原因所致，被告(案外人)与原告早在 2015 年 12 月 4 日即签署了房屋买卖合同，由于被告(案外人)延迟支付全部房款，导致未能及时办理房屋过户登记，因此，被告(案外人)不适用第 28 条的规定，裁定中止执行的法律依据不足。请求恢复对系争房屋的执行。

此致

滨海市海沧区法院

具状人：刘大力

2018年1月19日

5. 执行异议之诉一审判决

滨海市海沧区法院

民事判决书

(2018)山0101民初7905号

原告：刘大力。

委托诉讼代理人：杨浩然，滨海市成功律师事务所律师。

被告：郑龙等四人。

共同委托诉讼代理人：陈永胜，滨海市永胜律师事务所律师。

第三人：张亮。

委托诉讼代理人：方中和，滨海市天成律师事务所律师。

原告刘大力与被告郑龙等，第三人张亮申请执行人执行异议之诉一案，本院于2018年1月19日立案后，依法适用普通程序，公开开庭进行了审理。原告刘大力委托诉讼代理人杨浩然，郑龙等四人的共同委托诉讼代理人陈永胜，第三人张亮的委托诉讼代理人方中和到庭参加诉讼。本案现已审理终结。

……

根据当事人陈述和经审查确认的证据，本院认定事实如下：

一、2017年7月18日，原告刘大力在(2017)山0101民初57106号民间借贷纠纷案件中对第三人张亮申请财产保全措施，本院于2017年7月24日作出(2017)山0101民初57106号民事裁定书，裁定冻结张亮的银行存款300万元或查封、扣押其相应价值财产，并于2017年7月27日对系争房屋进行了轮候查封。2017年8月31日，本院作出(2017)山0101民初57106号民事判决书，判决张亮归还原告刘大力借款2 862 700元及借款利息167 300元，负担案件受理费15 400元和诉讼保全费5 000元。同年10月15日，被告就该财产保全措施提出书面异议，本院遂于2017年11月17日作出(2017)山0101执异1026号民事裁定书，裁定中止对系争房屋的执行。2017年11月20日，本院向原告刘大力直接送达该份民事裁定书，由其住所物业经理高某代为签收。2017年12月3日，原告因不服裁定向本院执行裁判庭邮寄了执行异议诉状材料。法院在多次办理材料补正事宜后，最终于2018年1月19日正式立案。

二、2015年10月18日,被告和第三人张亮签订《房地产买卖居间协议》。根据协议约定,张亮将其名下系争房屋以710万元转让价格出售给被告。被告先行支付定金100万元,待双方签订示范文本《滨海市房地产买卖合同》当日向张亮支付首付款500万元(含已支付的全部定金),被告以贷款方式支付第二期房价款160万元,并在交易过户前向张亮支付第三期房价款40万元。被告在系争房屋交接完成后当日向张亮支付尾款10万元。合同买卖双方应于2016年4月6日前共赴房地产交易中心办理过户手续。2015年12月4日,被告郑龙等与第三人张亮签订《滨海市房地产买卖合同》。该份合同约定系争房屋转让价为580万元,被告与第三人在2016年4月6日前共同向房地产交易中心办理转让过户手续。同时,该份合同附件三《付款协议》约定被告支付的定金100万元转为部分首期房价款,待双方签订本合同并办理合同公证手续(若需)后当日内,被告再向张亮支付部分首期房价款20万元,被告应于双方进行审税前再向张亮支付部分首期房价款250万元。被告通过贷款方式向张亮支付第二期房价款160万元。待双方办理过户手续当日内,被告应支付给张亮第二期房价款50万元。若被告逾期付款或未按约定期限过户的,每逾期一日应按逾期部分万分之五向甲方支付违约金,直至实际履行之日。自逾期之日起,第三人有权催告被告履行,在催告的宽限期届满后被告仍未履行的,第三人有权以书面形式解除本合同,并要求被告赔偿总房价款的20%。同日,被告郑龙等与第三人张亮又签订《房地产买卖合同补充协议》一份,约定房屋成交价格为710万元整为出售方到手价。双方约定合同价为580万元。被告除应按房地产买卖合同的约定向张亮支付房地产转让价款外,被告应于审税前向张亮支付装修补偿款130万元。双方约定,待被告首期房价款支付至510万元(包含已支付定金及首付款),张亮同意当日将系争房屋交付给被告,双方签订《房屋交接书》。该份补充协议为房地产买卖合同不可分割的一部分,若与房地产买卖合同约定不符,则以该协议为准。被告实际支付第三人张亮购房款555万元,向法院缴纳购房尾款155万元,总计710万元。2015年12月18日,被告郑龙与第三人张亮签订房屋交接书,确认张亮已将系争房地产及该合同附件二所列之附属设施、设备交付被告郑龙,经其验收后认为张亮一方交付行为完全符合该合同所规定的交付时间、条件及标准,被告郑龙同意接受。2016年2月25日,被告郑龙与滨海银行签订《个人住房抵押借款合同》,约定其以系争房屋为抵押物向银行借款。根据合同第6条关于放款条件的约定,贷款发放必须满足以下条件:(1)本合同已经由贷款人、保证人和借款人签订;(2)根据贷款人的要求,本合同已经办妥具有强制执行效力的公证;(3)借款人的经济状况或偿债能力未发生贷款人认为的重大不利变化;(4)借款人未违反或未可能违反本合同的约定;(5)抵押房屋未发生因损毁、灭失等原因造成价值减少,或涉及房屋质量、权属等纠纷;(6)贷款人要求的其他放款条件;(7)贷款人、借款人双方在特别约定条款十五中选择的以下一项或多项放款条件:(a)本合同约定的抵押登记已办妥,并且贷款人已经房地产他项权利证明原件的;(b)抵押房屋已经办妥贷款人认可的保险或滨海住房置业担保公司的担保,并且保险单正本或与滨海住房置业担保公司的担保合同正本已由贷款人收妥;(c)本合同涉及的房地产产权证书亦依法办理完毕的;(d)借款人与贷款人双方约定的其他条件。后滨海银行至今未予发放贷款。2016 年 2 月 29 日,被告与第三人向滨海市房地产交易中心申请系争房屋过户登记。2018 年 4 月 24 日,滨海市精诚物业有限公司中山路物业服务中心出具证明,证明内容如下:被告郑龙与第三人张亮于 2015 年 12 月 28 日一起到系争房屋所在小区物业服务中心办理系争房屋物业交接手续,并在当天由被告郑龙缴纳系争房屋 2016 年全年物业费共计 12 582 元。2016 年被告郑龙开始装修系争房屋,装修结束后被告郑龙一家入住至今。2017 年 1 月 21 日缴纳系争房屋 2017 年全年物业费共计 12 582 元。2018 年被告郑龙在物业公司 APP 上缴纳 2018 年 1 月 1 日至 2018 年 3 月 31 日物业费 4 194.84 元。庭审中,第三人亦确认被告在房屋查封之前已经实际占有了系争房屋。

三、2016 年 4 月 20 日,被告郑龙等起诉至本院要求第三人张亮协助办理系争房屋的过户手续,案号为(2016)山 0101 民初 38339 号,后于 2016 年 10 月 29 日向法院申请撤诉,本院当日即裁定准予撤诉。2017 年 8 月 2 日,被告郑龙等又再次起诉要求第三人张亮继续履行关于系争房屋的《滨海市房地产买卖合同》及《补充协议》,并由其向被告支付违约金 1 248 750 元。同年 8 月 8 日,本院对此予以正式立案,案号为(2017)山 0101 民初 61576 号。现该案在审理中,第三人于 2017 年 9 月 4 日提出反诉要求解除双方签订的《滨海市房地产买卖合同》,并由其返还给被告 555 万元,收回系争房屋。2017 年 10 月 24 日,被告郑龙向该案缴纳 155 万元代管款作为购房款尾款。

四、2016 年 2 月 24 日,案外人王莉向本院提起民间借贷诉讼,请求第三人张亮归还借款 30 万元及支付相应利息。2016 年 3 月 1 日,本院依据王莉财产保全申请对系争房屋采取了正式查封措施。2016 年 8 月 18 日,双方当事人经本院调解达成(2016)山 0101 民初 15384 号民事调解书,确定张亮于 2016 年 9 月 15 日前归还王莉借款 30 万元及借款利息 2 万元,并由其承担案件受理费和诉讼保全费4 920元。后被告郑龙等向本院提起第三人撤销之诉,要求撤销(2016)山0101民初15384号民事调解书。2017年3月31日,本院作出(2017)山0101民撤7号民事判决书,判决驳回郑龙等的诉讼请求。后被告不服上诉至滨海市中级人民法院,该院于2017年8月10日作出(2017)山02民终6963号民事判决书,判决驳回上诉,维持原判。

五、系争房屋产权人为本案第三人张亮,(2016)山0101民初15384号案件对系争房屋的财产保全措施为正式查封,(2017)山0101民初57106号案件为第一顺位轮候查封。2016年10月27日,被告郑龙等向本院就(2016)山0101民初15384号案件财产保全措施提出书面异议,本院于2017年10月30日作出(2017)山0101执异985号民事裁定书,裁定中止对系争房屋的执行。2018年3月31日,本院据此作出(2016)山0101民初15384号民事裁定书,裁定解除对系争房屋的正式查封。

本院认为:根据《适用民诉法解释》第304条规定,根据《民事诉讼法》第227条规定,案外人、当事人对执行异议裁定不服,自裁定送达之日起15日内向人民法院提起执行异议之诉的,由执行法院管辖。本案中,原告刘大力签收(2017)山0101执异1026号民事裁定书的时间为2017年11月20日,故其依法可提起执行异议之诉的法定期限应于2017年12月5日届满。原告于12月3日首次将起诉材料邮寄至本院执行裁判庭,并于12月8日取回材料,于12月9日向本院立案庭递交诉状,最终于2018年1月19日正式立案。本院认为,虽原告向本院立案庭申请执行异议诉讼的立案时间以及最终正式立案时间均已超过法定期限,但其实际已于法定期限内向本院其他部门递交了相关起诉材料,申明了其不服执行异议裁定而要求提起执行异议之诉的诉权主张,故本案不应以立案庭收到诉状材料以及正式立案时间,而应以其首次向人民法院递交民事起诉状时间,即2017年12月3日,为原告提起执行异议之诉时间的认定标准。据此,本院依法确认原告在法定期限内提起了执行异议之诉,符合申请人执行异议之诉的起诉条件。

案外人或者申请执行人执行异议之诉的诉讼标的为案外人就执行标的享有足以排除强制执行的民事权益。本案被告主张其依据《执行异议复议规定》第28条对系争房屋享有足以排除强制执行的物权期待权。虽《执行异议复议规定》系针对执行异议的审查标准,以形式审查原则为主,但就28条而言,因涉及物权期待权的实质审查内容,也可成为执行异议之诉的参照适用规定。据此,本院将参照该条规定,结合案件实际情况,综合判断被告对系争房屋是否享有足以排除强制执行的民事权益。

首先，本案被告就系争房屋与第三人张亮在查封前签订了合法、有效的书面买卖合同，并实际支付了全部合同价款。因系争房屋的实际转让价格为710万元，故被告与第三人在查封前签订的《滨海市房地产买卖合同》中约定的580万元房屋买卖价格条款非当事人真实意思表示，存有规避国家税收监管、故意隐瞒真实交易价格之嫌疑，故该条款应属无效。同时，根据《合同法》第56条之规定，合同部分无效，不影响其他部分效力的，其他部分仍然有效。被告与第三人签订上述合同本身是为了交易系争房屋，确系双方真实意思表示，故《滨海市房地产买卖合同》及《补充协议》除却房屋价款条款以外均为有效，依法发生房屋买卖之法律拘束力。庭审中，第三人主张其已在（2017）山0101民初61576号房屋买卖合同纠纷一案中提出解除合同之反诉诉请。本院认为，因被告并不存在根本违约之合同解除情形，在其履行了所有付款义务，出卖人完全可以实现合同利益情况下，第三人不得主张合同解除权，上述合同仍属有效。

其次，本案被告与第三人已向房地产交易中心申请过户登记，但系因第三人涉讼原因导致系争房屋被查封而无法完成产权移转。买卖合同双方当事人共同申请产权转移登记系变更系争房屋产权之处分合意，属履行房屋买卖合同约定义务之行为。虽最终因出卖人涉讼原因导致系争房屋被查封而无法完成过户登记，并未发生物权变动之实际效力，但其对该物权之获得已然仅有一步之遥。本院认为，在非因买受人原因导致物权变动无法实现时，对于此种确定、当然之物权期待性利益，依法应予保护。

最后，本案被告已在查封之前实际合法占有系争房屋，并产生了一定的公示效力。自2015年12月开始，被告即已完成房屋交接手续，并对其进行了装修，至今居住在内。故被告已然对系争房屋形成了一定的占有事实，且系属自主、合法占有方式。结合物业公司出具证明，该占有也产生了一定的公示效力。

据此，本案被告履行了完成系争房屋物权变动的所有法律行为，虽最终非因其自身原因导致产权转移未能完成，但其对该将来物权之期待利益依法应予保护，并足以产生对一般债权人所采取的强制执行措施之排除效力。

综上所述，依照《合同法》第8条、第56条、第94条，《民事诉讼法》第227条、《适用民诉法解释》第394条、第306条、第311条、第313条之规定，判决如下：

判决驳回原告刘大力的诉讼请求。

案件受理费人民币80元(原告已预交),由原告刘大力负担。

如不服本判决,可在判决书送达之日起15日内向本院递交上诉状,并按对方当事人的人数提出副本,上诉于滨海市中级人民法院。

审判长　×××
审判员　×××
人民陪审员　×××

2018年7月2日

书记员　×××

刘大力不服一审判决提起上诉,滨海市中级法院判决驳回上诉,维持原判。

(三)房屋买卖合同纠纷之诉

1. 原告起诉状

民事起诉状

原告:郑龙等四人

被告:张亮

请求事项:

一、判令被告应与原告同至滨海市房地产交易中心办理系争房屋的交易过户手续;

二、判令被告支付原告违约金1 248 750元(从2016年4月7日起算暂计算至本案起诉日止,实际应计算至该房屋过户至原告名下止)。

事实和理由:

2015年10月18日,原告与被告签订了房地产买卖居间协议,以710万元向被告购买其名下位于滨海市中山路757弄199号房屋(以下简称该房屋)。2015年12月4日,原告和被告正式签订《滨海市房地产买卖合同》及《补充协议》。原告按约向被告支付了该房屋价款555万。2015年12月4日,被告将该房屋交给原告予以入住。原告收房后将该房屋进行了精装修,现实际居住在该房屋内。2016年4月6日,原、被告在滨海市房地产交易中心办理该房屋过户交易手续时,因被告事涉其他案子该房屋被法院查封,致该房屋交易过户受阻,现原告仍愿与被告继续履行合同,将剩余房款支付给原告,特向贵院提起诉讼,请判如所请。

此致
滨海市海沧区法院

具状人:郑龙等四人
2017年8月2日

2. 被告反诉状

反 诉 状

反诉原告:张亮。

反诉被告:郑龙等四人。

反诉请求事项:

一、解除反诉原、被告于2015年12月4日签订的《滨海市房地产买卖合同》。

二、反诉原告返还反诉被告555万元,收回涉讼房屋。

事实与理由:

反诉原告交易目的是为了与亲戚为邻置换他处房产,并已与上家签订了合同,故在资金收付的衔接上不容许久拖。买卖合同明确约定,倘若银行贷款不能或不足,则应"以现金形式向甲方(反诉原告)补足"。但反诉被告既未遵守《居间合同》第4.1条约定履行,又未按《滨海市房地产买卖合同》附件三第3条规定履行支付房价款160万元之义务。反诉原告为拉住自己的上家(置换房屋的业主),一方面多次向反诉被告催付,一方面为表示极大的交易诚意,作出让步。在反诉被告未按《房地产买卖合同之补充协议》第四条约定履行义务的情况下,还是先让入住,想以此感化反诉被告,促使尽快履约付款。未料,反诉原告的忍让与善意却让反诉被告认为是无知可欺,便得寸进尺,违约至今,致使反诉原告在剧烈波动的楼市中,因反诉被告的违约原因,无奈失去本不应该失去的置换机会,受到不必要的经济损失。

鉴于反诉被告不肯支付房价款的理由,缺乏事实依据与法律依据,且违约金额多、违约时间长,严重损害了反诉原告的合法权益,涉讼合同已无继续履行的必要。反诉原告特依法提起反诉,请合并审理,依法作出公正判决。

此致
滨海市海沧区人民法院

具状人:张亮
2017年9月4日

3. 一审判决

滨海市海沧区法院

民事判决书

(2017)山 0101 民初 61576 号

原告(反诉被告):郑龙等四人。

上列四原告(反诉被告)共同委托诉讼代理人:陈永胜,滨海市永胜律师事务所律师。

被告(反诉原告):张亮。

委托诉讼代理人:方中和,滨海市天成律师事务所律师。

原告(反诉被告)郑龙等诉被告(反诉原告)张亮房屋买卖合同纠纷一案,本院于 2018 年 8 月 8 日立案受理后,依法适用简易程序,后因案情复杂转为普通程序,公开开庭进行了审理。原告(反诉被告)郑龙以及四名原告(反诉被告)共同委托诉讼代理人陈永胜、被告(反诉原告)张亮的委托诉讼代理人方中和到庭参加了诉讼。本案现已审理终结。

(原、被告诉辩意见略)

本院认为,本案的争议焦点有三:第一,原告(反诉被告)郑龙等双方签订的《滨海市房地产买卖合同》与《房地产买卖合同之补充协议》合同效力问题?第二,原告(反诉被告)郑龙等在履行合同过程中是否存在违约行为?第三,导致合同无法履行的主要原因是什么,谁是违约方?

关于第一个争议焦点,因系争房屋的实际转让价格为 710 万元,故原告(反诉被告)郑龙等与被告(反诉原告)张亮在之前《房地产买卖居间协议》中约定系争房屋的转让价格为 710 万元,然后分别在《滨海市房地产买卖合同》中约定的系争房屋的转让价格为 580 万元以及在《房地产买卖合同之补充协议》装修补偿款 130 万元。所以,《滨海市房地产买卖合同》有关 580 万元房屋买卖价格条款并非当事人真实意思表示,存有规避国家税收监管、故意隐瞒真实交易价格之嫌疑,故该条款应属无效,系争房屋的成交价格应以 710 万元为准。同时,根据《合同法》第 56 条之规定,合同部分无效,不影响其他部分效力的,其他部分仍然有效。原告(反诉被告)郑龙等与被告(反诉原告)张亮签订上述合同本身是为了交易系争房屋,确系双方真实意思表示,故《滨海市房地产买卖合同》及《补充协议》除却房屋价款条款以外均为有效,依法发生房屋买卖之法律拘束力。

第二个争议焦点,原告(反诉被告)郑龙等在履行过程中是否存在违约行为?对于付款方式和期限,在先签订的《房地产买卖居间协议》与之后签订的

《滨海市房地产买卖合同》《房地产买卖合同之补充协议》内容有冲突,应以之后的《滨海市房地产买卖合同》《房地产买卖合同之补充协议》约定为准。根据《房地产买卖合同之补充协议》约定,当原告(反诉被告)郑龙等将首期房价款支付至510万元,被告(反诉原告)张亮同意当日将系争房屋交付给原告(反诉被告)郑龙等。截至2015年12月10日,原告(反诉被告)郑龙等已向被告(反诉原告)张亮支付房价款500万元,在尚未达到《房地产买卖合同之补充协议》约定的510万元时,被告(反诉原告)张亮便于2015年12月18日向原告(反诉被告)郑龙等交付系争房屋。此情节可视为被告(反诉原告)张亮自愿变更了合同的内容,不能认定原告(反诉被告)郑龙等具有违约行为。同时,根据《滨海市房地产买卖合同》《房地产买卖合同之补充协议》的约定,原告(反诉被告)郑龙等应于办理过户手续日之前向被告(反诉原告)张亮支付550万元,其实际在双方办理过户手续之日2016年2月29日前已经支付了555万元,原告(反诉被告)郑龙等的履行符合约定。此外,根据《滨海市房地产买卖合同》约定,第二期房价款160万元,是通过贷款方式进行。在原告(反诉被告)郑龙等与被告(反诉原告)张亮双方于2016年2月29日共同办理过户手续前,即2016年2月25日,原告(反诉被告)郑龙等与滨海银行、滨海市公积金管理中心分别签订了《个人住房抵押借款合同》《住房公积金个人住房抵押借款合同》,贷款申请在过户前获得足额批准,无须在过户当天以现金形式向出卖人即被告(反诉原告)张亮补足。关于被告(反诉原告)张亮提出原告(反诉被告)郑龙等有支付能力而不补足的抗辩,因原告(反诉被告)郑龙等无补足义务,本院难以支持。之后系争房屋因被告(反诉原告)张亮一方涉及诉讼而被查封导致产证无法办理银行不予发放贷款。综上,原告(反诉被告)郑龙等在整个履约过程中无主要违约行为。

第三个争议焦点,导致合同无法履行的主要原因是什么,谁是违约方?2016年2月29日,原告(反诉被告)郑龙等与被告(反诉原告)张亮向滨海市房地产交易中心申请系争房屋过户登记。2016年3月1日,系争房屋因案外人王莉起诉被告(反诉原告)张亮民间借贷案件[(2016)山0101民初15384号]而被司法查封,导致系争房屋无法过户、贷款无法发放。此外,2017年7月27日,在案外人刘大力起诉被告(反诉原告)张亮民间借贷纠纷案件[(2017)山0101民初57106号]案外人刘大力申请查封系争房屋。在长达二三年过程中,被告(反诉原告)张亮并没有解除上述两个司法查封,而问题得到最终的解决是仅仅靠原告(反诉被告)郑龙等通过提出执行异议、参与多次诉讼进行的。综上,《滨海市房地产买卖合同》《房地产买卖合同之补充协议》未能得到继续履行的主要原因在于被告(反诉原告)张亮一方涉及诉讼进而系争房屋被查封,之后其又未能解除查封,所以,被告(反诉原告)张亮是合同不能继续履行的过错方。

当事人一方不履行合同义务或者履行合同义务不符合约定的,应当承担继续履行、采取补救措施或者赔偿损失等违约责任。针对系争房屋的司法查封,原告(反诉被告)郑龙等对此提出的执行异议,均已得到法院支持,所以,该司法查封已不是双方继续履行合同的障碍,查封解除仅是时间问题,合同可以得到继续履行。现原告(反诉被告)郑龙等要求被告(反诉原告)张亮协助其办理过户手续的诉讼请求,本院予以支持。关于原告(反诉被告)郑龙等主张的被告(反诉原告)张亮向其支付逾期过户违约金的诉讼请求,符合约定,本院予以支持,其中,对违约金标准是否过高、是否要求调整,经法庭向被告(反诉原告)张亮两次释明后,其均表示不予调整。此外,根据《滨海市房地产买卖合同》约定,逾期过户违约金的计算应以已付款为基数,而非原告(反诉被告)郑龙等主张的以总房价为准。关于原告(反诉被告)郑龙等为了保证协议的履行自愿将尾款155万元缴纳到法院代管款账户,本院予以确认。对于被告(反诉原告)张亮提出的所有反诉请求,无事实和法律依据,本院不予支持。综上所述,根据《合同法》第8条、第56条、第107条、第114条之规定,判决如下:

一、被告张亮于本判决生效之日起60日内协助原告郑龙等办理将滨海市中山路757弄199号房屋的房地产权利过户至原告郑龙等名下的手续;

二、原告郑龙等于本判决生效之日起60日内向被告张亮支付购房尾款155万元;

三、被告张亮于本判决生效之日起60日内向原告郑龙等支付逾期交房违约金(以已付款555万元为基数,按日万分之五为标准,自2016年4月7日起计算至办理房屋过户手续之日止);

四、驳回反诉原告张亮的所有反诉请求。

负有金钱给付义务的当事人如未按本判决指定的期间履行给付义务,应当依照《民事诉讼法》第253条之规定,加倍支付迟延履行期间的债务利息。

本诉案件受理费70 241元,保全费5 000元,共计75 241元,由被告(反诉原告)张亮承担;反诉案件受理费29 385元,由被告(反诉原告)张亮承担。

如不服本判决,可在判决书送达之日起15日内,向本院递交上诉状,并按对方当事人的人数提出副本，上诉于滨海市中级人民法院。

审判长　×××

人民陪审员　×××

人民陪审员　×××

2019年1月8日

书记员　×××

张亮不服一审判决提起上诉，二审法院维持了继续履行合同的原判，调低了违约金数额。

本章附录

附录一　对本章系列案的评析

本章系列案中，郑龙等为了阻止执行法院对其购买的系争房屋的执行，将系争房屋过户到自己名下，先后提起了买卖合同诉讼、第三人撤销之诉和案外人执行异议三个类型的诉讼，加上王莉与张亮、刘大力与张亮之间的民间借贷纠纷诉讼，以及张亮对郑龙等提起的反诉，因该纠纷涉及到的案件总数已经达到了9个（一审二审单独计算、反诉不单独计算），诉讼时间跨度超过3年（自2016年2月至2019年6月）。与前章案例在诉讼时间、引发的案件总数、法官裁判理念和方式均有许多相似之处。为减少或避免此类系列纠纷的发生，使读者掌握更多的应对类似纠纷的知识和方法，使我国的法官能够更好地处理此类案件，笔者结合新型庭审理念和方法对该系列案做一简要评述。

（一）对王莉诉张亮民间借贷纠纷案的评析

2016年2月24日，原告王莉向滨海市海沧区法院提起民间借贷纠纷诉讼，请求判令被告张亮归还借款30万元并支付相应利息，并同时提起了财产保全申请。郑龙等申请作为第三人参与审理被驳回。2016年3月1日，法院依据原告王莉财产保全申请对系争房屋采取了查封措施。经调解，该案达成调解协议：被告张亮于2016年9月15日前归还原告王莉借款300 000元及利息20 000元等。

笔者认为，本纠纷引发的系列案中第一个诉讼王莉诉张亮民间借贷案法院较难阻止其发生。① 但原告在起诉同时申请查封郑龙等购买的房产时，法院应该意识到该当事人诉讼的真实目的，意识到该案具有虚假诉讼的可能性并予以必要的防范。比如说对原告提供借款证据、资金来源和实际流向等进行严格审查，从第三人撤销之诉中郑龙等提出的情况来看，原告提供的借款证据是有明显瑕疵的。郑龙等申请作为第三人参与审理也是可以接受的，因为王莉诉张亮民间借贷案起诉同时申请查封郑龙等购买的房产，使郑龙等已经具有了法律上的利害关系，其参加诉讼更有利于查明事实，防范虚假诉讼。此外，张亮前后收到500多万元卖房款，也应该要求他说明钱款去向。即使裁定准许原告诉讼财产保全申请，也不应为保全30万元，而查封被告价值700多万元房产。特别是当郑龙等提出执行异议时，法院也完全可以要求郑龙等以应支付张亮的剩余房款155万元中的30万元作为担保（或者执行款），从而解除对房屋的查封。因30万的财产保全申请而查封700多万的房产明显违背财产保全限于请求范围的法律规定。如果没有这个查封或者查封被及时解除，后续系列诉讼就可能不会发生。

即使在查封的情况下，郑龙等于2016年10月提出了财产保全异议，法院却一直没有回应。如果法院能够重视这一可能对当事人造成严重影响案件的处理，定期排查这类系列案件并查找分析形成的原因，笔者认为这类系列案件也就很少会发生，一些不安定因素也会被消灭在萌芽中。

（二）对郑龙等诉张亮买卖合同纠纷案的评析

笔者认为，在买卖合同履行过程中，买受人在发现出卖人不配合履行合同，甚至故意为合同继续履行设置障碍时，在通过其他方式无法解决的情况下，通过提起诉讼获得法院继续履行合同的判决以强制对方继续履行合同是合理且理性的选择。因此，郑龙等在发现房屋因其他案件被查封，对方已经不可能配合其办理过户手续的情况下提起诉讼符合常理。不过需要注意的是，办理房屋过户手续系非金钱债务，当事人要求继续履行合同的权利受到《合同法》第110条"但书"条款的限制。②在房屋买卖领域，如果房屋已经存在司法查封，一般认为属于《合同法》第110条所规定的"事实上无法履行"的情形。因此，如果郑龙等只是单纯提起要求继续履行合同的诉讼，而不采取其他措施，

---

① 如果法院对虚假诉讼案件防控严密，制裁严厉，这类案件必然会大幅下降。
② 《合同法》第110条：当事人一方不履行非金钱债务或者履行非金钱债务不符合约定的，对方可以要求履行，但有下列情形之一的除外：（一）法律上或者事实上不能履行；（二）债务的标的不适于强制履行或者履行费用过高；（三）债权人在合理期限内未要求履行。

法院可能会依据《合同法》第 110 条的规定直接判决驳回其继续履行合同的诉讼请求。当然,如果此后该合同的履行障碍消除,买受人仍然可以再行起诉要求继续履行合同,不构成重复起诉。

那么,郑龙在 2016 年 4 月提起继续履行买卖合同诉讼时,应该同步采取哪些措施呢?第一,其应该一并申请财产保全,对系争房屋予以轮候查封。此时的查封虽然系轮候查封,但郑龙等排在第二顺位,也就是说只要位于第一顺位的查封解除,郑龙等的轮候查封就能自动成为第一顺位的正式查封,并且优先于之后的其他查封。第二,郑龙等应该立即将重点放到如何尽快解除 2016 年 3 月王莉民间借贷案件对系争房屋的查封上来。解除该查封可能的路径至少有三条:一是提起第三人撤销之诉,撤销该案调解书(下文将对此予以详细评价);二是提起案外人执行异议,对王莉案的保全提出异议(下文将会就此进行详细评价);三是向王莉民间借贷案件的执行法院提出申请,代张亮归还 30 余万元借款以迅速解除查封。

笔者认为,采取上述第三种方案是最佳的选择。第一,虽然表面上郑龙等要为此额外付出 30 余万元,但实际上其利益并没有受损。因为郑龙尚未付清全部购房款,且未付款金额超过 30 余万元,因此其在代张亮归还 30 余万元借款后,即取得对张亮该部分 30 余万元款项的债权,该债权可以在未付购房款中抵销。第二,非常重要的是,这是三种方式中唯一可以确保在较短时间内解除标的房屋查封的方法。采取第三人撤销之诉将面临极大的诉讼风险——事实上,郑龙等两审均遭败诉;采取执行异议及执行异议之诉,即便胜诉,法院审理期限不可控——事实上,就是在郑龙等提出执行异议申请后、法院作出裁定前,刘大力再次对张亮提起诉讼并抢先轮候查封了标的房屋,郑龙等提出执行异议已无实际意义。考虑到我国对法院审理案件设置了较为严格的审限制度,而提起第三人撤销之诉或者案外人执行异议(之诉)可能耗时较久,会导致房屋买卖合同案件的审理拖延,因此房屋买卖合同案件的法官一般不会给郑龙等太多时间来解除前案查封,而是直接以买卖合同存在履行障碍为由驳回郑龙等要求继续履行合同的诉讼请求,如果是这样的话,郑龙等提起继续履行合同的诉讼并申请保全就不能实现其继续履行合同的目的。当然,这并不是说提起第三人撤销之诉或者执行异议不可行,而是说如果决定采取上述前两种方案的话,一定要在提起继续履行买卖合同诉讼并申请查封房屋的同时,就提起第三人撤销之诉或者执行异议做好充分准备并同步提起,以确保第三人撤销之诉或者执行异议能在较短的时间内处理完毕并取得预期的结果。

(三) 对郑龙等与被告张亮、王莉第三人撤销之诉案的评析

郑龙等在自认为提起买卖合同诉讼并不能解除前案对标的房屋的查封的情况下于 2016 年 10 月 29 日申请撤诉,继而认为王莉与张亮通过制造虚假的民间借贷诉讼并申请对系争房屋的财产保全,阻碍系争房屋的交易过户,严重侵害了其合法权益,并于 2017 年 2 月 17 日提起第三人撤销之诉,其目的是想釜底抽薪,通过撤销民间借贷调解书,进而解除对系争房屋的保全查封。对于第三人撤销之诉,法院并未对王莉与张亮之间的民间借贷是否为虚假作出认定,而是认为民间借贷调解书的内容,并无任何内容涉及郑龙等的利益,郑龙等与民间借贷案件的处理结果本身也无任何法律上的利害关系,郑龙等不是适格的第三人撤销之诉的原告,判决驳回郑龙等的诉讼请求,二审维持了原判。

关于是否系第三人的认定,有观点认为,该案的审理在法律适用上严格贯彻了《民事诉讼法》第 56 条第 3 款的规定,郑龙等既不是有独立请求权第三人,也不是无独立请求权第三人。笔者认为这种观点值得商榷,从表面上看,郑龙等与民间借贷案件的处理结果本身无任何法律上的利害关系,但王莉母子通过该案对系争房屋实施的保全查封则直接影响了其作为买受人办理系争房屋的过户登记,在这种情况下,该民间借贷案件的处理和当事人所进行的一系列行为的真实目的已经暴露得比较充分。在郑龙等将要办理过户手续的前几天提起诉讼并同时申请对系争房屋实施保全,从而有效地阻止了房子过户手续的办理。此时,郑龙等与案件的处理结果已经有了法律上的利害关系,应当属于无独立请求权第三人,具有提起第三人撤销之诉的资格。此外,郑龙等有权提起第三人撤销之诉的另一个重要理由是,《民事诉讼法》第 56 条第 3 款之所以设立第三人撤销之诉,其立法初衷就是为因虚假诉讼而受到侵害的第三人提供必要的权利救济途径。如果王莉与张亮之间的民间借贷确系虚假诉讼,而郑龙等未实际占有系争房屋,其作为案外人提出的异议因不符合《执行异议复议规定》第 28 条所要求的在查封之前已合法占有不动产而被裁定驳回,在此情形下仍不允许其提起第三人撤销之诉以资救济,其显然是与设立第三人撤销之诉的立法目的相悖,也是难以为社会大众所接受的。与此相类似的另一种情形是,被执行人与其他人虚构债务并通过诉讼取得生效裁判后由其他人作为债权人申请参与分配,进而降低债权的受偿比例,侵害真实债权人的合法权益。在此情形下,虽然真实债权人对于被执行人和其他人所实施的虚假诉讼表面上看并不具有法律上的直接利害关系,但因为通过虚假诉讼确认的债权申请参与分配,影响了真实债权人债权的受偿,实质上是有法律上的

利害关系，其当然有权提起第三人撤销之诉。

法官在驳回郑龙等撤销民间借贷案件民事调解书诉请的一审判决书中是这样表述的："对本案四原告利益产生影响的，实际上是该案的诉讼保全行为，四原告对该诉讼保全行为的异议，并不能通过第三人撤销之诉予以处理。故原告本案中提起的第三人撤销之诉，不符合法律规定的条件，本院不予支持。"该表述说明审案法官是清楚该案的诉讼保全行为对原告利益产生了影响，换句话说就是该案的诉讼保全行为使原告有了法律上的利害关系，但不能通过第三人撤销之诉予以处理。

尽管郑龙等可以提起第三人撤销之诉，但就相关事实来看，郑龙等人提起第三人撤销之诉的策略是值得商榷的——实际上是有更安全、更有效的策略可以选择的。毋庸讳言，大多数读者也会和郑龙等一样相信王莉、张亮母子二人之间的民间借贷纠纷一案其实就是为了阻挠郑龙等人办理过户手续获得标的房屋产权而唱的一出双簧。但应注意到，王莉在案件中主张的是一般金钱债务，申请查封标的房屋的目的（至少在表面上）是为了保证未来金钱给付债务能够被执行，而郑龙等当时还应付张亮的剩余房款155万元，远远超过王莉所主张的债权。因此，与其冒着极大的诉讼风险去打一场胜负未卜的第三人撤销之诉，不如采取更有把握的申请案外人执行异议或者直接代为履行债务。

（四）对案外人执行异议及申请执行人执行异议之诉案的评析

在提起买卖合同诉讼无法阻止对系争房屋的查封和提起第三人撤销之诉因不是适格原告而被判决驳回的情况下，郑龙等转而作为案外人对王莉与张亮、刘大力与张亮民间借贷案中的保全查封提出异议，这是典型的案外人执行异议。根据《最高人民法院关于人民法院民事执行中查封、扣押、冻结财产的规定》第2条，在执行过程中可以查封、扣押、冻结被执行人占有的动产、登记在被执行人名下的不动产、特定动产及其他财产权，以及第三人书面确认属于被执行人所有但却第三人占有的动产或者登记在第三人名下的不动产、特定动产及其他财产权，这是执行程序中的形式判断原则。形式判断原则有利于提高执行效率，也符合审执分离原则，但也有可能将实质上属于案外人的财产作为被执行人的财产予以执行，侵害案外人作为真实权利人的合法权益。案外人执行异议制度的目的就在于保护对执行标的享有能够阻止执行的实体权利的案外人，为其提供直接的救济途径以防止其合法权益受到形式判断原则的侵害。从这个意义上而言，案外人在执行程序中提起执行异议主张实体权利阻止执行在通常情况下是优先选择的救济途径。

从程序上来看，案外人执行异议的实质是案外人和申请执行人之间就执行标的所产生的实体性权利义务争议,应当通过执行异议之诉的实体审理程序加以解决。《民事诉讼法》第 227 条所规定的案外人执行异议制度,与域外对应制度有所不同,在执行异议之诉之前增加了审查程序,对前置审查裁定不服的才能进入执行异议之诉的审理。这种制度设计,固然可以通过前置审查程序过滤一批案外人执行异议,从而达到减少执行异议之诉案件数量的目的,但另一方面也造成了程序上的重叠和时间成本上的增加。就本系列案而言,如果没有案外人执行异议前置审查程序,郑龙等直接对王莉与张亮民间借贷案中的保全查封提起案外人执行异议之诉并取得胜诉判决,基于判决的既判力,其无需再就刘大力与张亮民间借贷案中的保全查封提出案外人执行异议,反而能够更快地实现对系争房屋保全查封的解除。

从实体上来看,郑龙等在提出的案外人执行异议以及在刘大力提起的申请执行人执行异议之诉中能够取得有利的裁判结果,主要原因在于其与张亮之间就系争房屋的买卖符合《执行异议复议规定》第 28 条所规定的不动产物权期待权。但对于不动产物权期待权,有观点认为是对《物权法》第 9 条和第 17 条所规定的不动产物权以登记为准的突破,其效力存在疑问。也有观点认为,《执行异议复议规定》第 28 条只能适用于案外人执行异议的前置审查程序,在执行异议之诉中只能参照适用。在本系列案的申请执行人执行异议之诉案中,一审法院也认为:"虽《执行异议复议规定》系针对执行异议的审查标准,以形式审查原则为主,但就第 28 条而言,因涉及物权期待权的实质审查内容,也可成为执行异议之诉的参照适用规定。据此,本院将参照该条规定,结合案件实际情况,综合判断被告对系争房屋是否享有足以排除强制执行的民事权益。"

案外人所享有的不动产物权期待权能够阻止执行,是司法解释所作的突破,实体法上并没有相应的规定。从实体法的规定来看,在不动产买卖中能够充分保障买受人权益的是《物权法》第 20 条所规定的预告登记制度,即为保障将来实现物权,买受人按照约定可以向登记机构申请预告登记,预告登记后未经预告登记的权利人同意,处分该不动产的,不发生物权效力。《执行异议复议规定》第 30 条也规定:"金钱债权执行中,对被查封的办理了受让物权预告登记的不动产,受让人提出停止处分异议的,人民法院应予支持;符合物权登记条件,受让人提出排除执行异议的,应予支持。"相较于不动产物权期待权需要满足在查封之前已签订合法有效的书面买卖合同、在查封之前已合法占有不动产、已按照合同约定支付部分价款且将剩余价款按照人民法院的要求交付执行和非因买受人自身原因未办理过户登记等四个要件,不动产买卖的预告登记只需在查封之前办理登记即可对抗因出卖人的其他债务而对买卖不动产的执行,更有利于充分和便捷地保护买受人的合法权益。

(五)对本系列案的整体评析

在选择该案件时,笔者发现了不少类似系列案,这只是其中比较典型且更具有研究价值的案件。从该案件中,笔者认为,王莉与刘大力分别诉张亮民间借贷纠纷案、第三人撤销之诉一审二审的法官在处理该案件时存在问题较多,这些问题既有裁判观念上的,也有审理方式上的。从观念上来看,是典型的旧实体法说观念表现,即法院所关心的都是如何个别地终结案件,而不是如何彻底地解决当事人之间的私权争议,缺乏新型庭审一次性解决纠纷的理念。从审理方式上来说,现代庭审争点的确定、疑点的排除、释明义务的行使、心证的公开、突袭裁判的防止都极少被采用。在两大法系法治国家,庭审的绝大多数时间法官都是在排除疑点,大陆法系的国家,法官开庭审理过程中在不断地进行释明。而前述几个案件的审理中,很少有排除疑点和主动释明的内容,甚至对明显的虚假诉讼也视而不见,这不仅不利于对当事人正当权益的保护,也与我们现行法律规定相冲突。当然,这不是这些法官个人的问题,这与我们理论和实务界整体的观念和司法环境都有关系。

执行异议之诉和第二次房屋买卖合同纠纷案件的处理,从裁判观念到庭审方式比前面几个案件均有更好的表现。特别是买卖合同案件的一审、二审从争点的确定,到判决书的说理性均有不错的表现。

需要说明的是,笔者只能从收集到有限的庭审笔录和已经公开的判决书获取案件信息,所作评论的准确性无疑会有欠缺之处,仅供读者参考。但是,我们的目的是很清楚的,尽量避免这种不必要的系列案的发生,减少当事人的讼累和法院有限司法资源的浪费。

(六)本案对当事人带来的启示和思考

本案原告买房中遇到的风险并非个案,特别是当部分城市的房价在短时间内快速上涨时,卖家感觉先前合同中约定的成交价格"吃亏",在利益的驱动下(或者说是在房价上涨的压力下),在签约后甚至交房后仍想方设法地提高房价,有人还不惜动起歪脑筋,通过虚假诉讼、恶意抵押等方式导致标的房屋被查封无法办理过户手续,以此迫使买家就范。① 更恶劣的甚至一房多卖。实际上,无论是第三人撤销之诉,还是案外人执行异议以及随后的执行异议之诉

① 参见浙江省司法厅、浙江省普法办官方微博"浙江普法"2019年10月10日#杭州身边事#【萧山小伙买房,签了合同付了款,准备过户时却发现房子竟被查封了】。

都属于一种事后补救措施,不仅成本高而且风险大。毫不夸张地说,这些案件的诉讼过程,同时也是对无过错买家的一种"折磨"过程。买卖房屋,对我国绝大多数居民而言都无疑是一件大事,特别是一线高房价城市居民购房,往往不仅是集中了一个家庭(甚至几个家庭)多年积累的财富,而且还可能需要负债。如果以毕生积蓄支付了巨额房款,却被告知将无法取得房屋的所有权,甚至最终只得到了返还购房款的一纸空头判决。不难想象,这将可能会引起多么巨大的纠纷和尖锐的矛盾。在实践中,大多数普通购房者对我国不动产物权"登记主义"的相关法律规定知之甚少,聘请专业律师提供合同审查等法律服务的风险防范意识还远没有普及;加之中介机构良莠不齐,在赚取居间费用驱使之下,为促成交易往往不愿意,或者没有能力充分向双方,特别是买家披露可能的风险和有效的防范手段。如果买家能够在本方专业人员的指导下,在房屋买卖合同中明确约定预告登记①条款以避免卖家恶意擅自处分标的房屋;约定买方直接向标的房屋的抵押权人支付购房款以涤除抵押权,避免过户时遭遇障碍;在风险较大时,甚至应当约定卖方需以标的房屋为向买家返还购房款办理最高额抵押登记手续提供担保物权——即便标的房屋被法院查封和处置,最低限度也能保证优先受偿权。

在已经出现风险的情况下,所要采取的方法也是需要认真研究的。一般而言,房屋价值特别巨大,涉及当事人的重大经济利益,一旦发生纠纷往往很难通过友好协商自行解决。从本系列案件可见,当事人,特别是买房人,在遭遇意想不到的风险时,表面上好像有房屋买卖合同纠纷之诉、执行异议和执行异议之诉(或复议)、第三人撤销之诉、执行异议后申请再审等多条救济途径可供选择。但实际上,这些不同种类的诉讼途径各自针对不同的情况、解决不同类型的争议纠纷、实现不同的诉讼目的。如果选择不当,轻则将导致大大延误实际获得房屋产权或可以占有标的物的时间,重则可能导致在约定的房屋价款之外被迫额外承担支付费用以获取房屋产权,甚至还有可能导致最终只拿到一纸空头判决,实质上"钱(已付房款)房两空"的灾难性后果。对于律师等法律服务工作者,必须深入研究、把握各种司法救济途径的不同针对性和局限性,结合个案的具体情况、受诉法院的裁判惯例,为当事人提供目的实现程度最高、风险最低的法律意见和诉讼策略。

---

① 《物权法》第20条规定:当事人签订买卖房屋或者其他不动产物权的协议,为保障将来实现物权,按照约定可以向登记机构申请预告登记。预告登记后,未经预告登记的权利人同意,处分该不动产的,不发生物权效力。预告登记后,债权消灭或者自能够进行不动产登记之日起三个月内未申请登记的,预告登记失效。

最后，从本系列案件可以深刻地反映出我国目前违背诚信原则、采取虚假诉讼、钻司法漏洞可以多么轻易地就给诚信守约一方造成巨大损失或风险。当然，本案被告方实际上也遭受了重大损失，法院也耗费了大量司法资源，多方当事人和法院没有赢家。如何避免和减少此类案件的发生是诉讼各方需要认真思考的。

附录二　思　考　题

1. 请对第三人撤销之诉一审法官、律师在诉讼中的表现进行评价。如果你是该案的法官，你在诉讼中会怎么做？如果你是该案的律师（自己任选一方），你在诉讼中会怎么做？

2. 请对执行异议之诉一审法官、律师在诉讼中的表现进行评价。如果你是该案的法官，你在诉讼中会怎么做？如果你是该案的律师（自己任选一方），你在诉讼中会怎么做？

3. 如果本案当事人因房屋被查封无法过户请你咨询时，你会给当事人什么建议？

第十八章 民事诉讼特别程序实现担保物权纠纷诉讼全过程训练

训练素材——东方公司诉新发公司实现担保物权纠纷案

一、选择本案的理由

第一,通过本案的介绍和分析,使读者比较深入地了解通过非讼程序实现担保物权民事诉讼特别程序的价值和相关司法实务,通过鲜活的案例使更多的人参与到研究、运用和完善该制度的队伍中,使该制度能够在我国司法实践中发挥其应有的作用和价值。申请实现担保物权是我国2012年8月31日第二次修正《民事诉讼法》时新增适用特别程序的一类案件。如果债权人同时享有抵押权等担保物权,在债权到期后,既可以通过一般民事诉讼程序取得民事判决书或民事调解书后申请强制执行,也可以通过特别程序取得民事裁定书后申请强制执行。后者是一项审限短、效率高、一审终审减少当事人讼累、节约司法资源的制度创新,但是因为配套制度不完善,宣传不到位,该制度虽已施行多年,但在全国大部分法院实际运用较少。不仅许多债权人不了解该项制度,甚至大多数法官和律师对该制度也知之甚少,这必然给该制度的实施带来很大的障碍。

第二,通过本案的介绍和分析,使读者比较深入地了解送达这一领域存在的深层次问题、最高法院为解决这一难题取得的重大突破,以及为了实现法律文书的送达,律师在审判和执行两个阶段所做的努力,从而更好地领会和运用最高法院的司法解释。此外,理解最高法院新的司法解释在司法实践中遇到的问题,以及思考如何完善该制度也是选择本案的一个主要考虑。

第三,通过本案的介绍和分析,读者还可以进一步了解实现担保物权执行程序和在该程序中应当注意的事项,从而可以更好地了解和运用该制度。如果说我国审判程序的规范性尚不完善的话,执行程序规范性方面的问题欠缺更多。许多领域没有规定,各地的做法也不尽相同。而担保物权的执行是一个漫长和复杂的程序,了解这些程序,特别是其中各个环节及其注意事项对当事人和代理案件的律师非常重要。在本案执行中,承办案件的法官业务熟练,并积极履行职责。即使如此,审判和执行程序还是花了 1 年的时间。在司法实践中,大量的案件审理和执行所花费的时间远远超出本案。有些案件由于被告故意不接受法律文书,采取种种手段拖延诉讼,导致许多权利人一年时间内连生效法律文书都拿不到。涉及财产拍卖、变卖的执行案件在两年以上仍不能结案的案件也不在少数。这也说明进一步规范和加快执行程序的重要性。

二、案情简介

2016 年 8 月 2 日,东方公司(卖方)与荣盛公司(买方)就铝材贸易业务合作事宜签订了《长期购销合作协议》。协议约定合作期自 2016 年 7 月 1 日至 2017 年 6 月 30 日(可以顺延),期间双方就购销货物的各项条件和条款达成一致后,订立具体的交易合同,称为"批次合同",东方公司将依据《批次合同》中的约定向上游供应商采购铝材货物并交付给荣盛公司,荣盛公司按照《批次合同》中的具体约定享受一定的赊销优惠。东方公司同意给予荣盛公司总额 1.5 亿元的信用销售额度,但荣盛公司需要为履约提供抵押担保。同日,东方公司作为抵押权人与新发公司(抵押人)签订了《最高额抵押协议》,由新发公司以名下××市 A 区××路 1300 弄 118 号 201 室等 40 处房屋、车位及相应土地使用权为抵押物为荣盛公司履行《长期购销合作协议》及/或任何其他交易项下的债务履行等提供最高额为 1.6 亿元的抵押担保。合作之后,东方公司提升荣盛公司的信用销售额度,新发公司法定代表人王芸等人又以个人名义与东方公司另行签订了多份《最高额抵押协议》,以××市 B 区××路 18 号 1601 室等四处房产及相应土地使用权为荣盛公司提供最高额为 1.03 亿元的抵押担保。

后因荣盛公司拖欠东方公司铝材货款约 2.4 亿元无力清偿,东方公司委托律师代理诉讼。在代理律师的建议下,东方公司于 2018 年 9 月 4 日和 2018 年 10 月 16 日向抵押不动产所在地 A 区、B 区基层人民法院申请实现担保物权,请求人民法院裁定对新发公司及王芸等人所抵押的不动产予以拍卖、变卖,所得价款东方公司在人民币1.6亿元和1.03亿元内优先受偿。两家基层法院经过审查,分别于2018年9月25日和2018年11月15日依法作出实现担保物权的民事裁定。

三、本案需要展示的法律文书和证据

（一）代理律师向委托方东方公司提出的诉讼策略和建议

代理律师首先对案件进行了分析,认为本案事实虽然比较清晰,东方公司要求支付货款及违约金,要求拍卖、变卖抵押不动产等诉讼请求应能得到法院的支持。但如果按照通常做法对主债务人荣盛公司和抵押人新发公司以及王芸等人提起买卖合同、抵押合同纠纷诉讼,第一审须由中级人民法院管辖,适用普通程序审理。如果被告故意拖延诉讼,通过提出管辖异议或者被告故意不接受法律文书,需要以公告送达的,经过两审终审,东方公司可能需要一年至一年半的审理周期方能取得生效判决。漫长的审理程序显然不利于东方公司尽快清偿债务目标的实现。

律师团队评估认为,向抵押不动产所在地A区、B区基层人民法院提交实现担保物权申请对东方公司尽快实现债权更为有利,遂向东方公司提交了《代理案件诉讼策略建议》。

××律师事务所
代理案件诉讼策略建议

东方公司各位领导、相关负责人：

首先感谢贵司对××事务所和××律师团队的信任,本所和承办律师将谨慎、勤勉地为贵司提供专业法律服务,尽可能高效地解决荣盛公司拖欠贵司货款纠纷,最大限度全面充分地维护贵司的经济利益。

按照本所和承办律师代理诉讼案件工作惯例,根据贵司已经提供的材料和说明,我们律师团队制订了本案诉讼策略,请贵司知悉、准许或提出其他意见。

一、本案诉讼基本策略

建议采取的诉讼策略：(1)首先向抵押物所在地基层人民法院申请实现担保物权；(2)根据实现担保物权特别程序案件处理结果再确定对债务人是否以及如何提起民事诉讼。

二、先行申请实现担保物权的利弊分析

我国《民事诉讼法》2012年修订时在"特别程序"一章中增加了"实现担保

物权案件"一节,允许担保物权人不通过一审、二审程序而直接依据特别程序向基层法院申请实现担保物权。2015年相关司法解释出台后,各地法院陆续开始试行。法院在审查此类案件时,只要被申请人(抵押人)未提出实质性抗辩的,法院将快速裁定处置担保财产,申请人(抵押权人)可以依据裁定来申请执行。

我们认为,本案中,新发公司以及王芸等人为荣盛公司的债务提供了最高额抵押担保,主债务已出现违约,实现担保物权的条件成就。我方先行申请实现担保物权,不仅符合法定条件,而且较采取普通诉讼程序具有以下优点:(1)实现债权特别程序较普通诉讼程序简单且快捷——无管辖异议程序、一审终审、30日内审结、不得申请再审等——能大大加快实现债权的进程;(2)法院收取的费用低于普通案件的诉讼费(按照1/3收取),减少了对委托方的资金占用。

我方先行申请实现担保物权的弊端在于:(1)从我们了解的情况看,我们将要申请的管辖法院和我们了解的本地的几家法院都很少适用该程序。每个法院通常仅有几起适用该程序的案件,且诉讼标的通常在几十万元以内;(2)与该项工作联系较多的立案、审判和执行方面的法官对该程序熟悉的不多,适用该程序的意愿不强;(3)因为法院在审查实现担保物权申请案件采取快速处理和程序审查为主的原则,若抵押人及/或债务人恶意提出异议(甚至提供虚假证据),法院为求稳妥,可能会驳回申请,告知申请人通过普通诉讼程序,由法院对实体问题详细审查。如果出现这种情况,对我方而言就会拖延纠纷解决时间,时间通常在一个月左右;(4)最后,如果实现抵押权不足以清偿债务人的全部债务,我方还必须就差额部分对债务人另行提起买卖合同纠纷诉讼。当然,后续的买卖合同纠纷案件事实清楚、适用法律明确,我方无诉讼风险。因此,虽然提起诉讼案件的数量上有所增加,但快速实现债权能避免因时间拖延导致的债权灭失风险,总体上对我方有利。

三、我们的建议

我们认为,从贵司提供的证据材料来看,本案的事实清楚,通过实现担保物权的方式解决纠纷,不仅有利于我方(纠纷解决的速度快),同时也有利荣盛公司,因为纠纷解决的成本会大幅降低——这些成本最终是要由荣盛公司承担的。我们建议先行提起实现担保物权申请,中间的困难是肯定的,但是我们尽量通过自己的努力实现快速取得生效法律文书的目标,我们也是有信心实现这一目标的。即使出现了最坏的结果,我们认为这一个月左右时间的耽搁也是值得的,毕竟两种程序时间的差距是非常的巨大。

是否同意我们的分析意见和建议还请贵司审定答复。

此致

××律师事务所

×× 律师

2018 年 8 月 21 日

东方公司领导经过研究,采纳了律师先行申请实现担保物权的建议。

(二) 东方公司申请实现担保物权及立案过程

代理律师在得到东方公司的答复和授权后,立即按照《民诉法司法解释》第 367 条之规定①,准备《实现担保物权申请书》、证明担保物权的材料、证明实现担保物权条件成就的材料以及担保财产现状的说明。向新发公司抵押不动产所在地 A 区法院提交的材料如下。

1.《实现担保物权申请书》

实现担保物权申请书

申请人(抵押权人):东方公司(相关信息略)

法定代表人:(相关信息略)

被申请人(抵押人):新发公司(相关信息略)

法定代表人:王芸(相关信息略)

债务人:荣盛公司(相关信息略)

法定代表人:李季(相关信息略)

申请事项:

1. 裁定对被申请人新发公司所抵押的××市 A 区××路 1300 弄 118 号 201 室等(后附抵押物清单)房屋、车位及相应土地使用权予以拍卖、变卖,所得价款申请人东方公司在人民币 160 000 000 元内优先受偿;

2. 请求人民法院依法裁定被申请人新发公司承担申请费。

事实和理由:

2016 年 8 月 2 日,申请人东方公司与债务人荣盛公司就铝材贸易业务合作事宜签订了《长期购销合作协议》。协议约定,东方公司给予荣盛公司总额不超过 1.5 亿元(人民币,下同)的信用销售(赊账)额度,但荣盛公司需要为履

---

① 《民诉法司法解释》第 367 条:申请实现担保物权,应当提交下列材料:(一)申请书。申请书应当记明申请人、被申请人的姓名或者名称、联系方式等基本信息,具体的请求和事实、理由;(二)证明担保物权存在的材料,包括主合同、担保合同、抵押登记证明或者他项权利证书,权利质权的权利凭证或者质权出质登记证明等;(三)证明实现担保物权条件成就的材料;(四)担保财产现状的说明;(五)人民法院认为需要提交的其他材料。

约付款义务提供抵押担保。同日，东方公司作为抵押权人与被申请人新发公司（抵押人）签订了《最高额抵押协议》，由新发公司以名下××市A区××路1300弄118号201室等40处房屋、车位（及相应土地使用权）为抵押物为荣盛公司履行《长期购销合作协议》及/或任何其他交易项下的债务履行等提供最高额为1.6亿元的抵押担保；担保债权发生期限自2016年7月1日起至2021年6月30日止。2016年9月26日，相关不动产抵押登记手续办理完成，东方公司为第一顺位抵押权人。2017年6月29日，东方公司与荣盛公司签订《长期购销合作协议补充协议》（以下简称《补充协议》）将双方购销合作期延长一年至2018年6月30日，荣盛公司变更了送达地址，新发公司也在该《补充协议》上盖章确认将继续为荣盛公司债务提供抵押担保。2018年2月4日，荣盛公司未能付清应付货款，出现违约。2018年3月8日，荣盛公司出具《东方公司与荣盛公司铝材项目合同清单》，确认欠付货款本金239 954 204.55元，还出具了《还款计划》，愿意将抵押不动产的房租收入用以冲抵货款。2018年3月、4月间，东方公司收到数名抵押不动产承租人交付的房租款共计2 185 050元。但冲抵后，荣盛公司欠付的货款本金仍高达237 769 154.55元，至今仍未能清偿。

东方公司认为，东方公司与荣盛公司之间买卖关系合法有效；抵押权人东方公司与抵押人新发公司之间《最高额抵押合同》亦合法有效，且已办理抵押登记手续，担保物权已经合法设立，担保财产及被担保债权的范围均已明确，被担保的债权已届清偿期，实现担保物权所需条件均已成就且不损害他人合法权益，请求人民法院依法裁定实现担保物权。

此致
××市A区人民法院

申请人：东方公司（章）
2018年10月11日

2. 代理律师提交的证据材料

申请实现担保物权证据目录

证据材料名称		证明事项或目的	页数
第一组证据：主合同			
1.1	长期购销合作协议（即主合同）	2016.08.02东方公司与荣盛公司签订主合同，就铝材买卖业务合作模式、期限、赊账额度、履约担保、付款结算、违约责任、争议解决等进行了约定	11

续 表

	证据材料名称	证明事项或目的	页数
1.2	长期购销合作协议补充协议	2017.06.29 东方公司与荣盛公司延长合作期,抵押人新发公司确认继续履行担保责任	3
第二组证据:担保合同及抵押登记证明(他项权证)			
2.1	最高额抵押协议	2016.08.02 东方公司与新发公司签订《最高额抵押协议》,新发公司为荣盛公司在《长期购销合作协议》的合同义务提供抵押担保,所担保的最高金额为1.6亿元	13
2.2	股东会决议	2016.08.02 新发公司股东会决议同意与东方公司签署《最高额抵押协议》,为荣盛公司提供担保	4
2.3	抵押权登记(Λ201612057831)	2016.09.26 抵押权人东方公司办理了不动产抵押登记手续	7
第三组证据:实现担保物权条件已经成就的证据(债务人确认逾期付款)			
3.1	物流公司与荣盛国际铝材项目合同清单	2018.03.08 荣盛公司确认欠付货款共涉及24个批次《销售合同》,发生首笔违约的日期为2018.02.04,欠款本金合计239 954 204.55元	1
3.2	还款计划	2018.03.08 荣盛公司确认欠付货款本金239 954 204.55元,制订了还款计划,另愿意以抵押不动产租金收入冲抵部分欠款	1
第四组证据:担保财产现状的说明(主要抵押不动产现在出租中)			
4.1	债权转让通知书	2018.03.21 新发公司通知(××路1300弄118号301、401室)房屋承租人范×此后向东方公司支付房租	2
4.2	债权转让通知书	2018.03.21 新发公司通知(××路1300弄121号201室)房屋承租人巫×此后向东方公司支付房租	2

提交人:东方公司(章)

2018年10月11日

尽管代理律师按照《民诉法司法解释》规定提交了申请书以及相关证明材料,但由于实现担保物权特别程序制度施行的时间不长,甚至就连法院工作人员对该程序的许多具体规定也不甚了解,在 A 区人民法院的立案登记并不顺利。立案登记窗口工作人员一看到案涉标的额为 1.6 亿元,立即以超过了该院级别管辖范围为由,拒绝接收申请材料。代理律师只得向工作人员耐心说明,按照《民事诉讼法》第 196 条之规定①,实现担保物权案件是由担保财产所在地或者担保物权登记地基层法院专属管辖。《民诉法司法解释》第 369 条规定,实现担保物权案件可以由审判员一人独任审查。担保财产标的额超过基层人民法院管辖范围的,应当组成合议庭进行审查。经过沟通,立案登记窗口工作人员同意向庭领导汇报,A 区法院立案庭经过研究,并与审判和执行两部门协商,经主管领导同意最终受理了本案。

(三) A 区法院对案件的审查和处理

A 区法院受理案件后,向申请人东方公司邮寄送达了《受理通知书》和《传票》,代理律师发现听证日期竟被安排在 1 个月之后,立即与该案的审判长联系,说明理由,《民事诉讼法》明确规定,适用特别程序案件应在立案后 30 日内审结。② 如果 1 个月后再开庭,将无法在法定期限内审结案件;而且按照《民诉法司法解释》第 368 条之规定,人民法院受理申请后,应当在 5 日内向被申请人送达申请书副本、异议权利告知书等文书。被申请人有异议的,应当在收到人民法院通知后的 5 日内向人民法院提出,同时说明理由并提供相应的证据材料。审判长接受了代理律师的意见,立即安排法官助理向被申请人送达相关材料并调整了听证日期。

法官助理按照抵押合同中载明的送达地址向被申请人新发公司邮寄申请书副本、异议权利告知书后,法律文书被退回;法官助理与新发公司法定代表人王芸进行了电话联系,接通电话后,法官助理立即告知王芸案情,并要求王芸提供准确的送达地址。王芸没有对抵押物的实现提出异议,并向法官助理提供了新的送达地址。法官助理按照地址将法律文书交快递公司送达,负责送达的快递员发现在该地址的大院里有多家仓库,根本找不到王芸。快递员多次给王芸打电话和发短信,王芸既不接电话,也不回短信。经询问门卫,门卫说王芸过去在大院里曾租过仓库,现在已经没有,也很少来这个地方。快递人员在连续 3 天与王芸联系没有效果后,只得将快递退回。此时,承办法官与代理律师沟通,称特别程序审限仅有一个月,诉讼文书无法送达被申请人,法

---

① 《民事诉讼法》第 196 条:申请实现担保物权,由担保物权人以及其他有权请求实现担保物权的人依照物权法等法律,向担保财产所在地或者担保物权登记地基层人民法院提出。

② 《民事诉讼法》第 180 条:人民法院适用特别程序审理的案件,应当在立案之日起 30 日内或者公告期满后 30 日内审结。有特殊情况需要延长的,由本院院长批准。但审理选民资格的案件除外。

院又不能采取公告送达,在此情况下,建议当事人还是向上级法院起诉更为稳妥。接到电话后,代理律师马上撰写并向法官寄送了有法律依据的意见和建议。

东方公司对申请实现担保物权纠纷案件送达事宜的意见和建议

A区人民法院:

申请人东方公司(下称我方)与被申请人新发公司因申请实现担保物权纠纷一案涉诉。我方认为按照最高人民法院《送达意见》中的相关规定,贵院的诉讼文书不仅已经送达,而且完全满足了特别程序送达的立法目的。

事实和理由如下:

首先,贵院第一次向平阳路1526号1139室邮寄送达已经符合《送达意见》规定的送达条件。《送达意见》第7条规定,因当事人提供的送达地址不准确、导致民事诉讼文书未能被受送达人实际接收的,邮寄送达的,文书被退回之日为送达之日。

我方提供的地址完全符合《送达意见》规定。我方在立案时提交的《最高额抵押合同》载明了抵押人新发公司的地址(A区平阳路1526号1139室),合同第11条还特别约定:"诉讼过程中对抵押人发出的传票、通知等司法文书只要发送至该地址即视为送达。"《送达意见》第8条第(一)项规定,在当事人拒不提供有效送达地址、规避送达时可以按照"当事人在诉讼所涉及的合同、往来函件中对送达地址有明确约定的,以约定的地址为送达地址"之规定处理。

其次,A区法院第二次送达不仅完全符合送达条件,而且满足了特别程序送达的立法目的。8月16号,A区法院法官助理给被申请人通了电话,向被申请人告知了案由案情,被申请人承认此事,没有对我方申请提出异议,并提供了自己新的地址,让法院将诉讼文书寄到新地址。8月22号材料寄到新地址后,邮局EMS工作人员按照该地址上门递送诉讼文书时却无法准确找到该公司,快递员连续3天多次联系并发短信,被申请人不接电话,不回短信,只得退件。《送达意见》第7条规定:"因当事人提供的送达地址不准确、导致民事诉讼文书未能被受送达人实际接收的,邮寄送达的,文书被退回之日为送达之日。"

之所以说已完全满足了特别程序送达的立法目的,是由于法官助理的机智,电话中已向被申请人告知了案由案情,被申请人承认此事,没有提出异议。该送达已经超越了《送达意见》的要求。被申请人接到电话后,即与我方当事人联系,提出了减免利息和本金等无理要求,并以拒收法院送达的材料要挟我方接受其无理要求,这从另一个方面说明了被申请人对我方申请是一清二楚。

我方认为,被申请人故意规避送达的行为非常恶劣,不仅严重损害了我方当事人的正当实体和程序权益,而且也浪费了法院的司法资源,同时,也是对司法权威的挑战。如果依被申请人签收送达诉讼文书作为双方送达和法院能否适用特别程序作出实现担保物权裁定的标准,无疑是与虎谋皮,当事人的正当权利无法实现,滥用诉权的人反而受到了法律的保护,民事诉讼法保护合法民事权益,制裁民事违反行为的目的就无法实现。

《送达意见》开篇明确指出,各级人民法院要切实改进和加强送达工作,在法律和司法解释的框架内,创新工作机制和方法,全面推进当事人送达地址确认制度,提升民事送达的质量和效率,将司法为民切实落到实处。我方认为法院应当按照《送达意见》中的相关规定及时处理该案。

我们建议,法院可以按照《送达新规》第12条(短信送达)、第14条(电话通知送达)之规定,采取短信及/或电话方式通知被申请人在指定的时间到达指定法庭接受法庭调查询问,否则应当承担不利后果。

即便被申请人拒不到庭,我方也会向法院提供主合同、担保合同、抵押登记等相关材料的原件,以便法院查明认定相关事实并作出裁定。

此致

××律师事务所
×××律师
2018 年 8 月 26 日

在代理律师的积极沟通下,尽管被申请人没有签收,法官最终同意按照司法解释的规定认定了送达的效力。本案听证如期举行,但被申请人新发公司并未出庭。

听证过程中,合议庭听取了申请人东方公司的请求以及所依据的事实和理由,并根据申请人提交的证据材料,围绕申请人东方公司与债务人荣盛公司主合同的效力、期限、履行情况、担保物权是否有效设立、担保财产的范围、被担保的债权范围、被担保的债权是否已届清偿期等担保物权实现的条件,以及是否损害他人合法权益等内容进行了审查。

2018 年 11 月 15 日,A 区人民法院作出准许实现担保物权的民事裁定。

××市××区人民法院
民事裁定书

(2018)×8888 民特 8888 号

申请人：东方公司(略)。

委托诉讼代理人：(略)。

委托诉讼代理人：(略)。

被申请人：新发公司(略)。

法定代表人：王芸，该公司董事长。

申请人东方公司与被申请人新发公司申请实现担保物权纠纷一案，本院于 2018 年 10 月 23 日立案受理，依法适用特别程序进行了审查。被申请人新发公司经本院传票传唤，无正当理由拒不到庭，本院依法缺席审理。本案现已审理终结。

申请人东方公司向本院提出申请；具体申请内容详见申请书。被申请人新发公司未到庭答辩。

本院经审查认为，2016 年 8 月 2 日，申请人东方公司(甲方)与荣盛公司(乙方)就铝材类大宗商品贸易业务签订《长期购销合作协议》，约定合作期间为 2016 年 7 月 1 日至 2017 年 6 月 30 日，到期后若双方无异议本协议可自动续期一年。协议第 2.2 条约定方在合作期间内就甲方销售货物的条件和条款达成一致后，应订立具体的交易合同……以下将具体的交易合同统称为《批次合同》。《批次合同》具体约定该次购销的标的、质量要求、技术标准、数量、价格等事项……第 3.2 条约定每次采购的具体货物及采购总价以双方签订的《批次合同》为准。第 6.1 条约定为确保乙方在合作期间内对本协议及各《批次合同》项下的全部债务、责任、保证和陈述的履行，由乙方或其指定第三方(以下简称"抵押人")，为乙方履行债务提供无条件、不可撤销的抵押担保。担保的范围为本协议及各《批次合同》项下甲方的全部债务，包括但不限于全部货款、赊销款、全部违约金、损害赔偿金、债务人应支付的其他款项、利息、实现债权与担保权利而发生的费用。第 10.2 条约定一旦乙方做出或表明其将要做出任何本协议或《批次合同》下规定的违约行为的意思表示，甲方有权选择按照本协议及/或《批次合同》及/本协议 6.1 条约定的抵押担保协议的约定随时实现担保物权，实现担保物权的权限包括甲方享有的乙方已到期和未到期的全部债权。

同日，东方公司与新发公司签订《最高额抵押协议》，约定新发公司自愿为东方公司与荣盛公司在 2016 年 8 月 2 日签订的《长期购销合作协议》及/或任何其他交易项下一系列债务偿付义务的及时履行承担协议约定的抵押担保责任。其中,第一部分合同要素条款,约定被担保的主债权指在本协议约定的债权确定期间内,债务人和抵押权人在业务合作过程中连续发生的、债务人所欠抵押权人的一系列债务,包括但不限于:(a)债务人于《长期购销合作协议》或其他日常交易项下发生或签署的全部交易合同、订单等项下所产生的、债务人对于抵押权人应支付或返还的一切债务,包括但不限于:根据《长期购销合作协议》或其他日常交易项约定,债务人在抵押权人供货模式项下所有销售及或赊销项下所欠销售款、赊销款等债务……;(b)债务人与抵押权人之间就《长期购销合作协议》项下或与《长期购销合作协议》有关的因其他法律关系产生的、债务人欠付抵押权人的任何债务。本协议项下抵押人所提供之上述抵押物所担保的最高债权限额为160 000 000元。抵押物指本协议附件一抵押物清单所列明的房屋及相应的土地使用权。债权确认期间自2016年7月1日起至2021年6月30日止。第2.1条约定担保范围为:除了本协议所述被担保主债权,还及于由此相关的全部货款、赊销款、全部违约金、损害赔偿金、债务人应支付的其他款项、利息、实现债权与担保权利而发生的费用,和因抵押人在本协议下违约而给抵押权人造成的损失和债务人在主合同项下的其他所有应付费用。第2.2条约定抵押权人可以不先行使对债务人的其他担保权利而直接行使本协议项下的抵押权优先受偿……同时,附件一列明了抵押物清单,包括××路×××弄×××号×××室[房地产权证号:A字(2015)第0025＊＊]、××路×××弄×××号×××室[房房地产权证号:A字(2015)第0025＊＊]、××路×××弄×××号×××室[房地房地产权证号:A字(2015)第0025＊＊]、××路×××弄×××号×××室[房地产房地产权证号:A字(2015)第0025＊＊房屋、车位及相应土地使用权]。第11条约定抵押人确认,对本协议项下所发生的任何诉讼,诉讼过程中对其发出的传票、通知等司法文书只要发送至本协议开头列明的地址即视为送达,上述地址的变更非经提前通知抵押权人,对抵押权人不生效。同时,新发公司通过股东会决议,同意将其合法拥有的房屋、车位及相应的土地使用权抵押于东方公司,并设定东方公司为第一顺位抵押权人;同意并签订《最高额抵押协议》并受该等抵押合同各条款、条件及相关法律文件的约束,同意履行本公司在抵押合同项下的所有义务和责任。

2016年9月26日,东方公司与新发公司就××路×××弄×××号×××室等办理抵押权登记(登记证明号:A×××××××××××),确认权利人为新发公司、抵押权人为东方公司,最高债权额16 000万元,债权发生期间为 2016 年 7 月 1 日至 2021 年 6 月 30 日,产权证号分别为:A××××××××××、A×××××××××××、A××××××××××、A×××××××××××。

2017 年 7 月 29 日,东方公司(甲方、供货方)与荣盛公司(乙方、采购方)签订《长期购销合作协议补充协议》,将购销合作期限调整为 2016 年 7 月 1 日至 2018 年 6 月 30 日。同时,新发公司加盖公章,承诺并确认其作为抵押人同意本次补充协议的修订内容,且同意继续就连同本次补充协议在内的所有合作协议项下债务继续提供抵押担保义务。

2018 年 3 月 8 日,荣盛公司向东方公司出具《还款计划》,确认结欠本金 239 954 204.55 元,并承诺该笔货款自 2018 年 4 月 1 日起分三期归还,每 6 个月为一个周期,前两期每期归还八千万,剩余尾款在第三期结清。另以新发公司位于××路 1300 弄物业等做抵押,计划经双方确认后前述抵押物业租金收益由东方公司收取后用于冲抵货款本金,待货款本金全部归还完毕再计算利息。同时,荣盛公司在《东方公司与荣盛公司铝材项目合同期清单》加盖公章,确认销售合同编号、交货数量及应收货款本金总额 239 954 204.55 元。

2018 年 3 月 21 日,新发公司分别向××路×××弄×××号×××、×××室承租方范××、××路×××弄×××号×××室承租方巫××发送《债权转让通知书》,告知将其基于《租赁合同》项下享有的租金债权及相关的救济等权利转让给东方公司,自 2018 年 3 月 8 日起将每期租金按照《租赁合同》约定的要求直接支付给东方公司,并列明了东方公司收款账户信息及联系信息。承租方范××、巫××均签字确认收到,且无异议。

听证中,申请人确认收到了承租方支付的租金共计 2 180 000 余元,冲抵货款后,荣盛公司仍结欠 237 769 154.55 元。

本院认为,申请人依据《最高额抵押担保合同》之约定,要求实现担保物权的条件成就。申请人对主合同履行情况、合同当事人确认情况与款项结算情况均提供了证据加以证明。据此,依照《中华人民共和国民事诉讼法》第 197 条,《最高人民法院关于适用〈中华人民共和国民事诉讼法〉的解释》第 372 条第(1)项之规定,裁定如下:

准予拍卖、变卖被申请人上海新发实业有限公司名下位于上海市闵行区龙茗路×××弄×××号×××室等房产及相应土地使用权(以登记证明号"闵××××××××××××"《抵押权登记》中抵押物清单所载为准),所得价款在人民币 160 000 000 元的范围内用于优先清偿申请人东方工业成套物流有限公司对被申请人上海新发实业有限公司享有的人民币 237 769 154.55 元的债权。

申请费人民币 280 600 元,由被申请人上海新发实业有限公司负担。被申请人不服本裁定,应当在收到本裁定书之日起十五日内,向本院提出异议。

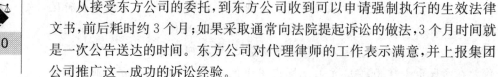

附:相关法律条文

一、《中华人民共和国民事诉讼法》

第 197 条　人民法院受理申请后,经审查,符合法律规定的,裁定拍卖、变卖担保财产,当事人依据该裁定可以向人民法院申请执行;不符合法律规定的,裁定驳回申请,当事人可以向人民法院提起诉讼。

二、《最高人民法院关于适用〈中华人民共和国民事诉讼法〉的解释》

第 372 条　人民法院审查后,按下列情形分别处理:

(一)当事人对实现担保物权无实质性争议且实现担保物权条件成就的,裁定准许拍卖、变卖担保财产;

……

东方公司在一个月以后也向 B 区法院申请实现担保物权案件,由于律师有了在 A 区法院申请实现担保物权案件的经验,B 区法院的申请就容易很多,后来居上,反而早一个月做出了准许实现担保物权的民事裁定。被申请人大发公司法定代表人王芸在两个法院的送达法律文书上都没有签字,也没有出席听证会,但在法院作出准许实现担保物权的民事裁定后,其知道通过上述方式无法阻止法院程序的进行,最终在执行程序中,均在两个法院出现。B 区法院申请实现担保物权的程序和法律文书证据材料与 A 区法院大致相同,这里就不再重复列举。

从接受东方公司的委托,到东方公司收到可以申请强制执行的生效法律文书,前后耗时约 3 个月;如果采取通常向法院提起诉讼的做法,3 个月时间就是一次公告送达的时间。东方公司对代理律师的工作表示满意,并上报集团公司推广这一成功的诉讼经验。

（四）东方公司对实现担保物权裁定申请强制执行

生效法律文书需要通过有效执行，东方公司才能最终实现债权。收到实现担保物权裁定后，代理律师立即提交了执行申请。

执行申请书

申请人：东方公司（信息略）。

法定代表人：（信息略）。

被申请人：王芸（信息略）。

被申请人：李季（信息略）。

被申请人：汤某（信息略）。

申请事项：

申请执行××市B区人民法院（2018）×8888民特8888号民事裁定——拍卖、变卖被申请人王芸名下的××市B区××路18号1601室及1701室、被申请人李季名下的××市B区××路98号1003室、被申请人汤某名下的××市B区××路98号1002室房地产，所得价款由申请人东方公司在人民币103 000 000元内优先受偿。

事实和理由：

申请人东方公司与被申请人王芸、李季、汤锋申请实现担保物权一案，××市B区人民法院经过审查已于2018年9月25日作出（2018）×8888民特8888号民事裁定，准许拍卖、变卖各被申请人名下的抵押房地产，所得价款由申请人东方公司在人民币1.03亿元内优先受偿。

申请人现依据《民事诉讼法》第197条之规定，向法院申请执行前述实现担保物权裁定。

此致

××市B区人民法院

申请人：东方公司
2018年9月30日

但B区法院立案窗口工作人员认为，裁定书载明"被申请人不服本裁定，应当在收到本裁定书之日起15日内，向本院提出异议"，因此，认为该裁定尚未生效，东方公司应当待异议期满再申请执行。

代理律师只得向工作人员进行解释说明：《民事诉讼法》第155条规定，依法不准上诉的判决、裁定，是发生法律效力的判决、裁定。实现担保物权纠纷适用民事诉讼特别程序，一审终审，当事人不准上诉。因此，申请人收到的实现担保物权裁定是发生法律效力的裁定，申请人可以立即申请强制执行。《民诉法司法解释》第 374 条第 2 款不仅规定被申请人可以在 15 日内提出异议，还规定"利害关系人有异议的，自知道或者应当知道其民事权益受到侵害之日起 6 个月内提出"——总不可能要求申请人等待 6 个月期满后再申请执行吧？适用民诉法解释给予当事人、利害关系人提出异议的期限，并不影响实现担保物权裁定的生效和申请执行。除非人民法院作出新的裁定撤销或者改变原裁定，即便当事人、利害关系人提出异议，原裁定也应当继续执行。

经过耐心的沟通，B 区法院出具了执行案件受理通知书。

在确定执行法官后，执行法官立即开始了执行工作。

2018 年 10 月 14 日，执行法院查封了各套抵押房产。鉴于申请人与被申请人无法就标的房地产的价值达成合意，执行法院报请高级法院选定鉴定评估机构，对各套抵押房产出具鉴定估价报告。上级法院通过摇号方式随机选定并委托中汇公司出具鉴定估价报告。中汇公司指派两名注册房地产估价师具体承办。

2018 年 12 月 10 日，中汇公司出具了各套房屋的《房地产司法鉴定评估报告》，评估报告的有效期为 1 年。执行法院按照规定将评估报告及时发送当事人及其他利害关系人，并告知如有异议可以在收到评估报告后 10 日内以书面形式向人民法院提出。申请人东方公司审阅后认为，评估机构、评估人员具备相应的评估资质，未发现评估程序存在违法，对评估报告无异议。①

2019 年 1 月 8 日，执行法官到各套抵押房屋处张贴了法院公告。告知被执行人以及房屋使用人："本院在不负担租赁权的状态下对上述房屋进行拍卖、变卖，被执行人以及占有房屋的案外人应当自本公告之日起 15 日内迁出上述房屋。案外人认为其对该房屋享有租赁权而合法占有的，应当自公告之日起 15 日内向本院提出书面异议。"

公告发布后，东方公司于 2019 年 2 月 20 日收到执行法院送达的案外人异议《告知书》以及《申请书》副本等材料。

申 请 书

案外异议人：安泰公司（信息略）。

法定代表人：（信息略）。

委托诉讼代理人：（信息略）。

申请执行人：东方公司（信息略）。

---

① 参见按照《最高人民法院关于人民法院民事执行中拍卖、变卖财产的规定》（法释〔2004〕16 号）、最高人民法院《关于人民法院委托评估、拍卖工作的若干规定》（法释〔2011〕21 号）中的相关规定。

被执行人：王芸(信息略)。
请求事项：
请求贵院对B区××路18号1701室房产负担租赁权拍卖。
事实和理由：
异议人与被执行人于2017年7月15日签订《上海市房屋租赁合同》，合同约定被执行人名下坐落于B区××路18号1701室房产租给异议人使用，租赁期为6年，自2017年7月15日起至2023年7月14日止，月租金为105 606元。后被执行人向异议人按约交付房屋，异议人则按约支付租金，并于租赁期间按时交纳所有的水电费用。到目前为止，异议人仍在正常使用所租房产。

2018年10月14日，你院因受理申请执行人诉被执行人实现担保物权纠纷案查封了上述房产。经查明被执行人与申请执行人于2017年6月30日签订抵押合同并办理了抵押登记，后你院依法判决被执行人承担担保义务，并在申请执行人申请执行后裁定拍卖上述房产。

《最高人民法院关于人民法院办理执行异议和复议案件若干问题的规定》第31条规定："承租人请求在租赁期内阻止向受让人移交占有被执行的不动产，在人民法院查封之前已签订合法有效的书面租赁合同并占有使用该不动产的，人民法院应予支持。"××高院《关于在执行程序中审查和处理房屋租赁权有关问题的解答(试行)》(×高法[2015]75号)第11条规定："经审查认为，签订租赁协议和占有房屋均发生在执行法院查封之前但签订租赁协议或者占有房屋发生在担保物权或者其他优先受偿权设立之后的，执行法院应当裁定案外人异议成立，中止对房屋不负担租赁权予以变现，依据《拍卖规定》第31条第2款的规定对房屋予以变现。"

本案中，异议人对涉案房产的租赁权产生于申请执行人的抵押权之后，执行法院查封之前，在没有证据可以证明异议人与被执行人之间有恶意串通、以租赁抵抗抵押和查封的情况下，异议人属于善意承租人，依法有权阻止涉案房产在租赁期间内移交，亦有权以负担租赁的形式请求对所租赁的房产进行拍卖。

综上所述，异议人与被执行人之间《租赁合同》合法有效，为保障异议人的合法权益，依照《民事诉讼法》第227之规定，特提出案外人执行异议申请，恳请贵院裁定对涉案房屋负担租赁权拍卖。
此致
××市B区人民法院

案外异议人：安泰公司(章)
日期：2019年1月22日

带租约——特别是长期租约——拍卖不仅会导致成交价格下降,而且会在很大程度上降低应买人的购买意愿。代理律师在征求东方公司的意见后,向执行法院提交了《答辩意见》。

答 辩 意 见

答辩人(申请执行人):东方公司(信息略)。

被答辩人(案外执行异议人):安泰公司(信息略)。

被执行人:王芸(信息略)。

案由:执行异议

答辩意见摘要:

一、登记在先的抵押权效力优先于承租人的租赁权,被答辩人的异议请求于法有悖,应予驳回;

二、答辩人有权向被答辩人收取抵押房产自被法院查封之日起的租金。

事实和理由:

一、被答辩人的租赁权不能对抗答辩人登记在先的抵押权,被答辩人的请求有悖于法律规定

2017年6月27日,答辩人与被执行人王芸签订了一份《最高额抵押协议》,王芸以其名下多处房产(包括××路18号1701)为答辩人提供抵押担保,并于2017年6月30日办理了抵押权登记。此后的2017年7月15日,被答辩人安泰公司才与王芸签订《上海市房屋租赁合同》,承租××路18号1701室房屋。

首先,《物权法》第190条的规定:"抵押权设立后抵押财产出租的,该租赁关系不得对抗已登记的抵押权。"安泰公司与王芸之间房屋租赁合同的签订日期晚于所涉房屋抵押权登记之日,安泰公司对房屋的租赁权不能对抗东方公司的抵押权。

其次,《最高人民法院关于适用〈中华人民共和国担保法〉若干问题的解释》第66条第1款规定:"抵押人将已抵押的财产出租的,抵押权实现后,租赁合同对受让人不具有约束力。"被答辩人关于其所享有的租赁权对抵押权实现后的受让人产生约束、要求执行法院负担租约拍卖的主张,于法有悖。

综上,被答辩人的租赁权不能对抗中船公司登记在先的抵押权,被答辩人的请求有悖于法律规定,答辩人请求执行法院驳回其所提异议。

二、答辩人有权向被答辩人收取抵押房产自被法院查封之日起的租金

《物权法》第197条、《担保法》第47条规定,债务人不履行债务致使抵押物被人民法院依法扣押的,自扣押之日起抵押权人有权收取该抵押物的法定

孳息。安泰公司提出的异议申请显示,对所涉房产已于2018年10月14日被法院查封的事实知情,但安泰公司自认仍于2018年12月24日向王芸支付房租31万余元,该行为已经损害了东方公司的合法权益,应当承担相应责任。

此致
××市B区人民法院

答辩人:东方公司(章)
2019年2月25日

执行法院于2019年2月25日组织了听证,听证结束后,于2019年4月17日作出了驳回执行异议裁定。

××市B区人民法院
执行裁定书

(2019)×8888执异88号

案外人:安泰公司(信息略)。
申请执行人:东方公司(信息略)。
委托诉讼代理人:(信息略)。
被执行人:王芸(信息略)。
被执行人:李季(信息略)。
被执行人:汤某(信息略)。

在本院执行(2018)×8888执8888号申请执行人东方公司与被执行人王芸、李季、汤某申请实现担保物权一案中,案外人安泰公司对本院不带租约拍卖××市B区××路18号1701室房屋(以下简称系争房屋)提出书面异议。本院受理后,依法组成合议庭进行了审查,现已审查终结。

案外人安泰公司称略
申请执行人东方公司称略。
被执行人王芸未到庭陈述。
被执行人李季未到庭陈述。
被执行人汤某未到庭陈述。

本院查明,2018年9月4日本院受理了申请人东方公司与被申请人王芸、李季、汤某申请实现担保物权一案,同年9月25日本院作出(2018)×8888民特8888号民事裁定书:"准许拍卖、变卖被申请人王芸名下的××市B区××路18号1601室及1701室,被申请人李季名下的××市B区××路×××号×××室,被申请人汤某名下的××市B区××路×××号×××室房地产,所得价款由申请人东方公司在1.03亿元内优先受偿。"该裁定书生效后,东方公司向本院提交执行申请书,2018年10月19日,本院立(2018)×8888执8888号案件予以执行。2019年1月8日本院发布公告明确:"本院作出的(2018)×8888民特8888号民事裁定书已经发生法律效力。因被执行人王芸、李季、汤锋未能履行法律义务,权利人东方公司向本院申请执行。执行中,本院已于2018年10月14日查封了被执行人王芸名下的××市B区××路18号1601室、1701室房地产。上述房地产均已出租,本院现将拍卖前有关事宜公告如下:本院在不负担租赁权的状态下对上述房屋进行拍卖、变卖。被执行人以及占有房屋的案外人应当自本公告之日起十五日内迁出上述房屋。案外人认为其对该房屋享有租赁权而合法占有的,应当自公告之日十五日内向本院提出书面异议。"

另查,2017年7月15日王芸(甲方)与安泰公司(乙方)签订《上海市房屋租赁合同》,该合同约定:"一、出租房屋情况:1-1甲方出租给乙方的房子坐落在本市B区××路18号1701室。……1-2甲方作为该房屋的房地产权利人与乙方建立租赁关系。签订本合同前,甲方已告诉乙方该房屋已设定抵押。……三、交付日期和租赁期限:3-1出租房屋租赁期自2017年7月15日起至2023年7月14日共计72个月(其中2017年7月15日至2017年9月14日为房屋免租期)……四、租金、支付方式和限期:4-1甲乙双方约定,该房屋每日每平方米建筑面积租金为人民币4元。出租月租金总计为人民币105 606元……"

再查,系争房屋的《××市不动产登记簿》房屋状况及产权人信息记载:权利人王芸,核准日期2016年12月14日;房地产抵押状况信息记载:抵押权人东方公司,核准日期2017年6月30日,最高债权限额为103 000 000元,债权发生期间为2017年7月1日至2022年6月30日;房地产权利限制状况信息记载:2018年10月24日,因(2018)×8888执8888号案件被本院正式查封,查封期限2018年10月24日至2021年10月23日。

本院认为,《中华人民共和国物权法》第190条规定:"订立抵押合同前抵押财产已出租的,原租赁关系不受该抵押权的影响。抵押权设立后抵押财产出租的,该租赁关系不得对抗已登记的抵押权。"《最高人民法院关于人民法院办理执行异议和复议案件若干问题的规定》第27条规定:"申请执行人对执行标的依法享有对抗案外人的担保物权等优先受偿权,人民法院对案外人某某的排除执行异议不予支持,但法律、司法解释另有规定的除外。"(2018)×8888执8888号执行标的即系争房屋的《房地产抵押状况信息》已明确记载,申请执行人对系争房屋的抵押权设立于2017

年6月30日,而案外人与某某的租赁合同签订于2017年7月15日,故案外人与某某就系争房屋建立的租赁关系晚于申请执行人对系争房屋设立的抵押权,该租赁关系不得对抗已登记的抵押权。《最高人民法院关于人民法院办理执行异议和复议案件若干问题的规定》第31条的规定,不适用已有担保物权的情形,案外人以某某的租赁权在查封前,主张附带租约拍卖系争房屋,并引用该条款,法律适用有误,本院不予采纳。关于案外人引用的××高级人民法院《关于在执行程序中审查和处理房屋租赁权有关问题的答解(试行)》(×高法[2015]75号),因与上位《中华人民共和国物权法》的相关规定相悖,本院亦不予采纳。据此,依照《中华人民共和国物权法》第190条、《中华人民共和国民事诉讼法》第227条、《最高人民法院关于适用〈中华人民共和国民事诉讼法〉执行程序若干问题的解释》第15条、《最高人民法院关于人民法院办理执行异议和复议案件若干问题的规定》第27条规定,裁定如下:

驳回安泰公司的异议请求。

案外人、当事人对裁定不服,认为原判决、裁定错误的,应当依照审判监督程序办理;与原判决、裁定无关的,可以自本裁定送达之日起15日内向人民法院提起诉讼。

审判长　×××
审判员　×××
人民陪审员　×××

2019年4月17日

书记员　×××

附:相关法律条文

一、《中华人民共和国物权法》

第190条　订立抵押合同前抵押财产已出租的,原租赁关系不受该抵押权的影响。抵押权设立后抵押财产出租的,该租赁关系不得对抗已登记的抵押权。

二、《中华人民共和国民事诉讼法》

第227条　执行过程中,案外人对执行标的提出书面异议的,人民法院应当自收到书面异议之日起15日内审查,理由成立的,裁定中止对该标的的执行;理由不成立的,裁定驳回。案外人、当事人对裁定不服,认为原判决、裁定错误的,依照审判监督程序办理;与原判决、裁定无关的,可以自裁定送达之日起15日内向人民法院提起诉讼。

三、《最高人民法院关于适用〈中华人民共和国民事诉讼法〉执行程序若干问题的解释》

第15条 案外人对执行标的主张所有权或者有其他足以阻止执行标的转让、交付的实体权利的,可以依照民事诉讼法第227条的规定,向执行法院提出异议。

四、《最高人民法院关于人民法院办理执行异议和复议案件若干问题的规定》

第27条 申请执行人对执行标的依法享有对抗案外人的担保物权等优先受偿权,人民法院对案外人提出的排除执行异议不予支持,但法律、司法解释另有规定的除外。

排除了案外人的异议之后,执行法院的拍卖程序继续进行。

《最高人民法院关于人民法院网络司法拍卖若干问题的规定》(法释〔2016〕18号,简称《网拍规定》)第2条明确规定:"人民法院以拍卖方式处置财产的,应当采取网络司法拍卖方式。但法律、行政法规和司法解释规定必须通过其他途径处置,或者不宜采用网络拍卖方式处置的除外。"

申请人东方公司从最高人民法院关于司法拍卖网络服务提供者名单库中选定了司法拍卖网络平台。① 执行法院另外委托了吉安公司担任司法拍卖辅助机构,由该公司承担制作拍卖财产的文字说明及视频或者照片等资料、展示拍卖财产,接受咨询,引领查看等辅助工作。2019年7月17日吉安公司向东方公司发出《网络司法拍卖事项通知书》,说明了该次拍卖的起始日期和时间、起卖价格、税费负担方式、权利限制情况等信息。

首轮拍卖和第二轮拍卖均未能成交,东方公司同意接受以物抵债。

① 参见《最高人民法院关于司法拍卖网络服务提供者名单库的公告》,2016年11月25日发布。

本章附录

附录一　民事诉讼特别程序实现担保物权案件的评析和建议

确认调解协议和实现担保物权两类案件是 2012 年《民事诉讼法》修改时新增的两类案件。之所以将其规定在特别程序中,是因为这两类案件均属于非讼案件的范畴。这两类案件的当事人之间往往并无争议,为节省司法资源,立法机关将这两类案件也纳入以"非讼案件"为特点的特别程序中。由于《民事诉讼法》中对于实现担保物权案件的规定过于简单粗疏,仅有的两个条文只是规定了管辖法院和法院对案件的处理方式①。因此,《民事诉讼法》有关该项制度的修正颁布后,担保物权实现的案件几乎没有进入特别程序的司法实践。这种情况直至 2015 年 2 月,《适用民诉法解释》颁布施行后才得到扭转。

《适用民诉法解释》用了 13 个条文②较为详细地规定了实现担保物权案件的申请主体范围,管辖法院和审判组织,申请人应当提交的材料,法院的审查范围、方式和处理结果。有了这些比较明确的实施规范后,各地法院才开始受理此类案件,受案数量也在逐步上升。

但相对于大量债权人享有各类担保物权的案件,法院受理债权人实现担保的物权的申请比例还非常之低,该制度的功能和优势远未能发挥。这意味着在该制度设立之前,大量本应适用成本非常低的非讼程序案件都在适用成本比较高的诉讼程序。即使在《民事诉讼法》和司法解释确立了该制度后,绝大多数此类案件仍在采用耗时费钱的诉讼程序,这不能不说是对宝贵司法资源的极大浪费。究其原因,我们认为主要有以下几个方面。

1. 部分配套制度尚不完善

作为一种新类型的特别程序案件,实现担保物权案件的配套制度尚不完善。例如,对申请人应当缴纳的诉讼费用各地法院处理方式就存在很大差异。2007 年 4 月 1 日起施行的《诉讼费用交纳办法》(国务院令第 481 号)第 8 条规定,"下列案件不交纳案件受理费:(一)依照民事诉讼法规定的特别程序审理的案件";据此,浙江省高级人民法院规定对于实现担保物权案件免收案件申

---

① 参见《民事诉讼法(2017 年修正)》第 196 条和第 197 条。
② 参见《民诉法解释》第 361 条至 373 条。

请费。① 2015年2月,《适用民诉法解释》第204条明确规定实现担保物权案件应当缴纳申请费,但却未规定收费标准。此后,有些高级人民法院规定按件收取申请费;②有些高级人民法院规定申请人"按照财产案件受理费的三分之一交纳诉讼费";③甚至存在同一中院下辖的不同基层法院对实现担保物权收费也不相同的情况。④

为债权办理担保物权手续的往往涉及标的额较大,不同的案件收费标准可能涉及当事人的重大利益。以本案为例,申请实现担保物权的数额为1.6亿元,即便按照财产案件受理费的三分之一计算,案件申请费也高达28万余元,无论是对于申请人或是被申请人这都是一笔不小的额外费用。一般情况下,申请实现担保物权案件往往事实都比较清楚,法院主要也仅作形式审查,占用的司法资源较少,收费金额过高不利于这一民事诉讼特别程序发挥应有的作用和价值。

我们认为,司法资源是有限且宝贵的公共资源,当事人通过民事诉讼解决社会个别成员之间的纠纷,占用了社会公共资源理应承担一定的成本。一般说来,标的额越大的案件相对越复杂、各方当事人的争议和矛盾也就可能越大。因此,要求当事人按照诉讼标的额收取案件受理费具有一定的合理性。但对于申请实现担保物权民事特别程序案件而言,按照财产纠纷案件的一半或者三分之一收费受理费并不合理,特别是对于标的较大的案件其不合理性尤为明显。一方面申请实现担保物权案件占用法院的资源较少。法院审查范围局限在主合同的效力、期限、履行情况,担保物权是否有效设立、担保财产的范围、被担保的债权范围、被担保的债权是否已届清偿期等担保物权实现的条件,以及是否损害他人合法权益等内容,审查方式一般都以形式审查为主,审限也仅有30天。而且,如果遇到当事人之间对实现担保物权有实质性争议

---

① 浙江省高级人民法院印发的《关于审理实现担保物权案件的意见》(浙高法〔2012〕396号)第7条规定"实现担保物权案件不收取案件申请费用"。
② 《重庆市高级人民法院关于办理实现担保物权案件若干问题的解答》(渝高法〔2015〕164号)第6条规定"实现担保物权案件暂实行按件收取申请费。国务院就《诉讼费用交纳办法》进行修订后以该办法的规定为准"。《四川省高级人民法院关于审理实现担保物权案件若干问题的意见》(川高法〔2017〕109号)第9条规定"实现担保物权案件应参照国务院《诉讼费用交纳办法》的相关规定,按件收取申请费"。
③ 北京市高级人民法院《关于立案工作中适用单〈民事诉讼法〉若干问题的解答》(京高法发〔2014〕449号)第10条规定"申请实现担保物权的,应比照财产案件受理费标准的1/3交纳申请费"。有类似规定的还有上海市高级人民法院和福建省高级人民法院。
④ 例如南京市中院下辖的玄武区等法院按件收取、鼓楼区等法院按财产案件减半收取、秦淮区法院按财产案件全额收取。

的,法院并不进行实质审查而是驳回申请、告知申请人向人民法院提起诉讼。可见,法院实际上是按照非讼案件来处理申请实现担保物权案件,投入的司法资源并不多。另一方面,相当部分实现担保物权案件的申请人是金融机构,主合同一般都是金融借款合同,案件事实清楚但标的额巨大。如果按照诉讼标的额收取案件受理费,投入的少量司法资源与巨额收费之间明显不成比例。

结合我们调查研究所得信息,我们建议实现担保物权纠纷案件可以按照如下规则收取案件受理费用:(1)案件受理费按照申请实现担保物权金额的1‰收取,但最低不低于1 000元,最高不超过100 000元;(2)如果申请人撤回申请或者申请被驳回的,案件受理费按照500元收取,由申请人负担。这种案件受理费收费标准,既能够鼓励债权人通过申请实现担保物权快速解决纠纷实现债权,也有利于降低当事人解决纠纷的成本,减轻当事人的负担。

实现担保物权被纳入民事诉讼特别程序已经超过7年之久,但许多配套制度至今仍不够完善,这种现状已经在很大程度上影响了该制度创新的功能和价值,亟待立法、司法机关广泛征求意见后加以规范。

2. 各地法院对实现担保物权案件的审查标准尚不统一,裁判结果难以合理预期

我们调查发现,在申请实现担保物权案件中,绝大多数案件的事实比较清楚,而且超过半数的申请人为银行等金融机构。申请人一般都能够按照《适用民诉法解释》第367条的要求,向法院提交较为完备的申请书、担保物权存在和实现担保物权条件成就的证明材料以及担保财产现状的说明;但法院审查后作出实现担保物权裁定的仅占45%左右(以北京地区为例),该比例甚至还低于民事诉讼中原告的胜诉率。这种现象明显不正常。我们分析认为,各地法院对于实现担保物权案件审查标准不一致导致当事人对裁判结果难以合理预期,是权利人申请实现担保物权积极性不高的主要原因。

特别程序适用于非讼案件,依照民诉法解释第372条之规定,只有当事人没有"实质性争议",才能按照该程序作出实现担保物权裁定。但各地法院对于哪些问题属于"实质性争议"缺乏明确规定,对于申请人和被申请人各自所需承担的举证证明责任、达到的证明标准把握的尺度不一。司法实践中,如主债务的成立、主债务金额、担保关系的成立等问题存在争议且申请人未有足够证据证明的话,法院就可能以存在"实质性争议"而驳回申请人的申请。甚至有不少法院只要遇到被申请人无法送达的情形,就会以无法判定是否存在"实质性争议"而直接裁定驳回申请人的请求。我们认为四川省高级人民法院2017年3月印发的《关于审理实现担保物权案件若干问题的意见》(川高法

〔2017〕109号）第16条可以借鉴。"对实现担保物权有实质性争议",包括以下情况：（一）债务人或担保人否认主债权存在，人民法院根据案件证据不能认定主债权存在的；（二）债务人或担保人对主债权金额提出异议，人民法院不能根据案件证据认定主债权金额的；（三）债务人或担保人对主债务合同实际履行情况持有异议，申请人不能证明实际履行情况的；（四）债务人或担保人对主债权的诉讼时效、效力等提出异议，经审查异议成立的；（五）其他对实现担保物权有实质性争议的情况。该条意见既列明了属于"实质性争议"事项的范围，同时也说明了不同争议事项当事人所应承担的举证责任以及所需达到的证明标准，这些意见较好地体现了法院处理实现担保物权案件时应当"兼顾效率和公平原则"。

3. 熟悉和了解此类案件司法实务的当事人和律师比例还不高

该制度从《民事诉讼法》颁布至今虽然已经施行了7年多时间，但实现担保物权案件总体而言还属于一种新的案件类型。不要说一般公众，甚至绝大多数律师和法官对这一程序仍然不甚了解。本章所介绍案件的代理律师，在代理该案件之前仅仅知道《民事诉讼法》2012年修改时增加了这一程序，其他情况基本上不清楚。在计划走这一程序，准备给委托单位撰写代理案件的分析意见时，才开始仔细研读法律和司法解释的相关规定。在此基础上，在网上检索相关资料。代理律师发现，网上有价值的资料并不多，且各地规定不尽相同。于是，就向当地资深律师和熟悉的法官了解，咨询后发现他们大部分没有接触过此类案件。没办法，只好向法院与该案件关系最密切的立案庭、商事案件审判庭和执行部门的法官电话咨询，即使如此，了解到的信息也非常有限。当时感觉这可能与不认识冒昧打电话有很大关系，但从后来代理案件的经过看，与法官对这类案件不熟悉、办案积极性不高也有很大关系。当委托方决定先适用这一程序后，律师在向抵押不动产所在地基层法院办理申请实现担保物权立案登记时，基层法院立案庭工作人员看到申请书的第一反应就是标的额超过该院级别管辖标准，说明即便是国内经济最发达地区法院立案庭的部分法官对该程序及其相关规定也不太熟悉，这一情况也是选择这个案件进行展示的主要原因之一。通过该鲜活的案例，不仅能对申请实现担保物权制度起到很好的宣传作用。而且，使更多的人能够从理论与实务两个方面熟悉该特别程序、运用该特别程序，从该案代理律师的办案经过中学习有益的经验，避免重复走弯路。

附录二　民事诉讼中"送达难"的评析和建议

1. 民事诉讼中的"送达难"与公告送达的滥用

送达在民事诉讼法学的研究中是一个不起眼的问题,但在司法实践中因送达拖延造成债权人巨额损失甚至债权无法实现的案件不在少数。送达是横跨审判和执行两大阶段的重要程序事项,是保障人民法院依法公正审理民事案件、及时维护当事人合法权益的基础。近年来,随着我国社会经济的发展和人民群众司法需求的提高,"送达问题已经成为制约民事审判公正与效率的瓶颈之一"。[1]

法院受理民事诉讼案件采用"不告不理"原则。从目前司法实践来看,尽管网上立案登记等服务已经开始逐步推广,但原告或委托诉讼代理人亲自前往法院诉讼服务中心提交起诉状等诉讼材料进行登记仍是最主要的立案方式,绝大多数案件均是通过该途径受理。几乎所有法院在受理原告起诉的同时,都会要求原告当场填写《送达地址确认书》,而且原告又是民事诉讼的积极推动方,因此民事诉讼中对原告的送达一般不存在问题。民事诉讼中的"送达难"是指向被告(及/或被申请人,下同)送达诉讼文书困难——特别是在被告首次现身法院前的送达困难,导致送达难的原因主要有两类:一是送达地址不准确——自然人的实际居住地与户籍住址不一致或者法人、其他组织的实际经营地与注册地址不一致;二是被告隐瞒准确的送达地址、恶意规避送达。

现行《民事诉讼法》中明确规定的送达方式有直接送达、留置送达、电子送达、委托(其他法院)送达、邮寄送达、转交送达、公告送达七种。[2] 但在这七种送达方式中直接送达需要以受送达人到场为条件,留置送达的程序复杂且需要消耗大量人力,实践中极少运用,委托送达和转交送达的适用范围非常有限,新增的电子送达(传真、电子邮件、移动通信等及时通讯系统)须经受送达人同意、难以留存送达凭证,且裁判文书和调解书不能适用,在实践中基本上也没有可操作性。因此,在民事诉讼中,法院向被告送达(特别是首次送达)的通常方式实际上只有委托邮局以特快专递(EMS)邮寄送达和公告送达两种方式。实践中,邮政机构的投递员对于送达地址错误、受送达人躲避送达,除了

---

[1] 参见《最高人民法院印发〈关于进一步加强民事送达工作的若干意见〉的通知》(法发〔2017〕19号)。

[2] 参见《民事诉讼法(2019年修正)》第85—92条。

"在五日内投送三次以上"之外并没有更好的对策,也只能"将邮件在规定的日期内退回人民法院,并说明退回的理由"。① 此时,如果原告方不能提供其他送达地址或者其他地址仍被邮局退件,承办法官往往就会采取公告方式送达。所以,本应是在"受送达人下落不明,或者用本节规定的其他方式无法送达"的情形下才能适用的公告送达演变成了"邮寄送达不成即公告送达"。

以上海市一家基层法院2017年度结案的128件不同类型民商事案件为样本进行统计:这些案件共计送达2 168次;其中,邮寄送达86.5%、公告送达6.4%、直接送达3.1%、留置送达2.1%、委托送达1.9%、转交送达和电子送达均为0。统计数据显示:邮寄送达使用率最高,其次就是公告送达。可见,本应作为最后兜底方式而严格限制适用的公告送达,实际上却成为了七种送达方式中被采用频率第二高的送达方式。统计还发现,在138次公告中仅有71次按照《民事诉讼法》第92条之规定在案卷中就公告原因和经过做了记录。此外,通过向法官及审判辅助人员了解,各基层法院除采用《人民法院报》公告外,对于户籍或住所地在市内的受送达人进行公告的方式并不统一,这些都使得公告送达在司法实践中往往流于形式。②

事实上,公告不仅不能起到向被告送达诉讼文书、促使其参加诉讼积极抗辩的目的,反而导致案件审理周期被大大拖延。首先,尽管按照《适用民诉法解释》第138条之规定,公告送达可以在法院的公告栏和受送达人住所地张贴公告(应当采取拍照、录像等方式记录张贴过程),也可以在报纸、信息网络等媒体上刊登公告,但无论哪种方式都很难将相关信息传达至被告,公告送达案件往往是以被告缺席方式进行审理。其次,公告送达对于原告而言同样不利,因为公告送达意味着案件不再能适用简易程序审理,而必须转为普通程序。③不仅法定审理期限大大延长,而且还必须全额预交案件受理费用。公告一次的周期一般就需要3个月以上,而一审过程中,法院至少也需要对应诉通知书和开庭传票等诉讼材料和一审裁判文书进行2次公告送达,因此以公告方式送达的案件的审理期限至少也将额外增加半年以上。最后,案件审理时间过长,可能导致的后果是原告诉讼利益的实现被推迟——实践中,如果被告的财

---

① 最高人民法院《关于以法院专递方式邮寄送达民事诉讼文书的若干规定》(法释〔2004〕13号)第6条第2款规定,邮政机构按照当事人提供或确认的送达地址在五日内投送三次以上未能送达,通过电话或者其他联系方式又无法告知受送达人的,应当将邮件在规定的日期内退回人民法院,并说明退回的理由。

② 参见李丹颖:《司法送达社会化的趋势与困境——兼议〈关于进一步加强民事送达工作的若干意见〉的适用争议》,载上海高院主办"中国上海司法智库"《论文精选》2019年第42期。

③ 《适用民诉法的解释》第140条规定,适用简易程序的案件,不适用公告送达。

务状况急剧恶化,原告通过漫长的诉讼最终虽然胜诉,但届时被告很可能已经没有可供执行的财产,原告的胜诉只能停留在纸面上,实质公正已然无法实现。这种情形在司法实践中并不少见。因此,我们对最高人民法院关于"送达问题已经成为制约民事审判公正与效率的瓶颈之一"的判断深以为然。

2. 法院应当积极应对送达难

法院承担着民事诉讼司法送达的职责,是解决送达难问题责无旁贷的主体。要解决好送达难问题,首先就是要完善制度建设。2017年7月,最高人民法院下发的《关于进一步加强民事送达工作的若干意见》(以下简称《送达意见》)对困扰案件承办人员的如何认定有效的送达地址、电子送达凭据留存方式以及可以"视为送达"的情形等问题做出了详细的规定,使得司法实务有了操作性强的统一尺度。不仅如此,《送达意见》还就送达问题作出了不少开放性、原则性规定,例如"在送达工作中,可以借助基层组织的力量和社会力量,加强与基层组织和有关部门的沟通、协调,为做好送达工作创造良好的外部环境","可以根据实际情况,有针对性地探索提高送达质量和效率的工作机制,确定由专门的送达机构或者由各审判、执行部门进行送达"等。可以说,《送达意见》的出台是解决"送达难"的一剂对症良药,认真学习并严格执行的话,就能在很大程度上解决送达的问题。

其次,需要各级法院领导的高度重视,推动配套措施落实。《送达意见》给出了政策和指导意见,但是仅仅依靠承办法官和法官助理,难以充分发挥出应有的效能,亟需各级法院领导牵头推动社会相关单位和机构的协作和配合,为法院送达提供有效的信息或途径。例如,手机实名制早已普遍实施多年,三大移动运营商掌握手机号码、有机主身份信息以及手机是否实际使用等情况。若由最高人民法院或者高级人民法院牵头与移动运营商建立合作,以手机短信等方式发送应诉、开庭传票等诉讼信息并向法院反馈电子送达凭证,无论是技术层面还是政策层面上都没有障碍。再如,当今社会是一个"网购社会",网购已经成为大多数人生活的一部分,没有进行过网购的人已经寥寥无几,诸如"淘宝网""美团"等大型网购平台不仅已有实名认证而且留存有网购送货地址和日期,想要查找"当事人一年内进行民事活动时经常使用的地址"对这些机构而言毫无难度。[①] 我们认为,具有超前意识和创新精神的《送达意见》出台之后,未能发挥出应有的作用和价值,大量一线办案法官仍然在因循着"邮寄不

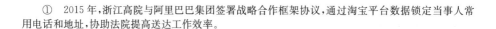

① 2015年,浙江高院与阿里巴巴集团签署战略合作框架协议,通过淘宝平台数据锁定当事人常用电话和地址,协助法院提高送达工作效率。

成便公告"的成规,主要原因还是在于各级法院的领导对送达问题没有高度重视,相关配套的制度安排和工作衔接都还远没有落实。试想,在当今网络信息时代之下,身份证号码、手机号码、住址等许多重要个人信息都在被不法分子以几分钱一条的低价大肆贩卖,人民法院却因无法获取当事人准确地址不能及时送达诉讼法律文书,岂非怪事?

最后,必须要改变送达上的认识误区,严格限制公告送达的适用。司法实践证明,公告不仅不能起到通知被告诉讼信息的送达效果,而且还会大大延长案件的审理周期,所以无论是《民事诉讼法》还是《适用民诉法解释》中都明确规定"下落不明或其他方式无法送达的"才能采用公告方式送达。《送达意见》第15条也再次强调"要严格适用民事诉讼法关于公告送达的规定,加强对公告送达的管理,充分保障当事人的诉讼权利。只有在受送达人下落不明,或者用民事诉讼法第一编第七章第二节规定的其他方式无法送达的,才能适用公告送达"。公告送达与举证责任中的结果责任适用一样,都是不得已而为之,是没办法中的办法,是需要严格限制的。但是,目前我国大多数法官对当事人故意规避送达的情况,觉得最高法院送达的规定适用有风险,而公告送达反而成了对法官自身安全和稳妥的办法。值得称赞的是,实践中,已经有上级人民法院以"在没有查询及穷尽直接送达手段,即直接公告送达,违反适用公告送达程序的法定条件,其缺席审判违反法定程序"为由撤销原审判决。① 这对制止滥用公告送达将起到重要作用,希望通过完善制度来制约公告送达的滥用。

3. 当事人在经济交往中也应当树立送达意识,为万一涉诉后的司法送达提供良好条件

我们认为,《送达意见》不仅是法院办案人员处理送达问题的重要依据,同时也是律师等法律服务工作者应当学习和掌握的重要规定。例如,《送达意见》第8条规定:"当事人拒绝确认送达地址或以拒绝应诉、拒接电话、避而不见送达人员、搬离原住所等躲避、规避送达,人民法院不能或无法要求其确认送达地址的,可以分别以下列情形处理:(一)当事人在诉讼所涉及的合同、往来函件中对送达地址有明确约定的,以约定的地址为送达地址……"据此,律师在合同审查时,应当要求委托方在合同中载明各方当事人的详细地址,并注明"适用于诉讼(或仲裁)程序中法院送达";建议在合同中载明各方当事人或负责人的移动电话号码、电子邮箱及微信号等即时通讯识别信息,并注明各方同意按照载明的通讯方式接收法院的电子送达;如果在合同中作出了这些明

① 参见北京市第三中级人民法院(2014)三中民提字第05147号《民事裁定书》。

确约定,可以在很大程度上避免送达对诉讼进程产生不利影响。再如,律师也应当建议住所地与实际经营地不同的公司法人在企业信息公示系统中披露实际经营地和电话、企业邮箱等联系方式,避免因"被公告送达"而未能及时应诉导致不利后果。

上海地区基层法院2017年抽样调查显示,基层人民法院每审理一件民事案件,平均要向当事人送达17次,按照法官每月12件结案数据计算,每月21.75个工作日内需送达约204次。仅从这组统计数字来看,需要占用法官及审判辅助人员较多工作时间的直接送达就不可能像《民事诉讼法》中规定的那样作为法院的主要送达方式。在当代现实社会生活条件下,探索以法院为主导、社会力量积极参与、兼顾方式灵活和程序严格、迅捷快速和过程规范的民事送达新办法、新制度,减轻广大一线办案法官和辅助人员送达工作负担,无疑将会是提升司法效率、体现司法为民的一件大好事和大实事。

附录三 思 考 题

1. 提起买卖合同纠纷诉讼和先行申请实现担保物权两种方式的主要区别何在?

2. 法院采用公告送达应当具备哪些前提条件?目前我国司法实践中公告送达方面存在的主要问题和改革的方向?

3. 面对本案被申请人故意规避送达的行为,如果你是该案的承办法官,你会怎么做?如果你是该案申请人的律师,你会怎么做?

图书在版编目(CIP)数据

个案全过程新论——以集中审理为中心/章武生主编. —上海:复旦大学出版社,2020.4
ISBN 978-7-309-14952-4

Ⅰ.①个… Ⅱ.①章… Ⅲ.①法院-审判-研究-中国 Ⅳ.①D925.04

中国版本图书馆 CIP 数据核字(2020)第 050751 号

个案全过程新论——以集中审理为中心
章武生　主编
责任编辑/张永彬　王益鸿
视频编辑/徐元智

复旦大学出版社有限公司出版发行
上海市国权路 579 号　邮编:200433
网址:fupnet@fudanpress.com　http://www.fudanpress.com
门市零售:86-21-65642857　团体订购:86-21-65118853
外埠邮购:86-21-65109143
常熟市华顺印刷有限公司

开本 787×960　1/16　印张 34.5　字数 596 千
2020 年 4 月第 1 版第 1 次印刷

ISBN 978-7-309-14952-4/D·1027
定价:99.00 元

如有印装质量问题,请向复旦大学出版社有限公司发行部调换。
版权所有　侵权必究